스마트한 CAD실습

예문사

◆ 도면작성 시 치수가 없는 부분은 스스로 결정해서 작성합니다. ◆

CONTENTS

- 자주 사용하는 AutoCAD 단축키 및 단축명령어
- 국가직무표준(NCS, national competency standards) 기계요소설계

CHAPTER 01 AutoCAD 기초

01	AutoCAD의 시작	14
02	AutoCAD의 화면구성	15
03	AutoCAD 명령어 입력방법	19
04	화면구성 및 도구막대의 배치	21
05	Enter 키의 역할 및 사용자화	23
06	새 도면(New) 시작하기	26
07	Start up으로 새로운 작업도면 만들기	28
08	파일 열기	31
09	저장하기	32
10	종료하기(Quit / Exit)	33
11	상태표시줄	34

CHAPTER 02 좌표계와 선 그리기

01	종이 준비하기	39
02	Line	41
03	Osnap	52

CHAPTER 03 기본도형 그리기

01	원 그리기	70
02	Erase	83
03	직사각형 그리기(Rectangle)	84
04	Offset	87
05	Trim	89
06	Extend	91
07	원호 그리기(Arc)	96
08	다각형 그리기	104
09	Copy 하기	107
10	Move 하기	110
11	Fillet 하기	111
12	Chamfer 하기	123
13	Mirror 하기	126
14	Mirrtext 하기	136
15	Array 하기	138
16	Stretch 하기	165
17	Rotate 하기	169
18	Scale 하기	171
19	Break 하기	174
20	Explode 하기	176
21	Pedit 하기	178
22	Xline 그리기	181
23	Ray	183
24	Ellipse	184
25	Pline	186
26	Spline	189
27	Point	191
28	DDPtype	192
29	Divide	193
30	Measure	194
31	단면 해칭 처리하기	195
32	단면 그라데이션 처리하기	201

CONTENTS

문자쓰기와 레이어 설정하기

01	MText	208
02	DText	213
03	layer	219
04	Ltscale(Linetype Scale)	229

치수기입하기

01	치수기입 기본옵션 설명	250
02	치수유형 만들기	277
03	치수기입하기	285
04	선형 치수기입	290
05	지름 치수기입	291
06	기준선 치수기입	292
07	세로좌표 치수기입	293
08	치수 끊기	296
09	공간 조정하기	297
10	신속치수 기입하기(연속 치수기입)	298
11	신속치수 기입하기(기준선 치수기입)	299
12	신속치수 기입하기(다중 치수기입)	300
13	꺾기선 치수 기입하기	304
14	치수 검사하기	305
15	공차하기	313
16	중심표식하기	320
17	호 길이 치수기입	324
18	오른쪽 자리맞추기 치수기입	325
19	문자 각도 치수기입	326
20	기울기 치수기입	327
21	지시선 치수기입(2009 버전 이상)	328
22	지시선 치수기입(2006 버전)	330
23	Table	332

06 블록과 외부참조

01	Block	352
02	Insert	358
03	Wblock	362
04	Minsert	366
05	Xattach	368

07 출력하기

| 01 | 도면 출력하기 | 374 |
| 02 | 도면 pdf 파일로 출력하기 | 388 |

08 기타 여러 명령어 사용하기

01	Regen	398
02	Qselect	400
03	DDselect	402
04	조회 명령어	404
05	Group	408
06	Properties	410
07	Matchprop	413
08	Purge	416
09	단축명령어 변경하기	417
10	Option	418

CONTENTS

CHAPTER 09 AutoCAD의 인터페이스

01 윈도우 화면	440
02 메뉴 검색기	441
03 신속 접근 도구막대	442
04 리본	444
05 상태 막대	446
06 빠른 특성	448
07 빠른 뷰(Quick View) 배치	449
08 빠른 도면 보기	450
09 툴팁	452
10 숨겨진 메시지의 설정	453
11 동작 레코더	454
12 도면층 관리	455
13 파일 내보내기	456
14 내보내기 파일 형식	458
15 DWFx	459
16 빠른 배치 보기	460
17 찾기와 대치	461

부록

단축명령어	464
명령어	466
도면	476
Template 파일 만들기	511

자주 사용하는 AutoCAD 단축키 및 단축명령어

작도(DRAWING) 명령

단축키	명령어	내용	비고
L	LINE	선 그리기	
A	ARC	호(원호) 그리기	
C	CIRCLE	원 그리기	
REC	RECTANGLE	사각형 그리기	
POL	POLYGON	정다각형 그리기	
EL	ELLIPSE	타원 그리기	
XL	XLINE	무한선 그리기	
PL	PLINE	연결선 그리기	
SPL	SPLINE	자유곡선 그리기	
ML	MLINE	다중선 그리기	
DO	DONUT	도넛 그리기	
PO	POINT	점 찍기	

편집(EDIT) 명령

단축키	명령어	내용	비고
Ctrl+Z	UNDO	이전명령 취소	
Ctrl+Y	MREDO	UNDO 취소	다중복구
E	ERASE	지우기	
EX	EXTEND	선분 연장	
TR	TRIM	선부 자르기	
O	OFFSET	등간격 및 평행선 복사	
CO	COPY	객체복사	
M	MOVE	객체이동	
AR	ARRAY	배열복사	
MI	MIRROR	대칭복사	
F	FILLET	모깎기	라운드
CHA	CHAMFER	모따기	
RO	ROTATE	객체회전	
SC	SCALE	객체축척 변경	
S	STRETCH	선분 신축(늘리고 줄이기)	점 이동
LEN	LENGTHEN	선분 길이 변경	
BR	BREAK	선분 대충 자르기	
X	EXPLODE	객체 분해	
J	JOIN	PLINE 만들기	
PE	PEDIT	PLINE 편집	
SPE	SPLINEDIT	자유곡선 수정	
DR	DRAWORDER	객체 높낮이 조절	

문자쓰기 및 편집 명령

단축키	명령어	내용	비고
T, MT	MTEXT	다중문자 쓰기	문서작성
DT	DTEXT	다이나믹문자 쓰기	도면문자
ST	STYLE	문자 스타일 변경	
ED	DDEDIT	문자, 치수문자 수정	

치수기입 및 편집 명령

단축키	명령어	내용	비고
QDIM	QDIM	빠른 치수 기입	
DLI	DIMLINEAR	선형 치수 기입	
DAL	DIMALIGNED	사선 치수 기입	
DAR	DIMARC	호길이 치수 기입	
DOR	DIMORDINATE	좌표 치수 기입	
DRA	DIMRADIUS	반지름 치수 기입	
DJO	DIMJOGGED	꺾은 표시 치수 기입	
DDI	DIMDIAMETER	지름 치수 기입	
DAN	DIMANGULAR	각도 치수 기입	
DBA	DIMBASELINE	시작점 연속 치수 기입	
DCO	DIMCONTINUE	끝점 연속 치수 기입	
MLD	MLEADER	다중 치수보조선 작성	인출선 작성
MLE	MLEADEREDIT	다중 치수보조선 수정	인출선 수정
LEAD	LEADER	치수보조선 기입	인출선 작성
DCE	DIMCENTER	중심선 작성	원, 호
DED	DIMEDIT	치수형태 편집	
D	DIMSTYLE, DDIM	치수스타일 편집	

도면 패턴

단축키	명령어	내용
H	HATCH	도면 해치패턴 넣기
BH	BHATCH	도면 해치패턴 넣기
HE	HATCHEDIT	해치 편집
GD	GRADIENT	그라디언트 패턴 넣기

도면 특성 변경

단축키	명령어	내용
LA	LAYER	도면층 관리
LT	LINETYPE	도면선분 특성관리
LTS	LTSCALE	선분 특성 크기 변경
COL	COLOR	기본 색상 변경
MA	MATCHPROP	객체 속성 맞추기
MO, CH	PROPERTIES	객체 속성 변경

블록 및 삽입 명령

단축키	명령어	내용
B	BLOCK	객체 블록 지정
W	WBLOCK	객체 블록화 도면 저장
I	INSERT	도면 삽입
BE	BEDIT	블록 객체 수정
XR	XREF	참조도면 관리

드로잉 환경설정 및 화면, 환경설정

단축키	명령어	내용
OS, SE	OSNAP	오브젝트 스냅 설정
Z	ZOOM	도면 부분 축소확대
P	PAN	화면 이동
RE	REGEN	화면 재생성
R	REDRAW	화면 다시 그리기
OP	OPTION	AutoCAD 환경설정
UN	UNITS	도면 단위변경

도면특성 및 객체정보

단축키	명령어	내용
DI	DIST	거리 체크
LI	LIST	객체 속성 정보
AA	AREA	면적 산출

FUNCTION 키 값

기능키	명령	내용
F1	HELP	도움말 보기
F2	TEXT WINDOW	커멘드 창 띄우기
F3	OSNAP ON/OFF	객체스냅 사용 유무
F4	TABLET ON/OFF	태블릿 사용 유무
F5	ISOPLANE	2.5차원 방향 변경
F6	DYNAMIC UCS ON/OFF	자동 UCS 변경 사용 유무
F7	GRID ON/OFF	그리드 사용 유무
F8	ORTHO ON/OFF	직교모드 사용 유무
F9	SNAP ON/OFF	도면 스냅 사용 유무
F10	POLAR ON/OFF	폴라 트레킹 사용 유무
F11	OSNAP TRACKING ON/OFF	객체스냅 트레킹 사용 유무
F12	DYNAMIC INPUT ON/OFF	다이나믹 입력 사용 유무

Ctrl + 숫자 단축 값

단축키	명령	내용
Ctrl+1	PROPERTIES / PROPERTIESCLOSE	속성창 On/Off
Ctrl+2	DESINGCENTER / ADCLOSE	디자인센터 On/Off
Ctrl+3	TOOLPALETTES / TOOLPALETTESCLOSE	툴팔레트 On/Off
Ctrl+4	SHEETSET / SHEETSETHIDE	시트셋 매니저 On/Off
Ctrl+5		
Ctrl+6	DBCONNECT / DBCCLOSE	DB접속 매니저 On/Off
Ctrl+7	MARKUP / MARKUPCLOSE	마크업 세트 매니저 On/OFF
Ctrl+8	QUICKCALC / QCCLOSE	계산기 On/Off
Ctrl+9	COMMANDLINE	커멘드 영역 On/Off
Ctrl+0	CLENASCREENOFF	화면 툴바 On/OFF

스마트한 CAD실습 - 예문사 2017 Copyright (c) All Right Reserved.

■ 국가직무표준(NCS, national competency standards) 기계요소설계

1. 직종명 : 기계요소설계

2. 직종 정의 : 기계를 구성하고 있는 단위요소를 설계하기 위하여 창의적인 기능품의 선정과 제조방법을 고려한 요소의 강도, 형상, 구조를 결정하여 적합한 규격을 검토 및 설계하는 업무에 종사

3. 훈련이수체계(수준별 이수 과정/과목)

수준	직급				
8수준	임원				
7수준	부장		설계관리	진동/소음해석	
			레이아웃설계	최적화해석	
6수준	차장	요소설계검증	메커니즘구성	유동해석	제어로직설계
			동력전달장치설계	동적구조해석	제어인터페이스설계
			유공압시스템설계	내구해석	제어시뮬레이션
5수준	과장	체결요소설계	요소부품설계검토	열응력해석	기계제어 요구사항분석
		동력전달요소설계	요소부품재질검토		
		치공구요소설계	요소부품제작성검토		기계제어요소선정
		유공압요소설계	설계품질관리		제어신호처리
					제어성능시험평가
4수준	대리	요소공차검토	형상모델링	정적구조해석	제어사양서작성
		요소부품재질선정	치공구설계		공정흐름도작성
					제어프로그램작성
3수준	주임	3D형상모델링		해석용모델링	
		도면해독			
2수준	사원	2D도면작성			
1수준	신입				
-		직업기초능력			
수준\직종		01. 기계요소설계	02. 기계시스템설계	03. 구조해석설계	04. 기계제어설계

본교재는 NCS능력단위 "2D도면작성(1501020101_14v2)"에 주로 사용할 수 있으며 부분적으로 도면해독(1501020103_14v2), 3D형상모델링(1501020102_14v2)에 사용할 수 있습니다.

AutoCAD

CHAPTER 01

AutoCAD 기초

01. AutoCAD의 시작
02. AutoCAD의 화면구성
03. AutoCAD 명령어 입력방법
04. 화면구성 및 도구막대의 배치
05. Enter 키의 역할 및 사용자화
06. 새 도면(New) 시작하기
07. Start up으로 새로운 작업도면 만들기
08. 파일 열기
09. 저장하기
10. 종료하기(Quit / Exit)
11. 상태표시줄

01

AutoCAD 기초

 AutoCAD의 시작

바탕화면에 있는  또는  , AutoCAD 2006 등 AutoCAD 단축아이콘을 더블클릭합니다.

그러면 AutoCAD가 실행됩니다. 다른 버전인 경우 아이콘 모양이 다를 수 있지만 마찬가지로 더블클릭하여 실행합니다.

AutoCAD 02 │ AutoCAD의 화면구성

AutoCAD를 실행하면 다음과 같이 화면이 생성됩니다.

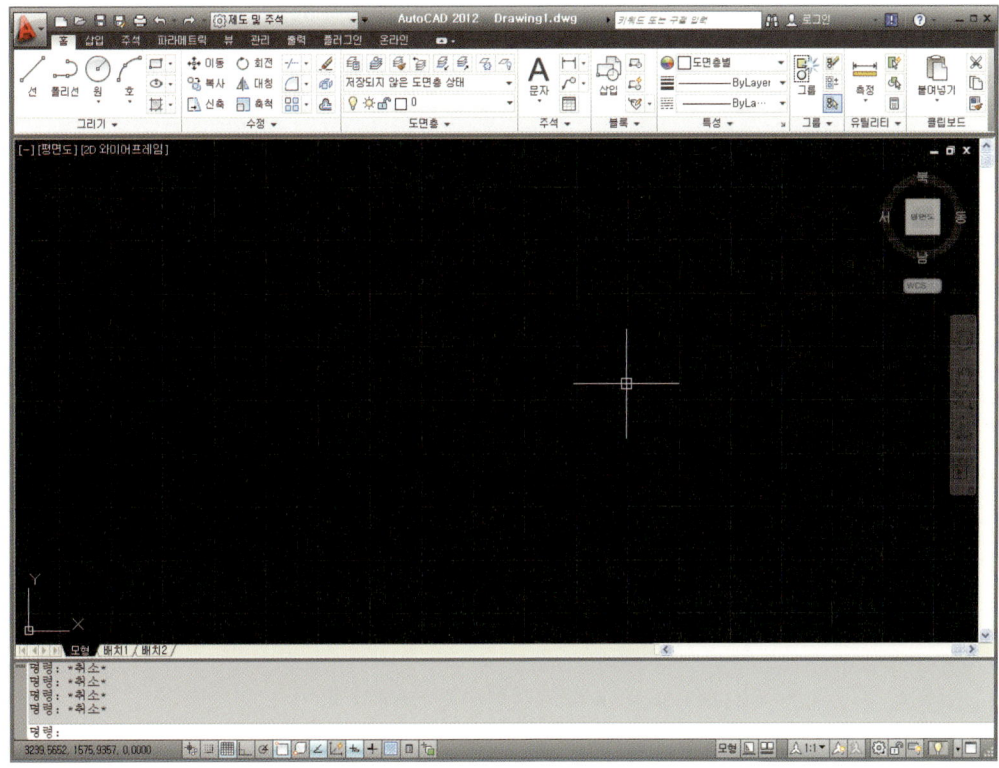

검은색 부분은 그림이 그려지는 영역이고 나머지 부분은 클릭하여 명령어를 입력하거나 현재 상태를 나타내는 부분입니다. 마우스를 움직여 보세요. 자, 이제 본격적으로 AutoCAD를 시작합시다.

AutoCAD 화면의 상단의 제도 및 주석을 선택합니다.

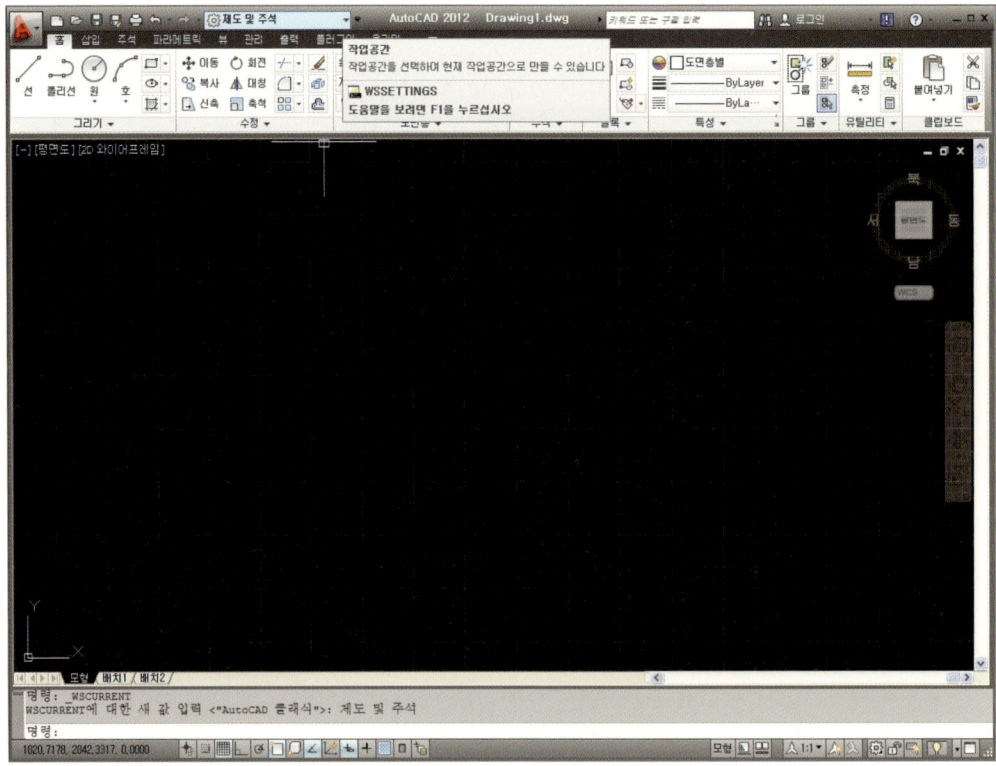

아래 화면과 같이 AutoCAD 클래식을 선택하면 클래식 화면으로 변경되어 기존 사용자도 사용하기 편리하고 처음 AutoCAD에 입문하는 사용자도 사용하기 편리합니다.

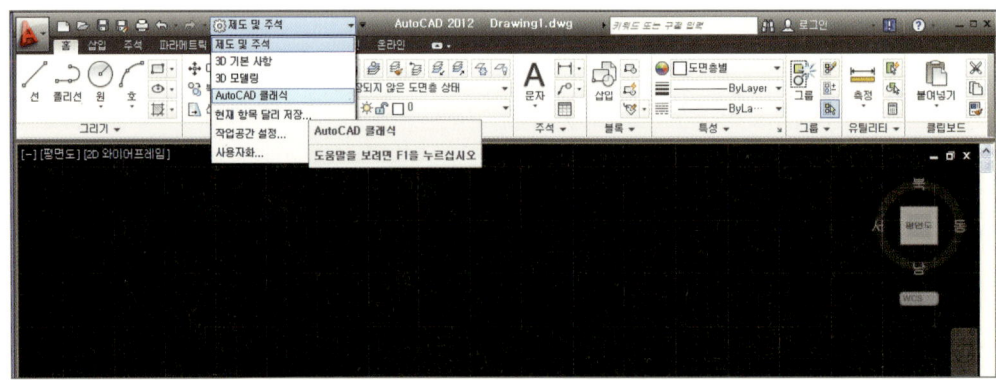

다음 화면과 같이 기존 사용자도 익숙한 인터페이스(AutoCAD 화면)가 나타납니다.

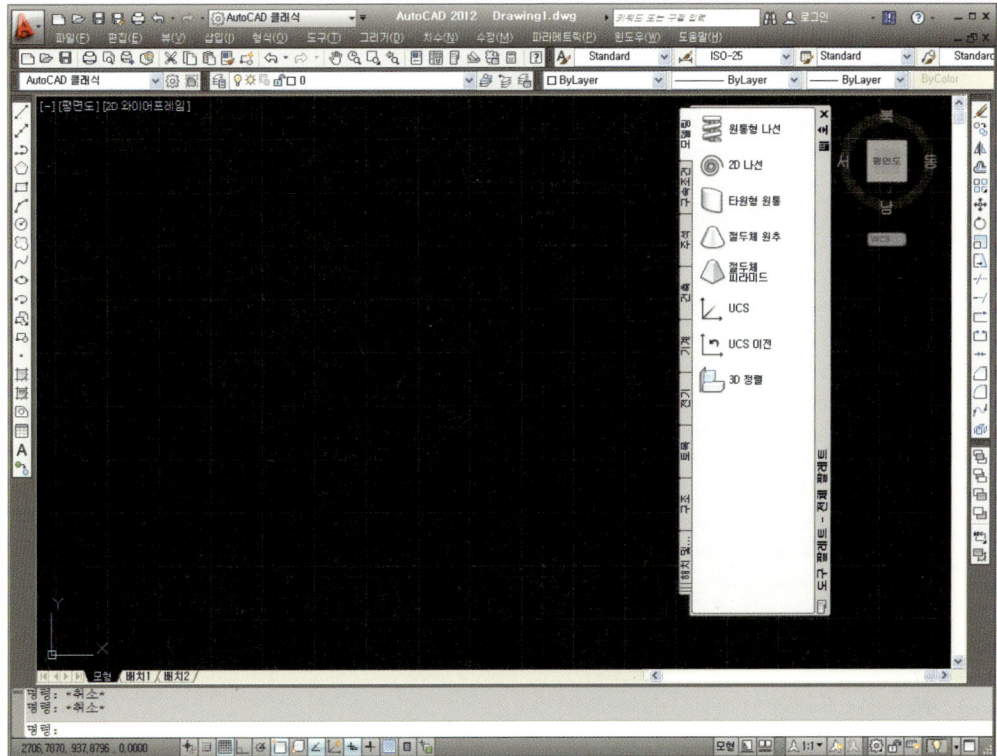

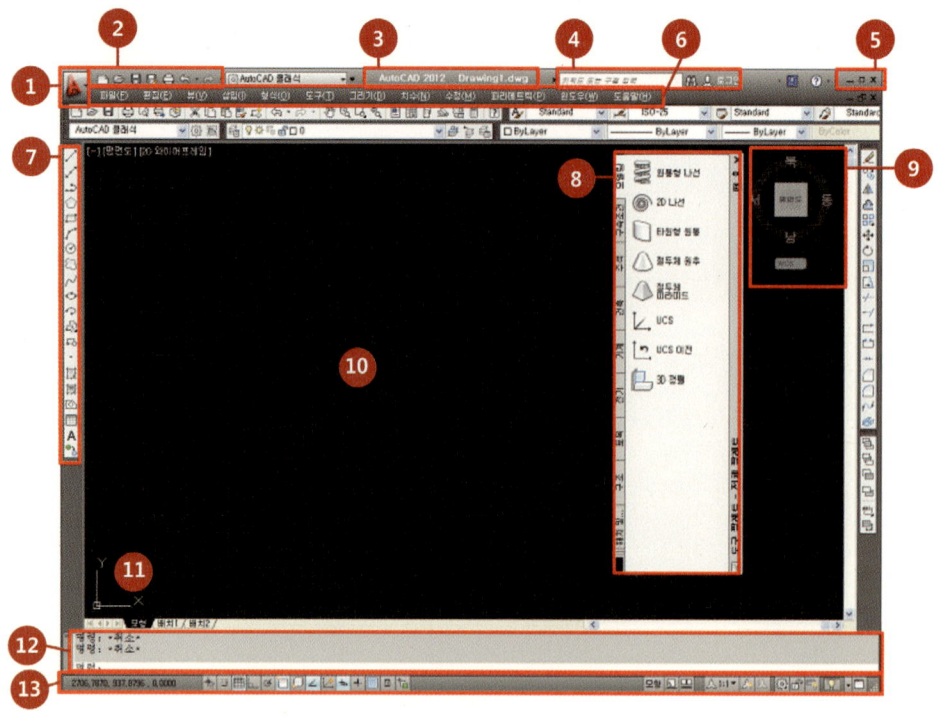

①	메뉴검색기	메뉴 및 메뉴동작을 실시간으로 검색합니다.
②	신속접근막대	자주 사용하는 명령의 아이콘을 등록하여 한 번의 클릭으로 명령어를 실행할 수 있습니다.
③	제목표시줄	응용프로그램 이름과 현재 열려 있는 도면의 명칭을 표시합니다.
④	정보센터	간단한 키워드 입력에 의해 쉽게 정보에 접근할 수 있습니다.
⑤	응용프로그램 창 제어버튼	윈도우계열의 모든 응용프로그램에 있는 제어 버튼으로 응용프로그램의 최소화, 최대화, 화면복원, 종료를 할 수 있는 버튼의 집합입니다.
⑥	풀다운 메뉴 (pull-down menu)	상위 메뉴를 선택하여 하위 메뉴에서 원하는 명령어를 선택합니다.
⑦	도구막대(icon menu)	명령을 실행하기 위해 그림 명령어로 만든 아이콘입니다.
⑧	팔레트(palette)	도면 작성 및 편집을 위한 메뉴모음입니다.
⑨	ViewCube	ViewCube 도구는 2D 모형 공간 또는 3D 비주얼 스타일에서 작업할 때 표시되는 탐색 도구입니다.
⑩	그래픽영역	사용자가 도면을 작업하는 공간입니다.
⑪	좌표계 아이콘 (coordinate system)	좌표를 표시합니다.
⑫	명령행(command area)	명령을 실행하는 대화상자입니다.
⑬	상태막대(status line)	작업 중인 문서의 최소화, 최대화, 화면복원, 종료를 할 수 있는 버튼의 집합입니다.

AutoCAD 명령어 입력방법

첫째, 붉은색으로 표시된 부분, 즉 명령행 부분에 키보드로 명령어를 타이핑하여 입력하는 방법입니다. 명령행 부분을 잘 읽어보고 이해하면 AutoCAD를 쉽게 이해할 수 있습니다. 사람으로 비교하면 명령행 부분으로 '말을 하고 있으니' 잘 읽어 주어야 합니다.

명령행을 잘 읽고 AutoCAD가 뭐라고 하는지 communication을 잘 하는 사람이 CAD를 잘 할 수 있습니다.

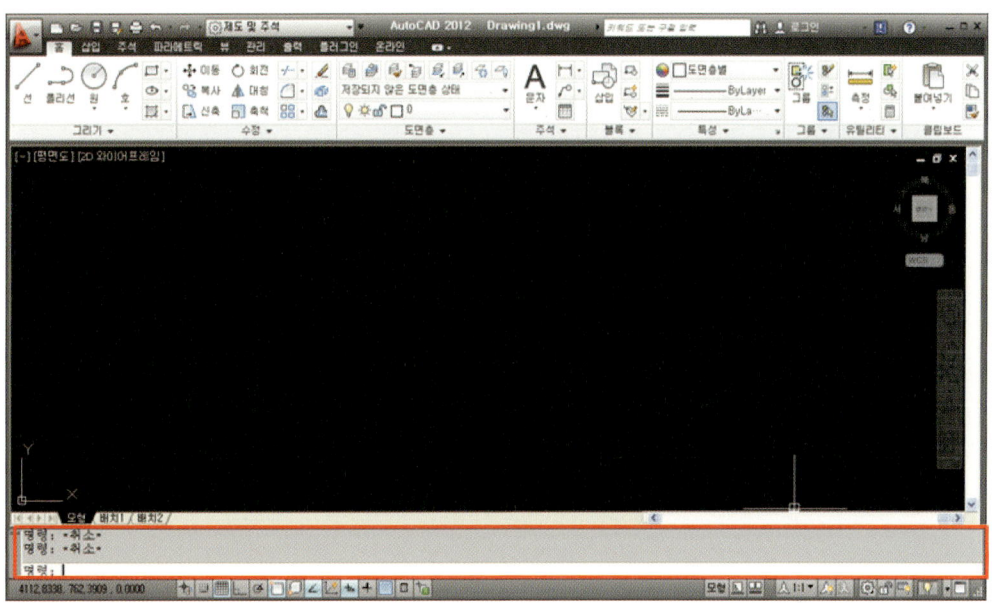

둘째, 하단에 동적입력 버튼( )이 ON되어 있으면 명령어를 입력하면 마우스 근처에 명령어가 바로 입력됩니다.

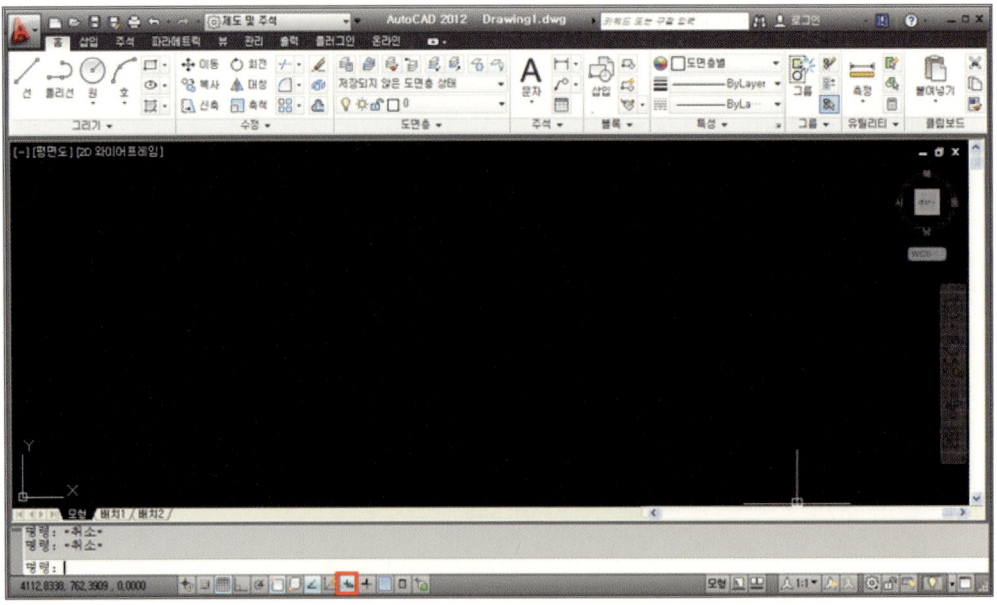

세 번째, 마우스를 이용하여 단축아이콘을 직접 클릭하는 방법입니다. 마우스를 단축아이콘 위에 놓으면 간략한 설명이 뜨고 좀 더 알고 싶다면,   를 누릅니다.

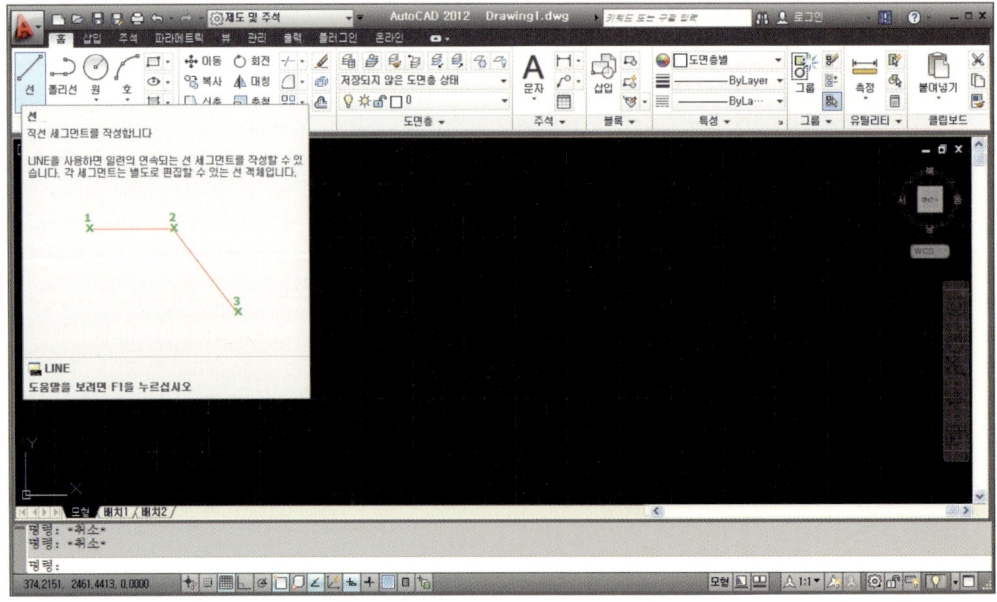

 **화면구성 및 도구막대의 배치**

첫째, AutoCAD 화면에서 툴바 위에 마우스를 놓고 오른쪽 버튼을 클릭하면 화면과 같이 도구막대를 선택할 수 있습니다.

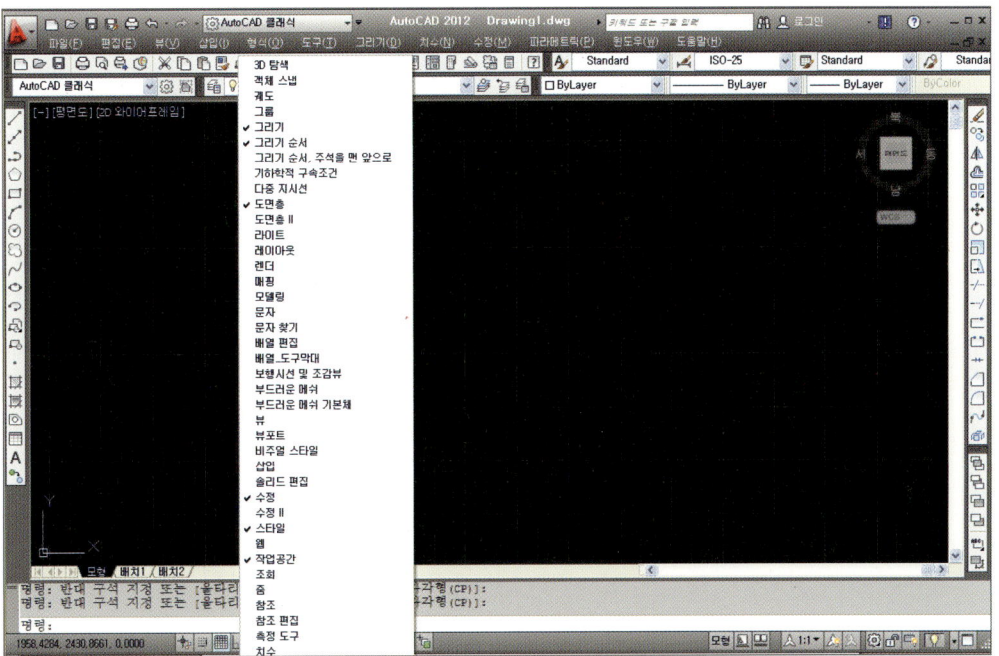

둘째, 풀다운 메뉴 도구 ⇨ 도구막대 ⇨ AutoCAD를 선택하면 도구막대를 선택할 수 있습니다.

이렇게 도구막대 중에서 치수를 선택하여 나타나게 한 후 아래 화면과 같이 배치하여 작업하면 편리합니다. 이렇게 자주 사용하는 도구막대는 사용자의 취향에 맞게 세팅하여 사용합니다.

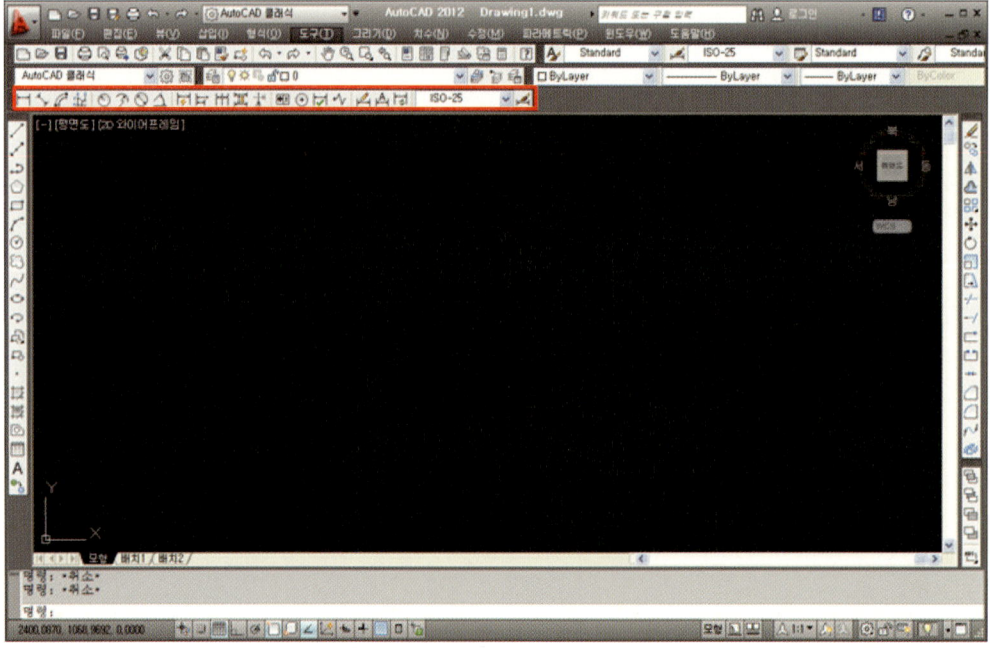

AutoCAD 05 | Enter 키의 역할 및 사용자화

AutoCAD에서는 다른 응용프로그램과 다른 것이 있다면 Enter 키의 역할입니다. 다른 프로그램은 엔터키가 하나인데 오토캐드에서는 Enter 키와 같은 역할을 하는 것이 스페이스바(Space Bar)와 마우스 오른쪽 버튼입니다.

첫째, 스페이스바는 다른 응용프로그램에서는 빈칸을 만드는 키이지만 오토캐드에서는 Enter키의 역할을 합니다. 문자를 작성할 때만 빈칸으로 사용되고 나머지는 모드 Enter키의 역할을 합니다.

둘째, 마우스 오른쪽 버튼은 명령어 입력 중에는 Enter키 역할을 하고 명령어 입력 중이 아닌 평소에는 여러 명령어들이 들어있습니다. 세부사항은 사용자 기본설정에서 세팅해서 사용할 수 있습니다.

기본적으로 마우스 오른쪽 버튼은 다음과 같이 세팅하면 편리합니다.

화면과 같이 키보드에서 options라고 입력하면 하단의 명령행에 입력됩니다.
이때 동적입력버튼( )이 ON 되어 있으면 초기에는 불편하니 눌러서 OFF하도록 합니다.

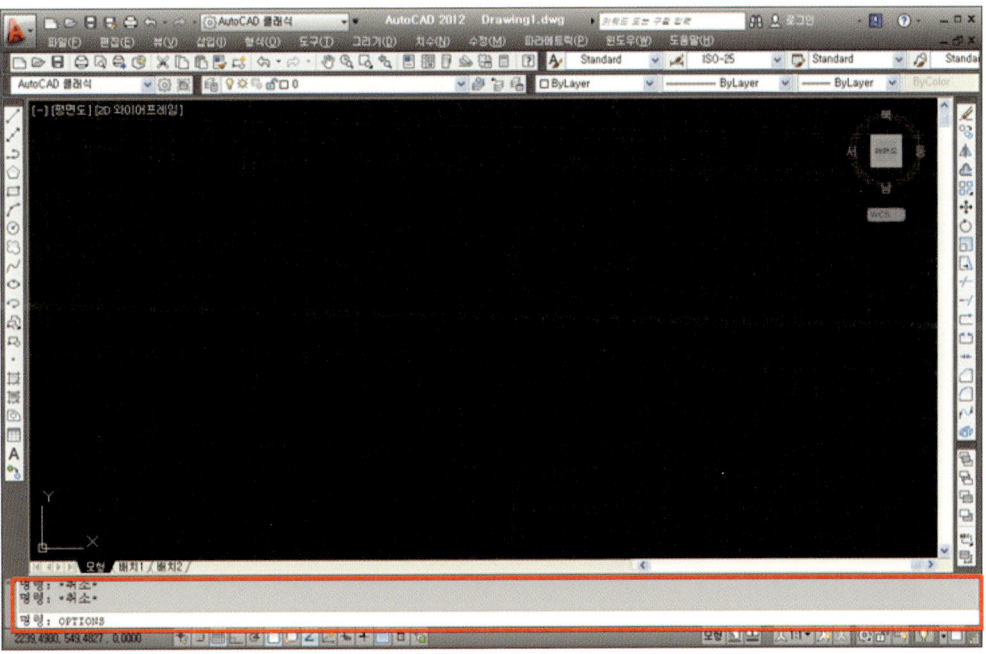

앞으로는 화면 전체를 보여주지 않고 아래와 같이 표현을 하여도 명령행에 입력한 것으로 동일하게 이해하면 됩니다.

명령어 입력시 대문자와 소문자를 구별하지 않습니다.

위와 같이 명령행에 option 이라고 입력한 후 Enter ↵ 를 입력하면 옵션 메뉴가 나타납니다.

옵션 메뉴의 사용자 기본 설정에서 오른쪽 클릭 사용자화를 클릭합니다.

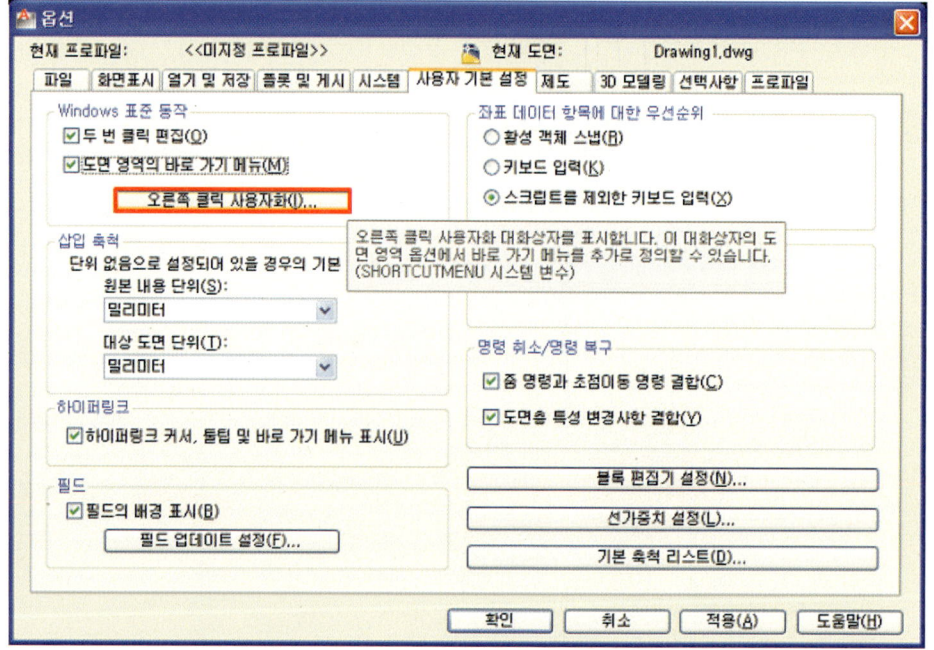

오른쪽 클릭 사용자화 화면이 나타나면 아래와 같이 세팅한 후 적용 및 닫기를 누릅니다.

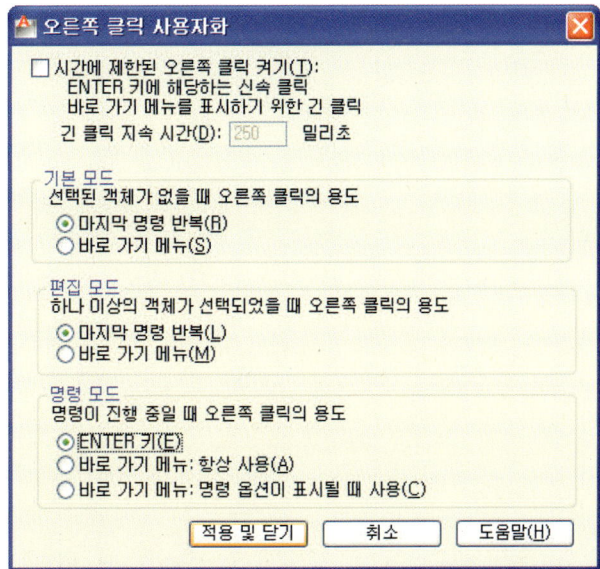

이렇게 세팅하면 도면 작성시 마우스 오른쪽 버튼을 사용하여 효율적으로 작업할 수 있습니다.

[마우스 이용방법]

일반적으로 마우스는 오른손으로 잡고 검지로 한번 누르는 것을 "클릭"이라고 합니다.
중지로 클릭하는 것을 "우클릭"이라고 합니다.
검지로 빠르게 2번 클릭하는 것을 "더블클릭"이라고 합니다.
AutoCAD를 포함한 모든 설계 프로그램에서는 마우스를 잘 사용하면 설계시간을 단축할 수 있습니다.
명령어를 입력하고 "우클릭"하면 Enter 키를 대신합니다.
명령어 입력 중에 "클릭"은 객체를 선택하는 기능이 있습니다.
명령어 입력 중에 "우클릭"은 객체 선택을 중지하는 중간 끝내기 기능이 있습니다.
평소 "우클릭"은 마지막 명령어 반복 기능이 있습니다.

AutoCAD 06 | 새 도면(New) 시작하기

단축아이콘	단축아이콘 이름	명령어	설 명
📄	새 도면	New	새 도면을 작성하는 명령어입니다.

화면 하단의 명령행에서 New를 입력한 후 Enter 키를 누르면 새로운 도면작성 대화상자가 나타납니다.

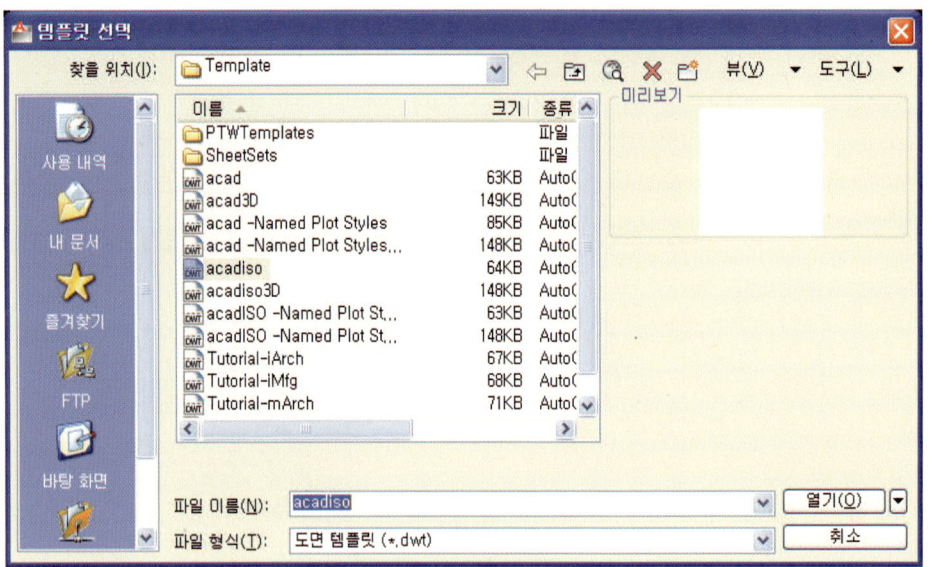

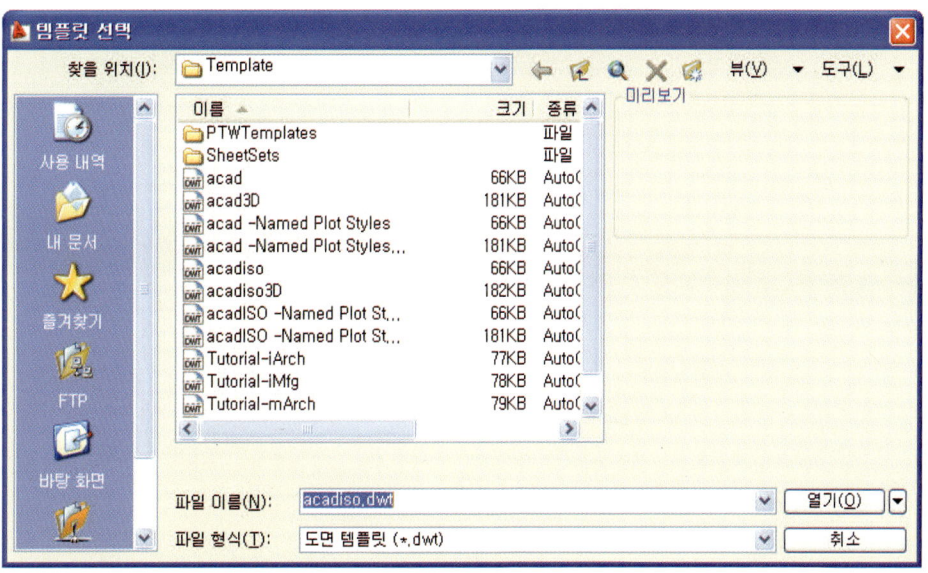

명령행(Command) 사용하기

주의사항

- 명령행 명령 입력 시 소문자와 대문자를 구별하지 않아도 됩니다. 소문자와 대문자를 혼용해서 입력해도 상관없습니다.
- 명령행 입력 시 왼손으로만 키보드를 입력합니다. 오른손으로는 마우스를 클릭합니다. 왼손과 오른손을 분리해서 동시에 사용하는 습관을 갖는다면 더욱 더 빠르게 도면작업을 할 수 있습니다.

 **Start up으로 새로운 작업도면 만들기**

명령행에서 Startup 명령어를 입력합니다.

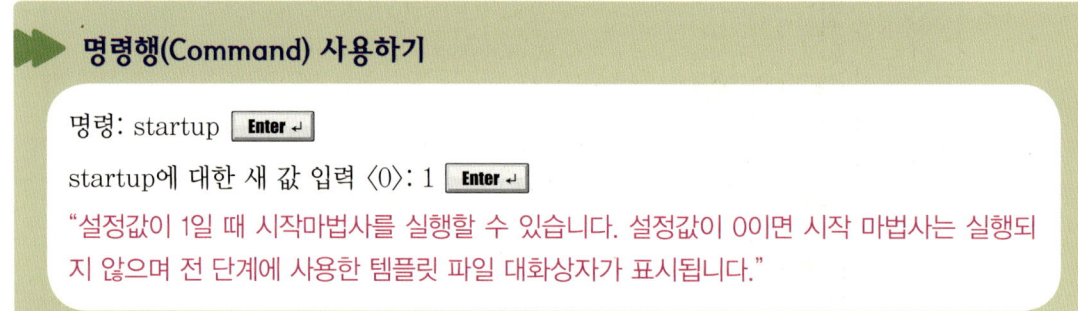

실습순서

01 새도면작성 화면에서 다음과 같이 선택한 후 확인 버튼을 클릭합니다.

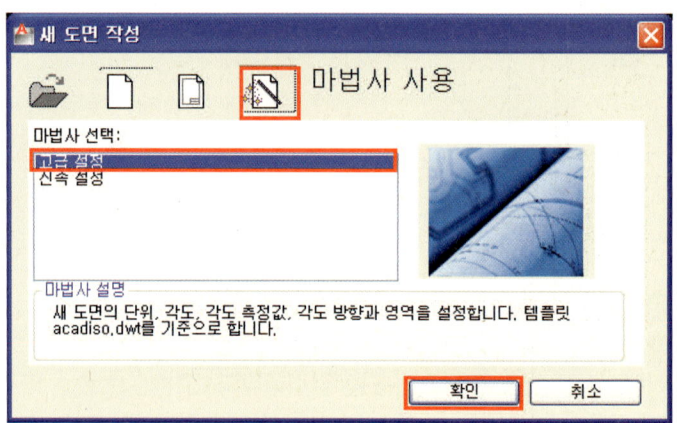

02 고급설정에서 다음과 같이 선택하고 다음 버튼을 클릭합니다.

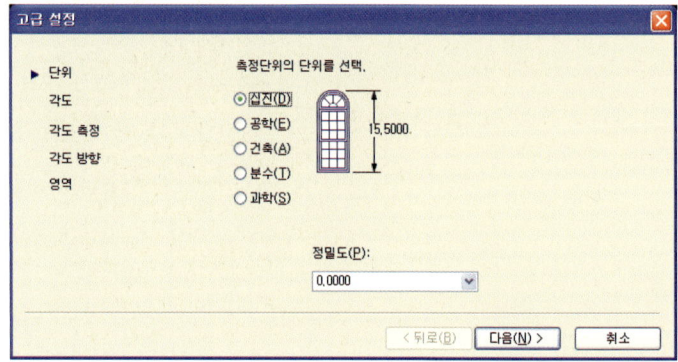

03 고급설정에서 각도는 십진도수로 선택하고 정밀도는 도면에 맞게 선택한 후 다음 버튼을 클릭합니다.

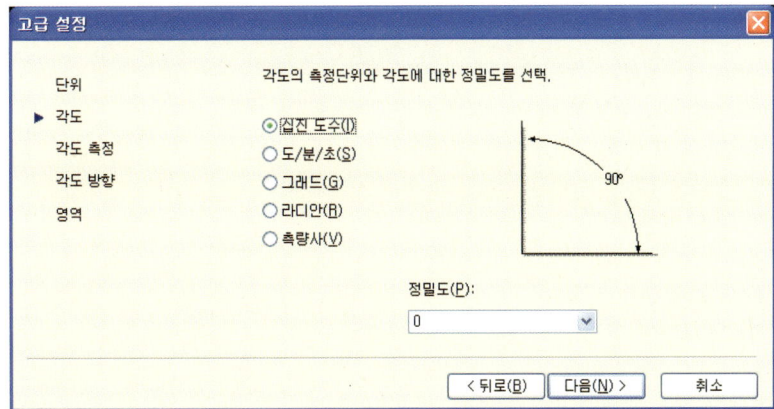

04 고급설정에서 각도 측정은 다음과 같이 선택하고 다음 버튼을 클릭합니다.

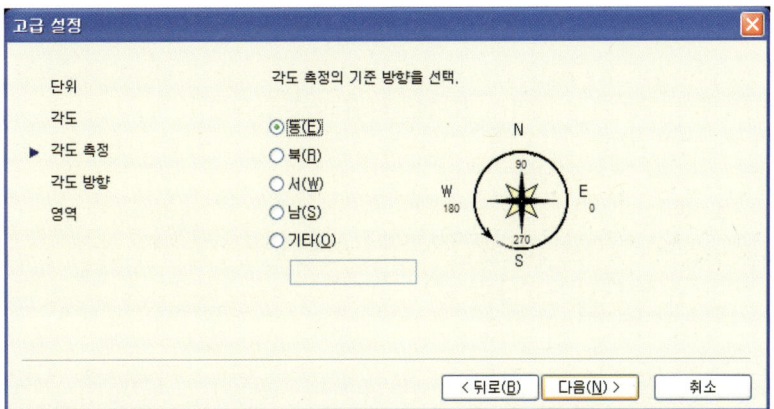

05 고급설정에서 각도방향은 반시계방향으로 선택하고 다음 버튼을 클릭합니다.

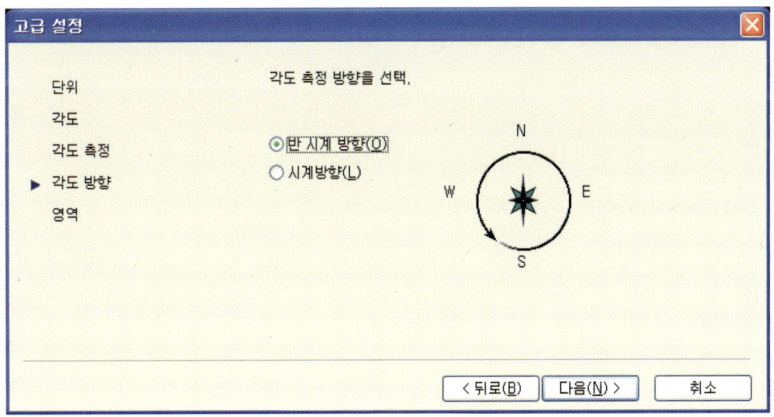

고급설정에서 영역은 용지 크기에 맞게 설정합니다.

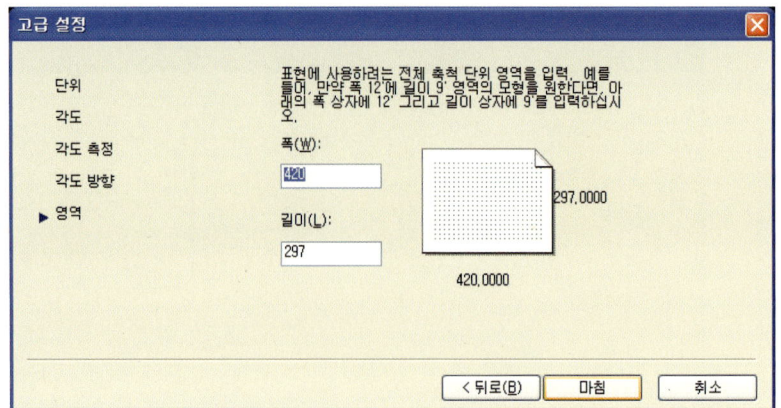

제도용지에서 사용되는 도면의 크기는 다음과 같습니다.

도면의 크기

- A4 297 x 210 [mm]
- A3 420 x 297 [mm]
- A2 594 x 420 [mm]
- A1 841 x 594 [mm]
- A0 1189 x 841 [mm]

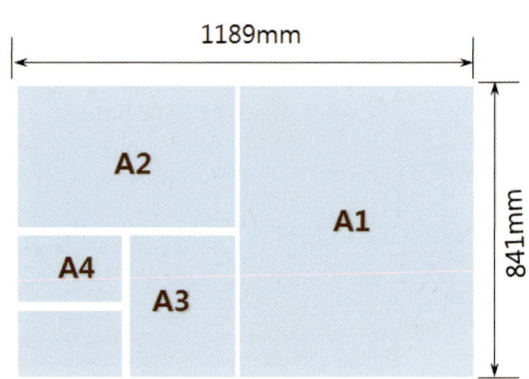

단축아이콘	단축아이콘 이름	명령어	설 명
📂	열기	Open	이미 완성된 도면이나 그리던 도면을 다시 불러오는 명령어입니다.

화면 하단의 Command Line에서 Open을 입력한 후 Enter↵ 키를 누르면 파일선택 대화상자가 나타납니다.

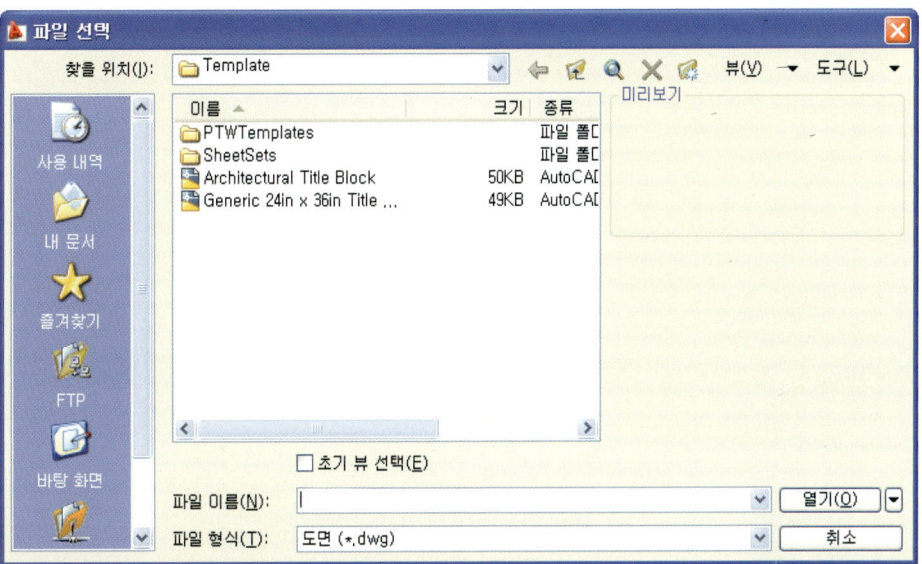

명령행(Command) 사용하기

명령: Open Enter↵

AutoCAD 09 저장하기

단축아이콘	단축아이콘 이름	명령어	설 명
💾	저장하기	Save	현재 도면 이름이나 사용자가 지정하는 이름으로 저장하며, 최근에 저장된 내용 중에서 변경된 사항만 저장하는 명령어입니다.

화면 하단의 Command Line에서 Save를 입력한 후 [Enter ↵] 키를 누르면 파일명을 물어보는 Save Drawing As 대화상자가 나타납니다.

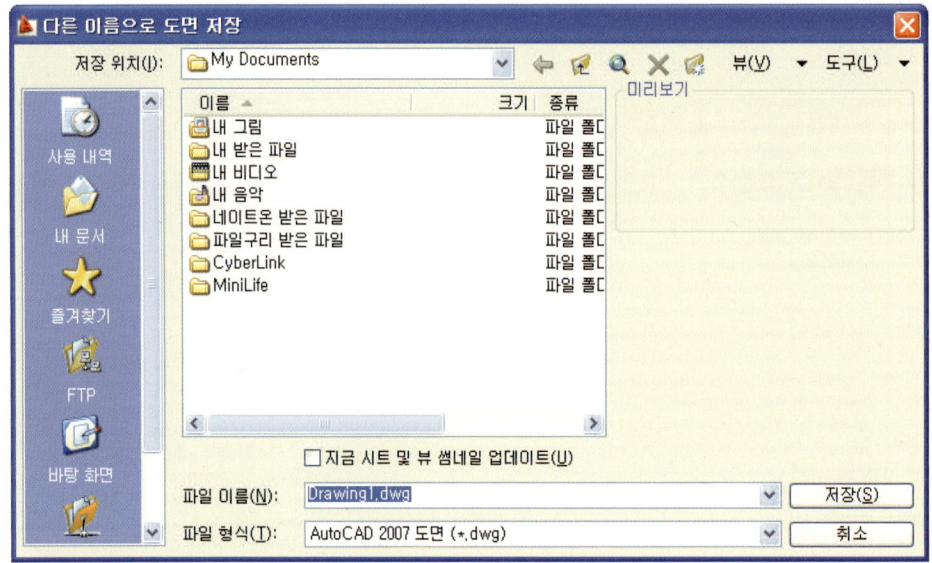

- 파일이름 : 현재까지 진행한 작업을 Disk에 저장할 때 사용합니다.
- 파일형식 : AutoCAD 현재 버전 미만의 하위버전과 템플릿파일로 저장할 수 있습니다. 버전이 다른 경우 상위 버전에서는 하위 버전 파일을 열어볼 수 있으나 하위 버전에서는 상위 버전 파일을 열어볼 수 없습니다.

▶ **명령행(Command) 사용하기**

명령: Save [Enter ↵]

AutoCAD 10 | 종료하기(Quit / Exit)

단축아이콘	단축아이콘 이름	명령어	설 명
✕	나가기	Quit/Exit	현재 도면 상태에서 AutoCAD를 빠져나갈 때 쓰는 명령어입니다.

- Quit : 최종적으로 작업한 도면을 저장하고 AutoCAD를 빠져나갈 때 사용합니다.
- Exit : 도면작업을 종료하고자 할 때 사용합니다. 현재 도면에서 저장되지 않은 내용이 있을 경우 경고상자가 나타납니다.

▶ 명령행(Command) 사용하기

명령: Quit **Enter ↵**

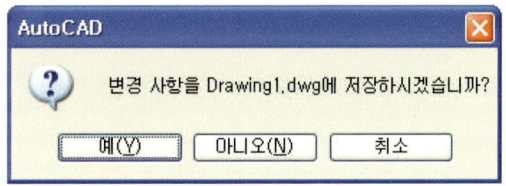

▶ 명령행(Command) 사용하기

명령: Exit **Enter ↵**

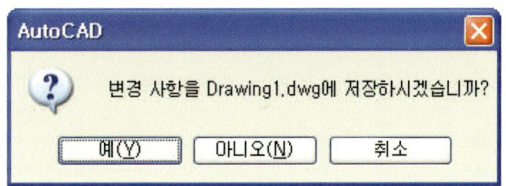

AutoCAD 11 상태표시줄

상태표시줄은 현재 도면의 상태를 표시하며 사용할 때는 눌러서 사용하고 사용하지 않을 때는 다시 눌러 활성화하지 않고 사용합니다.
각 기능의 세팅은 마우스를 해당 아이콘에 놓고 마우스 우클릭을 하면 세부사항을 세팅할 수 있습니다.

AutoCAD버전마다 약간은 다르지만 아이콘 모양이 같으면 같은 기능을 합니다.

①		도면좌표	마우스가 움직이고 있는 곳의 좌표를 표시합니다.
②		구속조건 추론	마우스 포인터의 이동을 조정합니다.
③		스냅모드(F9)	마우스 포인터의 이동을 snap(마디, 절점)으로 조정합니다.
④		그리드 표시(F7)	모눈종이 눈금의 표시를 조절하고 결정합니다.
⑤		직교모드(F8)	마우스를 수직, 또는 수평방향으로만 제어합니다.
⑥		극좌표 추적(F10)	극좌표 기능을 켜고 끕니다.
⑦		객체스냅(F3)	2D에서 객체의 정확한 점들을 선택하는 Osnap 기능을 켜고 끕니다.
⑧		3D객체스냅(F4)	3D에서객체의 정확한 점들을 선택하는 Osnap 기능을 켜고 끕니다.
⑨		객체스냅 추적(F11)	객체스냅을 추적합니다.
⑩		동적UCS를 허용함	동적 UCS를 허용합니다.
⑪		동적 입력	동적 명령어 입력을 합니다.
⑫		선가중치 표시	선의 두께 즉 선 가중치를 표시합니다.
⑬		투명도 표시	투명도를 표시합니다.
⑭		빠른 특성	빠른 특성을 표시합니다.
⑮		선택 순환	겹치는 객체를 선택할 수 있습니다.

기능키 종류	설 명
F1	도움말을 보여줍니다.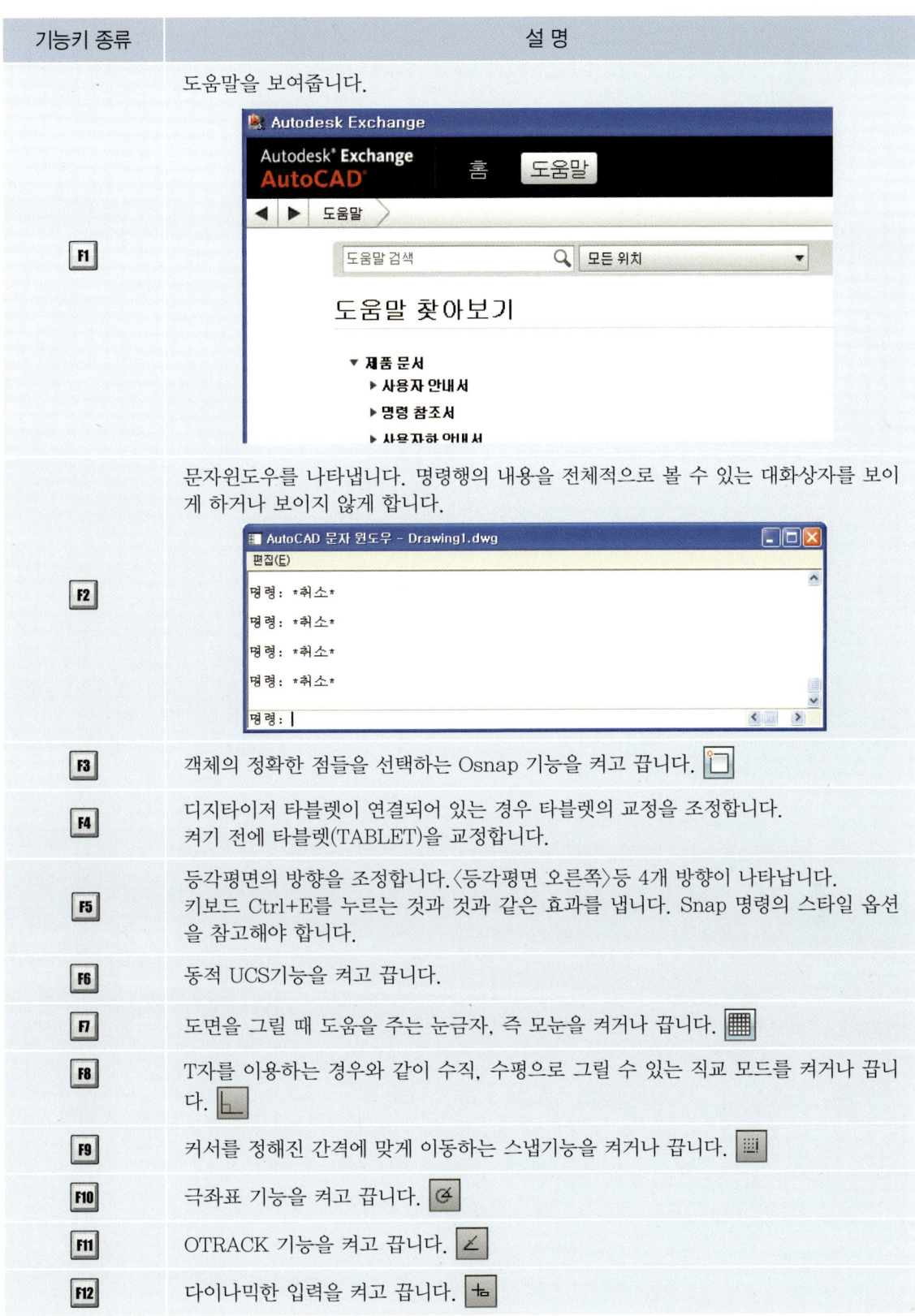
F2	문자윈도우를 나타냅니다. 명령행의 내용을 전체적으로 볼 수 있는 대화상자를 보이게 하거나 보이지 않게 합니다.
F3	객체의 정확한 점들을 선택하는 Osnap 기능을 켜고 끕니다.
F4	디지타이저 타블렛이 연결되어 있는 경우 타블렛의 교정을 조정합니다. 켜기 전에 타블렛(TABLET)을 교정합니다.
F5	등각평면의 방향을 조정합니다.〈등각평면 오른쪽〉등 4개 방향이 나타납니다. 키보드 Ctrl+E를 누르는 것과 것과 같은 효과를 냅니다. Snap 명령의 스타일 옵션을 참고해야 합니다.
F6	동적 UCS기능을 켜고 끕니다.
F7	도면을 그릴 때 도움을 주는 눈금자, 즉 모눈을 켜거나 끕니다.
F8	T자를 이용하는 경우와 같이 수직, 수평으로 그릴 수 있는 직교 모드를 켜거나 끕니다.
F9	커서를 정해진 간격에 맞게 이동하는 스냅기능을 켜거나 끕니다.
F10	극좌표 기능을 켜고 끕니다.
F11	OTRACK 기능을 켜고 끕니다.
F12	다이나믹한 입력을 켜고 끕니다.

AutoCAD

CHAPTER 02

좌표계와 선 그리기

01. 종이 준비하기
02. Line
03. Osnap

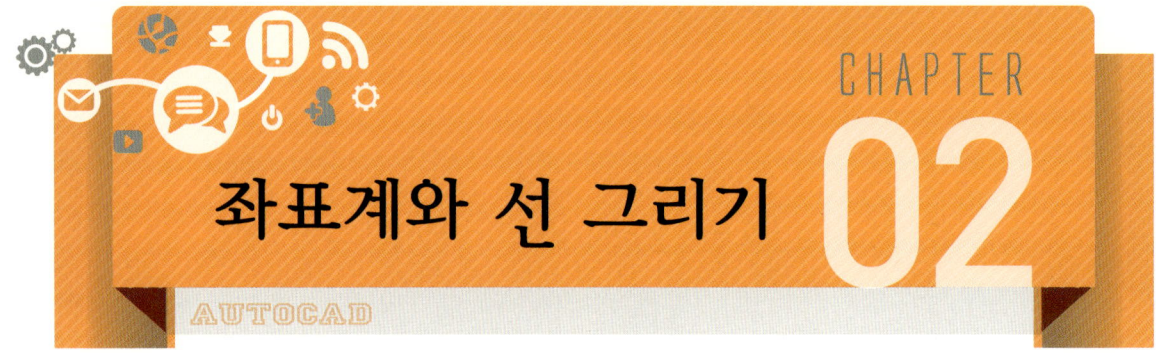

CHAPTER 02
좌표계와 선 그리기

그림을 그리려면 무엇이 필요할까요?

상식적으로 종이, 연필, 지우개 이런 것들이 필요합니다.

CAD는 컴퓨터를 이용하여 그림을 그린다고 생각하면 아주 쉽습니다.

그림을 그리기 위한 준비사항	AutoCAD를 이용한 준비사항
종이, 연필, 지우개, 자, 컴퍼스 등	컴퓨터, 마우스, 프린터 등

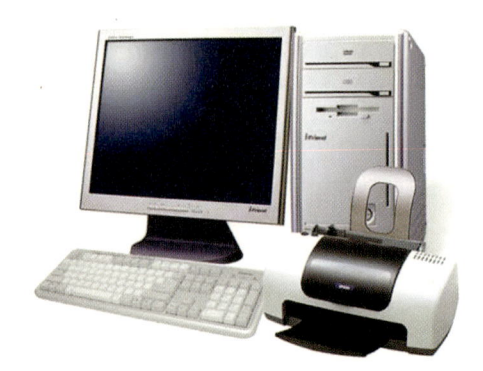

AutoCAD 소프트웨어가 기본적으로 그림이 그려지는 개념은 다음과 같습니다.

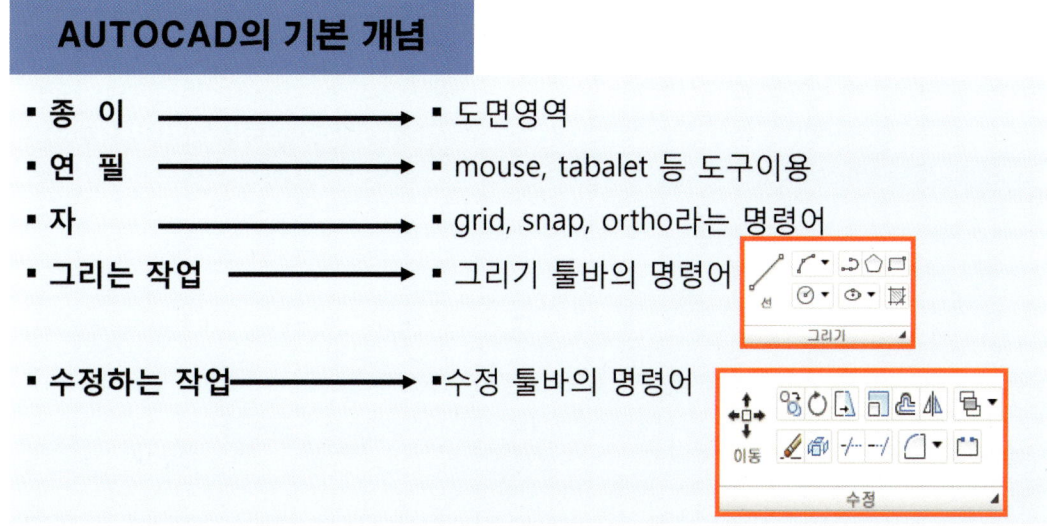

AutoCAD 01 종이 준비하기

이미 앞장에서 명령어 startup을 통해 용지를 설정하였습니다.

명령: startup [Enter ↵]
startup에 대한 새 값 입력 〈0〉: 1 [Enter ↵]
"설정값이 1일 때 시작마법사를 실행할 수 있습니다. 설정값이 0이면 시작 마법사는 실행되지 않으며 전 단계에 사용한 템플릿 파일 대화상자가 표시됩니다."

모눈종이를 보여주기 위해 하단의 명령행에서 gird 명령어와 zoom 명령어를 입력해 봅니다.

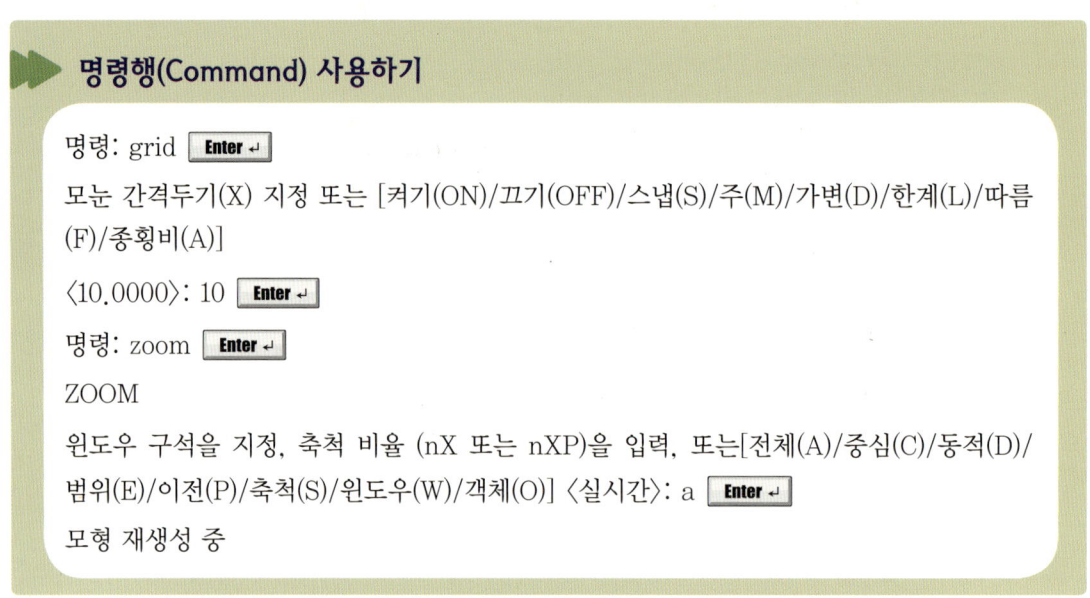

[선 그리기와 좌표계 이해]

무엇인가를 그리는 방법은 아주 많습니다. 연필처럼 스케치할 수도 있고, 자를 이용하여 반듯하게 그릴 수도 있고, 한 개 모양을 연속적으로 그릴 수도 있고, 같은 모양을 한번에 여러 개를 그릴 수도 있고, 직선, 곡선, 원, 다각형 등을 그릴 수도 있습니다. 이번 장에서는 다양한 방법을 이용하여 도면에 무엇인가 그리는 명령어를 알아보겠습니다.

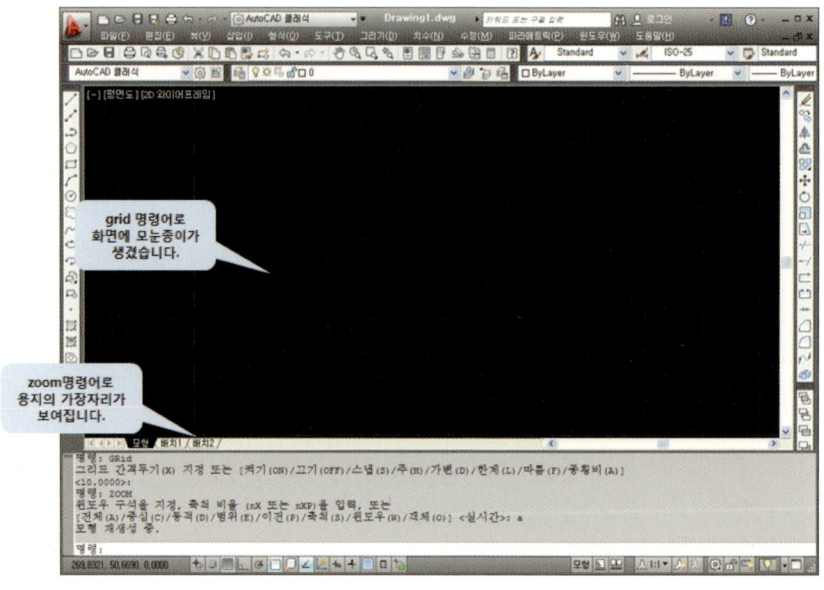

AutoCAD 02 Line

단축아이콘	단축아이콘 이름	명령어	설 명
/	선	Line (L)	직선을 작성합니다.

AutoCAD에서는 다양한 방법의 선 그리기 기능들을 제공하고 있습니다.

> **▶ 명령행(Command) 사용하기**
>
> 명령: line [Enter ↵]
> 첫 번째 점 지정: "마우스로 클릭하거나 좌표값을 입력"
> 다음 점 지정 또는 [명령 취소(U)]: "마우스로 클릭하거나 좌표값을 입력"
> 다음 점 지정 또는 [명령 취소(U)]: "마우스로 클릭하거나 좌표값을 입력"
> 다음 점 지정 또는 [닫기(C)/명령 취소(U)]: "마우스로 클릭하거나 좌표값을 입력"
> 다음 점 지정 또는 [닫기(C)/명령 취소(U)]: "마우스로 클릭하거나 좌표값을 입력"
> 다음 점 지정 또는 [닫기(C)/명령 취소(U)]: *취소*

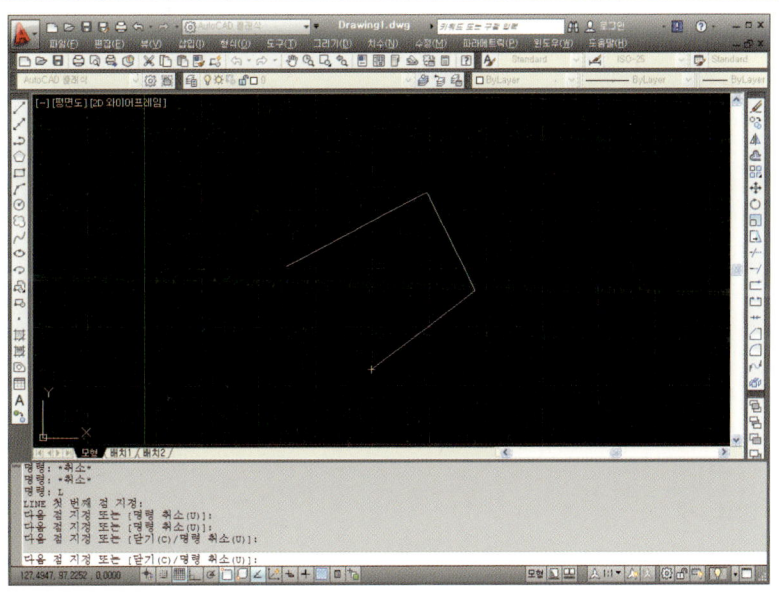

선을 정확히 그리기 위해서는 좌표계 개념이 도입되어야 합니다.

여기서 잠깐!

AutoCAD의 좌표계

① 좌표계의 개념

우리가 사용하는 좌표계는 크게 직교좌표와 극좌표로 나누어지는데, 여기서 원점을 어디에 놓느냐에 따라 절대좌표와 상대좌표로 세분화할 수 있습니다. AutoCAD에서는 다음과 같은 좌표들을 사용합니다.

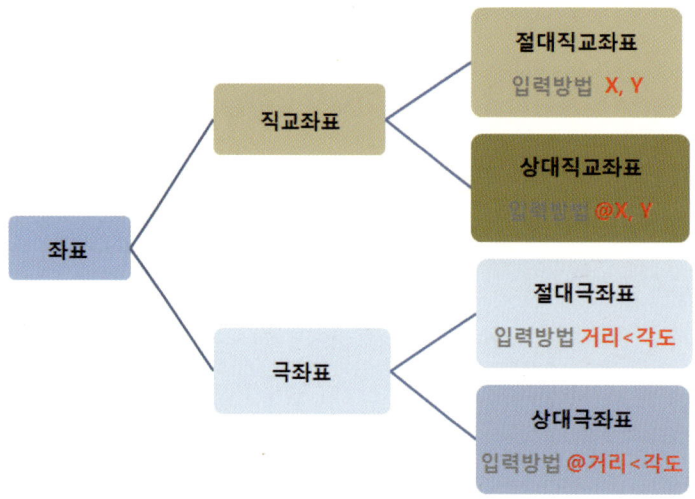

② 절대직교좌표의 이해

절대직교좌표는 항상 원점(0,0)을 기준으로 X, Y의 위치값을 말합니다. 입력방법은 X, Y입니다.
여기서 원점이란 UCS ICON(User Coordinate System)의 X와 Y가 교차하는 부분입니다.

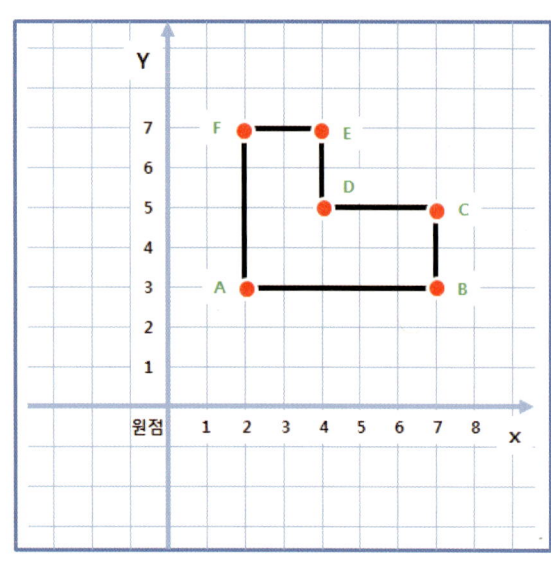

※ 절대직교좌표의 값을 적어봅시다.

	X 좌표	Y 좌표	좌표입력
A 지점	2	3	2,3
B 지점			
C 지점			
D 지점			
E 지점			
F 지점			

[정답]
B지점 7 3 7,3
C지점 7 5 7,5
D지점 4 5 4,5
E지점 4 7 4,7
F지점 2 3 2,7

③ 상대직교좌표의 이해

상대좌표는 직교좌표에서 마지막에 입력된 점을 기준으로 X, Y의 변위값을 말합니다. 그래서 상대좌표는 항상 원점과 상관없이 제일 마지막에 지정한 점과의 거리관계를 나타냅니다. 기호 @를 붙여 주어 마지막 지점을 0,0으로 만든다고 생각하면 됩니다. 입력방법은 @X,Y 입니다.

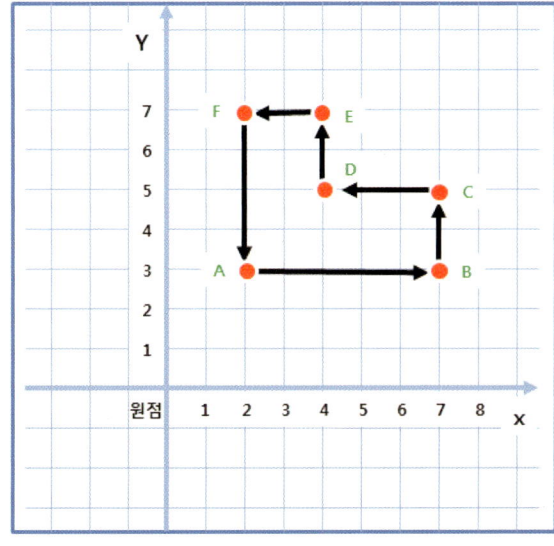

※ 상대직교좌표의 값을 적어봅시다.

	X좌표	Y좌표	좌표입력
A 지점	2	3	2,3
B 지점	5	0	@5,0
C 지점	0	2	@0,2
D 지점			
E 지점			
F 지점			

[지점A는 절대좌표로 이동했습니다.]

[정답]
C지점 0 2 @0,2
D지점 -3 0 @-3,0
E지점 0 2 @0,2
F지점 -2 0 @-2,0

④ 절대극좌표의 이해

절대극좌표는 원점(0,0)에서의 거리와 각도로 지점의 위치를 표현합니다. 각도는 일반적으로 반시계방향이 + (플러스)방향이고 시계방향이 - (마이너스)방향입니다.

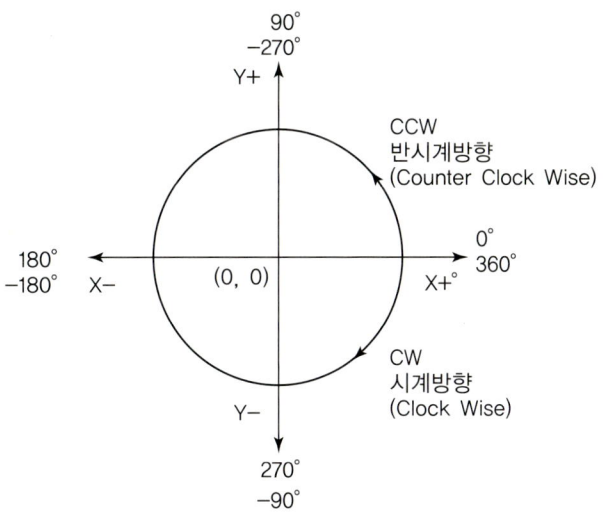

43

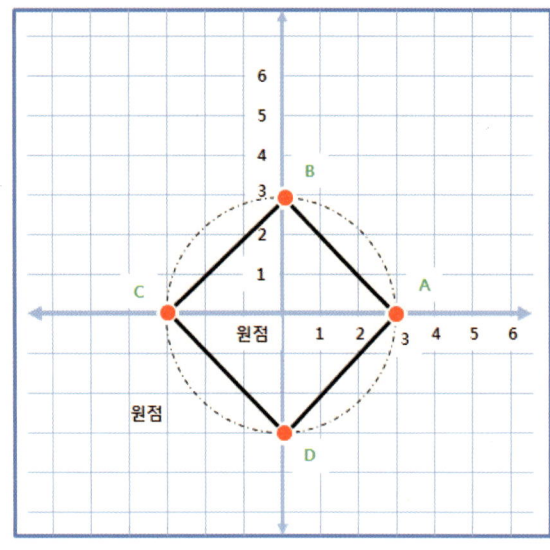

※ 절대극좌표의 값을 적어봅시다.

	거리	각도	좌표입력
A 지점	3	0	3<0
B 지점	3	90	3<90
C 지점	3	180	3<180
D 지점			

[정답]
D지점 3 270 3<270

⑤ 상대극좌표의 이해

상대극좌표는 극좌표에 상대좌표계 개념을 더한 것으로 마지막에 입력한 기준을 원점으로 인식하여 거리<각도로 표현하는 방식입니다. 입력방법은 @거리<각도입니다.

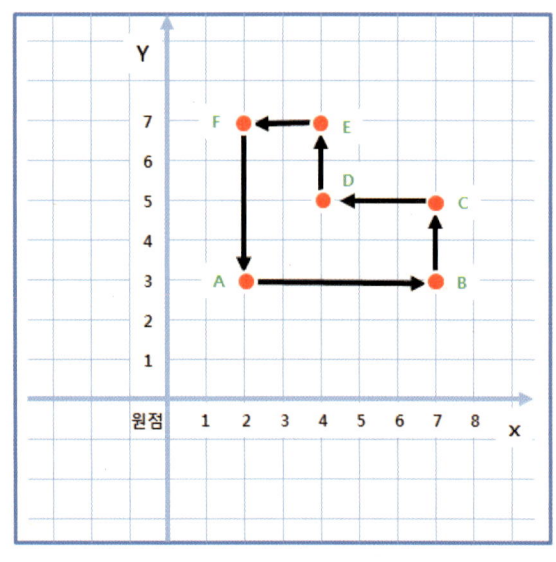

※ 상대극좌표의 값을 적어봅시다.

	거리	각도	좌표입력
A 지점	2	3	2,3
B 지점	5	0	@5<0
C 지점	2	90	@2<90
D 지점	3	180	
E 지점			
F 지점			

[지점A는 절대좌표로 이동했습니다.]

[정답]
D지점 3 180 @3<180
E지점 2 90   @2<90
F지점 2 180 @2<180

다음과 정사각형 가로 100 [mm] 세로 100 [mm] 크기를 절대직교좌표계, 상대직교좌표계, 상대극좌표계로 연습해 봅시다.

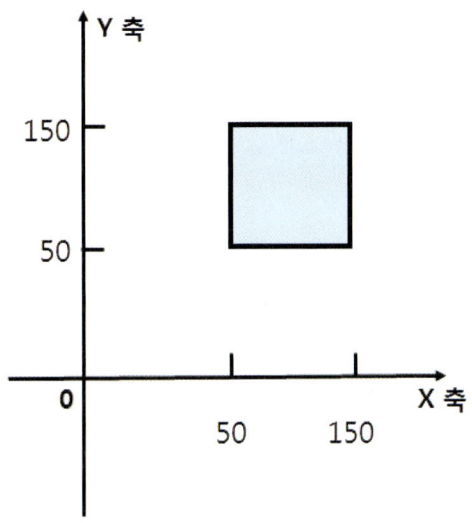

※ 절대직교좌표, 상대직교좌표, 상대극좌표 값을 다음과 같이 적어봅시다.

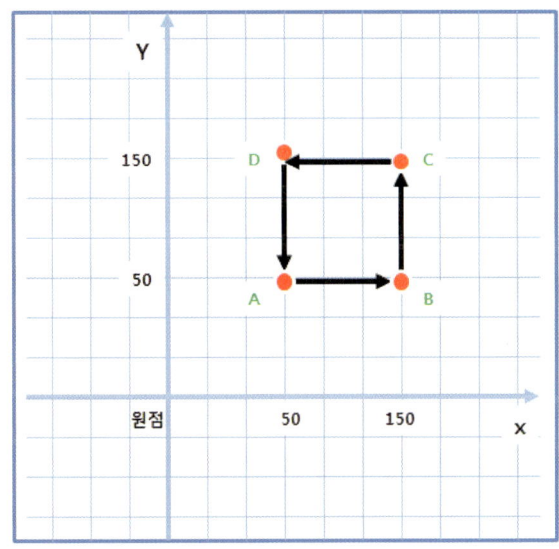

	절대직교좌표	상대직교좌표	상대극좌표
A 지점	50,50	50,50	50,50
B 지점	150,50	@50,0	@50<0
C 지점	150,150	@0,50	@50<90
D 지점	50,150	@-50,0	@50<180
A 지점	50,50	@0,-50	@50<270

[지점A는 절대좌표로 이동했습니다.]

① 절대직교좌표 이용

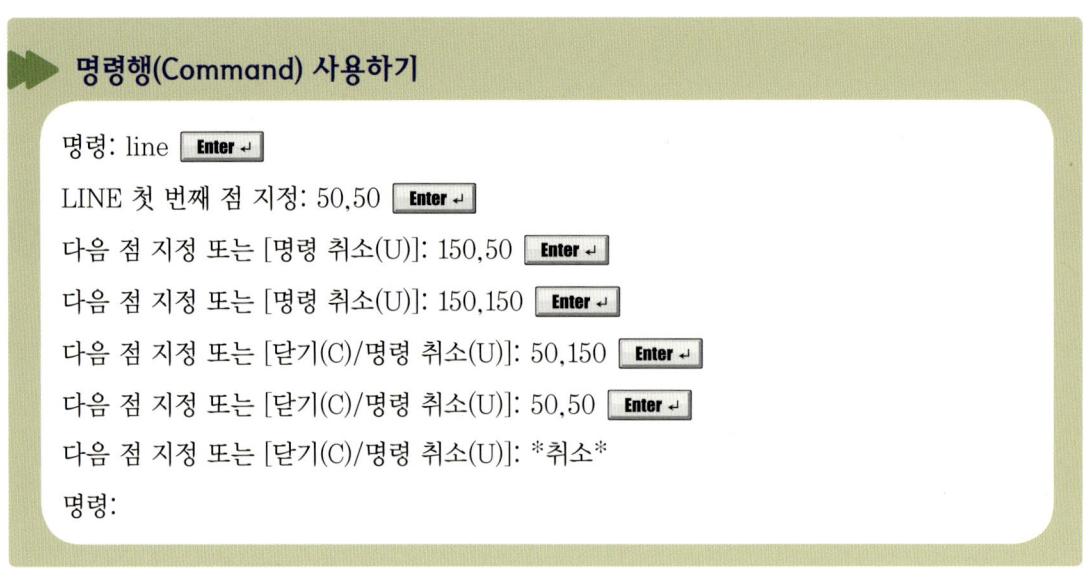

> 명령행(Command) 사용하기
>
> 명령: line [Enter↵]
> LINE 첫 번째 점 지정: 50,50 [Enter↵]
> 다음 점 지정 또는 [명령 취소(U)]: 150,50 [Enter↵]
> 다음 점 지정 또는 [명령 취소(U)]: 150,150 [Enter↵]
> 다음 점 지정 또는 [닫기(C)/명령 취소(U)]: 50,150 [Enter↵]
> 다음 점 지정 또는 [닫기(C)/명령 취소(U)]: 50,50 [Enter↵]
> 다음 점 지정 또는 [닫기(C)/명령 취소(U)]: *취소*
> 명령:

▶▶ 따라하기 실행결과 (절대직교좌표 이용)

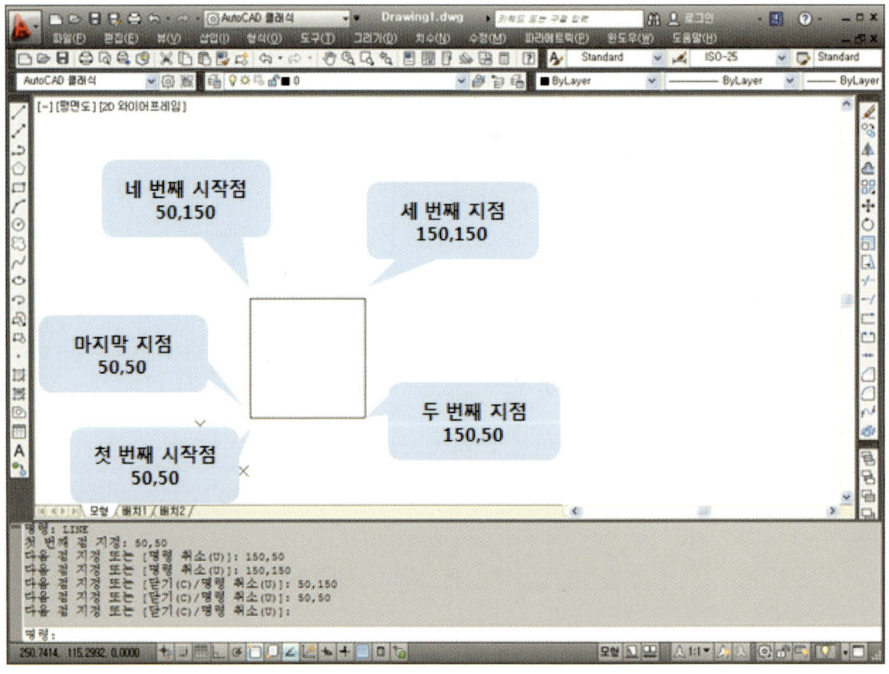

가로 100 [mm], 세로 100 [mm]의 정사각형이 그려졌습니다.

② 상대직교좌표 이용

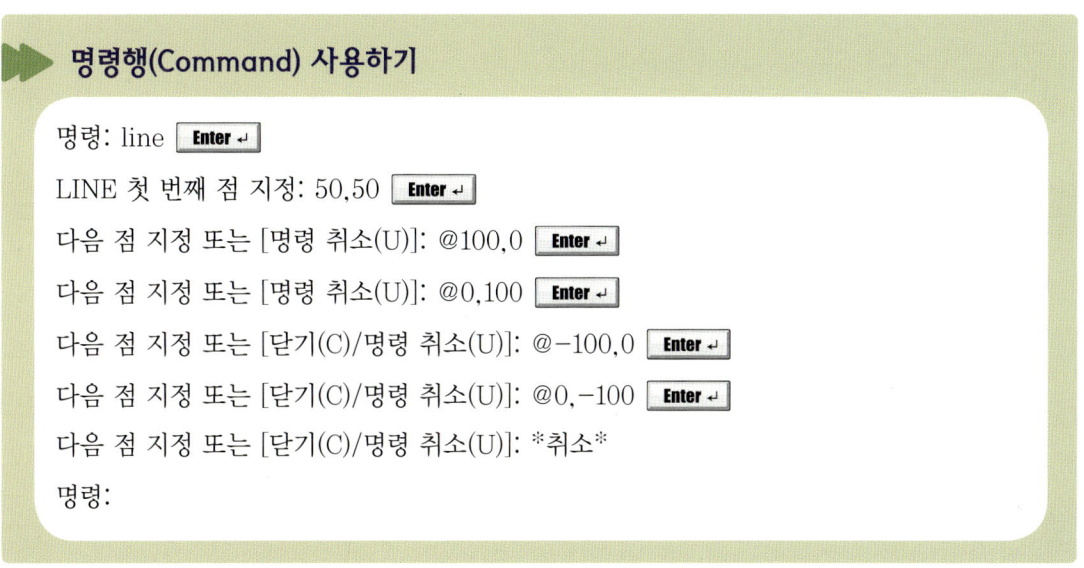

따라하기 실행결과 (상대직교좌표 이용)

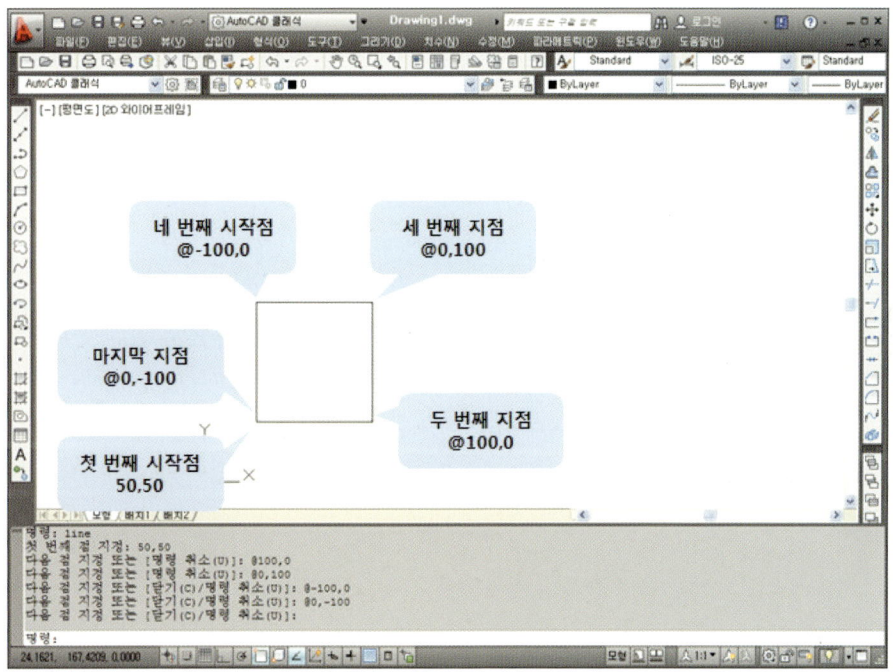

좌표는 다르지만 마찬가지로 가로 100 [mm], 세로 100 [mm]의 정사각형이 그려졌습니다.

③ 상대극좌표 이용

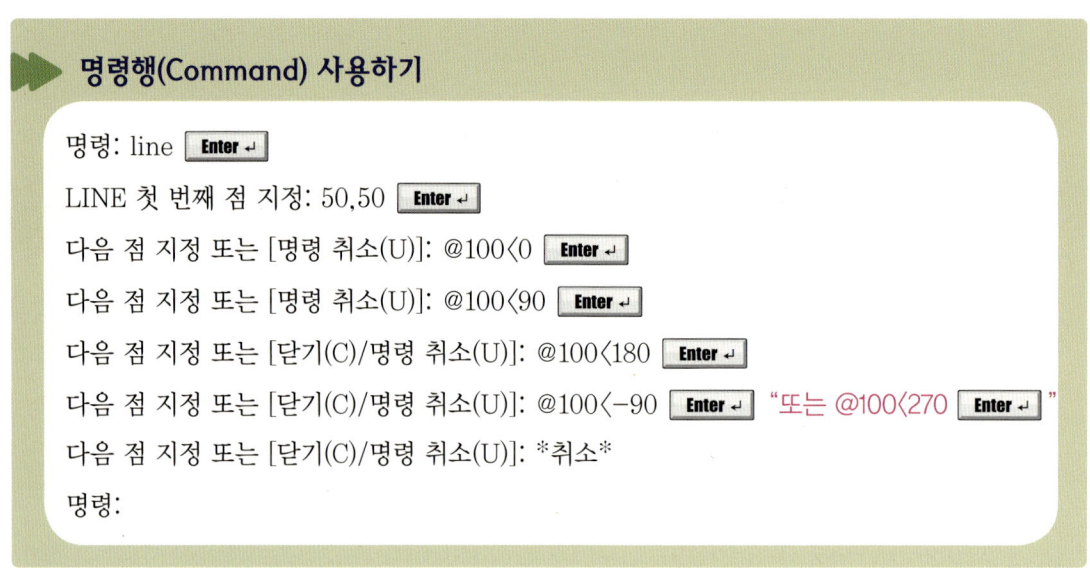

▶▶ **명령행(Command) 사용하기**

명령: line Enter
LINE 첫 번째 점 지정: 50,50 Enter
다음 점 지정 또는 [명령 취소(U)]: @100<0 Enter
다음 점 지정 또는 [명령 취소(U)]: @100<90 Enter
다음 점 지정 또는 [닫기(C)/명령 취소(U)]: @100<180 Enter
다음 점 지정 또는 [닫기(C)/명령 취소(U)]: @100<-90 Enter "또는 @100<270 Enter "
다음 점 지정 또는 [닫기(C)/명령 취소(U)]: *취소*
명령:

▶▶ **따라하기 실행결과** (상대극좌표 이용)

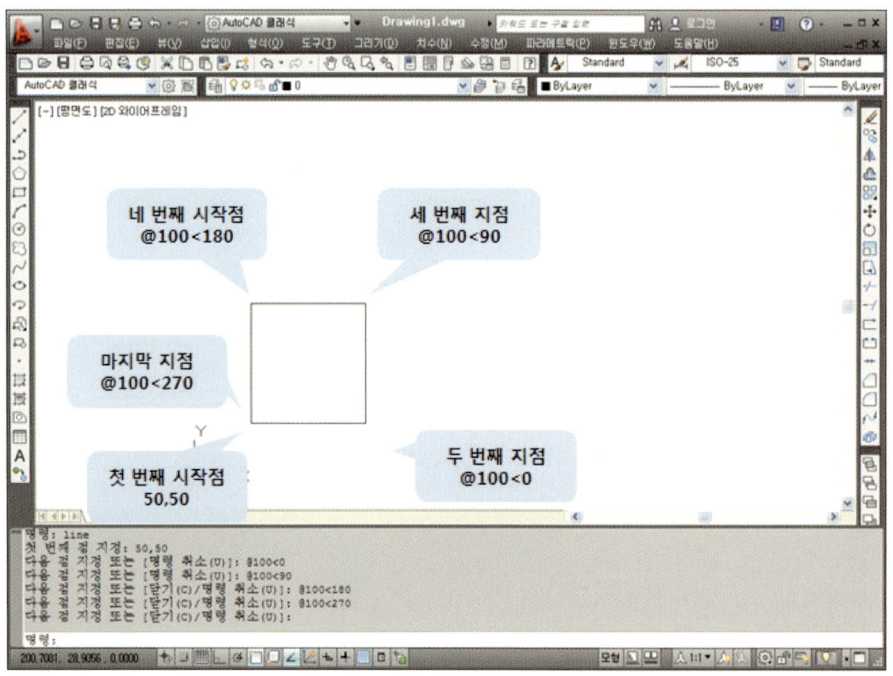

좌표계는 다르지만 마찬가지로 가로 100 [mm], 세로 100 [mm]의 정사각형이 그려졌습니다.

④ 좌표 혼합하여 사용하기

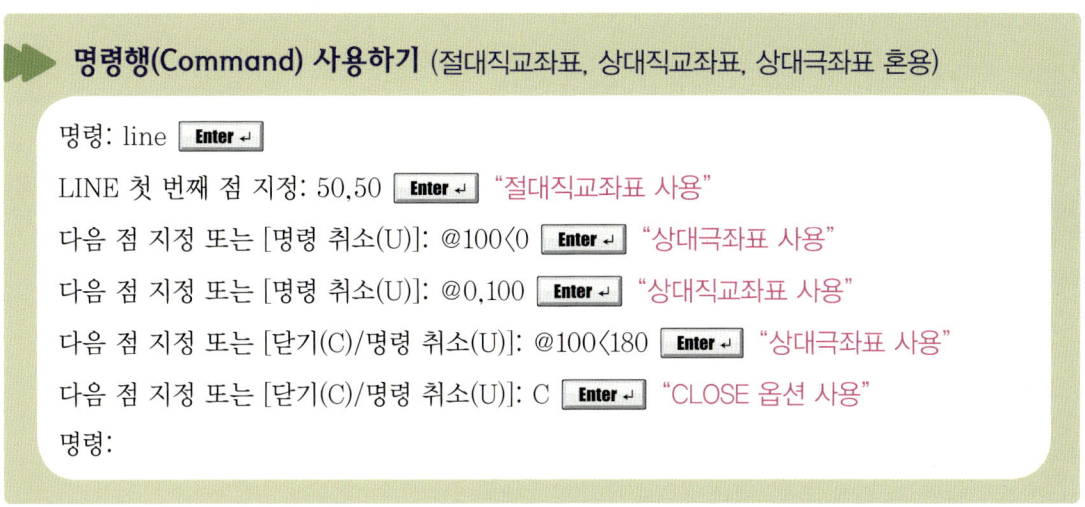

▶ **따라하기 실행결과** (절대직교좌표, 상대직교좌표, 상대극좌표 혼용)

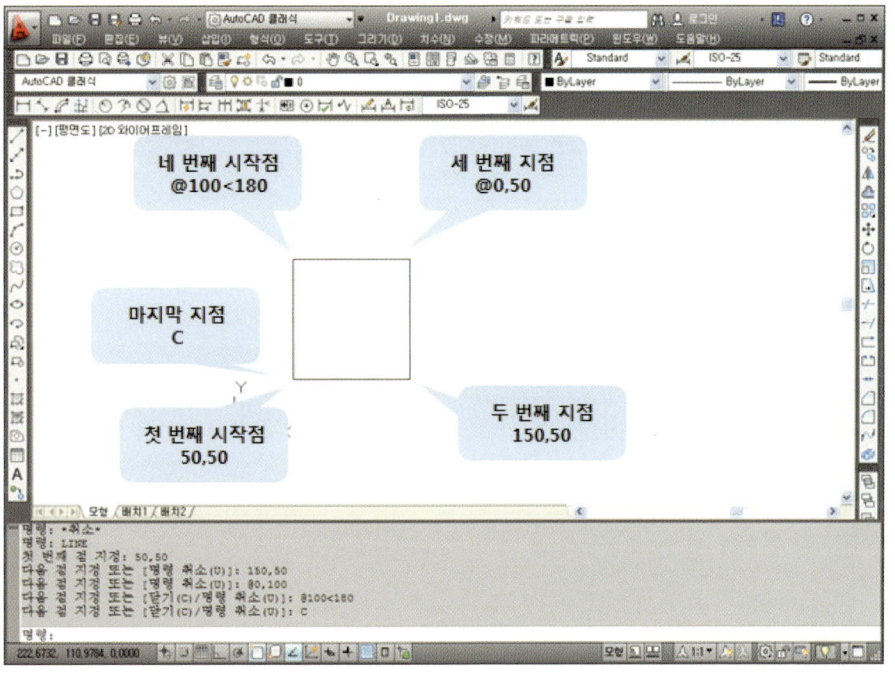

처음에 절대직교좌표로 시작했다가 중간에 좌표계를 변경하여도 결과는 같습니다.

마지막에 좌표를 입력하는 대신 "C"를 입력하면 다각형을 close한다는 의미로 다각형이 마무리됩니다.

⑤ 직교모드 사용하기

명령행에서 단축 명령어인 "L"을 입력한 후 화면상의 임의의 점을 클릭하거나 절대좌표를 이용하여 입력한 후 AutoCAD 화면 하단의 상태도구막대인 □를 클릭하여 활성화한 후 마우스로 그려질 방향 근처에 놓고 키보드로 길이를 입력하면 자동으로 그려집니다.

이 방법을 사용하면 편리합니다.

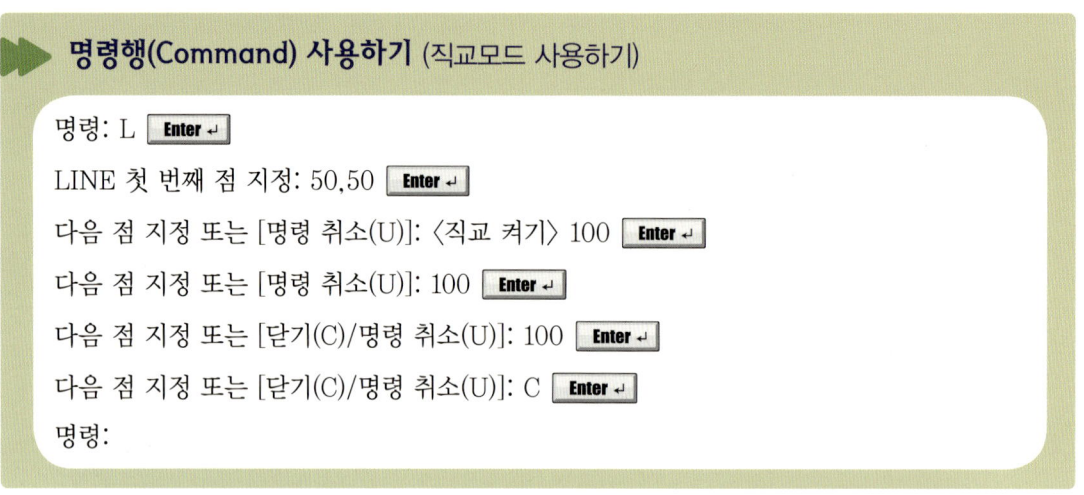

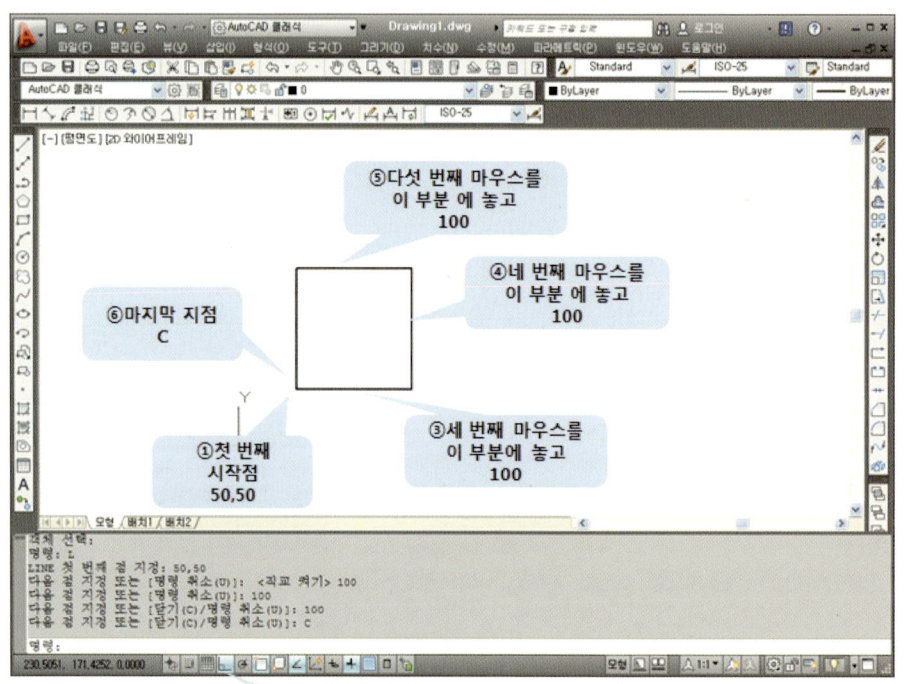

명령어 도중에 "U"를 입력하면 바로 직전까지 명령어가 수행되었던 것이 취소됩니다.

Undo(U) : 명령 취소	이전 좌표를 취소합니다.
Close(C) : 닫기	첫 번째 좌표로 연결하여 닫힌 다각형 형태를 생성합니다.

주의사항

계속해서 선을 그리고 다 그렸으면 다음 점 지정에서 그냥 `Enter ↵` 를 치면 종료가 됩니다. 이때는 다시 명령 대기 상태(Command)로 되는데, 바로 `Enter ↵` 를 치면, 선 그리기 상태로 되돌아갑니다.

`Enter ↵` 키는 바로 직전의 명령어를 반복합니다. `Enter ↵` 키를 효율적으로 사용하면 도면 작업하는 시간이 줄어듭니다.

AutoCAD 03 Osnap

단축아이콘	단축아이콘 이름	명령어	설 명
	객체스냅	Osnap	Object Snap의 줄인 말입니다. Object는 객체, Snap은 '재빨리 잡아채다 또는 낚아채다'란 뜻이 있습니다. 말 그대로 어떤 객체의 특정부분을 잡아 내는 역할을 합니다.

마우스를 상태표시줄의 위에 놓고 마우스 우클릭하면 아래 화면과 같이 됩니다.

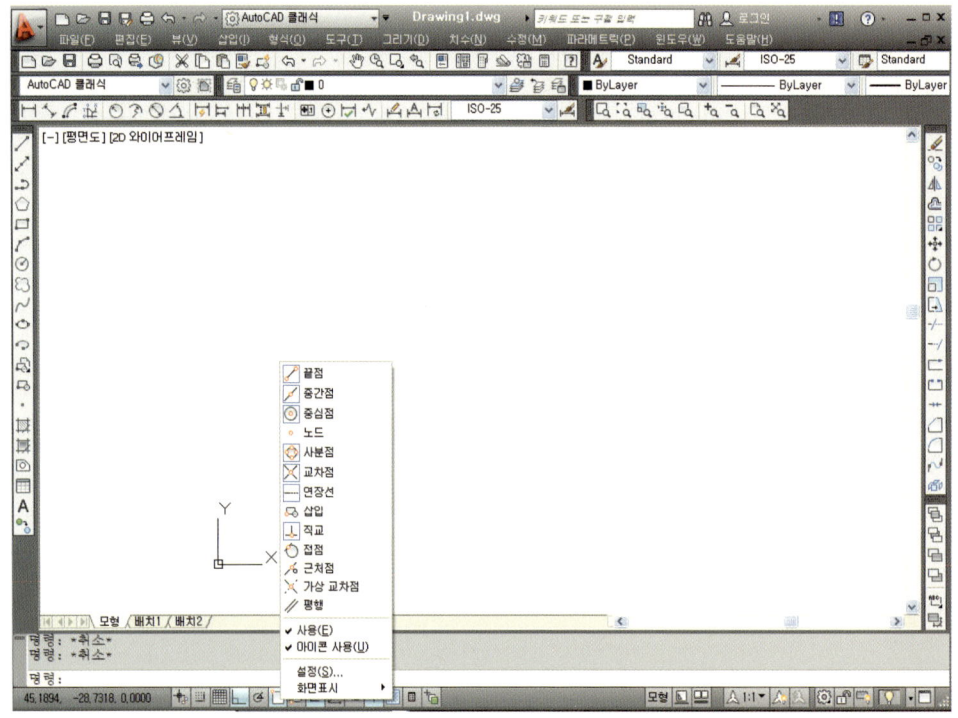

Osnap을 적절히 세팅해 놓으면 도면을 빨리 정확히 그릴 수 있으며 특정 부분에서는 원하지 않는 결과를 초래할 수 있으므로 항상 어떤 사항을 세팅했는지 확인하면서 작업하여야 합니다.

▶ 명령행(Command) 사용하기

명령: Osnap Enter ↵

Osnap을 실행하면 다음과 같은 대화상자가 나오는데 끝점, 중간점, 중심점, 사분점, 교차점에 체크하고 나머지는 체크하지 않으며 필요에 따라 적절히 선택하여 사용합니다.

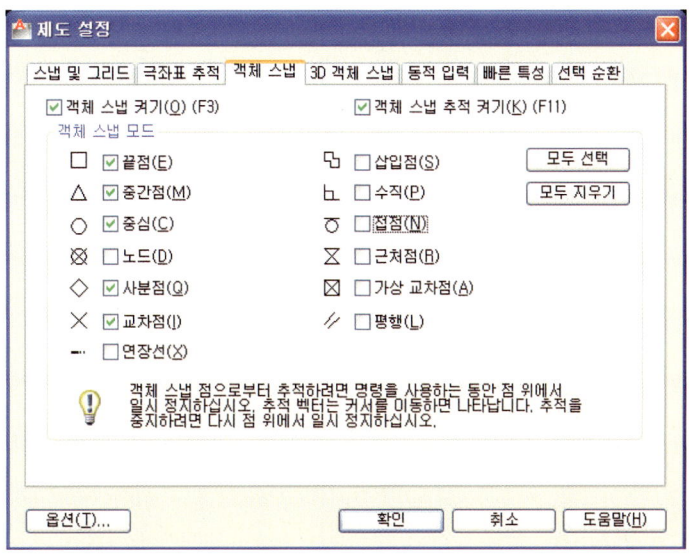

OPTION

	Osnap 종류		설 명
□	끝점	Endpoint	선, 호 등의 Object들의 양 끝점을 찾습니다.
△	중간점	Midpoint	선, 호 등의 Object들의 이등분점(중간점)을 찾습니다.
○	중심	Center	호, 원 등의 Object들의 중심점을 찾습니다.
⊗	노드	Node	Point 명령으로 만들어진 점을 찾습니다.
◇	사분점	Quadrant	호, 원 등의 Object들의 사분점(0도, 90도, 180도, 270도)을 찾습니다.
×	교차점	Intersection	Object들의 교차점을 찾습니다.
⋯	연장선	Extension	Object들의 연장점을 찾습니다.
⌐	삽입점	Insertion	Block, Text 등의 삽입점을 찾습니다.
⊥	수직	Perpendicular	한 점을 시작으로 하여 도착점에 직교되는 지점을 찾습니다.
○	접점	Tangent	Object들의 접선점을 찾습니다.
⋈	근처점	Nearest	Object들의 가까운 지점을 찾습니다.
⊠	가상교차점	Apparent intersection	3차원 교차점을 찾습니다. Viewpoint 상태의 교차점이므로 3차원에서는 가상의 점이 될 수도 있습니다.
∥	평행	Parallel	평행한 점을 찾습니다.

53

표시된 모양은 각각의 특징을 잘 살려서 이미지화한 것으로 도면작업 시 OSNAP이 ON 되어 있으면 주황색으로 각 모양이 생기게 됩니다. 도면작업 시 좀 더 빠르고 정확하게 하는 데 도움을 줍니다.

그러나 항상 OSNAP이 ON 되어 있으면 세팅되어 있는 지점으로 찾아가므로 불편할 때도 있습니다. 필요 시에만 사용하는 것이 바람직합니다.

다른 명령어 진행 중에 상태표시줄의 클릭하여 활성화한 후 사용하거나 그래픽영역에서 Shift + 마우스 우클릭을 해서 사용합니다.

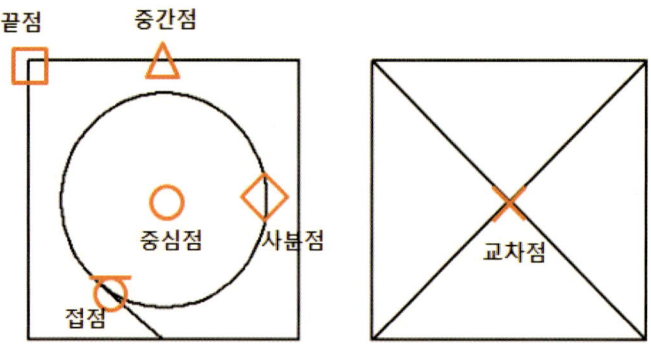

예제1 다음과 같은 직선을 Osnap을 이용하여 선의 중간지점에서 선을 그려봅시다.

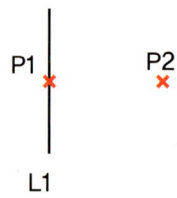

> **명령행(Command) 사용하기**
>
> 명령: Line [Enter↵]
> LINE 첫 번째 점 지정:
> 다음 점 지정 또는 [명령 취소(U)]: 마우스로 p1클릭
> 다음 점 지정 또는 [명령 취소(U)]: 마우스로 p2클릭
> 다음 점 지정 또는 [명령 취소(U)]: [Enter↵]

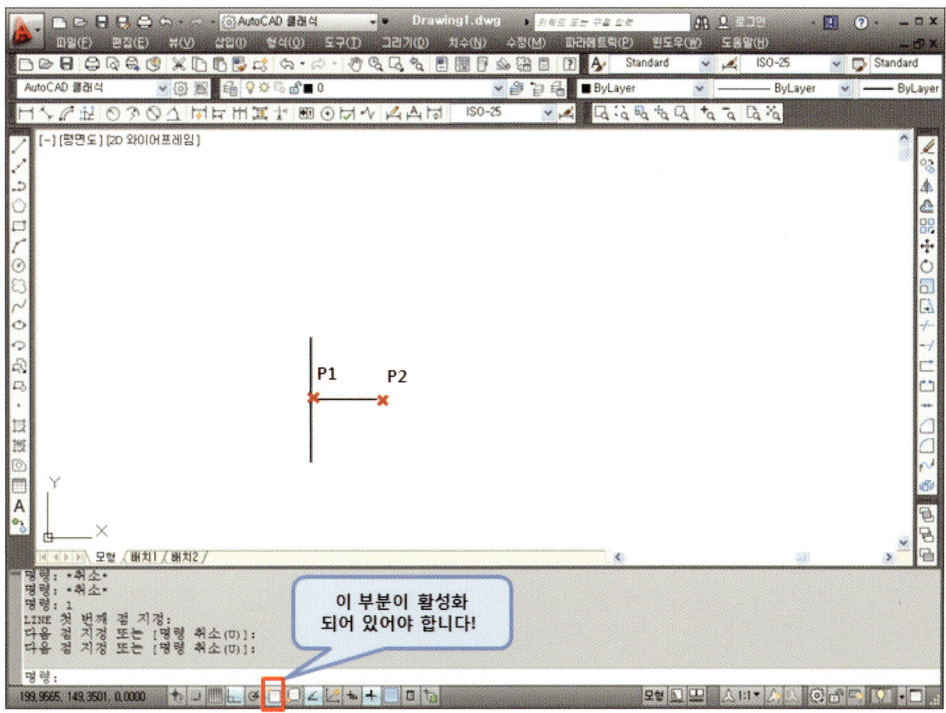

예제2 ▶ 다음과 같은 사각형에서 중간점과 끝점을 이용하여 실행 후 도형을 만들어봅시다.

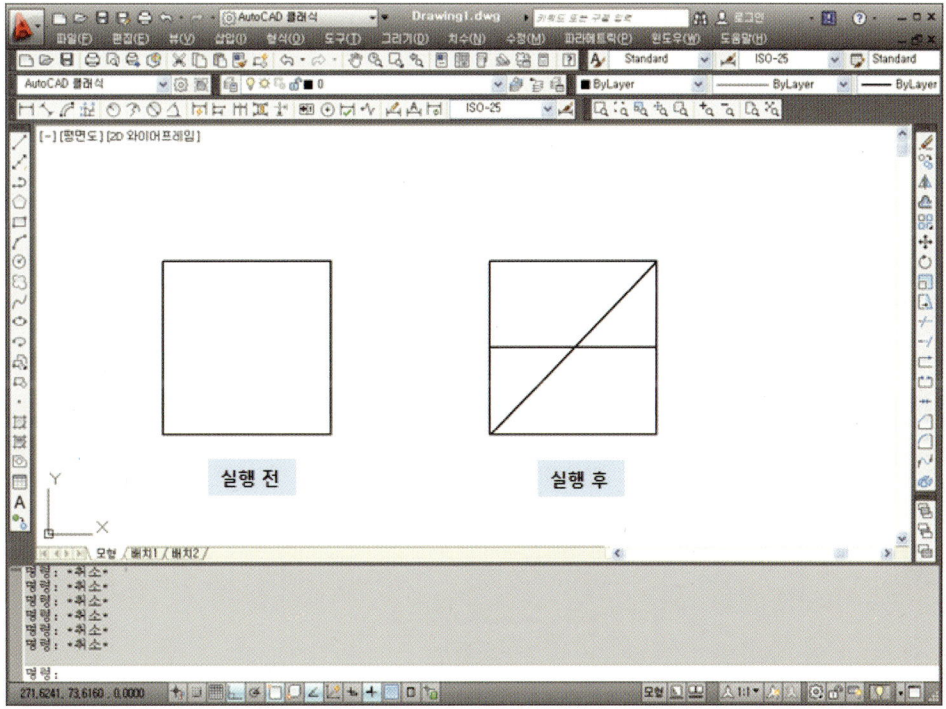

| 과제명 | 좌표계 익히기 |

1. 절대 직교좌표로 사각형 그려보기

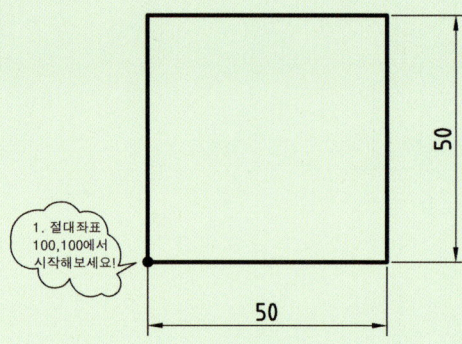

1. 절대직교좌표 100,100에서 시작해보세요!
2. 절대직교좌표 150, 100 입력
3. 절대직교좌표 150, 150 입력
4. 절대직교좌표 100, 150 입력
5. 절대직교좌표 100,100 입력

키보드에서 ESC 입력하여 마무리!

2. 상대 직교좌표로 사각형 그려보기

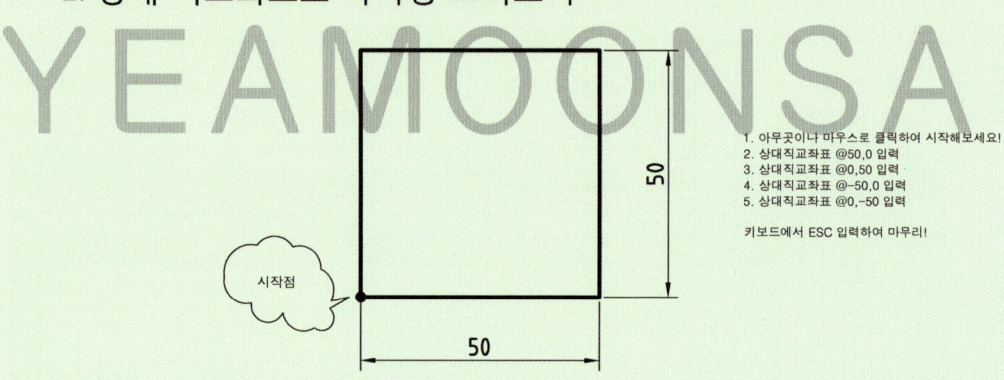

1. 아무곳이나 마우스로 클릭하여 시작해보세요!
2. 상대직교좌표 @50,0 입력
3. 상대직교좌표 @0,50 입력
4. 상대직교좌표 @-50,0 입력
5. 상대직교좌표 @0,-50 입력

키보드에서 ESC 입력하여 마무리!

3. 상대 극좌표로 사각형 그려보기

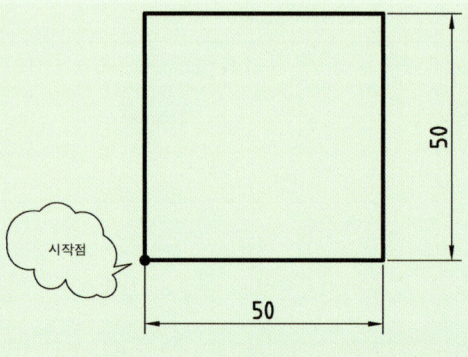

1. 아무곳이나 마우스로 클릭하여 시작해보세요!
2. 상대극좌표 @50<0 입력
3. 상대직교좌표 @50<90 입력
4. 상대직교좌표 @50<180 입력
5. 상대직교좌표 @50<270 입력

키보드에서 ESC 입력하여 마무리!

Copyright(c) All Rights Reserved.

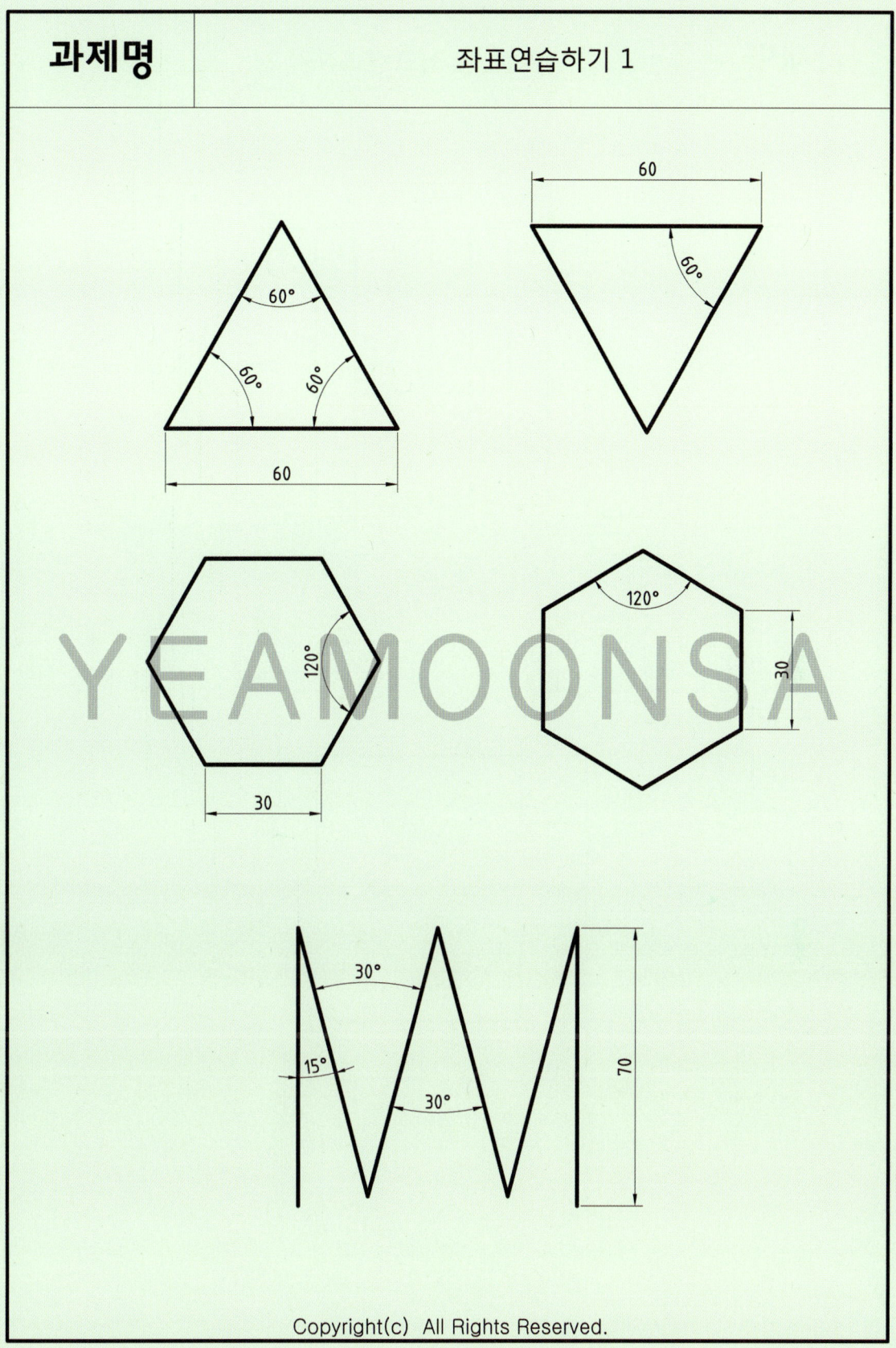

| 과제명 | 좌표연습하기 2 |

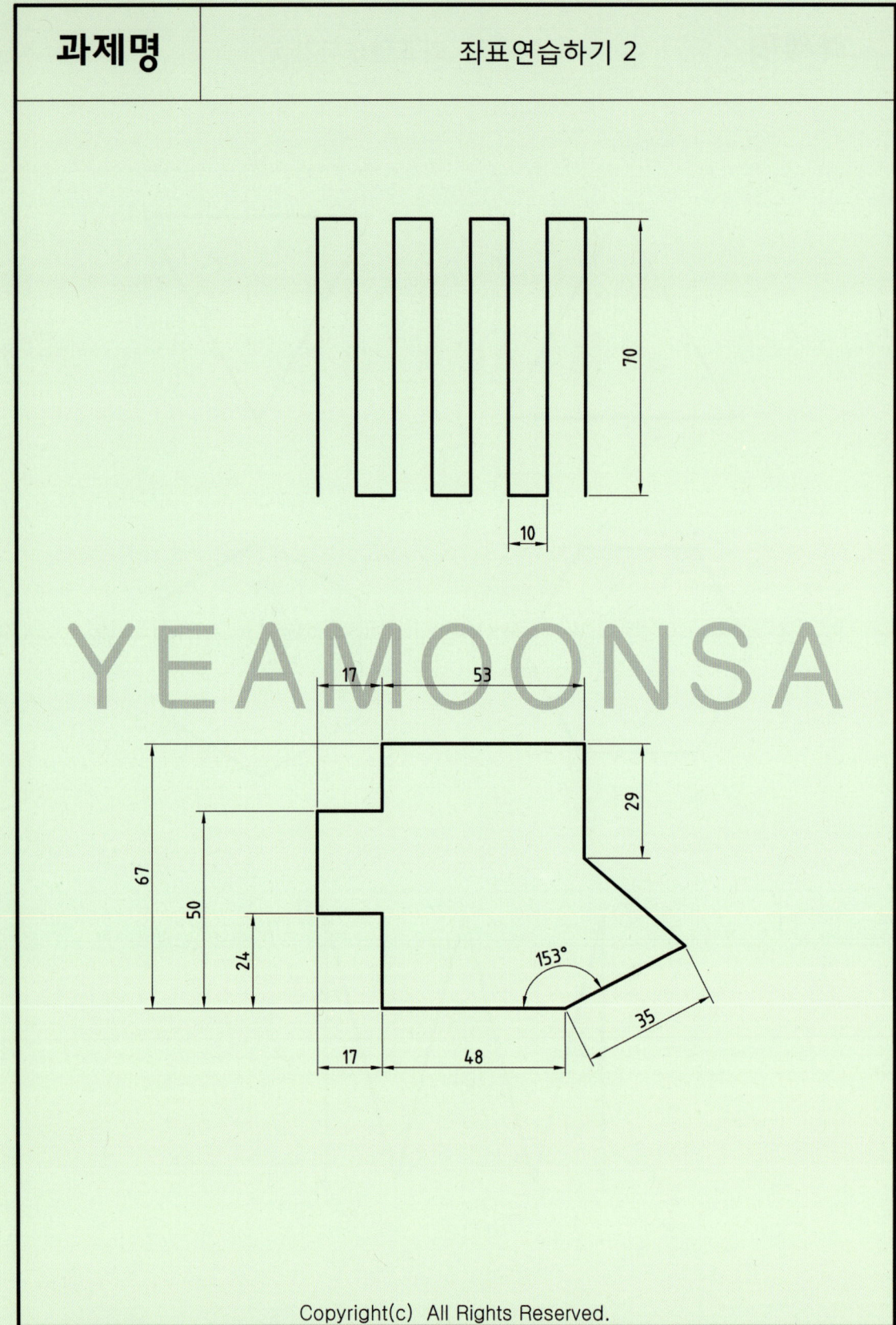

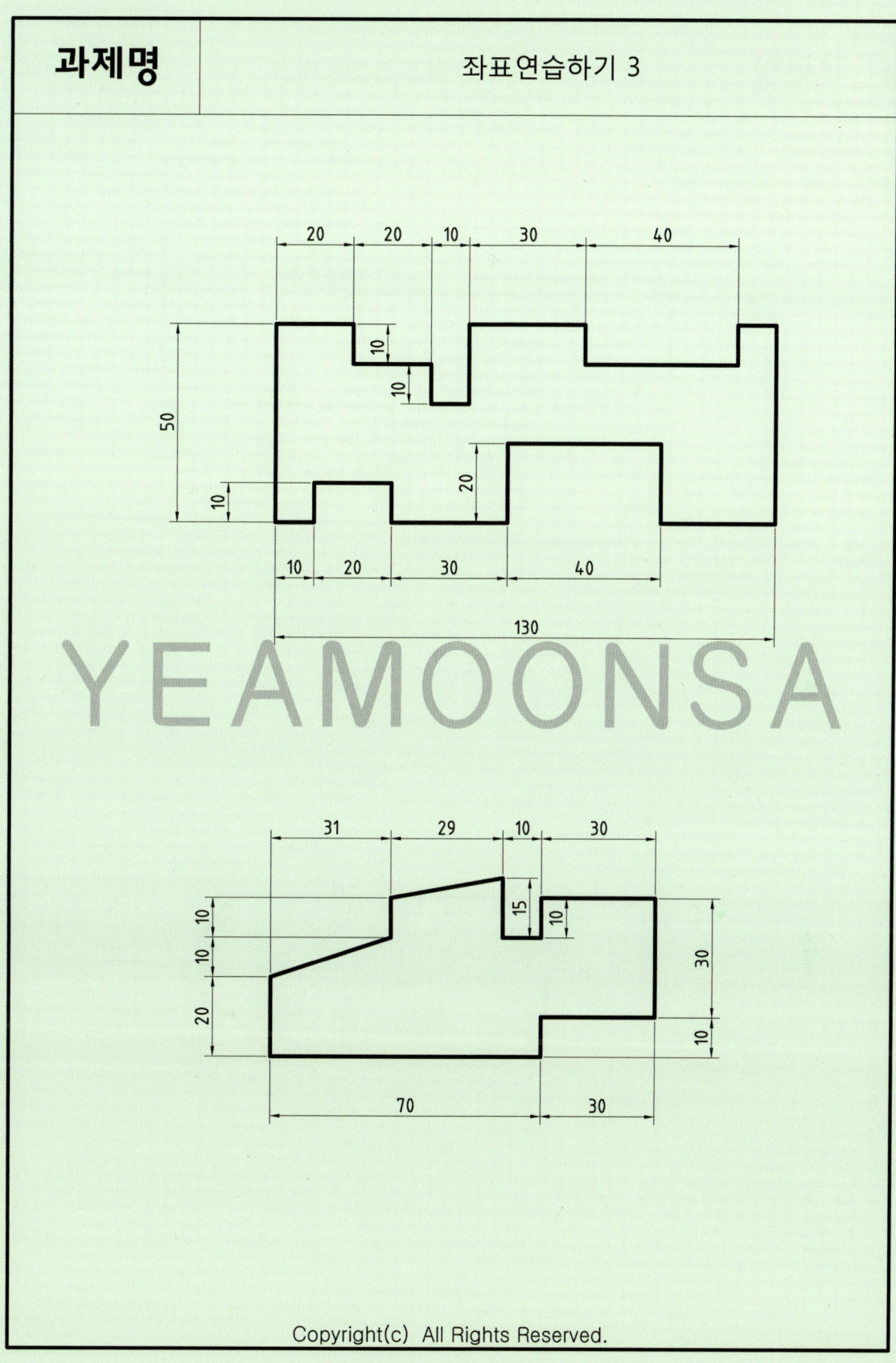

과제명	좌표연습하기 4

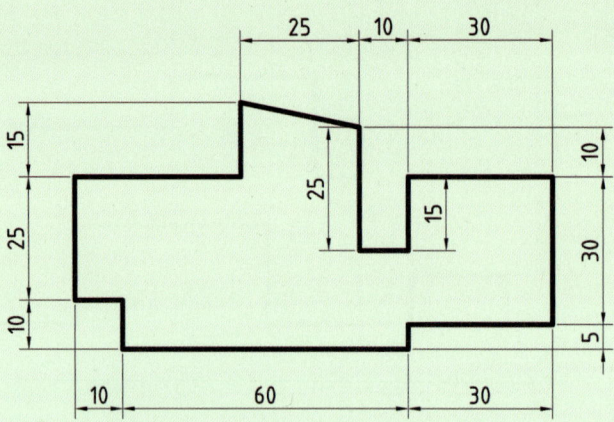

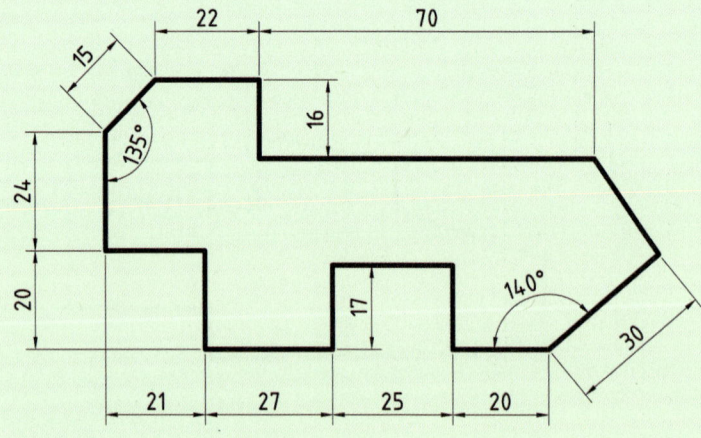

| 과제명 | 좌표연습하기 5 |

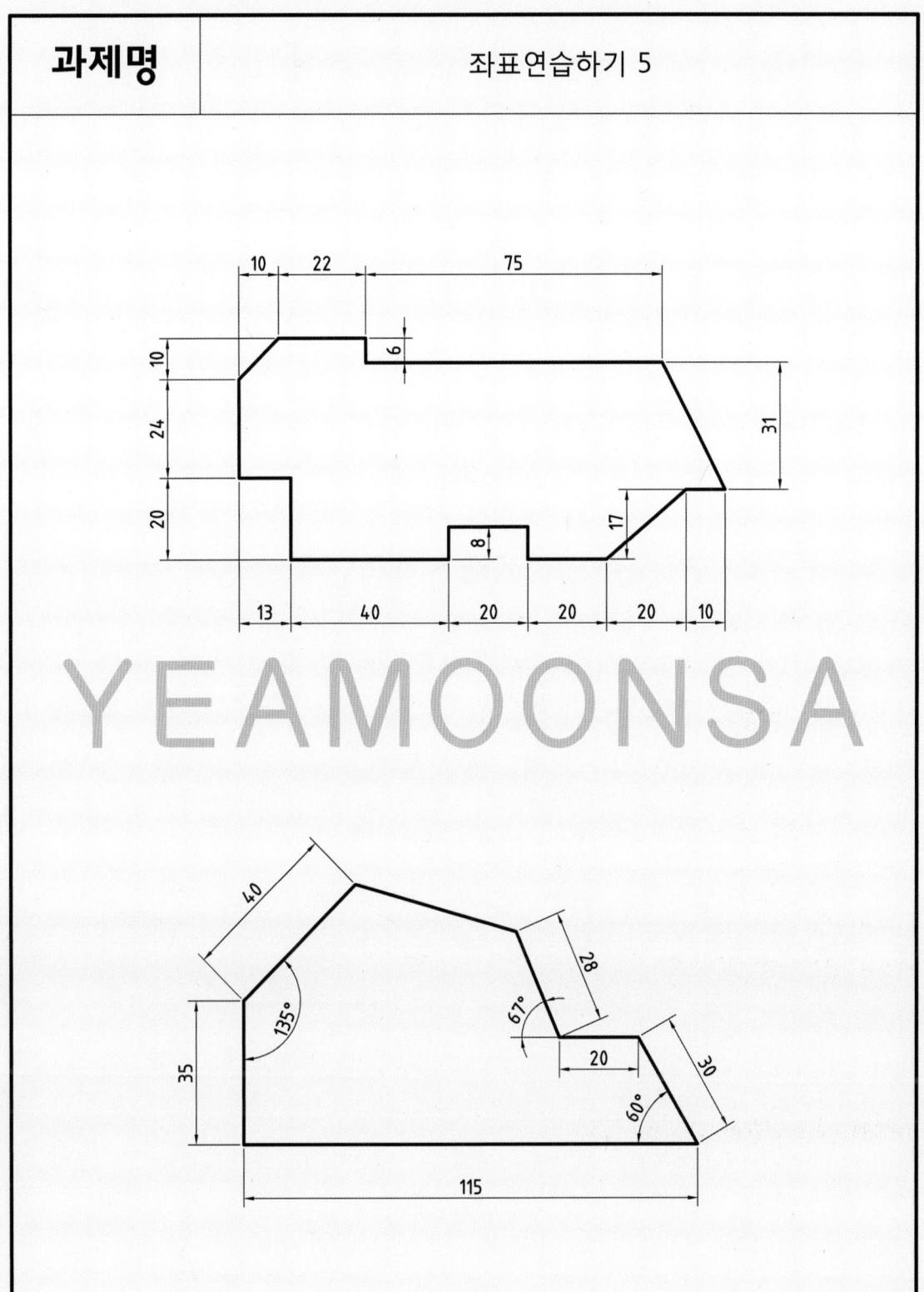

과제명	좌표연습하기 6

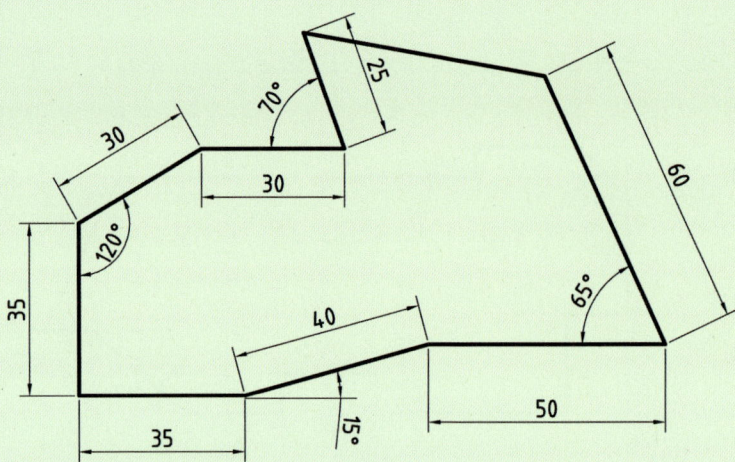

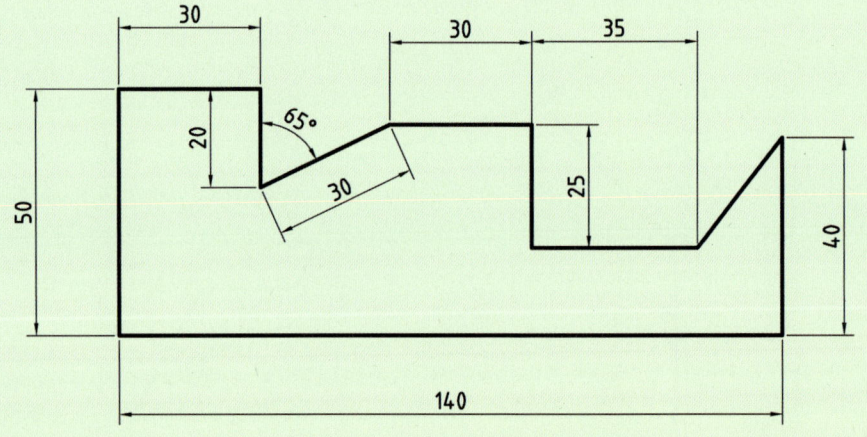

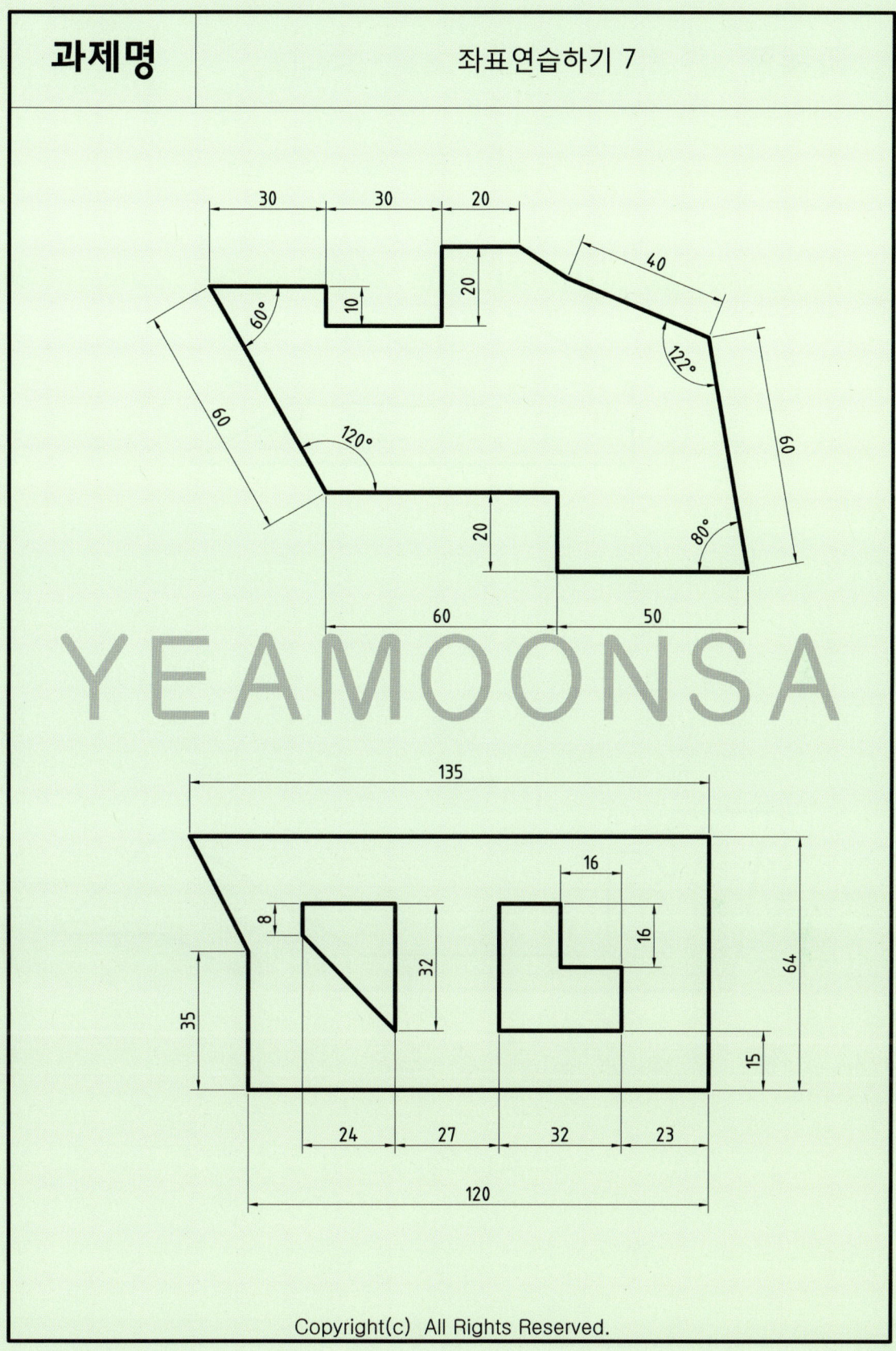

과제명	좌표연습하기 8

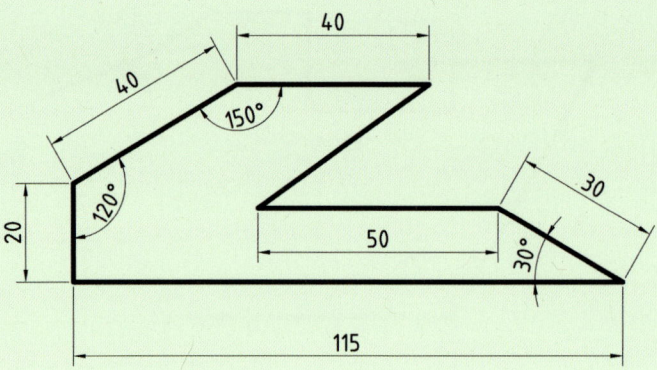

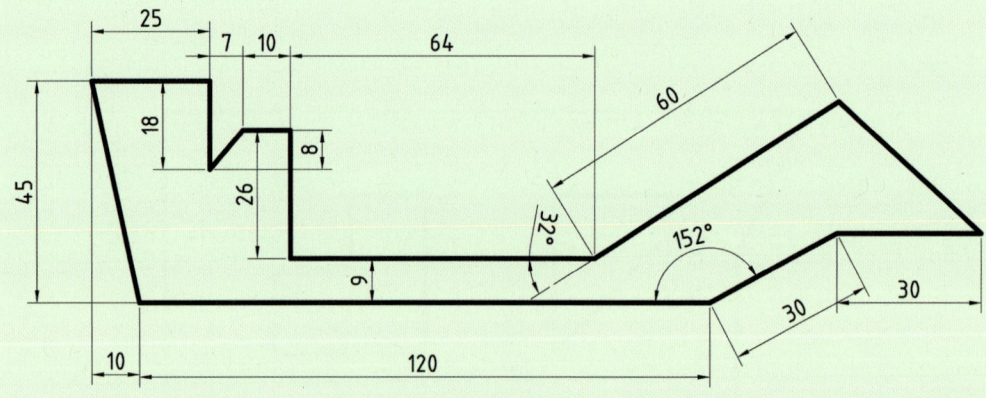

과제명	좌표연습하기 9

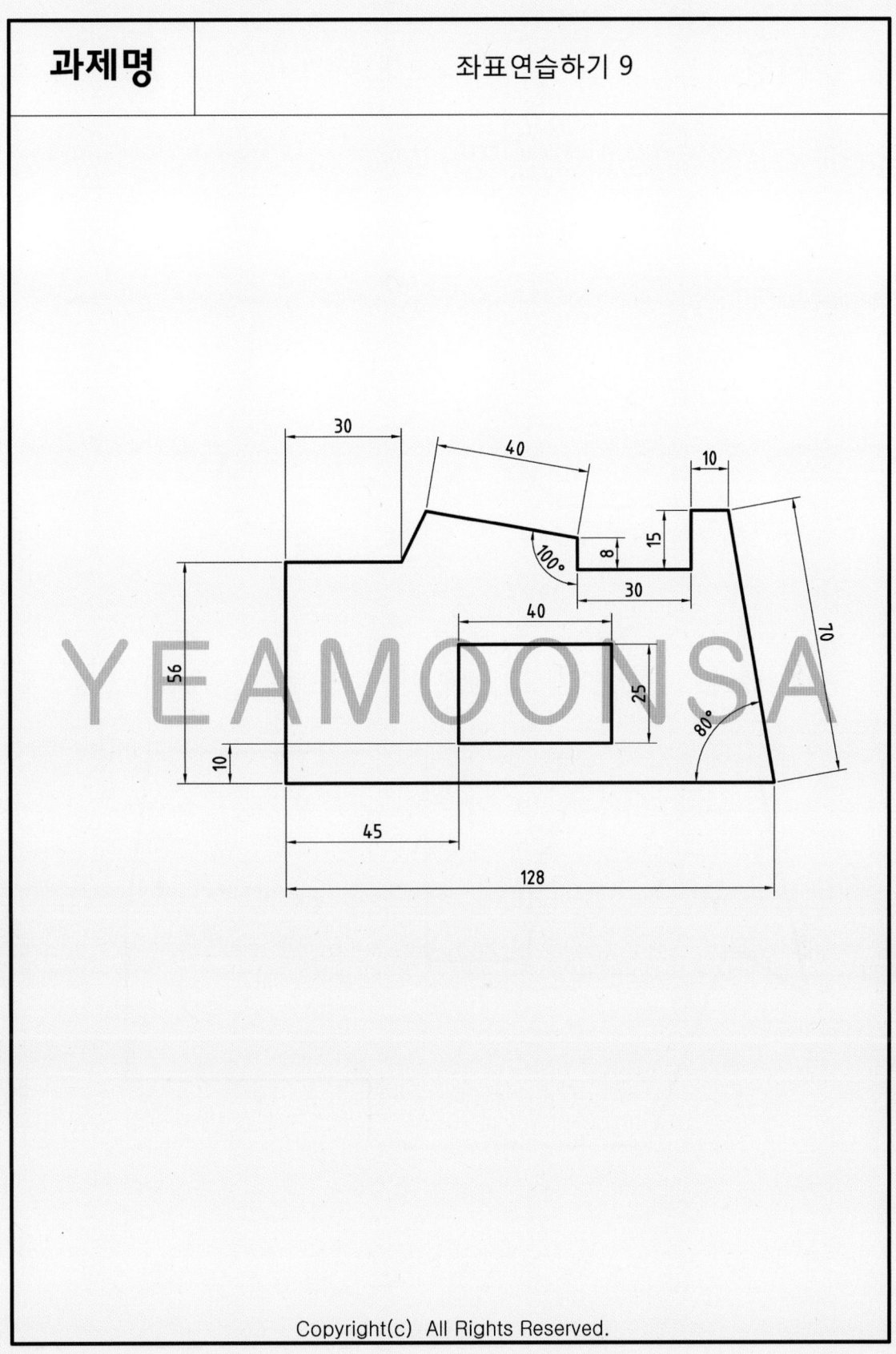

| 과제명 | 좌표연습하기 10 |

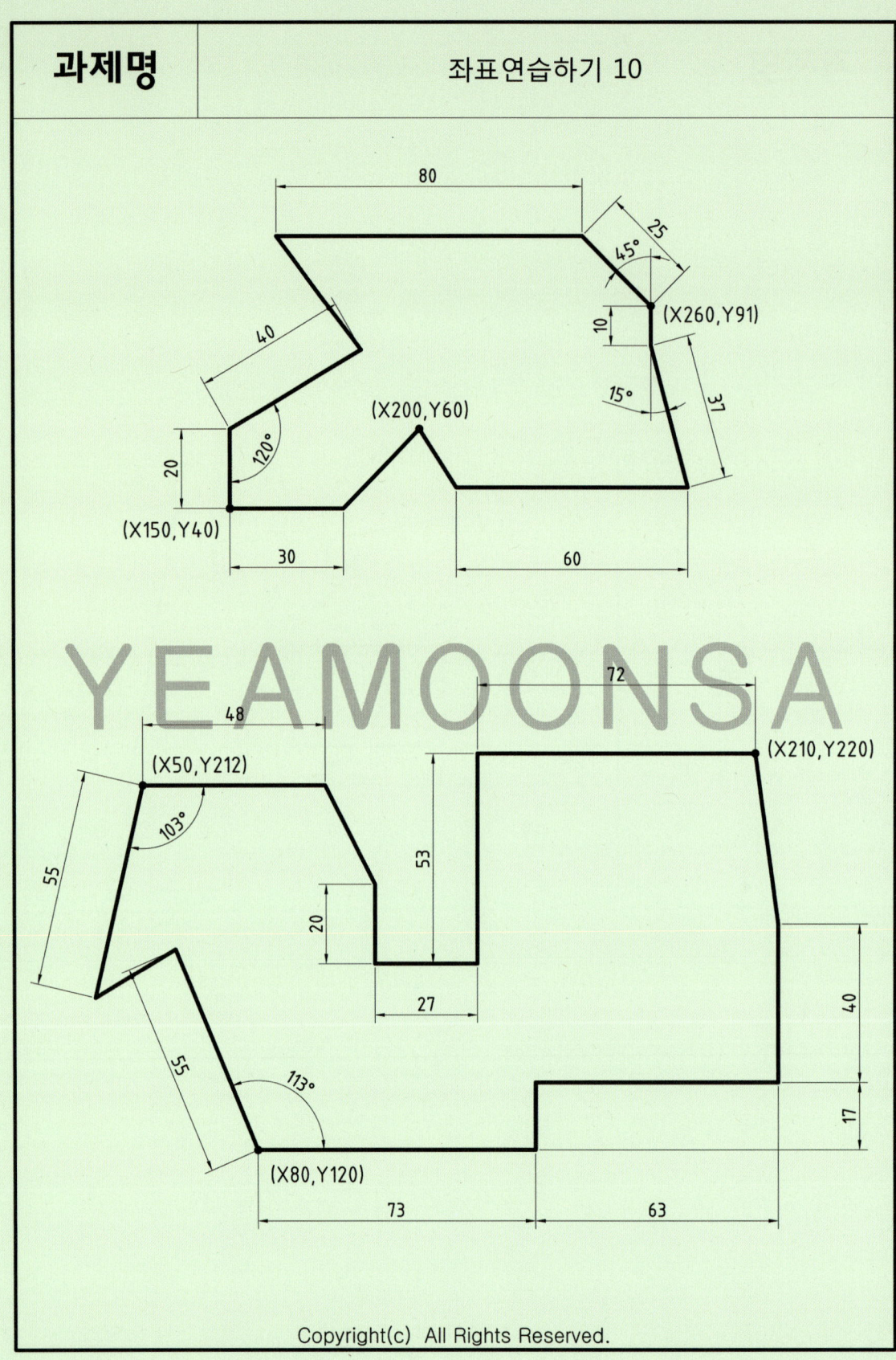

| 과제명 | 좌표연습하기 11 |

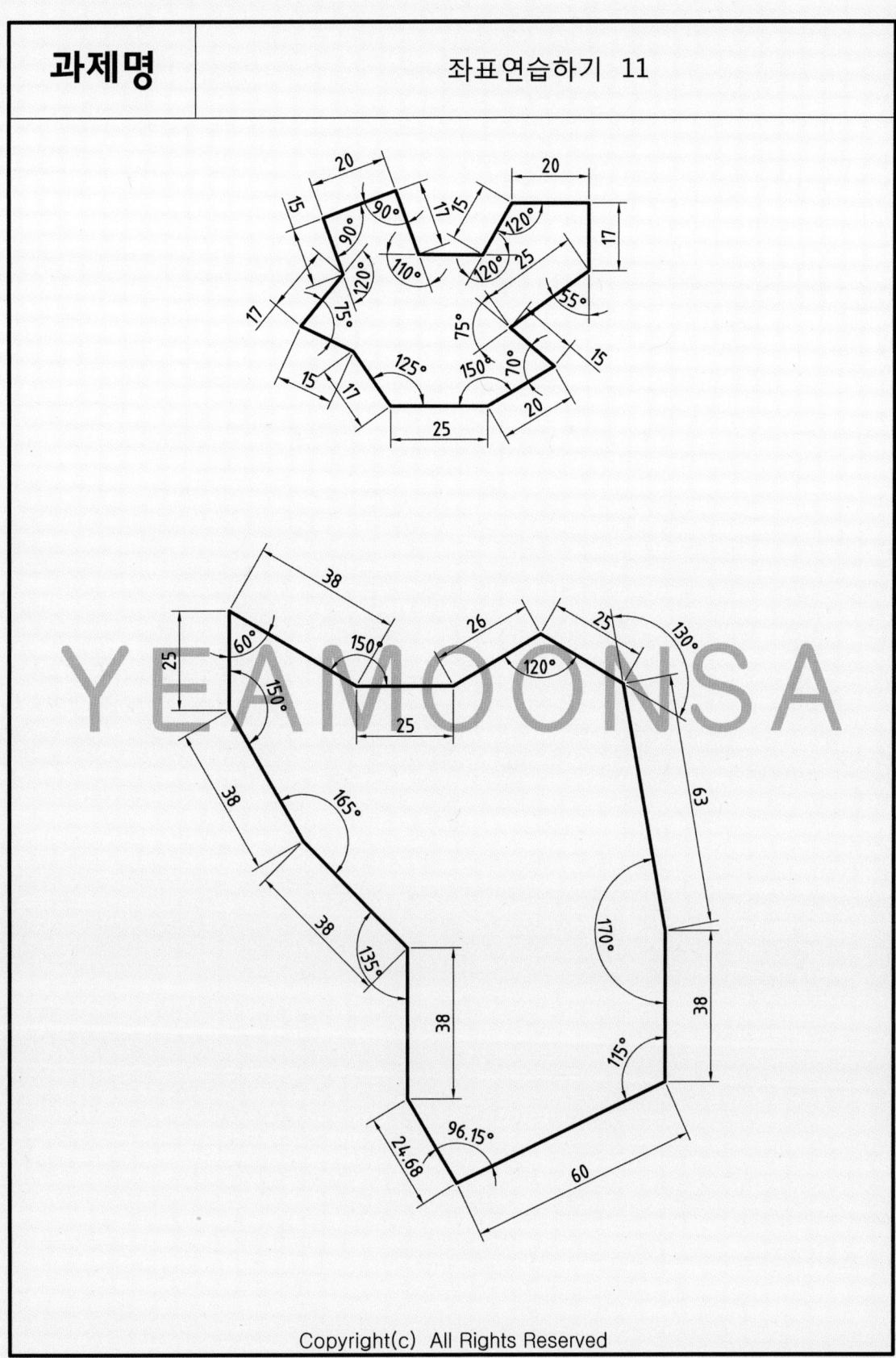

AutoCAD

CHAPTER 03

기본도형 그리기

01. 원 그리기
02. Erase
03. 직사각형 그리기(Rectangle)
04. Offset
05. Trim
06. Extend
07. 원호 그리기(Arc)
08. 다각형 그리기
09. Copy 하기
10. Move 하기
11. Fillet 하기
12. Chamfer 하기
13. Mirror 하기
14. Mirrtext 하기
15. Array 하기
16. Stretch 하기
17. Rotate 하기
18. Scale 하기
19. Break 하기
20. Explode 하기
21. Pedit 하기
22. Xline 그리기
23. Ray
24. Ellipse
25. Pline
26. Spline
27. Point
28. DDPtype
29. Divide
30. Measure
31. 단면 해칭 처리하기
32. 단면 그라데이션 처리하기

03

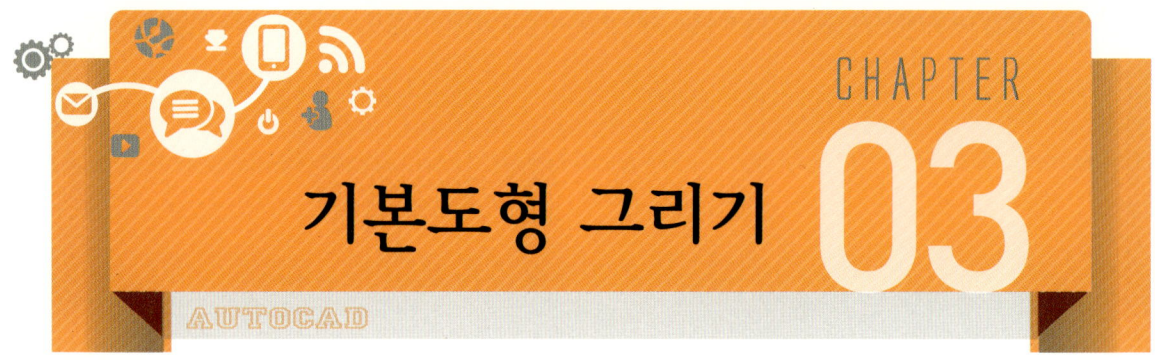

CHAPTER 03 기본도형 그리기

AutoCAD 01 원 그리기

단축아이콘	단축아이콘 이름	명령어	설명
⊙	원	Circle (C)	원을 그려주는 명령어입니다.

▶ **명령행(Command) 사용하기**

명령: circle [Enter↵]
CIRCLE 원에 대한 중심점 지정 또는 [3점(3P)/2점(2P)/Ttr – 접선 접선 반지름(T)]:
"마우스로 중심점 지정 또는 정확한 좌표값 입력"
원의 반지름 지정 또는 [지름(D)]: "마우스로 중심점 지정 또는 정확한 좌표값 입력"

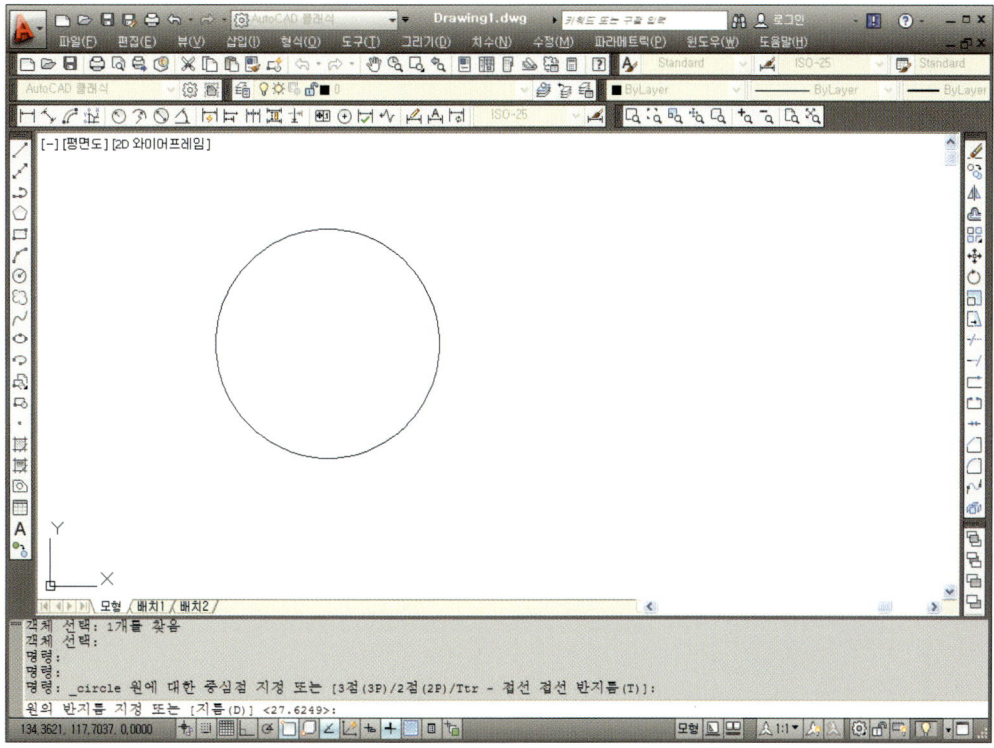

OPTION	
3P	3점을 지나는 원
2P	2점을 지나는 원
Ttr (tan tan radius)	두 접선과 반지름을 알 수 있는 원

상단의 AutoCAD 클래식에서 제도 및 주석으로 변경해봅니다. 수시로 변경하여 편리한 것을 쓰도록 합니다.

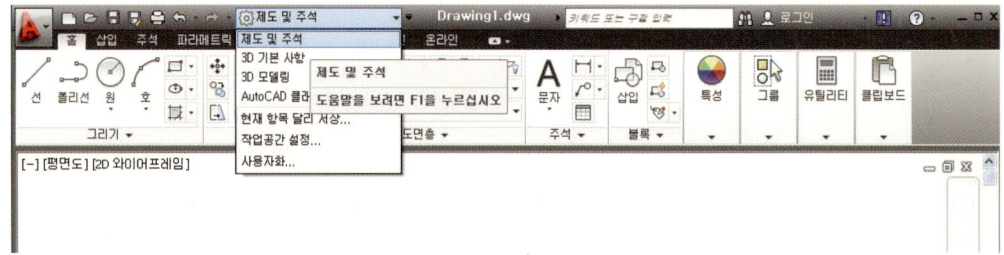

원의 여러 가지 옵션을 마우스를 이용하여 클릭하여 사용할 수 있습니다.

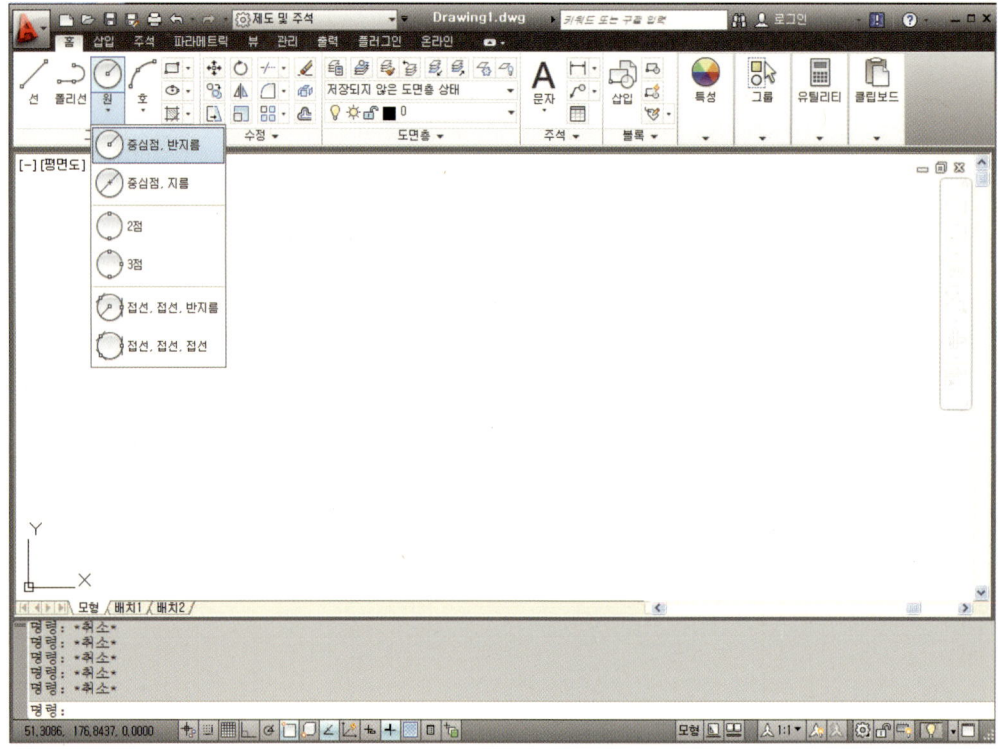

명령행(Command) 사용하기

명령: circle **Enter ↵**

CIRCLE 원에 대한 중심점 지정 또는 [3점(3P)/2점(2P)/Ttr - 접선 접선 반지름(T)]:
"마우스로 중심점 지정 또는 정확한 좌표값 입력"

원의 반지름 지정 또는 [지름(D)]: "마우스로 중심점 지정 또는 정확한 좌표값 입력"

▶ 임의의 중심점과 반지름 20인 원을 그려봅시다.

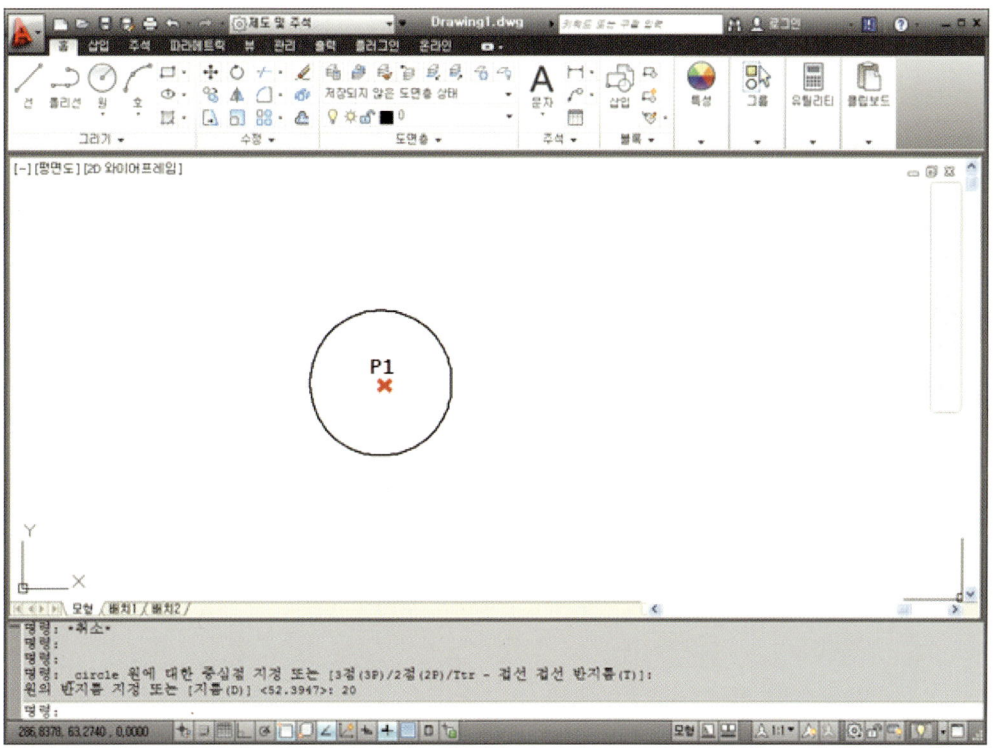

명령행(Command) 사용하기

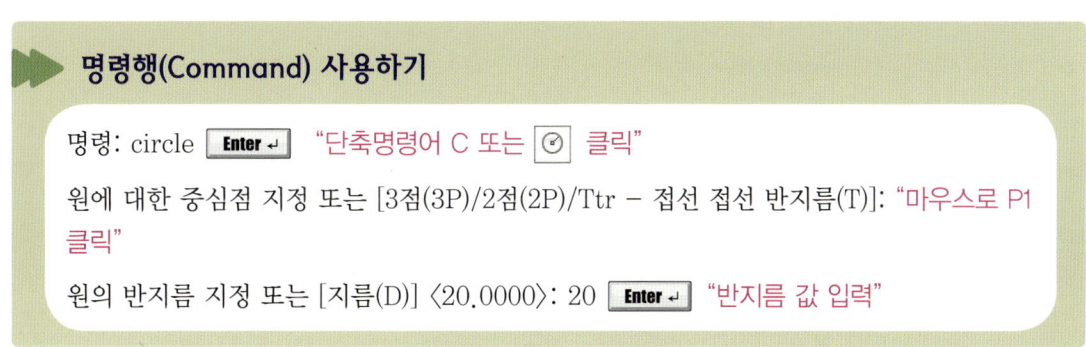

▶ 임의의 중심점과 지름 40인 원을 그려봅시다.

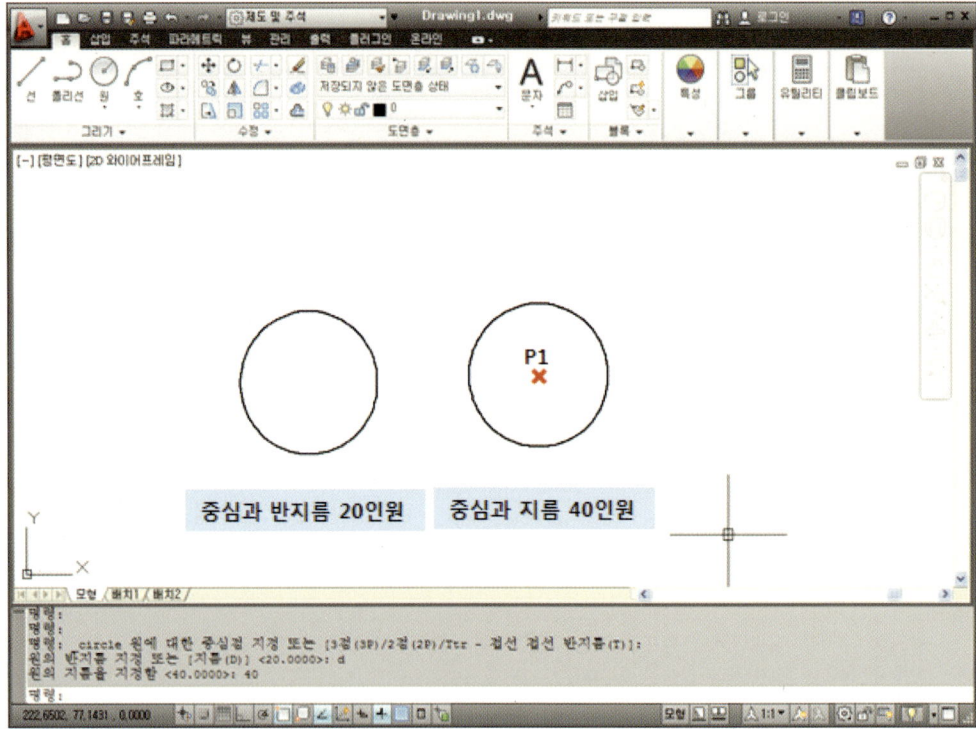

중심 반지름 20인 원과 중심 지름 40인 원은 크기가 같습니다.

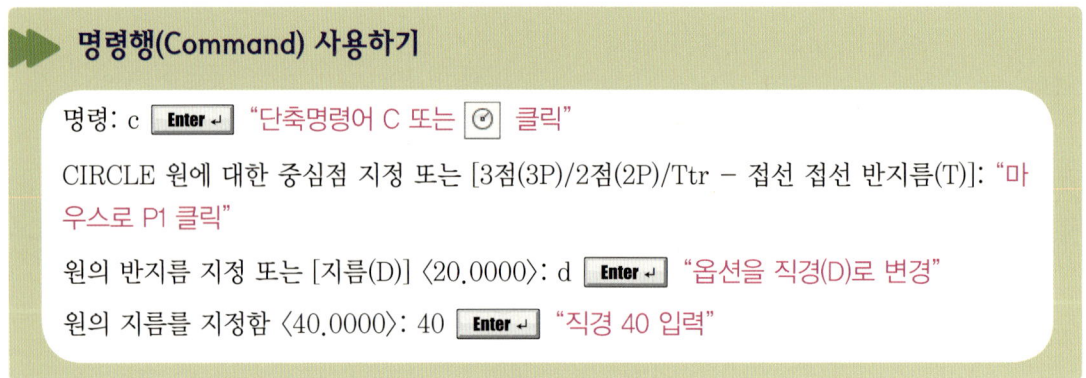

위에서도 알 수 있듯이 circle이라고 명령어 전부를 입력하지 않고 단축명령어인 "c"만 입력해도 circle이 되는 것을 알 수 있습니다. 그러나 간혹 단축명령어를 사용자 취향에 맞추어 변경하는 경우가 있으니 꼭 확인하는 습관을 갖도록 합시다. 단축명령어 파일은 acad.pgp파일로 원본은 손상시키지 않는 것이 바람직하며 단축명령어 실행이 이상이 있다면 acad.pgp 파일을 편집해서 사용하면 됩니다.

반지름, 지름 옵션을 바꾸어도 형상의 치수만 같다면 똑같은 결과를 확인할 수 있습니다.

▶ 임의의 세 점을 알 때 원을 그려봅시다.

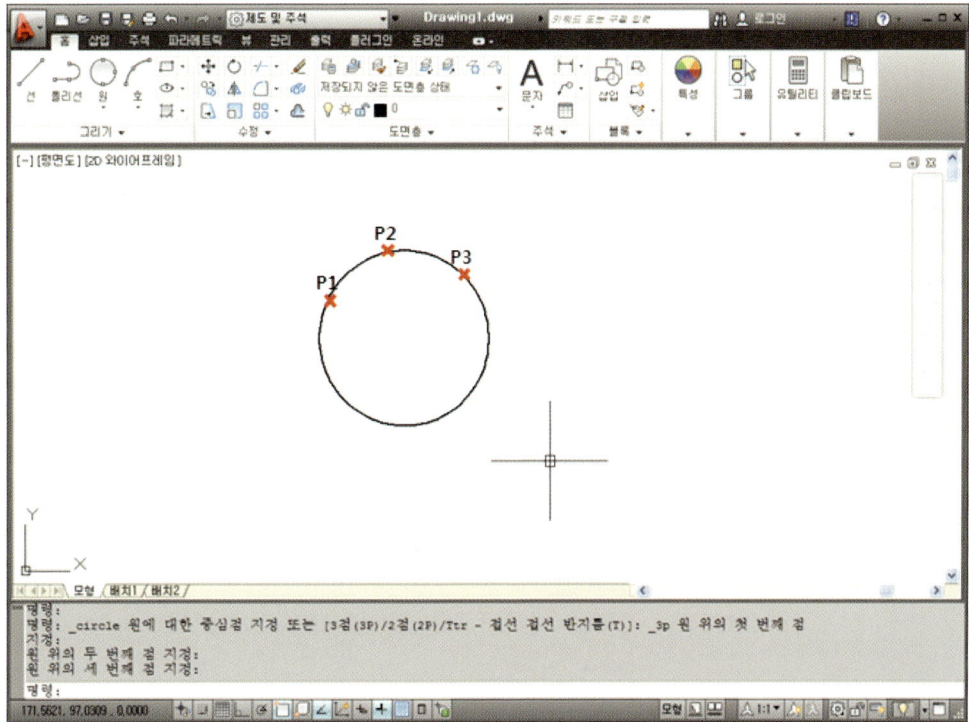

3점을 클릭하고 임의의 점P1, P2, P3를 선택합니다.

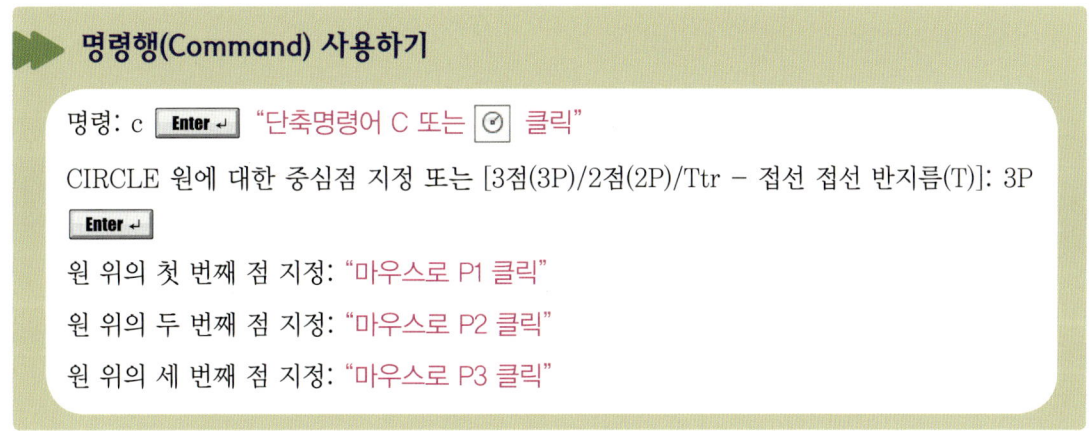

P1과 P2, P3의 정확한 좌표점을 알면 좌표점을 입력합니다.

▶ 두 선에 접하는 반지름 20인 원을 그려봅시다.

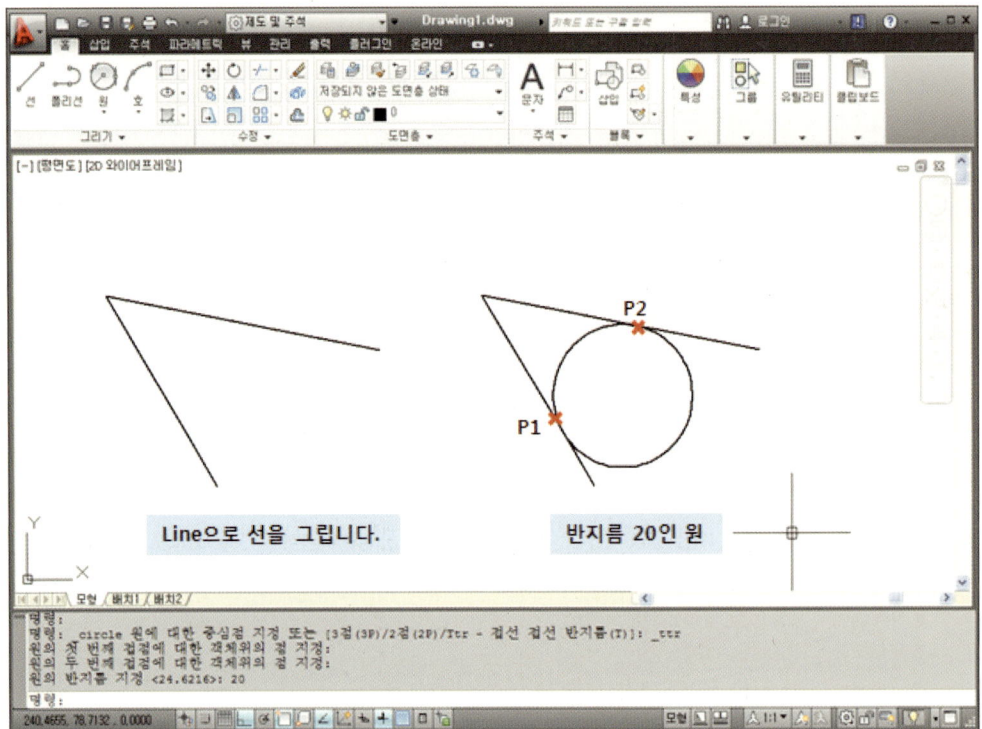

접선, 접선, 반지름을 클릭하고 직선에 접하는 점 P1, P2를 클릭합니다.

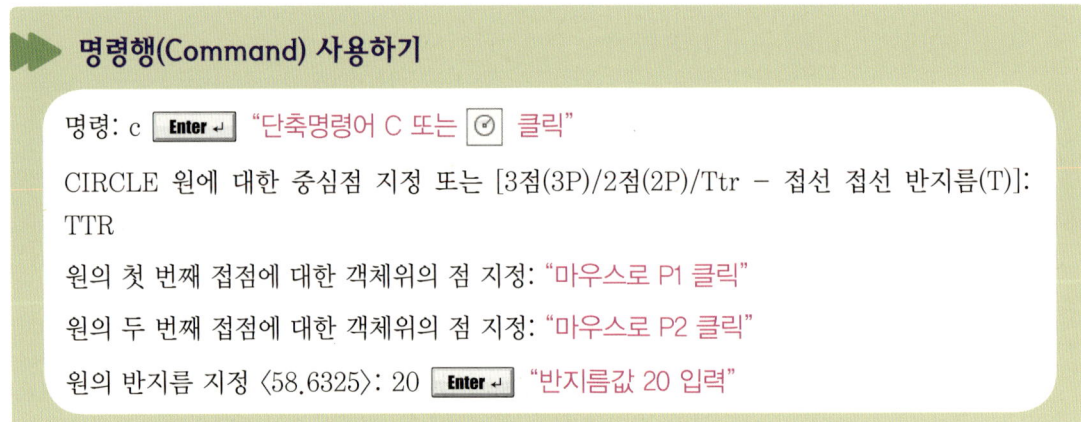

P1과 P2의 정확한 좌표점을 알면 좌표점을 입력합니다.

객체스냅이 모두 활성화되지 않고 접점만 활성화해서 사용하는 것이 바람직합니다.

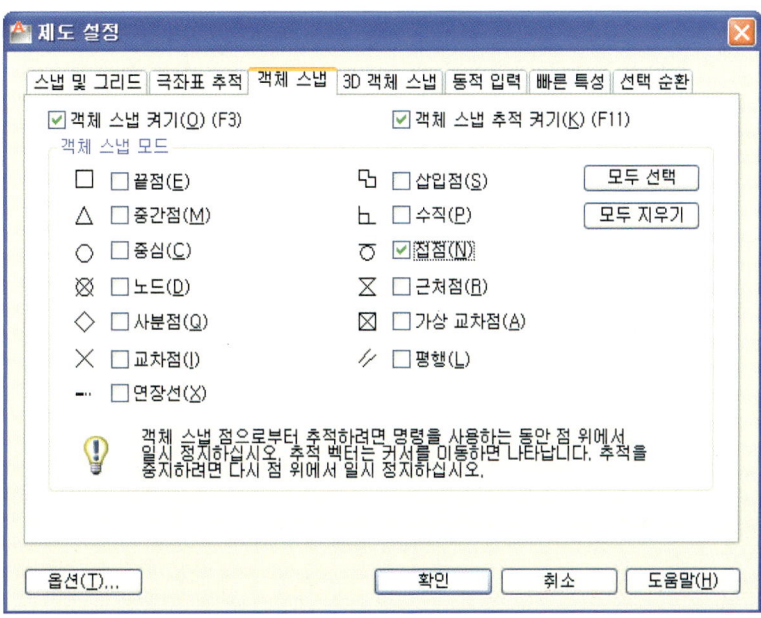

▶ 다음과 같이 정삼각형의 내접에 접하는 원을 그려봅시다.(치수가 정해지지 않아도 항상 내접하게)

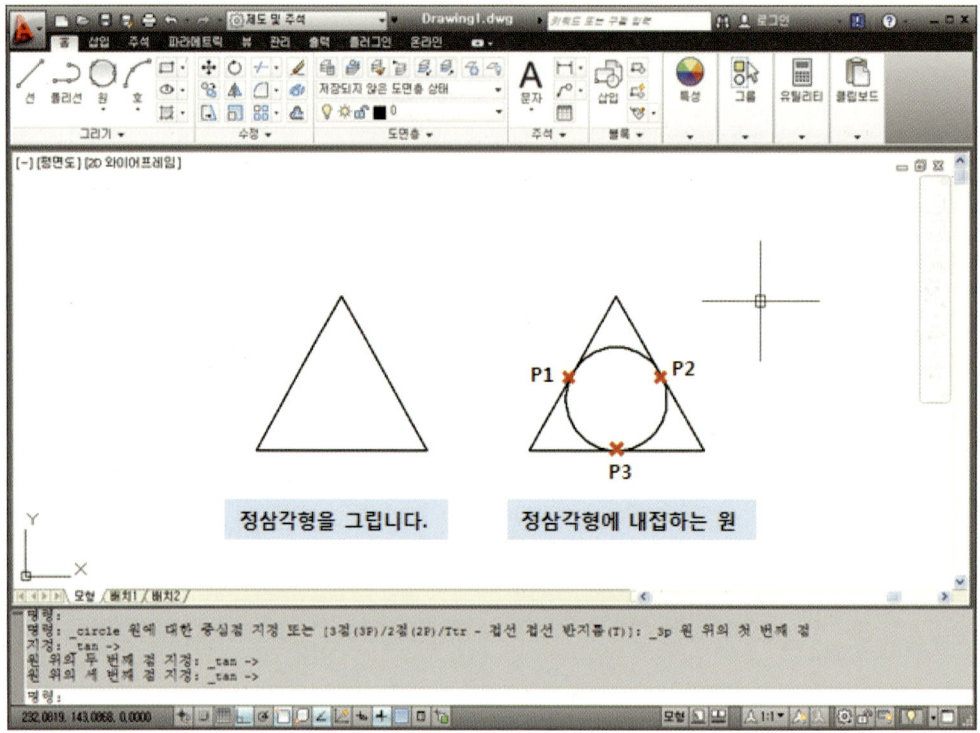

접선, 접선, 접선 을 선택하고 선에 접하는 점 P1, P2, P3을 선택합니다.

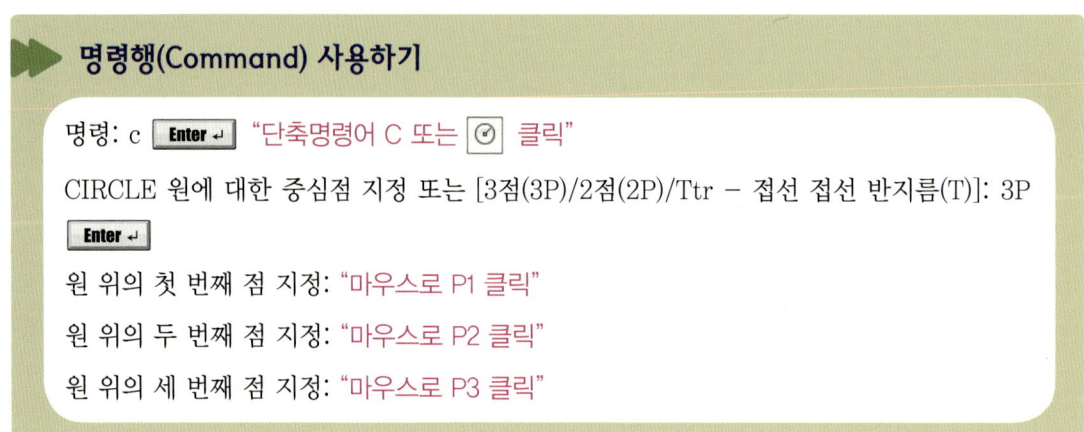

과제명	여러 가지 원 그리기 1

- 크기는 같으나 방법이 다른 원 그려보기

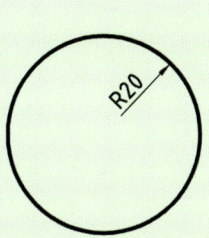 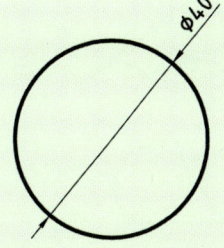 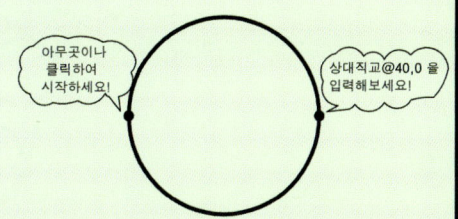

중심점과 반지름을 이용하여 그려보세요! 중심점과 지름을 이용하여 그려보세요! 2P를 이용하여 그려보세요!

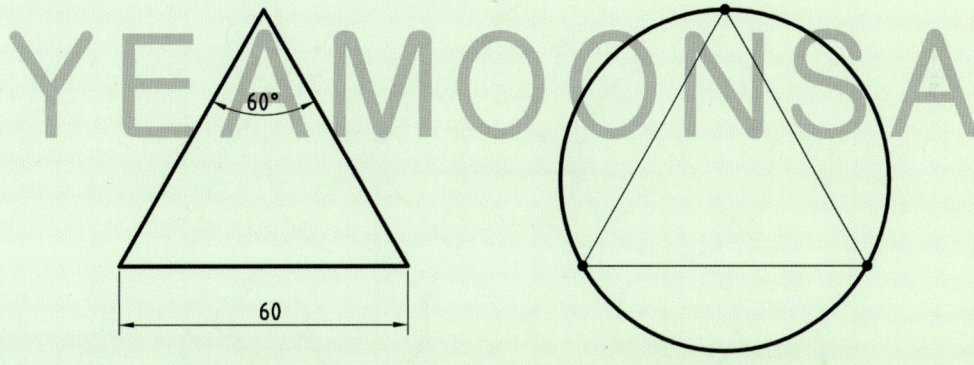

정삼각형을 그려보세요! 3P를 이용하여 원을 그려보세요

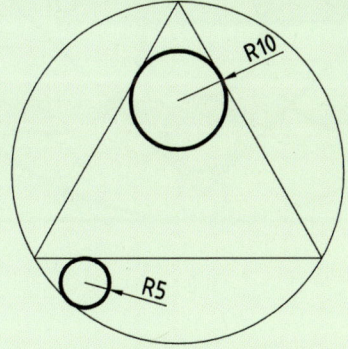

Ttr 이용하여 원을 그려보세요

Copyright(c) All Rights Reserved.

과제명	여러 가지 원 그리기 2

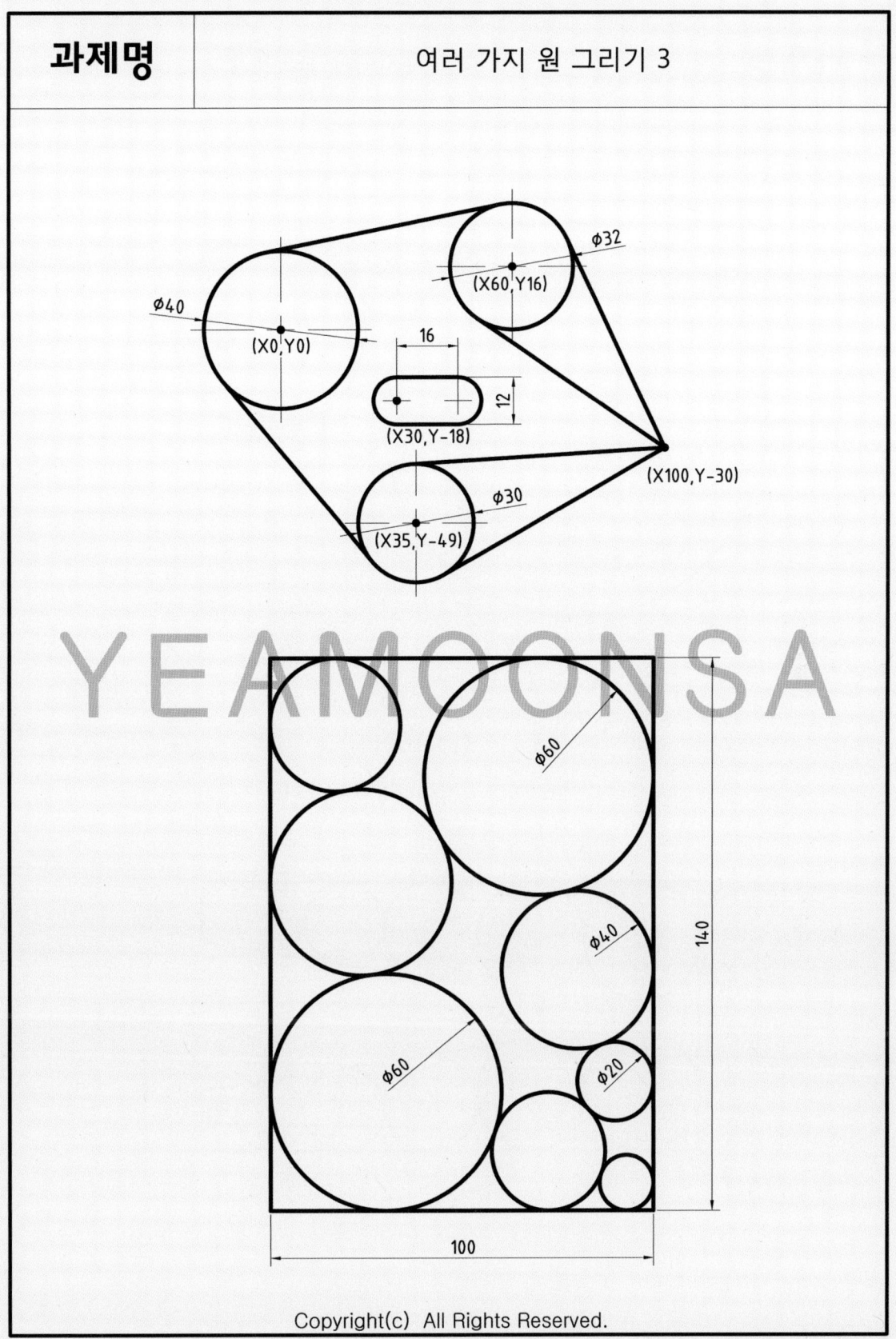

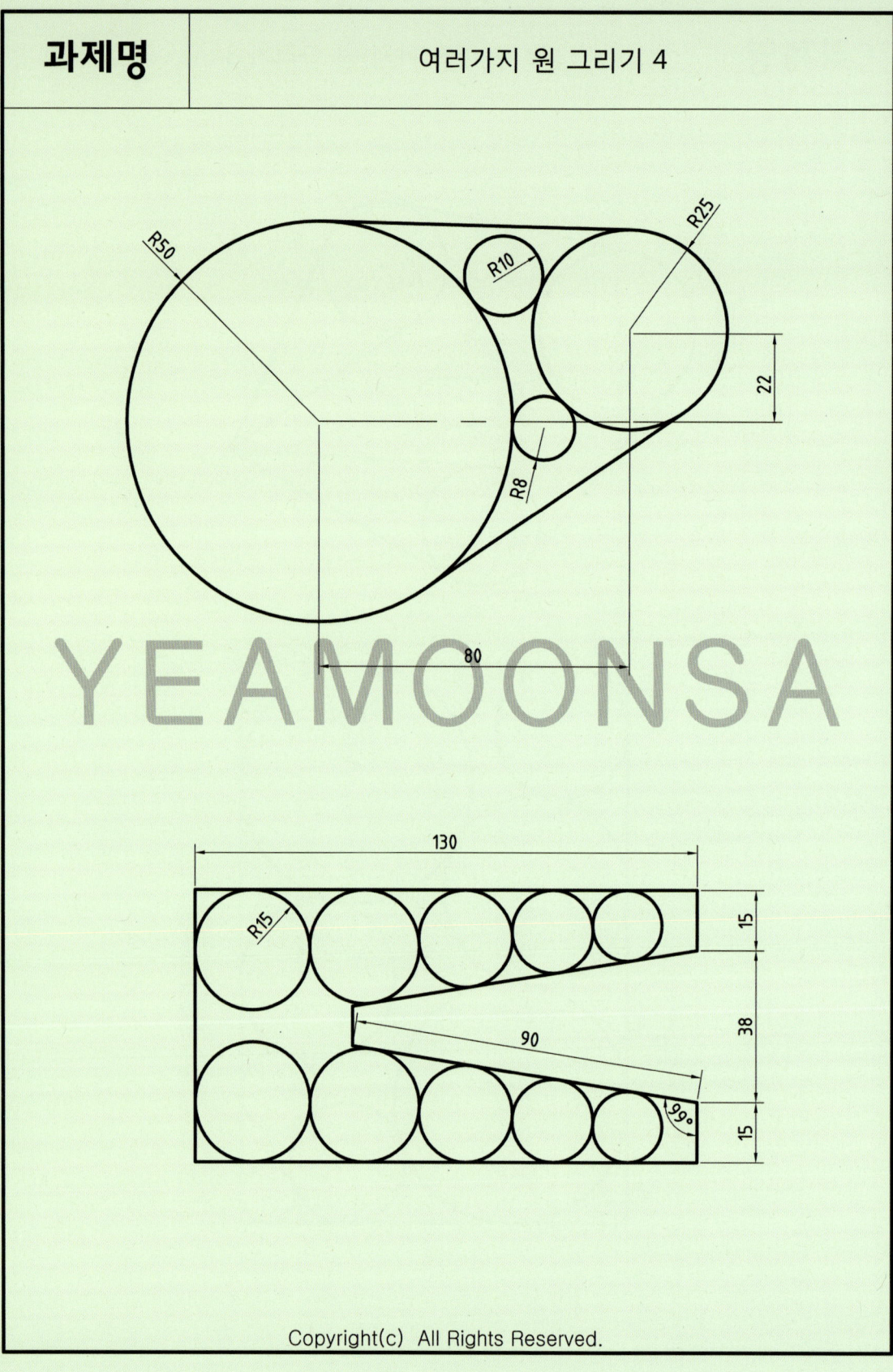

AutoCAD 02 Erase

단축아이콘	단축아이콘 이름	명령어	설 명
✎	지우기	Erase (E)	도면의 불필요한 단일 또는 여러 개의 객체를 지울 때 사용하는 명령어입니다.

명령행(Command) 사용하기

명령: Erase **Enter** "E 입력 또는 ✎ 클릭"

ERASE

객체 선택: "지울 객체 선택"

객체 선택: **Enter** "마무리"

OPTION

객체를 선택하는 방법이 여러 가지 있으며, 객체 선택 방법을 익혀두면 작업속도가 빨라질 수 있습니다.

Pointing	원하는 도면 요소를 하나씩 선택
Window(W)	두 점을 대각선으로 지정하여 그려진 사각형 속에 완전히 포함된 도면 요소만 선택 (마우스를 왼쪽에서 오른쪽으로 드래그)
WPolygon(WP)	다각형의 Window Box를 그려 완전히 포함된 도면 요소만 선택
Crossing(C)	두 점을 대각선으로 지정하여 그려진 사각형에 걸쳐진 것도 선택 (마우스를 오른쪽에서 왼쪽으로 드래그)
CPolygon(CP)	다각형의 Crossing Box를 그려 조합된 것과 걸쳐진 것을 선택
Fence(F)	선을 그려 선에 걸쳐진 도면 요소만을 선택
All(ALL)	도면상의 모든 요소를 전부 선택
Remove(R)	선택된 도면 요소의 선택을 취소 (shift 키를 누르고 다시 선택하면 빠르게 선택취소)
Add(A)	취소 상태를 다시 선택 상태로 바꿉니다. (shift 키를 놓고 다시 선택하면 선택 추가)
Group(G)	지정한 그룹 내의 도면 요소를 선택
Last(L)	가장 마지막에 그려진 도면 요소를 선택
Previous(P)	이전에 선택했던 도면 요소를 다시 선택
Undo(U)	선택된 도면 요소를 역순으로 취소

AutoCAD 03 직사각형 그리기(Rectangle)

단축아이콘	단축아이콘 이름	명령어	설 명
▱	직사각형	Rectang (rec)	사각형을 그리는 명령어입니다.

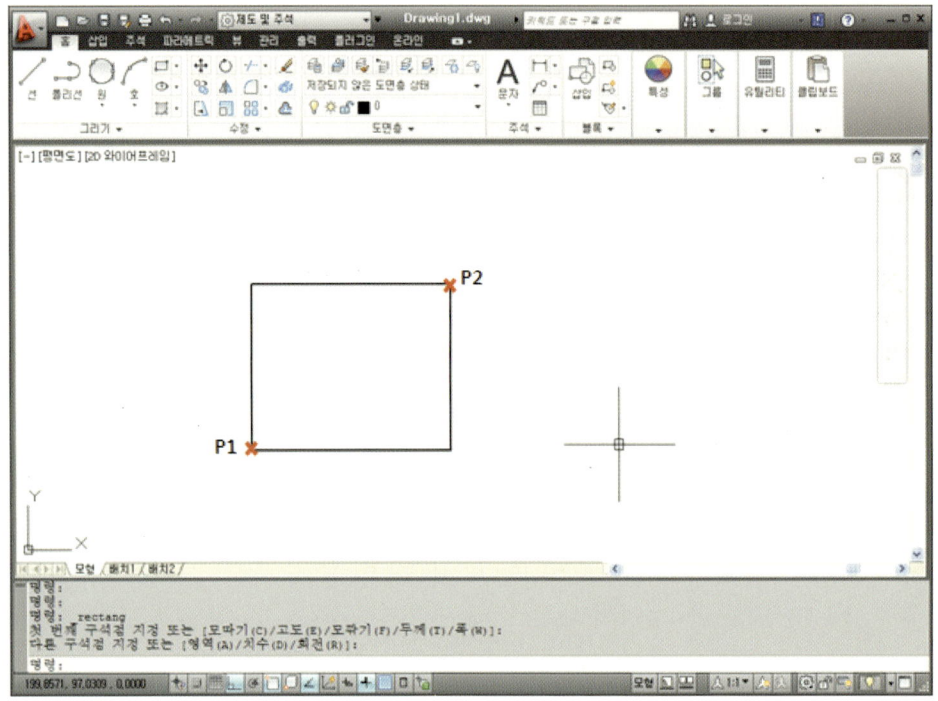

▶ 명령행(Command) 사용하기

명령: rectang **Enter** "rec 입력 또는 ▱ 클릭"

첫 번째 구석점 지정 또는 [모따기(C)/고도(E)/모깎기(F)/두께(T)/폭(W)]: "좌표값 직접 입력 또는 마우스로 p1처럼 클릭"

다른 구석점 지정 또는 [영역(A)/치수(D)/회전(R)]: "좌표값 직접 입력 또는 마우스로 p2처럼 클릭"

P1과 P2에 좌표를 입력해도 됩니다. 이번에도 절대직교좌표, 상대직교좌표, 상대극좌표가 동일하게 적용됩니다.

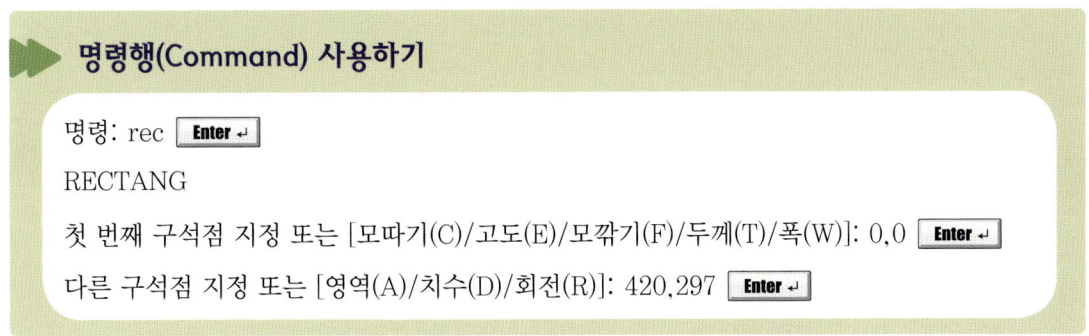

실행결과

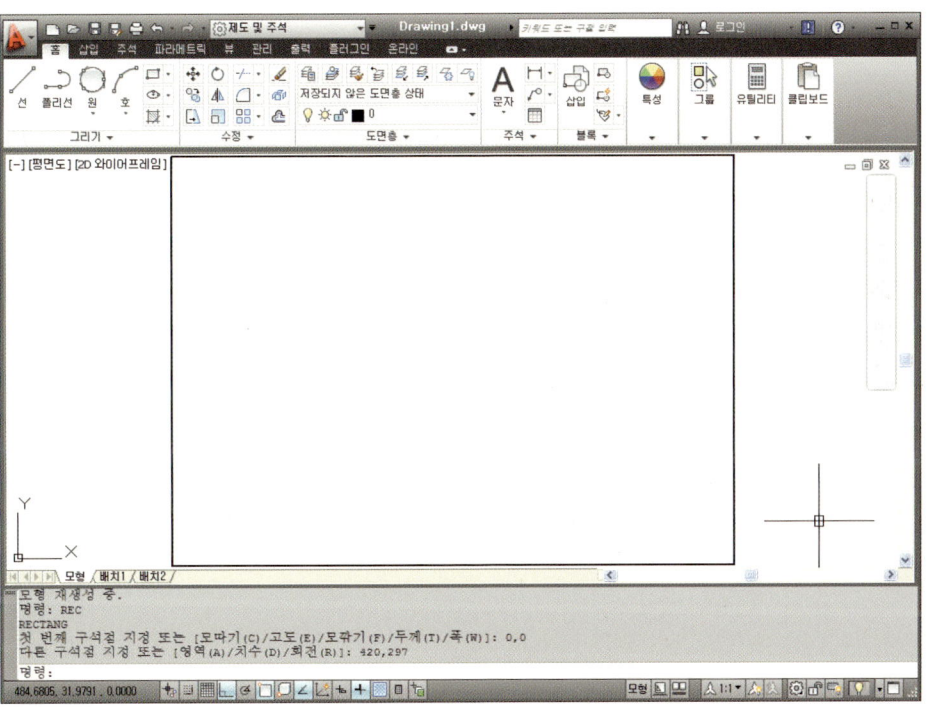

주의사항

여기서 P1을 아무 곳이나 클릭하면 P2는 반드시 상대직교좌표로 입력하는 것이 편리합니다.

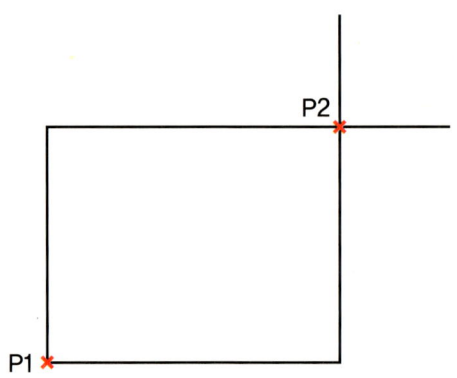

P1을 기준으로
P2가 1사분면에 있을 때는 @x좌표값, y좌표값을 입력하고
P2가 2사분면에 있을 때는 @-x좌표값, y좌표값을 입력하고
P2가 3사분면에 있을 때는 @-x좌표값, -y좌표값을 입력하고
P2가 4사분면에 있을 때는 @x좌표값, -y좌표값을 입력합니다.

 **Offset**

단축아이콘	단축아이콘 이름	명령어	설 명
⌂	간격띄우기	Offset (O)	복사하기와 유사한 명령어 지정된 간격 또는 점을 통과하는 평행한 도면 객체를 생성하는 명령어입니다.

▶ 명령행(Command) 사용하기

명령: offset `Enter ↵`

현재 설정: 원본 지우기=아니오   도면층=원본   OFFSETGAPTYPE=0

간격띄우기 거리 지정 또는 [통과점(T)/지우기(E)/도면층(L)] <10.0000>: "숫자로 거리 입력" `Enter ↵`

간격띄우기할 객체 선택 또는 [종료(E)/명령 취소(U)] <종료>: "복사할 객체 마우스로 선택"

간격띄우기할 면의 점 지정 또는 [종료(E)/다중(M)/명령 취소(U)] <종료>: "복사할 방향 클릭"

간격띄우기할 객체 선택 또는 [종료(E)/명령 취소(U)] <종료>: `Enter ↵`

▶ 명령행(Command) 사용하기

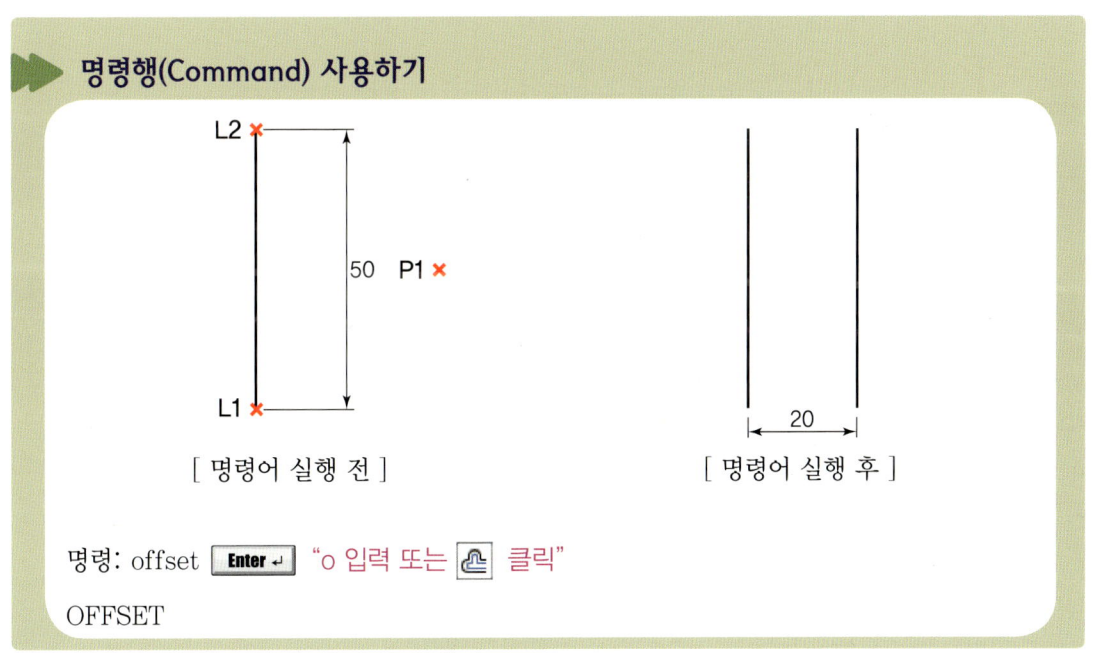

명령: offset `Enter ↵` "o 입력 또는 ⌂ 클릭"

OFFSET

현재 설정: 원본 지우기=아니오 도면층=원본 OFFSETGAPTYPE=0

간격띄우기 거리 지정 또는 [통과점(T)/지우기(E)/도면층(L)] <10.0000>: 20 `Enter↵`
"숫자로 거리입력"

간격띄우기할 객체 선택 또는 [종료(E)/명령 취소(U)] <종료>: "직선 L1, L2 마우스로 선택"

간격띄우기할 면의 점 지정 또는 [종료(E)/다중(M)/명령 취소(U)] <종료>: "P1 부근으로 클릭"

간격띄우기할 객체 선택 또는 [종료(E)/명령 취소(U)] <종료>: `Enter↵`

예제 ▶ 다음과 같은 객체를 각각 offset 간격 10만큼 offset 해봅시다.(단, 두 번째 사각형은 rec으로 작성된 것입니다.)

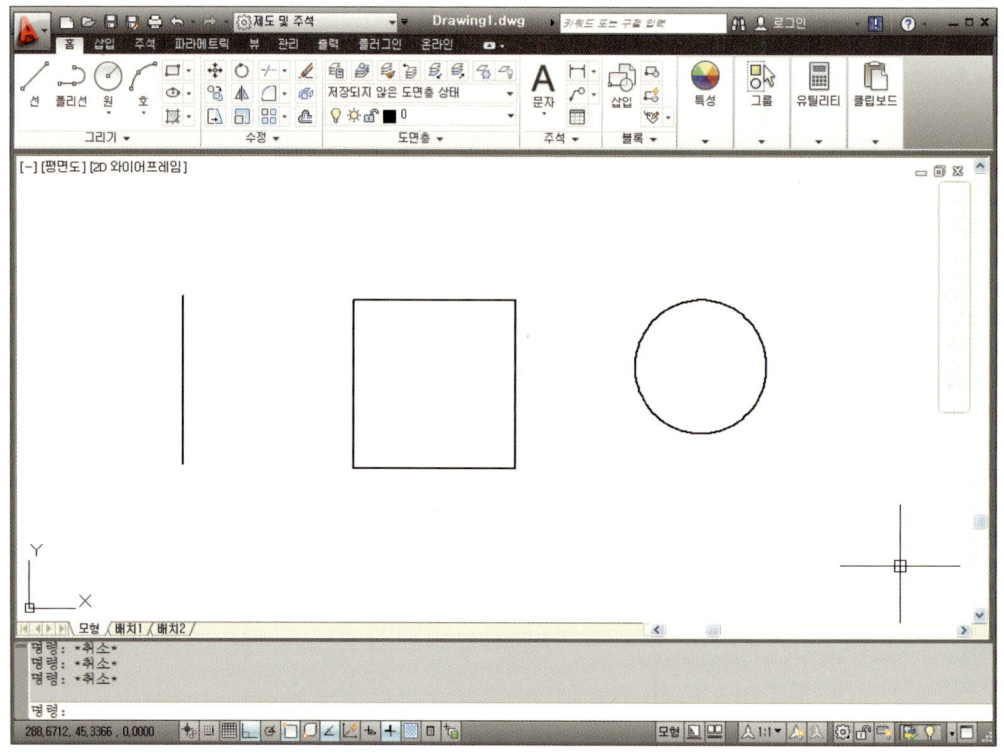

위의 화면을 OFFSET하면 REC와 CIRCLE로 그려진 것은 그대로 확대되면서 사각형이 그려집니다.

AutoCAD 05 Trim

단축아이콘	단축아이콘 이름	명령어	설 명
-/-	자르기	Trim (tr)	지우기 명령어와 유사한 명령어 경계선을 기준으로 객체를 잘라주는 명령어입니다.

먼저 기준선(경계선)을 지정하고 잘릴 객체를 선택합니다. 후에 잘리는 쪽의 객체를 마우스로 클릭하면 잘려나갑니다.

다음과 같이 선을 그려본 후 Trim을 이용하여 일부분을 지워봅니다. Trim 명령어를 입력한 후 객체를 선택하라고 하면 잘라낼 객체의 경계선을 클릭하고 더 이상 선택할 것이 없으면 Enter↵ 를 클릭합니다. 그 후 객체를 선택하라고 하면 지워져야 할 부분을 클릭합니다.

명령행(Command) 사용하기

[명령어 실행 전]   [명령어 실행 후]

명령: trim Enter↵ "tr 입력 또는 -/- 클릭"
현재 설정값: 투영=UCS 모서리=없음
절단 모서리 선택 ...
객체 선택 또는 〈모두 선택〉: 1개를 찾음 "P1, P2를 선택"
객체 선택: 1개를 찾음, 총 2

객체 선택: [Enter↵] "더 이상 선택 할 것이 없으면 [Enter↵]를 친다"

자를 객체 선택 또는 Shift 키를 누른 채 선택하여 연장 또는

[울타리(F)/걸치기(C)/프로젝트(P)/모서리(E)/지우기(R)/명령취소(U)]: "P3 부근 선택"

자를 객체 선택 또는 Shift 키를 누른 채 선택하여 연장 또는

[울타리(F)/걸치기(C)/프로젝트(P)/모서리(E)/지우기(R)/명령취소(U)]: [Enter↵] "더 이상 선택할 것이 없으면 [Enter↵]를 친다"

명령:

OPTION

Project	3차원 자르기(None/ Ucs/ View)
Edge	경계선을 연장하여 자르기(Extend/ No extend)
Undo	자른 객체를 원상복구시킴

 **Extend**

단축아이콘	단축아이콘 이름	명령어	설 명
--/	연장하기	Extend (ex)	TRIM의 반대개념의 명령어 선택한 도면 요소의 길이를 늘려줍니다.

Extend를 이용하여 아래 화면의 원래 모양으로 되돌려보자.

첫 번째 선택되는 것은 연장해야할 한계를 지정하는 것이고 두 번째 선택되는 것은 연장할 객체를 선택합니다.

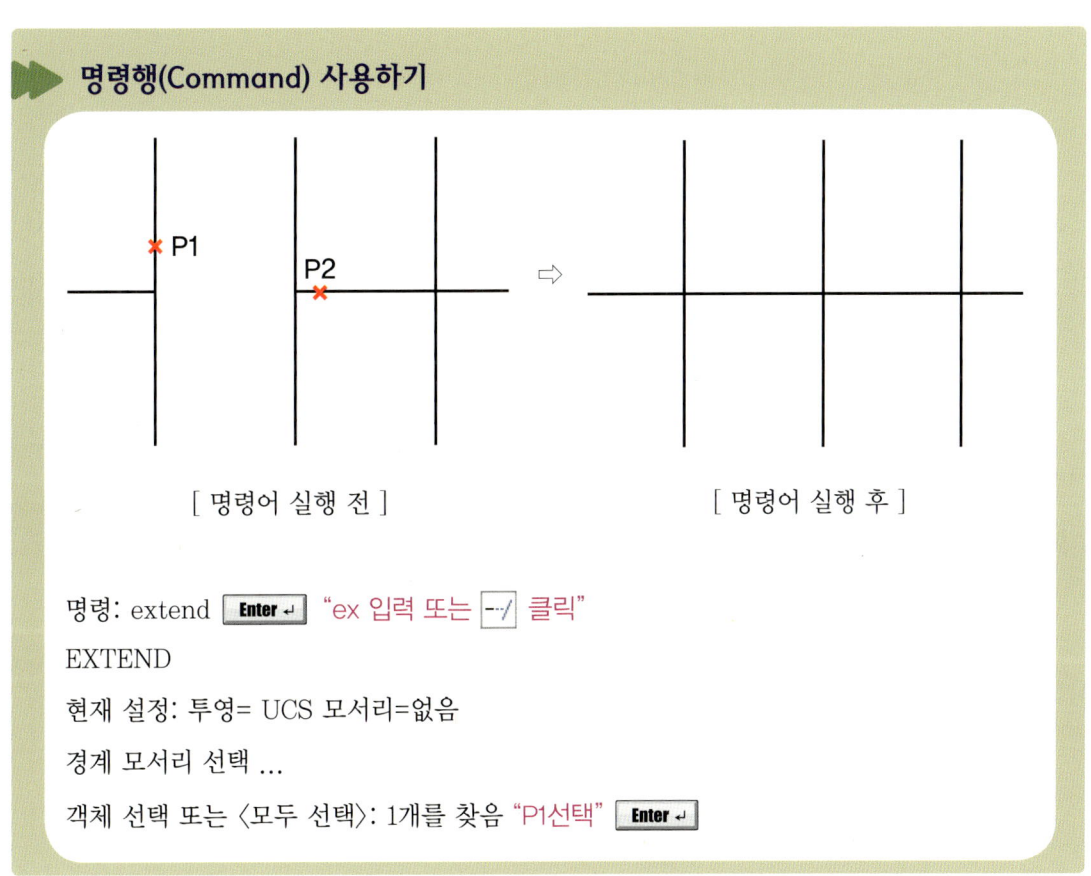

연장할 객체 선택 또는 Shift 키를 누른 채 선택하여 자르기 또는[울타리(F)/걸치기(C)/프로젝트(P)/모서리(E)/명령 취소(U)]: "P2 선택"

연장할 객체 선택 또는 Shift 키를 누른 채 선택하여 자르기 또는[울타리(F)/걸치기(C)/프로젝트(P)/모서리(E)/명령 취소(U)]: Enter ↵

OPTION

울타리 (Fence)	객체 선택 : 방법으로 선이 지나가는 모든 개체를 선택합니다.
걸치기 (Crossing)	객체 선택 : 방법으로 실선의 BOX에 들어가는 개체는 모두 선택합니다.
Project	3차원 연장하기(None/ Ucs/ View)
Edge	가상 경계선을 연장하여 객체 연장하기(Extend/ No extend)
Undo	연장한 객체를 원상복구시킴

| 과제명 | 옵셋과 자르기 연습 |

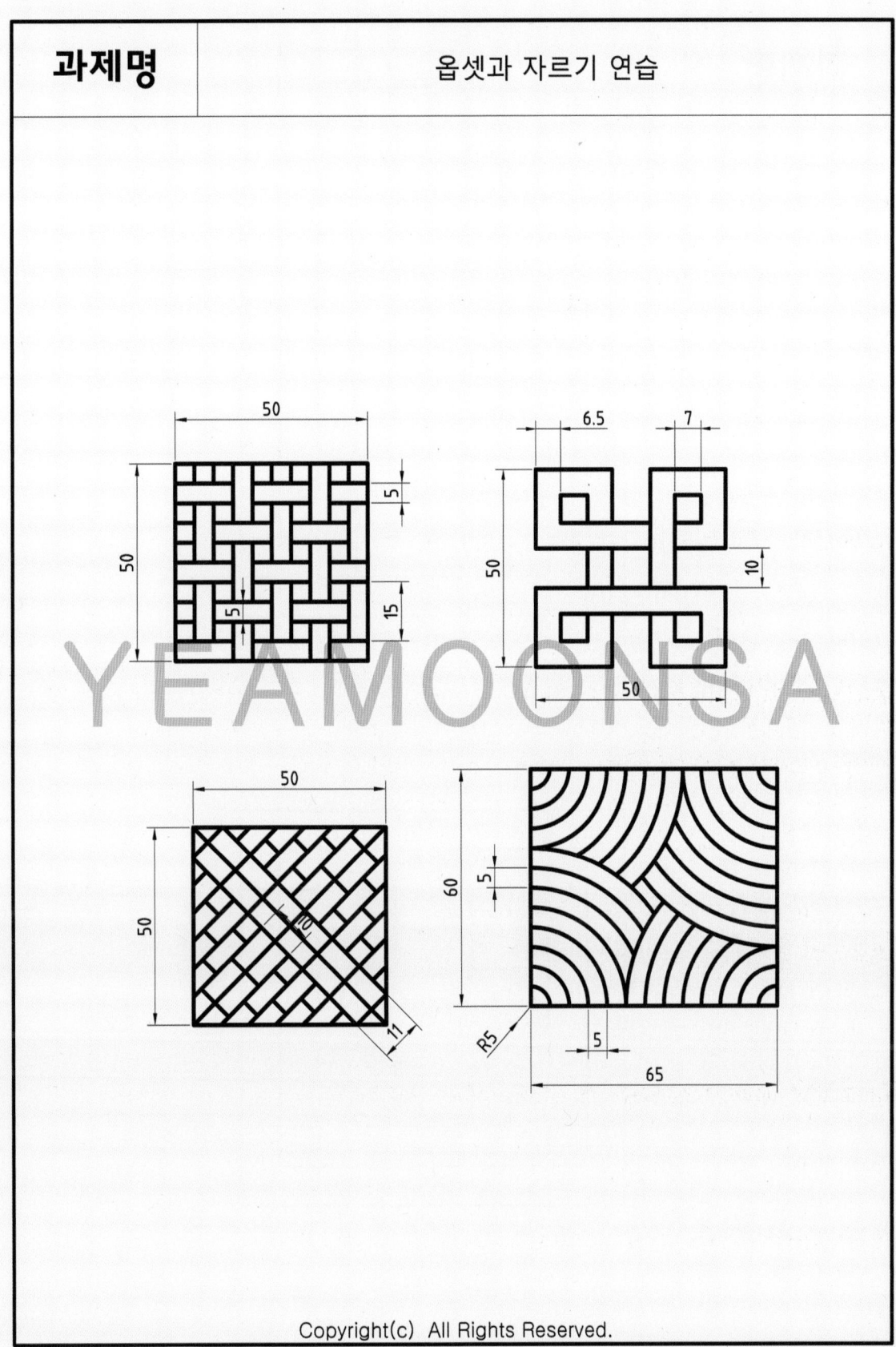

| 과제명 | 자르기 연습하기 1 |

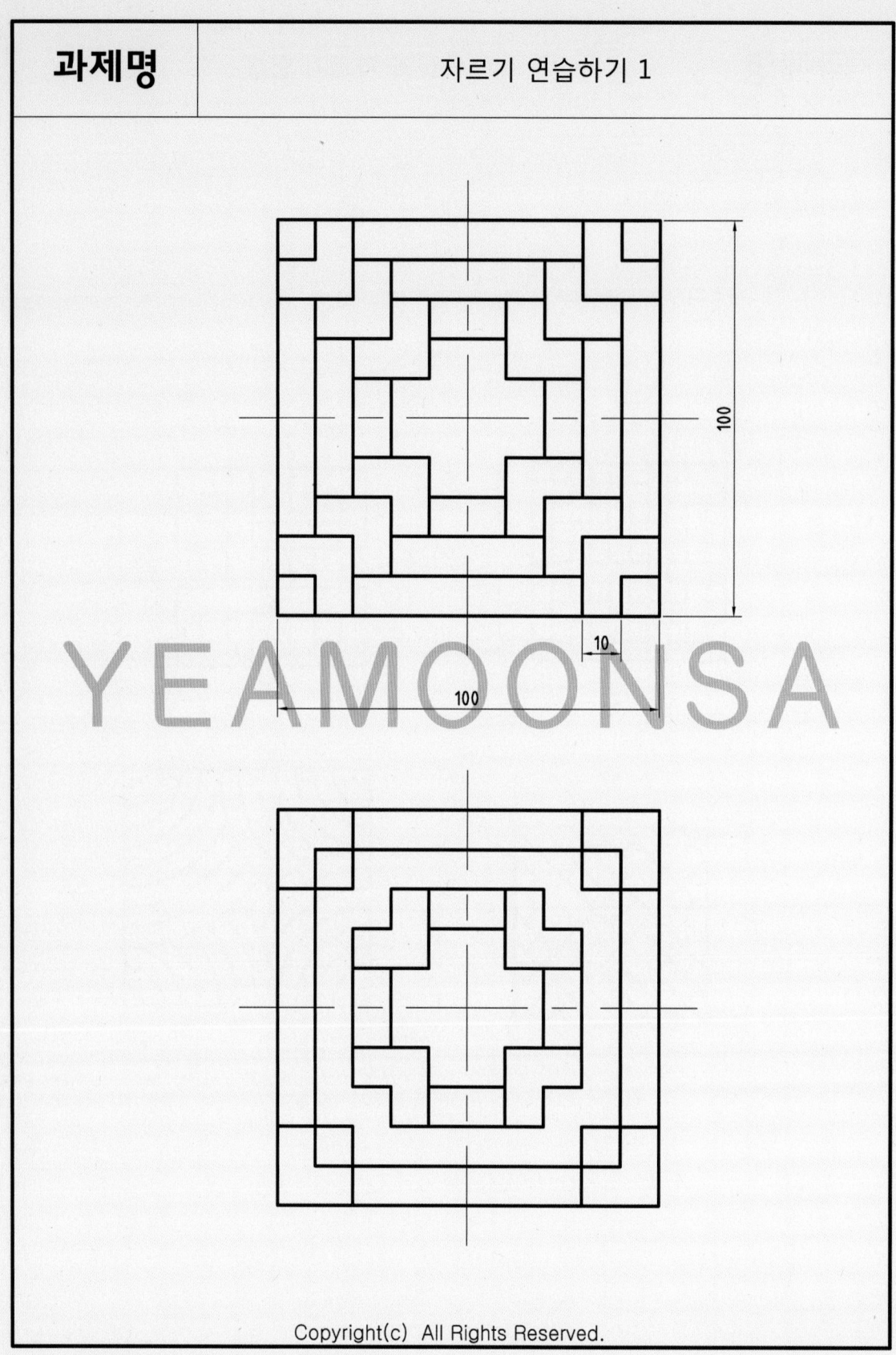

| 과제명 | 자르기 연습하기 2 |

AutoCAD 07 원호 그리기(Arc)

단축아이콘	단축아이콘 이름	명령어	설 명
⌒	원호	Arc	원호를 그려주는 명령어입니다.

명령행(Command) 사용하기

명령: Arc `Enter ↵` "또는 ⌒ 클릭"
명령: _arc 호의 시작점 또는 [중심(C)] 지정: "마우스로 점선택 또는 좌표값 입력"
호의 두 번째 점 또는 [중심(C)/끝(E)] 지정: "마우스로 점선택 또는 좌표값 입력"
호의 끝점 지정: "마우스로 점선택 또는 좌표값 입력"

▶ 원호 옵션

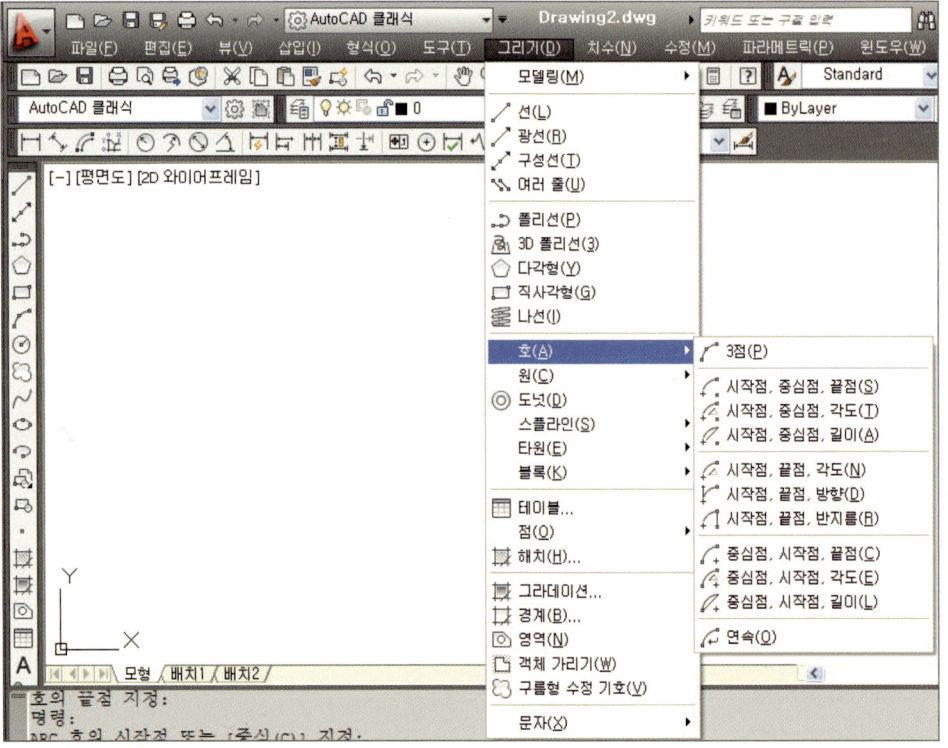

OPTION

3점 (3point)	3점을 지나는 호
시작점, 중심점, 끝점 (Start, Center, End)	시작점, 중심점, 끝점을 아는 호
시작점, 중심점, 각도 (Start, Center, Angle)	시작점, 중심점, 각도를 아는 호
시작점, 중심점, 길이 (Start, Center, Length)	시작점, 중심점, 길이를 아는 호
시작점, 끝점, 각도 (Start, End, Angle)	시작점, 끝점, 각도를 아는 호
시작점, 끝점, 방향 (Start, End, Direction)	시작점, 끝점, 방향을 아는 호
시작점, 끝점, 반지름 (Start, End, Radius)	시작점, 끝점, 반지름을 아는 호
중심점, 시작점, 끝점 (Center, Start, End)	중심점, 시작점, 끝점을 아는 호
중심점, 시작점, 각도 (Center, Start, Angle)	중심점, 시작점, 각도를 아는 호
중심점, 시작점, 길이 (Center, Start, Length)	중심점, 시작점, 길이를 아는 호

예제1 세 점 (P1, P2, P3)을 알고 호를 그려봅시다.

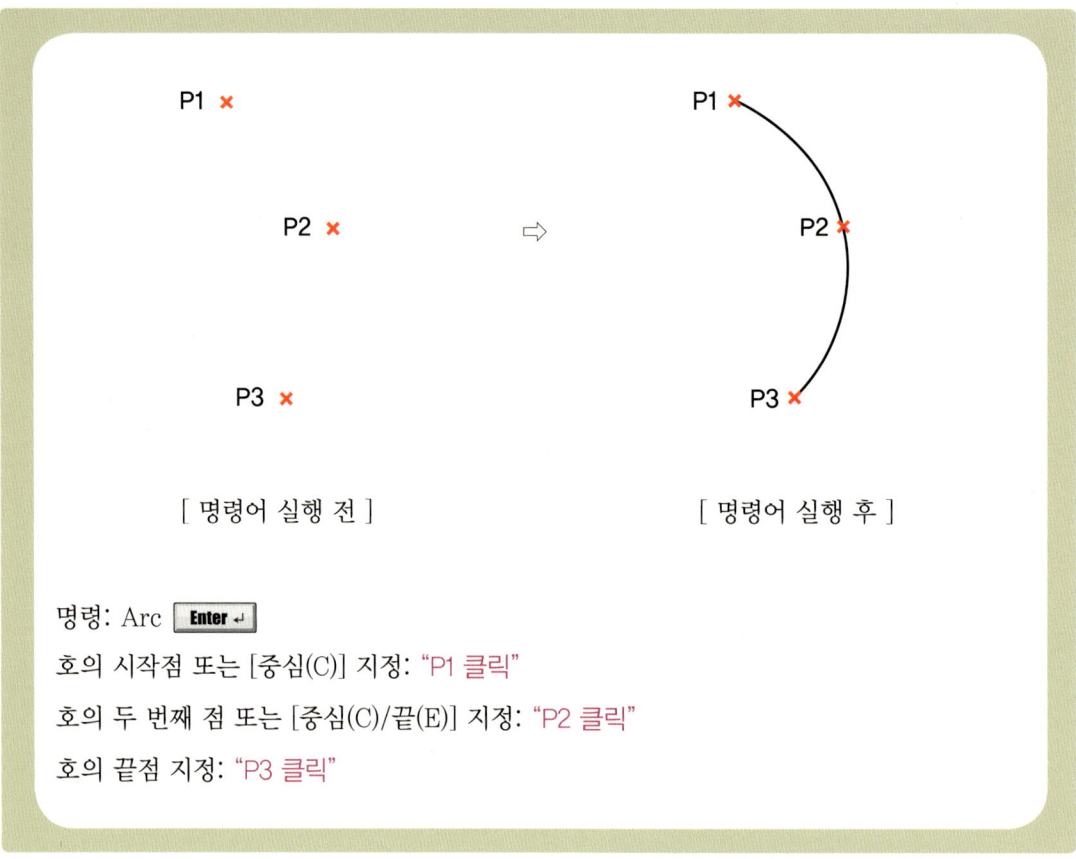

명령: Arc **Enter ↵**
호의 시작점 또는 [중심(C)] 지정: "P1 클릭"
호의 두 번째 점 또는 [중심(C)/끝(E)] 지정: "P2 클릭"
호의 끝점 지정: "P3 클릭"

예제2 두 점 (P1, P2)을 알고 반지름 값이 40인 호를 그려봅시다.

```
      P2 ×                              P2 ×
                                            R40
                    ⇒                    ×
      P1 ×                              P1 ×

    [ 명령어 실행 전 ]              [ 명령어 실행 후 ]
```

명령: Arc `Enter ↵`
호의 시작점 또는 [중심(C)] 지정: "P1 클릭"
호의 두 번째 점 또는 [중심(C)/끝(E)] 지정: E `Enter ↵` "끝점옵션 입력"
호의 끝점 지정: "P2 클릭"
호의 중심점 지정 또는 [각도(A)/방향(D)/반지름(R)]: R `Enter ↵` "반지름 옵션 입력"
호의 반지름 지정: 40 "반지름 입력"

과제명	기본 도형 그리기 1

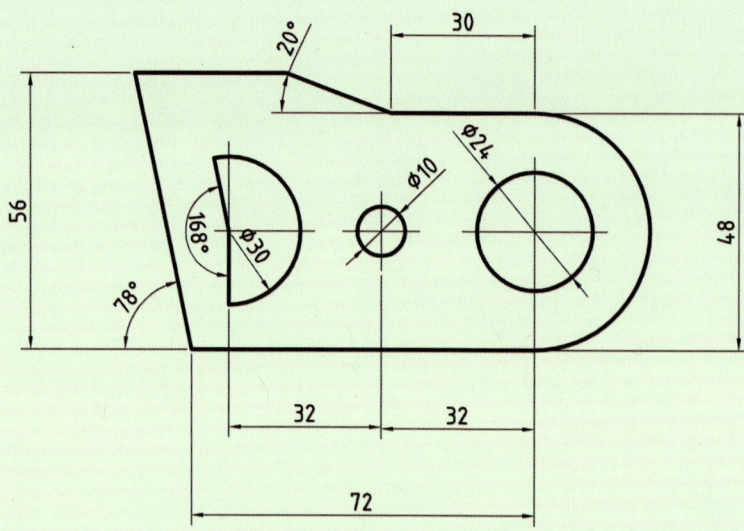

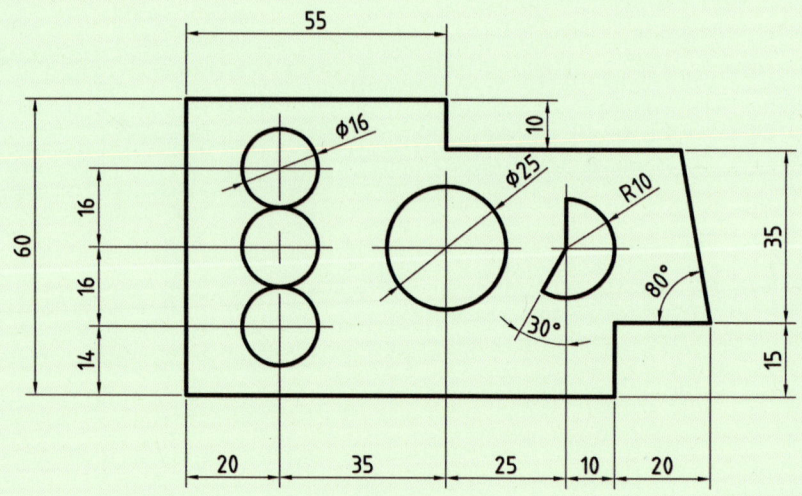

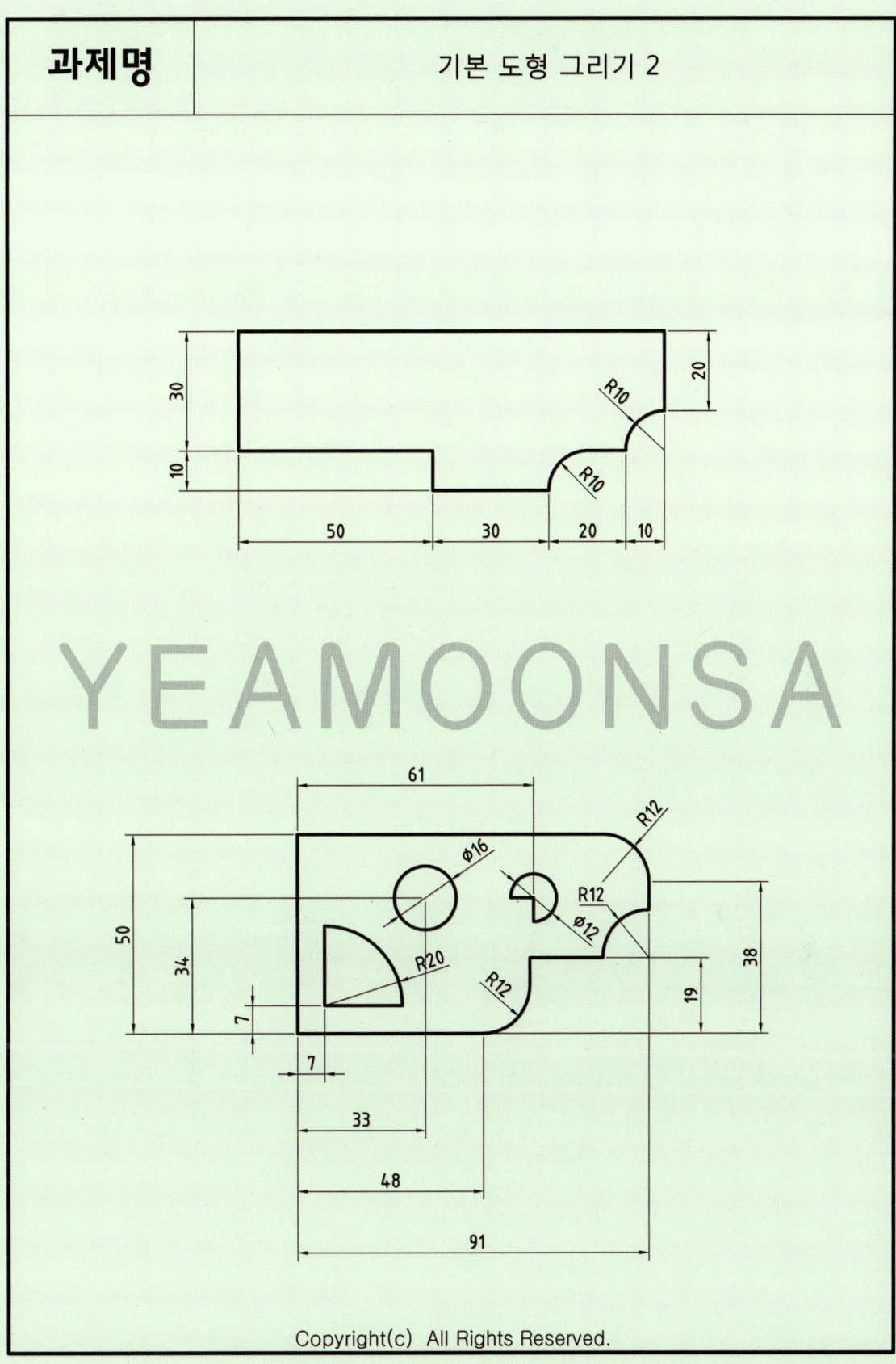

| 과제명 | 기본 도형 그리기 3 |

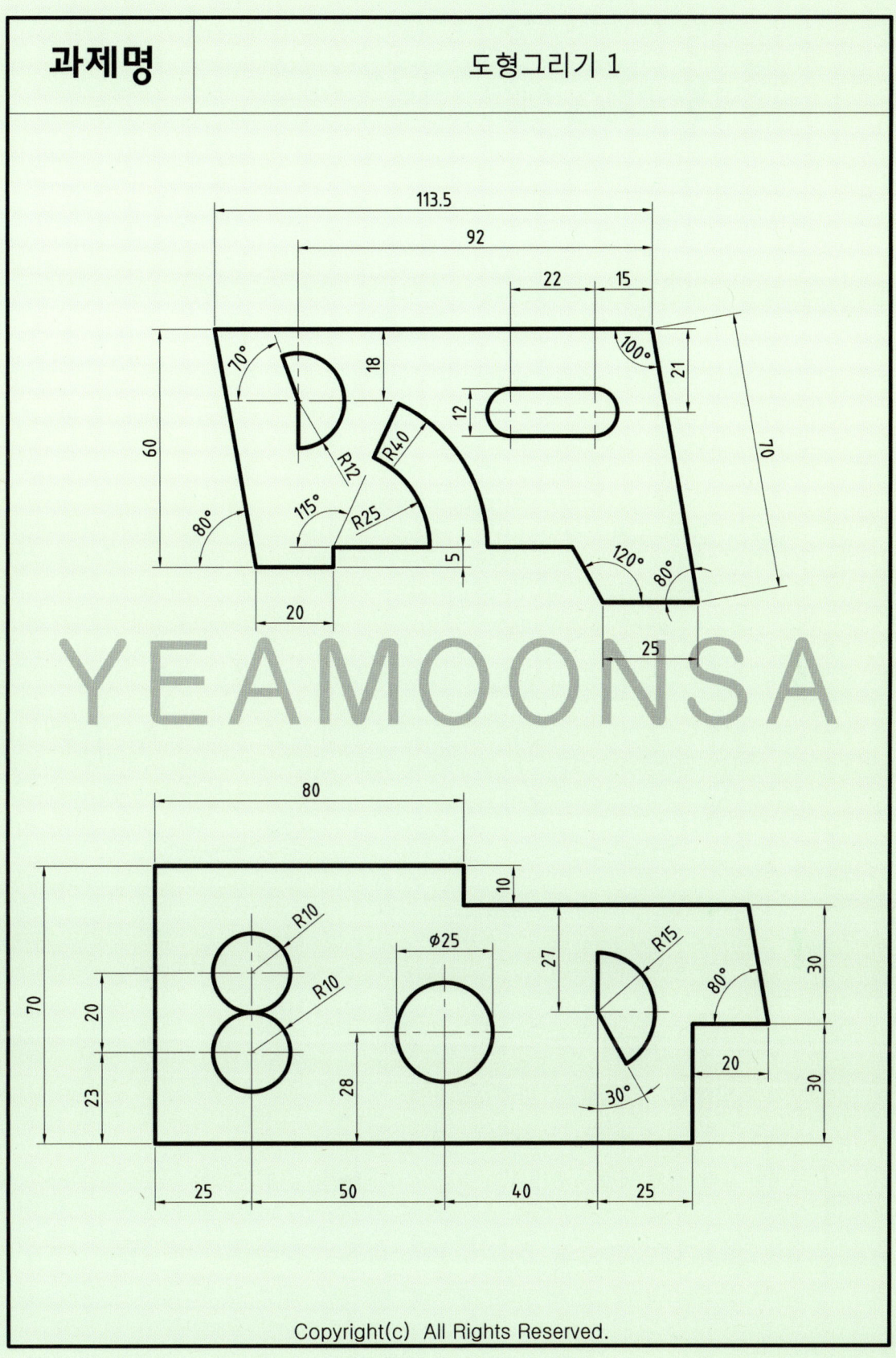

다각형 그리기

단축아이콘	단축아이콘 이름	명령어	설 명
⬠	다각형 그리기	Polygon (pol)	다각형을 그려주는 명령어입니다.

다각형을 손쉽게 그려주는 명령어입니다. 그러나 특성상 내접하거나 외접하는 도형이 있어야 편리합니다. 일단 일정 크기의 원을 그리고 그 안에 내접하는 삼각형을 polygon을 이용하여 그려보도록 합시다.

▶ 명령행(Command) 사용하기

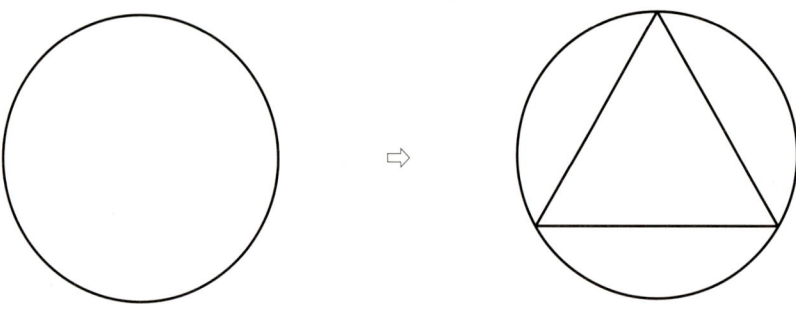

[명령어 실행 전]　　　　　　　　　　[명령어 실행 후]

명령: polygon [Enter] "pol 입력 또는 ⬠ 클릭"

면의 수 입력 〈3〉: 3 [Enter] "면의 수를 입력"

다각형의 중심을 지정 또는 [모서리(E)]: "원의 중심 클릭"

옵션을 입력 [원에 내접(I)/원에 외접(C)] 〈I〉: I [Enter] "내접이므로 I 입력 외접이면 C 입력"

원의 반지름 지정: "반지름 값 입력하거나 마우스로 원의 사분점 클릭"

면의 수 입력에서 5를 입력하면 5각형이 그려지고 6을 입력하면 6각형이 그려집니다.

도형에 내접하면 "I"를 입력하고 외접하면 "C"를 입력한 후,

마우스로 osnap를 on한 상태에서 적절한 지점을 찾아 클릭하면 완성됩니다.

OPTION

number of side	다각형의 면의 수를 지정
Edge(E)	면의 길이를 이용하여 다각형을 그립니다.
Inscribed in circle(I)	원에 내접 하는 다각형
Circumscribed about circle(C)	원에 외접 하는 다각형

▶ 활용팁

마우스를 명령어 위에 3초 이상 올려놓으면 자세한 설명이 나옵니다.

도면 작성시 참조합니다.

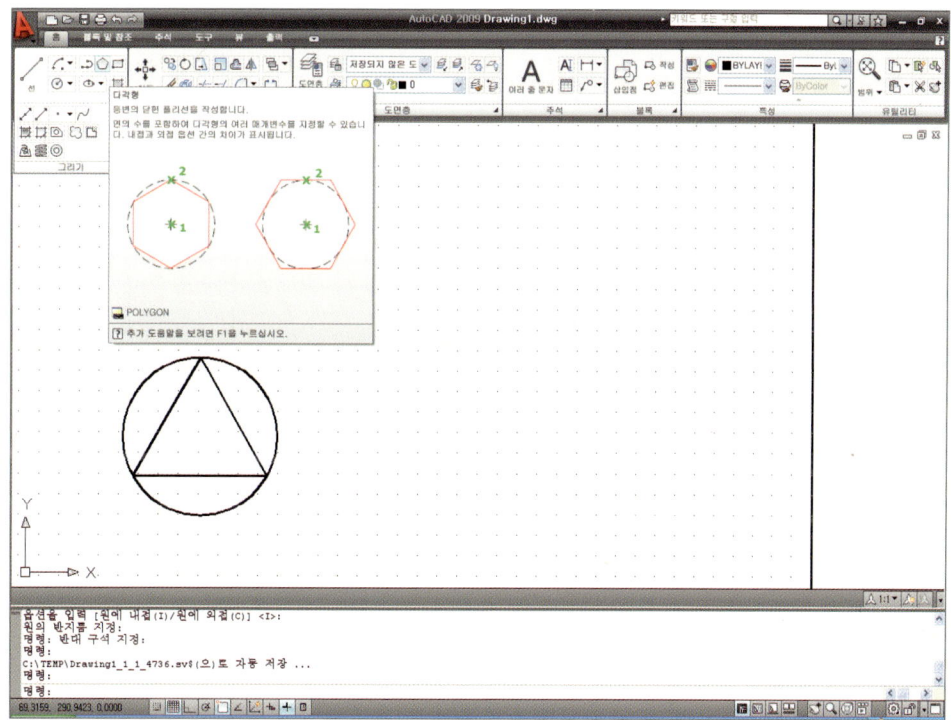

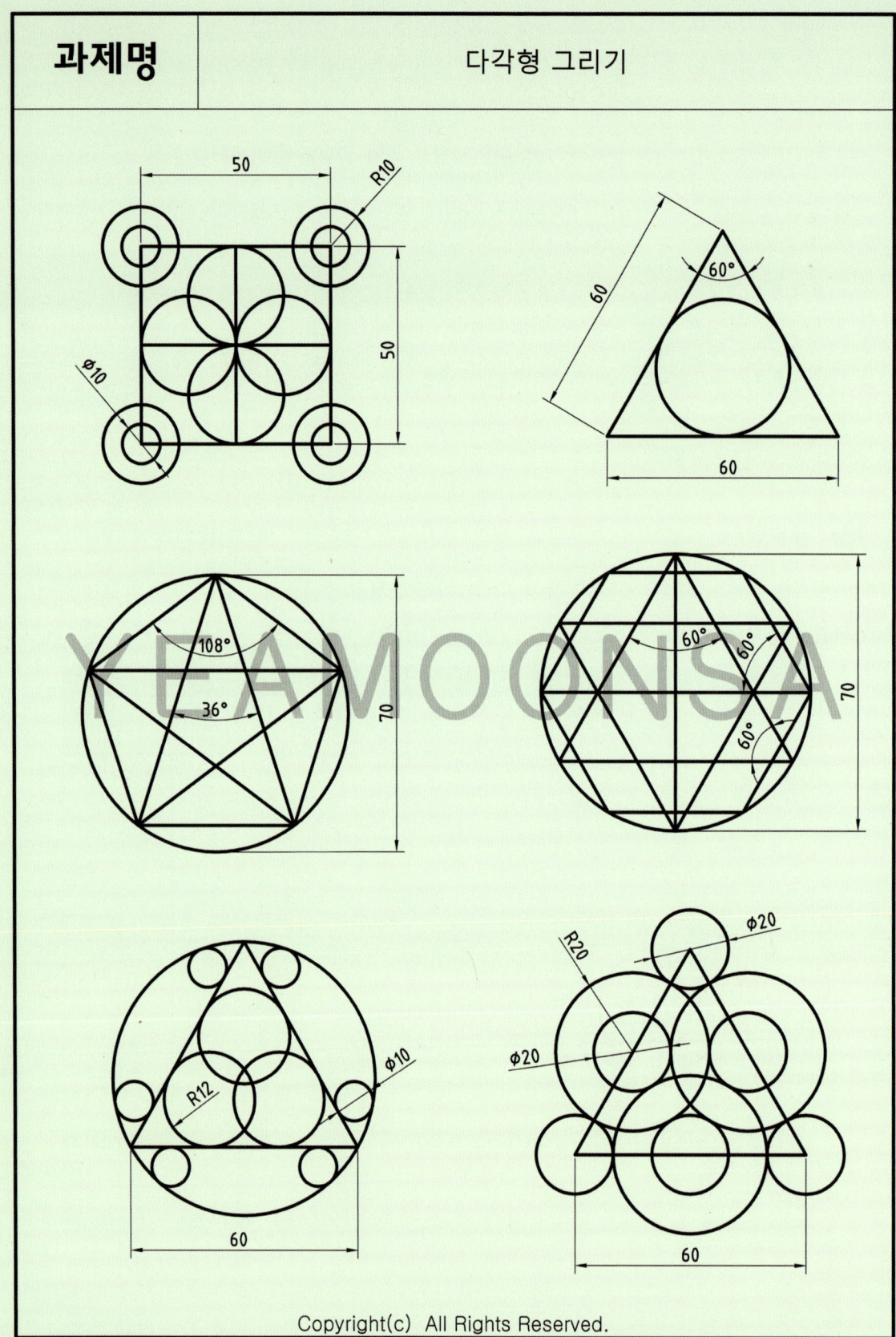

09 Copy 하기

단축아이콘	단축아이콘 이름	명령어	설 명
	복사하기	Copy (co)	원하는 객체를 하나 또는 여러 개를 복사하는 명령어입니다.

복사할 객체를 마우스를 이용하여 모두 선택한 후 더 이상 선택할 것이 없으면 Enter 를 클릭하여 마무리하고 이동할 객체의 기준점을 마우스로 클릭하여 복사할 지점으로 클릭합니다.

다음 원을 여러 개 복사해 봅시다.

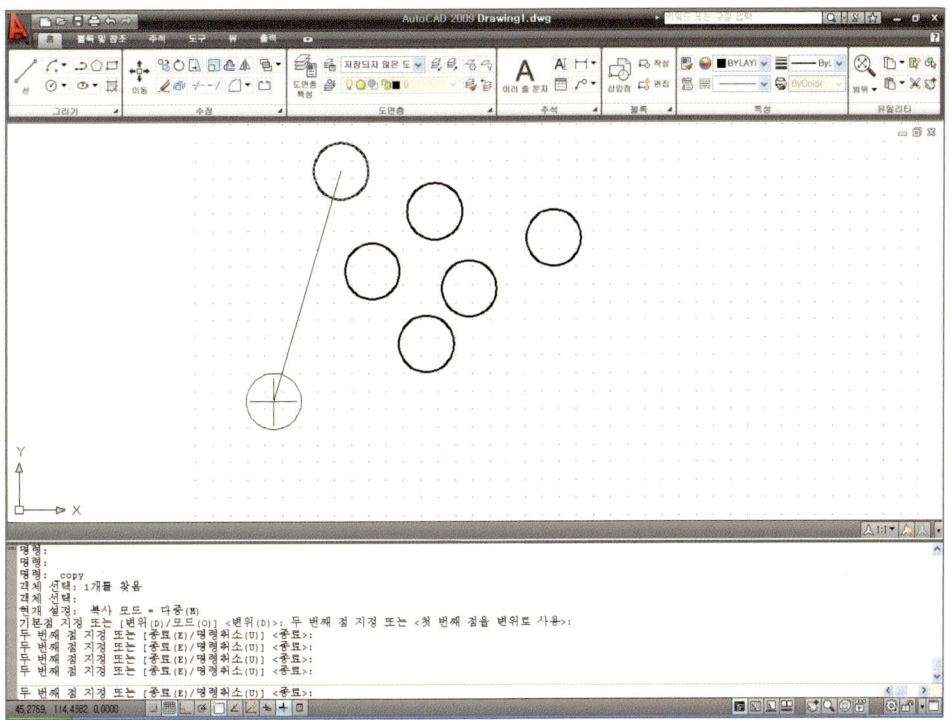

107

명령행(Command) 사용하기

명령: copy [Enter↵] "CO 입력 또는 [아이콘] 클릭"

객체 선택: 1개를 찾음 "copy할 객체를 마우스로 선택"

객체 선택: [Enter↵]

현재 설정: 복사 모드 = 다중(M)

기본점 지정 또는 [변위(D)/모드(O)] 〈변위(D)〉: 두 번째 점 지정 또는 〈첫 번째 점을 변위로 사용〉: "copy할 객체의 기준점을 마우스로 선택"

두 번째 점 지정 또는 [종료(E)/명령취소(U)] 〈종료〉: "copy될 위치 입력"

두 번째 점 지정 또는 [종료(E)/명령취소(U)] 〈종료〉: "copy될 위치 입력"

두 번째 점 지정 또는 [종료(E)/명령취소(U)] 〈종료〉: [Enter↵]

▶ 다음 원을 교차점에 Copy 해봅시다.

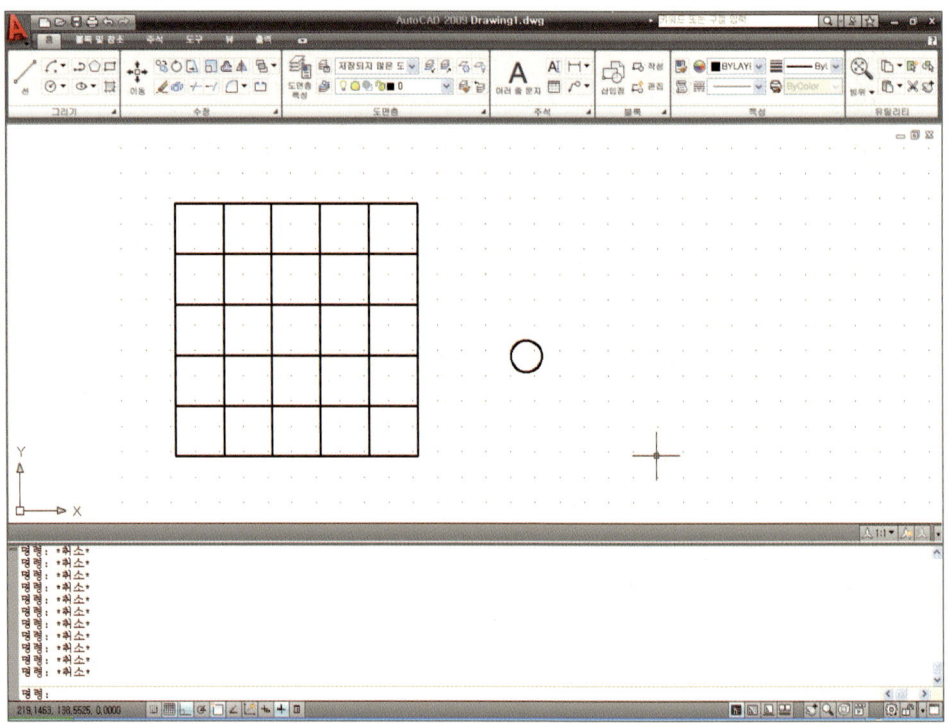

| 과제명 | 여러 가지 패턴 그리기 |

AutoCAD 10 | Move 하기

단축아이콘	단축아이콘 이름	명령어	설 명
✥	이동	Move (m)	객체를 지정된 방향으로 지정된 거리만큼 이동합니다.

이동시켜야 할 객체를 모두 선택한 후 더 이상 선택할 것이 없으면 Enter 하고, 이동시켜야 할 객체의 옮길 기준점을 클릭한 후, 이동시킬 지점을 클릭하거나 좌표를 입력해 줍니다.
원을 사각 격자모양 안쪽으로 이동시켜 봅시다.

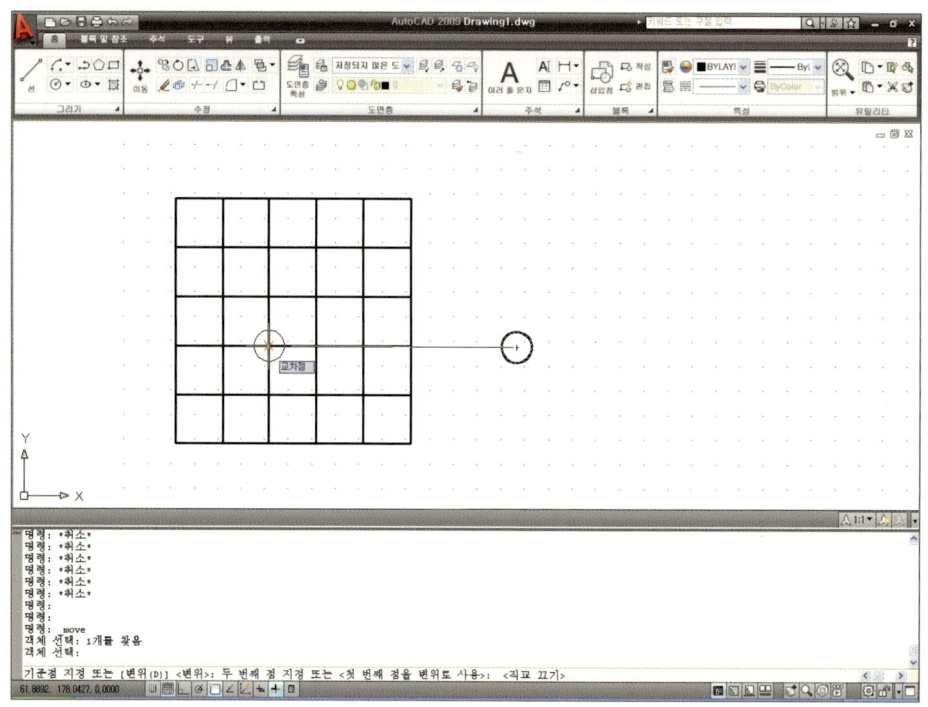

▶ 명령행(Command) 사용하기

명령: move Enter↵ "m 입력 또는 ✥ 클릭"

객체 선택: 1개를 찾음 "원을 선택"

객체 선택: "더 이상 옮겨질 객체 없으면 Enter↵ "

기준점 지정 또는 [변위(D)] 〈변위〉: 두 번째 점 지정 또는 〈첫 번째 점을 변위로 사용〉: "옮겨질 위치 클릭하거나 좌표 입력"

AutoCAD 11 Fillet 하기

단축아이콘	단축아이콘 이름	명령어	설 명
	모깎기	Fillet (f)	모서리 부분을 둥글게 처리하는 명령어입니다.

선택된 모든 선이 한 점에서 접하는 호가 작성됩니다. 이 선들은 호의 끝에서 잘립니다. 대신 각진 모서리를 작성하려면 반지름을 0으로 입력합니다.

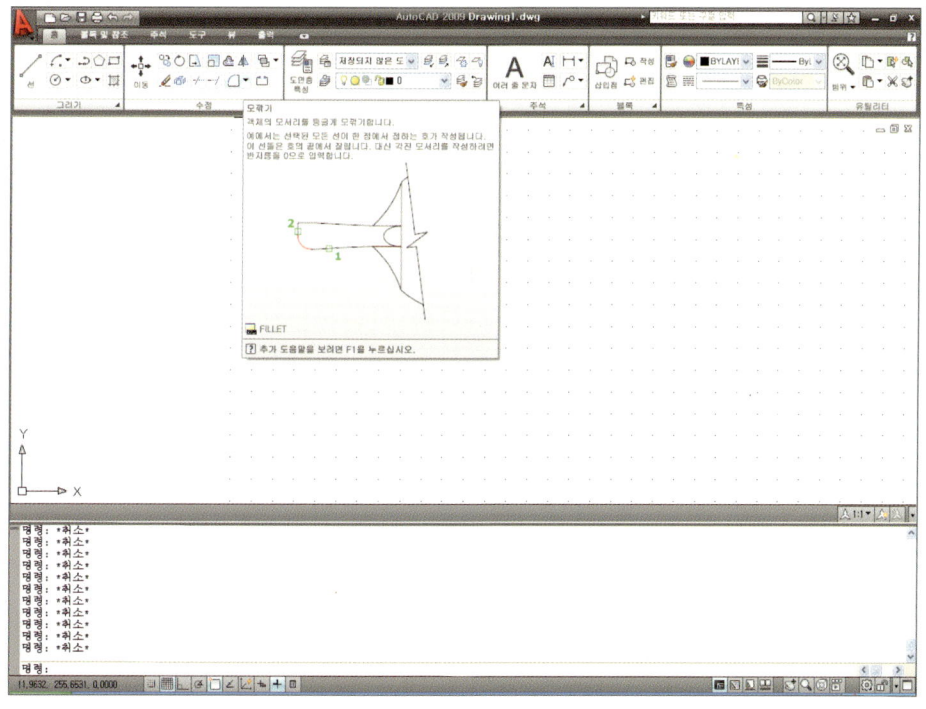

명령행(Command) 사용하기

명령: fillet **Enter** "f 입력, 또는 [ ] 클릭"
현재 설정값: 모드 = TRIM, 반지름 = 0.0000
첫 번째 객체 선택 또는 [명령취소(U)/폴리선(P)/반지름(R)/자르기(T)/다중(M)]: r
Enter "반지름"
모깎기 반지름 지정 ⟨0.0000⟩: 10 **Enter** "반경 값을 입력한다"
첫 번째 객체 선택 또는 [명령취소(U)/폴리선(P)/반지름(R)/자르기(T)/다중(M)]:
두 번째 객체 선택 또는 Shift 키를 누른 채 선택하여 구석 적용: "P1, P2 선택"

명령행(Command) 사용하기

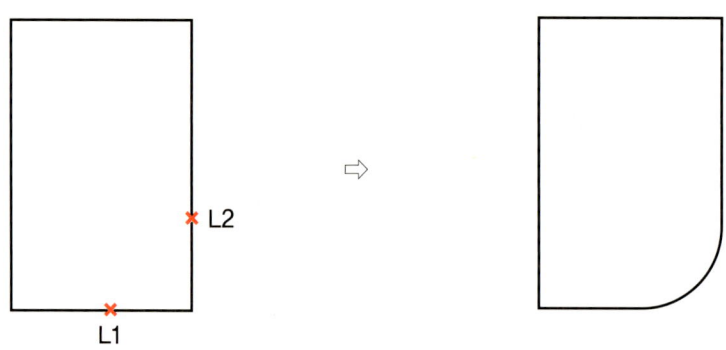

[명령어 실행 전]　　　　　　　[명령어 실행 후]

명령: fillet `Enter↵`
FILLET
현재 설정: 모드 = 자르기, 반지름 = 0.0000
첫 번째 객체 선택 또는 [명령 취소(U)/폴리선(P)/반지름(R)/자르기(T)/다중(M)]: R `Enter↵` "반지름옵션 사용"
모깎기 반지름 지정 <0.0000>: 10 `Enter↵` "입력할 반지름 값을 입력"
첫 번째 객체 선택 또는 [명령 취소(U)/폴리선(P)/반지름(R)/자르기(T)/다중(M)]: "L1 선택"
두 번째 객체 선택 또는 Shift 키를 누른 채 선택하여 구석 적용 또는 [반지름(R)]: "L2 선택"

OPTION

폴리선 (Poly line)	모서리 처리 객체가 Pline인 경우에 이용하면 한 번에 모든 부분에 둥근 모서리를 만듭니다.
반지름 (Radius)	반지름 값을 지정
자르기 (Trim)	모서리의 절단 여부를 설정 자르기(Trim) : 가장자리를 절단한 채 모깎기 자르지 않기(No trim) : 가장자리를 남겨둔 채 모깎기
다중 (Multiple)	모서리 처리를 계속 합니다.

과제명	꽃 무늬와 손잡이 그리기

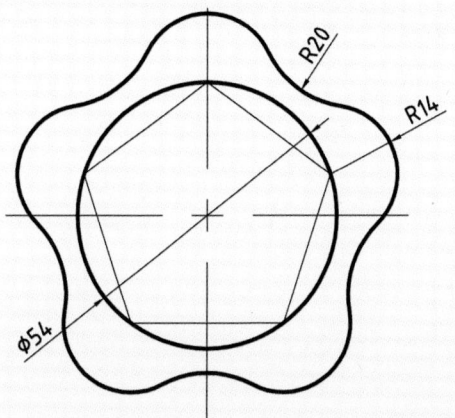

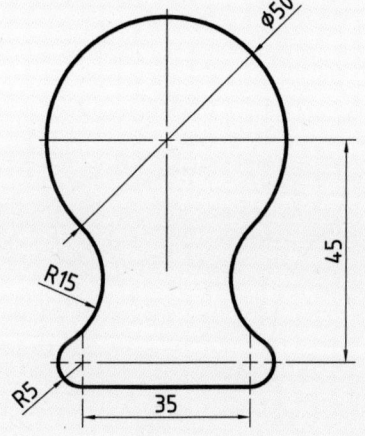

| 과제명 | 도형 그리기 2 |

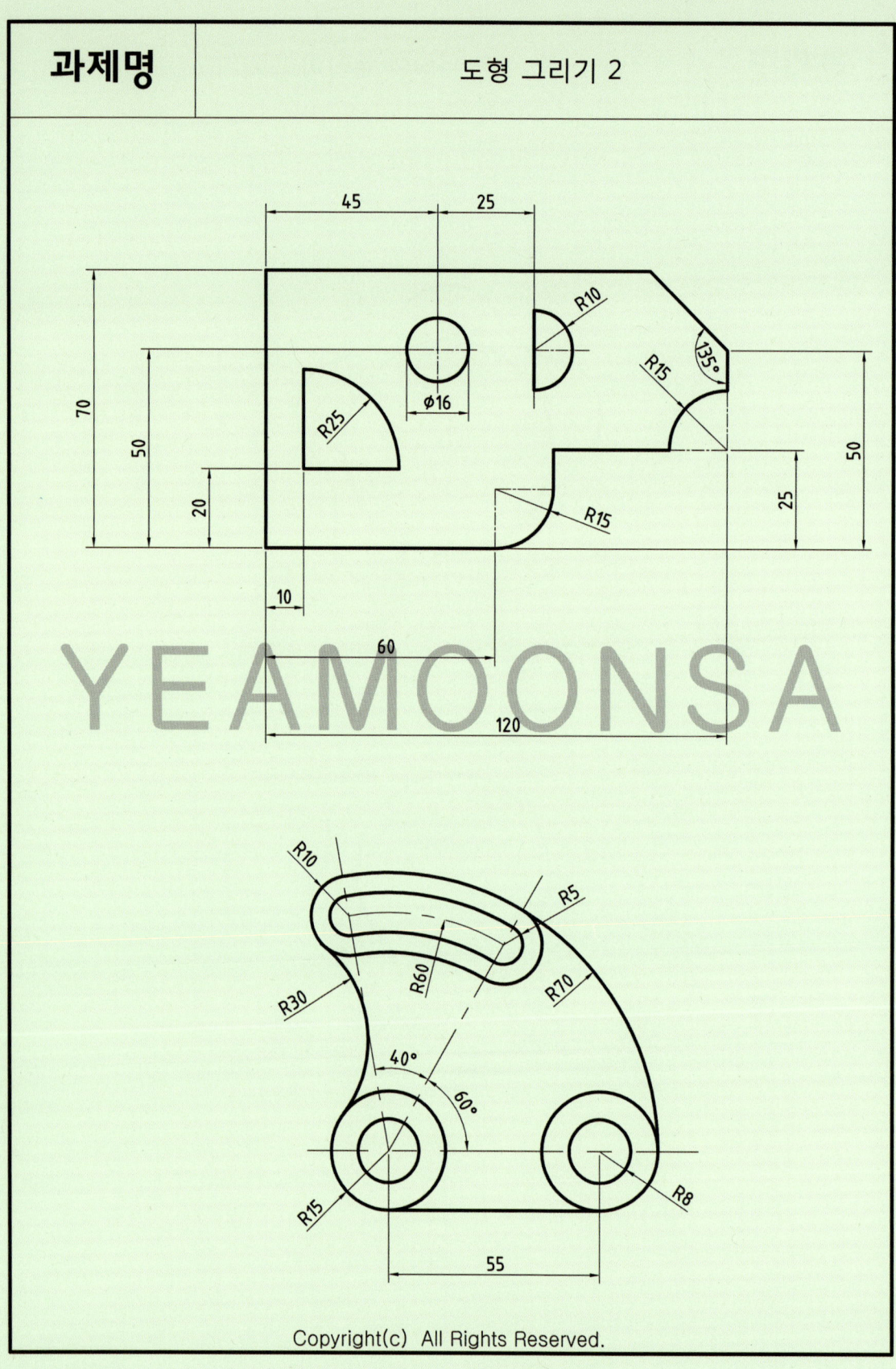

과제명	도형그리기 3

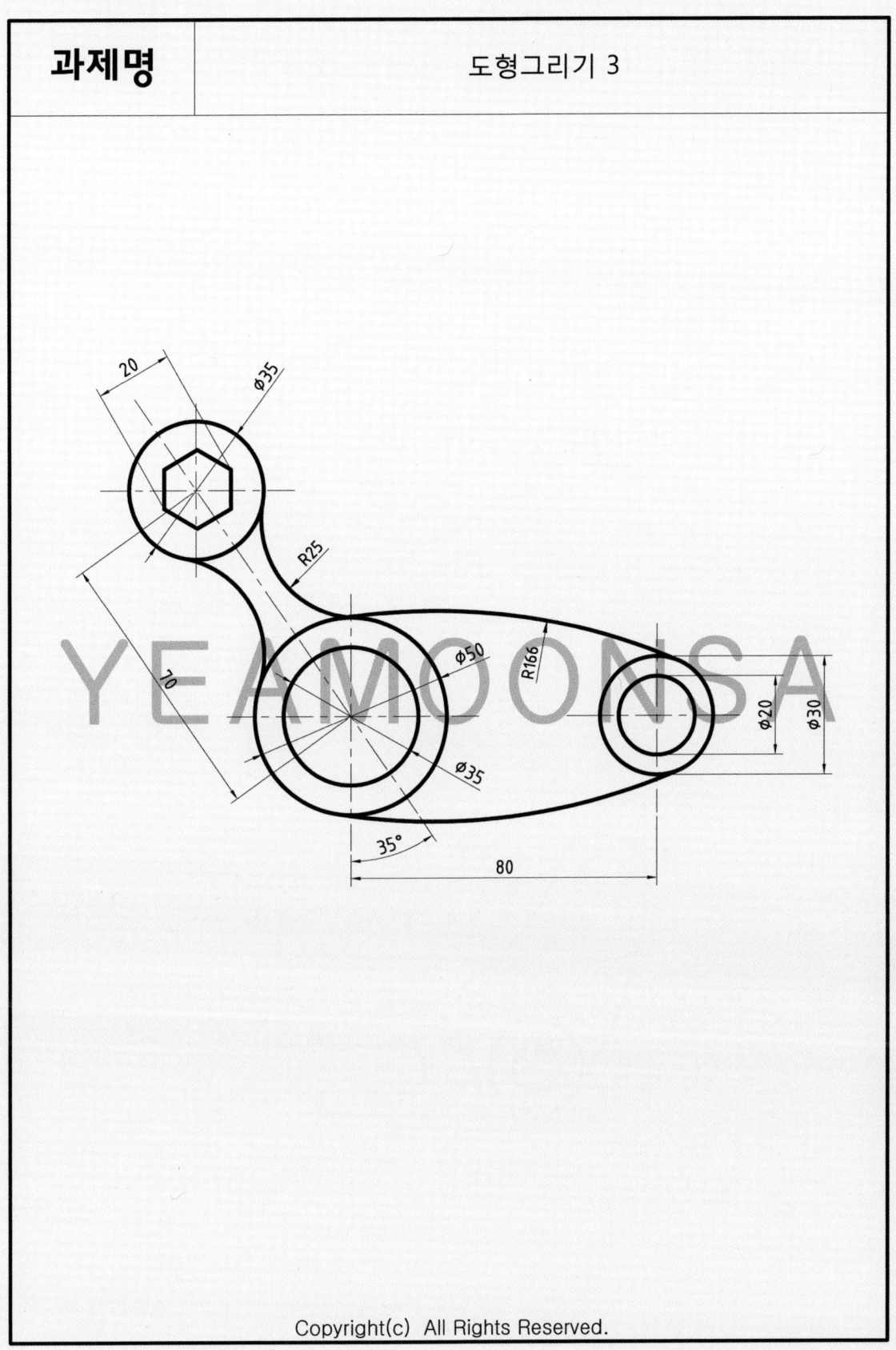

| 과제명 | 도형그리기 4 |

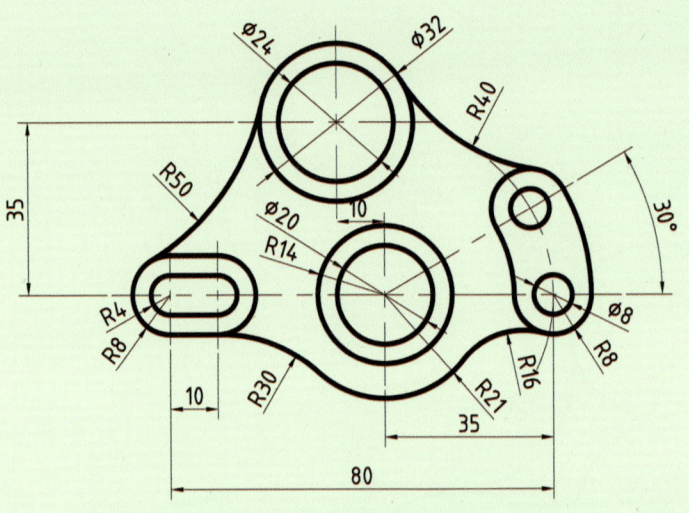

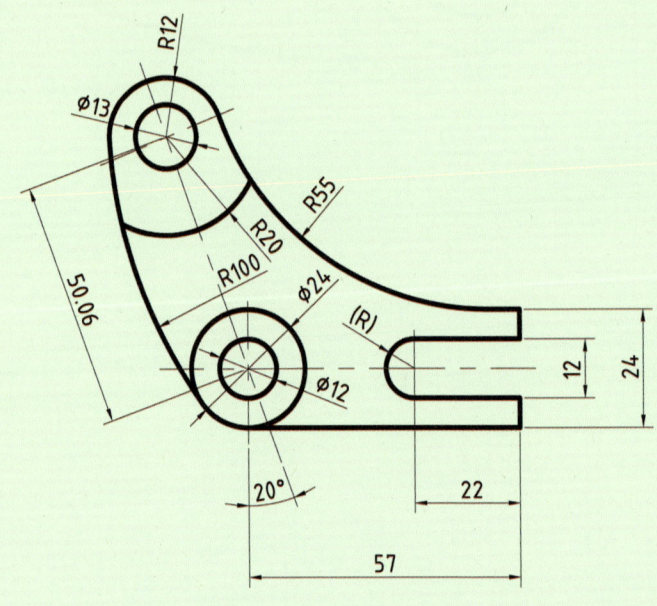

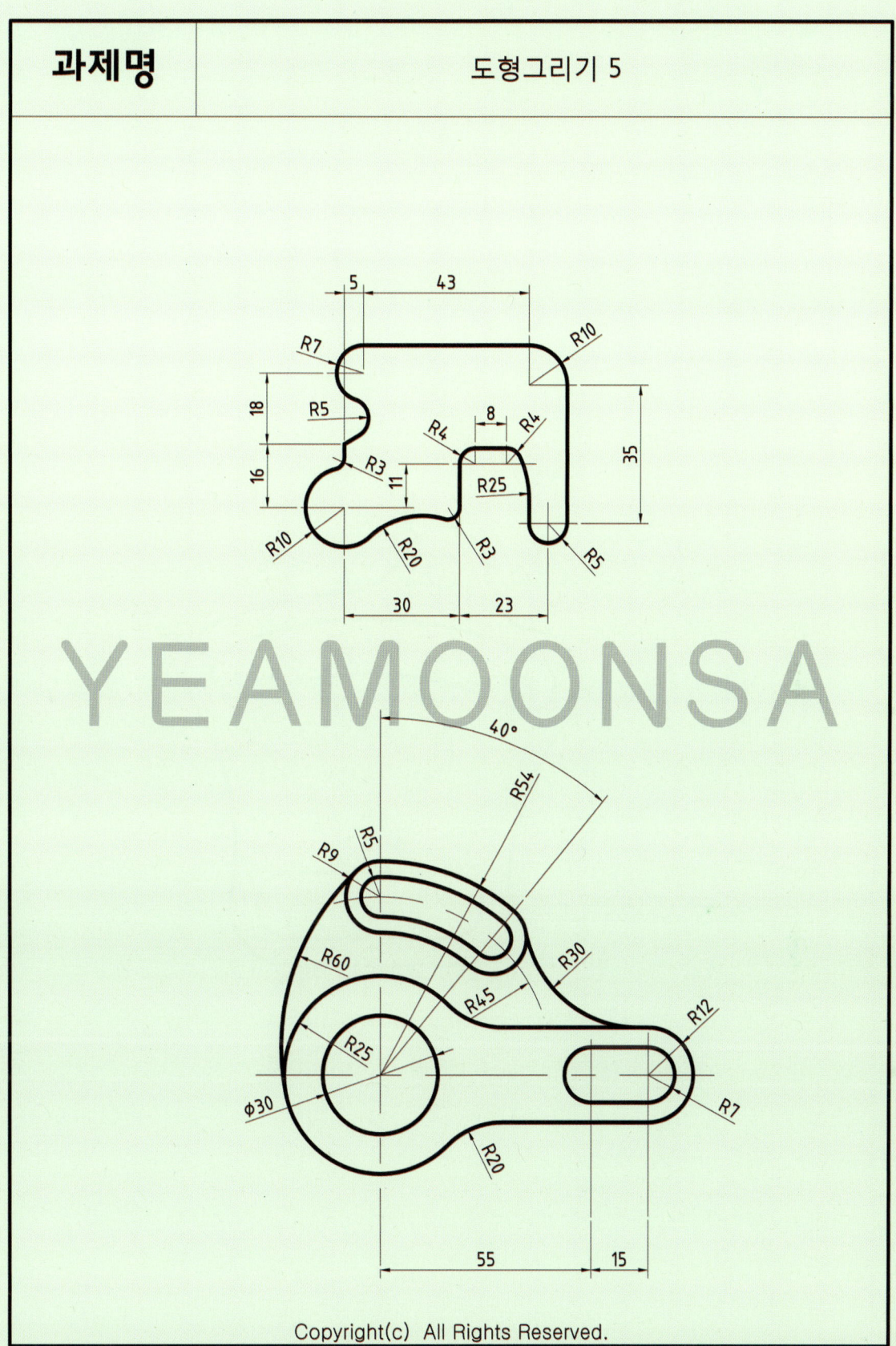

과제명	도형그리기 6

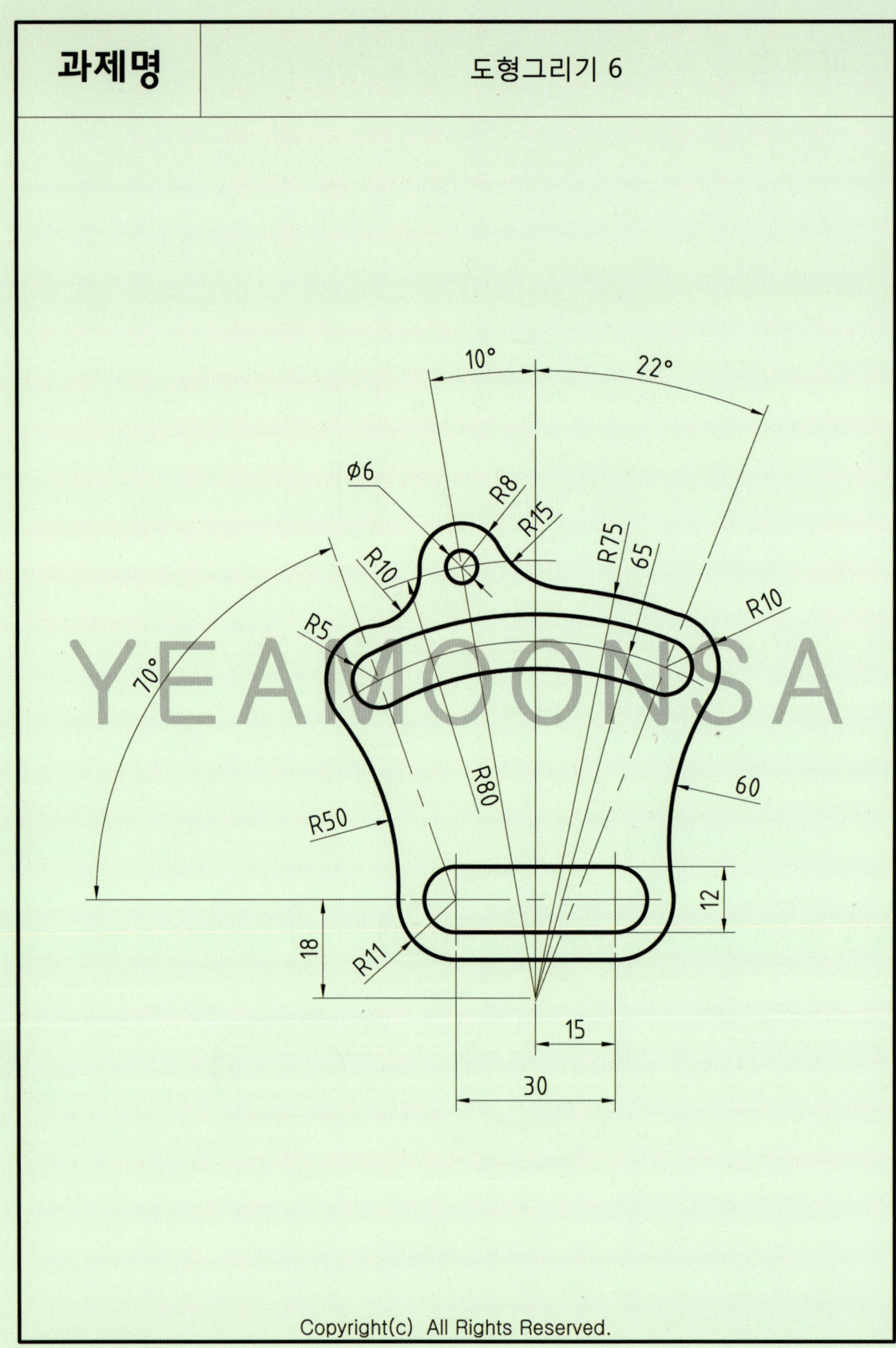

| 과제명 | 필렛 연습하기 1 |

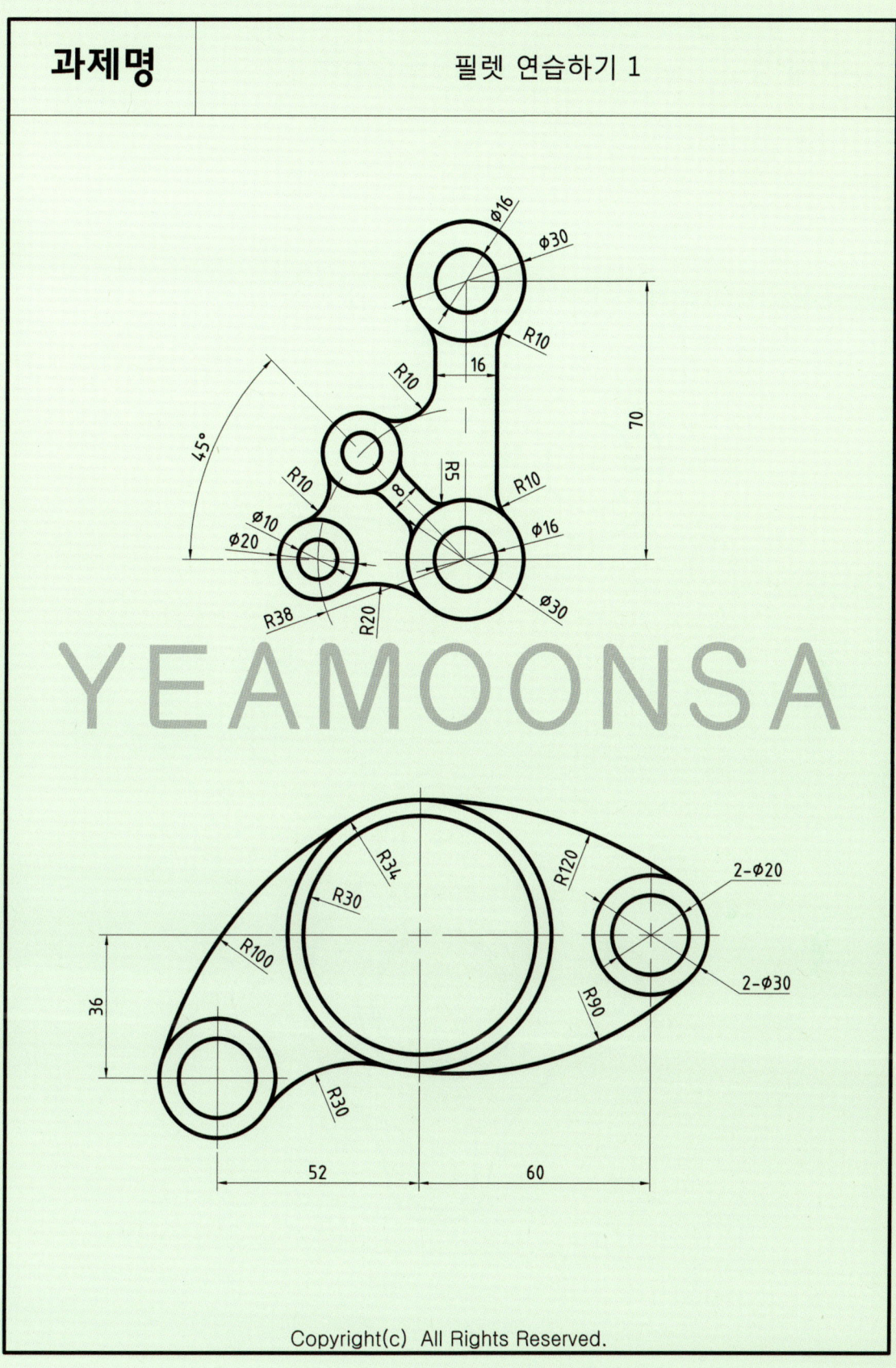

과제명	필렛 연습하기 2

과제명	필렛 연습하기 3

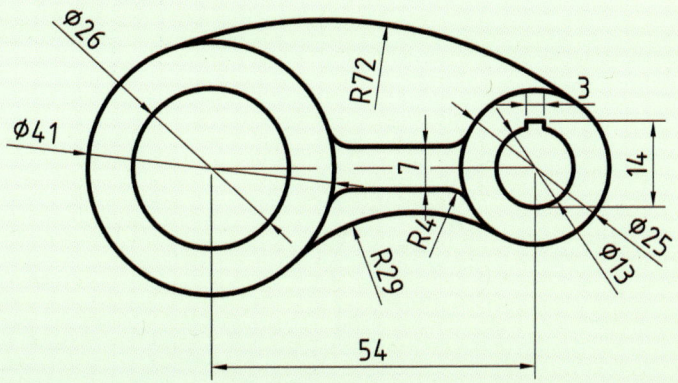

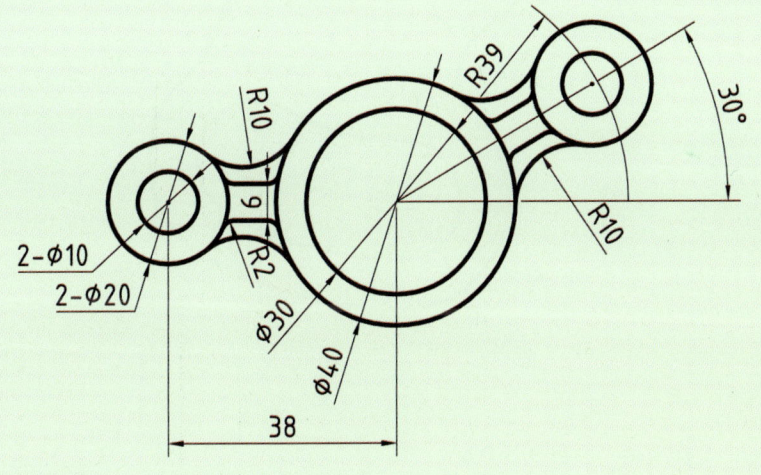

| 과제명 | 필렛 연습하기 4 |

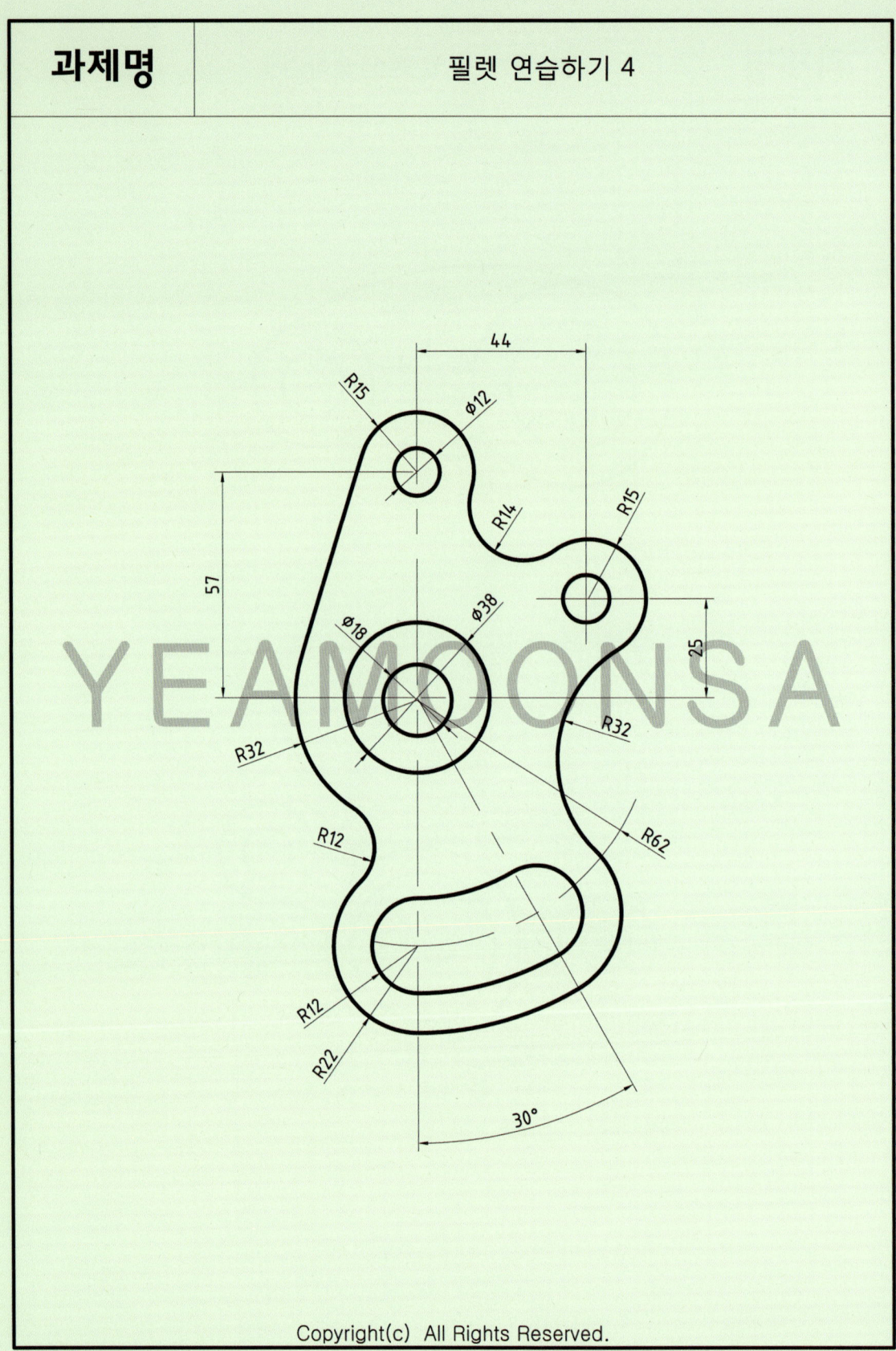

AutoCAD 12 Chamfer 하기

단축아이콘	단축아이콘 이름	명령어	설 명
	모따기	Chamfer (Cha)	모서리 부분을 모따기 처리하는 명령어입니다.

모서리 부분을 원하는 길이로 대각선 방향으로 모따기하는 명령어입니다.

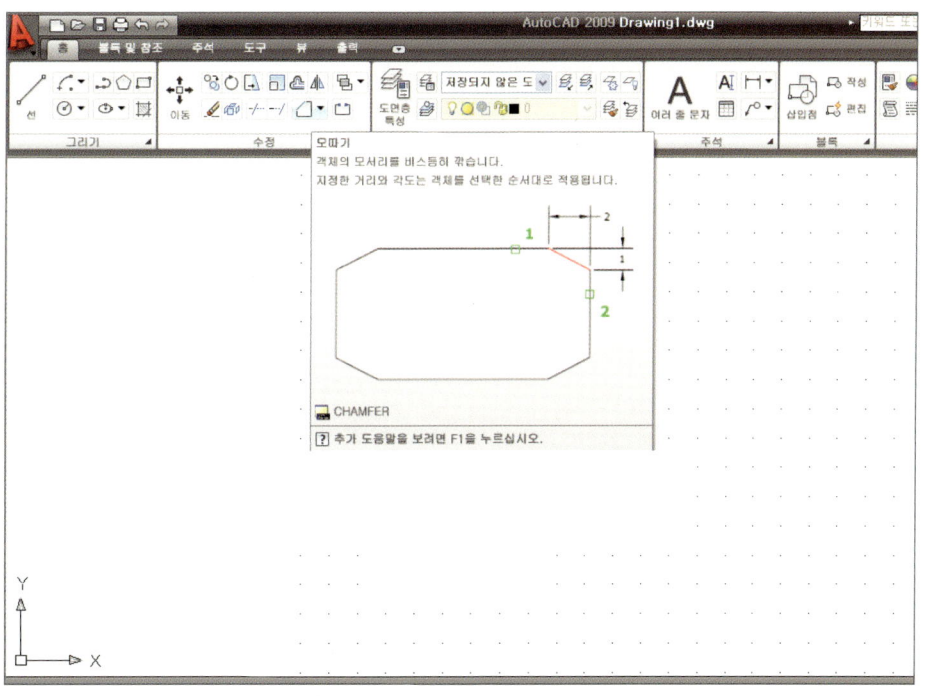

▶ 명령행(Command) 사용하기

명령: chamfer **Enter ↵** "cha 입력, 또는 ☐ 클릭"

(TRIM 모드) 현재 모따기 거리1 = 0.0000, 거리2 = 0.0000

첫 번째 선 선택 또는 [명령취소(U)/폴리선(P)/거리(D)/각도(A)/자르기(T)/메서드(E)/다중(M)]: d **Enter ↵**

첫 번째 모따기 거리 지정 <0.0000>: 10 **Enter ↵** "거리값 입력"

두 번째 모따기 거리 지정 <10.0000>: 20 **Enter ↵** "거리값 입력"

첫 번째 선 선택 또는 [명령취소(U)/폴리선(P)/거리(D)/각도(A)/자르기(T)/메서드(E)/다중(M)]:

두 번째 선 선택 또는 Shift 키를 누른 채 선택하여 구석 적용: "P1, P2 선택"

명령행(Command) 사용하기

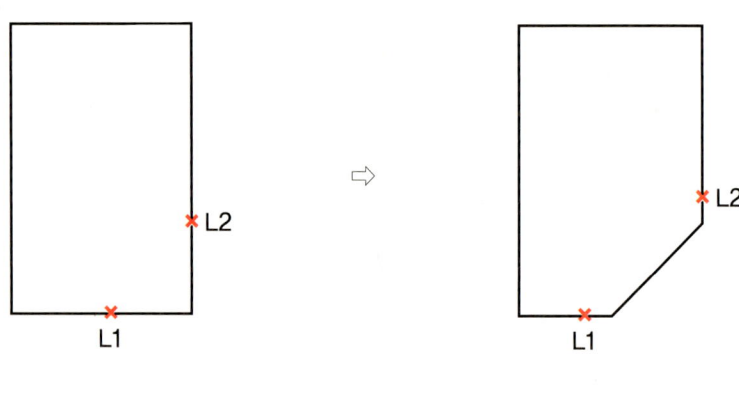

[명령어 실행 전]　　　　　　[명령어 실행 후]

명령: chamfer **Enter ↵**

CHAMFER

(자르기 모드) 현재 모따기 거리1 = 0.0000, 거리2 = 0.0000

첫 번째 선 선택 또는 [명령 취소(U)/폴리선(P)/거리(D)/각도(A)/자르기(T)/메서드(E)/다중(M)]: D **Enter ↵**

첫 번째 모따기 거리 지정 〈0.0000〉: 10 **Enter ↵** "거리값 입력"

두 번째 모따기 거리 지정 〈0.0000〉: 10 **Enter ↵** "거리값 입력"

첫 번째 선 선택 또는 [명령 취소(U)/폴리선(P)/거리(D)/각도(A)/자르기(T)/메서드(E)/다중(M)]: "L1 선택"

두 번째 선 선택 또는 Shift 키를 누른 채 선택하여 구석 적용 또는 [거리(D)/각도(A)/메서드(M)]: "L2 선택"

OPTION

폴리선 (Poly line)	PLINE을 모따기 할 때 사용합니다.		
거리(Distance)	각진 모서리에서 잘려나갈 거리를 조정합니다. Distance에 0을 지정하는 경우는 모서리를 정확하게 만나게 하므로 벽체선을 그릴 때 마무리 명령으로 이용합니다.		
각도(Angle)	각도를 이용하여 모서리 처리를 조정합니다. (거리와 각도를 알고 있을 때 유용합니다.)		
자르기 (Trim)	모서리의 절단 여부를 설정합니다. 자르기(Trim) : 가장자리를 절단한 채 모깎기합니다. 자르지 않기(No trim) : 가장자리를 남겨둔 채 모깎기합니다.		
메서드 (Method)	두 점으로 자를 지 아니면 한 점과 각도로써 자를 것을 선택(Distance/Angle)합니다.		
	거리(Distance)	거리를 이용하여 각진 모서리를 만듭니다.	
	각도(Angle)	각도를 이용하여 각진 모서리를 만듭니다.	
다중(Multiple)	모서리 처리를 계속 합니다.		

AutoCAD 13 | Mirror 하기

단축아이콘	단축아이콘 이름	명령어	설 명
⚠	대칭	Mirror (mi)	복사하기와 유사한 명령어입니다. 객체를 거울처럼 대칭으로 복사합니다.

거울처럼 복사되기 때문에 mirror라고 하며 대칭축을 지정하기 위해 두 점을 입력합니다.

▶ 명령행(Command) 사용하기

명령: mirror [Enter↵] "mi 입력, 또는 ⚠ 클릭"

객체 선택: "대칭복사 할 객체 마우스로 선택"

객체 선택: [Enter↵] "객체 선택 마무리"

대칭선의 첫 번째 점 지정: "마우스로 대칭축이 될 선 첫 번째 지점 선택"

대칭선의 두 번째 점 지정: "마우스로 대칭축이 될 선 첫 번째 지점 선택"

원본 객체를 지우시겠습니까? [예(Y)/아니오(N)] ⟨N⟩: [Enter↵]

▶ **Mirror를 이용하여 다음과 같은 모양을 만들어 봅시다.**

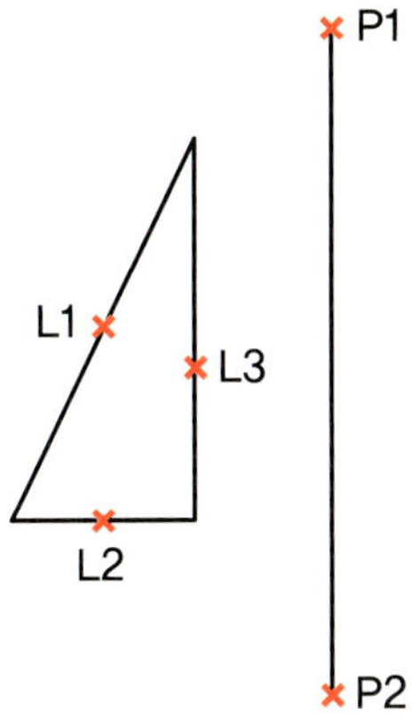

[명령어 실행 전] 　　　　　　　[명령어 실행 후]

명령: mirror [Enter↵]

객체 선택: "선 L1, L2, L3 선택"

반대 구석 지정: 3개를 찾음

객체 선택: [Enter↵] "객체선택 마무리"

대칭선의 첫 번째 점 지정: "점 P3 선택"

대칭선의 두 번째 점 지정: "점 P4 선택"

원본 객체를 지우시겠습니까? [예(Y)/아니오(N)] ⟨N⟩: [Enter↵] "원본 객체를 지우려면 Y 입력"

과제명	여러 무늬 그리기

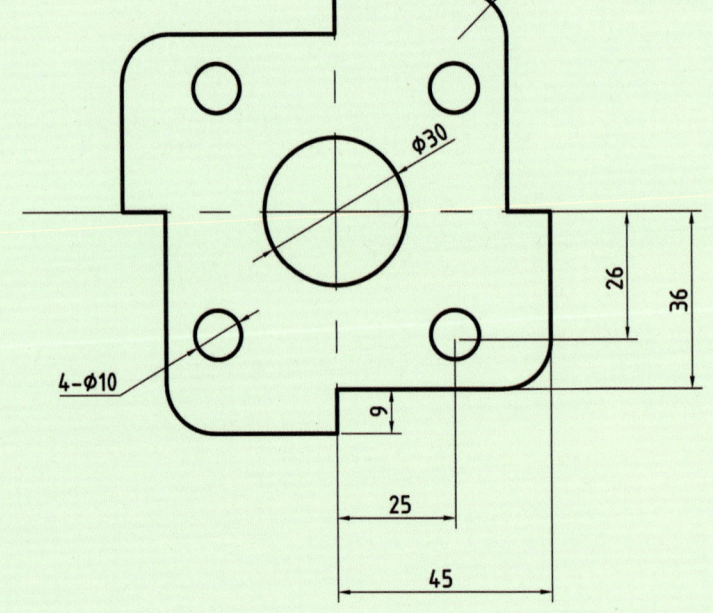

Copyright(c) All Rights Reserved.

과제명	대칭도형 그리기 1

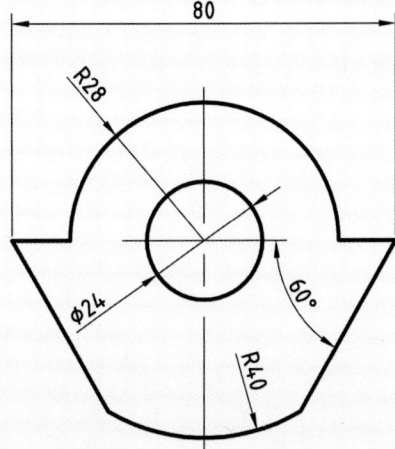

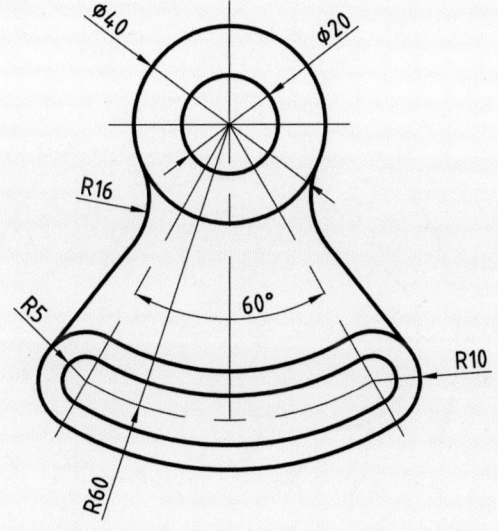

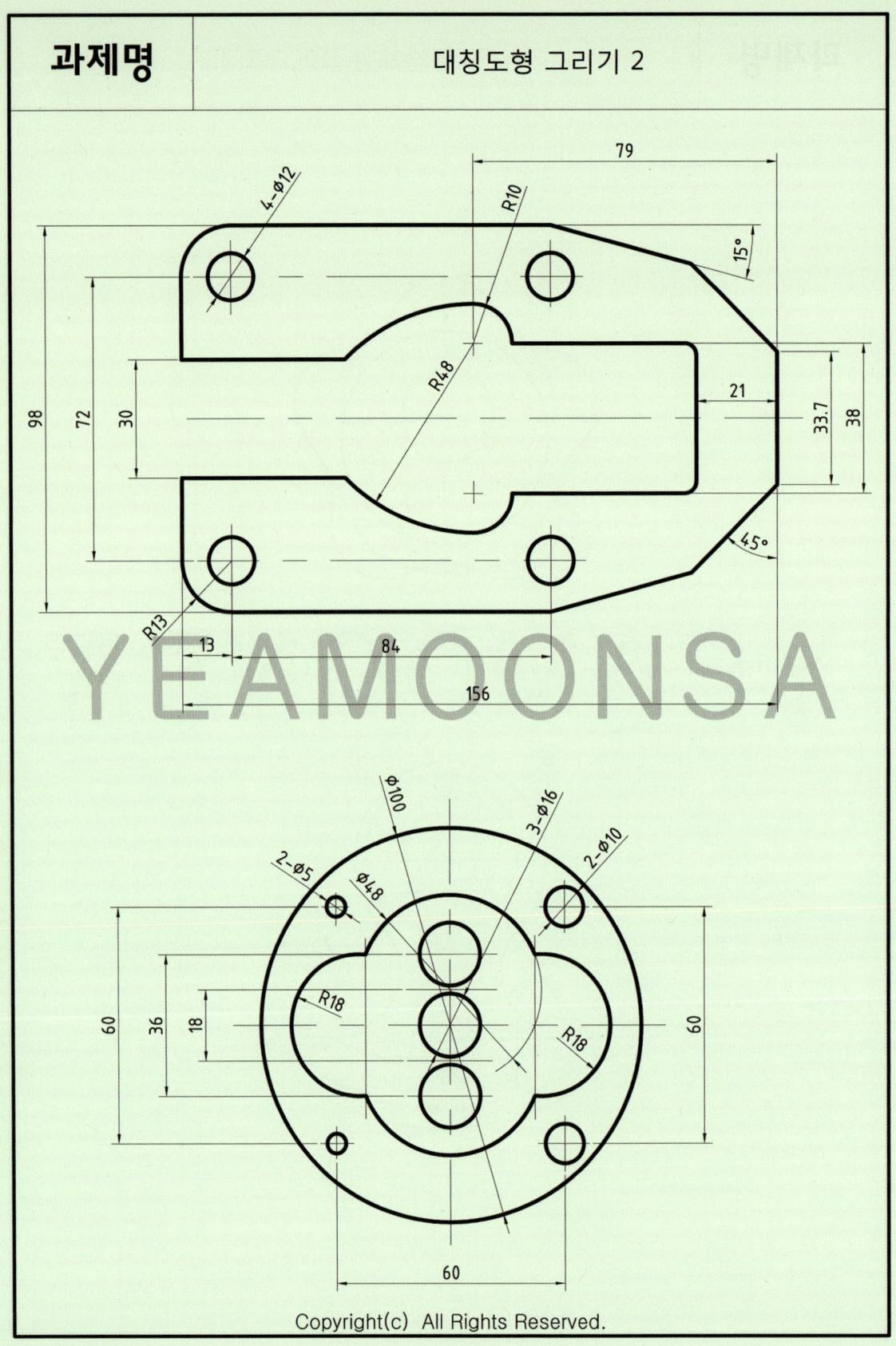

과제명	대칭도형 그리기 3

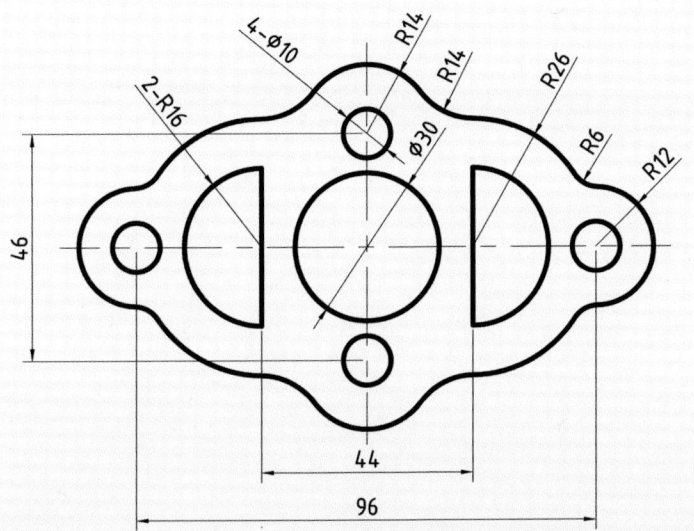

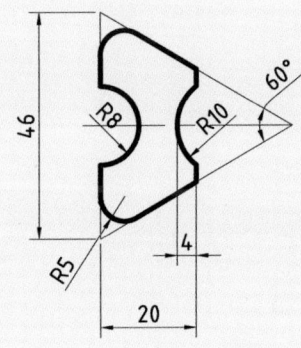

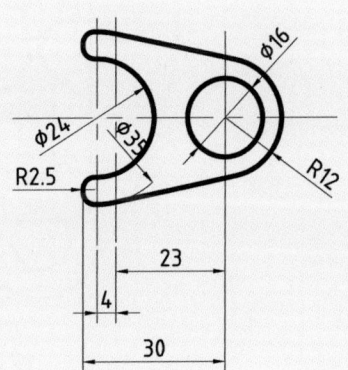

| 과제명 | 대칭도형 그리기 4 |

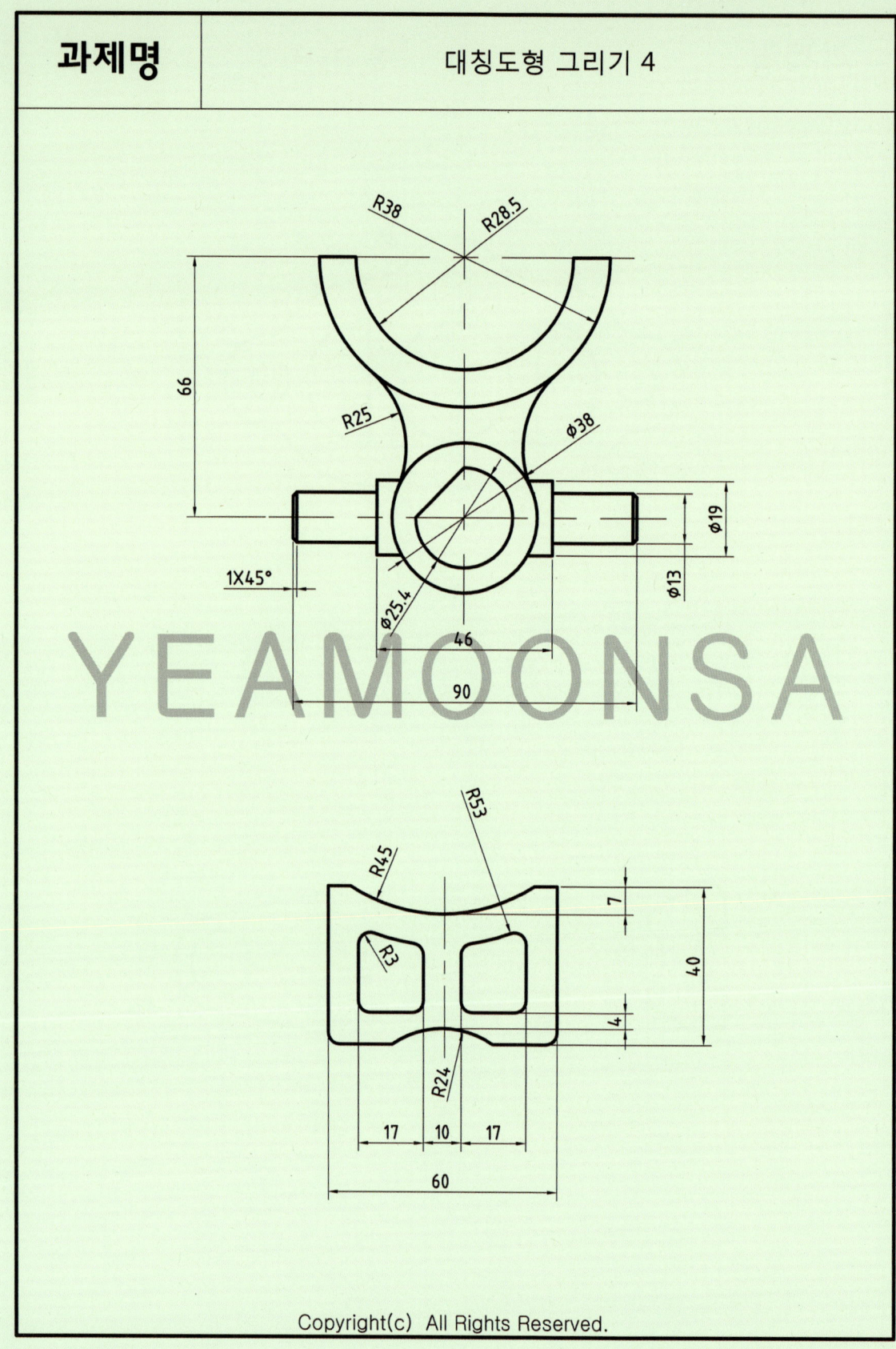

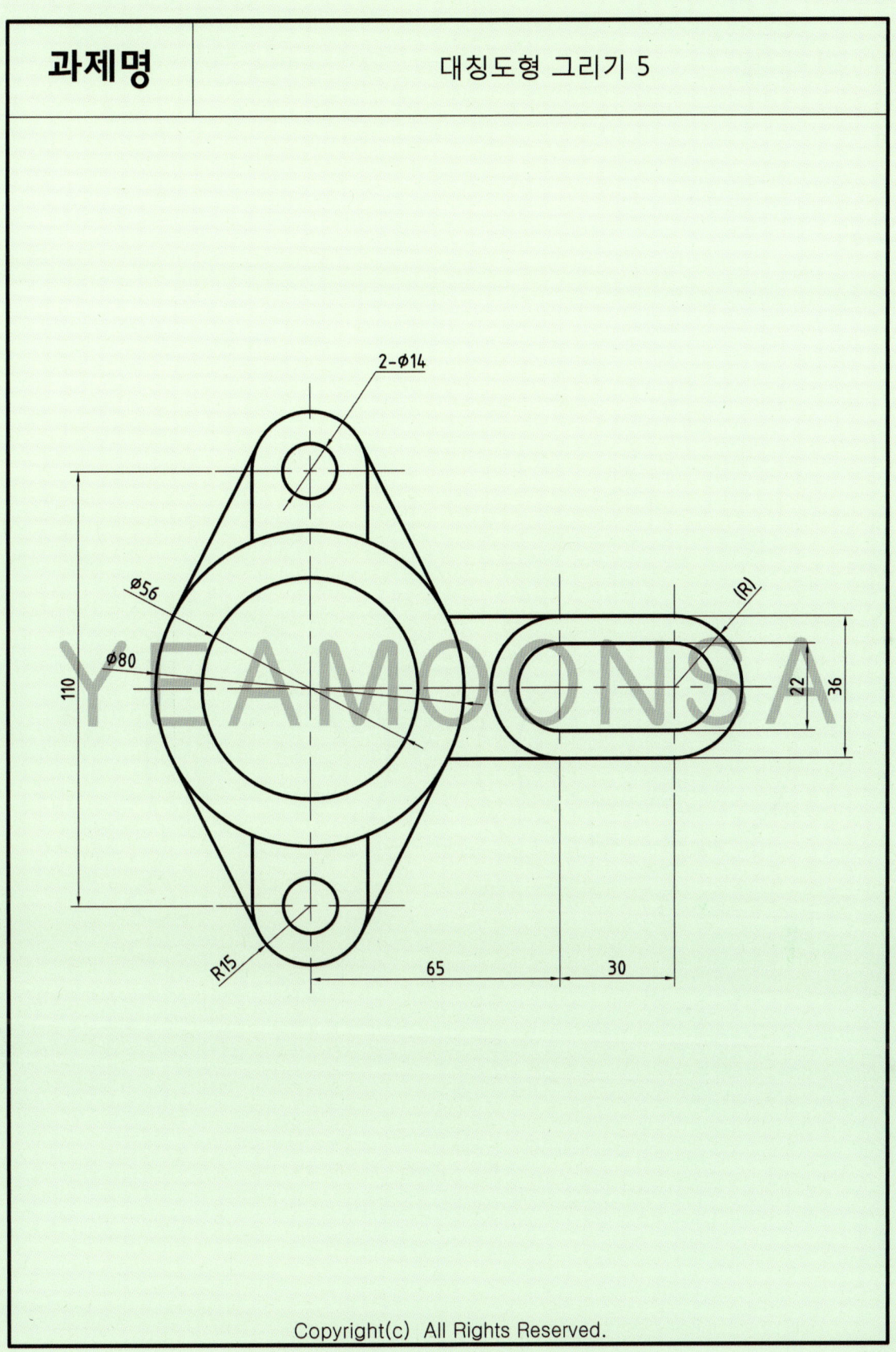

과제명	대칭도형 그리기 6

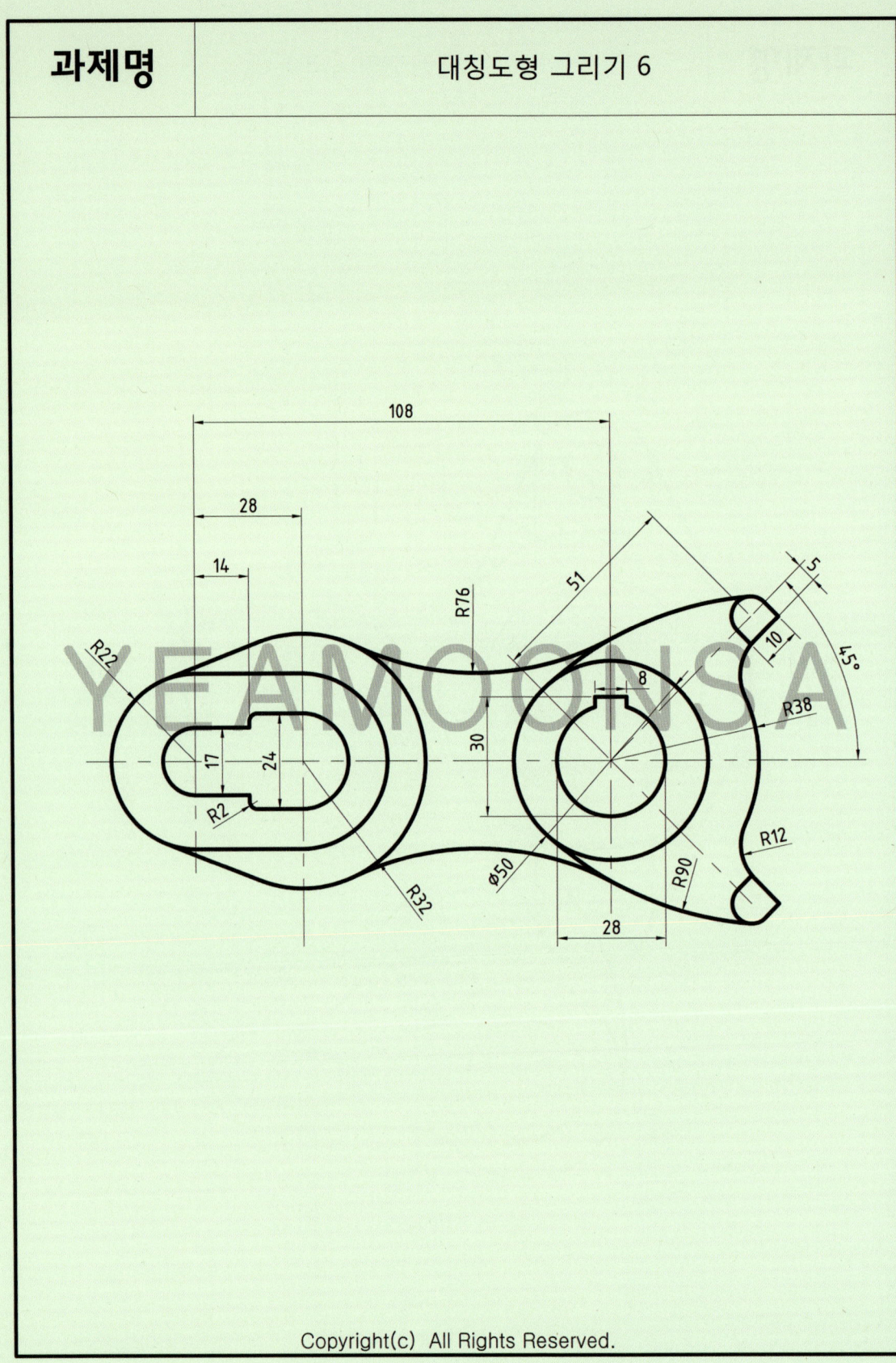

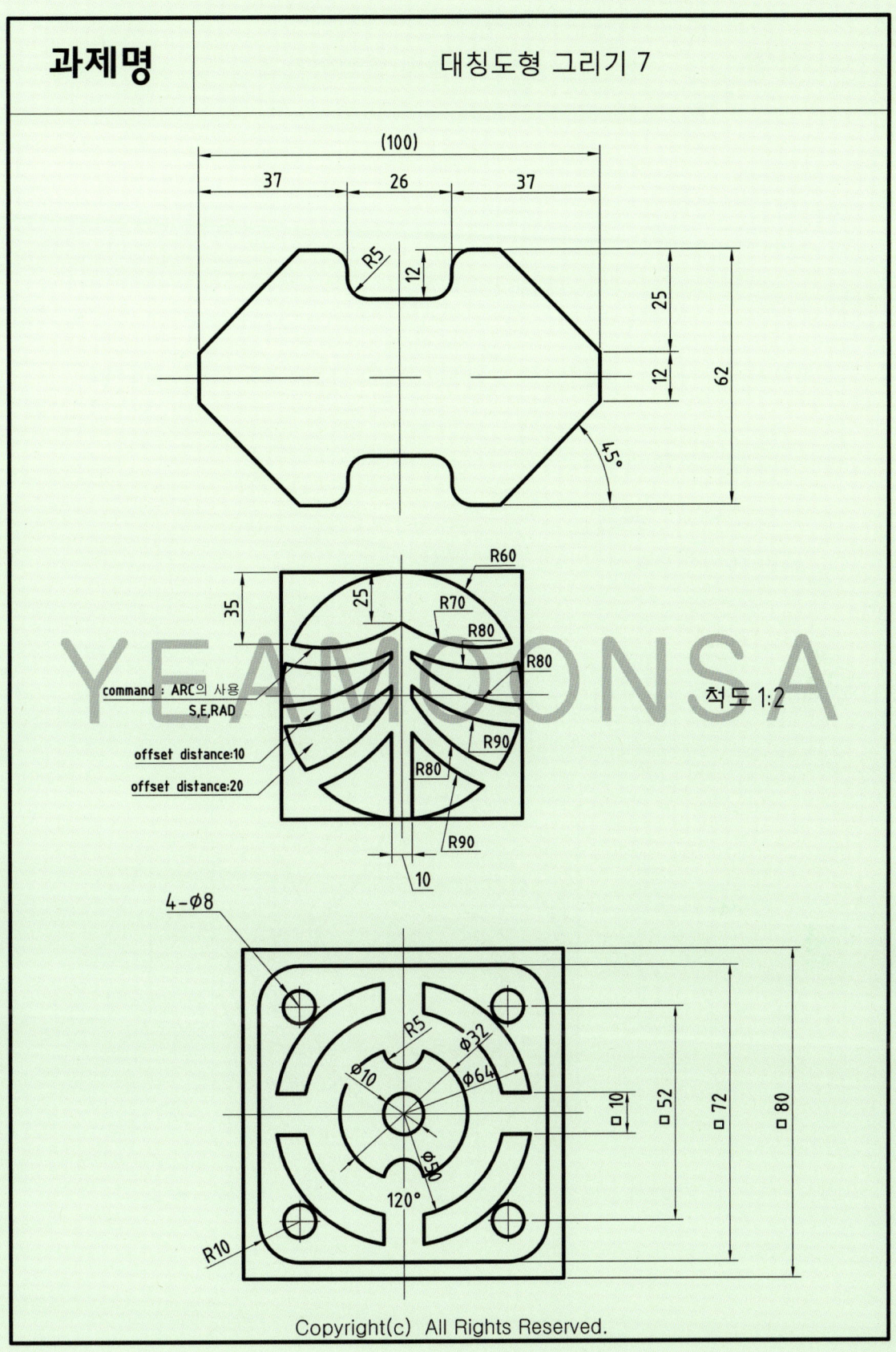

AutoCAD 14 Mirrtext 하기

단축아이콘	단축아이콘 이름	명령어	설 명
		Mirrtext	글자가 mirror 복사한 것처럼 되는 명령어입니다.

글자와 함께 객체를 mirror 했을 경우 글자만 옵션을 따로 지정할 경우 사용됩니다.

명령행(Command) 사용하기

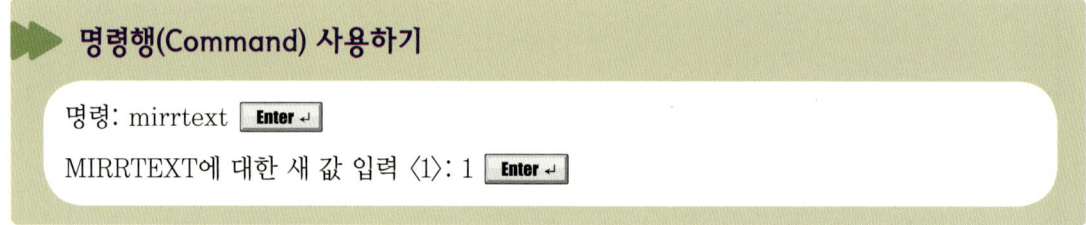

▶ Mirrtext를 이용하여 다음과 같은 모양을 만들어 봅시다.

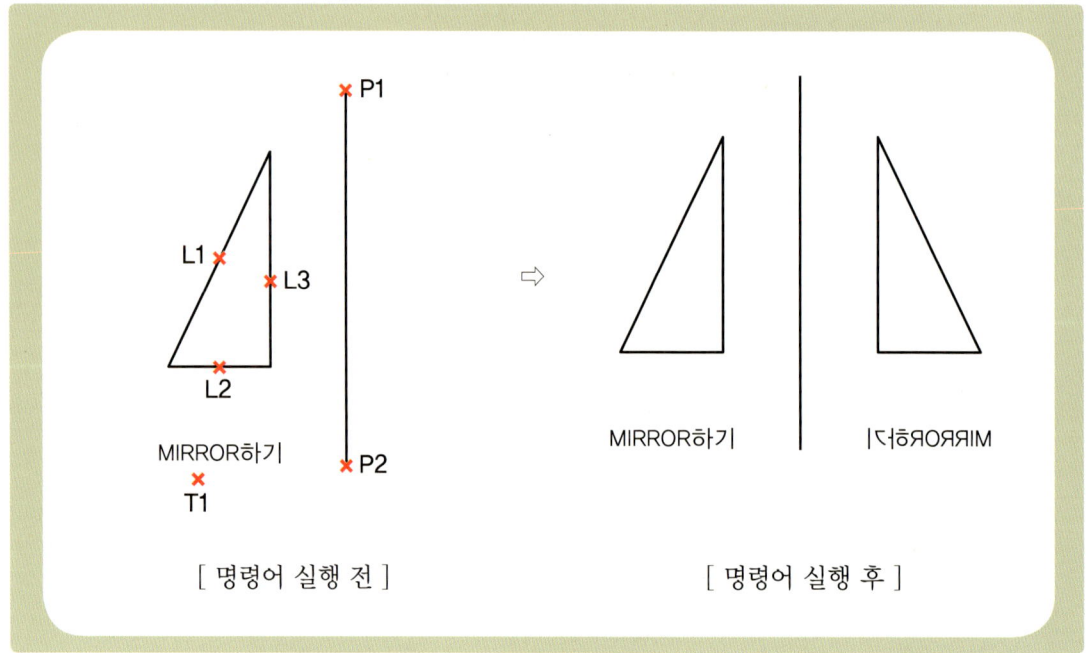

명령: mirror [Enter]

객체 선택: "선 L1, L2, L3, T1 선택"

반대 구석 지정: 4개를 찾음

객체 선택: [Enter] "객체 선택 마무리"

대칭선의 첫 번째 점 지정: "점 P1 선택"

대칭선의 두 번째 점 지정: "점 P2 선택"

원본 객체를 지우시겠습니까? [예(Y)/아니오(N)] 〈N〉: [Enter] "원본 객체를 지우려면 Y 입력"

OPTION

0	글자가 바로 나옵니다.
1	글자가 거울에 비친 것처럼 나옵니다.

AutoCAD 15 | Array 하기

단축아이콘	단축아이콘 이름	명령어	설 명
🔳	배열	Array (ar)	일종의 복사 명령어 객체를 사각의 형태나 원형의 형태로 다중 복사할 때 사용합니다.

객체를 일정한 간격으로 복사하는 명령어로 사각배열과 원형배열로 나눌 수 있습니다.
아래 화면처럼 복사가 되는 명령어입니다.

(1) AutoCAD2013 화면

직사각형 배열 명령을 실행하면 아래와 같이 화면이 나타납니다.

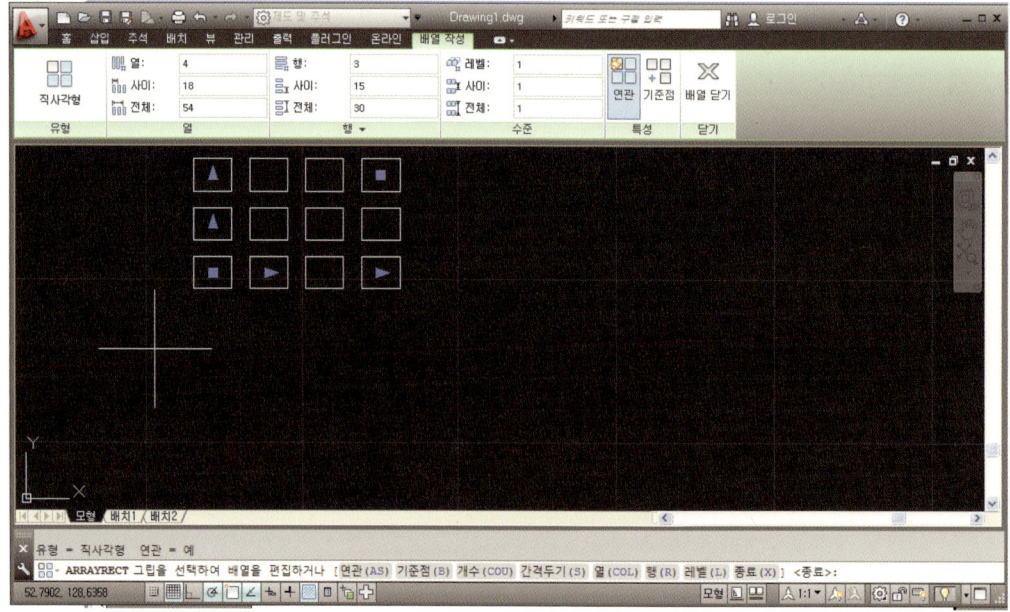

아래와 같이 열, 행의 수, 사이 간격 등을 입력하면 화면에 미리보기되어 편리합니다.
기준점을 지정할 수 있어 편리합니다.

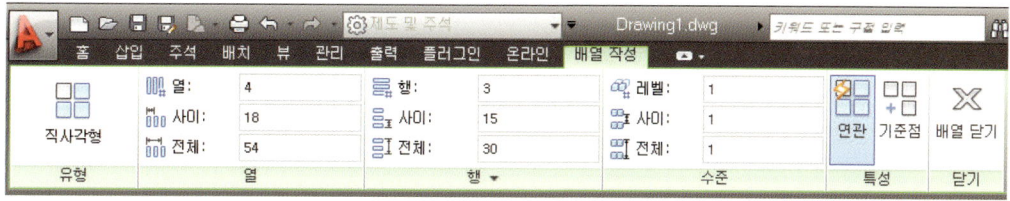

원형 배열 명령을 실행하면 다음과 같이 나타납니다. 각 빈칸을 입력하면 편리합니다.

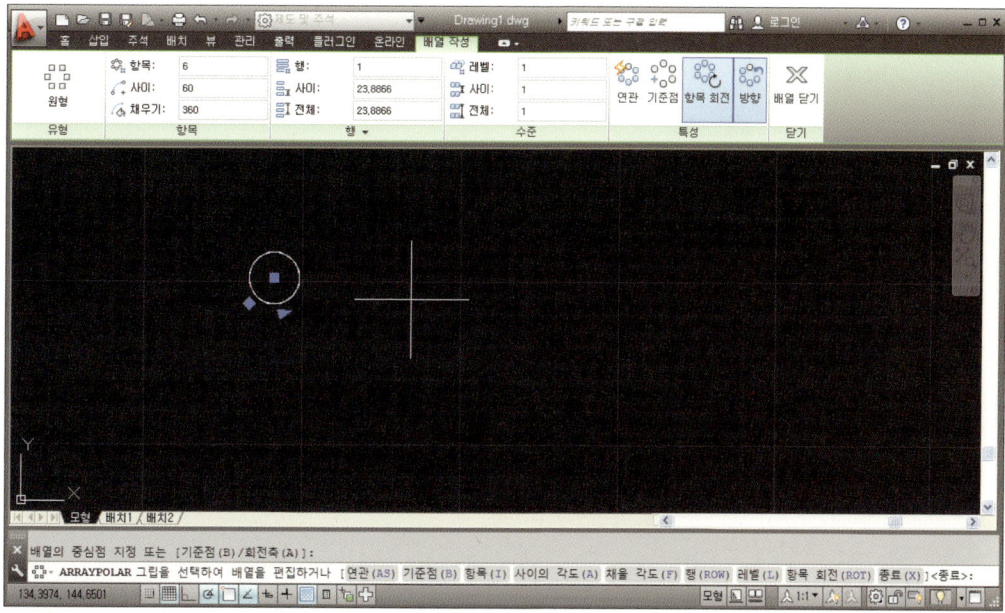

▶ 다음과 같은 모양을 Arrray를 이용하여 만들어 봅시다.

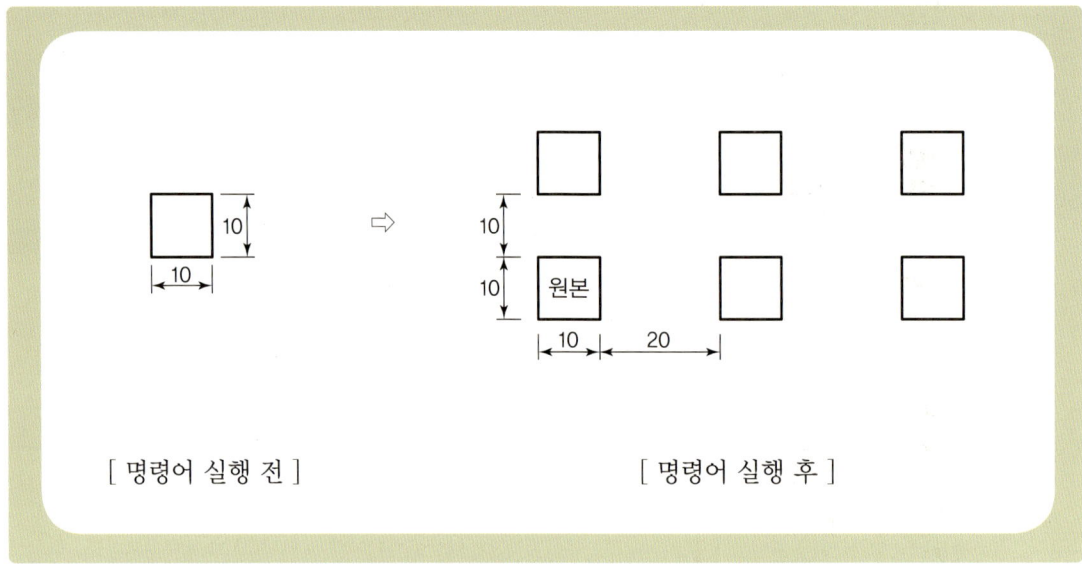

■ AutoCAD 2013 버전

입력값 참조

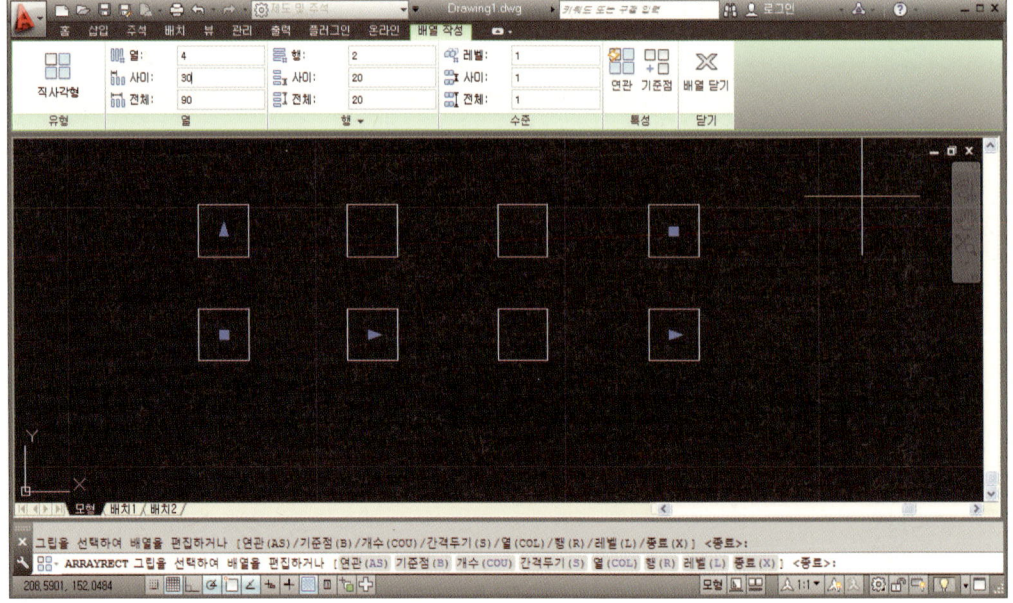

▶ 다음과 같은 모양을 Array를 이용하여 만들어 봅시다.

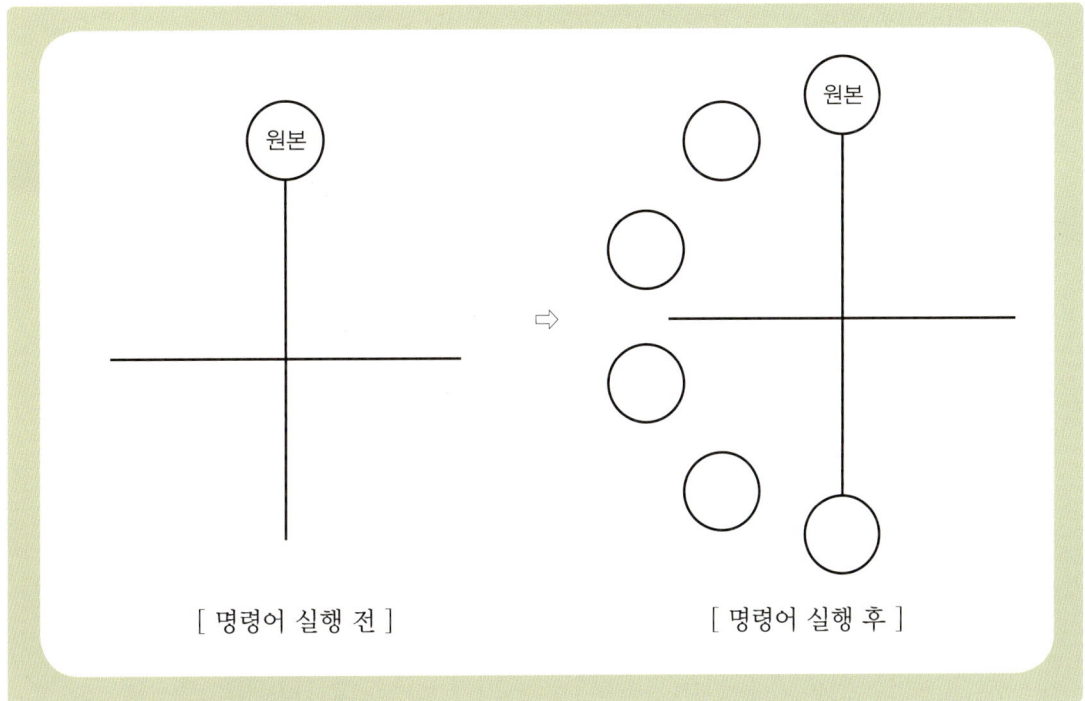

■ AutoCAD 2013 버전
입력값 참조

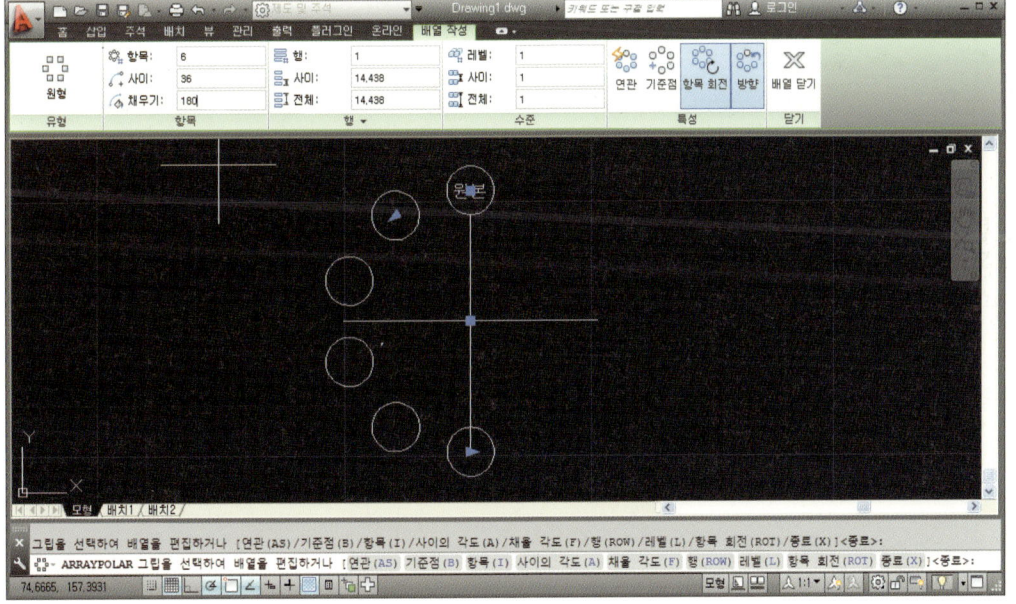

(2) AutoCAD2012 화면

아래의 화면은 AutoCAD2012의 화면입니다. AutoCAD2012버전 이후에서는 대화상자가 나타나지 않아 오직 명령행에서 입력해야 하므로 약간은 불편하지만 익숙해지면 상관없습니다.

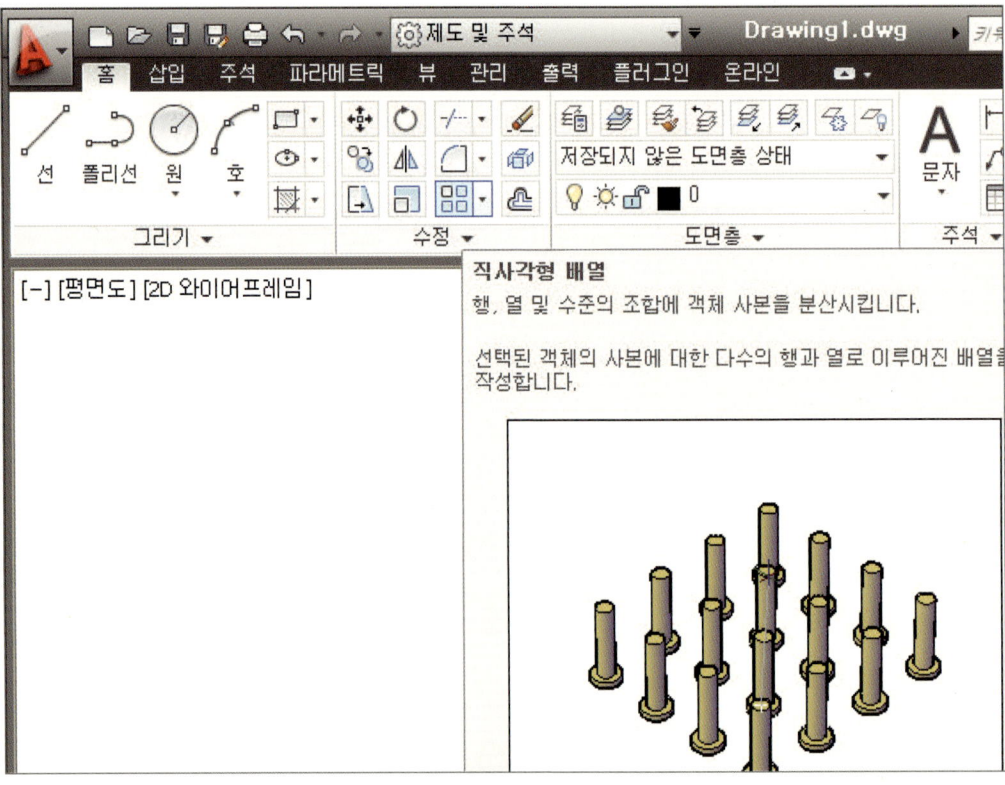

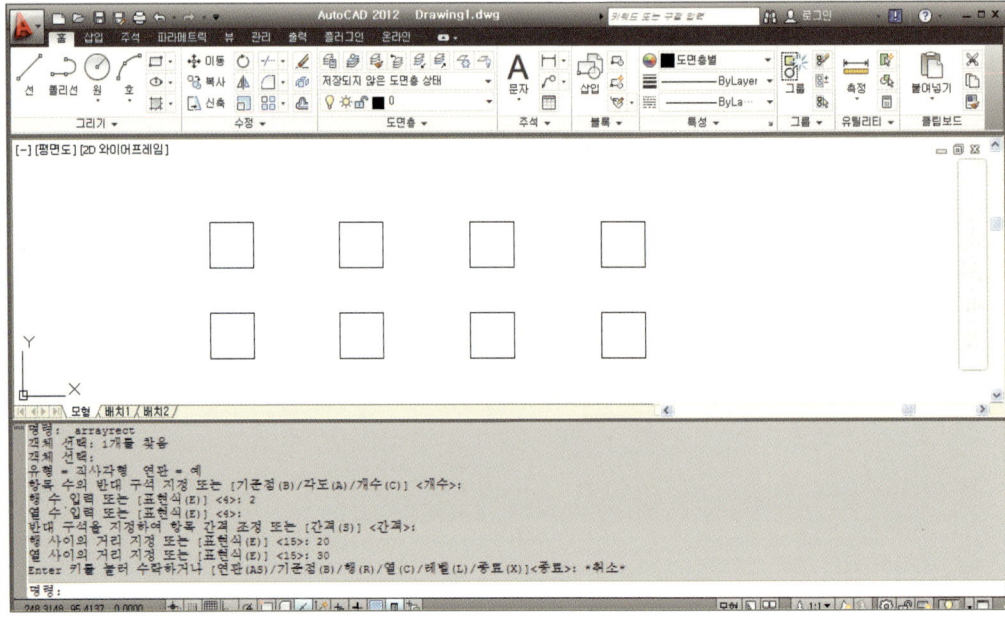

(3) AutoCAD2012 버전 미만

AutoCAD2012 버전 미만에서는 아래와 같이 대화상자가 나타납니다.

① 직사각형 배열에서는 다음 순서로 입력하여 확인하면 원하는 결과를 얻을 수 있습니다.

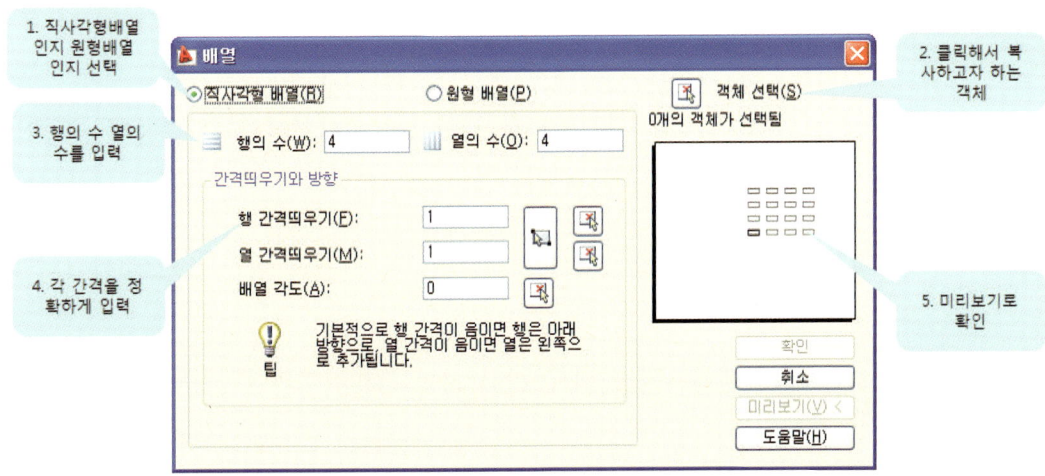

▶ 다음과 같은 모양을 Array를 이용하여 만들어 봅시다.

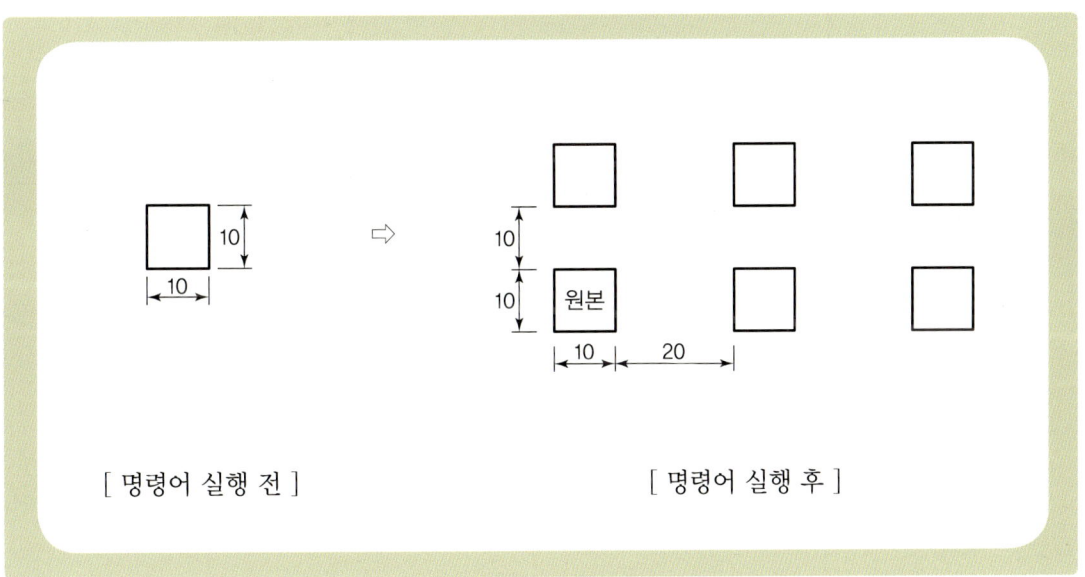

사각배열 입력 참조

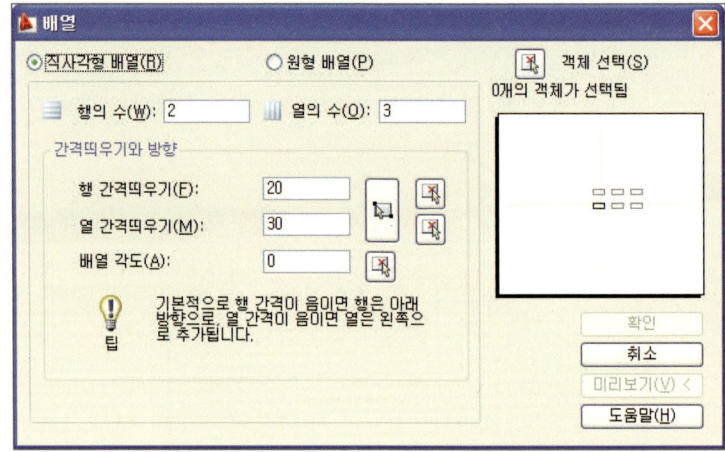

② 원형배열에서는 다음 순서로 입력하여 클릭하면 원하는 결과를 얻을 수 있습니다.

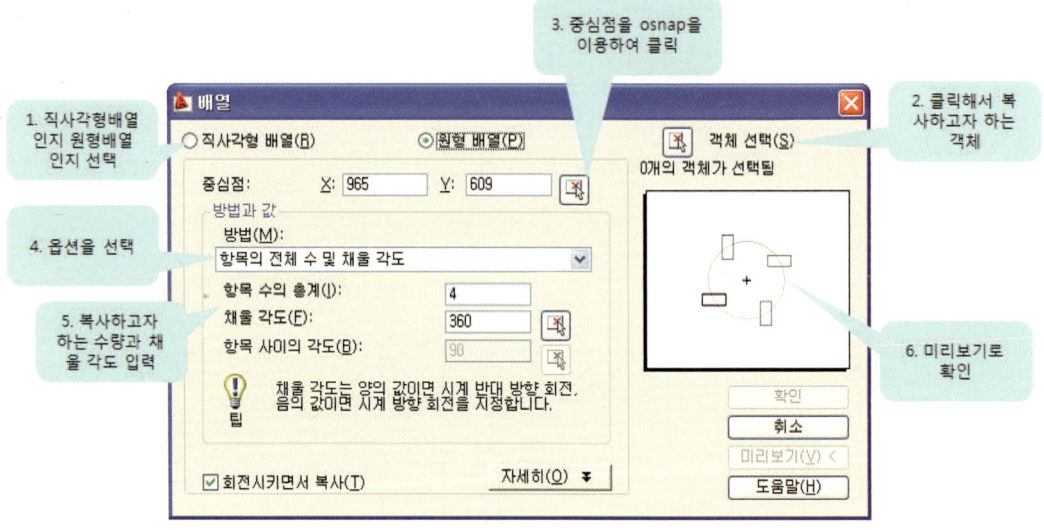

과제명	직사각형 배열 연습하기

도명 | 직사각형 배열 연습하기

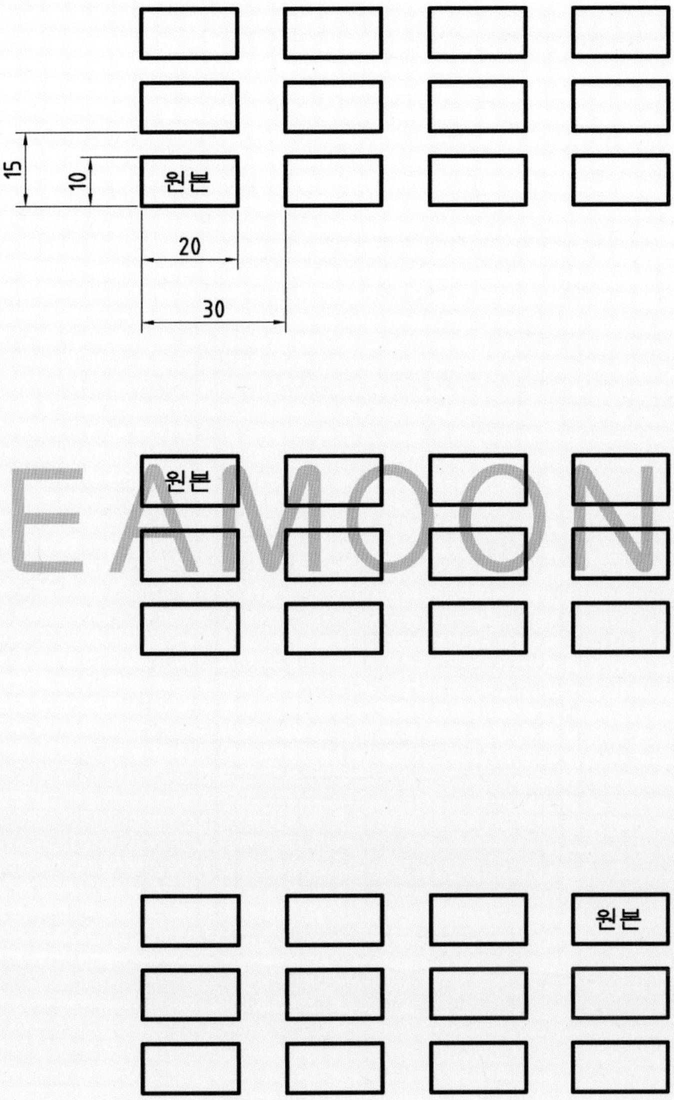

스아드림 CAD실습

Copyright(c) All Rights Reserved.

과제명	계산기 그리기

버튼은 Array와 Move를 이용합니다.

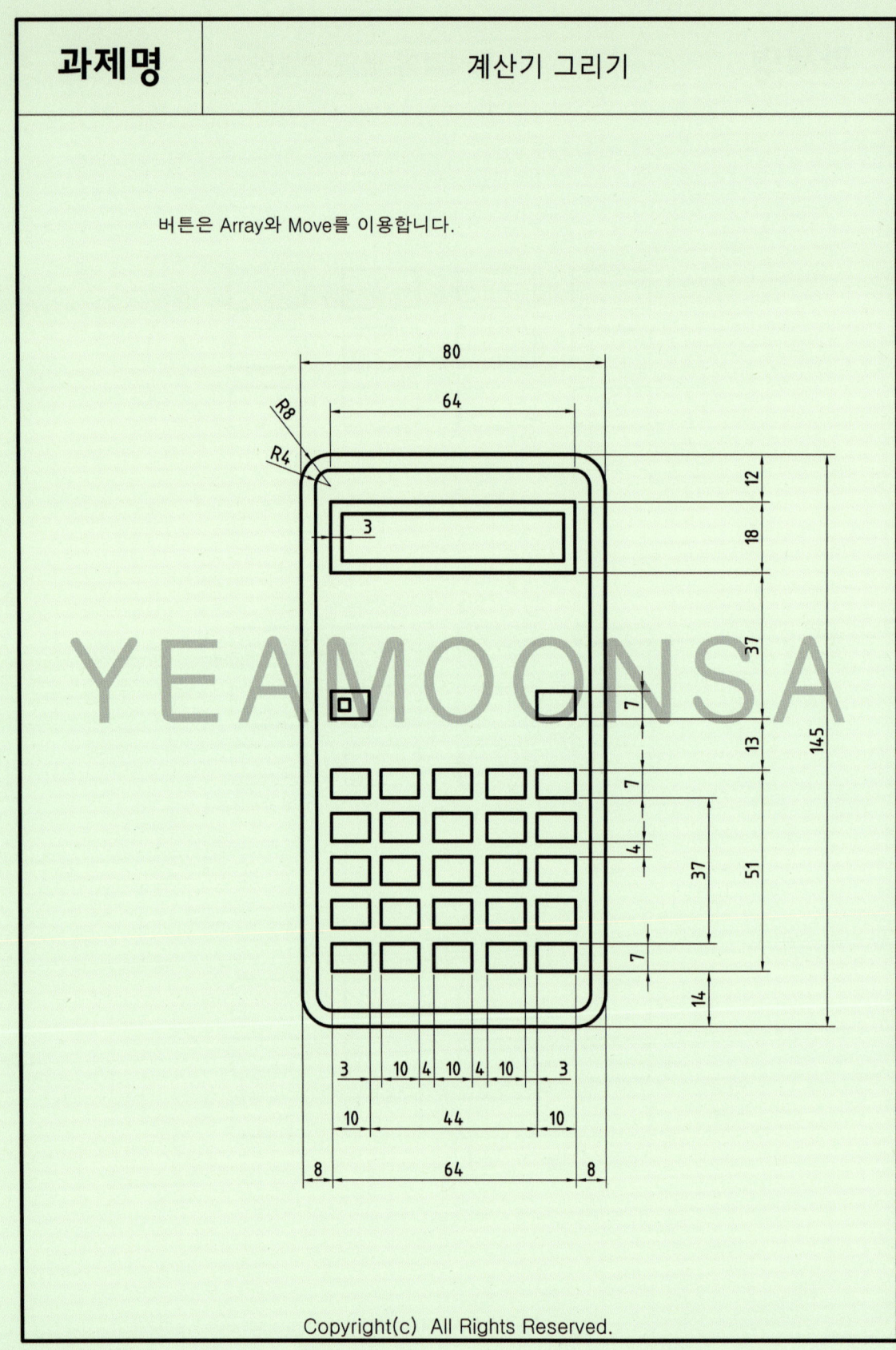

Copyright(c) All Rights Reserved.

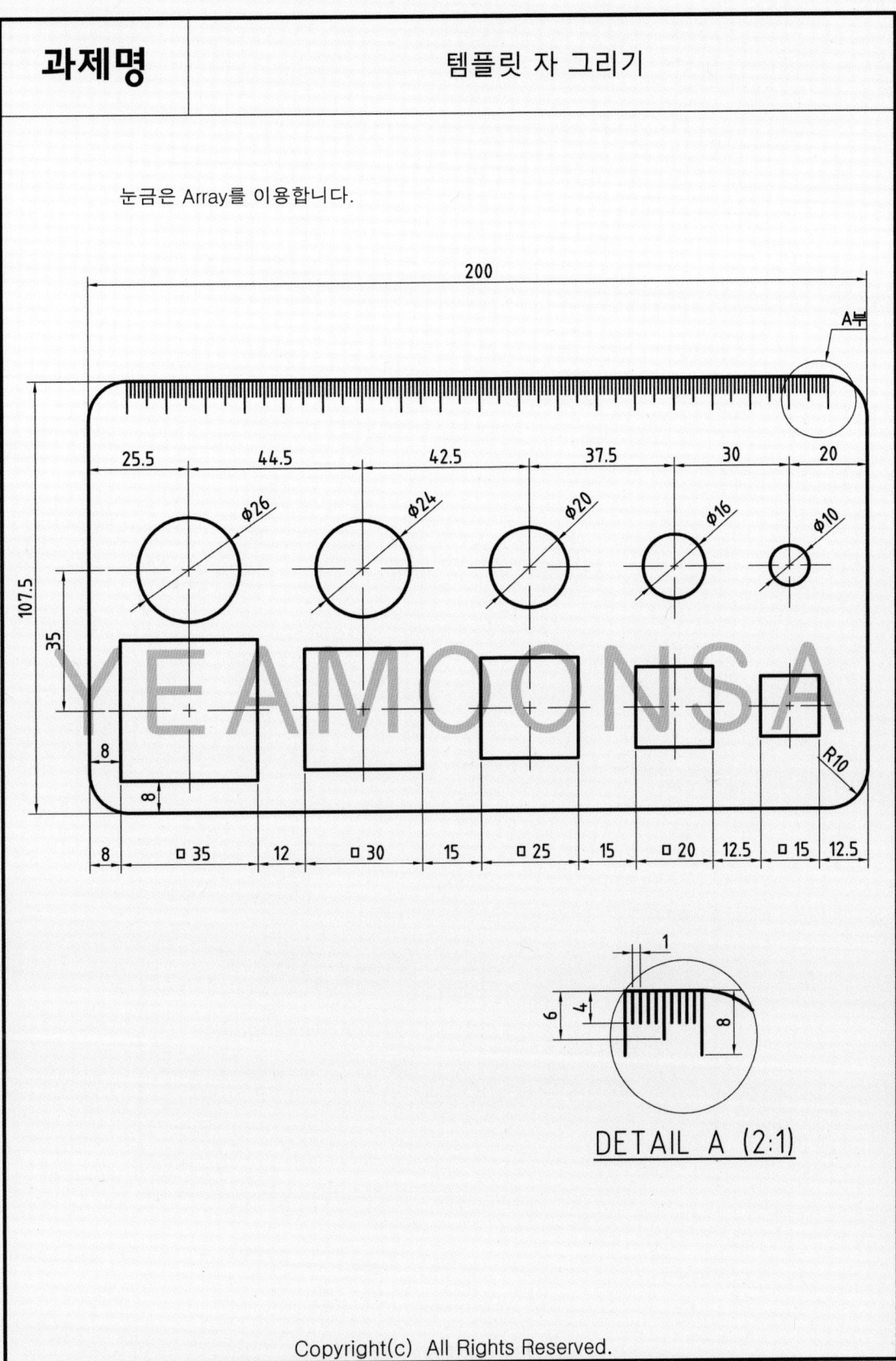

▶ 다음과 같은 모양을 Array를 이용하여 만들어 봅시다.

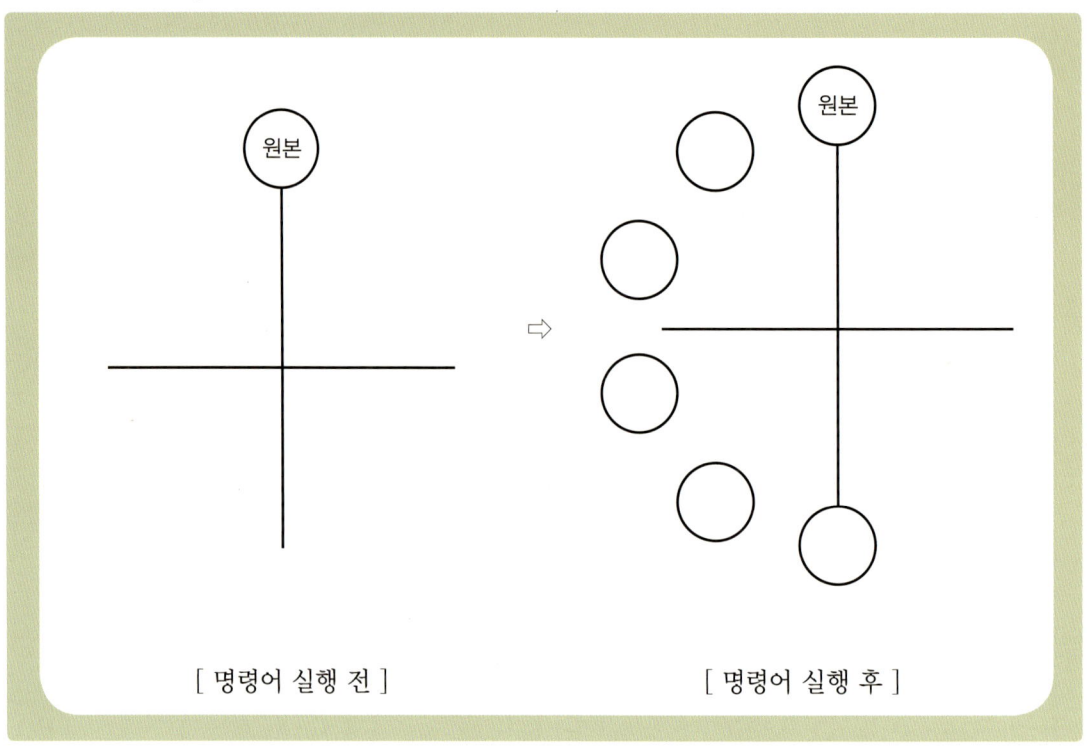

원형 배열 입력 참조

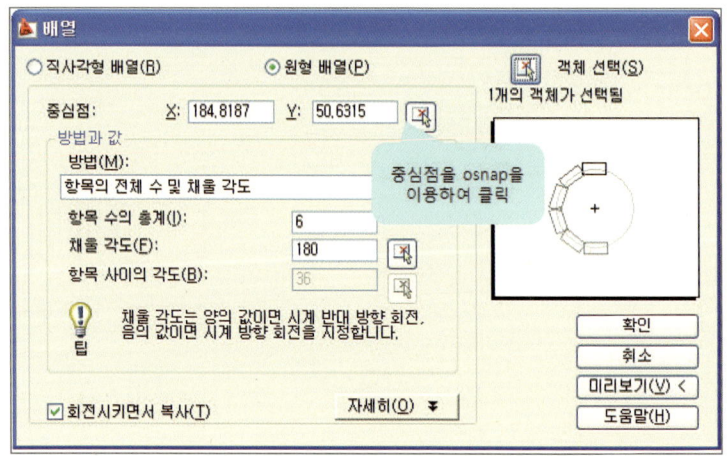

▶ **Array를 이용하여 다음 같은 모양을 만들어 봅시다.**

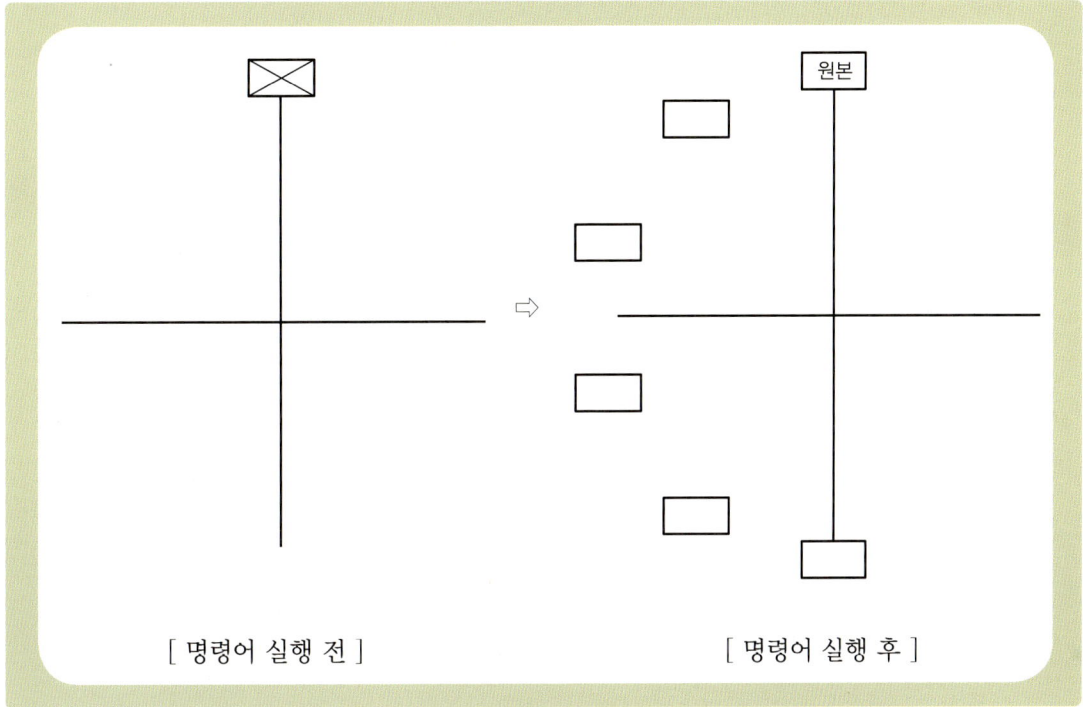

[명령어 실행 전]   [명령어 실행 후]

■ AutoCAD2006 버전

원형 배열 입력 참조

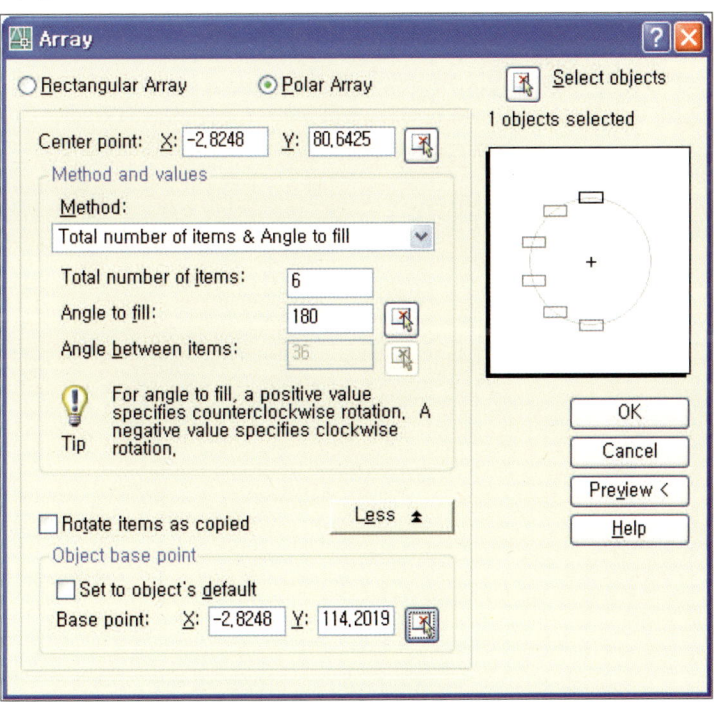

OPTION

Select objects	객체를 선택
Center point	X : x값 입력, Y : y값 입력
Method	• Total number of items & Angle to fill(항목의 전체 수 및 채울 각도) : 전체 배열각과 배열 개수로 배열 • Total number of items & Angle between items(항목의 전체 수 및 항목 사이의 각도) : 각 객체의 사이각으로 배열 • Angle to fill & Angle between items(채울 각도 및 항목 사이의 각도) : 전체 배열각과 객체 사이 각으로 배열
	Angle to fill — 배열 전체 각을 지정
	Angle between items — 각각의 객체의 사이 각을 지정
	Rotate items as copied — 체크 시 객체가 회전하면서 배열
Preview	객체가 선택되면 미리보기가 활성화되며 도면상에 적용된 형태를 미리 볼 수 있습니다.

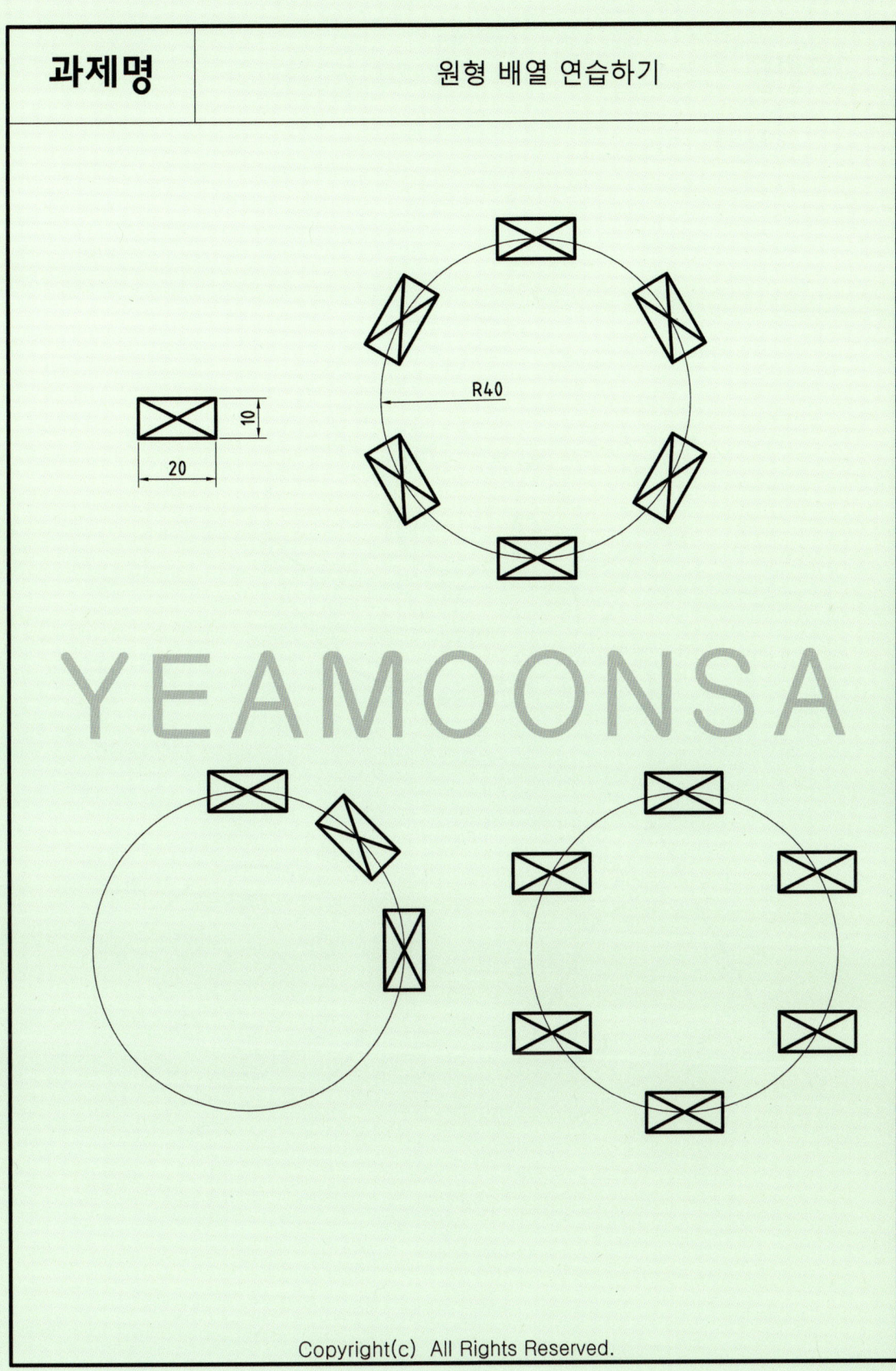

과제명	원형 배열 연습하기 1

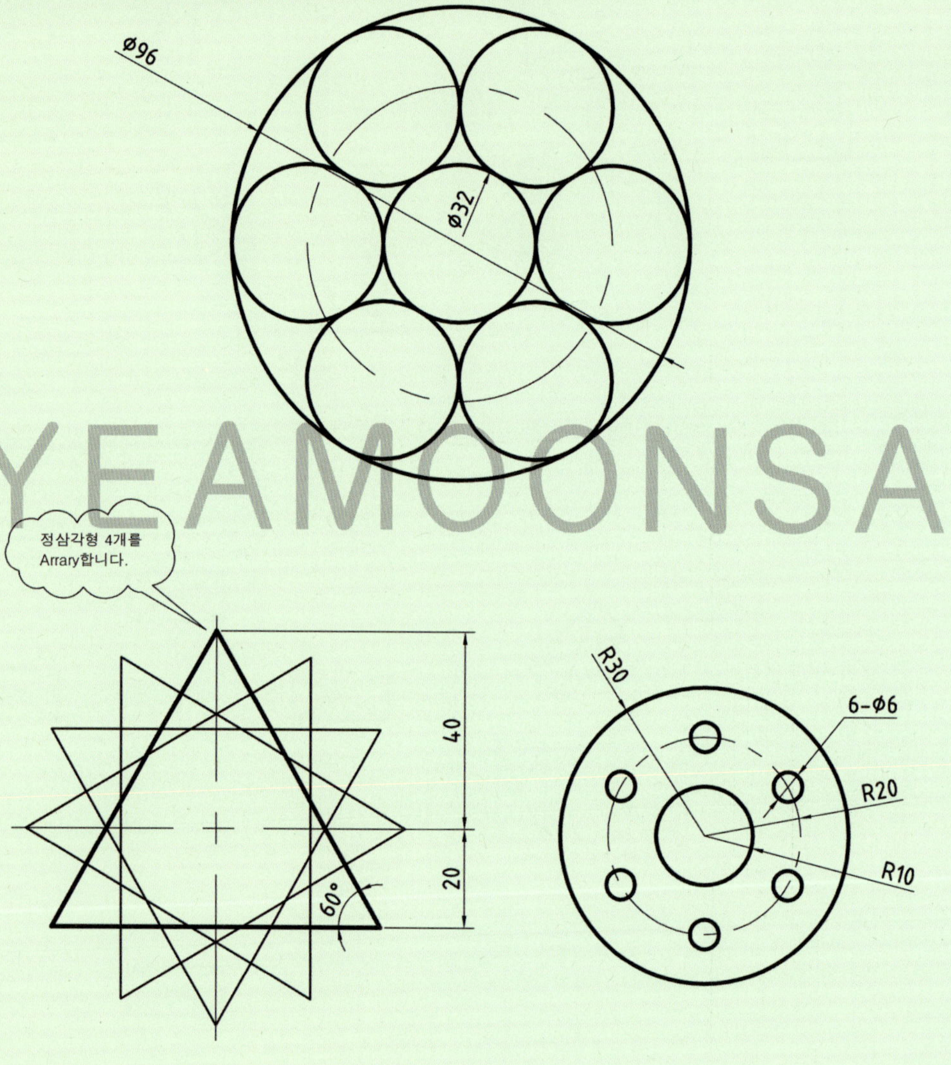

Ø96, Ø32

정삼각형 4개를 Array합니다.

40, 20, 60°

R30, 6-Ø6, R20, R10

과제명	원형 배열 연습하기 2

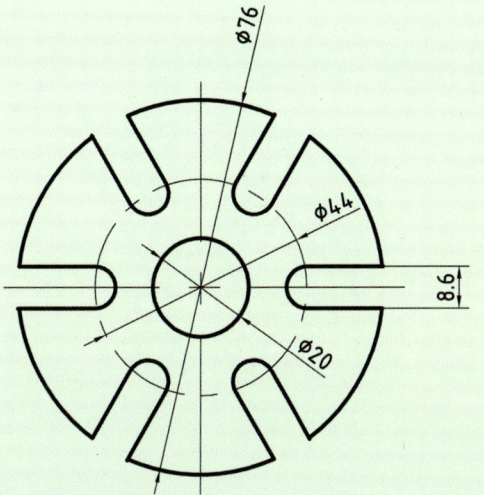

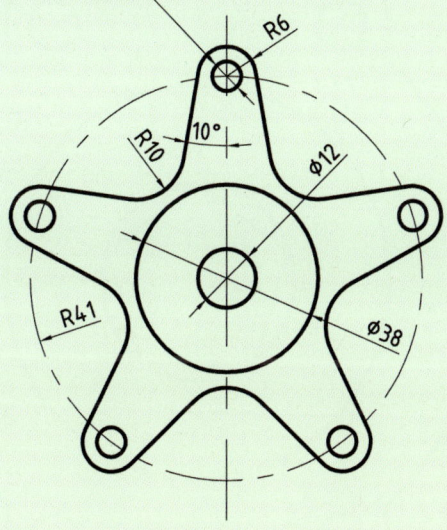

| 과제명 | 원형 배열 연습하기 3 |

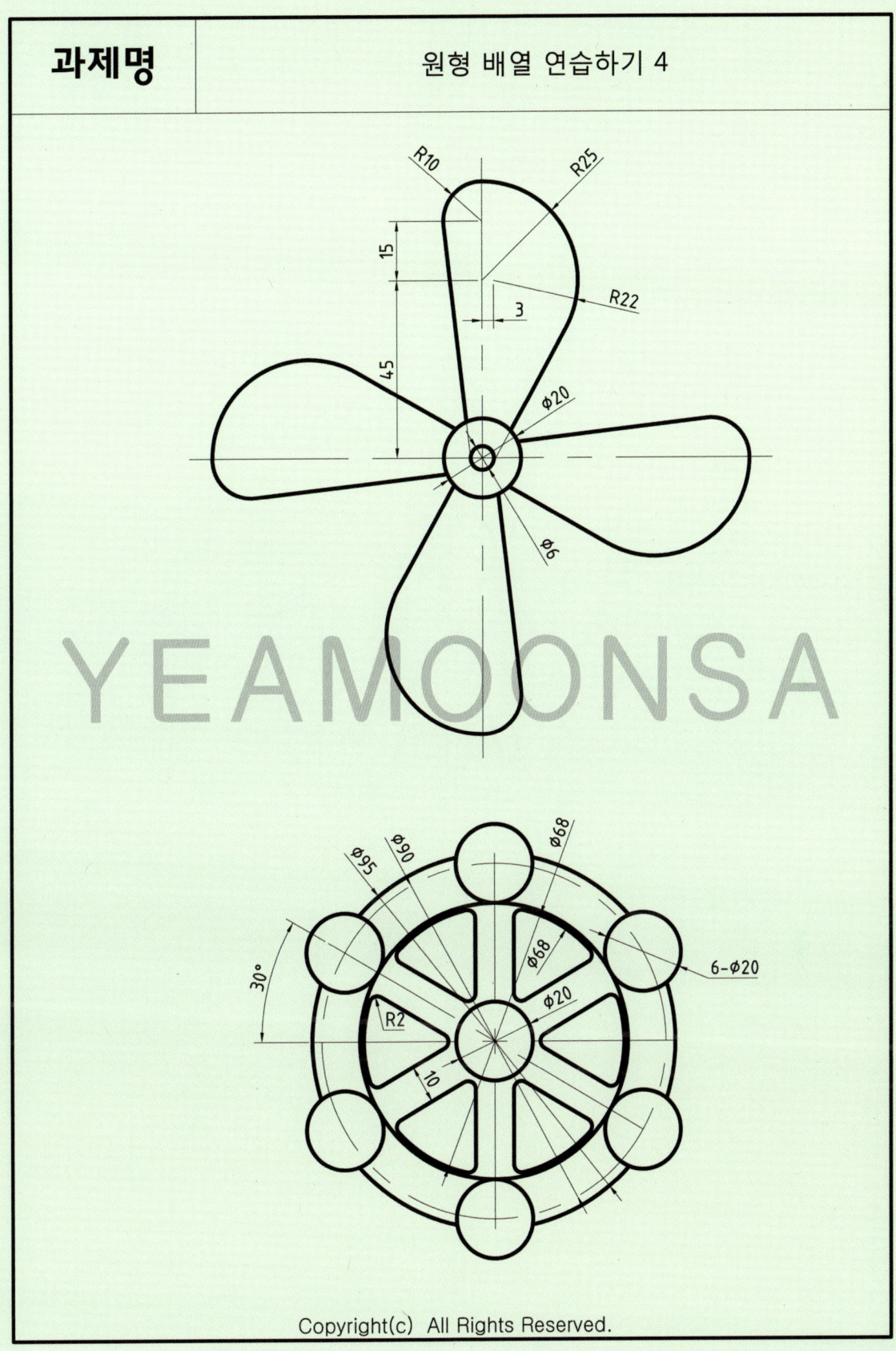

| 과제명 | 원형 배열 연습하기 5 |

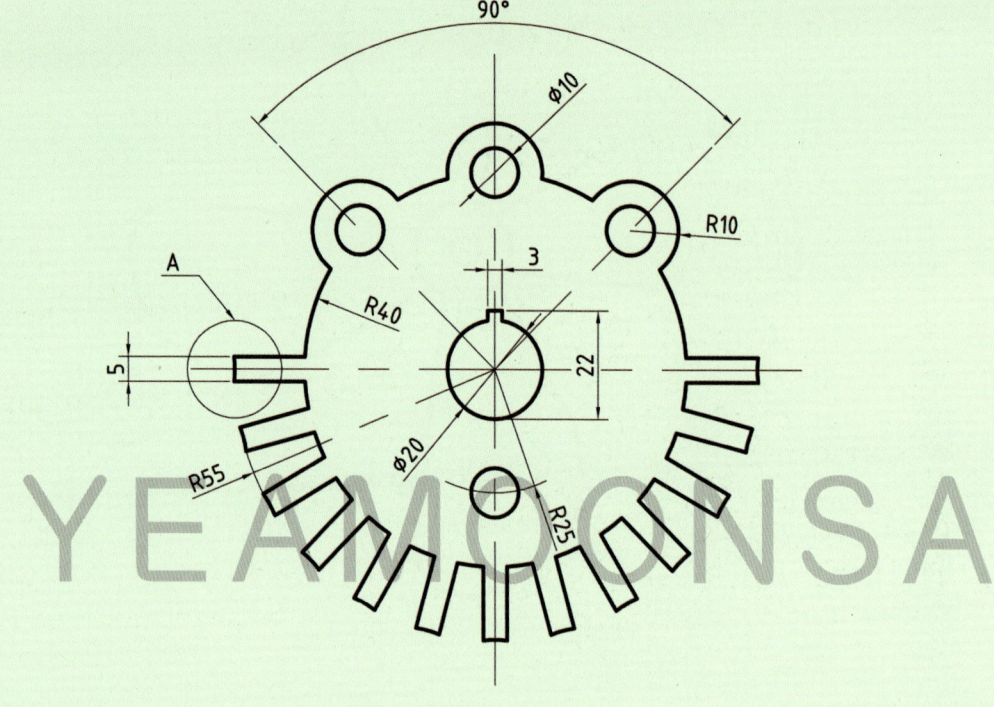

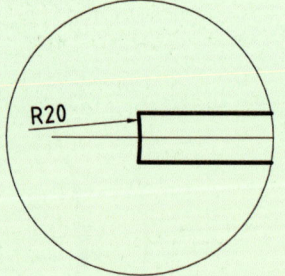

DETAIL-A SCALE 2:1

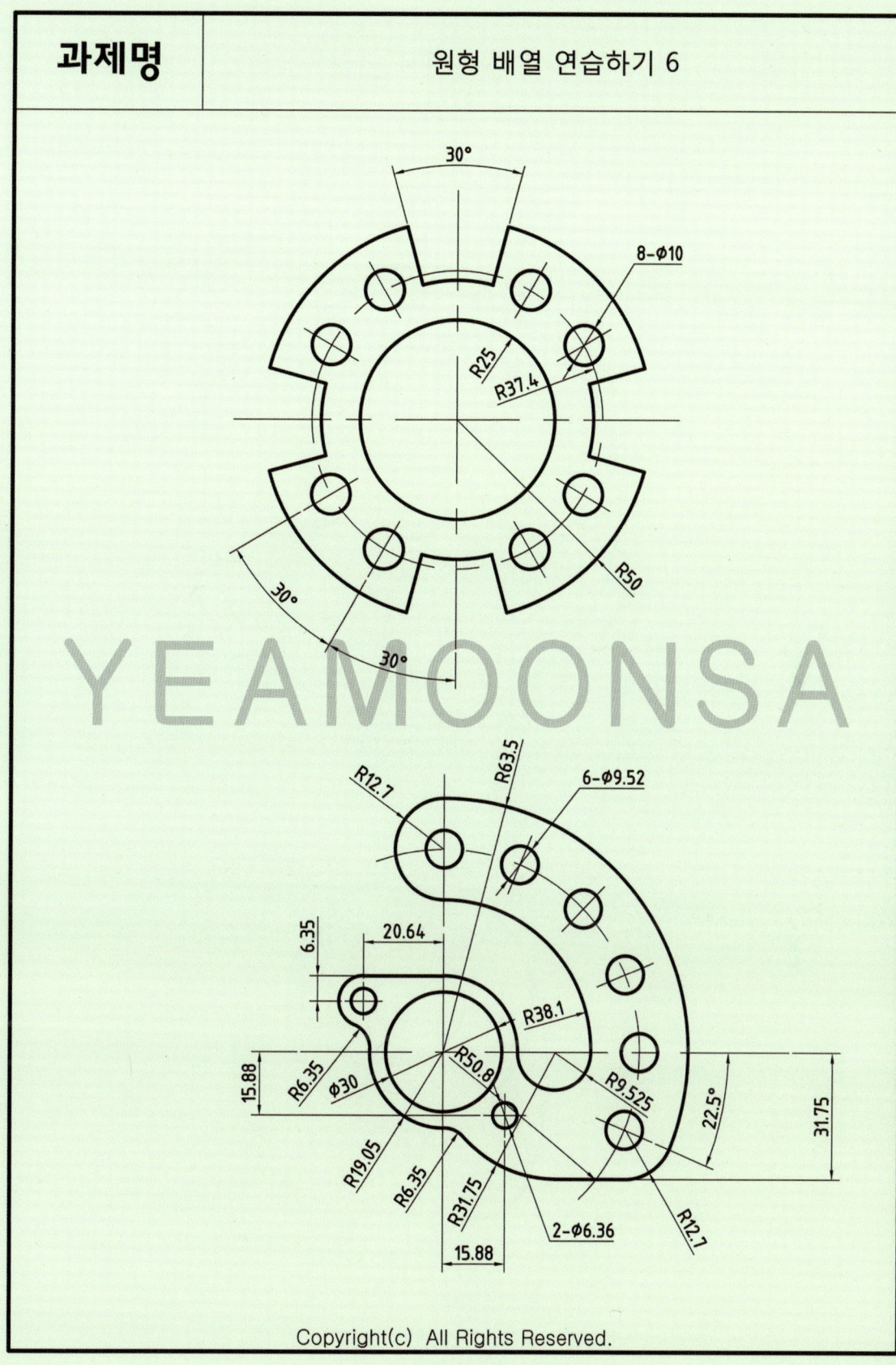

| 과제명 | 원형 배열 연습하기 7 |

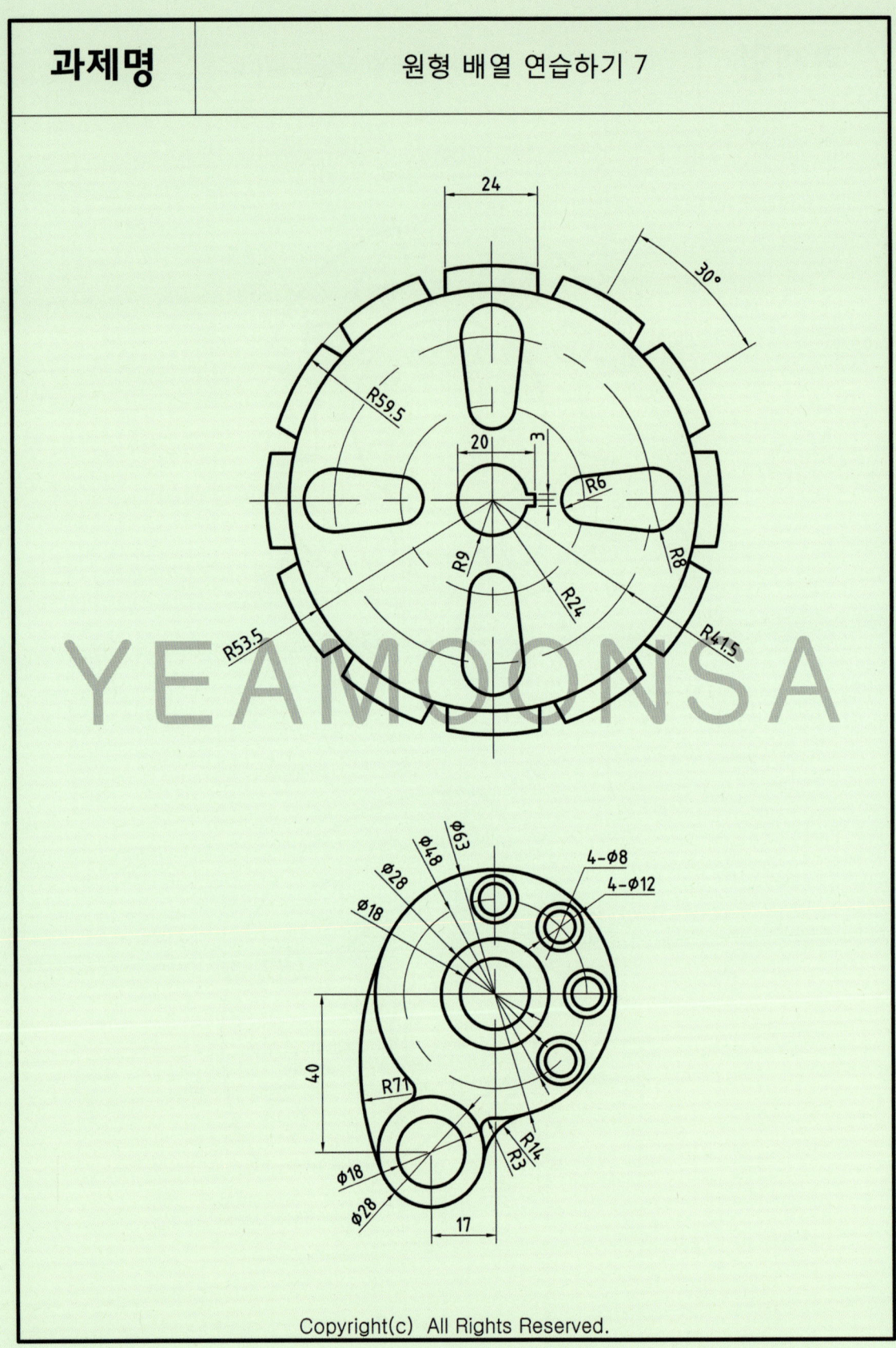

| 과제명 | 배열 응용하기 1 |

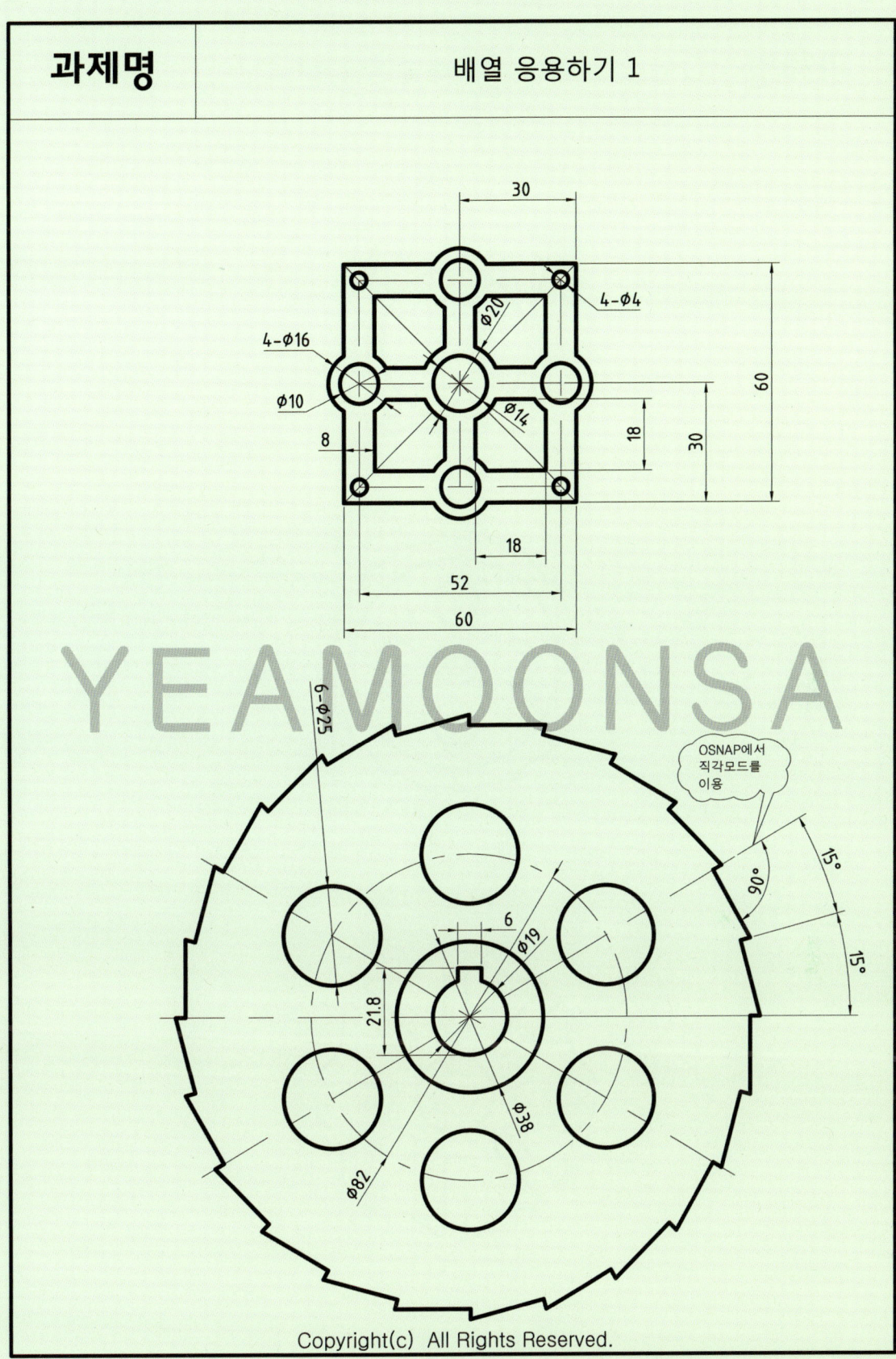

| 과제명 | 배열 응용하기 2 |

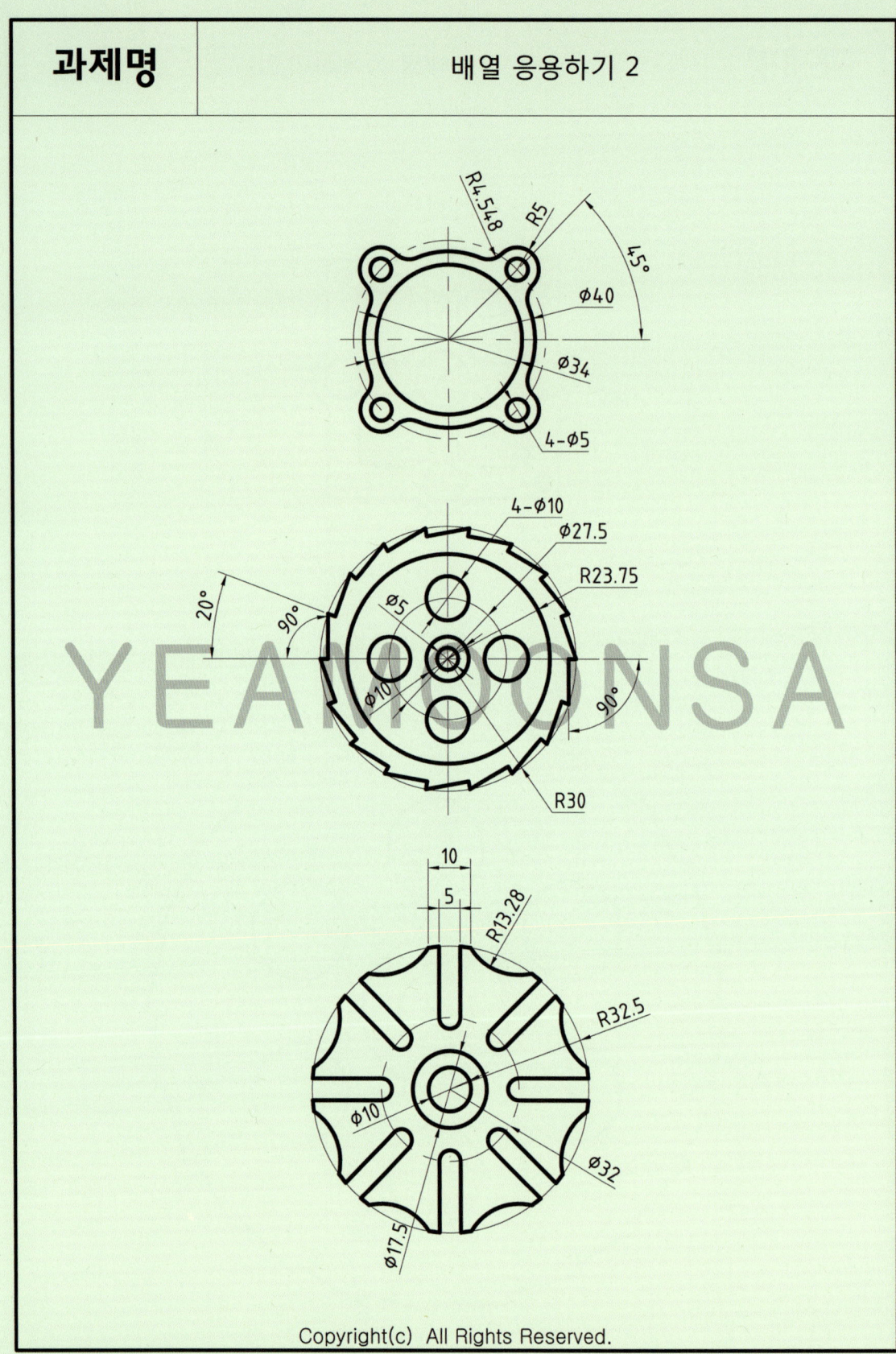

| 과제명 | 배열 응용하기 3 |

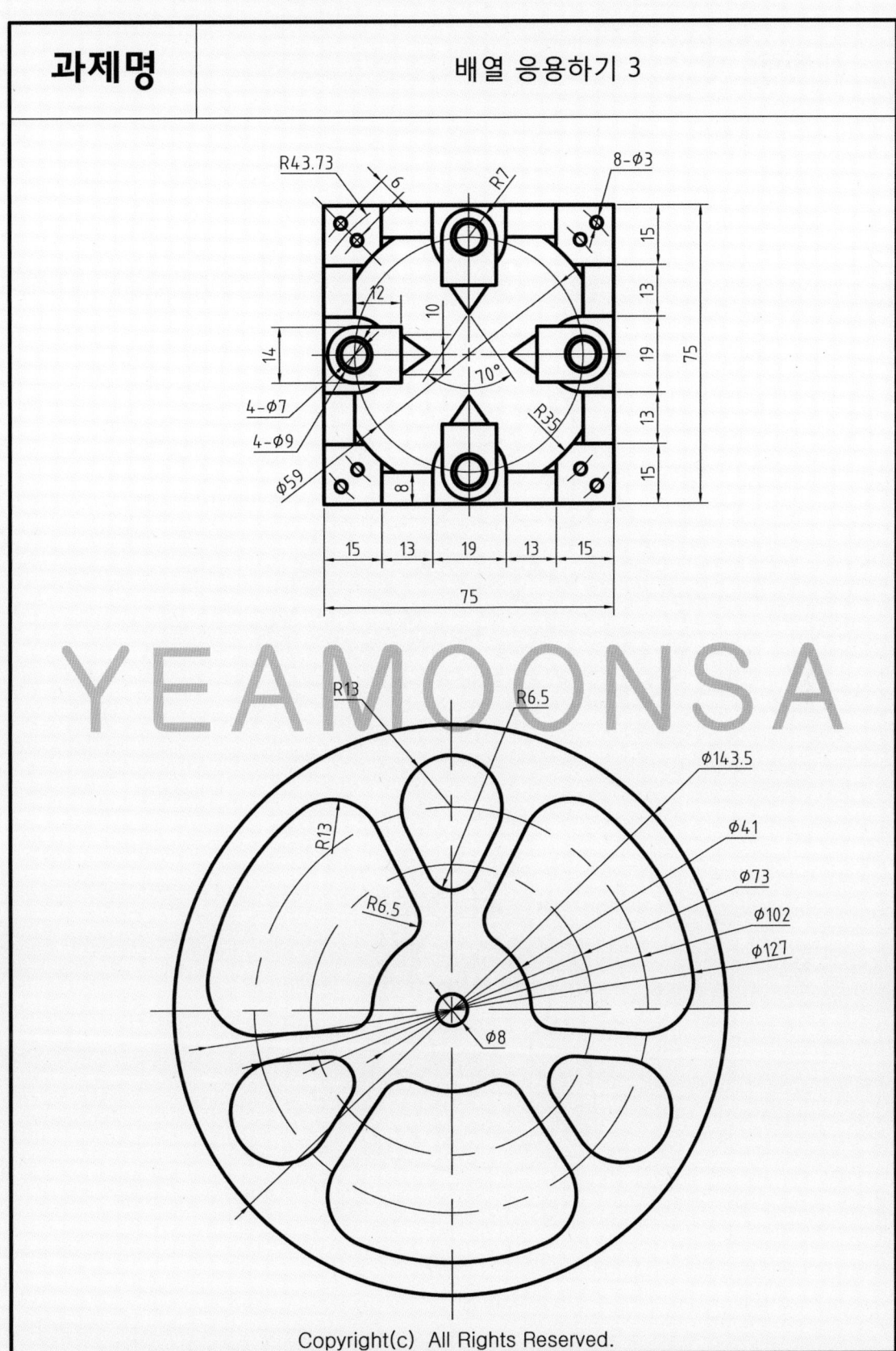

| 과제명 | 배열 응용하기 4 |

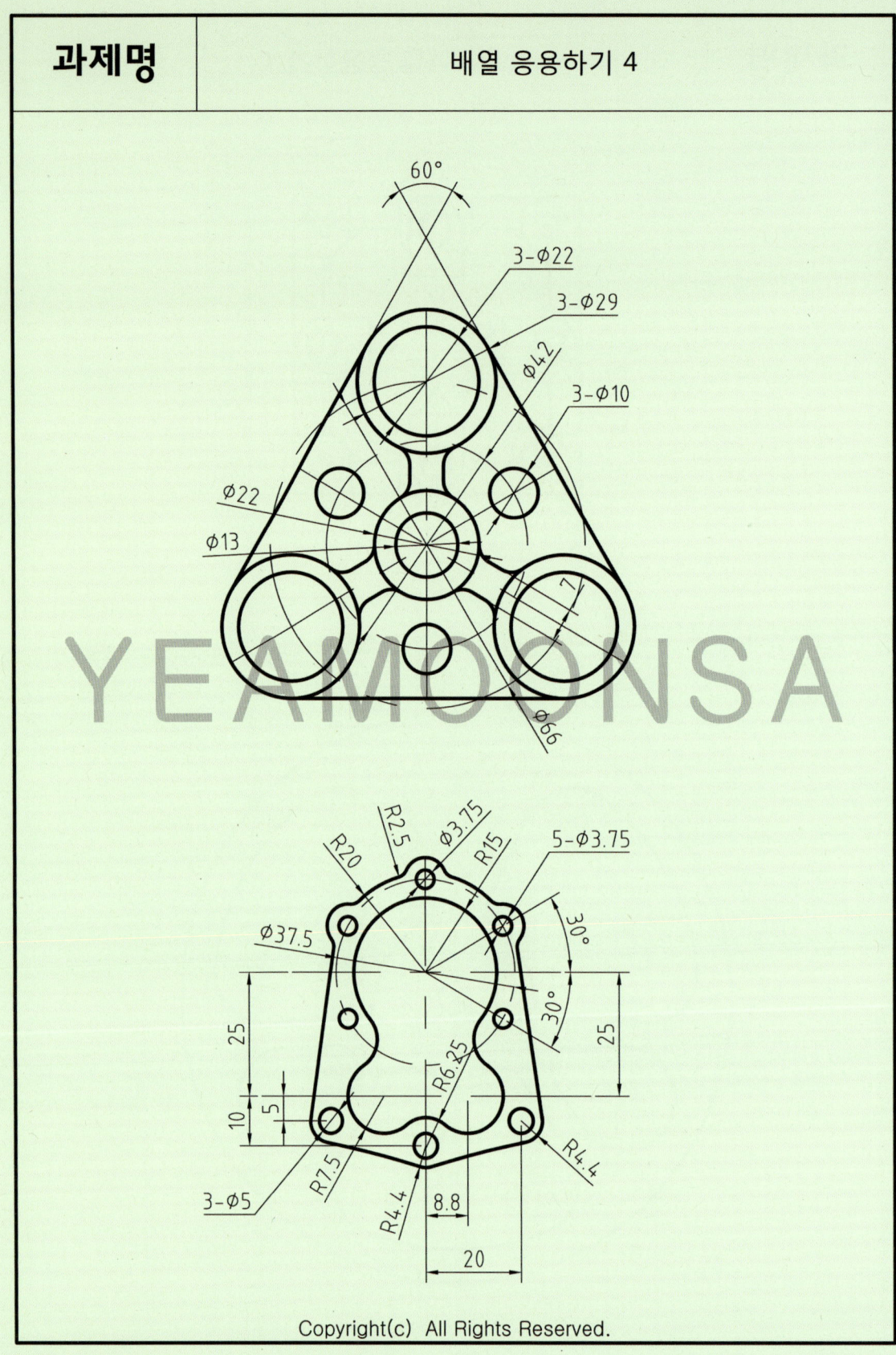

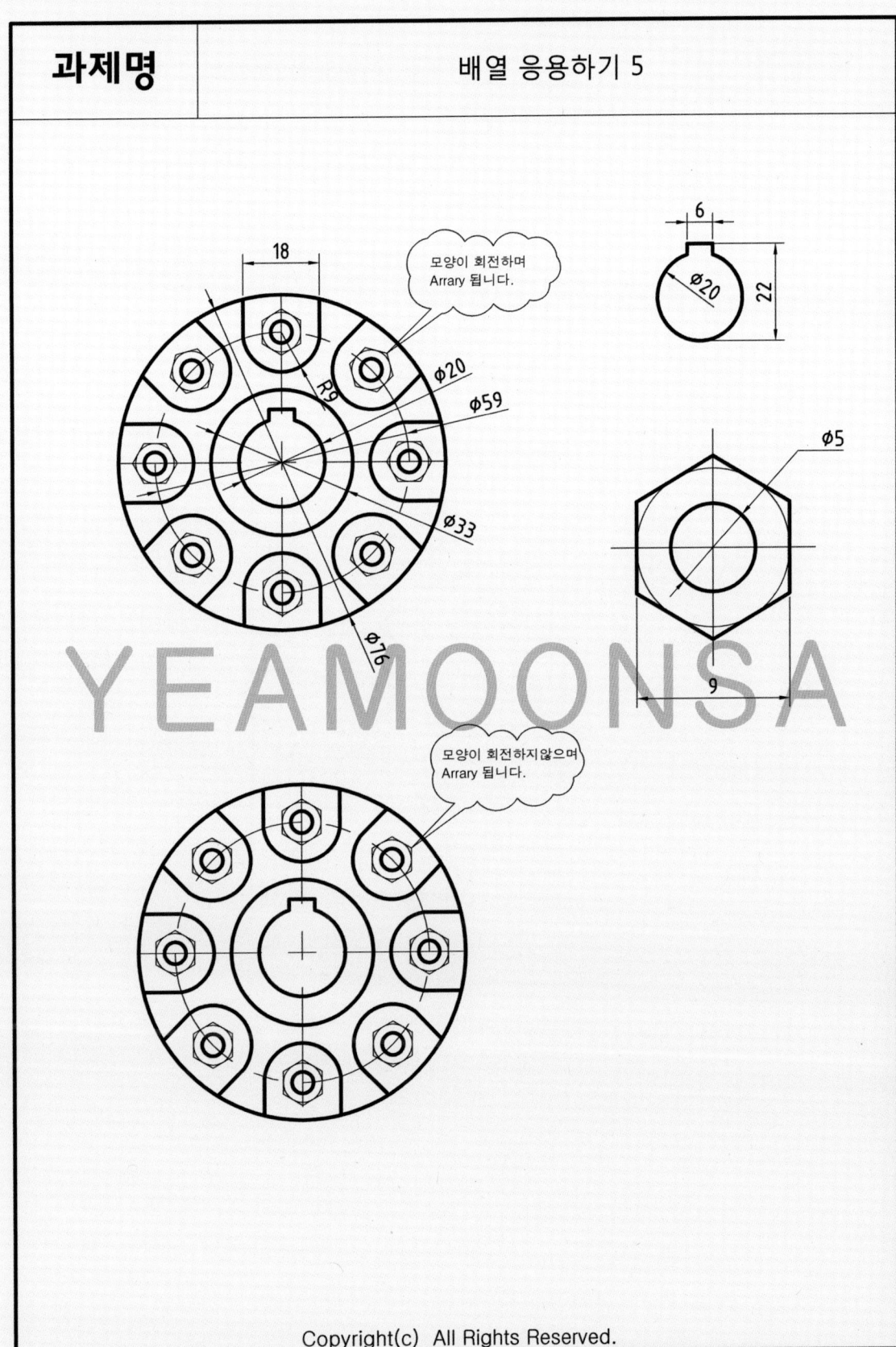

과제명 | 배열 응용하기 6

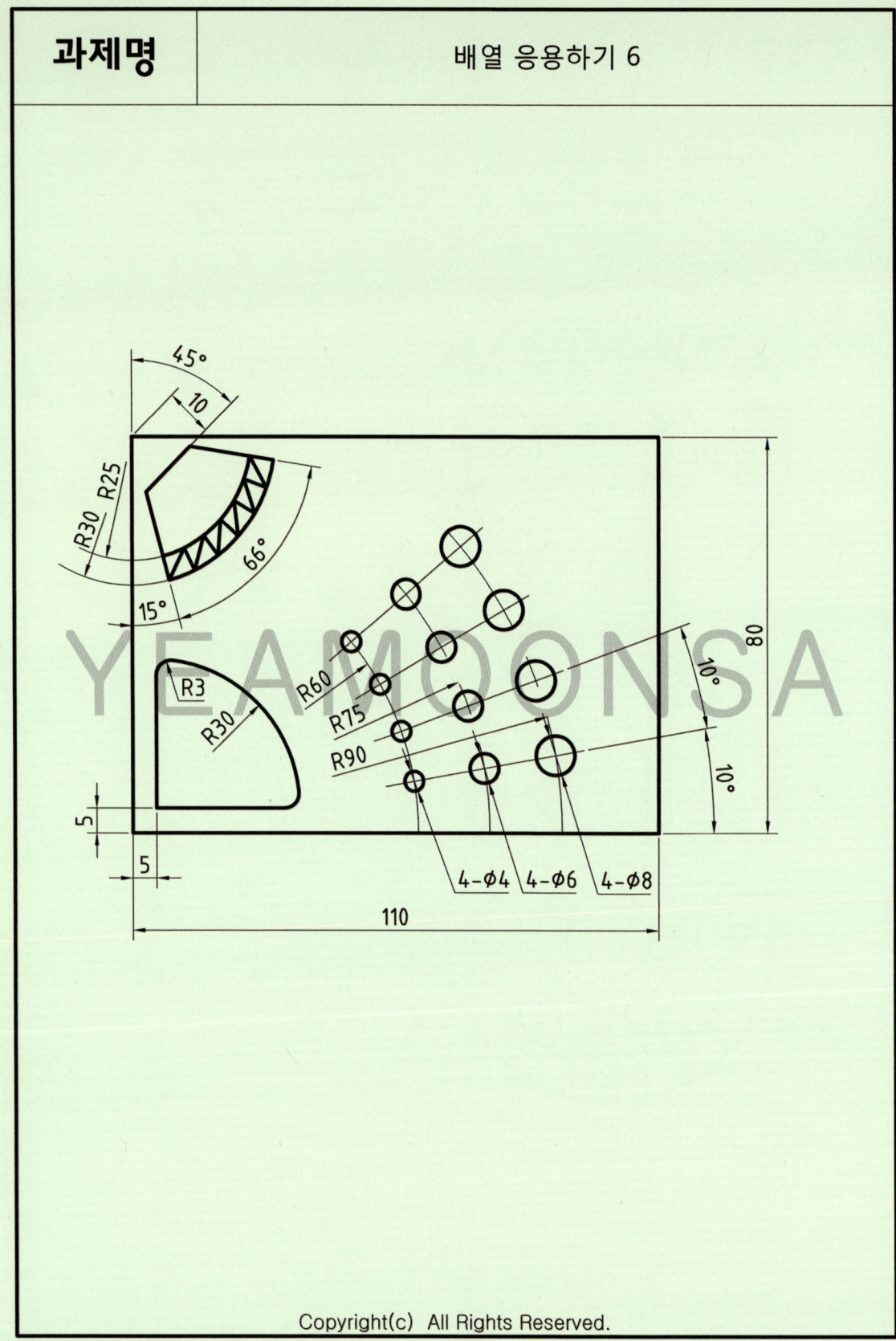

AutoCAD 16 | Stretch 하기

단축아이콘	단축아이콘 이름	명령어	설 명
	신축	Stretch (S)	객체의 일부분을 늘리거나 줄일 때 사용하는 명령어입니다.

Stretch를 적절히 이용하면 볼트 길이 조정, 일부분 조정 등 다른 곳을 변형시키지 않으면서 일부분만 조정이 가능하기 때문에 도면을 효율적으로 변형할 수 있습니다.

▶ 명령행(Command) 사용하기

명령: stretch [Enter↵] "s 입력, 또는 [ ] 클릭"

걸침 윈도우 또는 걸침 다각형만큼 신축할 객체 선택

객체 선택: 반대 구석 지정: 3개를 찾음 "마우스로 드래그 합니다."

객체 선택: [Enter↵]

기준점 지정 또는 [변위(D)] ⟨변위⟩: "기준점을 선택합니다"

두 번째 점 지정 또는 ⟨첫 번째 점을 변위로 사용⟩: @10,0 [Enter↵] "좌표값을 입력하거나 마우스로 클릭합니다."

▶ Stretch를 이용하여 일부분 길이를 10mm 늘려 봅시다.

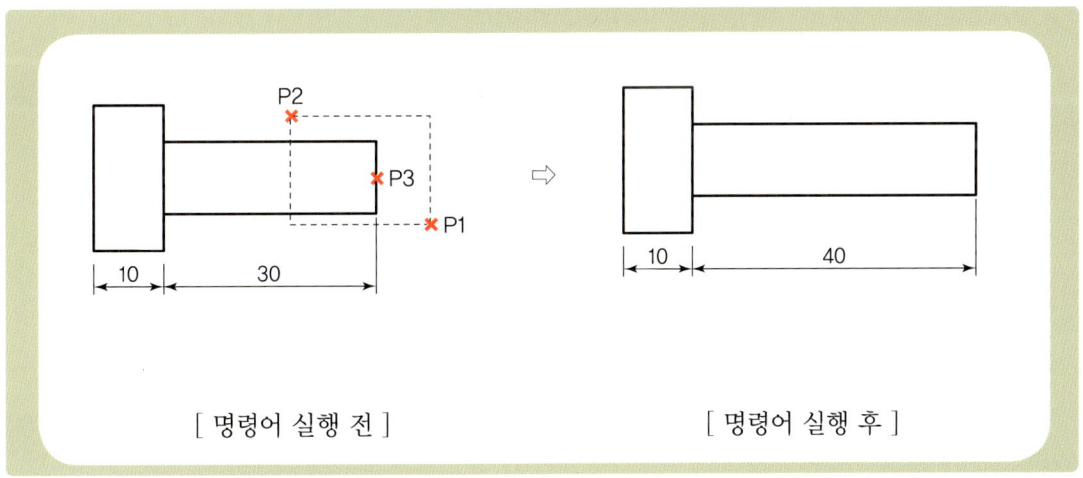

[명령어 실행 전]   [명령어 실행 후]

명령: stretch **Enter**

걸침 윈도우 또는 걸침 다각형만큼 신축할 객체 선택

객체 선택: 반대 구석 지정: 3개를 찾음 "마우스로 P1에서 P2로 드래그합니다."

객체 선택: **Enter**

기준점 지정 또는 [변위(D)] 〈변위〉: "P3처럼 선의 기준점을 선택합니다"

두 번째 점 지정 또는 〈첫 번째 점을 변위로 사용〉: @10,0 **Enter** "좌표값을 입력하거나 마우스로 클릭합니다"

 주의사항

마우스로 Stretch할 부분을 선택할 때 아래와 같이 아래에서 위로 드래그하고 선택영역을 정확히 해야 원하는 결과를 얻을 수 있습니다.

마우스로 드래그할 때에는

P1에서 P2로 드래그하면 드래그한 영역에 걸쳐져 있는 모든 것이 선택이 되고(객체 선 3개 선택)

P2에서 P1으로 드래그하면 드래그한 영역에 완전히 포함된 것이 선택됩니다.(객체 선 1개 선택)

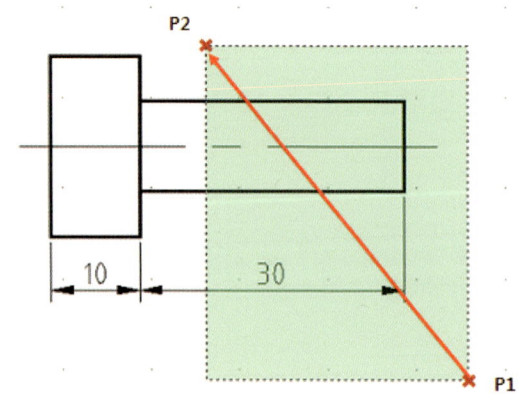

▶ Stretch를 이용하여 다음과 같은 모양을 만들어 봅시다.

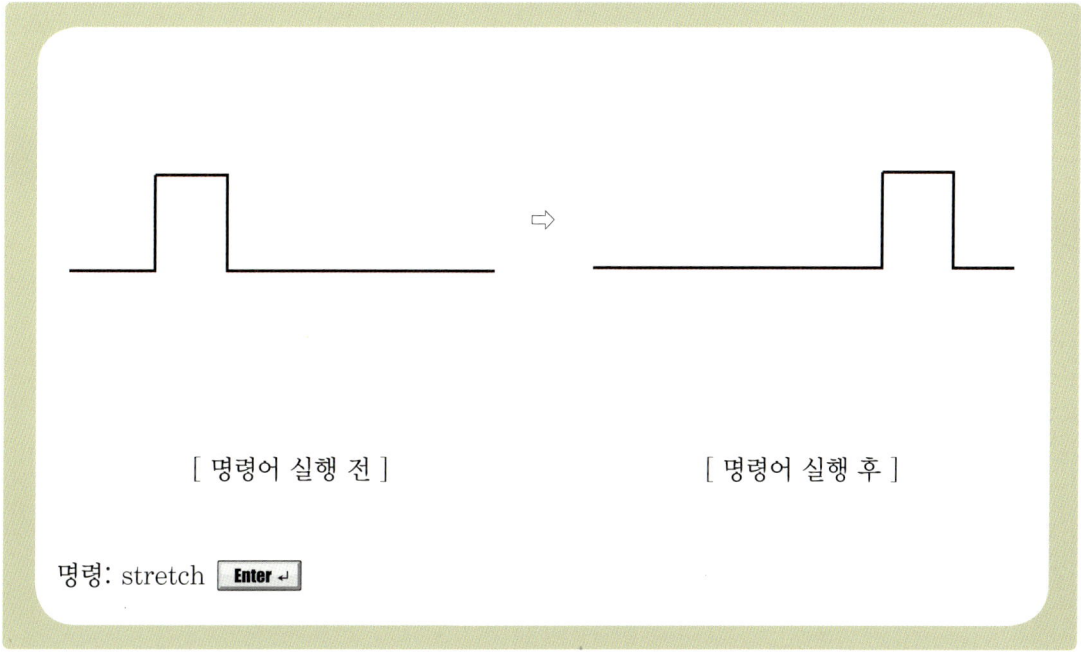

과제명	버니어 그리기

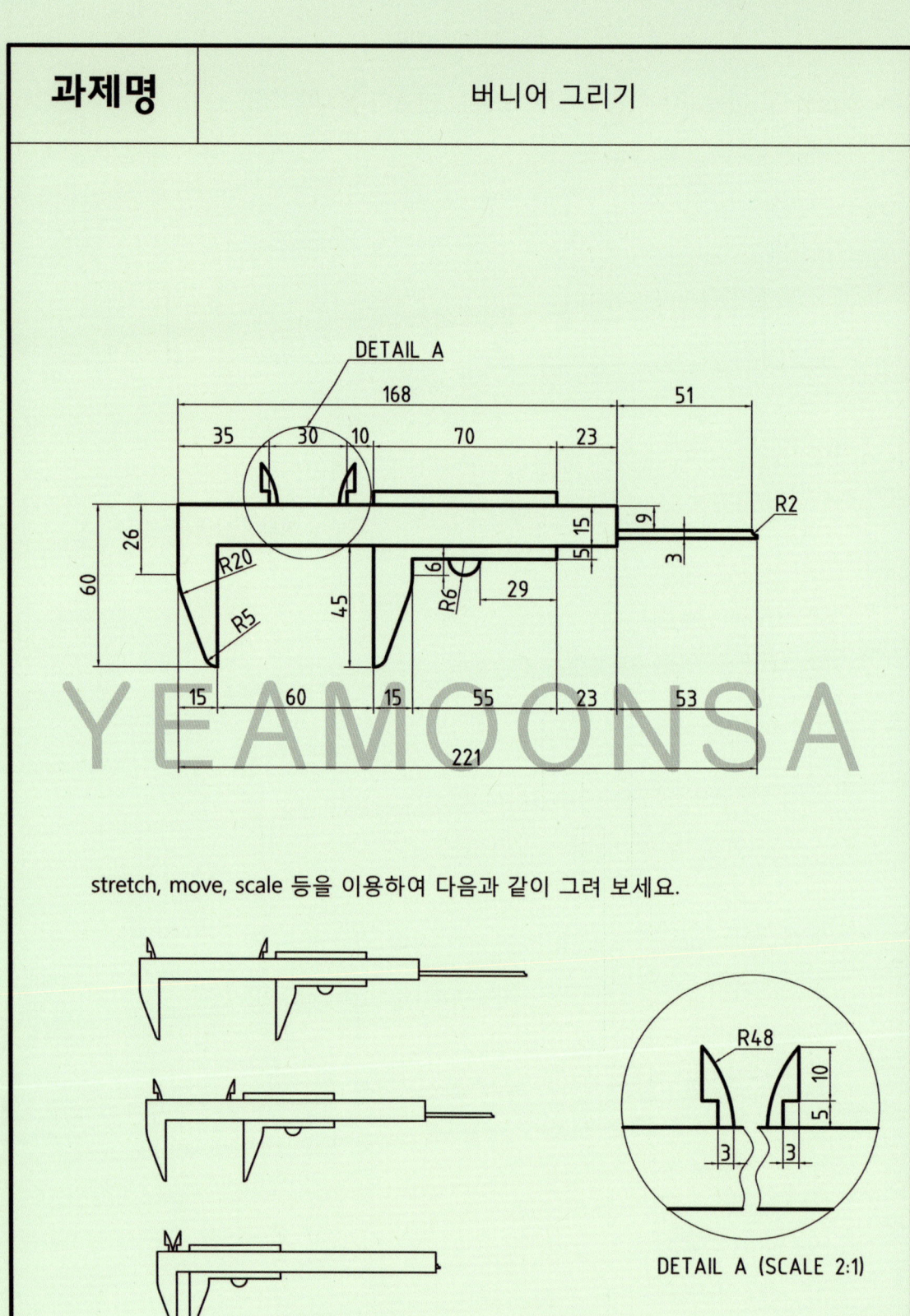

stretch, move, scale 등을 이용하여 다음과 같이 그려 보세요.

DETAIL A (SCALE 2:1)

Copyright(c) All Rights Reserved.

AutoCAD 17 Rotate 하기

단축아이콘	단축아이콘 이름	명령어	설 명
⟳	회전	Rotate (ro)	객체를 원하는 각도만큼 회전시켜 주는 명령어입니다.

▶ 명령행(Command) 사용하기

명령: rotate [Enter↵] "ro 입력, 또는 ⟳ 클릭"

현재 UCS에서 양의 각도: 측정 방향 = 시계반대방향 기준방향 = 0

객체 선택: 반대 구석 지정: "회전할 객체를 모두 선택"

객체 선택: [Enter↵] "객체 선택을 마무리"

기준점 지정: "기준점을 선택하거나 좌표값 입력"

회전각도 지정 또는 [복사(C)/참조(R)] ⟨0⟩: c [Enter↵] "복사를 원하면 옵션 C 입력"

선택한 객체의 사본을 회전합니다.

회전각도 지정 또는 [복사(C)/참조(R)] ⟨0⟩: 10 [Enter↵] "원하는 각도 입력"

▶ **Rotate를 이용하여 다음과 같은 모양을 만들어 보자.**

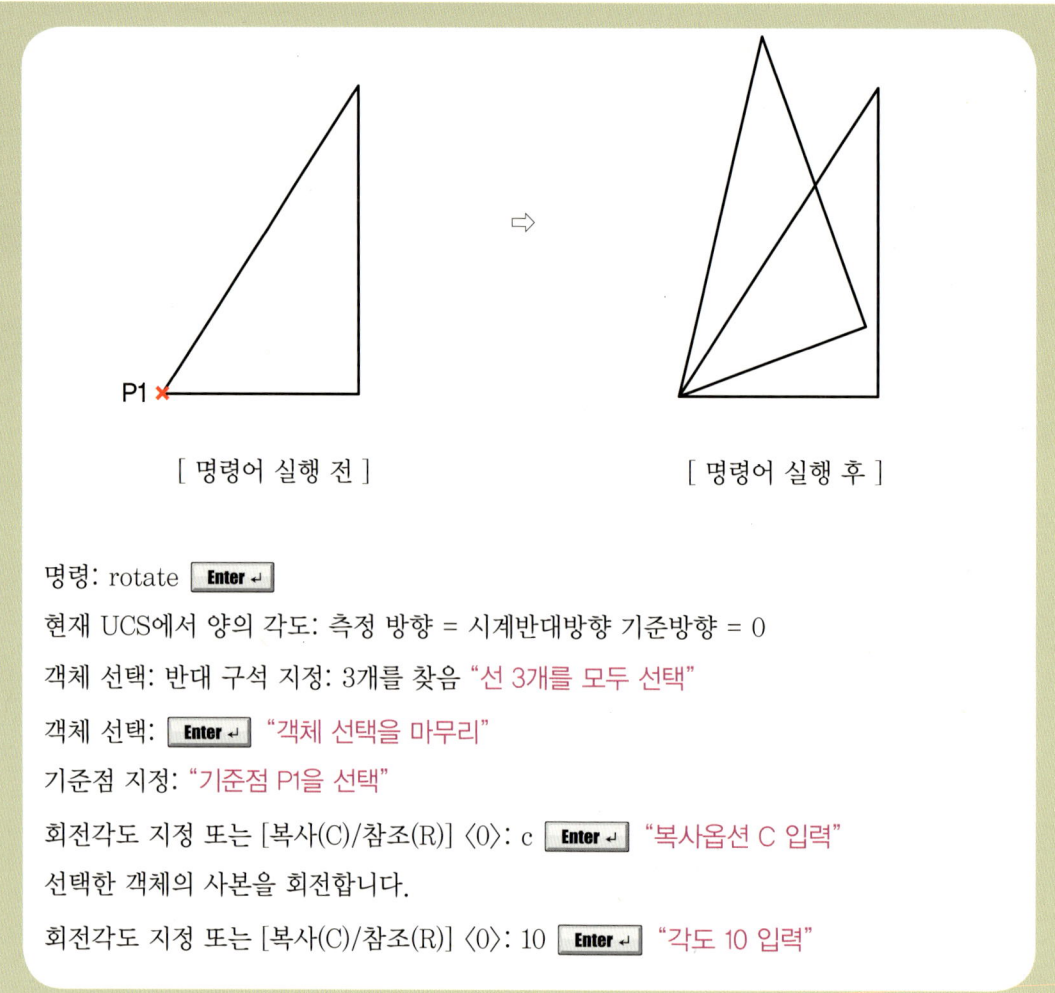

명령: rotate `Enter ↵`
현재 UCS에서 양의 각도: 측정 방향 = 시계반대방향 기준방향 = 0
객체 선택: 반대 구석 지정: 3개를 찾음 "선 3개를 모두 선택"
객체 선택: `Enter ↵` "객체 선택을 마무리"
기준점 지정: "기준점 P1을 선택"
회전각도 지정 또는 [복사(C)/참조(R)] <0>: c `Enter ↵` "복사옵션 C 입력"
선택한 객체의 사본을 회전합니다.
회전각도 지정 또는 [복사(C)/참조(R)] <0>: 10 `Enter ↵` "각도 10 입력"

OPTION

copy	객체를 rotate하면서 copy합니다.
Reference	임의의 현재의 각도를 이용하여, 회전시킬 각도를 입력하여 회전시킵니다.

AutoCAD 18 Scale 하기

단축아이콘	단축아이콘 이름	명령어	설 명
	축척	Scale (Sc)	객체의 크기를 바꾸는 데 사용하는 명령어입니다.

객체의 크기를 바꾸는 명령어로, 기준점을 기준으로 커지거나 작아지는 명령어로 1을 기준으로 1보다 크면 커지고 1보다 작으면 작아집니다.

▶ 명령행(Command) 사용하기

명령: scale [Enter ↵] "SC 입력, 또는 🔲 클릭"

객체 선택: 반대 구석 지정: "배율을 조정할 객체를 클릭합니다."

객체 선택: [Enter ↵] "객체 선택을 마무리합니다."

기준점 지정: "마우스로 기준점을 지정합니다."

축척비율 지정 또는 [복사(C)/참조(R)] ⟨1.0000⟩: 2 [Enter ↵] "축척값을 입력합니다."

▶ **Scale을 이용하여 다음과 같은 모양을 만들어 봅시다.**

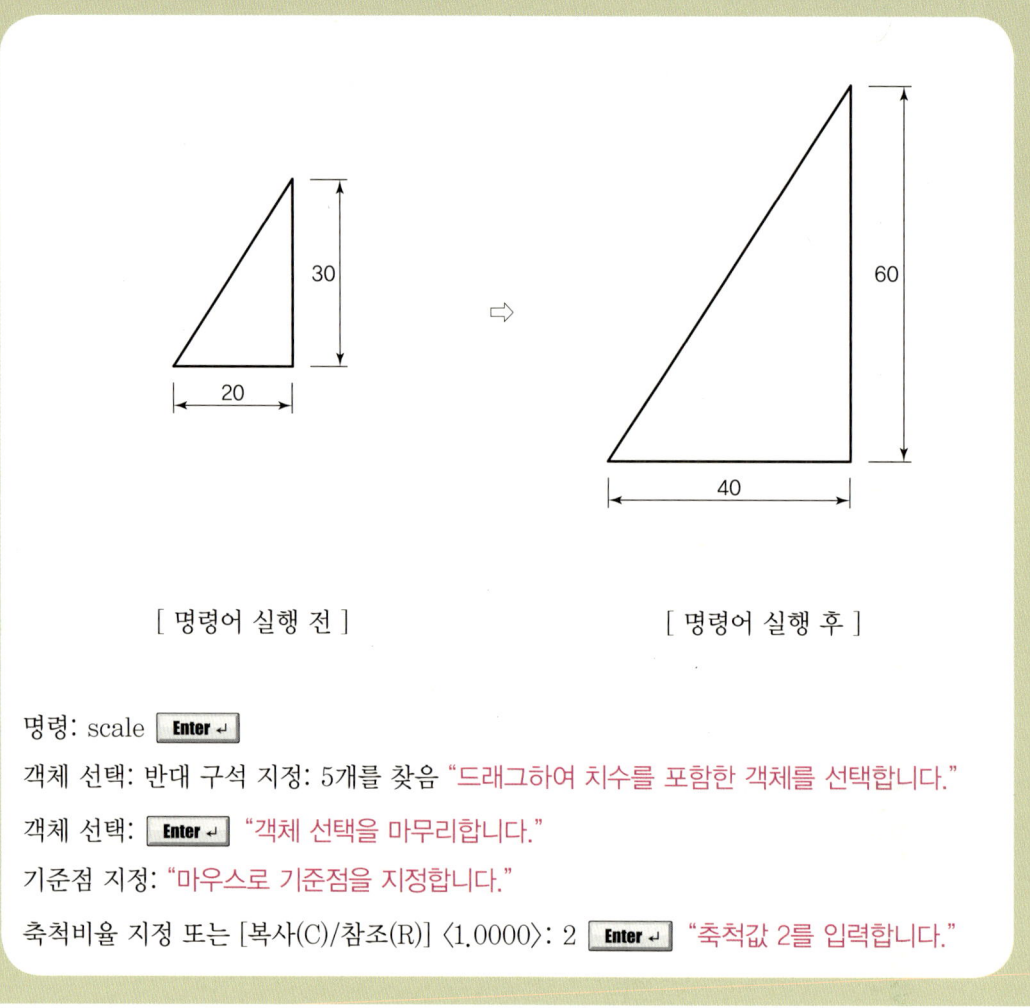

[명령어 실행 전]   [명령어 실행 후]

명령: scale `Enter ↵`
객체 선택: 반대 구석 지정: 5개를 찾음 "드래그하여 치수를 포함한 객체를 선택합니다."
객체 선택: `Enter ↵` "객체 선택을 마무리합니다."
기준점 지정: "마우스로 기준점을 지정합니다."
축척비율 지정 또는 [복사(C)/참조(R)] <1.0000>: 2 `Enter ↵` "축척값 2를 입력합니다."

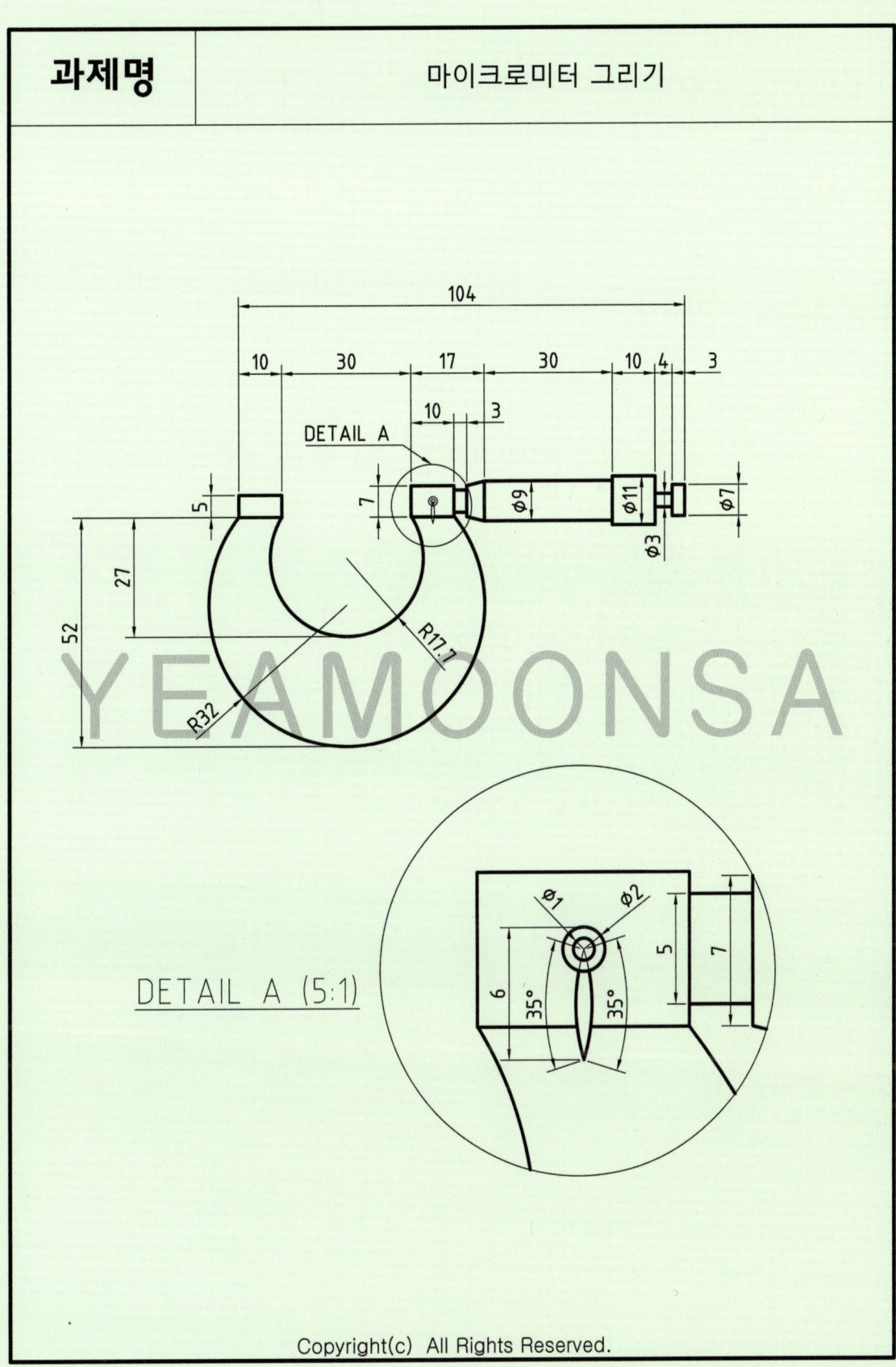

AutoCAD 19 Break 하기

단축아이콘	단축아이콘 이름	명령어	설 명
☐	끊기	Break (Br)	선택한 객체를, 지정한 두 점 사이의 부분을 삭제하거나, 지정한 점을 기준으로 분리하는 명령어입니다.

선의 경우 첫 번째 클릭하고 두 번째 클릭하면 사이가 분리되고 원의 경우에는 첫 점을 기준으로 반시계방향으로 삭제됩니다. osnap를 끄고 해야 정확하게 됩니다.

명령행(Command) 사용하기

명령: break [Enter↵] "Br 입력, 또는 ☐ 클릭"

객체 선택: "객체를 선택합니다. 선택하는 순간 첫 번째 지점도 동시에 선택됩니다."

두 번째 끊기점을 지정 또는 [첫 번째 점(F)]: "두 번째 지점 선택"

▶ Break를 이용하여 다음과 같은 모양을 만들어 봅시다.

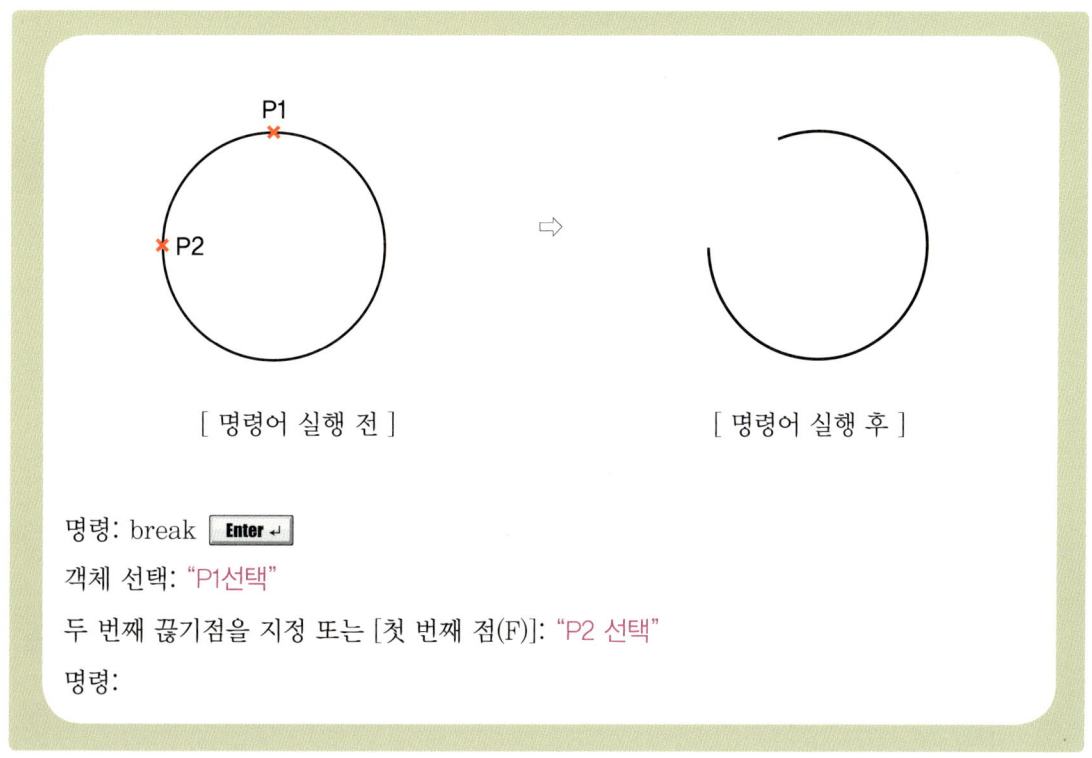

[명령어 실행 전]   [명령어 실행 후]

명령: break **Enter ↵**
객체 선택: "P1선택"
두 번째 끊기점을 지정 또는 [첫 번째 점(F)]: "P2 선택"
명령:

OPTION

| F | 객체 선택 시 첫 번째 지점이 동시에 선택되나, 첫 번째 점을 정확히 입력하려면 F옵션을 사용합니다. |

Explode 하기

단축아이콘	단축아이콘 이름	명령어	설 명
🗗	분해	Explode (x)	묶여진 객체를 분해하는 명령어입니다. Polyline 형태의 객체를 개별 요소로 분리시킵니다.

Bhatch, Block, Pline, Rectangle 등의 명령으로 구성된 객체를 모두 분해할 수 있습니다. 하지만 문자는 파괴되지 않습니다. 치수기입도 분해할 수 있으나 분해하지 않는 것이 도면 작업시 치수를 수정할 경우 유리할 수 있습니다.

▶ **Line과 Rectang을 이용하여 다음과 같은 모양을 만들어 봅시다.**

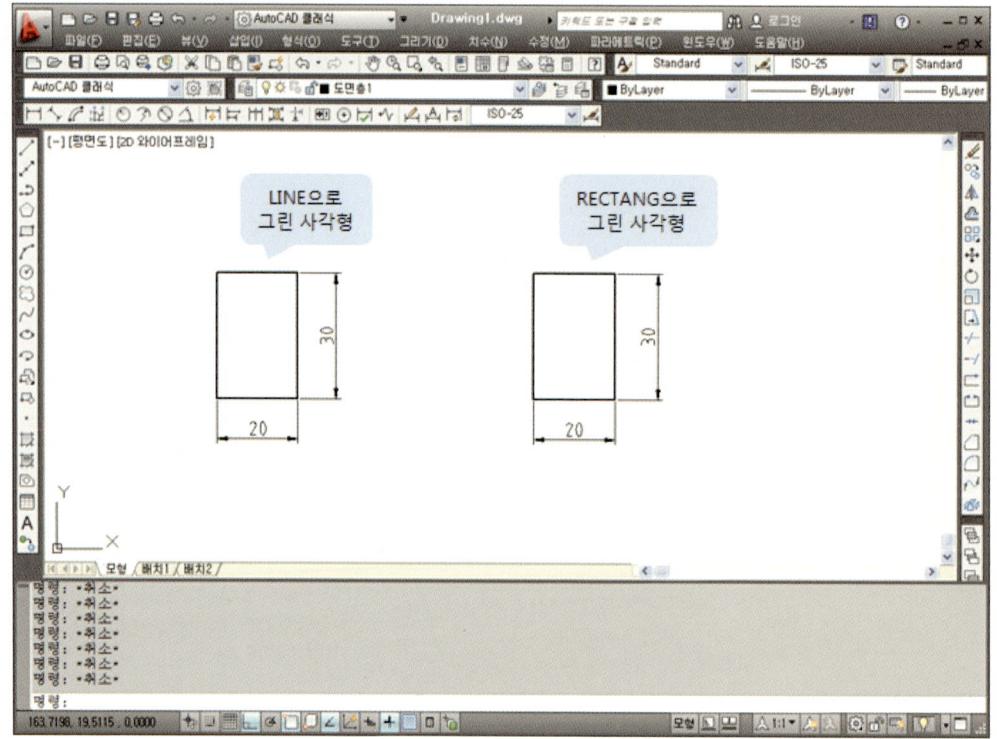

명령행(Command) 사용하기

명령: explode `Enter ↵`
객체 선택: 1개를 찾음 "Rectang으로 생성된 부분을 클릭해 봅시다."
객체 선택:

위에서 확인한 것처럼 line으로 그린 것은 explode가 되지 않고, Rectang으로 그린 것은 explode가 됩니다. 마찬가지로 polygon으로 그린 것도 explode가 됩니다.

주의사항

Line 명령어와 Rectang 명령어를 이용한 도형을 Offset을 하여 비교하면 아래와 같습니다.

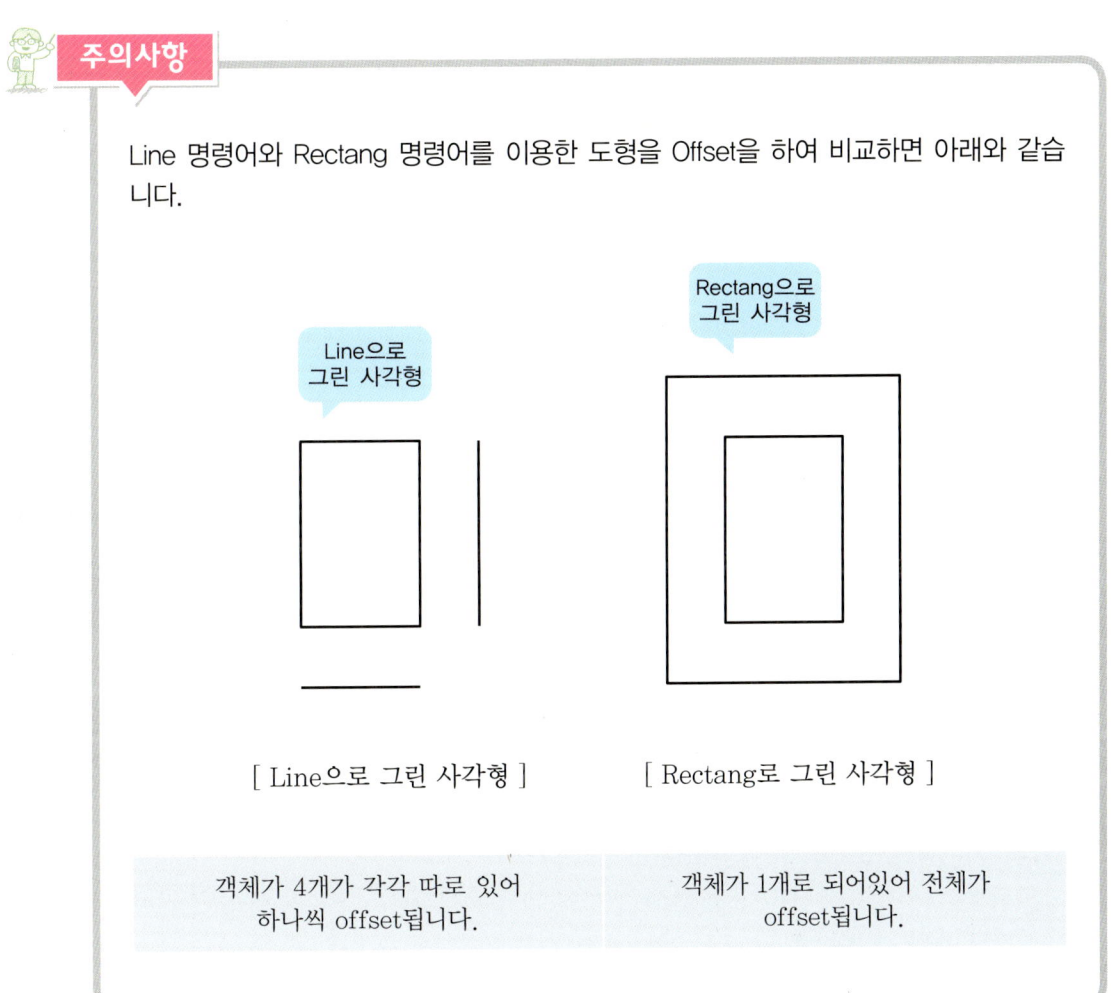

[Line으로 그린 사각형]　　　　[Rectang로 그린 사각형]

객체가 4개가 각각 따로 있어 하나씩 offset됩니다.　　객체가 1개로 되어있어 전체가 offset됩니다.

AutoCAD 21 | Pedit 하기

단축아이콘	단축아이콘 이름	명령어	설 명
	폴리선 편집	Pedit (pe)	묶이지 않은 객체를 하나로 묶는 명령어

Explode의 반대개념으로 보면 된다. 개개의 객체로 된것을 하나로 만들어 줍니다.

▶ Pedit를 이용하여 line으로 그린 모양을 하나의 객체로 만들어 봅시다.

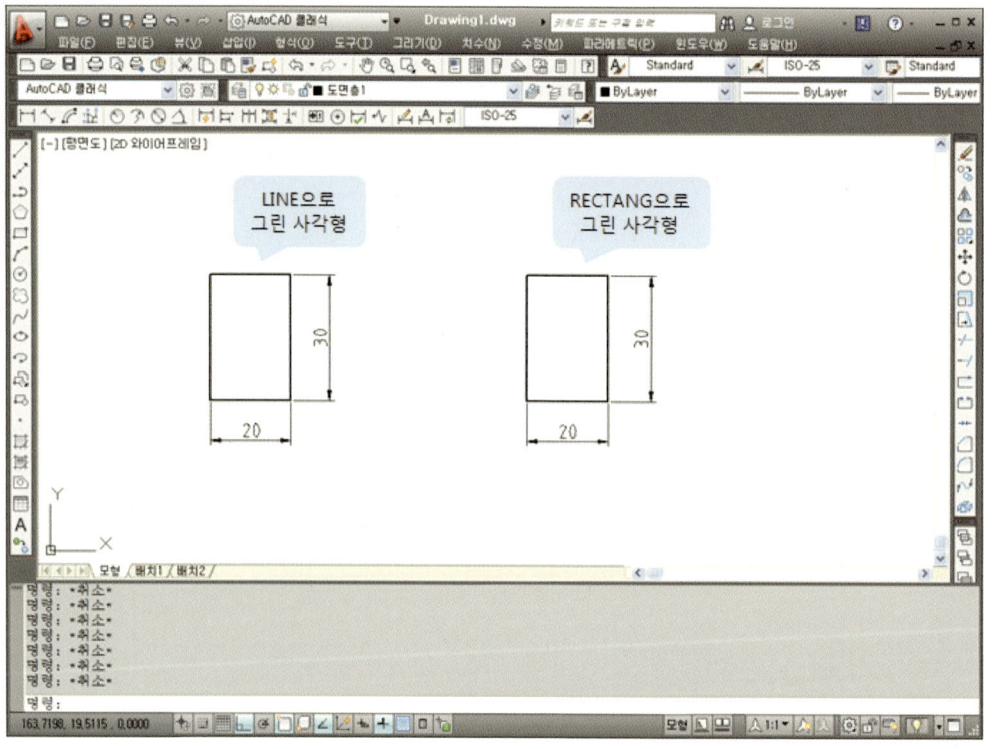

명령행(Command) 사용하기

명령: pedit [Enter ↵]
폴리선 선택 또는 [다중(M)]: "마우스로 line으로 그린 모양의 한 선을 클릭"
선택된 객체가 폴리선이 아님

전환하기를 원하십니까? ⟨Y⟩ [Enter ↵] "현재 설정값이 Y이므로 그냥 엔터를 누릅니다."
옵션 입력 [닫기(C)/결합(J)/폭(W)/정점 편집(E)/맞춤(F)/스플라인(S)/비곡선화(D)/선종류생성(L)/명령 취소(U)]: j [Enter ↵] "join으로 연결해야 합니다."
객체 선택: 반대 구석 지정: 4개를 찾음 "마우스로 line으로 그린 모양 전부를 드래그"
객체 선택: [Enter ↵] "선택을 마무리합니다."
3개의 세그먼트가 폴리선에 추가됨
옵션 입력 [열기(O)/결합(J)/폭(W)/정점 편집(E)/맞춤(F)/스플라인(S)/비곡선화(D)/선종류생성(L)/명령 취소(U)]: [Enter ↵] "마무리합니다."

OPTION

옵션	설명
다중(Multiple)	여러 개의 객체를 선택할 때 이용합니다.
닫기(Close)	현재 선택한 폴리선이 열린 경우에 나타나는 메시지입니다. 만약 닫힌 폴리선을 선택하면 Open 옵션이 나타납니다.
결합(Join)	연결되어 있는 폴리선을 하나의 객체로 묶어 줍니다. 일반 객체를 Polyline화할 때 많이 이용합니다.
폭(Width)	폴리선의 두께를 조정합니다.
정점 편집 (Edit vertex)	폴리선의 점을 편집합니다. • 다음(Next) : 다음 정점으로 이동합니다. • 이전(Previous) : 바로 전의 정점으로 이동합니다. • 끊기(Break) : 현재 위치에서 끊습니다. 두 개의 폴리선이 됩니다. • 삽입(Insert) : 새로운 정점을 추가합니다. • 이동(Move) : 정점을 이동합니다. • 재생성(Regen) : 도면을 재생성합니다. • 직선화(Straighten) : 선택한 구간을 직선으로 만듭니다. • 접선(Tangent) : 접점의 방향을 조정합니다. 이 방향은 Fit옵션에서 영향을 받습니다. • 폭(Width) : 두께를 조정합니다. • 나가기(Exit) : 정점 편집 상태를 빠져나옵니다.
맞춤(Fit)	폴리선 점들의 접점(Tangent)방향을 이용하여 곡선을 만듭니다.
스플라인(Spline)	부드러운 곡선을 만들 때 이용하며, B형 스플라인 공식을 이용해 만들어집니다.
비곡선화(Decurve)	폴리선이 곡선 처리되었을 경우 원래의 선 상태로 돌아갑니다.
선 종류 생성 (Ltype gen)	폴리선이 선 종류를 가진 경우 이용합니다. 이 옵션을 사용하지 않으면, 폴리선이 선 종류(Line Type)를 제대로 표시하지 못합니다.
명령 취소(Undo)	바로 전에 그려진 폴리선을 취소합니다.

과제명	KS 마크 그리기

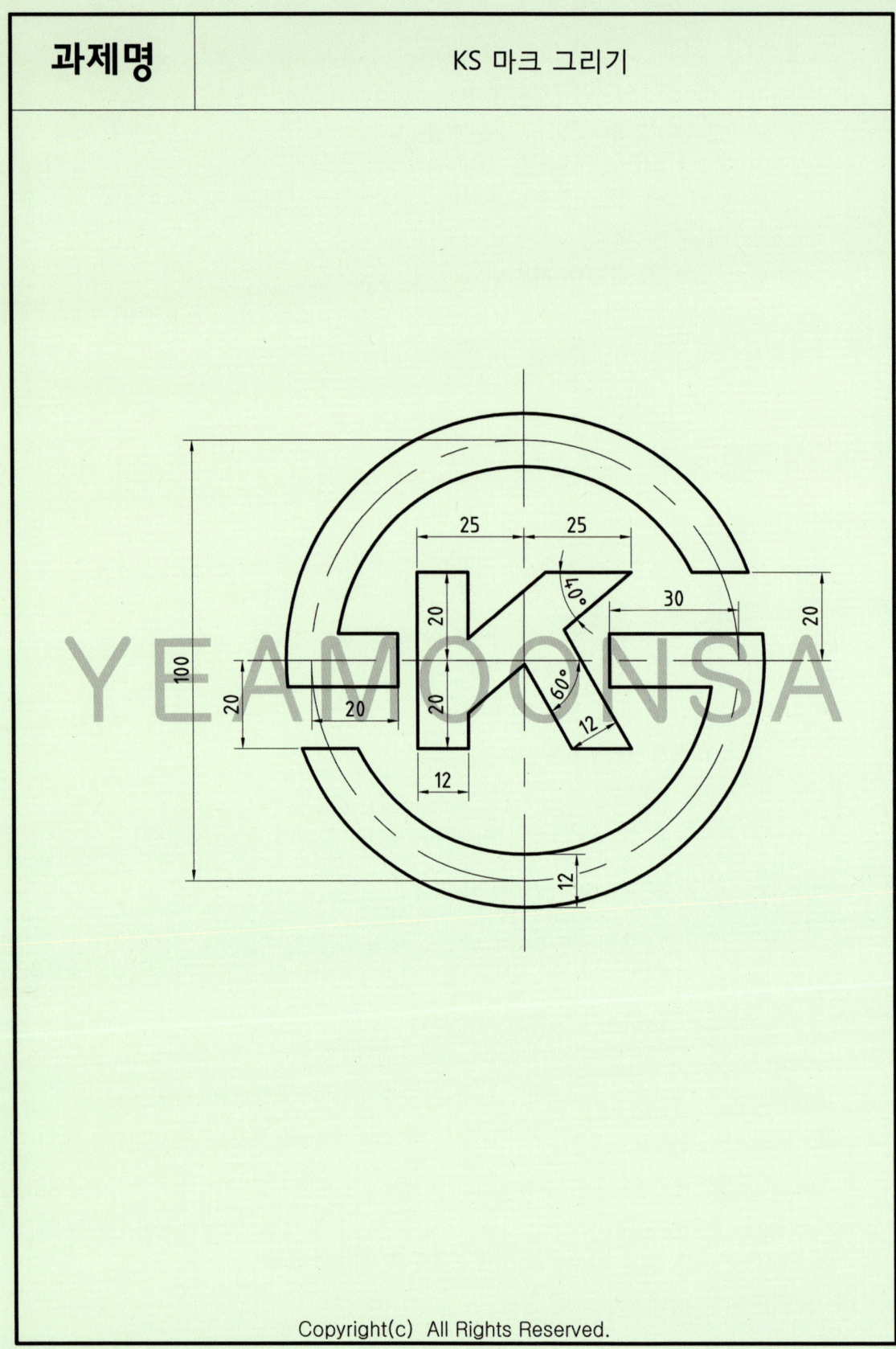

AutoCAD 22 Xline 그리기

단축아이콘	단축아이콘 이름	명령어	설 명
✏	구성선	Xline (xl)	양쪽 방향으로 무한하게 연장되는 구성선을 그리는 명령어입니다.

아래 설명 그림처럼 양쪽방향으로 무한하게 연장되는 선을 그리는 명령어로 도면 작성시 편리하게 사용됩니다.

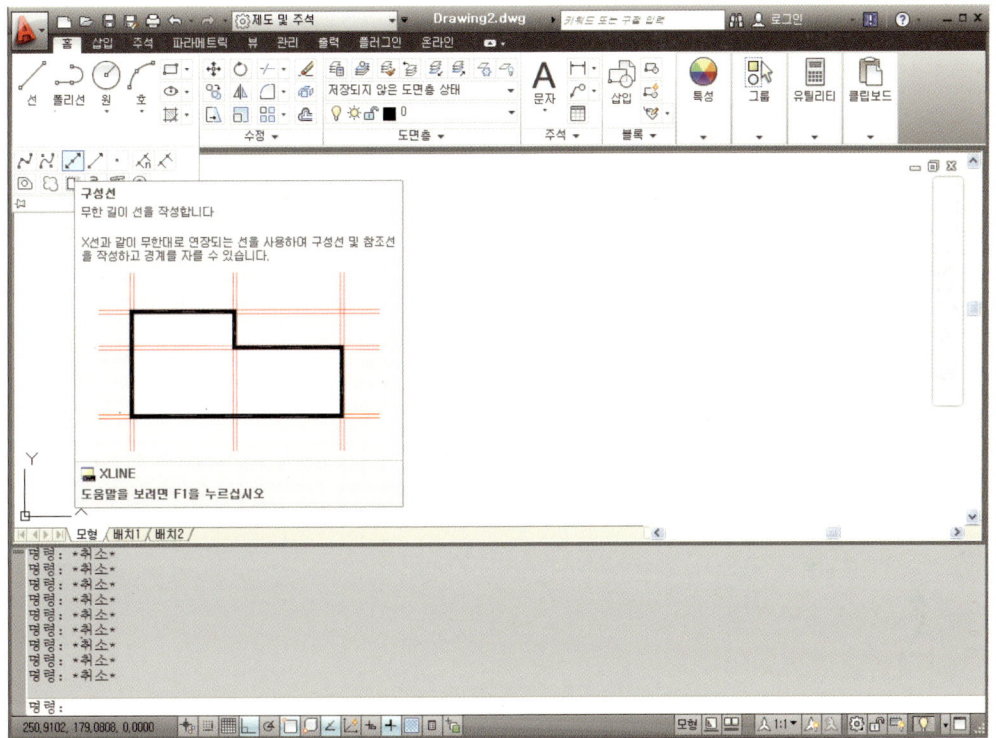

명령행(Command) 사용하기

Command: xline `Enter ↵`
"단축키 F8번을 눌러 Ortho를 On으로 설정"
Specify a point or[Hor/Ver/Ang/Bisect/Offset]: h `Enter ↵` "수평선 옵션인 h를 입력"
Specify throught point: (그림과 같이 영역 내에서 마우스를 자유자재로 클릭) `Enter ↵`
Command:

OPTION

Hor	통과점으로부터 수평(X축 방향)으로 무한대의 선
Ver	통과점으로부터 수직(Y축 방향)으로 무한대의 선
Ang	각도를 지정하여 원하는 각도의 무한대의 선
Bisect	지정한 하나의 정점을 통과하고, 두 선 사이의 각도를 이등분
Offset	다른 객체와 평행한 선

AutoCAD 23 Ray

단축아이콘	단축아이콘 이름	명령어	설 명
↗	광선	Ray	한쪽 방향으로 무한하게 연장되는 구성선을 그리는 명령어입니다.

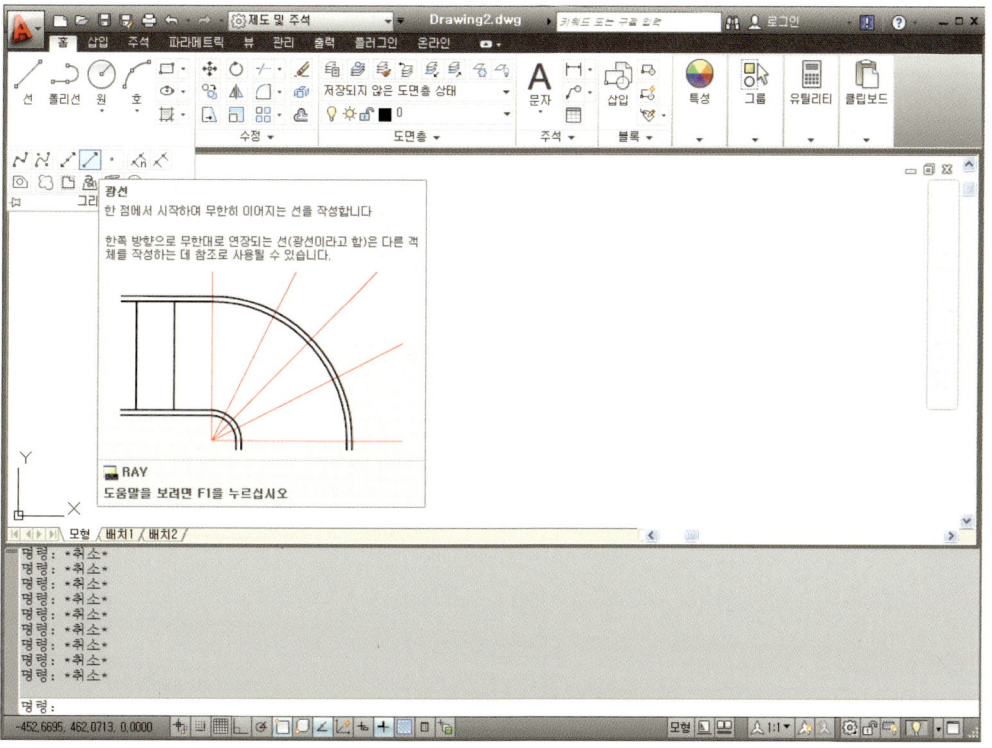

명령행(Command) 사용하기

명령: ray [Enter↵]

시작점을 지정: "마우스로 클릭 또는 좌표점 입력"

통과점을 지정: "마우스로 클릭 또는 좌표점 입력"

통과점을 지정: [Enter↵] "마무리"

AutoCAD 24 | Ellipse

단축아이콘	단축아이콘 이름	명령어	설 명
◎▼	타원	Ellipse (el)	타원과 타원형의 호를 그리는 명령어 입니다.

명령행(Command) 사용하기

명령: ellipse [Enter↵] "el 입력 또는 ◎▼ 클릭"

타원의 축 끝점 지정 또는 [호(A)/중심(C)]: "마우스로 클릭 또는 좌표점 지정"

축의 다른 끝점 지정: "마우스로 클릭 또는 좌표점 지정"

다른 축으로 거리를 지정 또는 [회전(R)]: "마우스로 클릭 또는 좌표점 지정"

▶ ellipse를 이용하여 다음과 같은 모양을 만들어 봅시다.

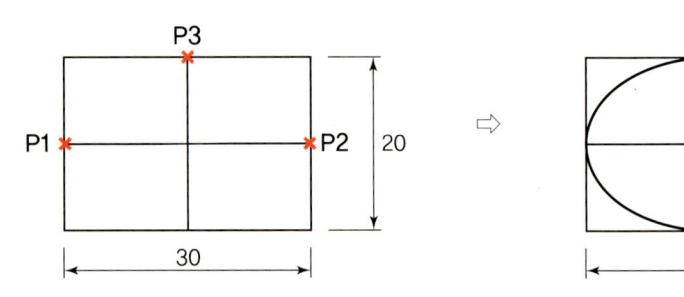

[명령어 실행 전]   [명령어 실행 후]

명령: ellipse [Enter↵]
타원의 축 끝점 지정 또는 [호(A)/중심(C)]: _c [Enter↵]
타원의 중심 지정: "장축 첫 번째 점 P1 지정"
축의 끝점 지정: 20 "장축 두 번째 점 P2 지정"
다른 축으로 거리를 지정 또는 [회전(R)]: 10 "단축 P3 지정"

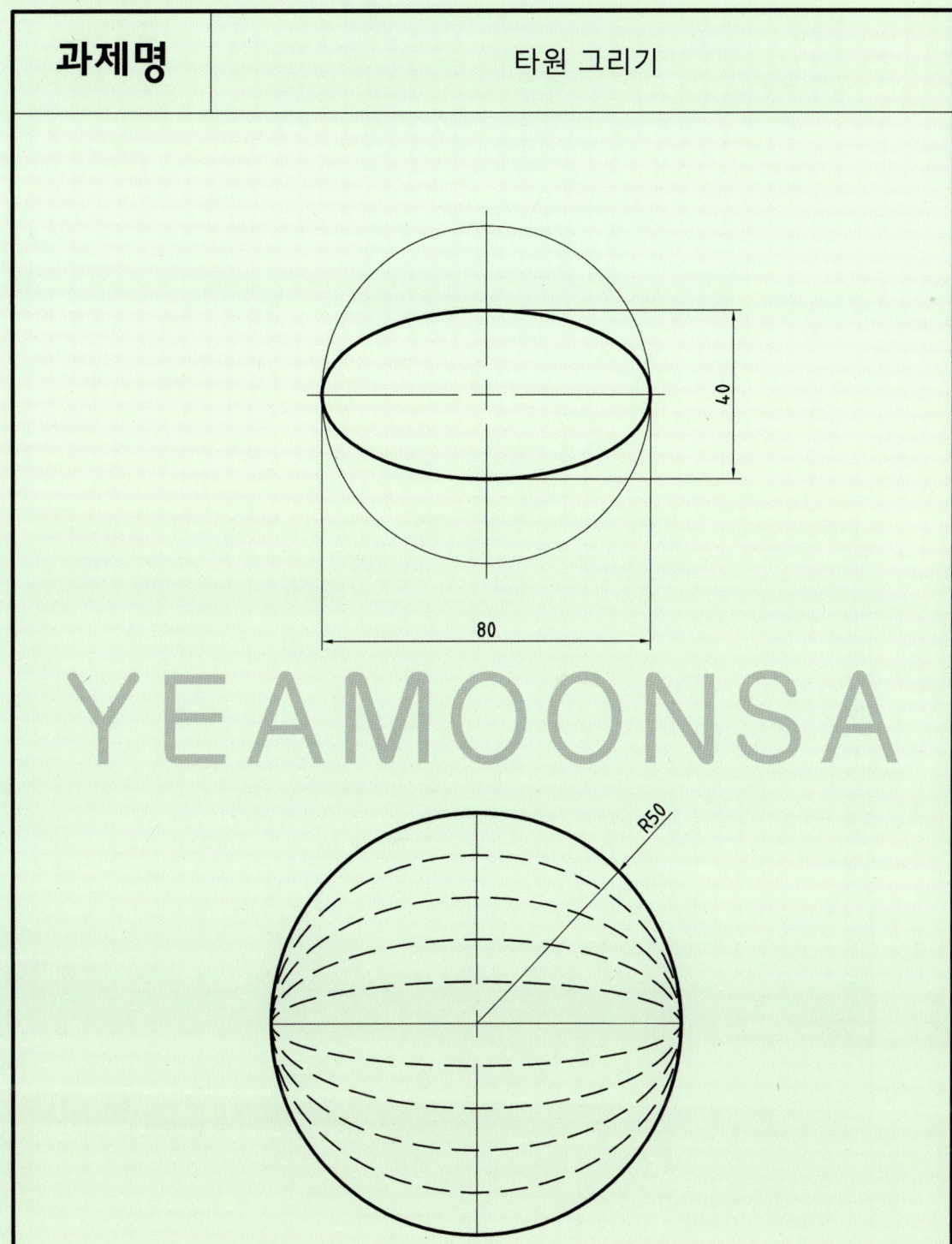

AutoCAD 25 Pline

단축아이콘	단축아이콘 이름	명령어	설 명
⤴	폴리선	Pline (pl)	직선과 호의 연속적인 선분이 전체가 하나로 연결된 폴리선을 그리는 명령어입니다.

Rectang, polygon과 마찬가지로 하나의 객체로 생성되며, explode로 분해 가능합니다.

▶ **Pline을 이용하여 직선과 호를 연속하여 그려봅시다.**

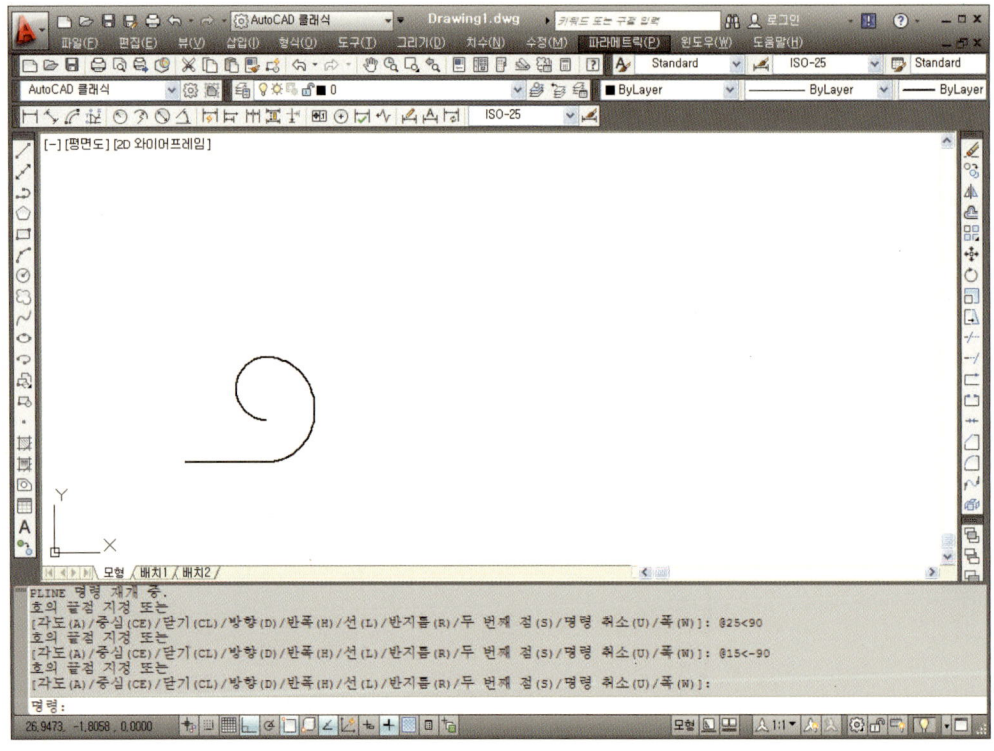

명령행(Command) 사용하기

명령: pline Enter ↵
시작점 지정:
현재의 선 폭은 0.0000임

다음 점 지정 또는 [호(A)/반폭(H)/길이(L)/명령 취소(U)/폭(W)]: @20,0 `Enter`

다음 점 지정 또는 [호(A)/닫기(C)/반폭(H)/길이(L)/명령 취소(U)/폭(W)]: a `Enter`

호의 끝점 지정 또는

[각도(A)/중심(CE)/닫기(CL)/방향(D)/반폭(H)/선(L)/반지름(R)/두 번째 점(S)/명령 취소(U)/폭(W)]:

〉〉ORTHOMODE에 대한 새 값 입력 〈1〉: `Enter`

PLINE 명령 재개 중

호의 끝점 지정 또는

[각도(A)/중심(CE)/닫기(CL)/방향(D)/반폭(H)/선(L)/반지름(R)/두 번째 점(S)/명령 취소(U)/폭(W)]: @25〈90 `Enter`

호의 끝점 지정 또는

[각도(A)/중심(CE)/닫기(CL)/방향(D)/반폭(H)/선(L)/반지름(R)/두 번째 점(S)/명령 취소(U)/폭(W)]: @15〈-90 `Enter`

호의 끝점 지정 또는

[각도(A)/중심(CE)/닫기(CL)/방향(D)/반폭(H)/선(L)/반지름(R)/두 번째 점(S)/명령 취소(U)/폭(W)]: `Enter`

OPTION

Arc	직선과 함께 연속해서 호를 그릴 때 사용합니다. Angle : 원호에 대한 내부각을 지정하는 옵션입니다. CEnter : Center는 자동으로 중심을 계산합니다. CLose : 직선이 아닌 원호로써 Pline을 닫습니다. Direction : 원호의 시작 방향을 지정하여 원하는 호를 그릴 수 있게 합니다.
Close	시작점과 연결합니다.
Halfwidth	"W"옵션에서 정의된 폭의 절반(Width의 값이 1/2이라는 비율로 연동이 됩니다.) Starting Half-width: 시작점의 폭 Ending Half-width: 끝점의 폭
Length	시작점을 찍은 뒤에 마우스를 일정 방향으로 이동하고, 이 값을 주면 그 길이만큼의 PLINE을 그린다.
Undo	작업을 취소하는 기능
Width	폭을 지정 Starting Half-width: 시작점의 폭 Ending Half-width: 끝점의 폭

과제명	폴리선 응용하여 그리기

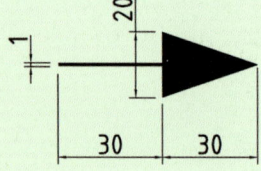

AutoCAD 26 | Spline

단축아이콘	단축아이콘 이름	명령어	설 명
～	스플라인	Spline (spl)	지정된 점을 통과하거나 근처를 지나는 부드러운 곡선을 작성하는 명령어입니다.

Splinedit로 맞춤 공차 값을 변경하여 스플라인을 세부적으로 조정할 수 있습니다.
주로 제도에서 파단선을 만들 때 사용됩니다.

▶ 명령행(Command) 사용하기

명령: spline [Enter ↵] "spl 입력 또는 [□] 클릭"
첫 번째 점 지정 또는 [객체(O)]: "마우스로 P1 클릭"
다음 점 지정 또는 [닫기(C)/공차 맞춤(F)] ⟨시작 접선⟩: "마우스로 P2 클릭"
다음 점 지정 또는 [닫기(C)/공차 맞춤(F)] ⟨시작 접선⟩: "마우스로 P3 클릭"
다음 점 지정 또는 [닫기(C)/공차 맞춤(F)] ⟨시작 접선⟩: "마우스로 P4 클릭"
다음 점 지정 또는 [닫기(C)/공차 맞춤(F)] ⟨시작 접선⟩: "마우스로 P5 클릭"
시작 접선 지정: [Enter ↵]
끝 접선 지정: [Enter ↵]

▶ Spline을 이용하여 다음과 같은 모양을 만들어 봅시다.

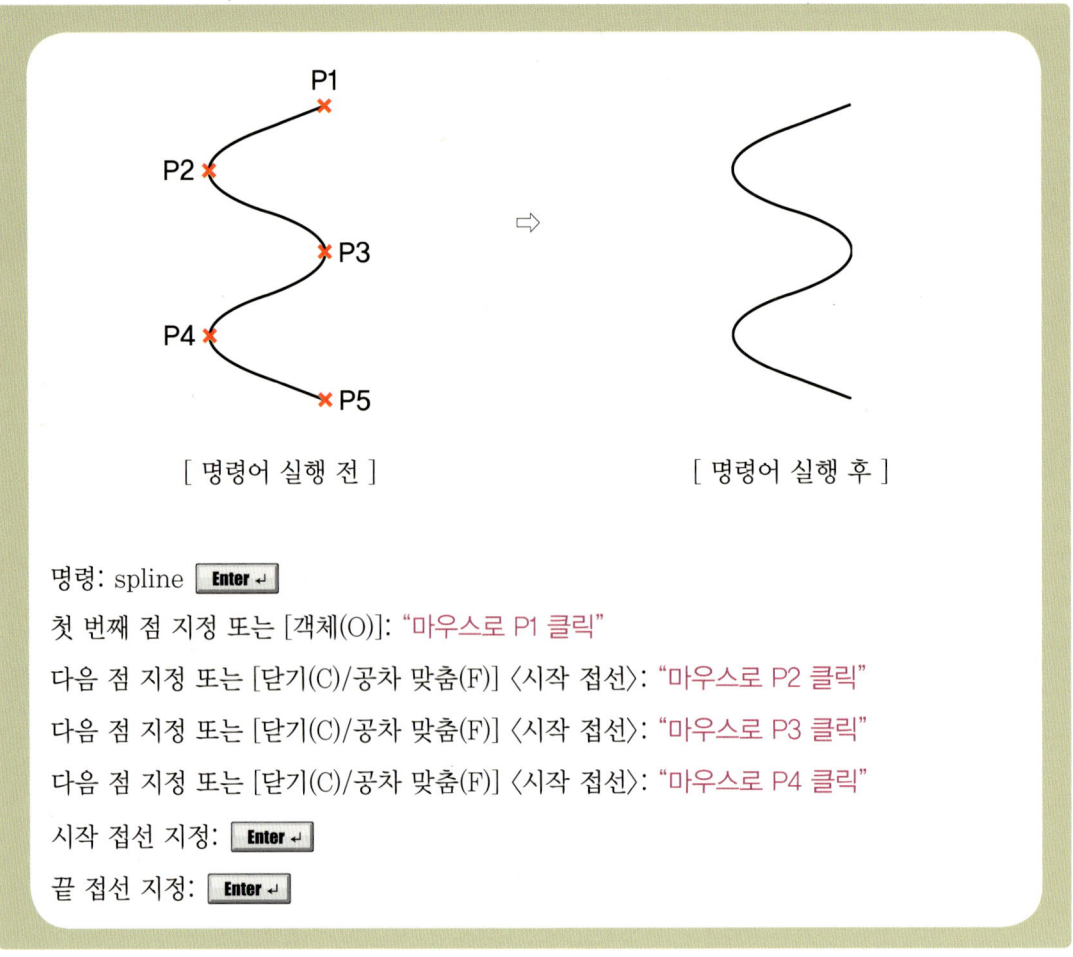

AutoCAD 27 Point

단축아이콘	단축아이콘 이름	명령어	설 명
▫	다중점	Point	점 객체를 생성하는 명령어입니다.

다중 점 객체를 작성합니다. ddptype을 사용하여 점 크기와 스타일을 쉽게 지정할 수 있습니다. measure 및 divide를 사용하여 객체에 점을 작성할 수도 있습니다.

Pdmode=0이면 작은 점 모양이 표시되며 Pdmode=1이면 전혀 표시가 되지 않으며 각 숫자에 따라 점 모양이 변합니다.

명령행(Command) 사용하기

명령: point [Enter ↵]
현재 점 모드: PDMODE=0 PDSIZE=0.0000
점 지정:

OPTION

PDMODE	Point의 모양을 변경하는 시스템 변수
PDSIZE	Point의 크기를 변경하는 시스템 변수

PDMODE OPTION

```
      +    ×    |
 0  1  2    3    4

 ⊙   ○   ⊕   ⊗   ⊙
32  33  34  35  36

 ▫   □   ⊞   ⊠   ▢
64  65  66  67  68

 ▢   ▢   ⊕   ⊠   ▢
96  97  98  99  100
```

AutoCAD 28 DDPtype

단축아이콘	단축아이콘 이름	명령어	설 명
	점 스타일	DDPtype	Point의 종류와 크기를 대화상자를 통해 조절합니다.

점 스타일에는 여러 가지가 있으니 적절한 것으로 변경해 놓는 것이 좋습니다. 기본적으로 첫 번째처럼 되어 있는데, 간혹 잘 보이지 않을 수 있으므로 다른 스타일로 변경하여 사용하는 것이 바람직 합니다.

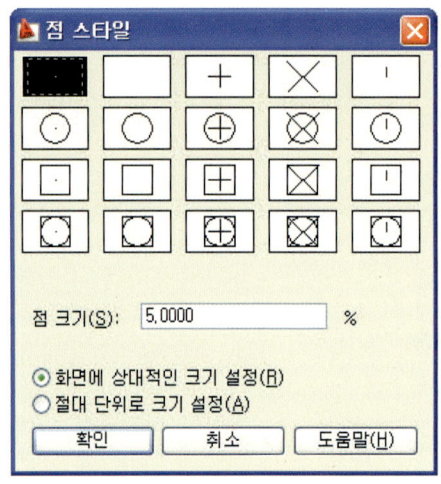

명령행(Command) 사용하기

명령: DDPtype [Enter↵]

AutoCAD 29 Divide

단축아이콘	단축아이콘 이름	명령어	설 명
(아이콘)	등분할	Divide	길이를 갖는 객체를 원하는 개수만큼으로 나누는 명령어입니다.

실제로 나누어지는 것이 아니라 눈으로 확인 가능하게만 표시되는 것으로 Pdmode=1를 1이 아닌 것으로 해야 확인하기 편리합니다.

명령행(Command) 사용하기

명령: divide [Enter↵]
등분할 객체 선택: "등분할 객체를 선택"
세그먼트의 개수 입력 또는 [블록(B)]: "등분할 간격 입력" [Enter↵]

▶ Divide를 이용하여 다음과 같은 모양을 만들어 봅시다.

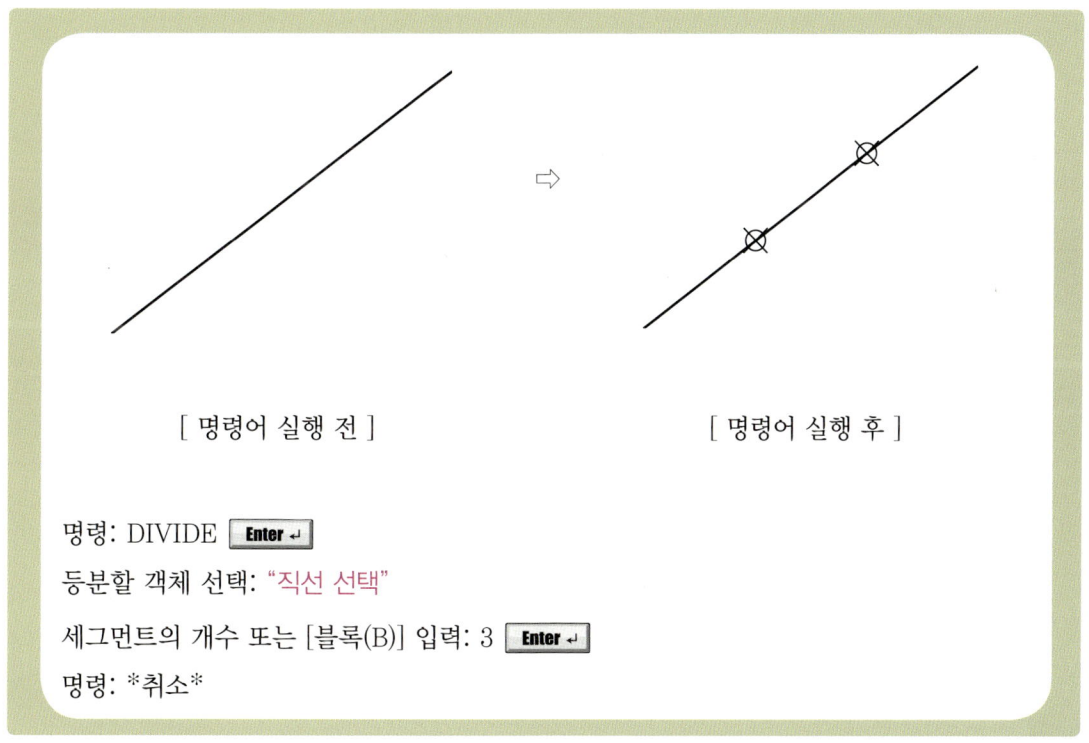

[명령어 실행 전]   [명령어 실행 후]

명령: DIVIDE [Enter↵]
등분할 객체 선택: "직선 선택"
세그먼트의 개수 또는 [블록(B)] 입력: 3 [Enter↵]
명령: *취소*

AutoCAD 30 | Measure

단축아이콘	단축아이콘 이름	명령어	설 명
⬌	길이 분할	Measure	길이 분할된 간격으로 객체에 점 객체 또는 블록을 배치합니다.

실제로 나누어지는 것이 아니라 눈으로 확인 가능하게만 표시되는 것으로 Pdmode=1를 1이 아닌 것으로 해야 확인하기 편리합니다.

▶ 명령행(Command) 사용하기

명령: measure [Enter↵]

길이분할 객체 선택: "길이 분할할 객체 선택"

세그먼트의 길이 지정 또는 [블록(B)]: "길이 분할할 길이 입력" [Enter↵]

▶ **Measure를 이용하여 다음과 같은 모양을 만들어 봅시다.**

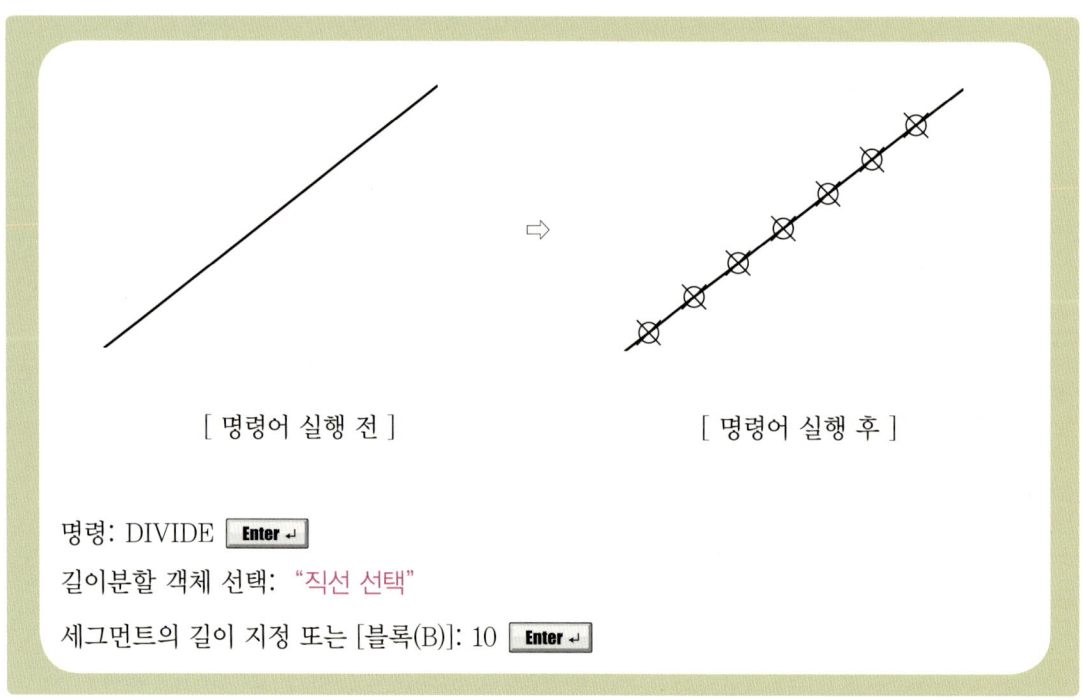

[명령어 실행 전]　　　　　[명령어 실행 후]

명령: DIVIDE [Enter↵]

길이분할 객체 선택: "직선 선택"

세그먼트의 길이 지정 또는 [블록(B)]: 10 [Enter↵]

31 단면 해칭 처리하기

단축아이콘	단축아이콘 이름	명령어	설 명
	해칭	hatch (h)	객체의 단면을 처리하는 방법으로 단면을 해칭합니다.

단면을 표시할 때 단면을 표현하는 것으로 정해진 제도규칙에 따라 해칭해야 합니다.

■ AutoCAD2013버전

화면은 아래와 같이 되어 각각을 선택 입력합니다.

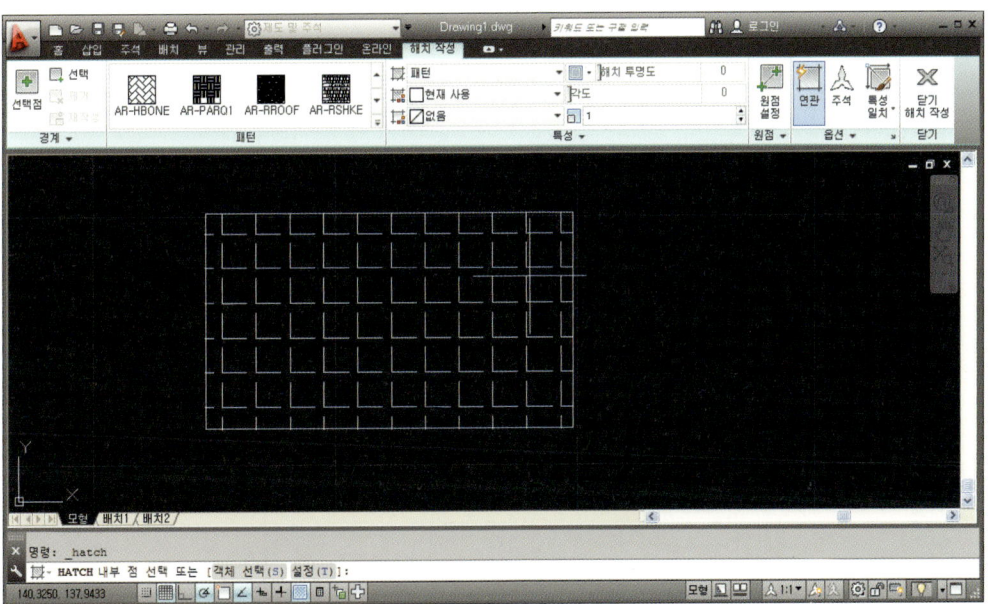

195

■ AutoCAD2012버전 화면

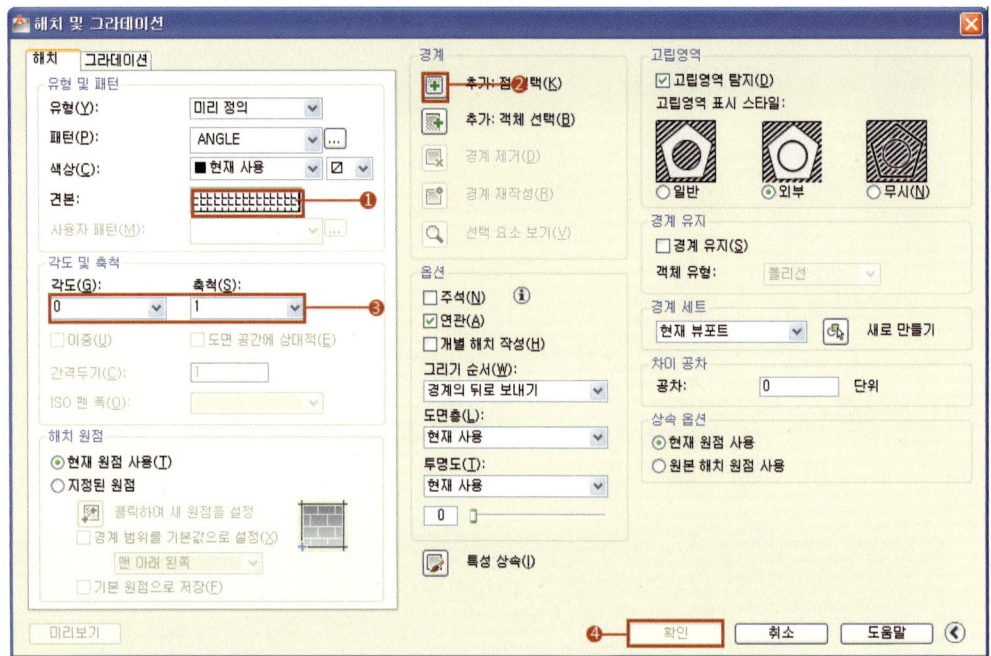

01 해치 패턴 팔레트에서 적절한 모양을 선택합니다.

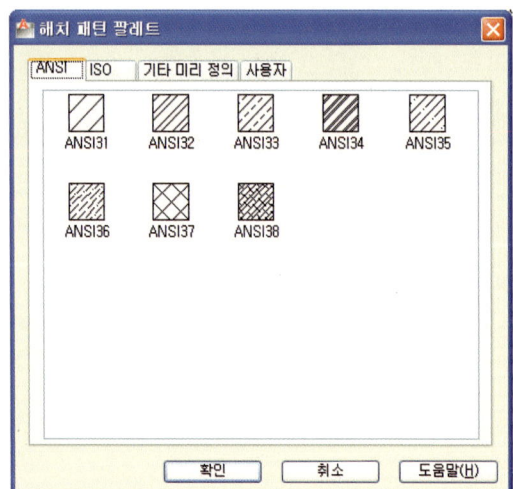

02 추가 점 선택을 클릭하여 AutoCAD 화면으로 넘어가면 해칭할 영역의 내부를 클릭합니다. 선택이 되면 외부선이 파단선으로 하이라이트됩니다. 선택을 완료하려면 Enter↵ 를 누릅니다.

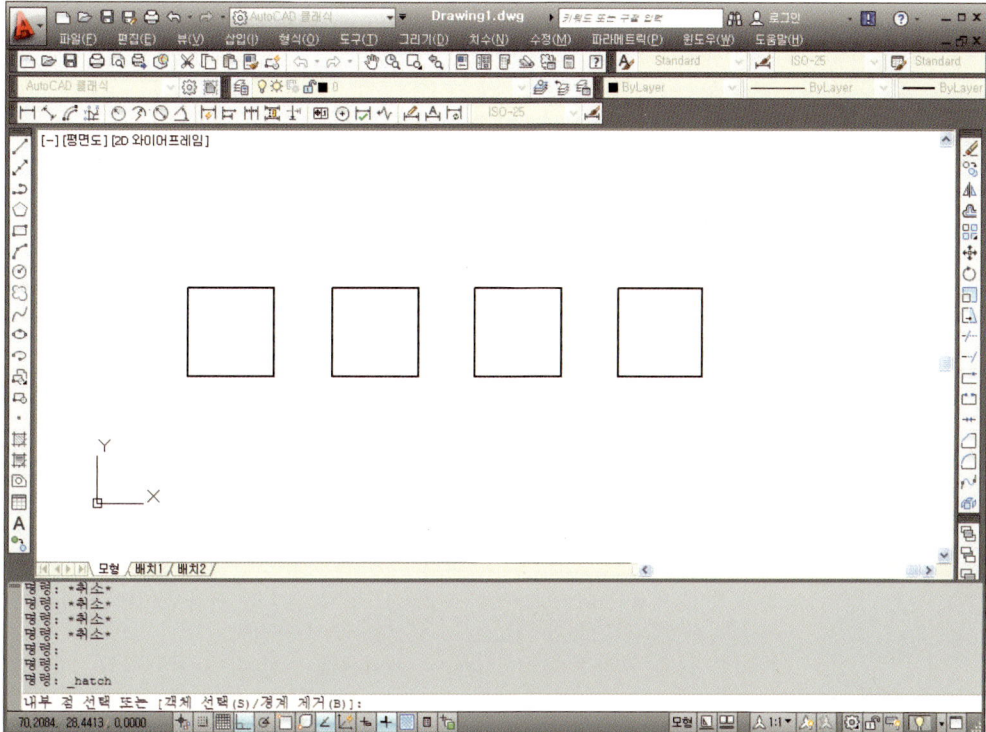

03 각도와 축척을 적절히 조정합니다.

04 완성합니다.

OPTION

유형 및 패턴 (Type and pattern)	• 유형(Type) : 해치패턴의 형태를 조정합니다. • 미리 정의(Predefined) : acad.pat파일에 저장되어 있는 해치패턴을 이용합니다. • 사용자 정의(User defined) : 선 형체의 해치패턴을 이용합니다.(많이 이용됩니다.) • 사용자(Custom) : 사용자가 만든 pat파일의 해치패턴을 직접 이용합니다. • 패턴(Pattern) : 사용할 수 있는 해치패턴들이 나타납니다. • 견본(Swatch) : 지정한 해치패턴이 어떤 형태인지를 미리 확인할 수 있습니다.
각도 및 축척	• 각도 및 축척(Angle and Scale) : 해치패턴의 각도와 크기를 조정합니다. • 각도(Angle) : 해치패턴의 각도를 지정합니다. • 축척(Scale) : 해치패턴의 축척을 조정합니다. • 이중(Double) : 선형 해치 즉 User defined를 사용하는 경우 이용되며, 반대쪽에서 해치가 다시 진행됩니다. • 도면공간에 상대적(Relative to defined) : 종이영역에서 사용되며, 종이영역에서 해치패턴을 이용할 때 축척을 조정합니다. • 간격두기(Spacing) : 선 형태의 해치, 즉 User defined를 사용하는 경우 선 간격을 지정합니다. • ISO 펜 폭(ISO pen width) : ISO 형태의 해치패턴을 사용하는 경우 이용되며, 펜의 폭을 조정합니다.
해치 원점	• 해치 원점(Hatch origin) : 해치의 원점 위치를 조정합니다. • 현재 원점 사용(Use current origin) : 현재 원점을 사용합니다. • 지정된 원점(Specified origin) : 원점을 다시 지정합니다. • 클릭하여 새 원점을 설정(Click to set new origin) : 클릭하고, 새로운 원점을 지정합니다. • 경계 범위를 기준값으로 설정(Default to boundary exend) : 경계범위를 기준으로 원점을 조정합니다. 5가지 방향이 있습니다. • 기본 원점으로 저장(Store as default origin) : 기준 원점으로 저장합니다. • 경계(Boundaries) : 해치할 경계부분에 대한 사항을 조정합니다.
경계	• 추가 : 객체 선택(Add : pick point) : 해치를 적용할 부분의 내부를 선택한 점을 기준으로 외곽 경계선을 만듭니다. • 추가 : 객체 선택(Add : Select objects) : 객체를 직접 선택하여 해치할 부분을 만듭니다. • 경계 제거(Remove boundaries) : 선택한 경계선을 취소합니다. • 경계 다시 작성(Recreate boundaries) : 경계선을 다시 만듭니다. • 선택 요소 보기(View Selections) : 해치가 될 영역을 미리 확인할 수 있게 해줍니다.
옵션	• 연관(Associative) : 연관해치를 만듭니다. 이 방법을 이용하면 해치를 한 후라도 경계선을 Grip 기능을 이용하여 조정하면 안쪽에 있는 해치가 자동으로 바뀌게 됩니다. 즉 경계선과 해치가 연관성을 가지게 됩니다. • 개별 해치 작성(Create separate hatch) : 한꺼번에 여러 개의 해치작업을 하는 경우, 범위가 다른 경우 각각의 해치로 분리됩니다. 꺼진 경우는 떨어져 있는 해치도 하나의 작업객체로 취급됩니다. • 그리기 순서(Draw order) : 해치가 그려지는 순서를 조정합니다.

 제도이론

1. 단면도란?

　물체의 보이지 않는 부분을 도시할 때는 주로 숨은선으로 표시하지만, 내부를 좀더 정확히 표현하기 위해서, 일부를 절단한 후 외형선으로 표시하는 것으로, 단면은 해칭하거나 스머징 합니다.

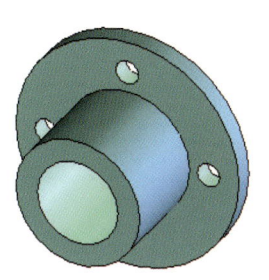 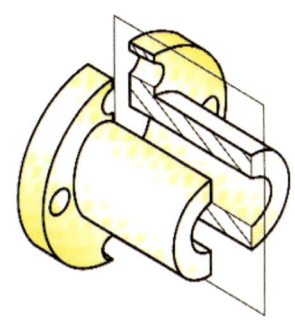 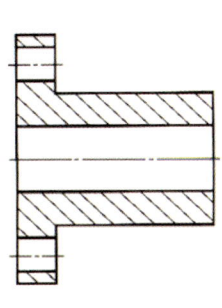

(a) 앞부분을 떼어 낸 모양　　　　**(b)** 단면도

구분	해칭(hatching)	스머징(smudging)
방법	주 외형선에서 45도 기울어진 2~3mm의 같은 간격의 가는 실선으로 표현	외형선 안쪽의 일부 또는 전부를 색칠하여 표현
사용 실례	단면 해칭함	단면 스머징함

재질에 따라 다양하게 단면의 해칭모양을 변경할 수 있습니다.

유리	목재	콘크리트	액체

▶ **다음과 같이 hatch해봅시다.**

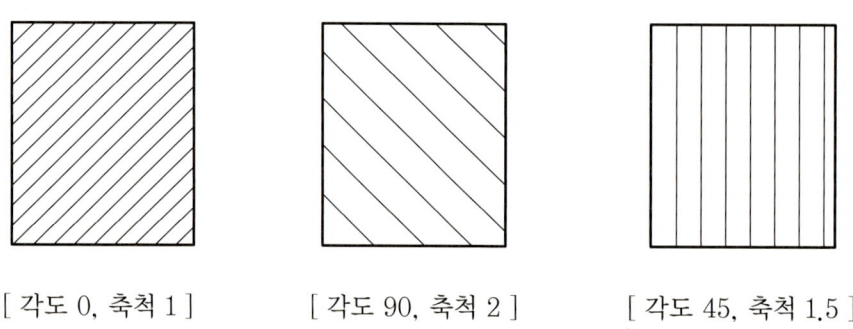

[각도 0, 축척 1]   [각도 90, 축척 2]   [각도 45, 축척 1.5]

마지막의 해칭은 주 외형선에서 어긋나게 되지 않아서 실제로 마지막의 해칭은 사용하지 않습니다.

AutoCAD 32 단면 그라데이션 처리하기

단축아이콘	단축아이콘 이름	명령어	설 명
▨	해칭	Gradient (gra)	객체의 단면을 처리하는 방법으로 닫힌 영역 또는 선택한 객체를 그라데이션 채우기로 채웁니다.

단면에 색상을 입힐 때는 다음 메뉴에서 hatch와 마찬가지로 그라데이션합니다.

■ AutoCAD 13버전 화면

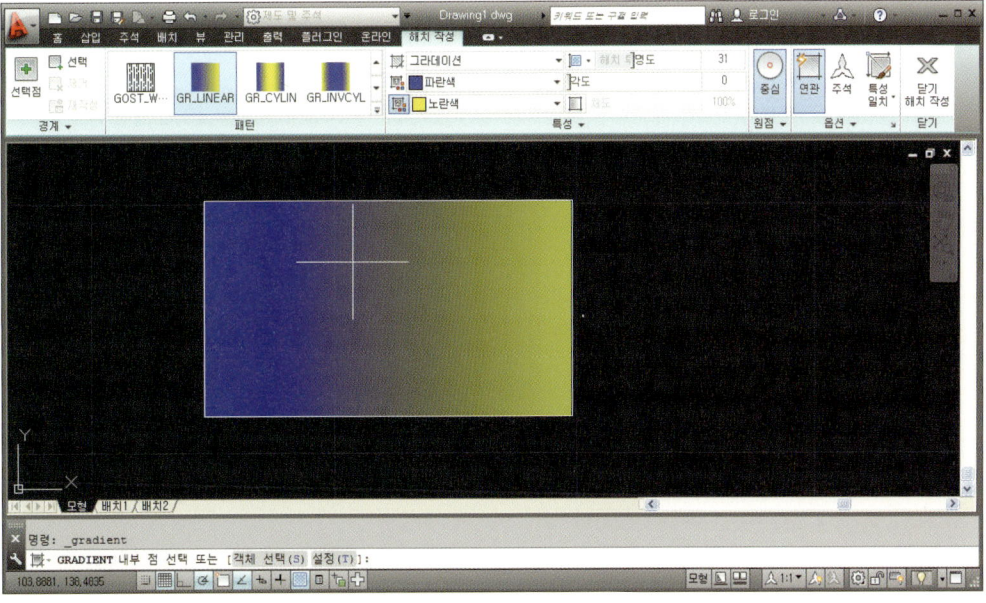

■ AutoCAD2012 미만 화면

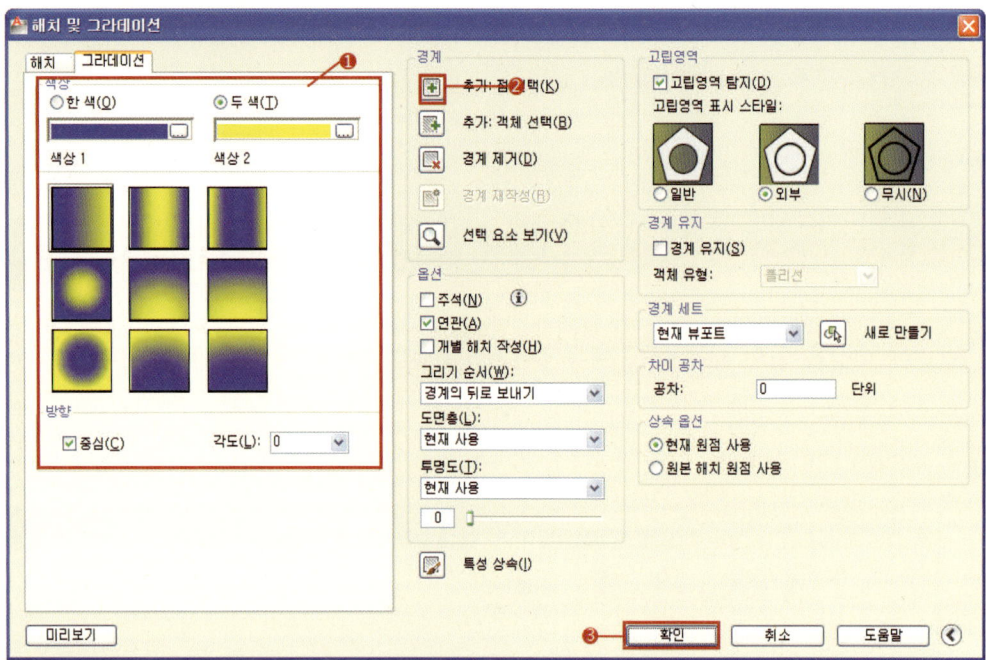

실습순서

01 그라데이션 색상 및 방향을 선택합니다.
02 추가 점 선택을 클릭하여 그라데이션하고자 하는 객체의 내부점을 선택합니다.
03 확인 버튼을 클릭하여 종료합니다.

OPTION

색상(Color)	색상을 조정합니다.
한 색(One color)	1가지 색상을 사용하여 채웁니다.
두 색(Two color)	2가지 색상을 사용하여 채웁니다.
음영-색조 (Shade-Tint)	음영-색조를 조정합니다.
방향(Orientation)	채우기의 기준점에 대한 사항을 조정합니다.
중심(Centered)	중심을 기준으로 합니다.
각도(Angle)	각도를 조정합니다.

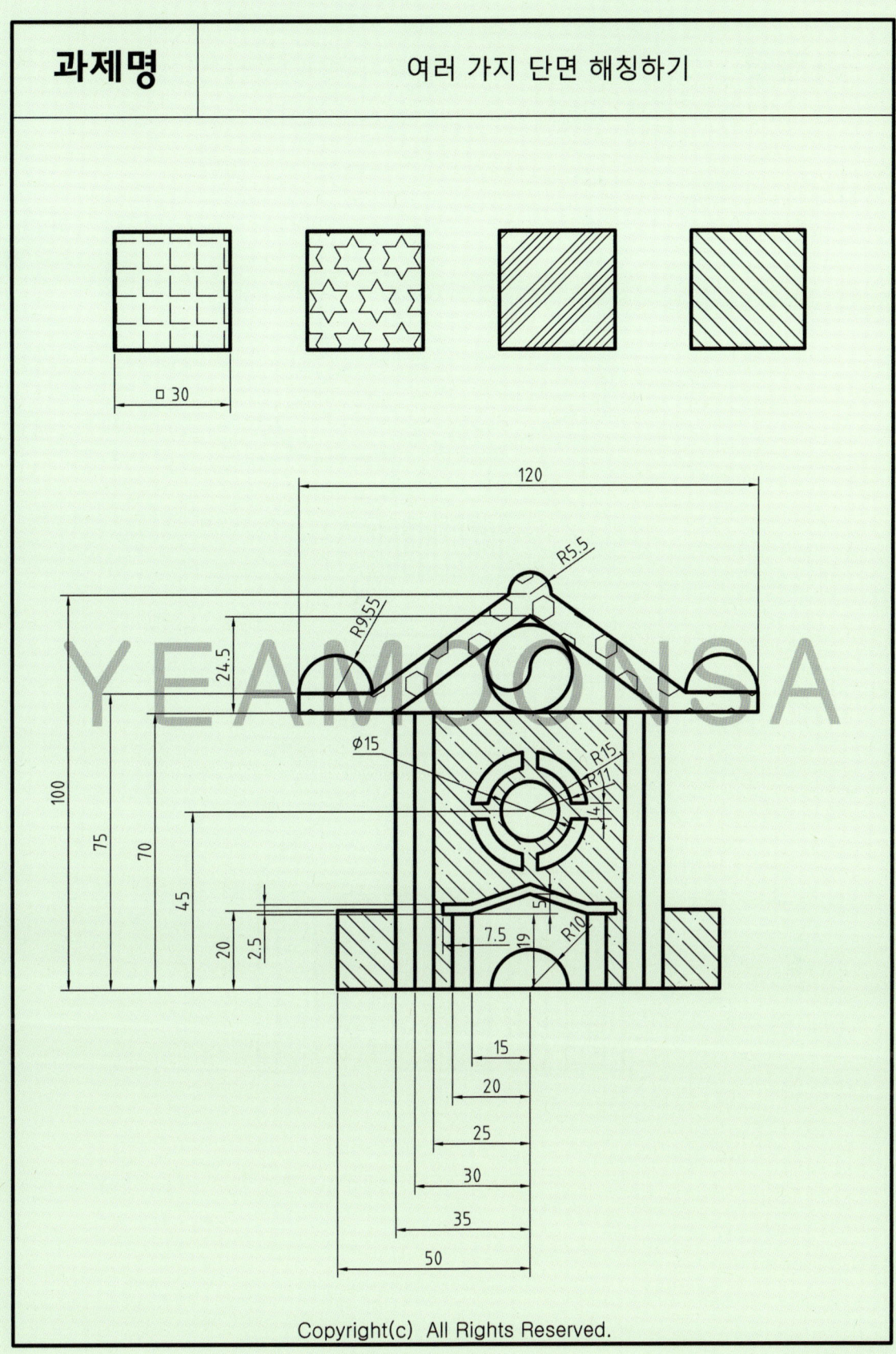

| 과제명 | 분무기 그리기 |

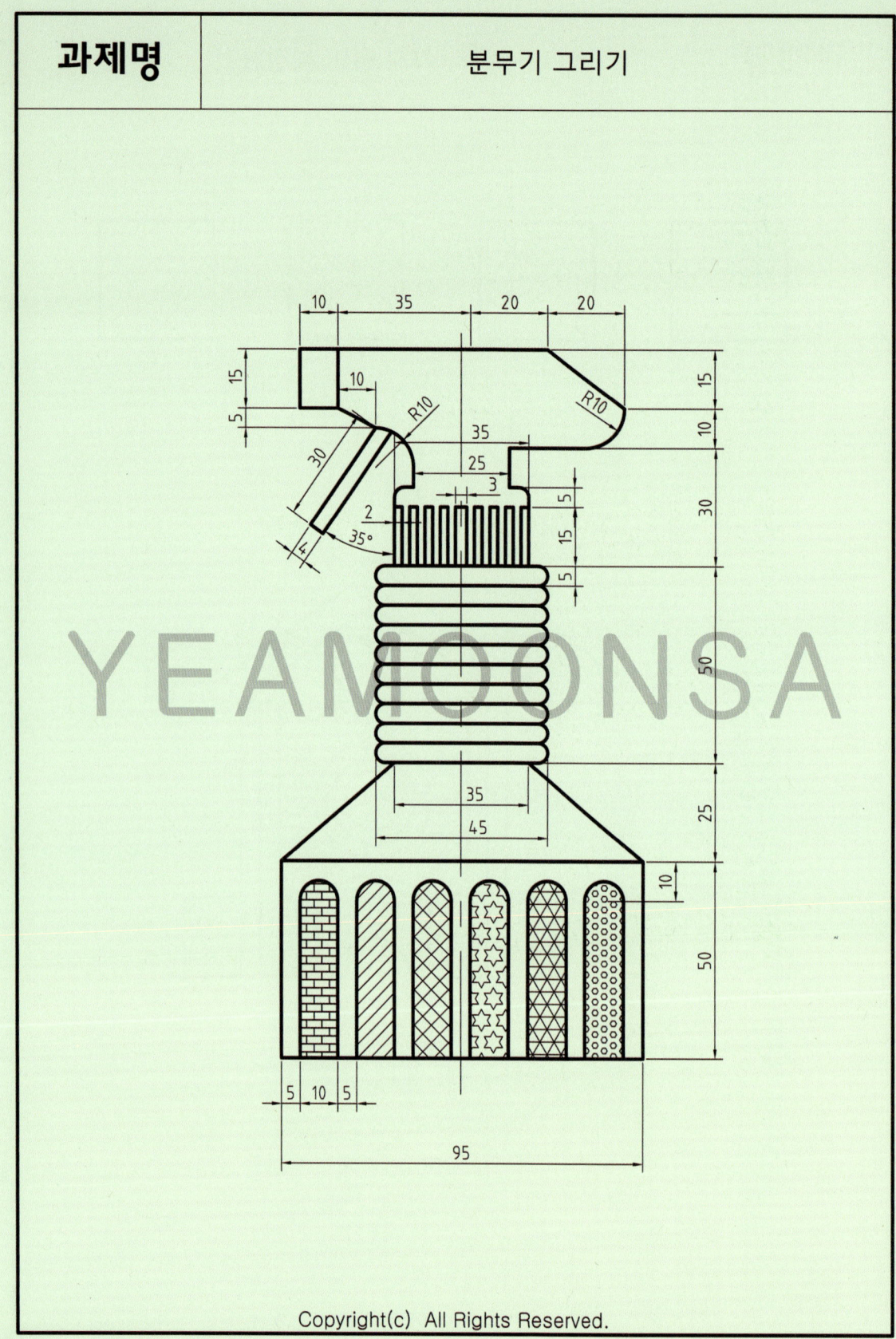

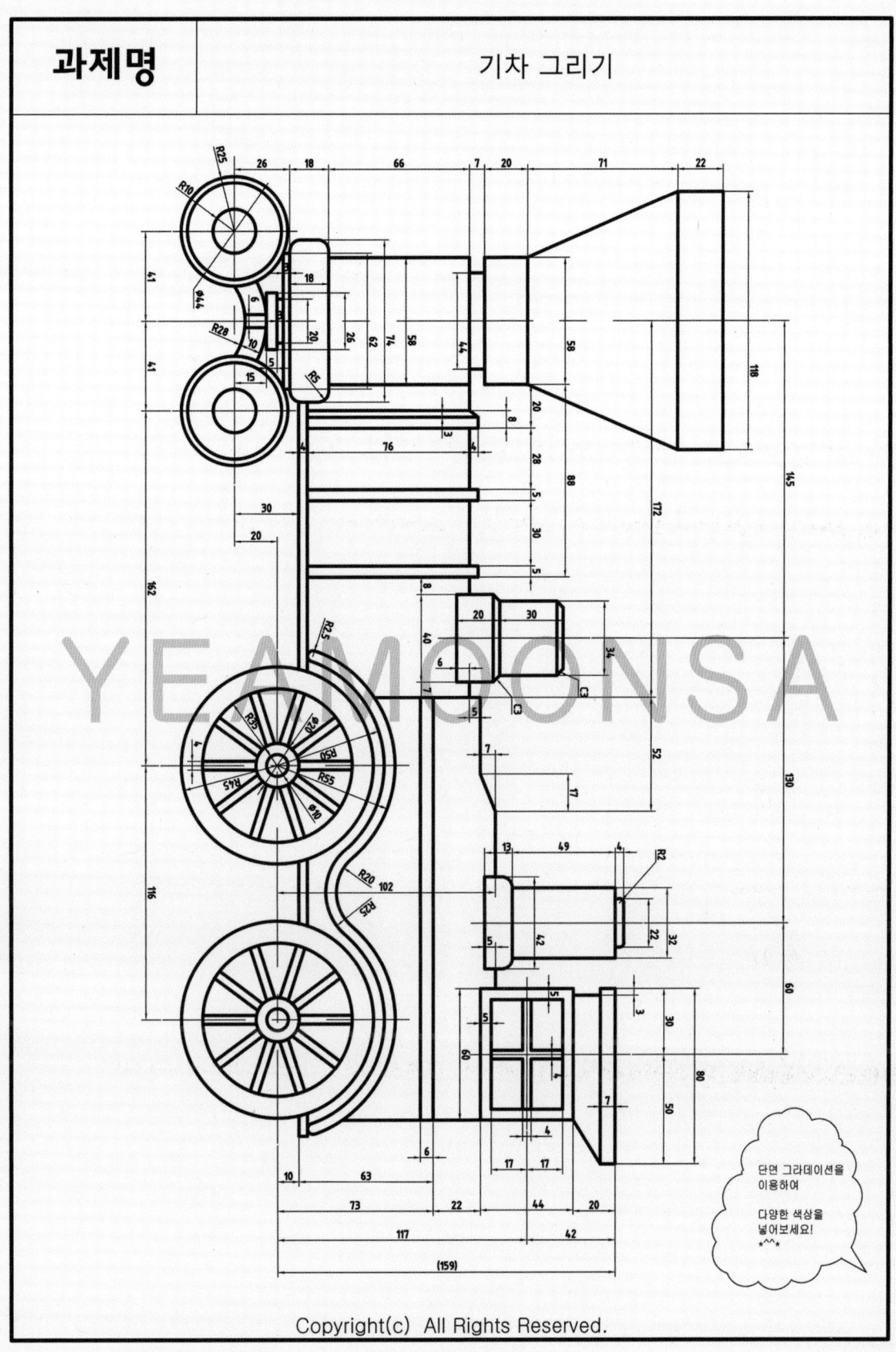

AutoCAD

CHAPTER 04

문자쓰기와 레이어 설정하기

01. MText
02. DText
03. layer
04. Ltscale(Lintype Scale)

04

문자쓰기와 레이어 설정하기

CHAPTER 04

01 MText

단축아이콘	단축아이콘 이름	명령어	설 명
A	여러 줄 문자	MText	문자를 여러 줄 쓸 수 있는 명령어입니다.

문자를 쓰려면 문자 스타일에서 미리 세팅을 해야 문자가 깨지지 않습니다. 일단 문자스타일에서 글꼴을 isocp.shx와 큰 글꼴을 체크하고 whgtxt.shx를 체크해줍니다. Annotative와 Standard 모두 설정해야 한글과 영문을 동시에 쓸 경우에도 제도규격에 맞게 글자가 써집니다.

단, 문자 크기의 높이는 지정하지 않도록 합니다.

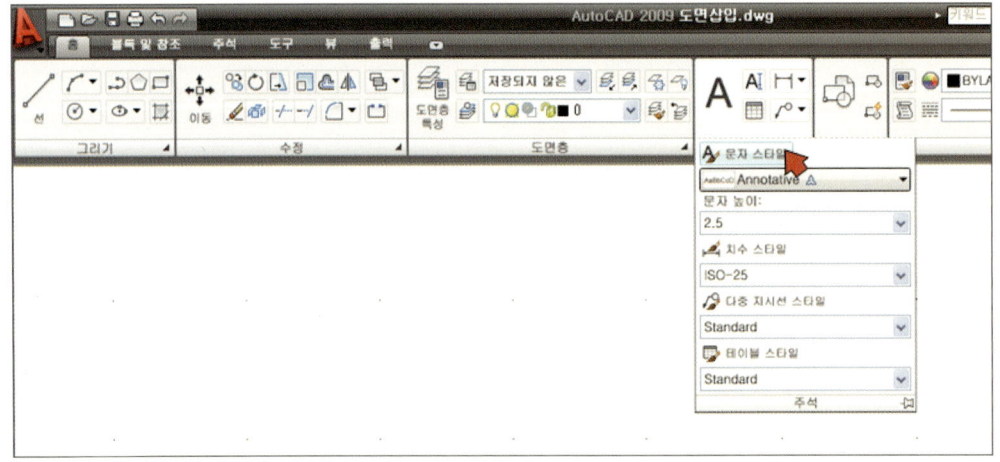

▶ 문자스타일 지정

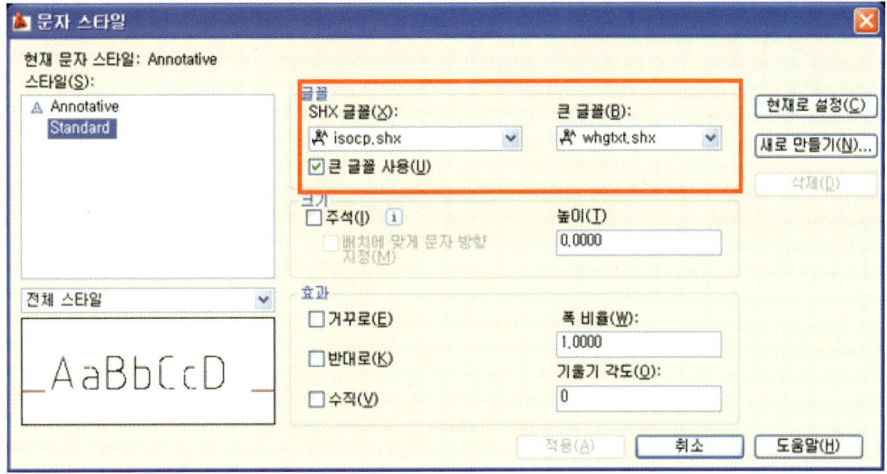

도면 내에서 쓰여질 문자의 스타일을 구별하고, 만드는 작업은 아주 중요합니다. 한 번 스타일이 정의되고 만들어지면 같은 스타일끼리 편집이 가능합니다. 도면 작업할 때는 스타일을 빨리 파악하고 만들어 주는 작업이 중요합니다.

글자의 스타일을 지정하고 만들어 봅시다.

▶ 표제란 문자를 높이 4로 만들어 봅시다.

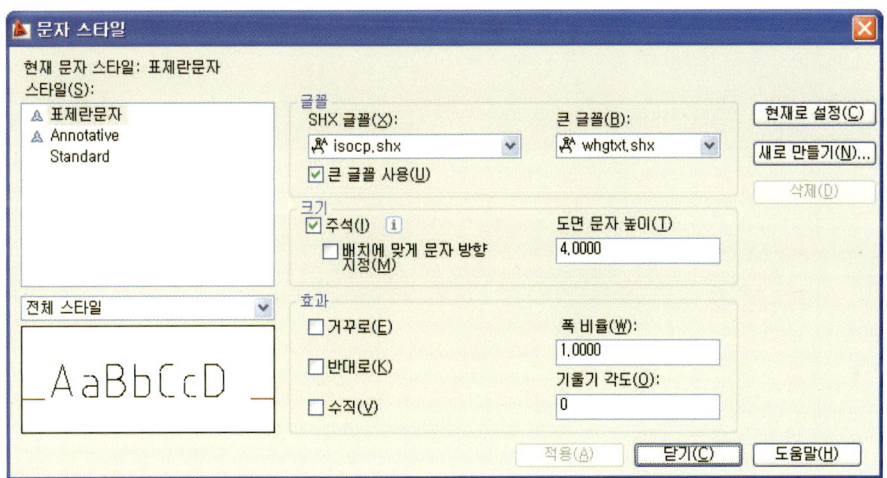

이제 글자를 써봅시다.

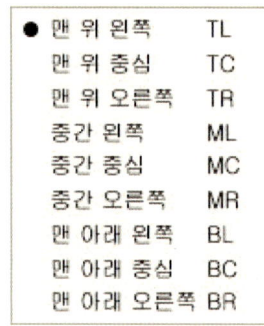 를 클릭하여 살펴보면 글자 스타일이 표제란문자, Annotative, Standard 3개가 있는 것을 알 수 있습니다.

아래와 같이 자리맞추기를 클릭하면 선택된 영역에 다음과 같이 써집니다.

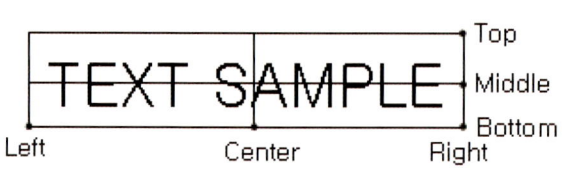

각 버전 별로 약간의 차이는 있지만 비슷합니다.

■ AutoCAD2012 버전

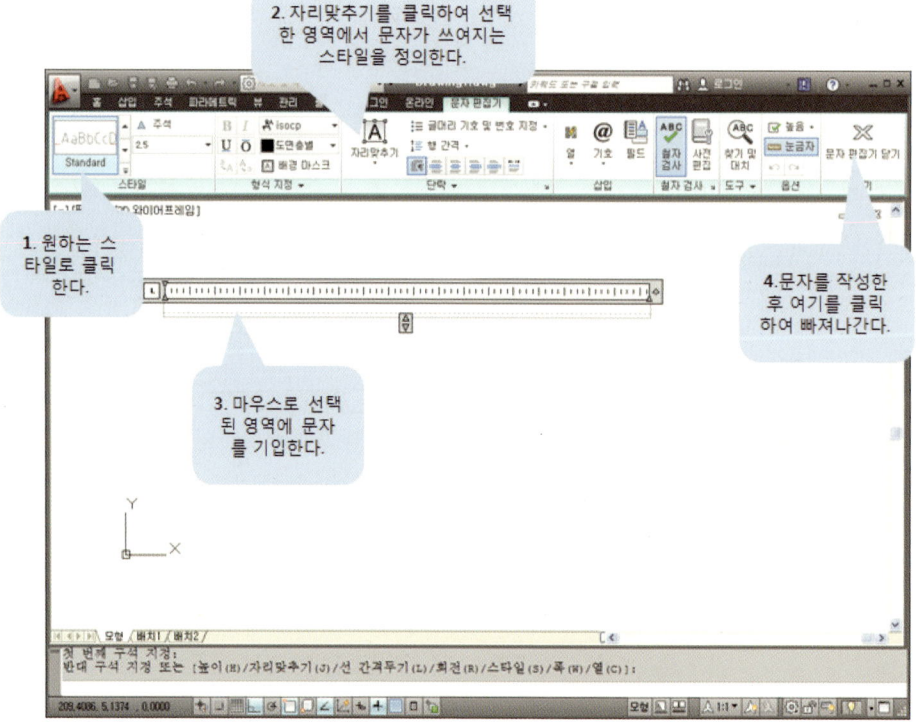

■ AutoCAD2009 버전

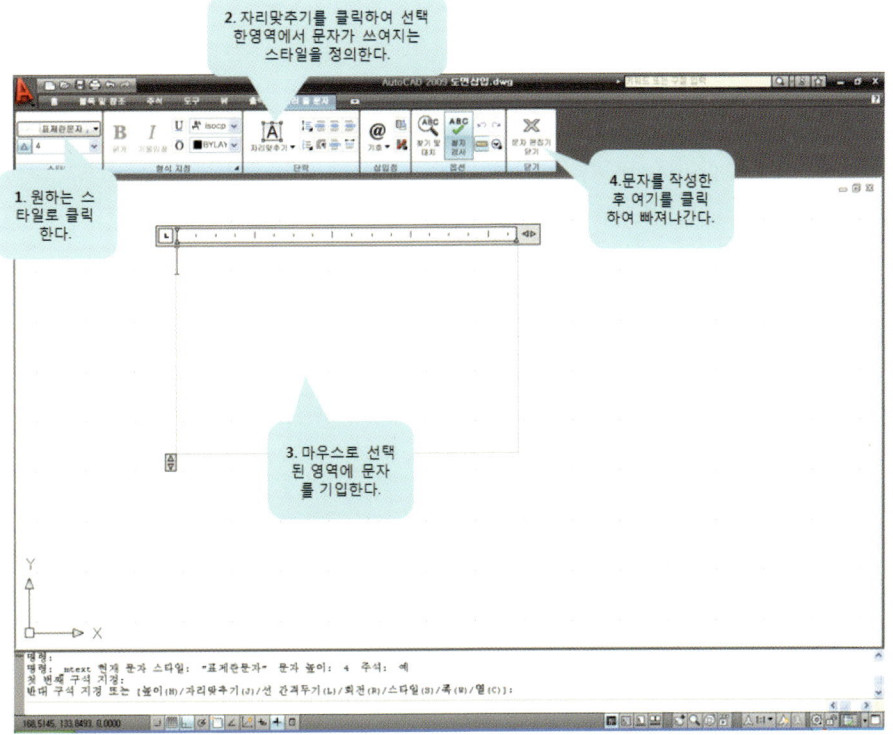

■ AutoCAD2006 버전

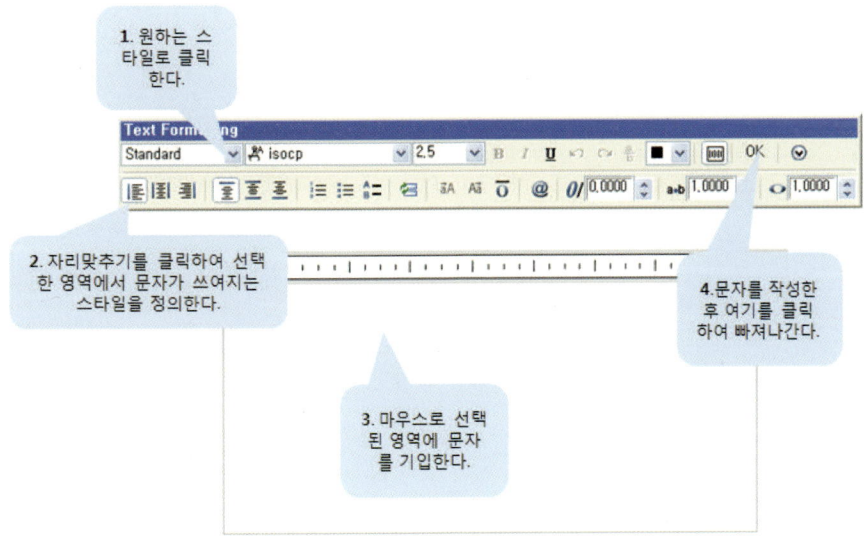

주로 쓰는 특수문자는 다음과 같습니다.

%%c : Ø (직경을 표시한다.)
%%d : ° (각도를 표시한다.)
%%p : ± (Plus/Minus를 표시한다.)
%%o : 윗줄 긋기
%%u : 아래줄 긋기
%%% : %표시 (또는 shift+5를 하면 됩니다.)

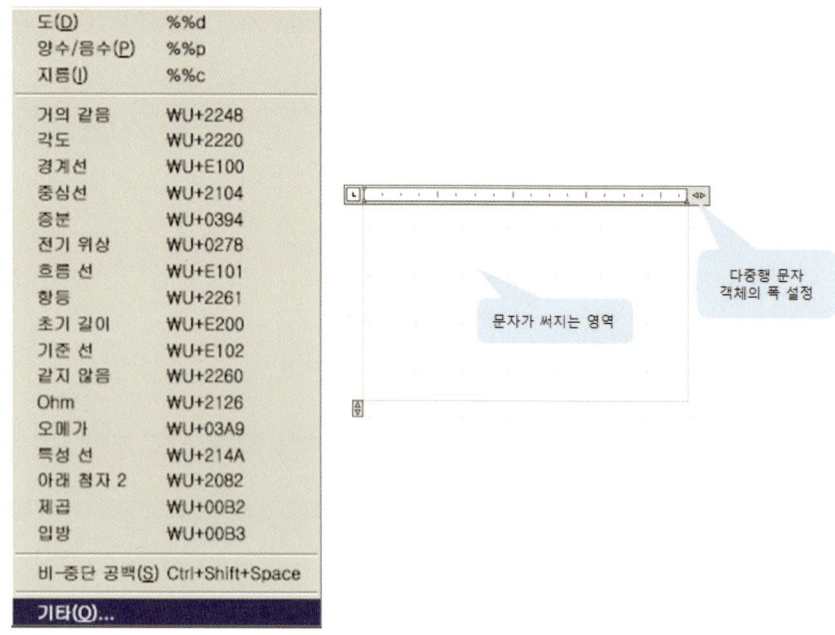

▶ 다음과 같이 숫자, 특수문자, 한글, 대문자, 소문자를 써봅시다.

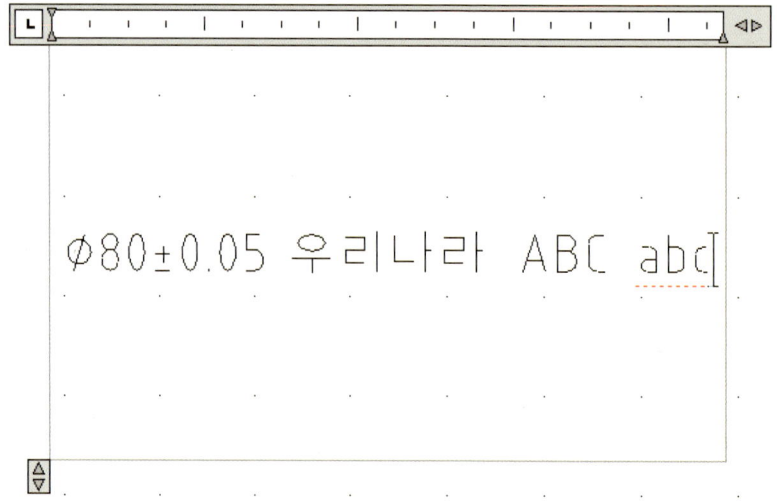

AutoCAD 02 DText

단축아이콘	단축아이콘 이름	명령어	설 명
AI	단일행 문자	dtext	단일행 문자를 쓰는 명령어입니다.

문자가 한 줄씩 써지며 style에서 미리 문자를 지정하면 마지막 지정된 스타일로 문자가 써집니다.

▶ 다음과 같이 Mtext와 Dtext로 문자를 써봅시다.

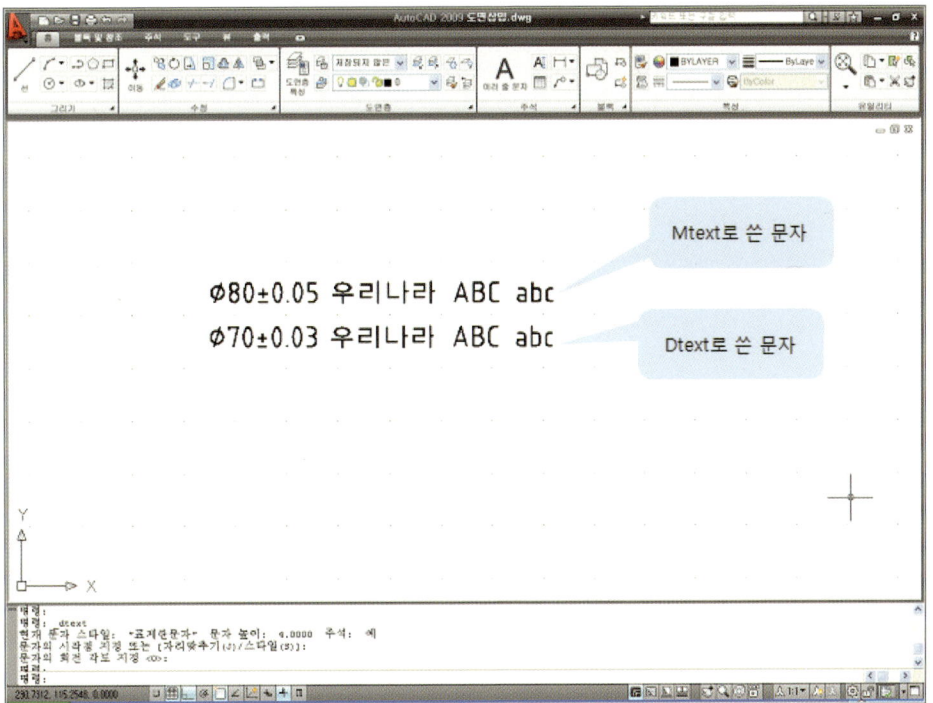

명령행(Command) 사용하기

명령: dtext [Enter ↵]
현재 문자 스타일: "표제란문자" 문자 높이: 4.0000 주석: 예
문자의 시작점 지정 또는 [자리맞추기(J)/스타일(S)]: [Enter ↵]
문자의 회전각도 지정 〈0〉: [Enter ↵]
명령:

하나씩 더블클릭하면 똑같은 스타일로 쓰여진 것 같지만, 각각 mtext와 dtext 편집모드로 들어갑니다.

Mtext	Dtext
다중행 문자로 여러 줄의 문자가 쓰여져도 하나의 객체로 인식됨	단일행 문자로 여러 줄의 문자가 쓰여지면 각각 한 줄씩 따로 인식됨

과제명	문자 연습하기 1

다음과 같이 여러 종류의 문자스타일을 지정하고
문자를 기입하여 봅시다.

폰트	크기	폭	각도	
굴림	10	1	0	1234 우리나라 ABC abc ∅ ±
궁서	15	1	0	1234 우리나라 ABCabc∅±
@굴림	10	1	0	1234 우리나라 ABC abc ∅ ±
돋움	15	0.5	0	1234 ???? ABC abc ∅ ±
돋움	5	1	0	1234 ???? ABC abc ∅ ±
isocp	10	1	0	1234 우리나라 ABC abc ∅ ±

Copyright(c) All Rights Reserved.

| 과제명 | 문자 연습하기 2 |

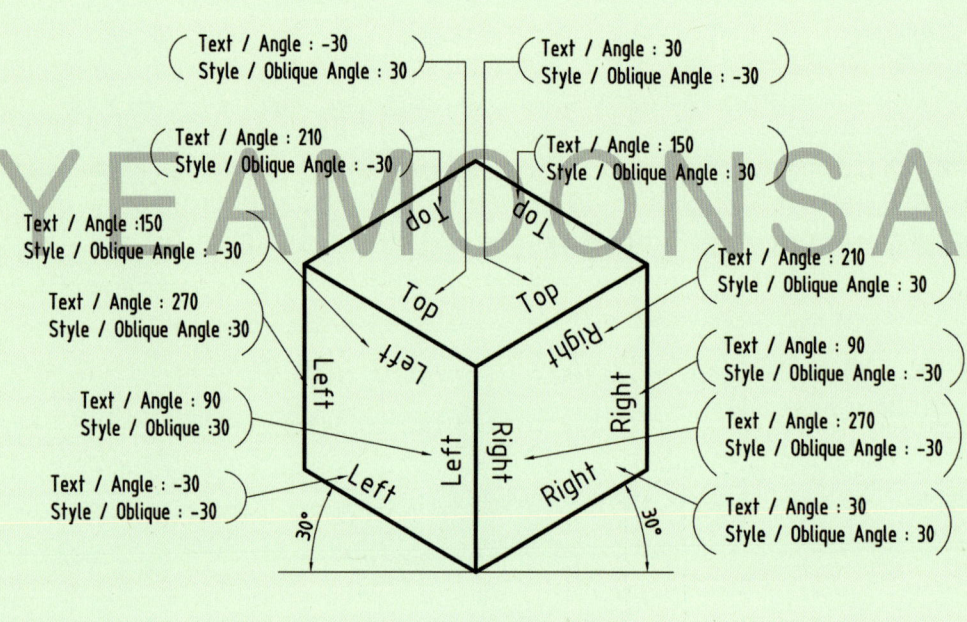

과제명	다듬질 기호 만들기

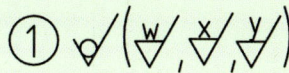

표시되어있지 않은 부분은 절삭가공하지 않고 다듬질w,x,y로 지정된 부분은 다듬질 정도 w,x,y로 가공한다는 의미 입니다.

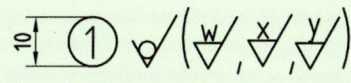

 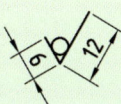

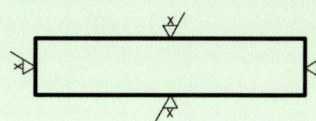 다듬질 기호는 외형선 안쪽에는 사용하지 않고 바깥쪽에 넣으며 커터가 진입하는 방향으로 다듬질기호 꼭지점이 위치하면 됩니다.

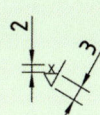

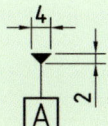 데이텀의 표시는 형체의 자세, 위치, 흔들림 등의 편차값을 정하기 위하여 설정된 이론적으로 정확한 기하학적 기준을 말합니다.

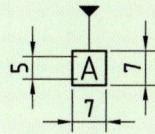

Copyright(c) All Rights Reserved.

과제명	주서 작성하기

주서
1. 일반공차 : (가) 가공부 : KS B ISO 2768-m
　　　　　　(나) 주조부: KS B 0250 CT-11
　　　　　　(다) 주강부 : KS B 0418 보통급
2. 도시되고 지시없는 모따기는 1×45°
　　　　　　　　　　필렛 및 라운드는 R3
3. 일반 모떼기는 0.2×45°
4. ─── 부 열처리 HRC 50±2(품번 1, 2, 3)
5. 기어 치부 열처리 HRC 50±2(품번 4)
6. 1) 부위 조립 후 동시가공(품번 5)
7. ✓부 외면 명회색 도장 후 가공(품번 1)
8. 알루마이트 처리
9. 파커라이징 처리
10. 표면 거칠기
　　　∇ = ∇　,　Ry200　,　Rz200　,　N12
　　　ʷ∇ = ʷ∇　,　Ry50　,　Rz50　,　N10
　　　ˣ∇ = ˣ∇　,　Ry12.5　,　Rz12.5　,　N8
　　　ʸ∇ = ʸ∇　,　Ry3.2　,　Rz3.2　,　N6
　　　ᶻ∇ = ᶻ∇　,　Ry0.8　,　Rz0.8　,　N4

Copyright(c)　All Rights Reserved.

AutoCAD 03 layer

단축아이콘	단축아이콘 이름	명령어	설 명
(도면층특성)	도면층	Layer (la)	도면층을 생성합니다.

도면을 여러 층을 나누어 작업하는 것으로 필요에 따라 보이지 않게 하거나, 보이지만 편집이 되지 않거나 출력이 되지 않게 하는 데 사용되며, layer를 적절히 활용하면 도면작업이 쉬워집니다.

▶ layer 기본개념

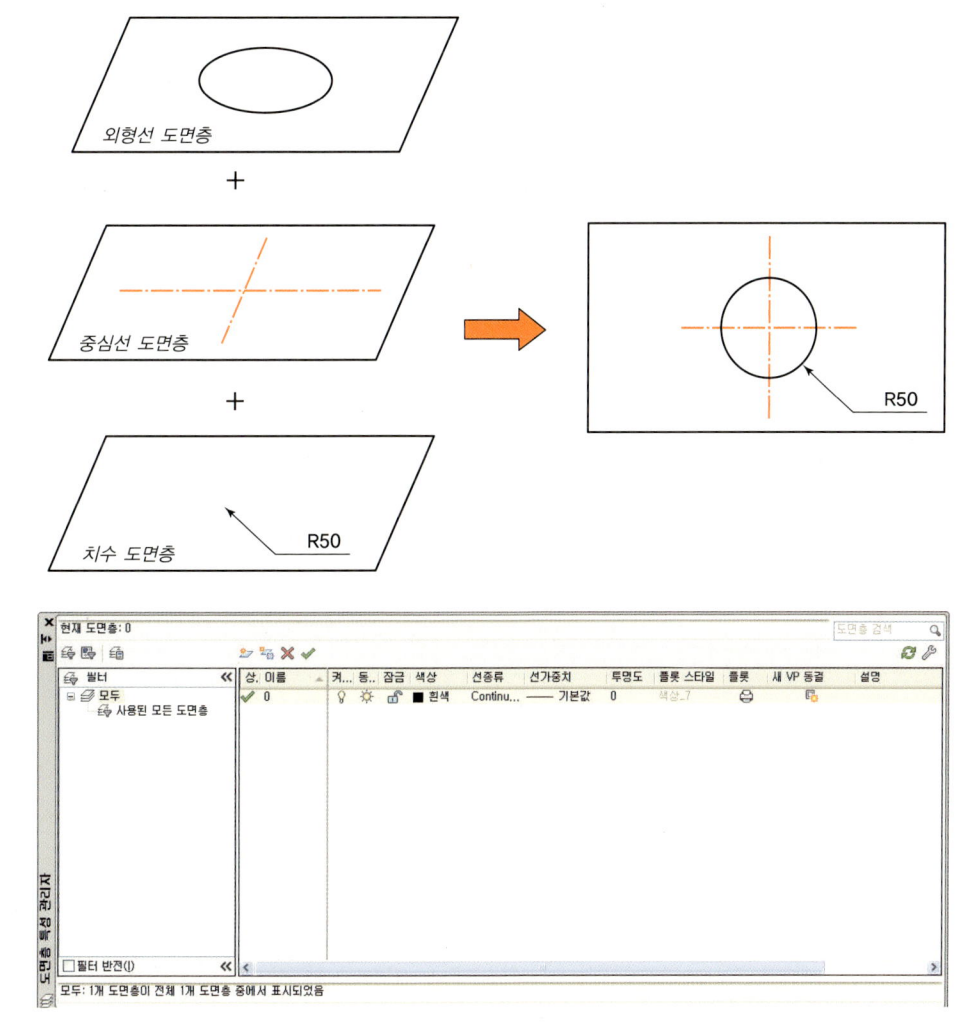

[국가기술자격시험에서 나오는 선 굵기 구분을 위한 색상]

선굵기	색 상	용 도
0.7mm	하늘색(Cyan)	윤곽선
0.5mm	초록색(Green)	외형선, 개별주서 등
0.35mm	노란색(Yellow)	숨은선, 치수문자, 일반주서 등
0.25mm	흰색(White), 빨강(Red)	해칭, 치수선, 치수보조선, 중심선 등

■ AutoCAD2006 화면 layer 기본 설정 예

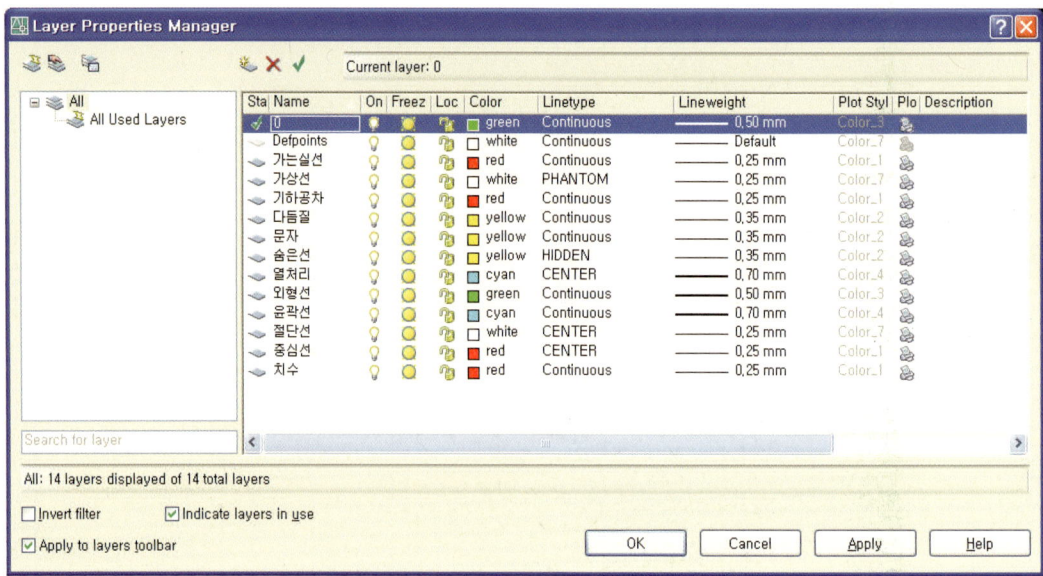

■ AutoCAD2012 화면 layer 기본 설정 예

1번부터 7번까지의 색을 사용하고 있습니다. 256가지의 색을 사용할 수 있지만 8번이 넘어가면 색과 색 사이의 구분이 명확하지 않습니다. 혹시 사용하게 되면 색상 번호를 꼭 기억해야 합니다. 그래야 나중에 출력할 때 그 선 색상을 따로 설정할 수 있습니다.

색 상	COLOR 명칭	COLOR 번호	용 도	선의 종류
🟥	빨간색(Red)	1번	중심선 등	가는선
🟨	노란색(Yellow)	2번	숨은선 등	중간 굵기 선
🟩	초록색(Green)	3번	외형선	굵은 선
🟦	하늘색(Cyan)	4번	윤곽선	
🟦	파란색(Blue)	5번	사용자 지정	
🟪	선홍색(Magenta)	6번	사용자 지정	
⬜	흰색(White)	7번	사용자 지정	

선 두께는 지금 지정하지 않아도 되나 미리 설정하면 나중에 설정해야 하는 번거로움을 피할 수 있고, 선 가중치를 눌러 제대로 도면을 작성했는지, 도면점검을 할 때 편리합니다. 선 두께는 제도에서 선 두께 비율을 1 : 2 : 4로 지정하고 있으며 선의 종류와 쓰임을 규칙에 맞게 작성해야 합니다.

선 두께는 제도 기본에서 정한 것처럼 0.25mm : 0.5mm : 1mm로 사용하나 프린터 사정에 따라 눈에 보기 좋게 적절히 조정해서 사용합니다.

▶ 레이어 설정하기

01 명령행에서 다음과 같이 명령어를 입력하여 실행하거나 아이콘 을 클릭합니다.

221

02 아래 그림과 같이 새도면층 (클릭)을 새로 만듭니다.

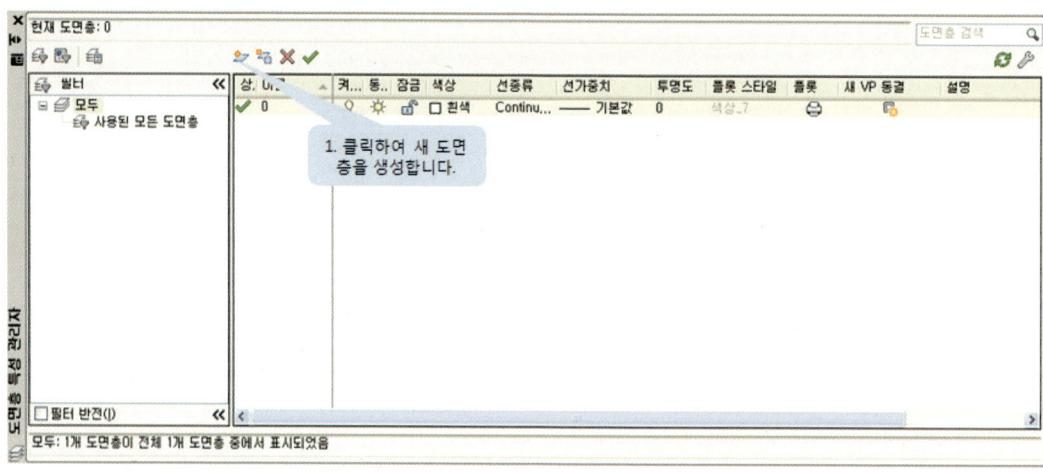

[기본적으로 변경 가능한 부분]

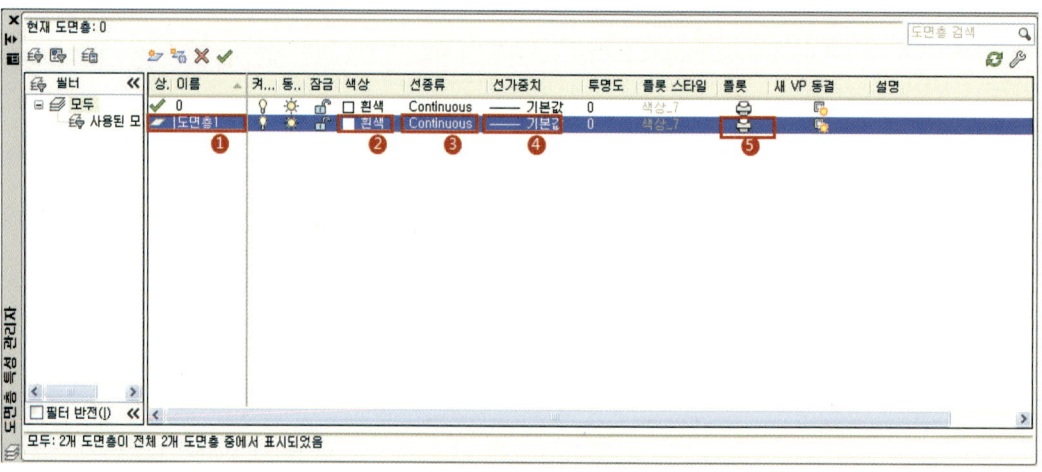

❶ 부분을 클릭하면 레이어 이름을 변경할 수 있습니다.
❷ 부분을 클릭하면 레이어 색상을 변경할 수 있습니다.
❸ 부분을 클릭하면 레이어 선의 종류를 변경할 수 있습니다.
❹ 부분을 클릭하면 레이어 선의 두께를 변경할 수 있습니다.
❺ 부분을 클릭하면 레이어 출력 유무를 선택할 수 있습니다.

03 레이어 이름을 외형선으로 바꾸어봅니다.

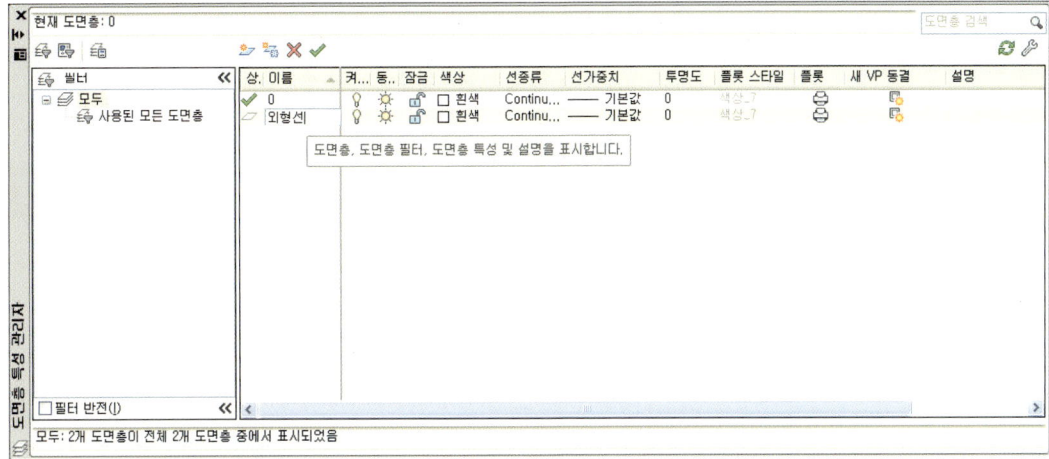

04 색상을 초록색으로 바꾸어 봅니다.(색상은 가능한 1번에서 9번만 사용합니다.)
붉은색 부분을 클릭합니다.

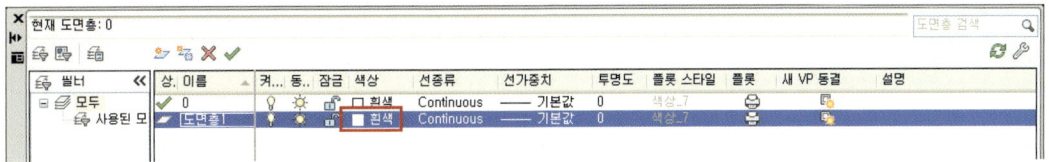

색상 선택 화면이 나오면 초록색을 클릭하고 확인 버튼을 누릅니다.

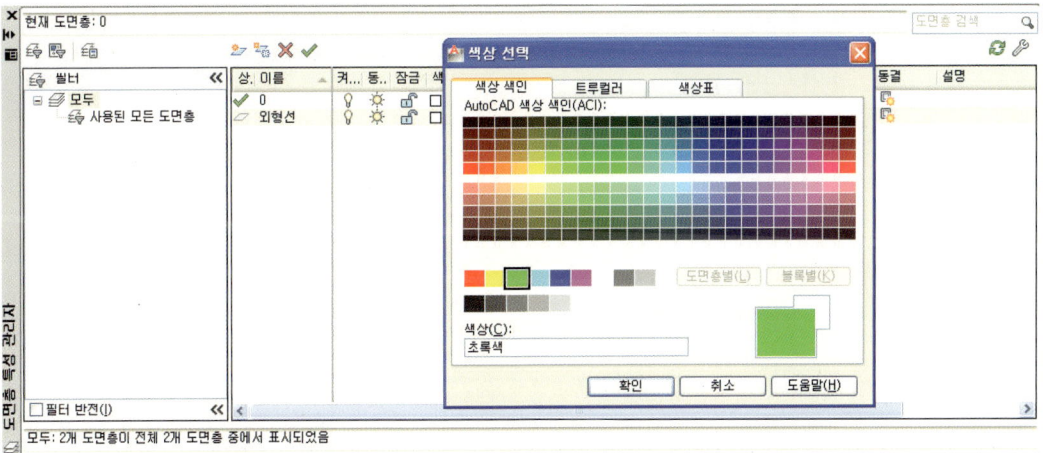

05 선 종류를 바꾸어 봅니다.
붉은색 부분을 클릭합니다.

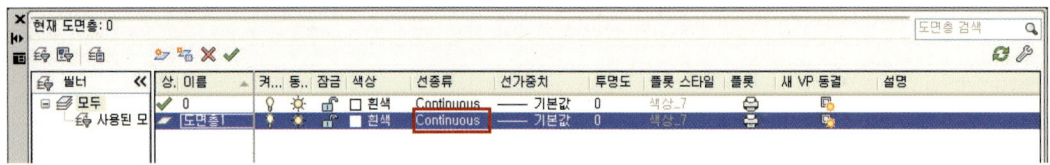

선 종류 선택 화면이 나오면 로드버튼을 클릭합니다.

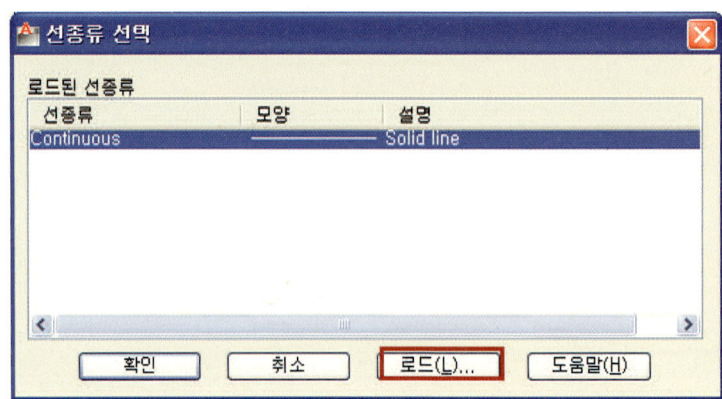

06 로드 버튼을 클릭하여 적절한 선의 종류를 선택하고 확인합니다.

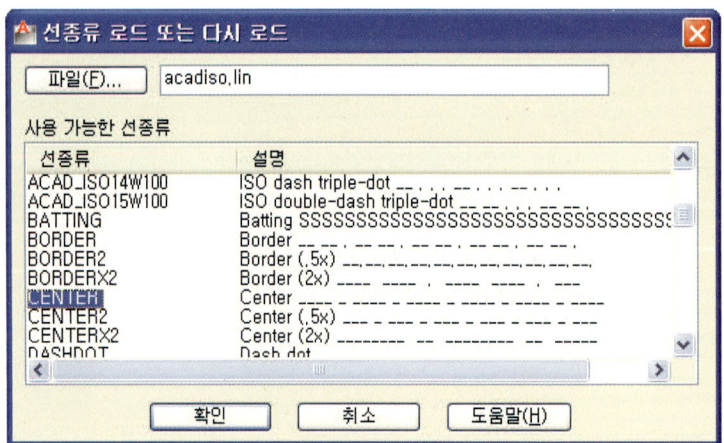

외형선은 Countinuous, 중심선은 CENTER, 숨은선은 HIDDEN, 이점쇄선은 PHAMTOM을 선택합니다.

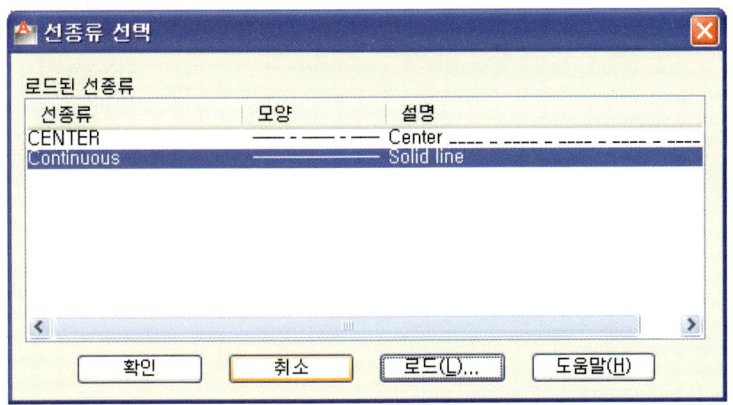

07 선가중치를 변경해봅니다.

붉은색 부분을 클릭합니다.

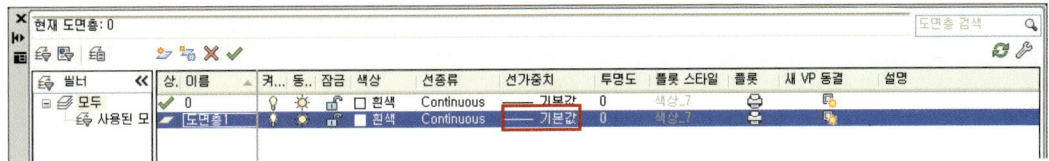

선가중치 화면이 나오면 적절한 두께를 설정합니다.

외형선은 0.5mm를 선택하고 숨은선은 0.35mm, 치수와 가는실선은 0.25mm로 설정합니다.

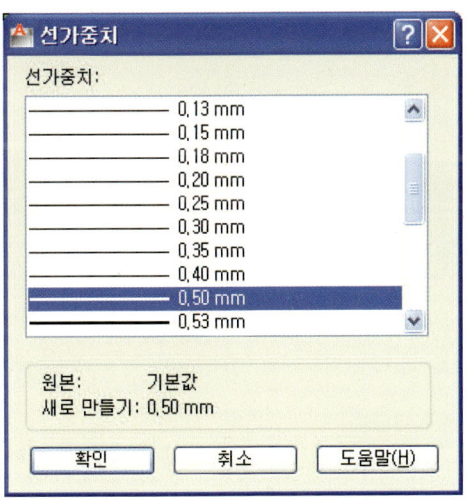

225

08 외형선의 레이어 설정을 완성하였습니다.

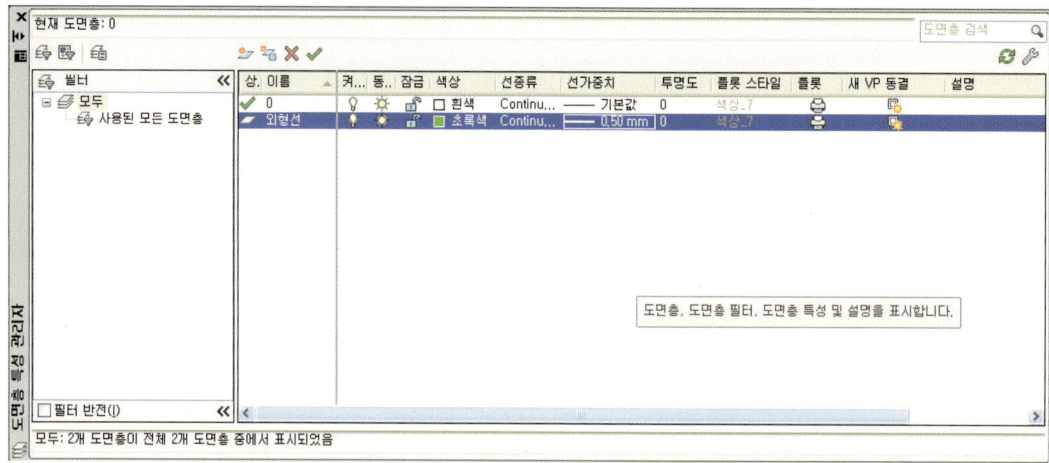

09 이런 방법으로 다른 레이어도 모두 세팅합니다.

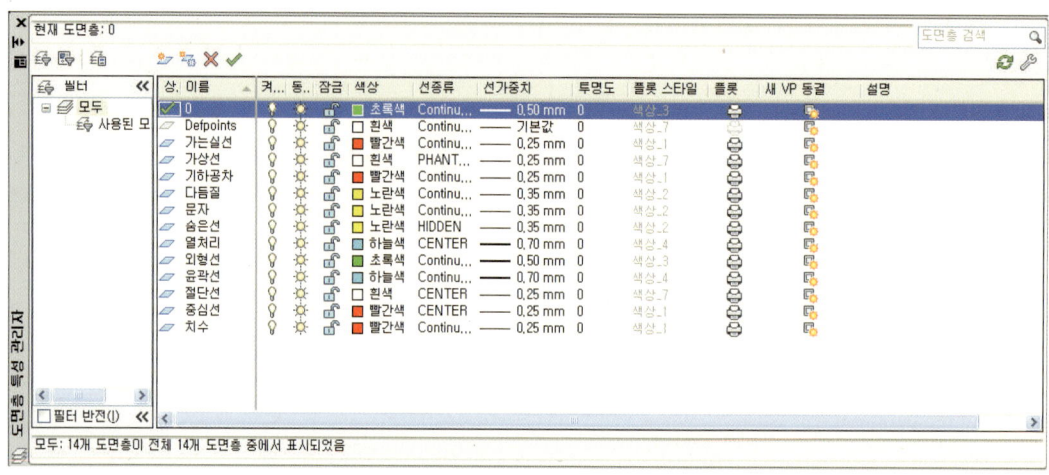

10 아래와 같이 레이어를 변경하여 사용합니다.

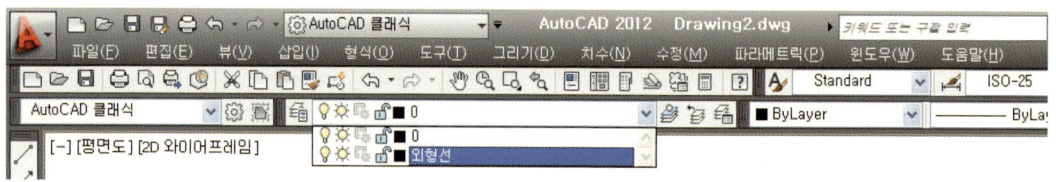

레이어 툴바의 를 클릭하여 변경하고자 하는 레이어로 변경한 후 객체를 작성하면 해당 레이어에 맞게 선종류와 색상이 변경됩니다.

11 화면과 같이 여러 레이어를 사용하여 확인합니다.

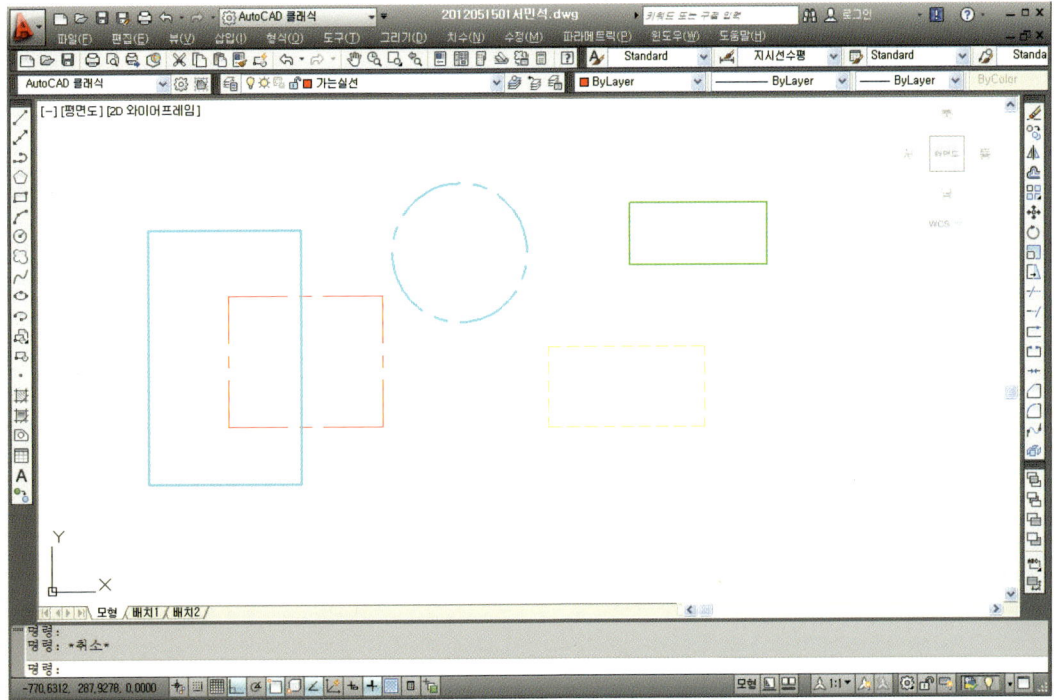

화면에서 선의 종류가 명확히 나왔는지 확인하고, 선 스케일의 조정이 필요하면 명령어 Ltscale을 사용하여 변경합니다.

[레이어 설정 예 1] 이렇게 하면 레이어 이름과 색상번호가 일치되어 단순해집니다.

레이어 이름	COLOR				Line type	Line weiht	용도
	색상	이름	Index	영문이름			
1		빨간색	1	Red	Center	0.25mm	중심선 등
2		노란색	2	Yellow	Hidden	0.35mm	숨은선, 문자 등
3		초록색	3	Green	Continuous	0.5mm	외형선
4		하늘색	4	Cyan	Continuous	0.7mm	윤곽선
5		파란색	5	Blue	Continuous	0.25mm	사용자 지정
6		선홍색	6	Magenta	Continuous	0.25mm	사용자 지정
7		흰색	7	White	Phantom	0.25mm	가상선 등

[레이어 설정 예 2] 이렇게 하면 레이어 이름과 선의 종류가 일치되어 구별하기 쉽습니다.

레이어 이름	COLOR				Line type	Line weitht	용도
	색상	이름	Index	영문이름			
out	초록	초록색	3	Green	Continuous	0.5mm	외형선
hid	노랑	노란색	2	Yellow	Hidden	0.35mm	숨은선
cen	빨강	빨간색	1	Red	Center	0.25mm	중심선 등
pha	빨강	빨간색	1	Red	Phantom	0.25mm	가상선 등
thi	빨강	빨간색	1	Red	Continuous	0.25mm	가는 실선 등
dim	흰	흰색	7	White	Continuous	0.25mm	치수선
hat	빨강	빨간색	1	Red	Continuous	0.25mm	해칭선
txt	노랑	노란색	2	Yellow	Continuous	0.35mm	문자

[레이어 설정 예 3] 이렇게 하면 레이어 이름이 한글이라 초보자가 알기 쉽습니다.

레이어 이름	COLOR				Line type	Line weitht	용도
	색상	이름	Index	영문이름			
외형선	초록	초록색	3	Green	Continuous	0.5mm	외형선
숨은선	노랑	노란색	2	Yellow	Hidden	0.35mm	숨은선
중심선	빨강	빨간색	1	Red	Center	0.25mm	중심선 등
가상선	흰	흰색	7	White	Phantom	0.25mm	가상선 등
가는실선	빨강	빨간색	1	Red	Continuous	0.25mm	가는 실선 등
윤곽선	하늘	하늘색	4	Cyan	Continuous	0.25mm	치수선
치수	빨강	빨간색	1	Red	Continuous	0.25mm	해칭선
문자	노랑	노란색	2	Yellow	Continuous	0.35mm	문자

위의 표는 레이어 설정의 한 예입니다. 초보자는 **[레이어설정 예 3]** 처럼 하여 구별하기 쉽게 하는 것이 바람직합니다.

레이어 이름이 "0" 과 "defpoints" 레이어는 AutoCAD 기본 레이어이므로 따로 만들거나 지 워지지 않습니다. 특히 "defpoints" 레이어는 출력이 되지 않으니 유의해서 사용합니다.

AutoCAD 04 Ltscale(Linetype Scale)

▶ 명령행(Command) 사용하기

명령: Ltscale [Enter ↵]
새 선종류 축척비율 입력 〈1.0000〉: 0.5 "비율을 지정합니다."
모형 재생성 중

 실습순서

01 풀다운메뉴 ⇨ 형식 ⇨ 선종류를 클릭합니다.

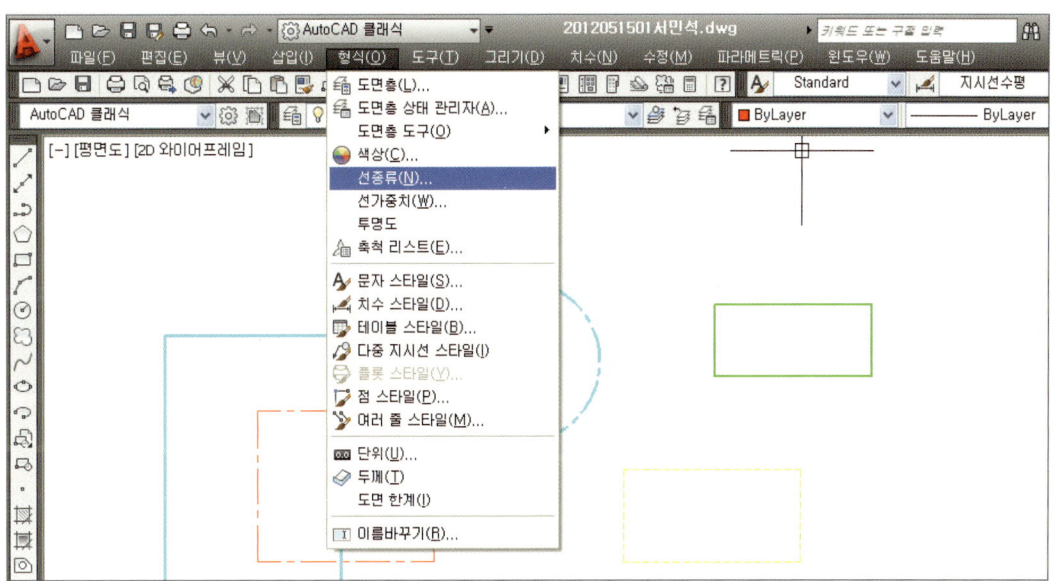

02 아래와 같은 창이 나타나면, 자세히 버튼을 클릭합니다.

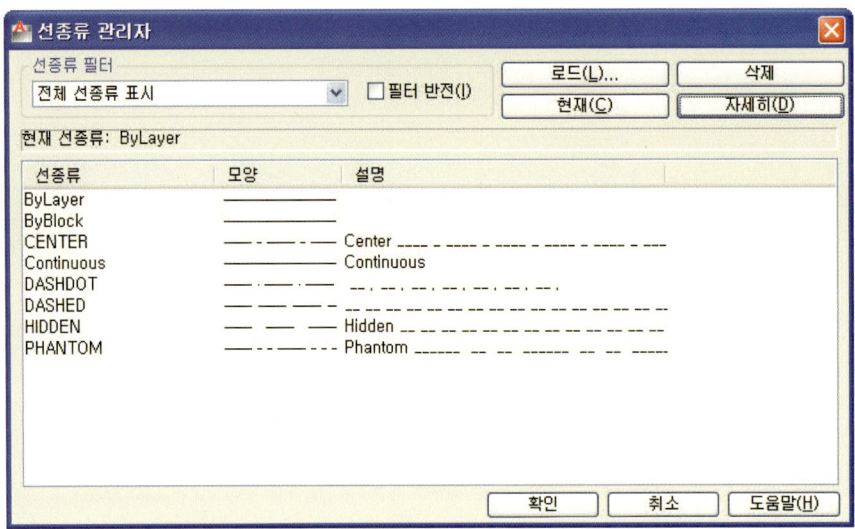

03 상세정보가 보입니다.

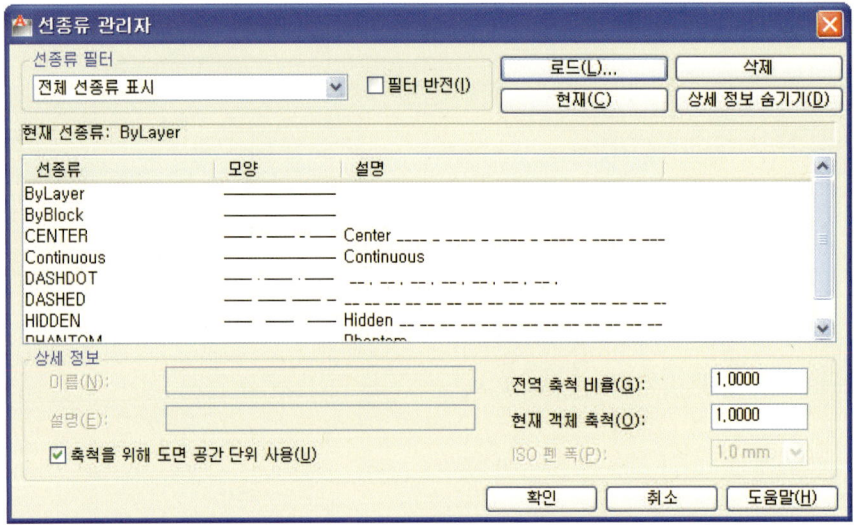

04 전역 축척 비율과 현재 객체 축척을 조정하여 사용합니다.

 제도이론

```
           ┌─────────────────┐
           │   선의 종류 분류   │
           └─────────────────┘
                    │
           ├── 1. 모양에 따른 선의 종류
           │
           ├── 2. 굵기에 따른 선의 종류
           │
           └── 3. 용도에 따른 선의 종류
```

1. 모양에 따른 선의 종류

   ① 실선 : 연속적으로 이어진 선
   ─────────────

   ② 파선 : 짧은선을 일정한 간격으로 나열한 선
   - - - - - - - - -

   ③ 1점 쇄선 : 길고 짧은 2종류의 선을 번갈아 나열한 선
   ─ · ─ · ─ · ─ ·

   ④ 2점 쇄선 : 긴 선과 2개의 짧은 선을 번갈아 나열한 선
   ─ ·· ─ ·· ─ ··

2. 굵기에 따른 선의 종류

선굵기의 종류	비율
가는 선	1
굵은 선	2
아주 굵은 선	4

선굵기 기준(mm) 0.18, 0.25, 0.35, 0.5, 0.7, 1

3. 용도에 따른 선의 종류

용도에 의한 명칭	선의 종류		선의 용도	사용 예
외형선	굵은 실선	———	대상물의 보이는 부분의 모양을 표시할 때	1.1
치수선	가는 실선		치수를 기입할 때	2.1
치수 보조선			치수를 기입하기 위하여 도형으로부터 끌어낼 때	2.2
지시선		———	기술·기초 등을 표시하기 위하여 끌어낼 때	2.3
회전단면선			도형 내에 그 부분의 끊는 곳을 90° 회전하여 표시할 때	2.4
중심선			도형의 중심선을 간략하게 표시할 때	2.5
수준면선(2)			수면, 유면 등의 위치를 표시할 때	2.6
숨은선	가는 파선 또는 굵은 파선	- - - - - - -	대상물의 보이지 않는 부분의 모양을 표시할 때	3.1
중심선	가는 1점 쇄선	—·—	(1) 도형의 중심을 표시할 때 (2) 중심이 이동한 중심궤적을 표시할 때	4.1 4.2
기준선			특히 위치 결정의 근거가 된다는 것을 명시할 때	4.3
피치선			되풀이하는 도형의 피치를 취하는 기준을 표시할 때	4.4
특수 지정선	굵은 1점 쇄선	—·—	특수 가공을 하는 부분 등 특별한 요구사항을 적용할 수 있는 범위를 표시할 때	5.1
절단선	가는 1점 쇄선, 끝부분 및 방향이 변하는 부분을 굵게 한 것(4)	⌐·-·⌐	단면도를 그리는 경우, 그 절단 위치를 대상으로 하는 그림에 표시할 때	8.1

명칭	선의 종류		선의 용도	용도에 따른 명칭 번호
가상선(3)	가는 2점 쇄선	—··—	(1) 인접 부분을 참고로 표시할 때	6.1
			(2) 공구, 지그 등의 위치를 참고로 나타낼 때	6.2
			(3) 가동부분을 이동 중의 특정한 위치 또는 이동한계의 위치로 표시할 때	6.3
			(4) 가공 전 또는 가공 후의 모양을 표시할 때	6.4
			(5) 되풀이하는 것을 나타낼 때	6.5
			(6) 도시된 단면의 앞쪽에 있는 부분을 표시할 때	6.6
무게중심선			단면의 무게 중심을 연결한 선을 표시할 때	6.7
파단선	불규칙한 파형의 가는 실선 또는 지그재그선	〜〜	대상물의 일부를 파단한 경계 또는 일부를 떼어 낸 경계를 표시할 때	7.1
해칭	가는 실선으로 규칙적으로 줄을 늘어 놓은 것	/////	도형의 절단된 부분을 다른 부분과 구별할 때	9.1
특수한 용도의 선	가는 실선	——	(1) 외형선 및 숨은선의 연장을 표시할 때	10.1
			(2) 평면이라는 것을 나타낼 때	10.2
			(3) 위치를 명시할 때	10.3
	아주 굵은 실선	——	얇은 부분의 단면도시를 명시할 때	11.1

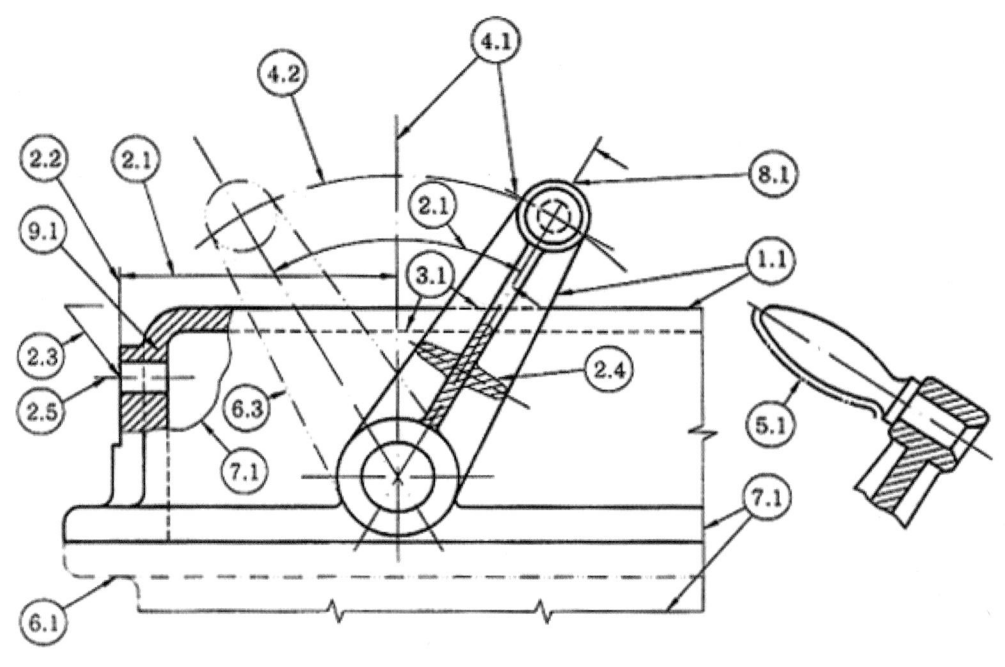
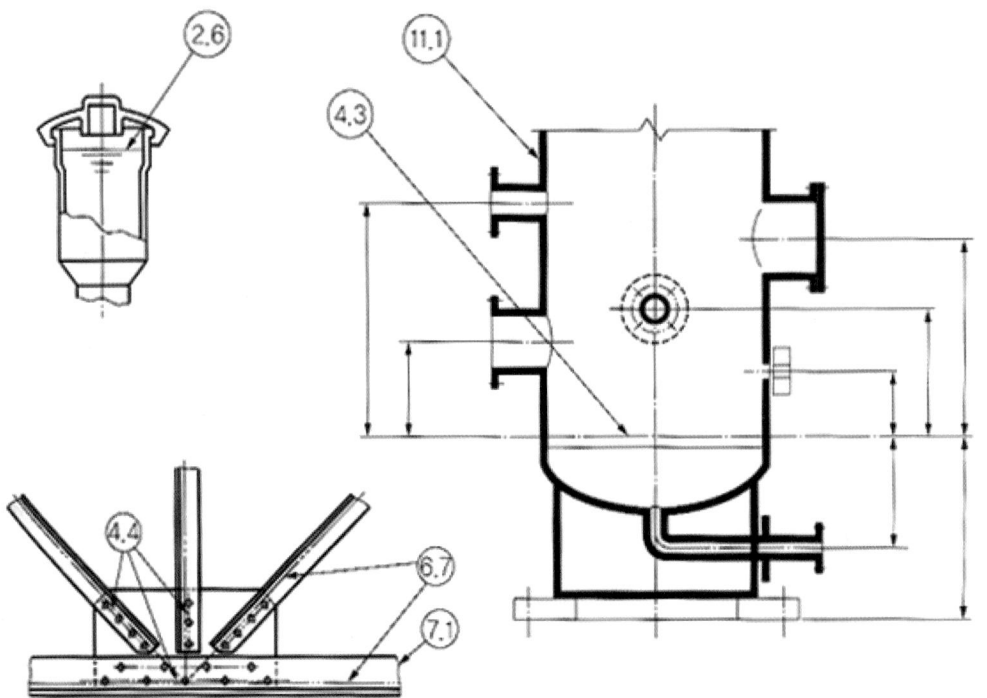

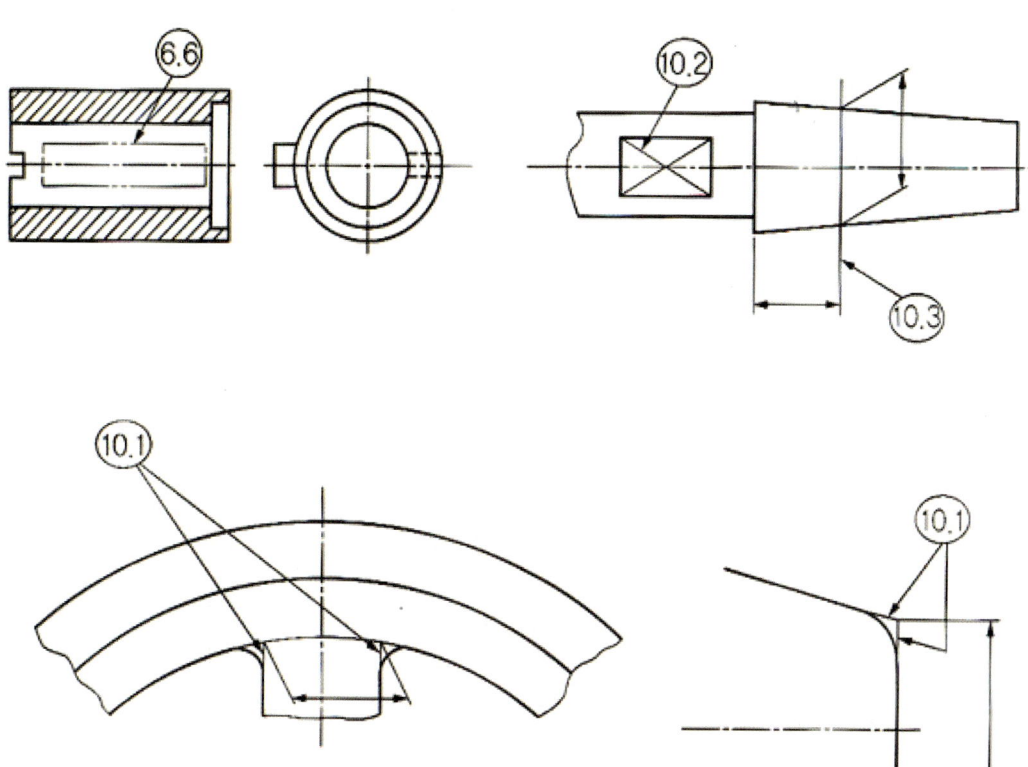

4. 선의 우선 순위

선이 겹치게 되면 우선순위에 따라서 작성하면 됩니다.
도면에서 2종류 이상의 선이 같은 장소에서 중복될 경우에는 다음 순위에 따라 우선되는 종류의 선부터 그리고 겹쳐진 선은 그리지 않습니다.

① 외형선(visible outline)
② 숨은선(hidden outline)
③ 절단선(line of cutting plane)
④ 중심선(center line)
⑤ 무게중심선(centroidal line)
⑥ 치수보조선(projection line)

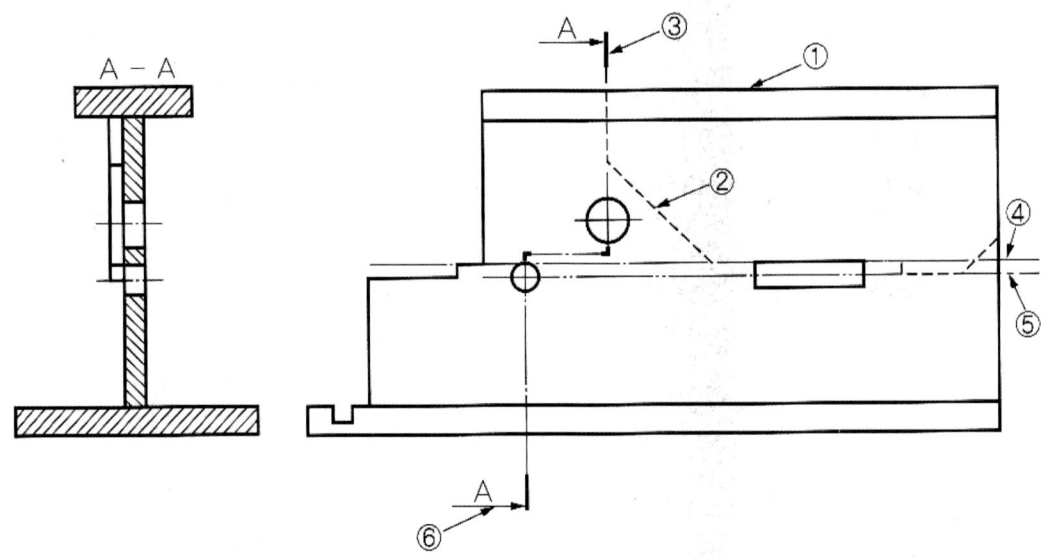

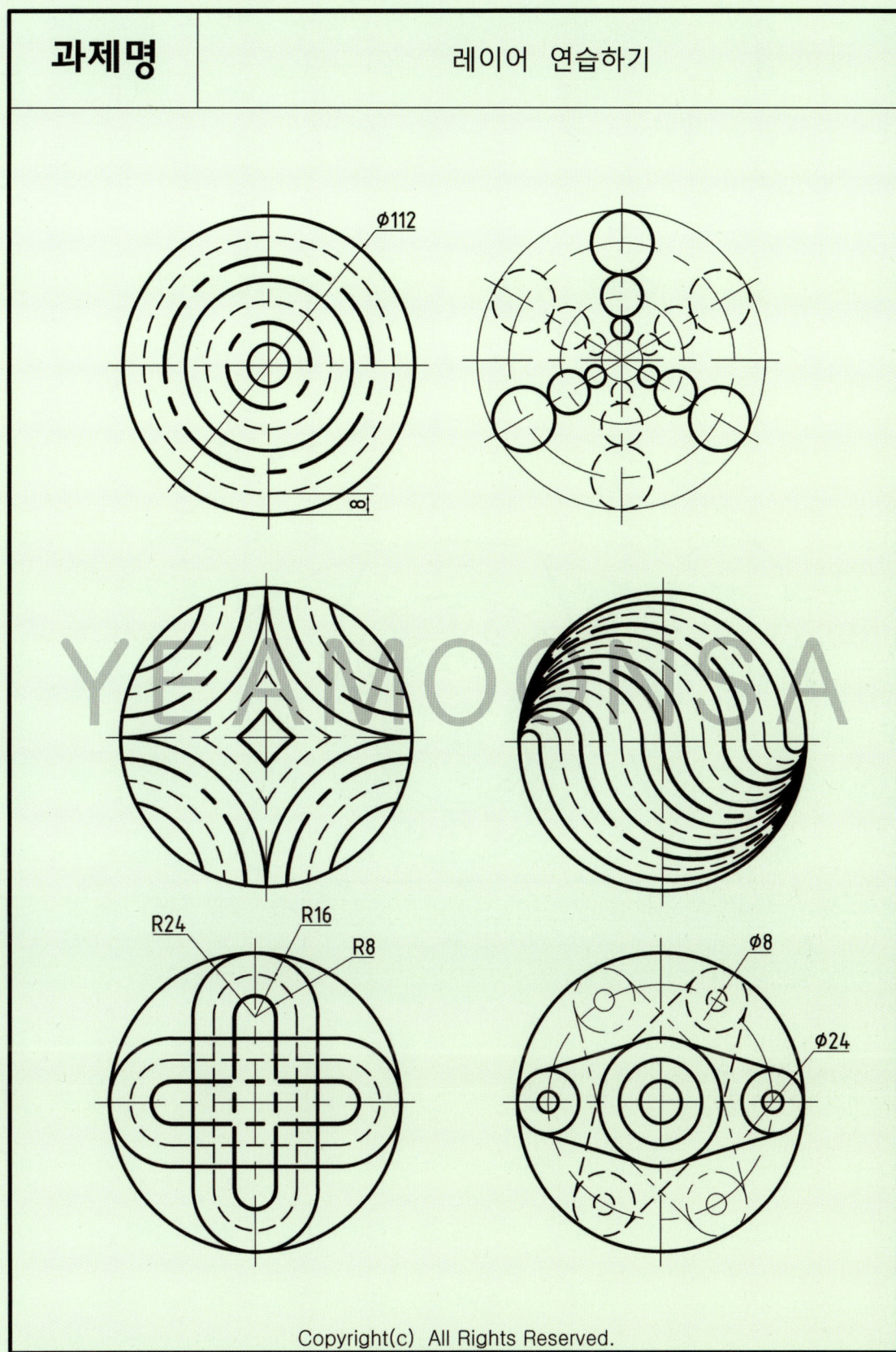

과제명	전화기 그리기

* 치수가 없는 부분은 스스로 결정하여 그려보세요.
전화기 버튼은 Arrary를 이용합니다.

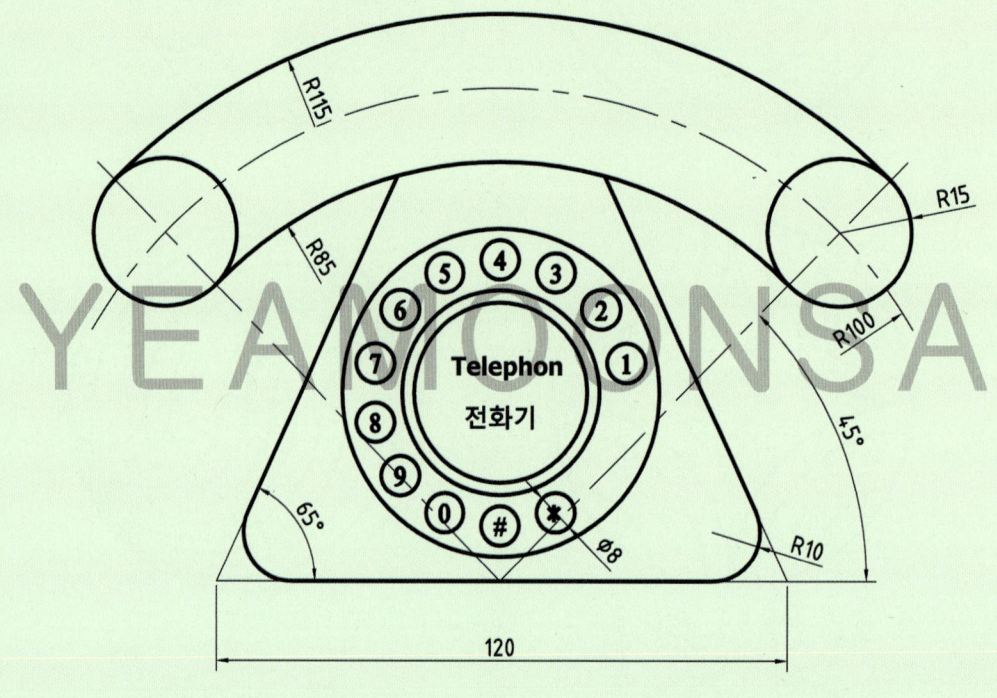

과제명	자일리톨껌 케이스 그리기

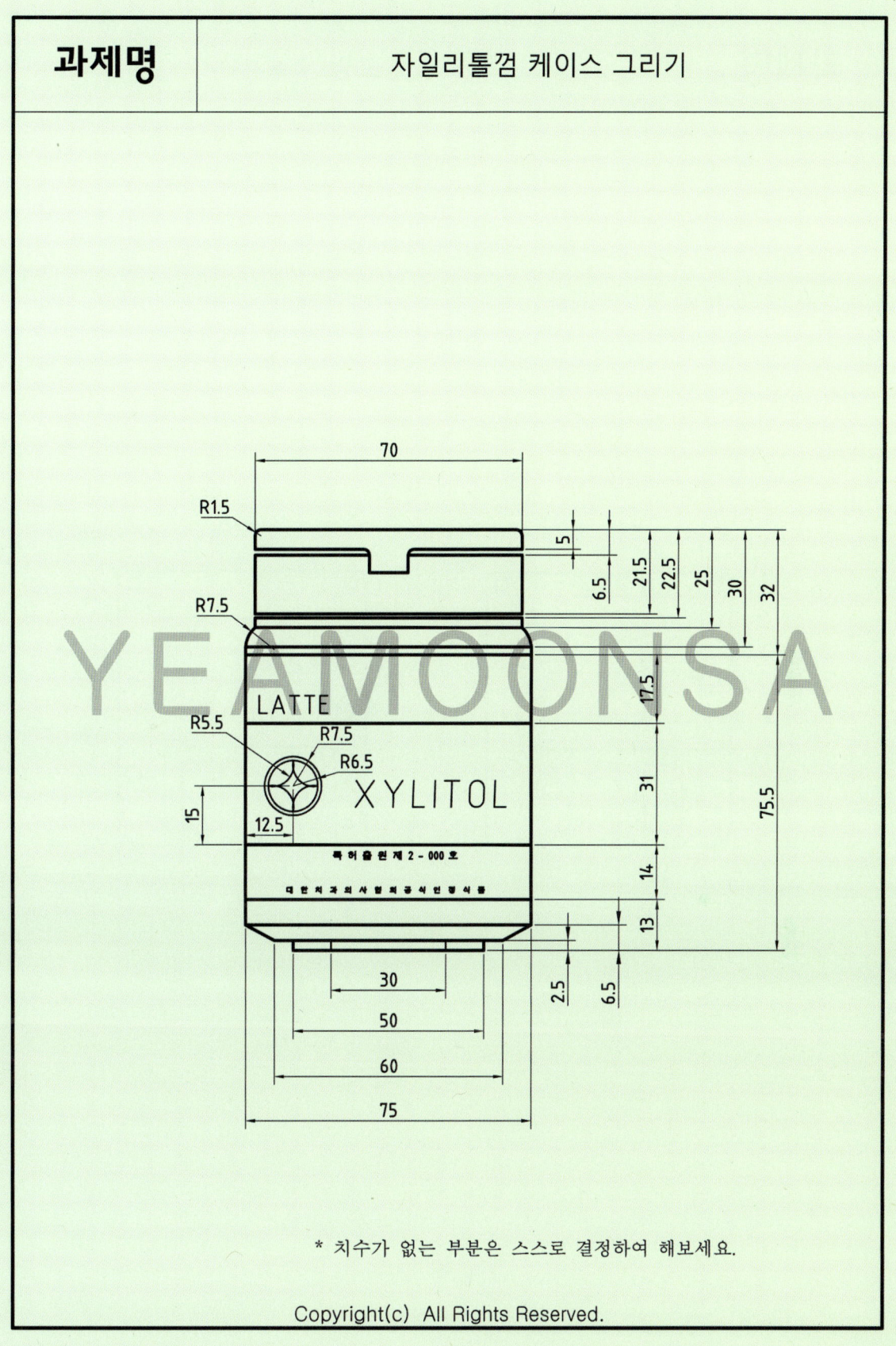

* 치수가 없는 부분은 스스로 결정하여 해보세요.

Copyright(c) All Rights Reserved.

과제명	디스켓 모양 그리기

* 치수가 없는 부분은 스스로 결정하여 해보세요.

Copyright(c) All Rights Reserved.

| 과제명 | 포크 그리기 |

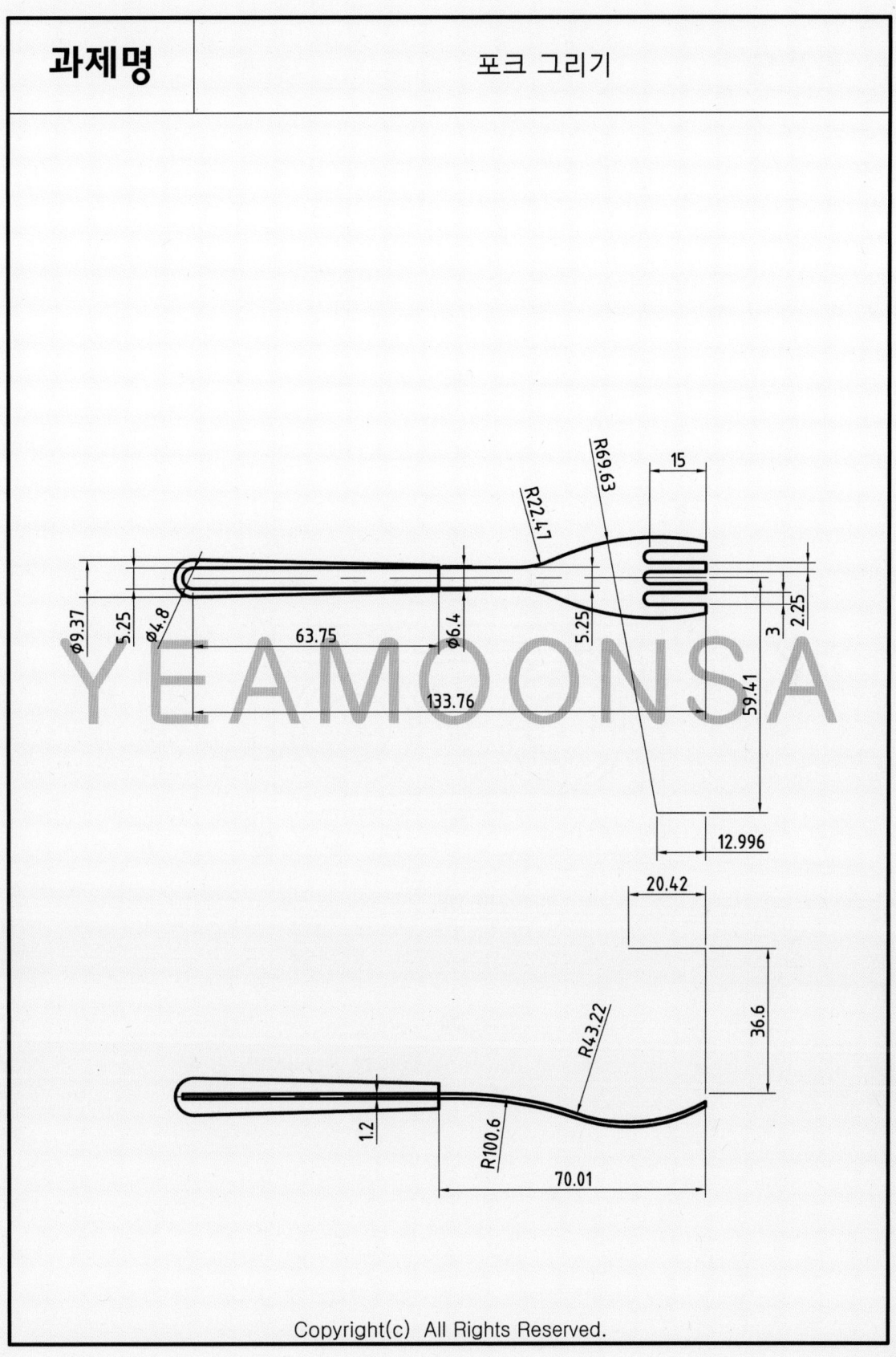

과제명	카세트테이프 그리기

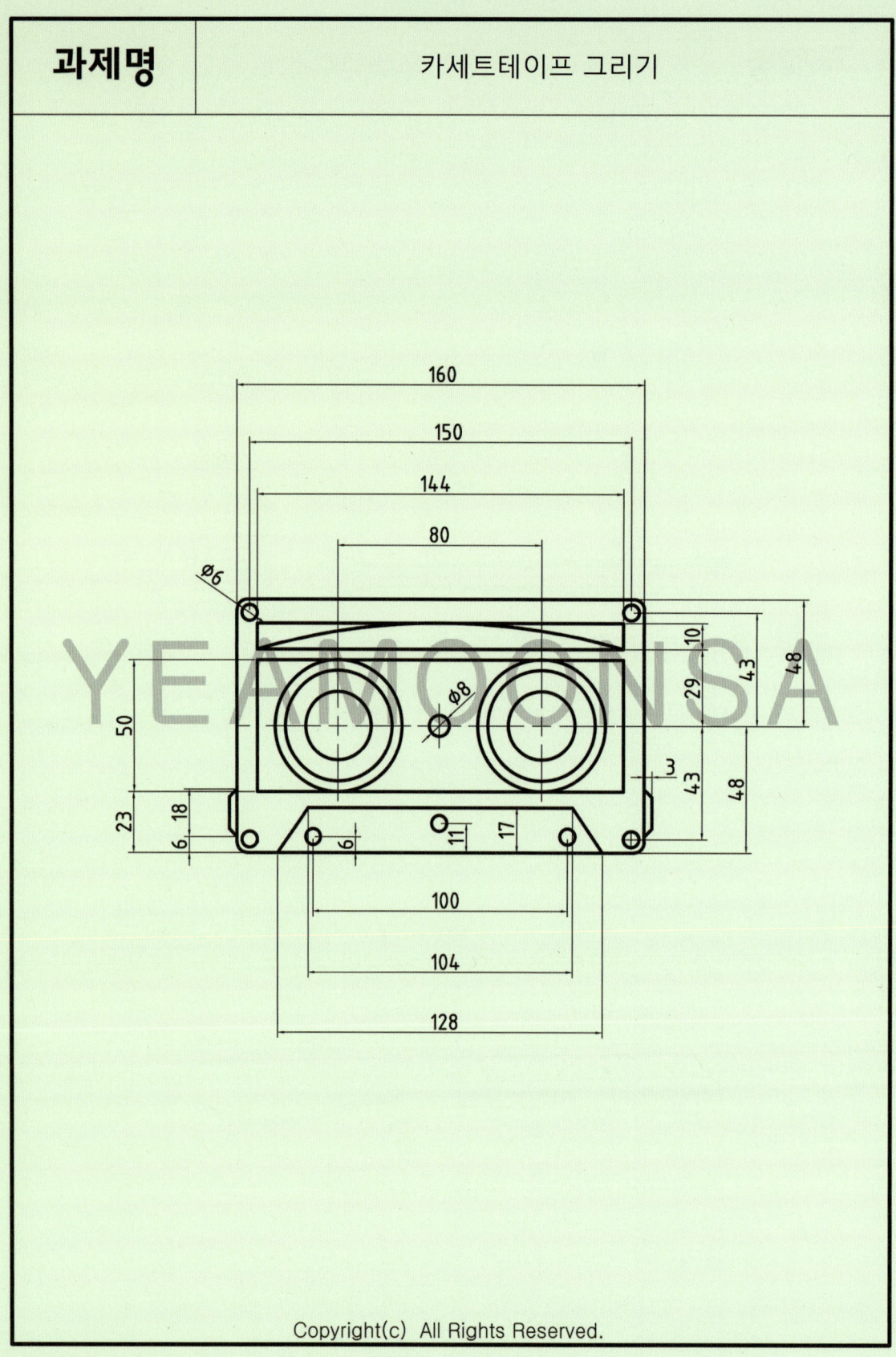

과제명	태극기 그리기 1

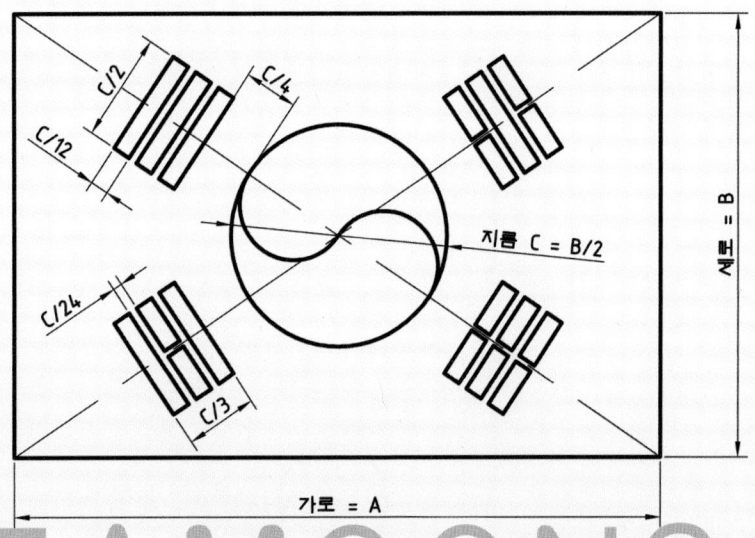

대한민국 헌법 대한민국국기에 관한 규정 [별표2]

[별표2] <개정 1996. 12. 27>

국기의 호수별 표준규격(제 22조 관련)

호수	깃면의 표준규격 (가로 x 세로)	용도별 권장규격
특호	540cm이상X360cm이상	
1호	450cmX300cm	
2호	306cmX204cm	
3호	270cmX180cm	-건물게양대용 : 특호, 1호~7호
4호	225cmX150cm	
5호	180cmX120cm	-가정용 : 7호 또는 8호
6호	153cmX102cm	
7호	135cmX90cm	-차량용 : 9호 또는 10호
8호	90cmX60cm	
9호	45cmX30cm	
10호	27cmX18cm	

Copyright(c) All Rights Reserved.

과제명	태극기 그리기 2

1. 규정에 맞추어 직사각형과 대각선을 그려봅니다.

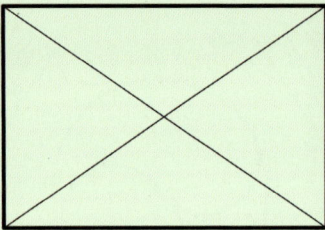

2. 대각선 교차점에 태극을 그려봅니다.

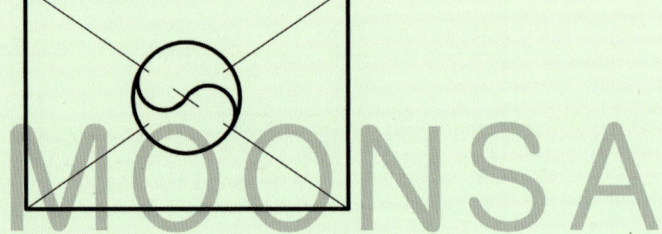

3. 사괘를 그려봅니다.

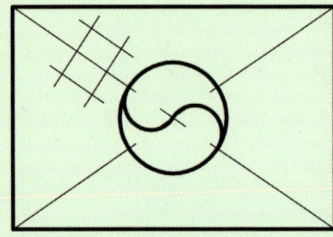

4. 세부적으로 완성하고 색상도 넣어봅니다.

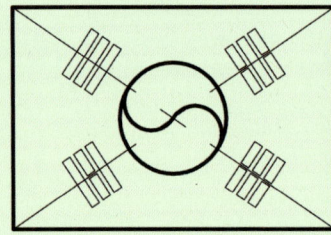

Copyright(c) All Rights Reserved.

| 과제명 | 송곳 그리기 |

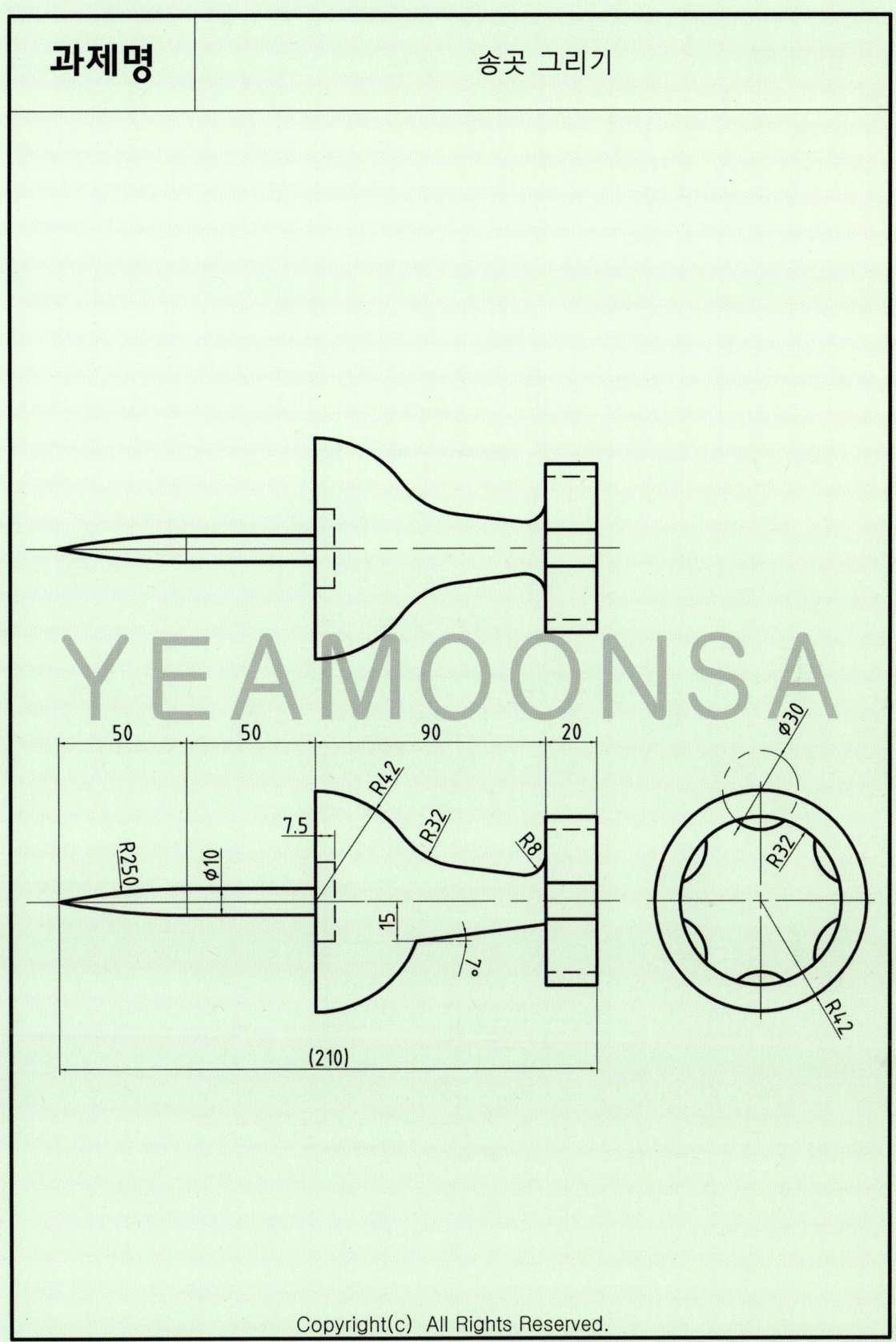

| 과제명 | 핸드폰 그리기 |

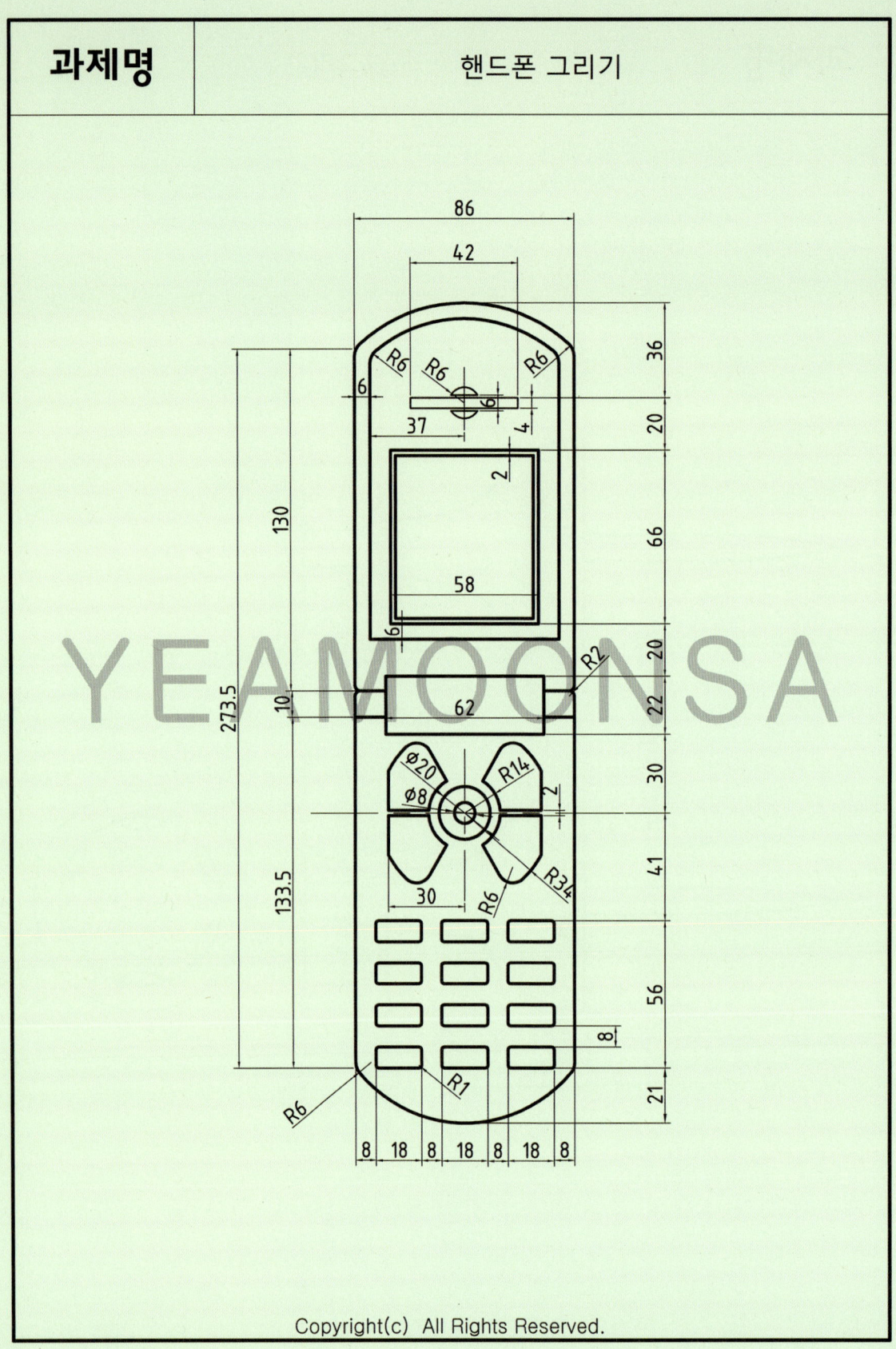

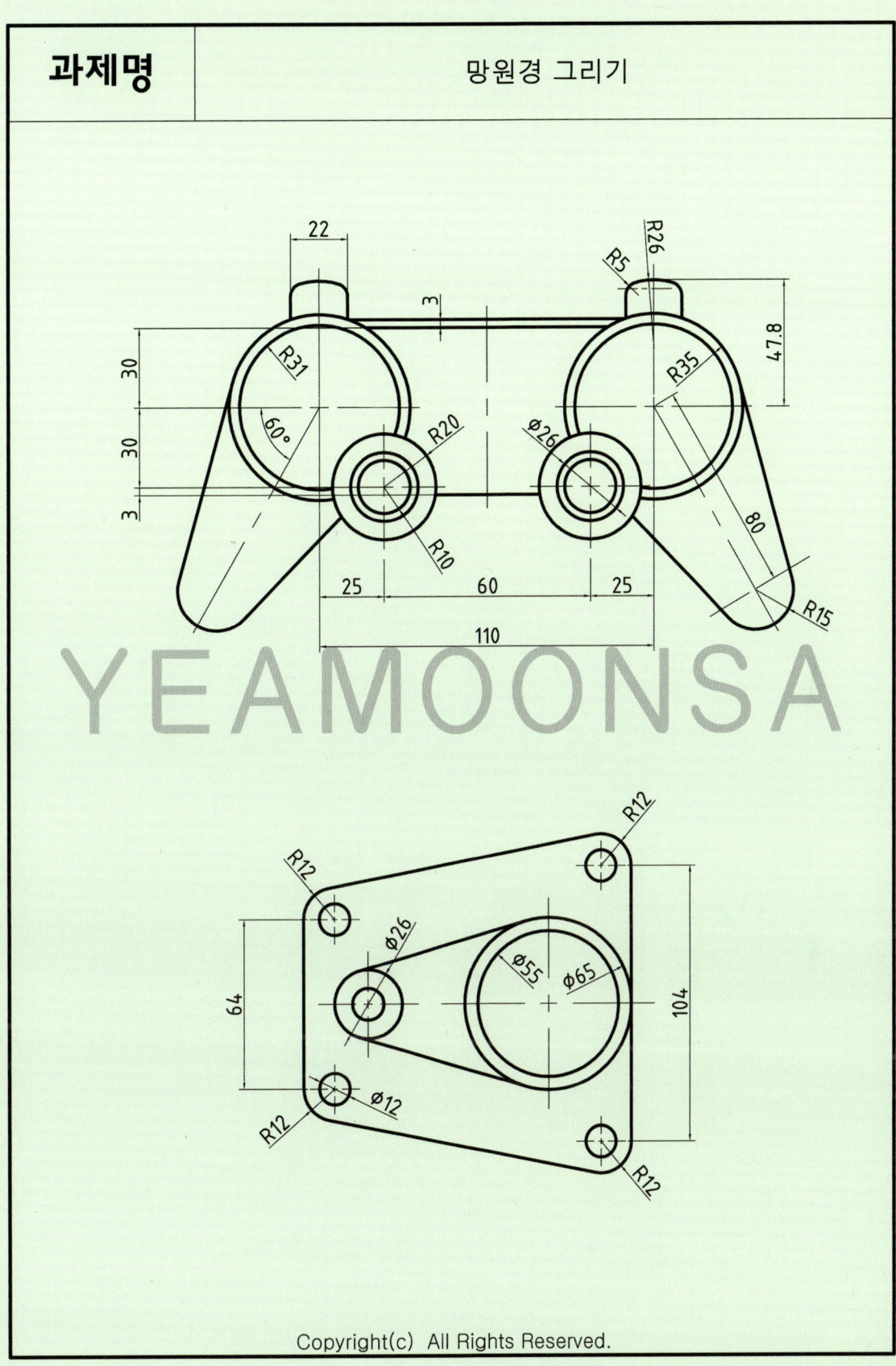

AutoCAD

CHAPTER 05

치수기입하기

01. 치수기입 기본옵션 설명
02. 치수유형 만들기
03. 치수기입하기
04. 선형 치수기입
05. 지름 치수기입
06. 기준선 치수기입
07. 세로좌표 치수기입
08. 치수 끊기
09. 공간 조정하기
10. 신속치수 기입하기(연속 치수기입)
11. 신속치수 기입하기(기준선 치수기입)
12. 신속치수 기입하기(다중 치수기입)
13. 꺾기선 치수 기입하기
14. 치수 검사하기
15. 공차하기
16. 중심표식하기
17. 호 길이 치수기입
18. 오른쪽 자리맞추기 치수기입
19. 문자 각도 치수기입
20. 기울기 치수기입
21. 지시선 치수기입(2009 버전 이상)
22. 지시선 치수기입(2006 버전)
23. Table

05

CHAPTER 05 치수기입하기

AutoCAD 1 치수기입 기본옵션 설명

단축아이콘	단축아이콘 이름	명령어	설 명
	치수스타일	Dimstyle (d)	치수의 스타일을 정의해주는 명령어입니다.

치수기입은 AutoCAD가 기본으로 가지고 있는 스타일로 해도 괜찮으나, 도면의 스타일에 맞게 세팅값을 조정하고 레이어처럼 같은 성질의 치수 스타일을 미리 지정해서 사용하면 편집이 아주 쉬워집니다.

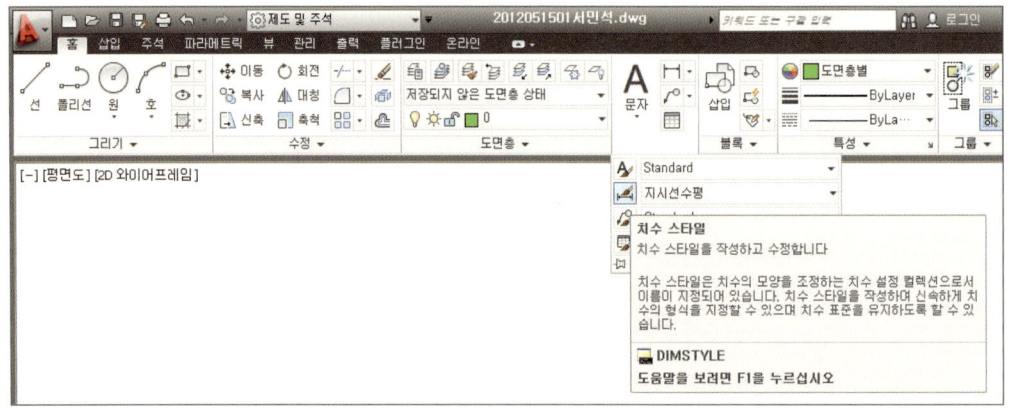

명령행(Command) 사용하기

명령: dimstyle Enter↵ "또는 d 입력"

미리보기 화면을 잘 관찰하면서 세팅값을 조정하면 쉽게 이해할 수 있습니다.

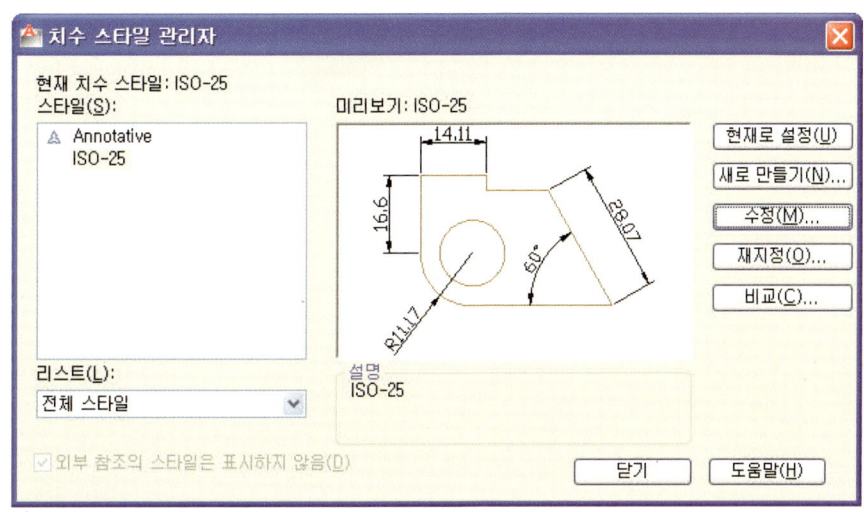

OPTION

현재로 설정 (Set Current)	현재 사용할 치수 유형을 지정한다. 유형 목록에서 원하는 유형을 선택한 후에 이 버튼을 누르면 그 유형을 사용합니다.
새로 만들기 (New)	새로운 치수 유형을 만듭니다.
수정 (Modify)	기존의 치수 유형을 수정합니다.
재지정 (Override)	이미 지정한 치수 유형에 일부 수정된 유형이 생성됩니다.
비교 (Compare)	치수 유형 값을 비교하여 보여줍니다.

수정(M)을 클릭하여 여러 가지 옵션을 조정합니다.

처음에는 그냥 세팅된 것으로 사용하지만 점차 숙달되면 여러 가지 유형을 세팅해서 사용하면, 레이어를 세팅해서 사용하는 것과 마찬가지로 편리하게 사용할 수 있습니다.

 **제도이론**

치수기입의 요소에는 치수선, 치수보조선, 치수문자, 화살표, 지시선이 있습니다.

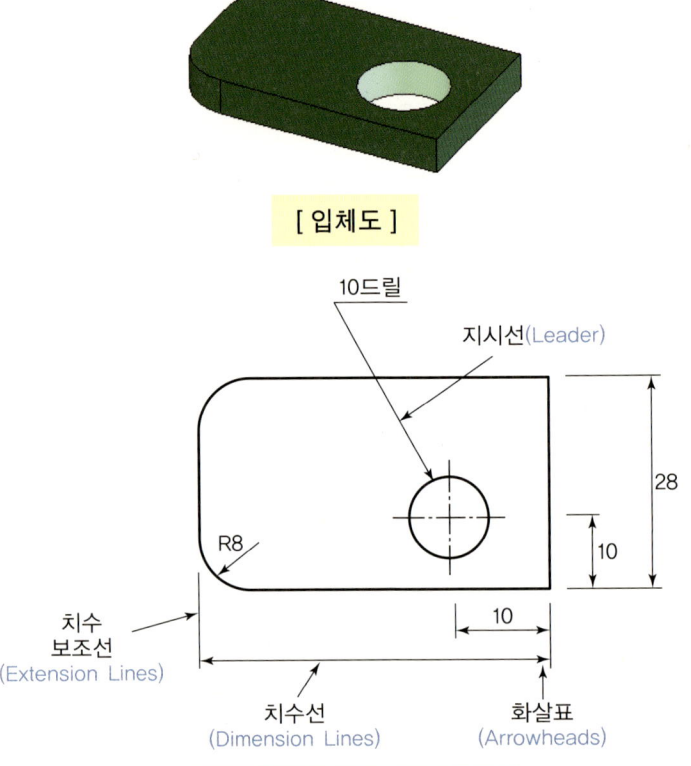

[입체도]

[2차원으로 표시된 도면]

구분	기호	사용예	사용법
지름	Ø	Ø5	지름치수의 치수 수치 앞에 붙입니다.
반지름	R	R5	반지름치수의 치수 수치 앞에 붙입니다.
구의 지름	SØ	SØ5	구의 지름치수의 치수 수치 앞에 붙입니다.
구의 반지름	SR	SR5	구의 반지름치수의 치수 수치 앞에 붙입니다.
정사각형의 변	□	□5	정사각형의 한 변의 치수의 치수 수치 앞에 붙입니다.
판의 두께	t	t5	판두께의 수치 앞에 붙입니다.
원호의 길이	⌒	⌒100	원호의 길이 치수의 치수 수치 위에 붙입니다.
45도 모떼기	C	C5	45도 모떼기 치수의 수치 앞에 붙입니다.
이론적으로 정확한치수	□	10	이론적으로 정확한 치수의 치수 수치를 둘러쌉니다.
참고치수	( )	(20)	참고치수의 치수 수치에 괄호를 합니다.

[치수보조기호]

(1) 치수선(lines)

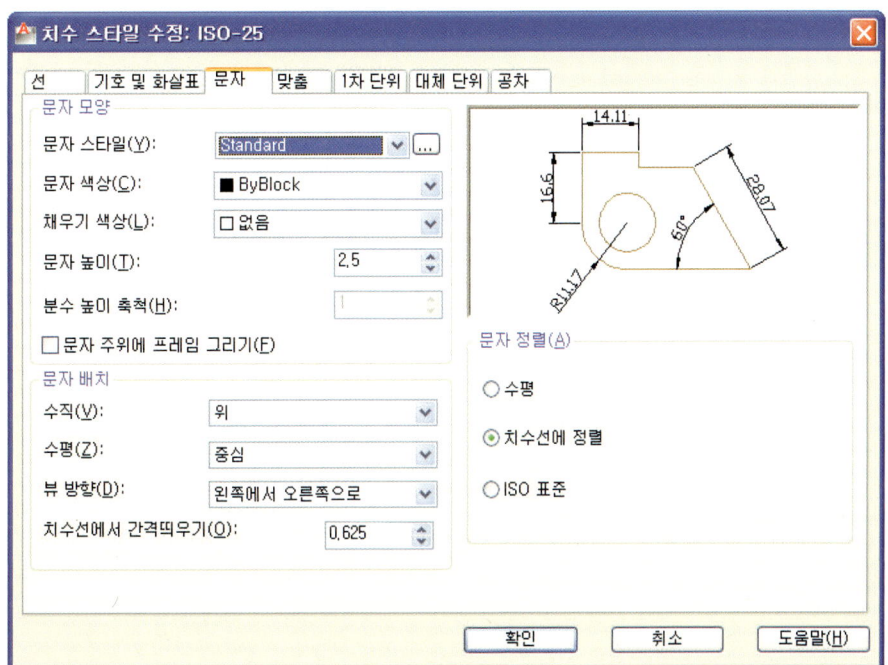

	치수선(Dimension Lines)	치수 보조선(Extension Lines)
색상(Color)	치수선의 색상을 지정	치수보조선의 색상을 지정
선의 굵기 (Lineweight)	치수선의 굵기를 지정(선가중치는 값을 지정하더라도 화면에 나타나지 않는다. 단, 출력 미리보기를 하거나, 화면 Status line의 LWT 버튼을 ON시키면 화면에서 확인할 수 있다.)	치수보조선의 굵기를 지정
눈금 너머로 연장 (Extend beyond ticks)	화살표를 건축눈금, 기울기, 작은 점, 정수 형태로 사용할 경우 치수 보조선 밖으로 나가는 치수선의 길이를 지정	치수선을 지나 연장되는 길이를 지정
기준선 간격 두기 (Baseline spacing)	병렬치수선간의 간격을 지정	
원점에서 간격 두기 (Offset from origin)		객체에서 띄어지는 거리를 지정
억제 (Suppress)	치수선 표기를 억제(Dim Line 1=첫 번째 치수선억제, Dim Line 2=두 번째 치수선 억제)	치수 보조선 표기를 억제(Ext Line 1=첫 번째 치수보조선억제, Ext Line 2=두 번째 치수 보조선 억제)

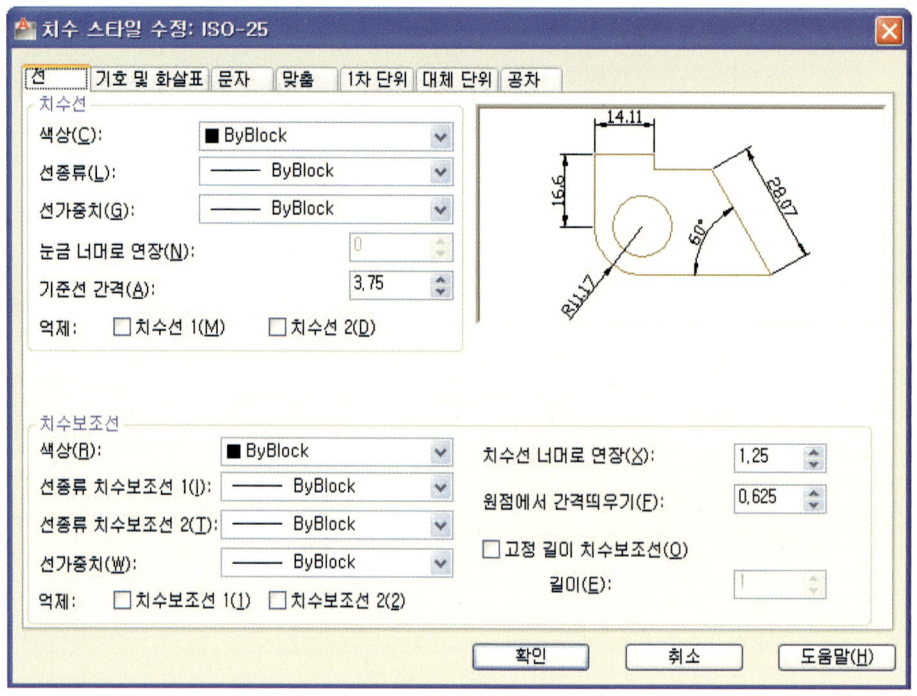

① 치수선 색상

색상은 빨간색으로 해주면 레이어와 상관없이 무조건 빨간색으로 표시되며 bylayer로 해주면 레이어 색상을 변경하면 치수선 색상도 변경되어, 말 그대로(bylayer) 레이어에 구속되어 변경됩니다. 저자는 빨간색으로 세팅하여 사용합니다.

② 치수보조선 색상

치수보조선 색상도 치수선 색상과 마찬가지이다. 치수선과 치수보조선 색상은 동일하게 하는 것이 도면 관리에 편리합니다.

③ 기준선 간격

기본은 3.75 [mm]로 세팅되어 있지만 제도에서는 8~10 [mm]으로 하면 무리가 없습니다.

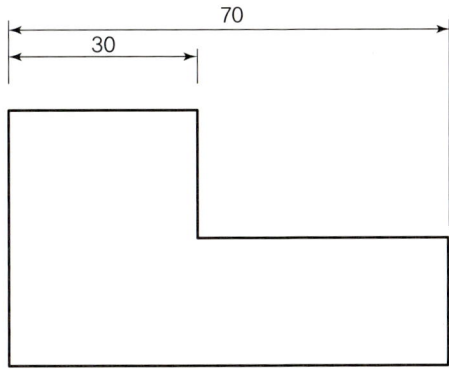

[3.75mm로 세팅된 것]

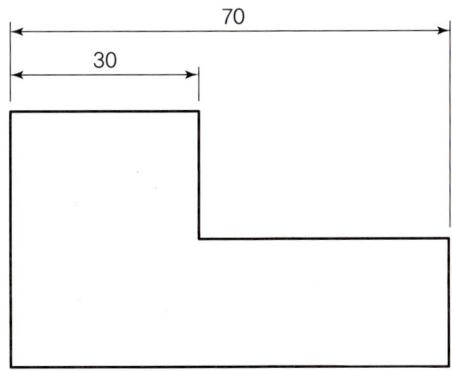

[10mm로 세팅된 것]

④ 억제

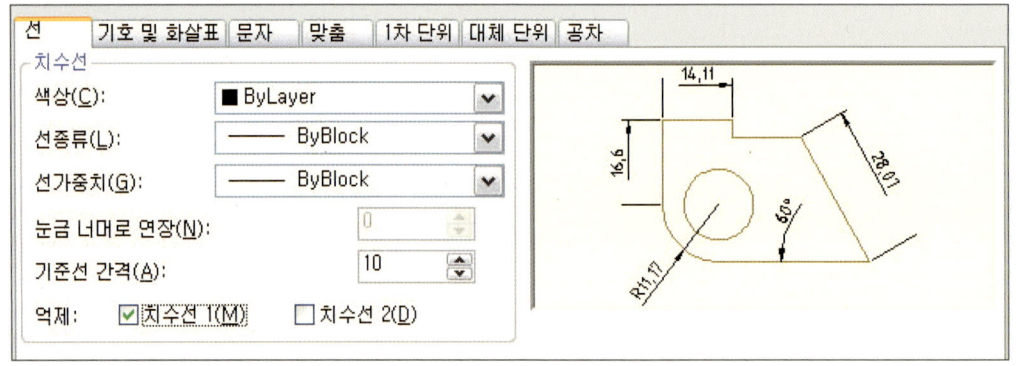

치수선1을 억제하면 치수기입 시 첫 번째로 클릭한 부분이 나오지 않습니다. 특별하게 치수선1을 억제하고 치수보조선2를 억제하는 경우는 없으며 치수선1과 치수보조선1을 억제하여 사용합니다.

제도에서는 치수선과 치수보조선 모두를 억제하여 치수기입하는 경우가 있습니다.

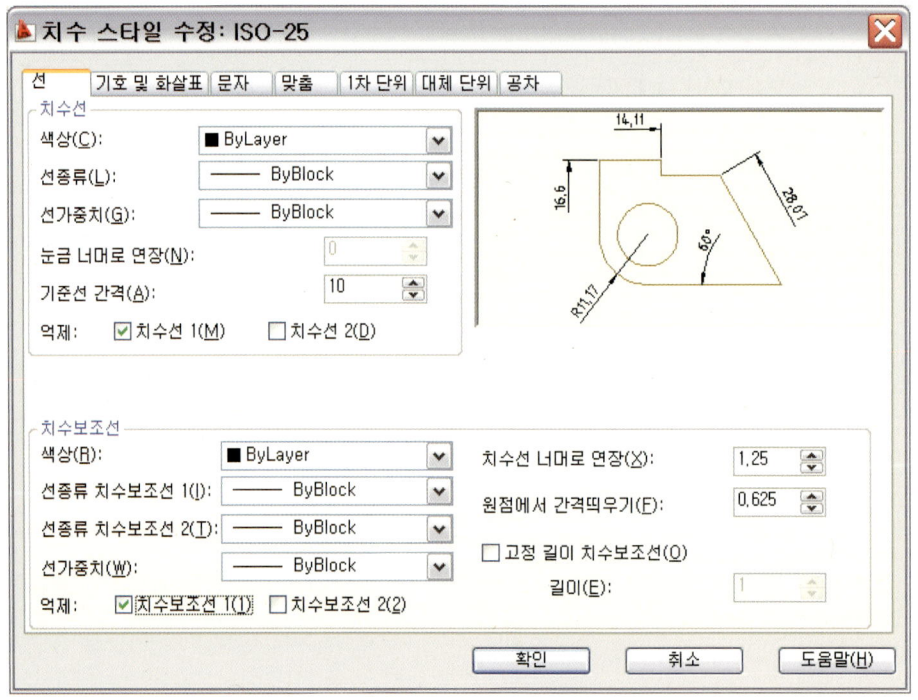

 **제도이론**

도형이 대칭일 때 대칭도형을 표현하는 방법에서 아래와 같이 한쪽 부분을 생략하고 중심선에 가는 실선으로 위·아래 혹은 왼쪽·오른쪽에 두 줄로 긋는데, 이때의 치수기입은 한쪽 부분만 나와야 하기 때문에 치수선과 치수보조선을 한 쪽씩 억제하여 사용하면 편리합니다.

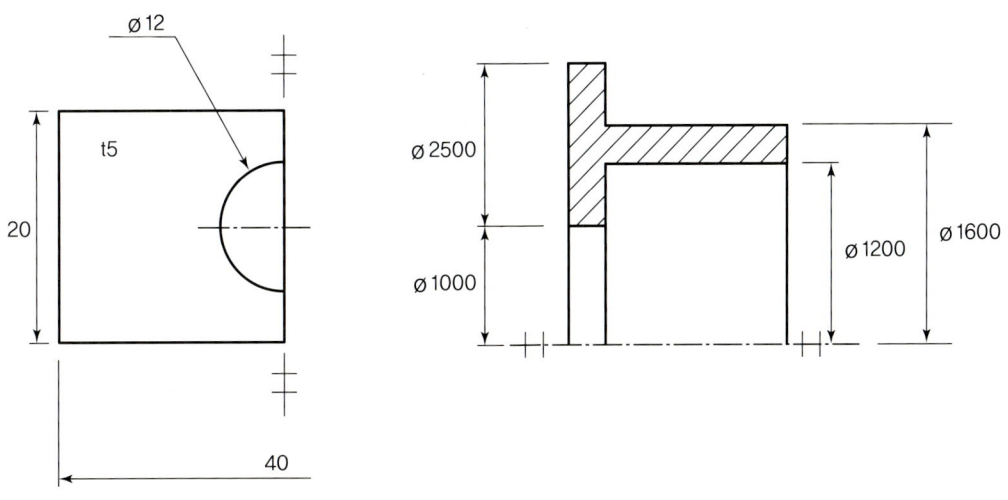

⑤ 치수선 너머로 연장과 원점에서 간격띄우기 기본 세팅 값

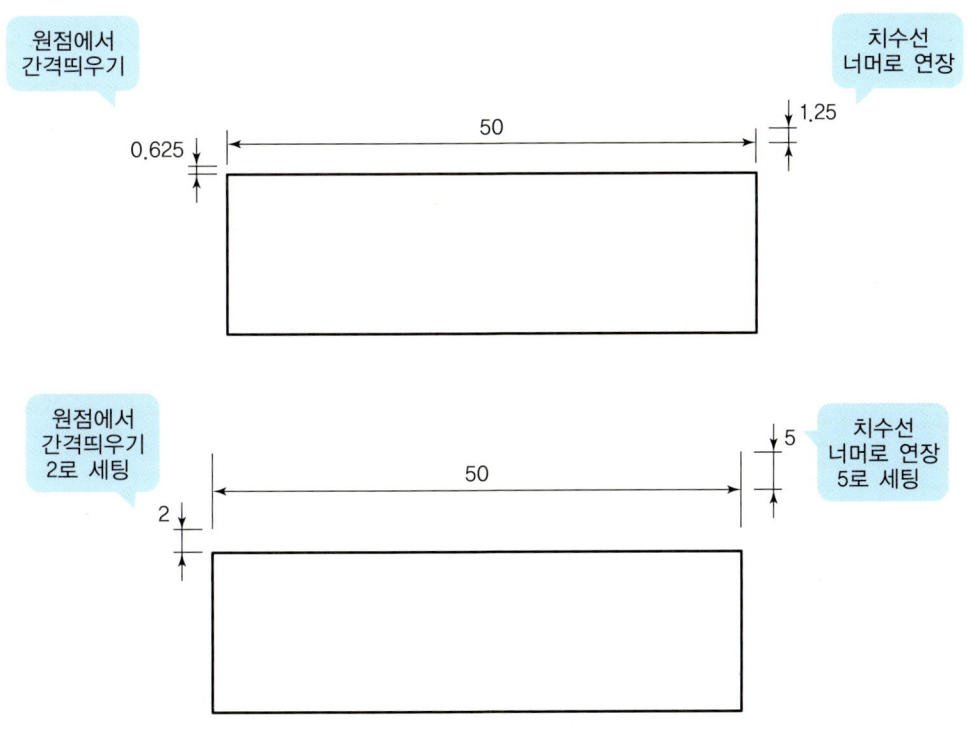

(2) 기호 및 화살표

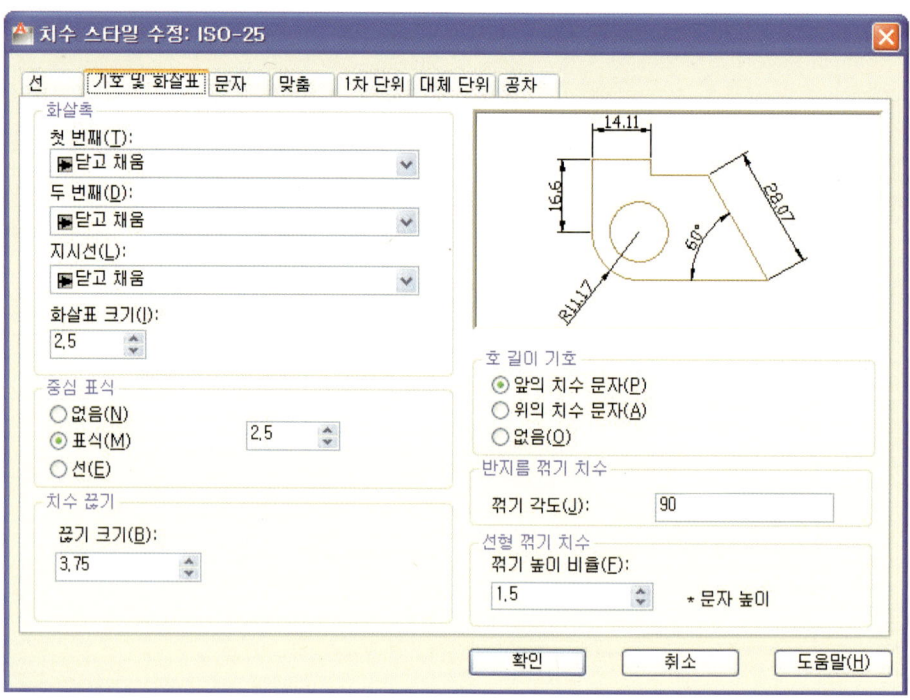

화살표 (Arrowheads)	• 첫 번째(1st)/두 번째(2nd) • 지시선(Leader) • 화살표 크기(Arrow size)	-치수선 양끝의 화살표의 모양을 지정 -지시선의 화살표의 모양을 지정 -화살표의 크기를 지정
중심 표식 (Center Marks for Circles)	• 형태(Type) • 크기(Size)	-Center Mark로 원이나 호를 지정 시 중심 표식의 형태를 지정 -중심 표식의 크기를 지정
치수 끊기 (Demension Break)	• 끊기 크기(Break size)	-치수 끊기의 간격을 조정

호 길이 기호
(Arc length symbol)
	• 앞의 치수문자
	  (Preceding dimension text)
	• 위의 치수문자
	  (Above dimension text)
	• 없음(None)
		-호 길이 기호를 치수문자 앞에 배치
		-호 길이 기호를 치수문자 위에 배치
		-호길이 기호 표시를 억제

반지름 꺾꺾 치수 (Arc length symbol)	• 꺾기 각도(Jog angle)	
선형 꺾기 치수 (Radius jog dimension)	• 꺾기 높이 인자(Jog height factor)	

① 화살표(Arrowheads) 변경

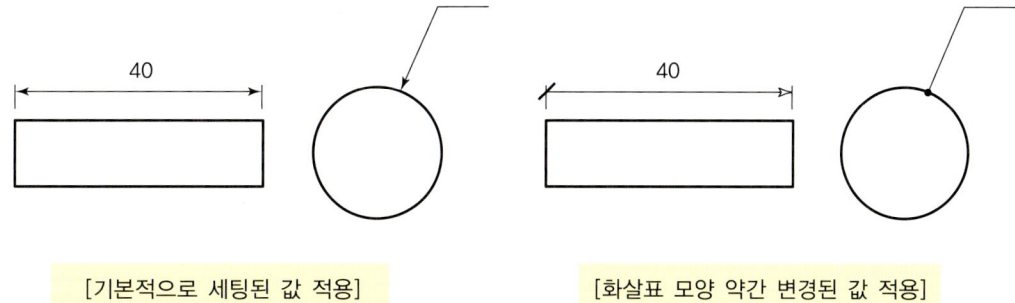

② 화살표 크기(Arrow size) 변경

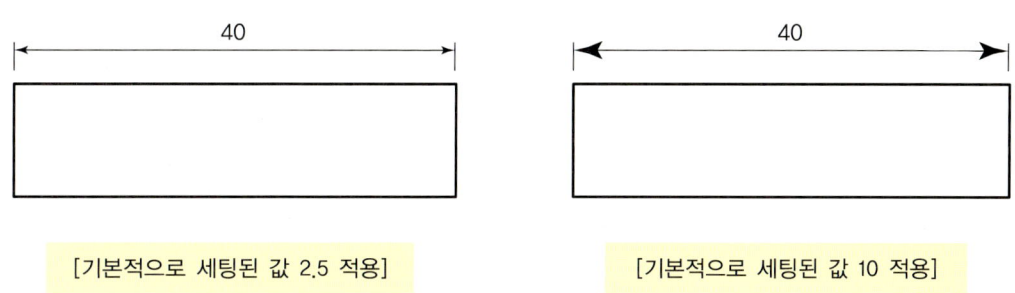

③ 치수끊기(Demension Break) 변경

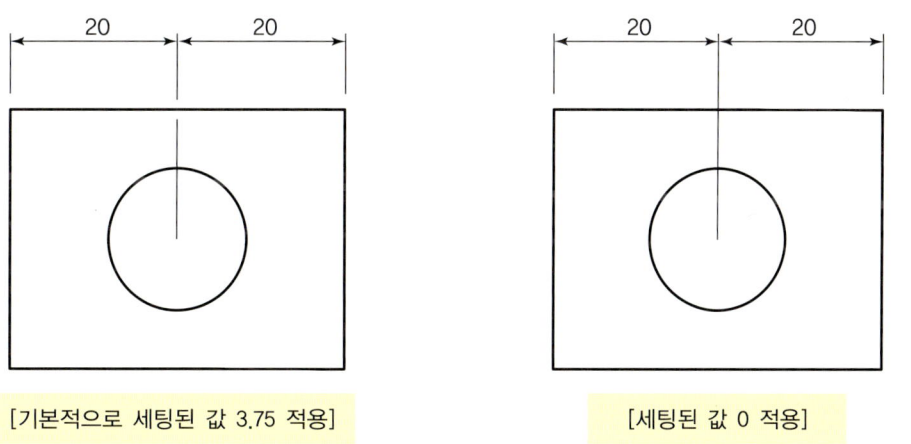

④ 호길이 기호(Arc length symbol) 변경

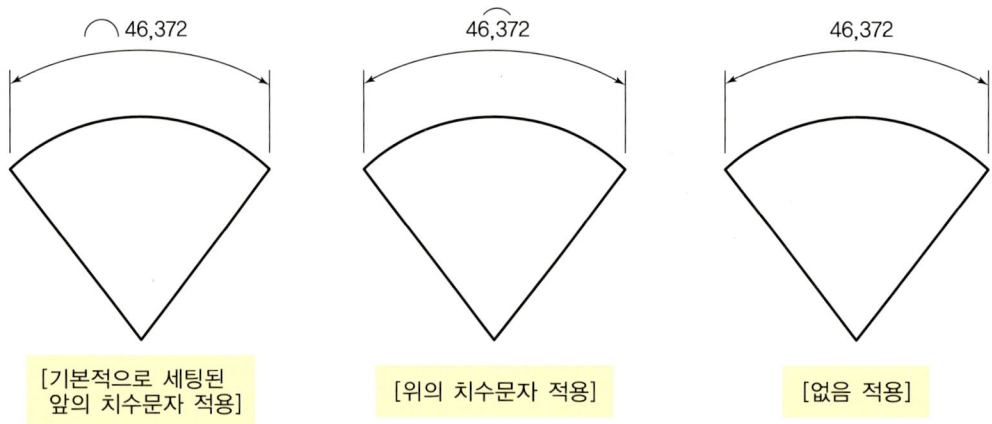

(3) 치수문자(Text)

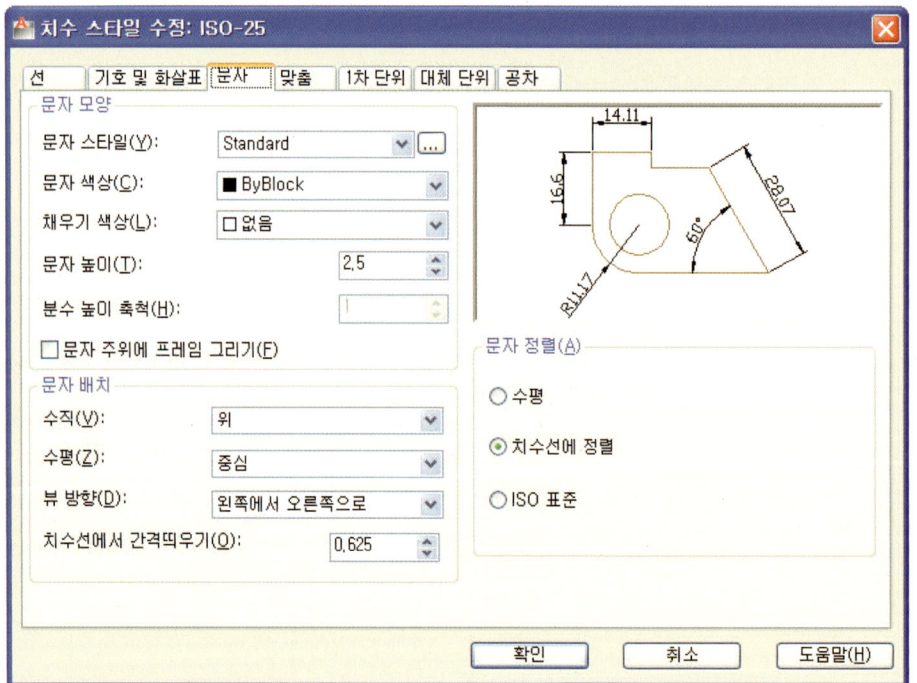

OPTION

문자 유형 (Text Appearance)	• 문자 스타일(Text style) • 문자 색상(Text color) • 문자 높이(Text height) • 채우기 색상(Fill color) • 분수 높이 축척 (Fraction height scale) • 문자 주위에 프레임 그리기 (Draw frame around text)	- 치수문자 역시 문자를 입력할 때와 같은 문자유형을 사용하고 기존에 문자유형이 있다면 선택하거나, 새로 작성 - 문자의 색상을 지정 - 치수문자의 크기를 지정 - 치수문자의 배경 색상을 지정 - 단위에 건축이나 분수를 사용할 경우에 분수 부분의 문자 높이를 지정 - 체크 시 치수 문자 주위에 사각형을 그린다.
문자 배치 (Text Placement)	• 수직(Vertical) • 수평(Horizontal) • 치수선에서 간격띄우기 (Offset from dim line)	- 치수 문자의 수직 형태를 지정 - 치수 문자의 수평 위치를 지정 - 치수선과 치수문자 간격을 지정
문자 정렬 (Text Alignment)	• 수평(Horizontal) • 치수선에 정렬 (Aligned with dimension line) • ISO 표준(ISO Standard)	- 문자를 수평으로 정렬 - 문자를 치수선에 나란하게 정렬 - ISO 표준으로 정렬

① 문자모양(Text appearance)

기계제도에서는 적절한 문자의 크기를 추천하고 있으나, 도면에 따라 약간씩 변경하여 보기 좋게 응용하면 됩니다.

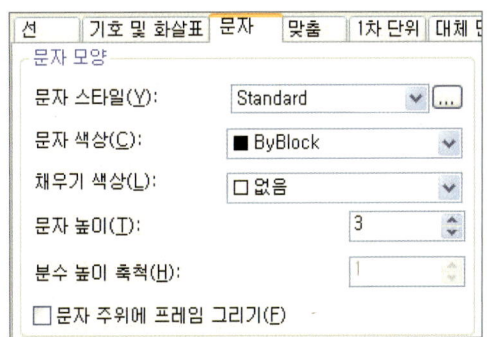

문자 주위에 프레임 그리기(F)를 클릭하면 미리보기와 같이 문자 주변에 프레임이 생깁니다. 보통은 사용하지 않고 이론적으로 정확한 치수를 표현할 때 사용합니다.

② 문자배치(Text appearance)

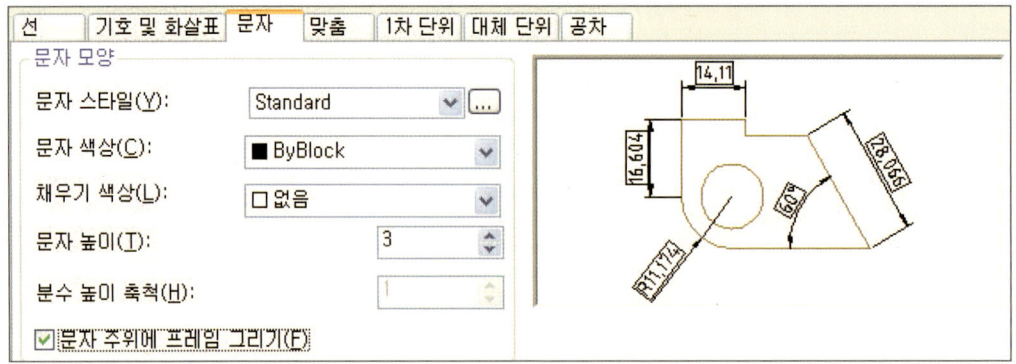

제도이론

도면에 사용되는 문자로는 한글, 숫자, 로마자 등이 쓰이나 될 수 있는 대로 문자는 적게 쓰고 기호로 나타냅니다. 도면에 기입하는 문자는 되도록 간결하게 쓰고 가로쓰기를 원칙으로 하며, 문자의 선 굵기는 문자 크기의 1/9로 합니다. 문자의 크기 및 기준 높이는 문자 크기에 따릅니다. 예전에는 컴퓨터가 발달하지 않아 이런 원칙을 지켰으나 최근에는 눈에 보기좋게 간결하게 쓰는 경향이 있습니다.

문자의 크기를 정할 때에는 다음 표를 참고하여 비슷하게 정합니다.

문자의 크기(mm)	사용 부위
2.24 ~ 4.5	한계치수, 공차치수
3.15 ~ 6.3	일반치수, 기술문자
6.3 ~ 12.5	부품번호, 명칭
9 ~ 12.5	도면번호 및 문자
12.5 ~ 20	도면 명칭 문자

- 문자배치

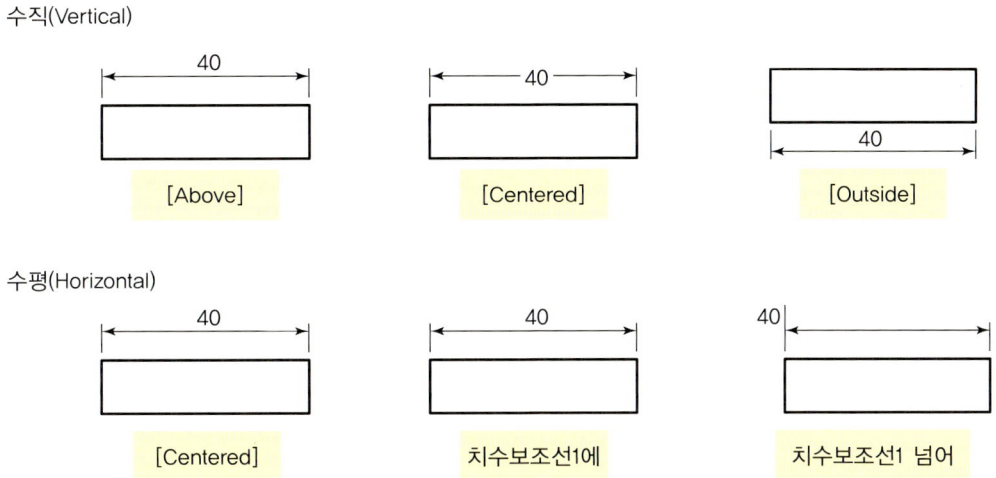

- 치수선에서 간격띄우기

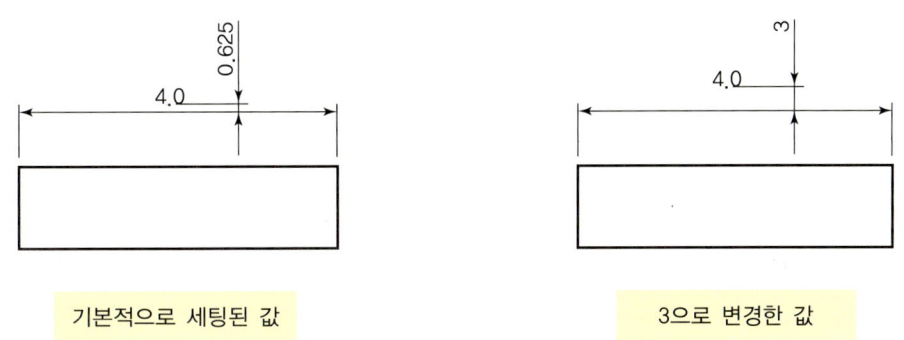

③ 문자정렬(Text Alignment)

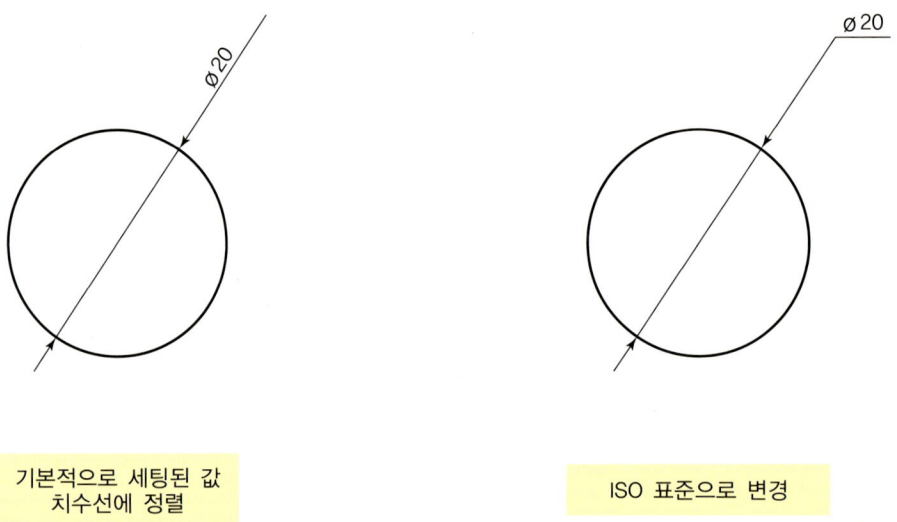

기본적으로 세팅된 값
치수선에 정렬

ISO 표준으로 변경

(4) 맞춤(Fit)

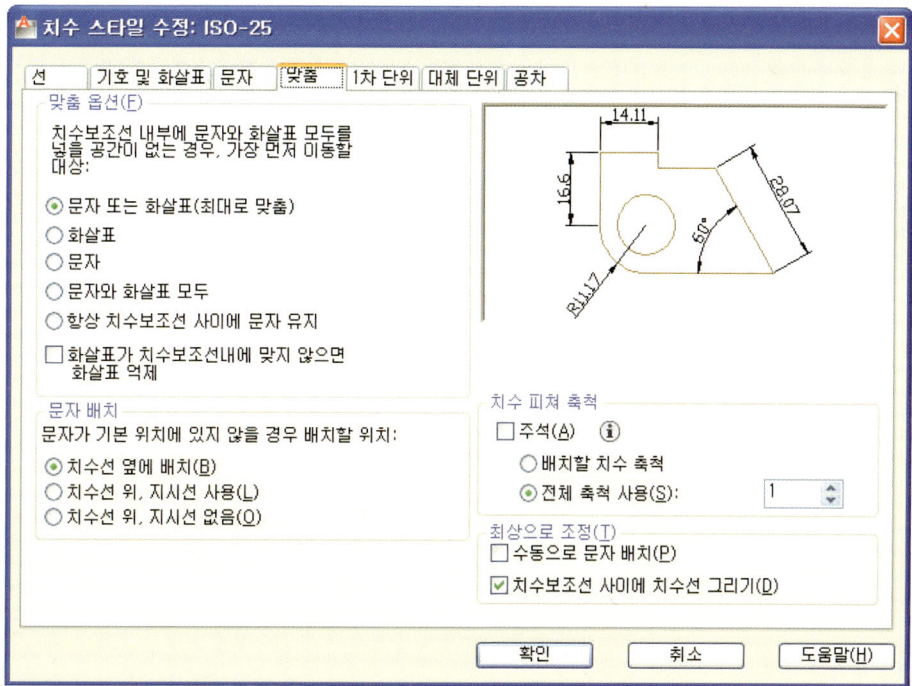

맞춤 옵션 (Fit Options)	• 치수선 상의 치수문자 위치를 지정 • 문자 또는 화살표(최대로 맞춤)(Either the text or the arrows, Whichever fit's best) 공간이 허용되는 것을 먼저 맞춤 • 화살표(Arrow)를 우선 맞춤 • 문자(Text)를 우선 맞춤 • 문자와 화살표 모두(Both text and arrows) 모두 맞춤 • 항상 보조선 사이에 문자 유지(Always keep text between ext lines) • 치수보조선 내부에 화살표 공간이 치수보조선 외부로(Suppress arrows if they don't fit inside the extension lines)
문자 배치 (Text Placement)	• 문자가 기준치수 위치에 있지 않을 경우 문자의 위치를 지정 • 치수선 옆에 배치(Beside the dimension line) : 첫 번째 치수선 옆에 위치 • 치수선 위, 지시선 사용(Over the dimension line, with a leader) • 지시선 위, 지시선 없음(Over the dimension line, without a leader)

치수 피처 축척 (Scale for Dimension Features)	• 배치할 치수 축척(도면공간)(Scale dimensions to layout (paperspace)) : 체크 시 배치할 치수 축척을 사용 • 전체 축척 사용(Use overall scale of) : 도면 전체에 대한 축척을 지정
최상으로 조정 (Fine Tuning)	• 수동으로 문자 배치(Place text manually when dimensioning) : 체크 시 치수 기입할 때 문자를 수동으로 배치 • 치수보조선 사이에 치수선 그리기(Always draw dim line between ext lines) : 치수 보조선 사이에 항상 치수선을 넣는다.

① 치수 피처 축척(Scale for Dimension Feature)

치수의 크기를 전체적으로 크게 조정할 수 있습니다. 기본값은 1로 되어 있지만 큰수로 바꾸면 전체적으로 치수의 크기가 커집니다.

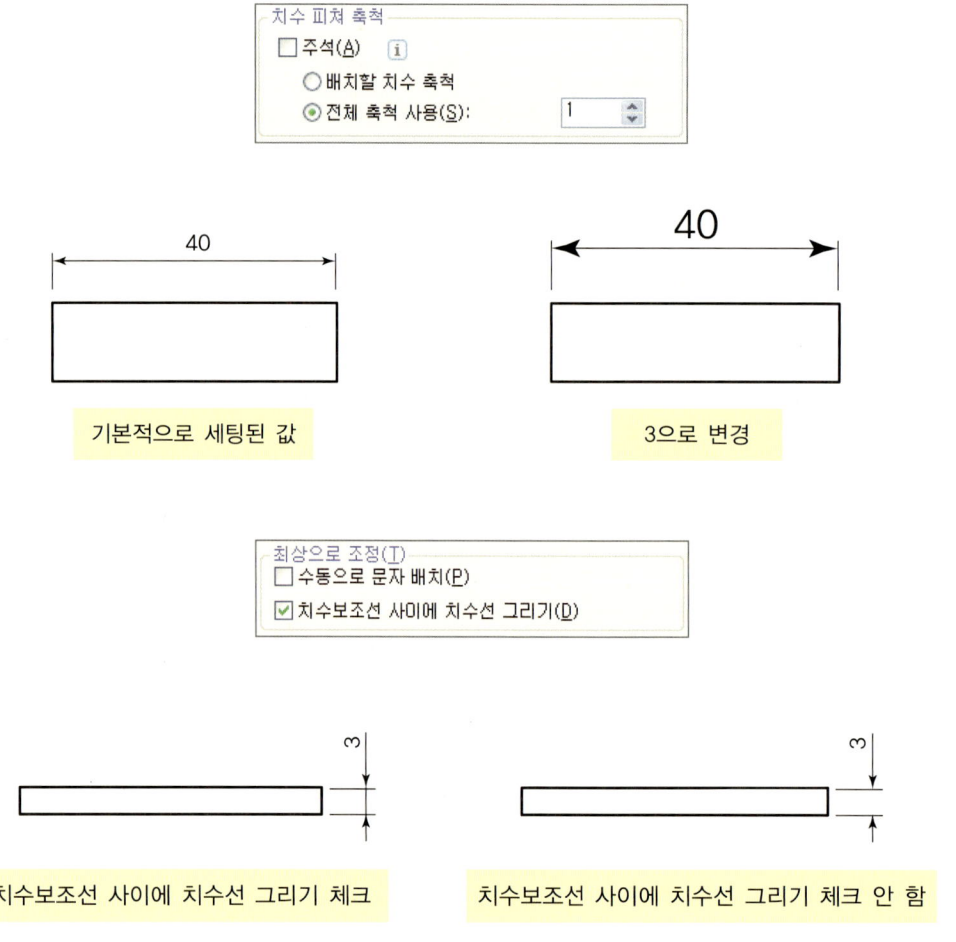

(5) 1차 단위(Primary Unit)

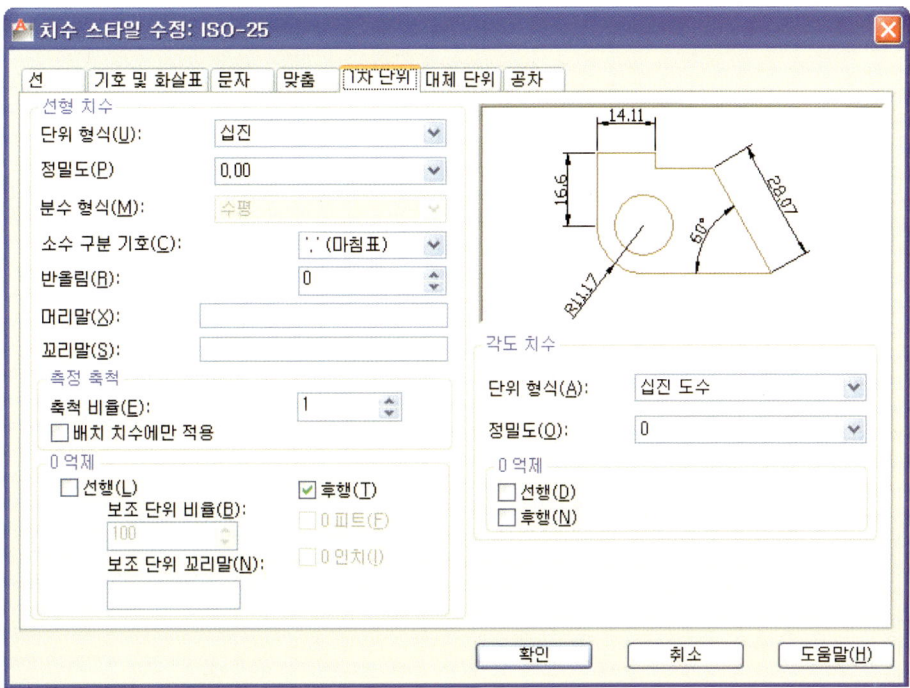

	OPTION		
선형 치수 (Linear Dimensions)	• 단위 형식(Unit format) • 정밀도(Precision) • 분수 형식 　(Fraction format) • 소수구분기호 　(Decimal separator) • 반올림(Round off) • 머리말(Prefix) • 꼬리말(Suffix)	-치수 단위를 지정 -소수점 이하 자릿수를 지정 -치수 단위를 건축이나 분수일 경우 분수 표시 　의 방법을 지정 -소수점 구분자를 지정 -반올림을 지정 -치수문자 앞에 자동으로 추가될 문자기입 -치수문자 뒤에 자동으로 추가될 문자기입	
측정 축척 (Measurement Scale)	• 축척 비율(Scale factor) • 배치 치수에만 적용 　(Apply to layout 　 dimensions only)	-치수 축척 비율을 지정 -체크 시 배치 공간에서만 측정 축척을 적용	
0억제 (Zero Suppression)	• 치수 소수점을 기준으로 0표시 여부를 지정		
각도 치수 (Angular Dimensions)	• 단위 형식(Units format) • 정밀도(Precision)	-대체 단위 지정 -각도 치수의 소수점 이하 자릿수 결정	

① 단위형식

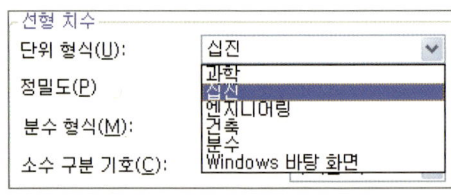

- 단위형식(Unit format)
  - 과학(Scientific)
  - 십진(Decimal)
  - 엔지니어링(Engineering)
  - 건축(Architectural) : (항상 스택 표시)
  - 분수(Fractional) : (항상 스택 표시)
  - Window 바탕 화면(소수부 구분자 변경)

- 정밀도(Precsion) : 치수 문자에 있는 소수부의 자릿수 표시 및 설정(적절한 정밀도로 설정하여 치수 기입 해야 합니다.)

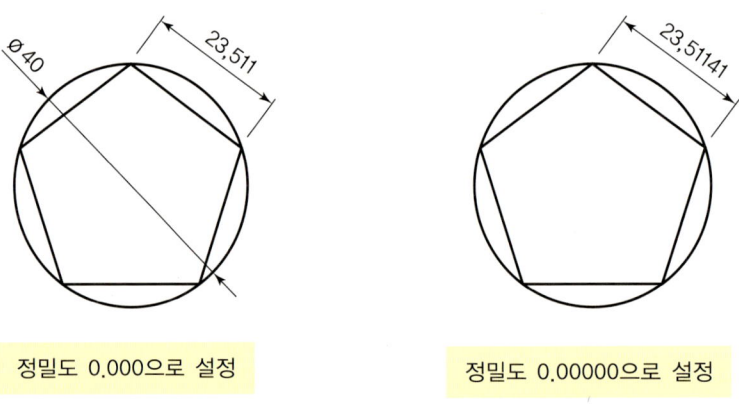

정밀도 0.000으로 설정   정밀도 0.00000으로 설정

② 소수점 구분자(Decimal Separator)

단위형식이 십진수인 치수를 작성할 때, 소수부 구분 기호를 지정합니다.

프롬프트가 표시되면 명령 프롬프트에 단일 문자를 입력합니다. 치수 단위가 십진으로 설정된 경우, 소수점 대신 DIMDSEP이 사용됩니다. DIMDSEP가 NULL로 설정된 경우(기본값, 마침표를 입력하여 재설정) 소수점이 치수 구분 기호로 사용됩니다.

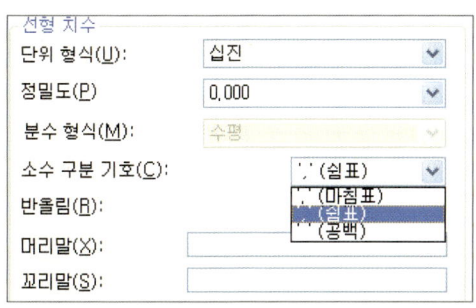

③ 측정축척(Measurement Scale)

일반적으로는 축척비율 1로 사용하지만 척도를 이용하여 도면을 그릴 경우에는 이 기능을 사용하면 매우 편리하므로 꼭 기억해 둡시다.

④ 0의 억제(Zero Suppression)

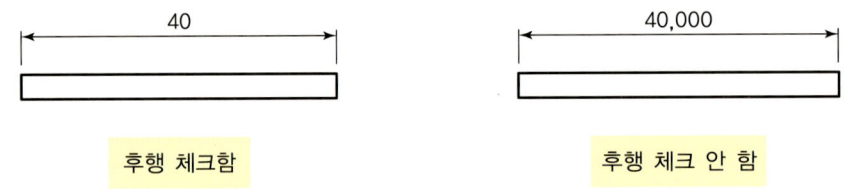

모든 소수 치수에 뒤에 나오는 0(Zero)를 보이지 않게 합니다.

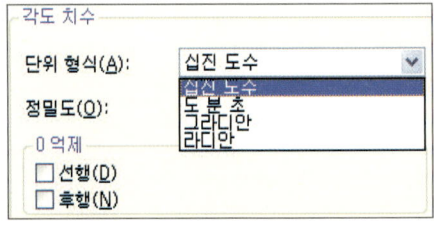

⑤ 각도치수(Angular Dimensions)

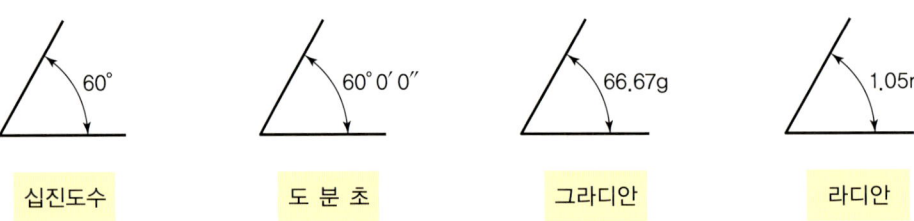

- 십진도수(Decimal Degree)
- 도 분 초(Degrees Minutes Second)
- 그라디안(Gradians)
- 라디안(Radians)

정밀도(Precsion) : 치수문자 중 각도에 있는 소수부의 자릿수를 표시 및 설정합니다.

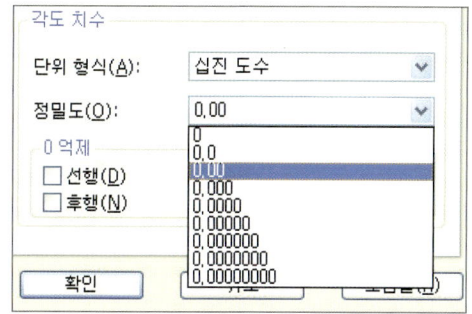

0 억제(Zero Suppression) : 모든 소수 각도 치수에서 뒤에 오는 0(Zero)을 억제합니다.

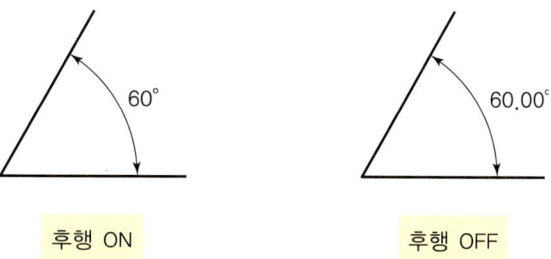

(6) 대체단위(Alternate Units)

[mm, 밀리리터]와 [in, 인치]를 함께 사용할 때 사용됩니다. 수출 수입하는 도면에서 mm와 in를 동시에 사용할 때 사용하면 편리합니다.

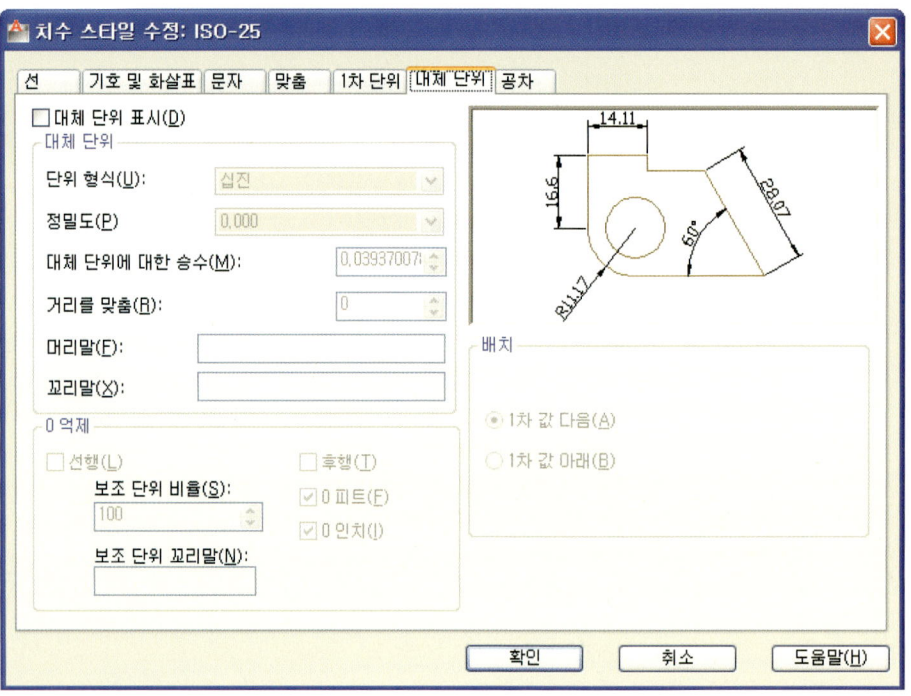

OPTION

대체단위 표시 (Display alternate units)	체크 시 1차 단위와 대체 단위를 나란히 표기
대체 단위 (Alternate Units)	• 단위 형식(Units format) : 대체 단위 지정 • 정밀도(Precision) : 소수점 이하 자릿수를 지정 • 대체 단위 승수(Multiplier for alt units) • 반올림(Round distances to) : 반올림을 지정 • 머리말/꼬리말(Prefix/Suffixx)
0 억제 (Zero Suppression)	대체 단위에 대한 0표시 여부를 지정
배치 (Placement)	• 1차 값 다음(After primary value) • 1차 값 아래(Below primary value)

(7) 공차(Tolerance)

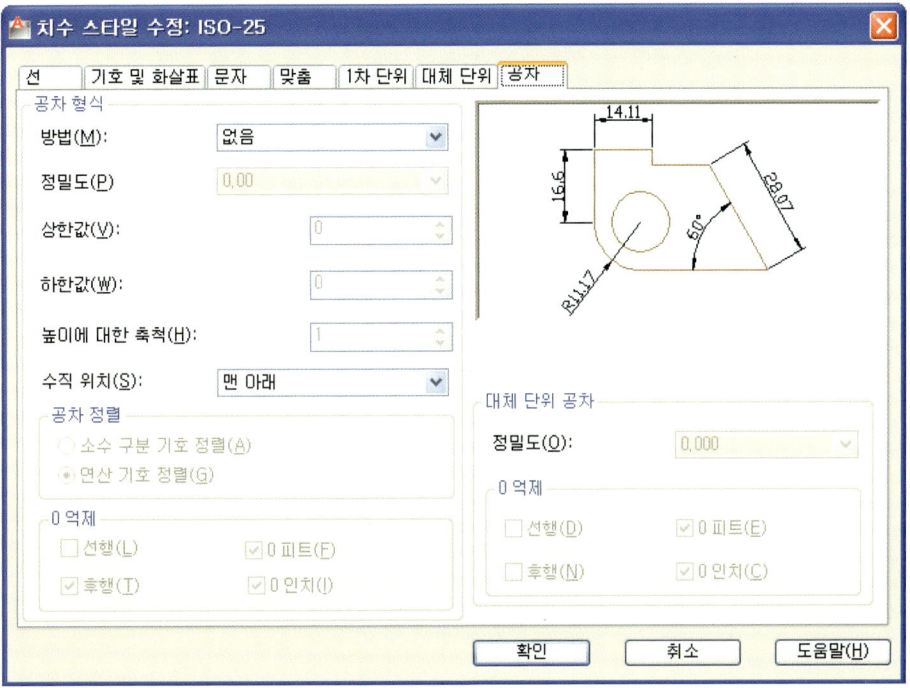

공차 형식 (Tolerance Format)	• 방법(Method) : 공차 표시방법을 지정 • 정밀도(Precision) : 소수점 이하 자릿수를 지정 • 상한값/하한값(Upper value/Lower value) : 공차의 상한값(+)/하한값(-)을 지정 • 높이에 대한 축척(Scaling for height) : 치수문자에 대한 공차 문자의 높이를 비율로 지정 • 수직 위치(Vertical position) : 공차의 수직 위치를 지정
0 억제 (Zero Suppression)	• 공차에 대한 0 표시 여부를 지정
대체 단위 공차 (Alternate unit tolerance)	• 정밀도(Precision) : 소수점 이하 자릿수를 지정
	0 억제 (Zero Suppression) • 대체 단위에 대한 0표시 여부를 지정

① 방법(Method)

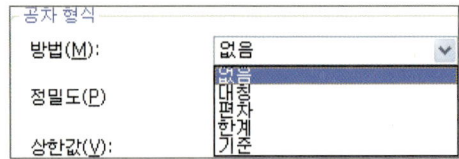

- 없음(None)
- 대칭(Symmetrical)
- 편차(Deviation)
- 한계(Limits)
- 기준(Basic)

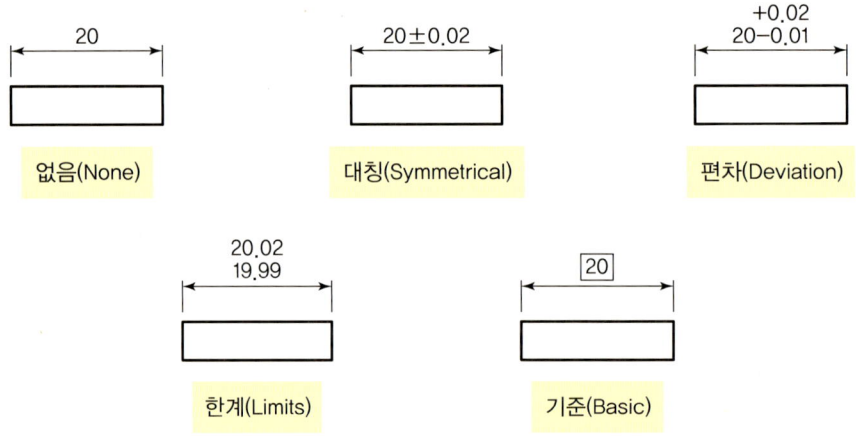

정밀도(Precision) : 소수부 자릿수를 설정합니다.

대칭, 편차, 한계 치수기입법에서는 적절한 상한값과 적절한 하한값을 세팅해 줍니다.

높이에 대한 축척(Scaling for height)은 편차(Deviation)일 때 0.5로 설정해 주는 것이 좋습니다.

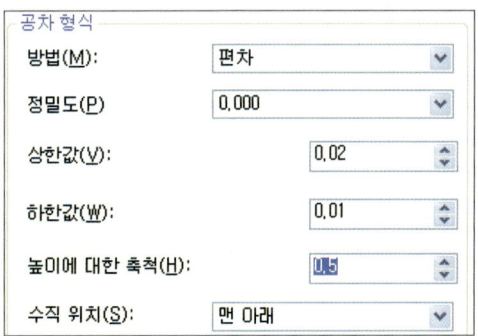

이제 실제적으로 도면에 적용하기 위해서 치수의 스타일을 나누어서 생각해보고 레이어처럼 성질이 비슷한 것끼리 묶어서 사용하면서 수시로 변경이 가능합니다.

일반적으로 기계도면에 많이 쓰이는 치수스타일은 다음과 같습니다.

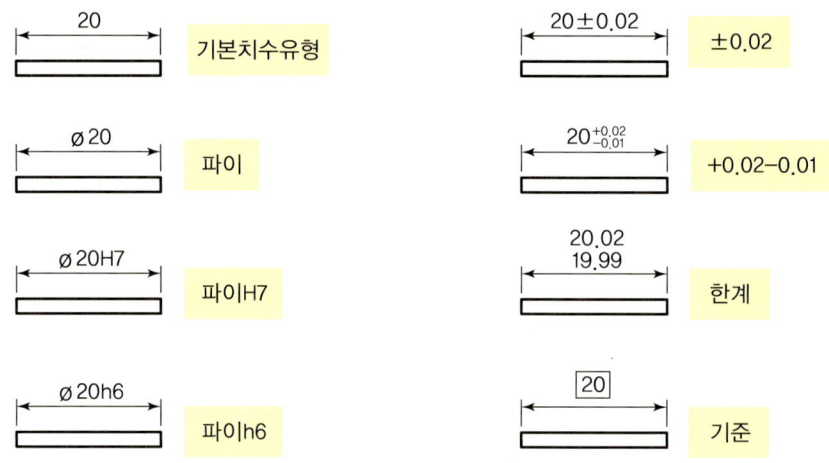

02 치수유형 만들기

치수기입을 한 후 그때그때 수정하여 사용하면 불편하므로 치수스타일을 도면에 맞게 모두 만들어 놓은 후 적절히 사용합니다.

(1) 기본 치수 유형 설정

01 먼저 문자를 지정하고 다음 단계를 넘어가야 미리보기에서 잘 보입니다.

글꼴은 ispcp.shx와 whgtxt.shx를 설정합니다.

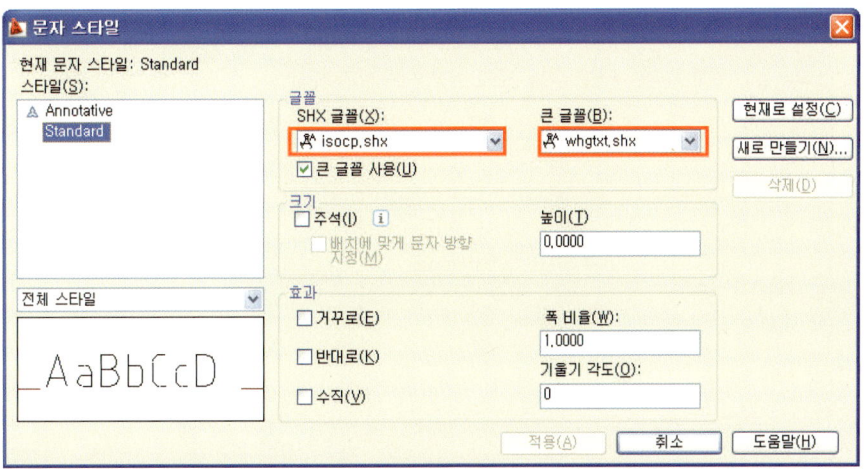

02 현재 치수 스타일 ISO-25를 기준으로 하고 왼쪽에 새로만들기 버튼을 클릭합니다.

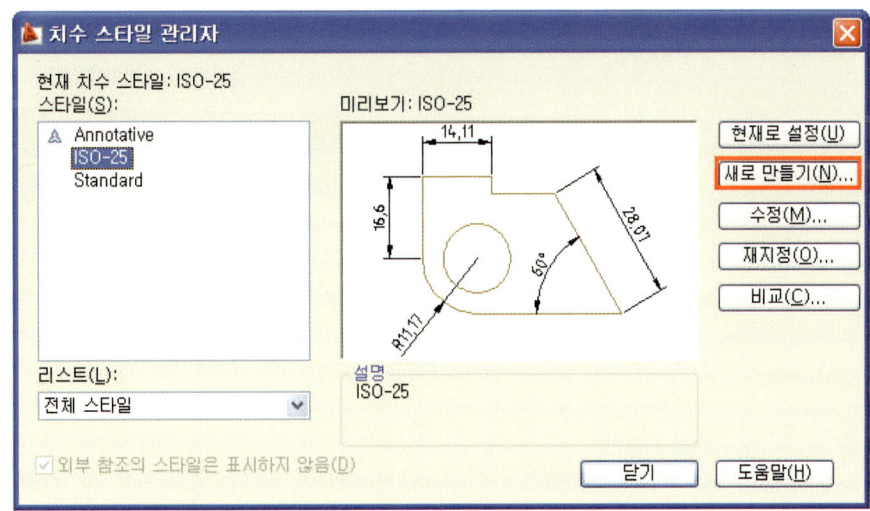

03 기본치수라고 입력한 후 계속 버튼을 클릭합니다.

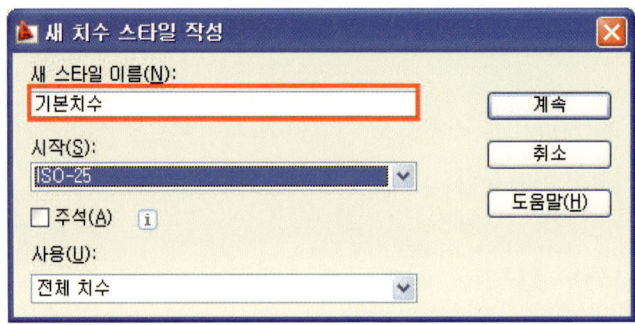

04 치수선, 치수보조선은 빨간색, 기준선 간격 8~10, 치수선 너머로 연장 2, 원점에서 간격 띄우기 1로 변경합니다.(기본값을 써도 됩니다.)

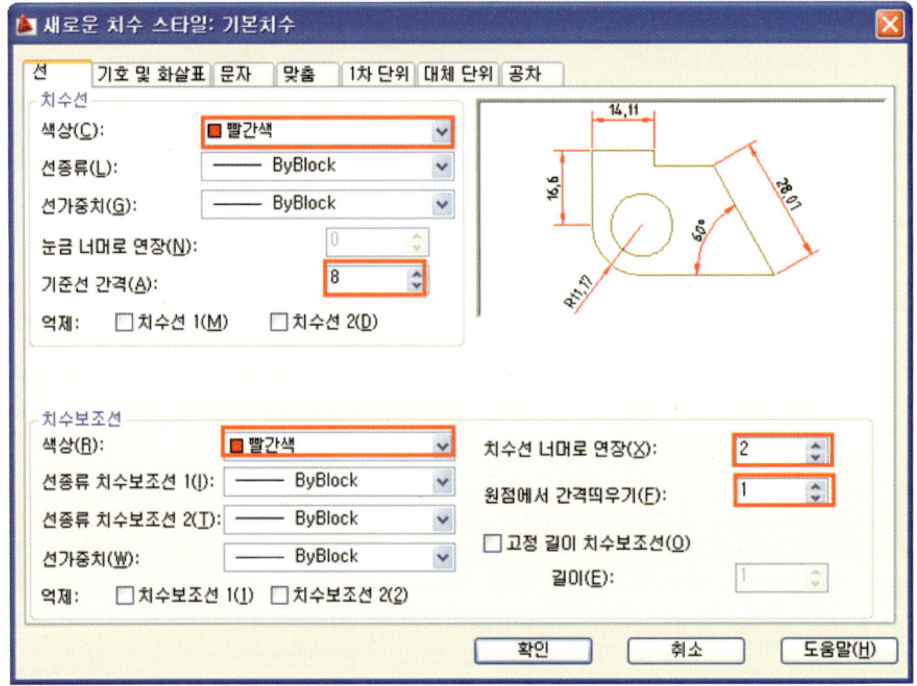

05 반지름 꺾기 치수 60으로 변경합니다.

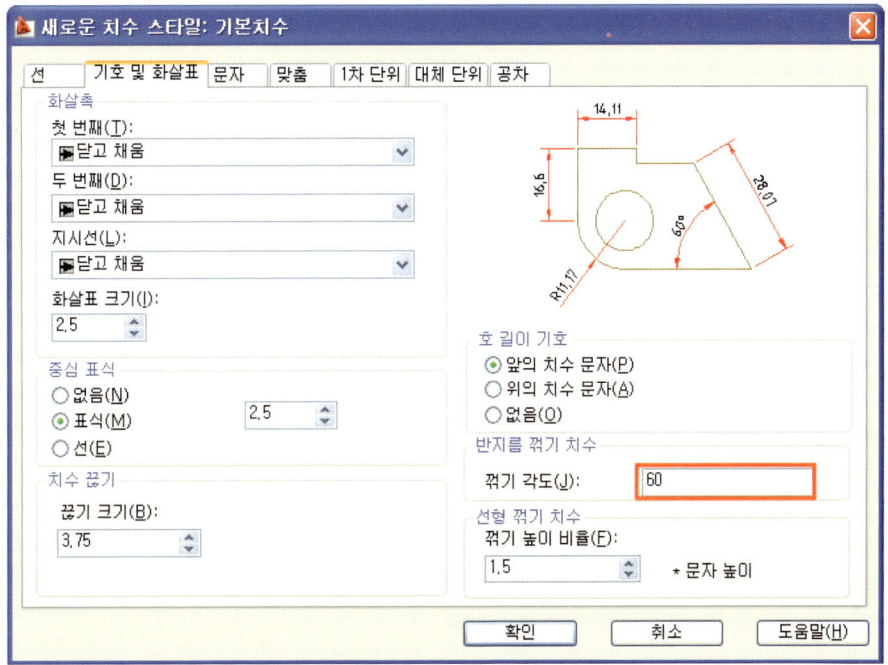

06 문자 색상은 노란색, 문자높이는 3.5, 치수선에서 간격띄우기는 1, 문자정렬은 치수선에 정렬로 변경합니다.

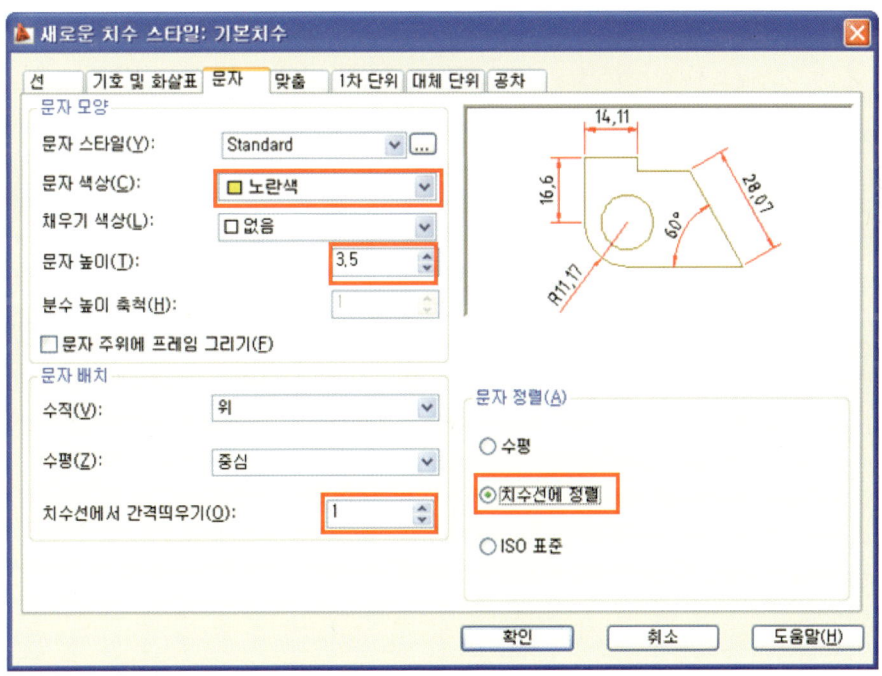

07 맞춤에서는 기본 옵션 그대로 합니다.

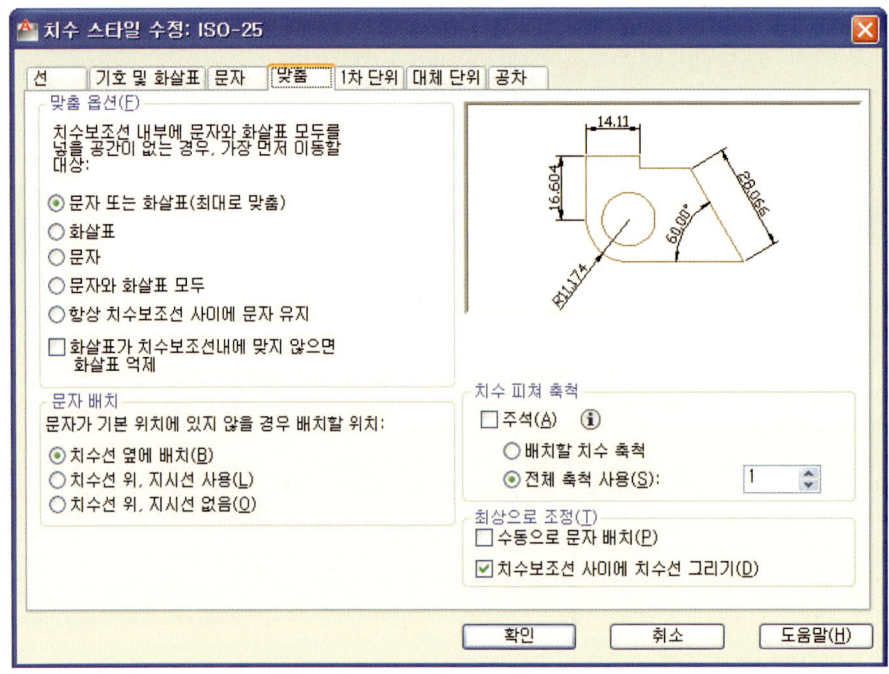

08 소수 구분 기호는 마침표로, 정밀도는 0.000으로, 소수구분기호는 마침표로 각도정밀도를 0.00으로 변경하고 모두 후행에 체크합니다.

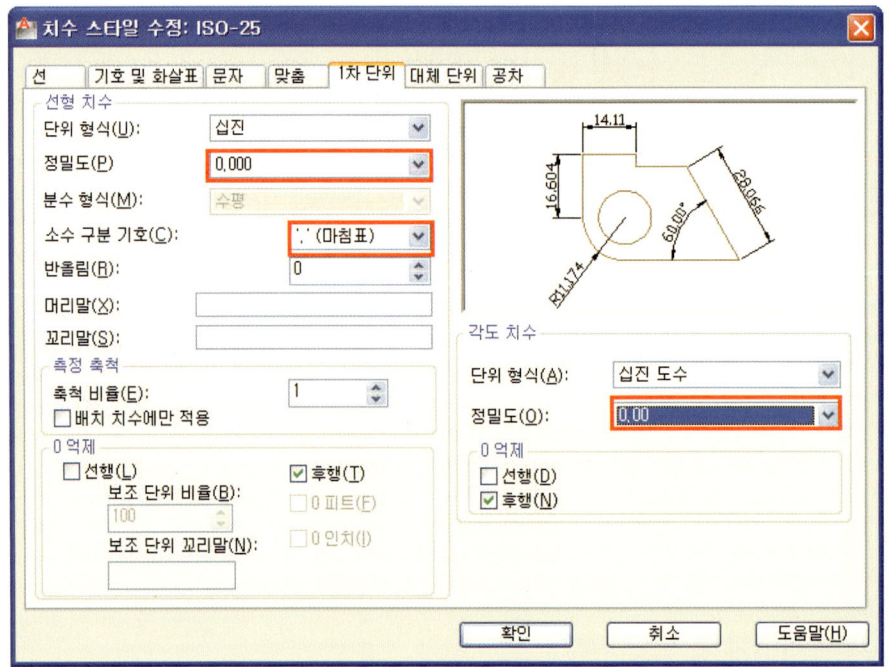

09 대체 단위는 세팅하지 않습니다. [in, 인치]를 사용하여 표현할 경우 체크합니다.
인치[in]를 사용하는 다른 나라와 거래할 때 사용하면 편리합니다.

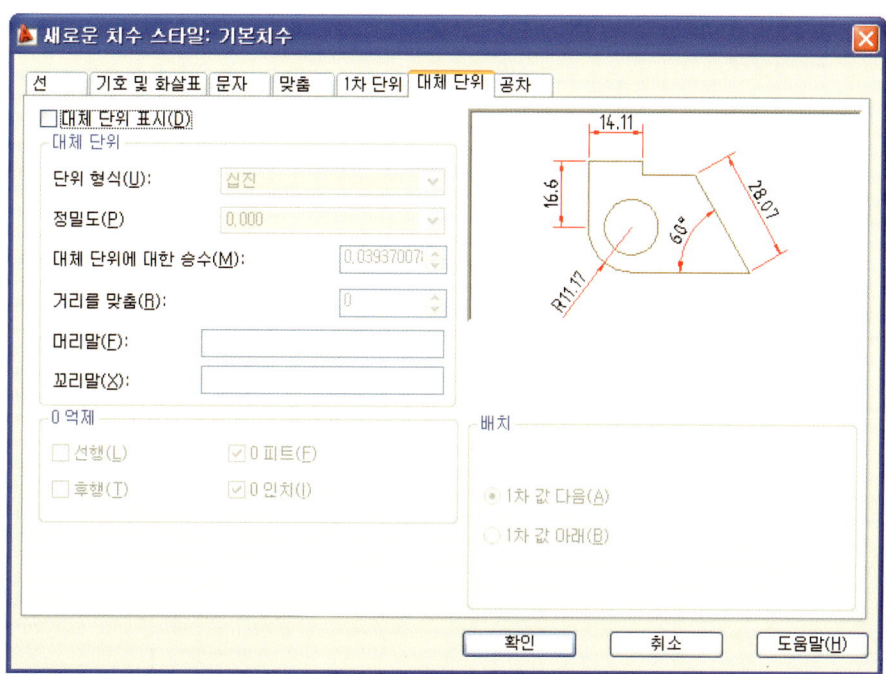

10 공차는 설정하지 않습니다.

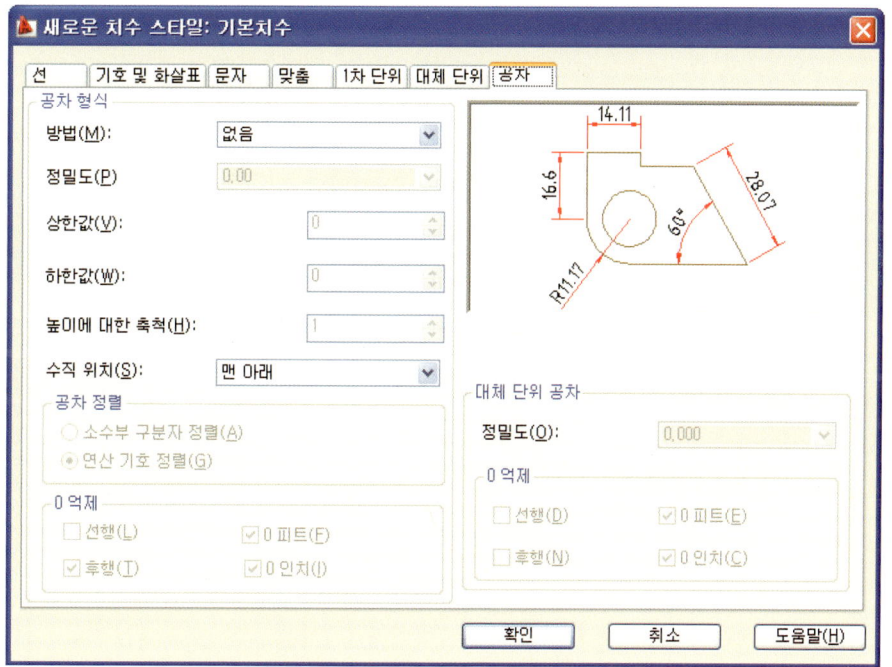

기본 치수 유형을 마무리합니다.

281

(2) 파이치수 유형 설정

01 기본치수 스타일을 선택한 후 새로 만들기 버튼을 클릭합니다.

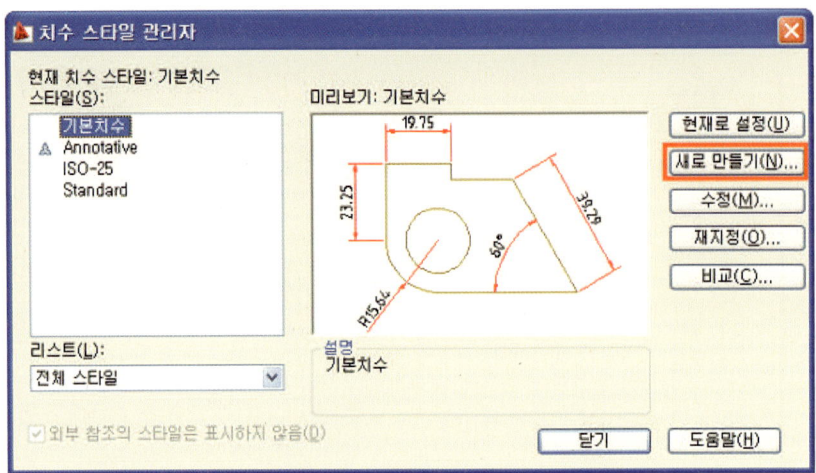

02 이름을 파이로 작성한 후 계속 버튼을 클릭합니다.

03 다른 것은 그대로 두고 머리말 부분에 %%C를 넣습니다. 이렇게 하면 치수기입되는 모든 문자에 Ø가 들어갑니다.

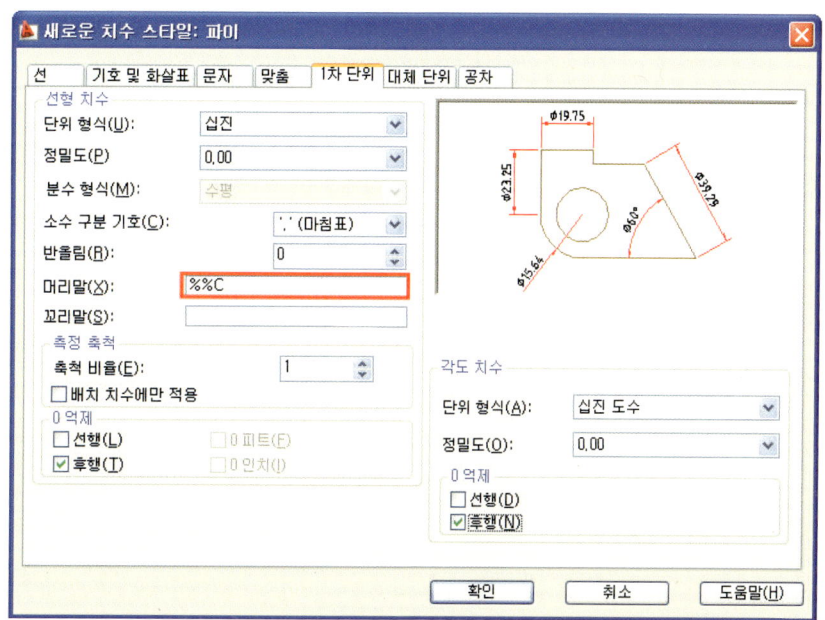

04 왼쪽 부분에 파이라는 스타일이 생성된 것을 확인한 후 닫기를 클릭하여 마무리합니다.

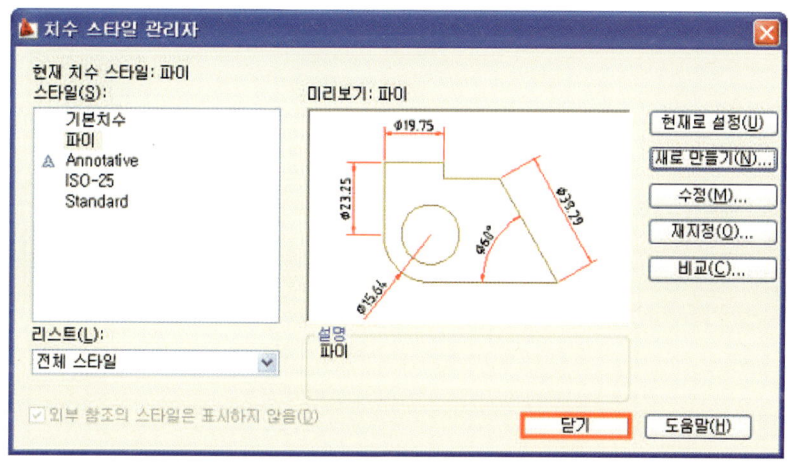

지금까지 두 가지 치수 스타일을 만들어 보았습니다. 마찬가지로 나머지 치수 스타일도 각각 만들어 놓은 후 사용하면 편리하게 치수를 따로 편집하지 않아도 쉽게 수정이 가능합니다. 도면마다 주로 쓰이는 치수 스타일이 다르므로 치수스타일을 빨리 파악하고 만들어 사용할 수 있어야 합니다.

예제 아래 화면과 같이 여러 치수 유형을 만들어 사용해봅시다.

AutoCAD 03 치수기입하기

여러 가지 치수 스타일을 만들면 왼쪽에 여러 스타일의 치수가 생성된 것을 볼 수 있습니다.

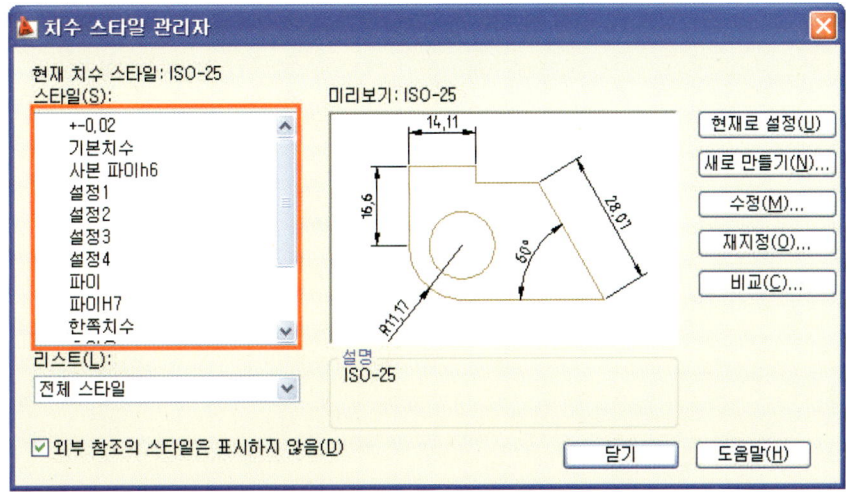

본격적으로 치수기입을 해봅시다. 다음과 같이 주석을 클릭하여 치수기입할 준비를 합니다.

OPTION

단축아이콘	단축아이콘 이름	명령어	설 명
기본치수		Dim style control	치수 스타일을 선택하는 부분
	선형	dimlinear	선형 치수기입, 가로 또는 세로 치수기입
	정렬	dimaligned	경사진 부분의 선형 치수기입을 하는 명령어
	각도	dimangular	각도 치수기입을 하는 명령어
	호길이	dimarc	일반 호나 폴리선의 호의 치수기입을 하는 명령어
	반지름	dimradius	반지름 치수기입을 하는 명령어
	지름	dimdeameter	지름 치수기입을 하는 명령어
	꺾기선	jogged linear	꺾기 치수선을 생성하는 명령어
	세로좌표	dimordinate	누진 치수기입을 하는 명령어
	치수 스타일	dimstyle	치수의 유형을 지정해주는 명령어
	끊기	dimension break	중첩된 치수선을 잘라내는 명령어
	공간조정	dimension space	치수선의 간격을 조정하는 명령어
	신속치수	qucik dim	선형, 반지름, 지름 등을 자동으로 인식하여 신속하게 치수기입하는 명령어
	연속	dim continue	직렬 치수기입을 하는 명령어
	기준선	dim baseline	병렬 치수기입을 하는 명령어
	검사	inspecion	치수 점검을 생성하거나 제거하는 명령어
	업데이트	update	치수를 업데이트하는 명령어
	재연관	dimreassociate	선택된 치수를 기하학적 객체에 연관시키는 명령어
	공차	tolerance	기하공차를 기입하는 명령어
	중심표식	dimcenter	원이나 호에 중심을 표시하는 명령어
	기울기	dimedit	선형경사 치수에 연장선을 만드는 명령어
	기본문자위치 복원	dimtedit	문자를 기본위치로 변경하는 명령어
	문자각도	dimtedit	문자각도를 지정하는 명령어
	왼쪽 자리맞추기	dimtedit	문자를 왼쪽으로 정렬하는 명령어
	가운데 자리맞추기	dimtedit	문자를 가운데로 정렬하는 명령어
	오른쪽 자리맞추기	dimtedit	문자를 오른쪽으로 정렬하는 명령어
	재지정	dimoverride	문자를 재지정하는 명령어

 **제도이론**

제도에서는 치수가 결정되면 어떠한 방법으로 치수를 배치해야 할 것인가를 생각하여야 한다. 도면에 표시된 부품의 기능, 가공 등의 조건에 따라 치수를 배치하는 방법을 달리하여, 도면을 보는 사람이 명확하게 치수를 읽을 수 있어야 한다.

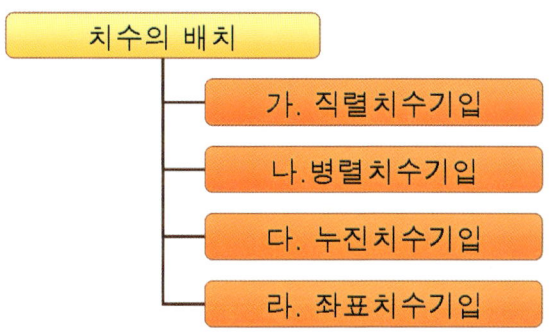

① 직렬치수기입

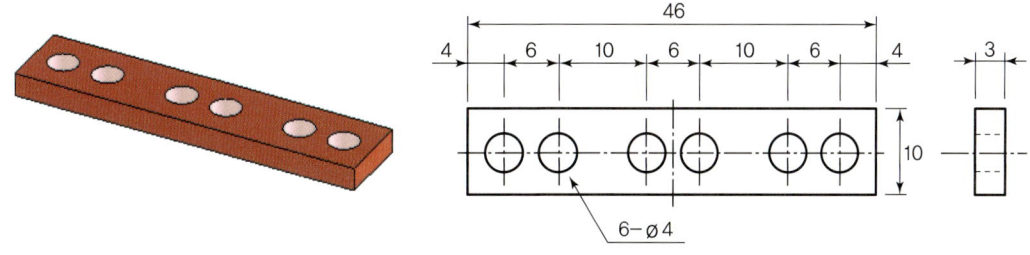

② 병렬치수기입

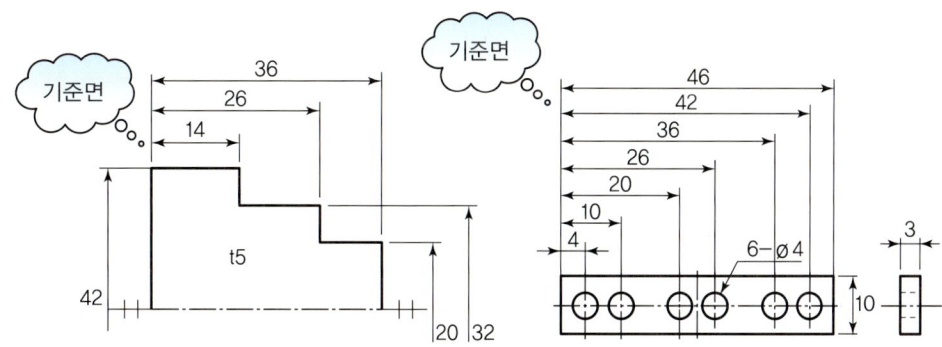

287

③ 누진치수기입

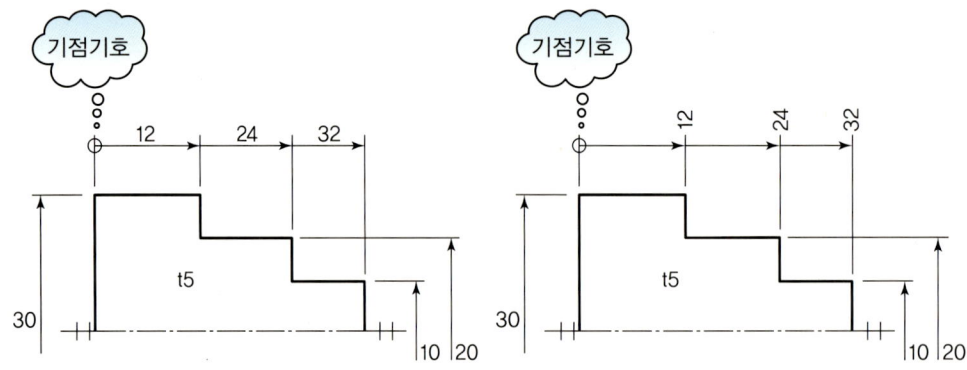

④ 좌표치수기입

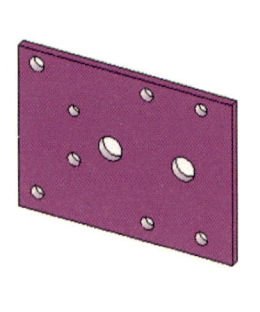
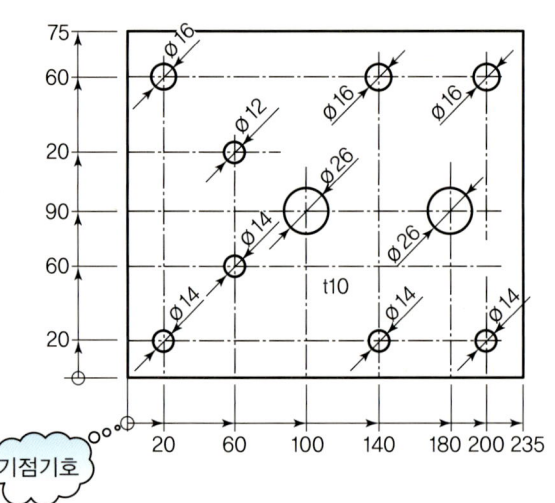

구분	X	Y	φ
A	20	20	14
B	140	20	14
C	200	20	14
D	60	60	14
E	100	90	26
F	180	90	26
G	20	160	16

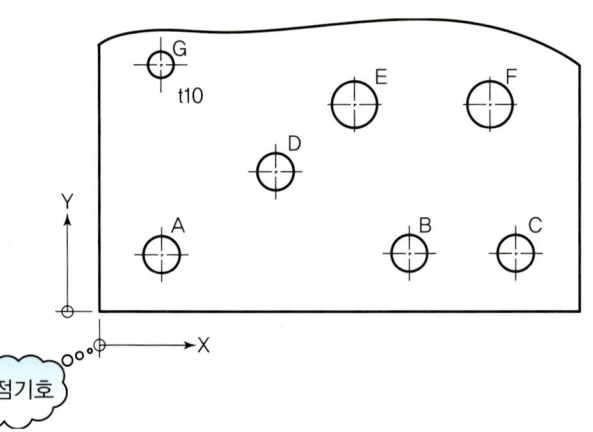

다음과 같이 도면을 그리고 치수기입을 해봅시다.

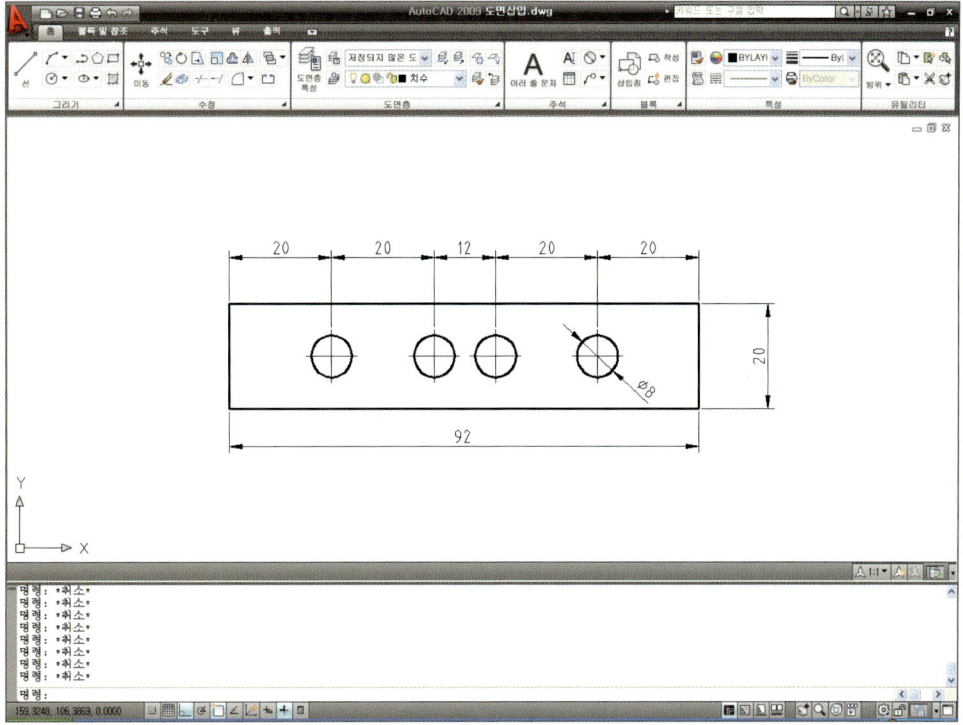

실습순서

01 레이어를 치수 레이어로 변경하여 치수기입 합니다.

02 주석 부분으로 가서 미리 만들어놓은 치수스타일의 기본치수를 변경합니다.

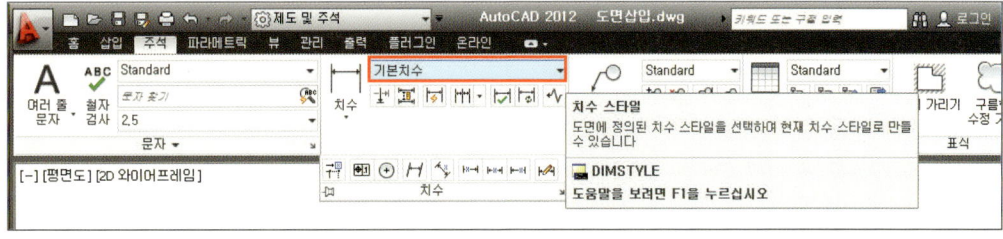

03 치수기입을 합니다.

AutoCAD 04 선형 치수기입

단축아이콘	단축아이콘 이름	명령어	설 명
⊢⊣	선형	dimlinear	선형 치수기입, 가로 또는 세로 치수기입합니다.

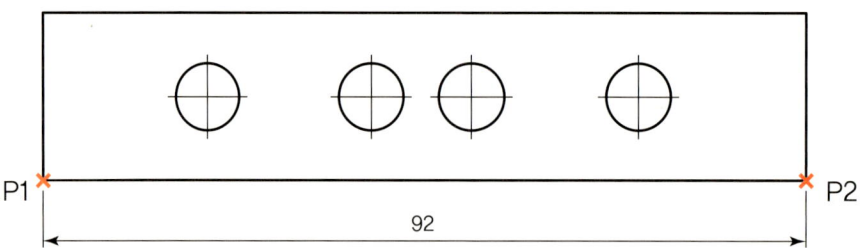

명령행(Command) 사용하기

명령: dimlinear **Enter ↵**
첫 번째 치수보조선 원점 지정 또는 〈객체 선택〉: "P1 선택"
두 번째 치수보조선 원점 지정: "P2 선택"
치수선의 위치 지정 또는
[여러 줄 문자(M)/문자(T)/각도(A)/수평(H)/수직(V)/회전(R)]: "치수문자가 위치할 곳 클릭"
치수 문자 = 92

AutoCAD 05 지름 치수기입

단축아이콘	단축아이콘 이름	명령어	설 명
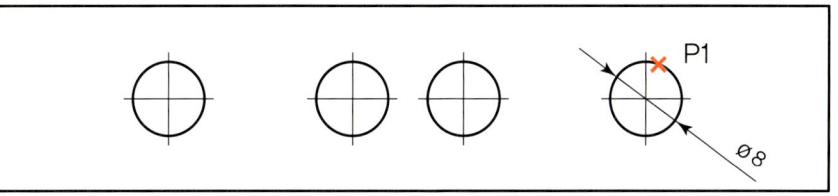	지름	dimdiameter	지름 치수기입을 하는 명령어입니다.

명령행(Command) 사용하기

명령: dimdiameter **Enter**
호 또는 원 선택: "P1 선택"
치수 문자 = 8
치수선의 위치 지정 또는 [여러 줄 문자(M)/문자(T)/각도(A)]: "치수문자가 위치할 곳 클릭"
명령:

AutoCAD 06 기준선 치수기입

단축아이콘	단축아이콘 이름	명령어	설 명
	기준선	dimbaseline	병렬치수기입을 하는 명령어입니다.

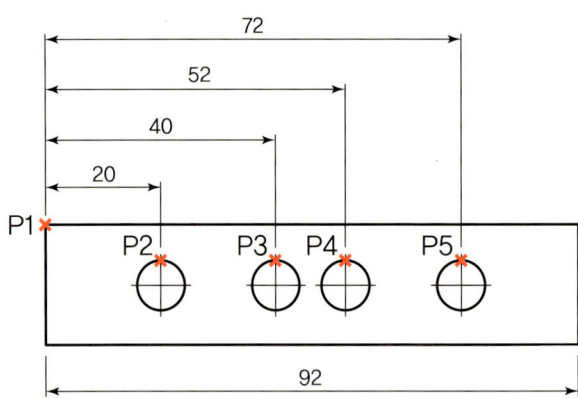

명령행(Command) 사용하기

명령: dimlinear **Enter**
첫 번째 치수보조선 원점 지정 또는 〈객체 선택〉: "P1 선택"
두 번째 치수보조선 원점 지정: "P2 선택"
치수선의 위치 지정 또는
[여러 줄 문자(M)/문자(T)/각도(A)/수평(H)/수직(V)/회전(R)]: "위치 지정"
치수 문자 = 20
명령:
명령: dimbaseline "또는 □ 클릭"
두 번째 치수보조선 원점 지정 또는 [명령 취소(U)/선택(S)] 〈선택(S)〉: "P3 선택"
치수 문자 = 40
두 번째 치수보조선 원점 지정 또는 [명령 취소(U)/선택(S)] 〈선택(S)〉: "P4 선택"
치수 문자 = 52
두 번째 치수보조선 원점 지정 또는 [명령 취소(U)/선택(S)] 〈선택(S)〉: "P5 선택"
치수 문자 = 72
두 번째 치수보조선 원점 지정 또는 [명령 취소(U)/선택(S)] 〈선택(S)〉: *취소*

AutoCAD 07 세로좌표 치수기입

단축아이콘	단축아이콘 이름	명령어	설 명
	세로좌표	dimordinate	누진 치수기입을 하는 명령어입니다.

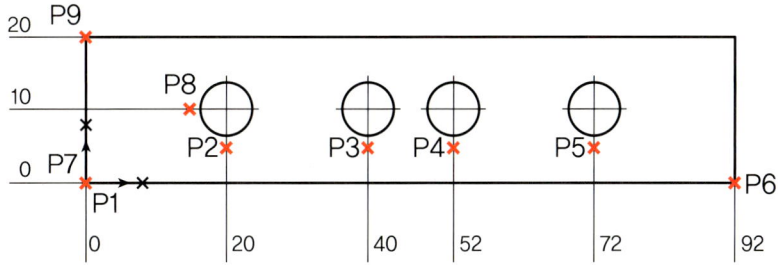

누진 치수기입법을 사용하기 위해서는, 좌표계의 원점을 치수기입할 객체의 원점에 지정한 후 기입해주어야 합니다. 치수기입이 끝난 후에는 좌표계를 원래의 위치로 되돌려 놓아야 합니다. 되돌려 놓지 않으면 출력 시 원하는 대로 출력되지 않을 수 있습니다.

명령행(Command) 사용하기

명령: UCS **Enter ↵**

현재 UCS 이름: *표준*

UCS의 원점 지정 또는 [면(F)/이름(NA)/객체(OB)/이전(P)/뷰(V)/표준(W)/X/Y/Z/Z축(ZA)] 〈표준(W)〉: "P1 선택"

X축에서 점 지정 또는 〈수락(A)〉: **Enter ↵**

명령행(Command) 사용하기

명령: dimordinate "또는 마우스로 [icon] 클릭"

피처 위치를 지정: "P1 선택"

지시선 끝점을 지정 또는 [X데이텀(X)/Y데이텀(Y)/여러 줄 문자(M)/문자(T)/각도(A)]:

치수 문자 = 0

명령: [Enter↵] "또는 마우스로 [icon] 클릭"

DIMORDINATE

피처 위치를 지정: "P2 선택"

지시선 끝점을 지정 또는 [X데이텀(X)/Y데이텀(Y)/여러 줄 문자(M)/문자(T)/각도(A)]:

치수 문자 = 20

명령: [Enter↵] "또는 마우스로 [icon] 클릭"

DIMORDINATE

피처 위치를 지정: "P3 선택"

지시선 끝점을 지정 또는 [X데이텀(X)/Y데이텀(Y)/여러 줄 문자(M)/문자(T)/각도(A)]:

치수 문자 = 40

명령: [Enter↵] "또는 마우스로 [icon] 클릭"

DIMORDINATE

피처 위치를 지정: "P4 선택"

지시선 끝점을 지정 또는 [X데이텀(X)/Y데이텀(Y)/여러 줄 문자(M)/문자(T)/각도(A)]:

치수 문자 = 52

명령: [Enter↵] "또는 마우스로 [icon] 클릭"

DIMORDINATE

피처 위치를 지정: "P5 선택"

지시선 끝점을 지정 또는 [X데이텀(X)/Y데이텀(Y)/여러 줄 문자(M)/문자(T)/각도(A)]:

치수 문자 = 72

명령: `Enter ↵` "또는 마우스로 📐 클릭"

DIMORDINATE

피처 위치를 지정: "P6 선택"

지시선 끝점을 지정 또는 [X데이텀(X)/Y데이텀(Y)/여러 줄 문자(M)/문자(T)/각도(A)]:

치수 문자 = 92

명령: `Enter ↵` "또는 마우스로 📐 클릭"

DIMORDINATE

피처 위치를 지정: "P7 선택"

지시선 끝점을 지정 또는 [X데이텀(X)/Y데이텀(Y)/여러 줄 문자(M)/문자(T)/각도(A)]:

치수 문자 = 0

명령: `Enter ↵` "또는 마우스로 📐 클릭"

DIMORDINATE

피처 위치를 지정: "P8 선택"

지시선 끝점을 지정 또는 [X데이텀(X)/Y데이텀(Y)/여러 줄 문자(M)/문자(T)/각도(A)]:

치수 문자 = 10

명령: `Enter ↵` "또는 마우스로 📐 클릭"

DIMORDINATE

피처 위치를 지정: "P9 선택"

지시선 끝점을 지정 또는 [X데이텀(X)/Y데이텀(Y)/여러 줄 문자(M)/문자(T)/각도(A)]:

치수 문자 = 20

AutoCAD 08 치수 끊기

단축아이콘	단축아이콘 이름	명령어	설 명
⊥⇥	끊기	dimension break	중첩된 치수선을 잘라내는 명령어입니다.

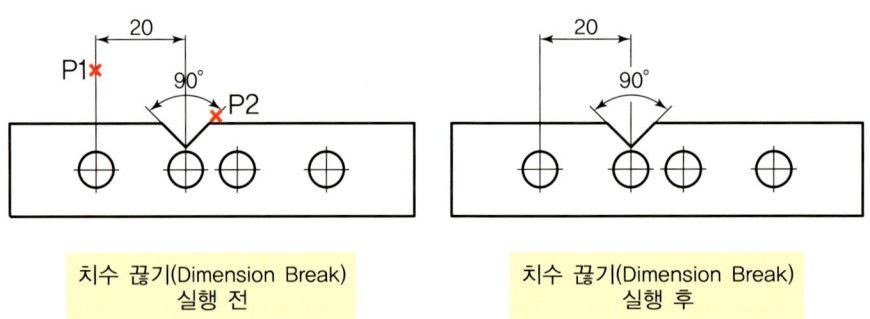

치수 끊기(Dimension Break) 실행 전   치수 끊기(Dimension Break) 실행 후

▶ 명령행(Command) 사용하기

명령: DIMBREAK [Enter↵] "또는 마우스로 ⊥⇥ 클릭"

끊기를 추가/제거할 치수 선택 또는 [다중]: "P1 선택"

치수를 끊을 객체 선택 또는 [자동(A)/수동(M)/제거(R)] 〈자동〉: "P2 선택"

치수를 끊을 객체 선택:

1개의 객체 수정됨

AutoCAD 09 공간 조정하기

단축아이콘	단축아이콘 이름	명령어	설 명
	공간 조정	dimension space	치수선의 간격을 조정하는 명령어입니다.

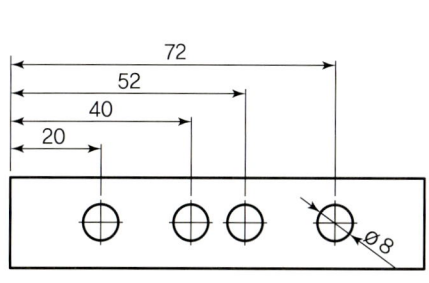

공간 조정(Dimension Space)
실행 전

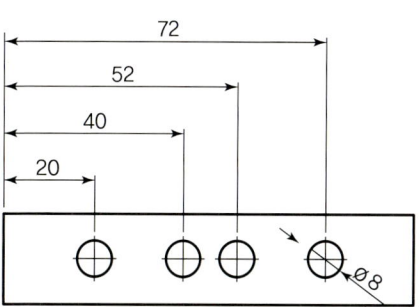

공간 조정(Dimension Space)
실행 후

▶ 명령행(Command) 사용하기

명령: DIMSPACE **Enter** "또는 마우스로 클릭"

기본 치수 선택: "공간 조정할 치수 선택"

간격을 둘 치수 선택: 1개를 찾음

간격을 둘 치수 선택: 1개를 찾음, 총 2

간격을 둘 치수 선택: 1개를 찾음, 총 3

간격을 둘 치수 선택:

값 또는 [자동(A)] 입력 〈자동(A)〉: 10 "공간조정값 입력"

AutoCAD 10 신속치수 기입하기(연속 치수기입)

단축아이콘	단축아이콘 이름	명령어	설 명
	신속치수	qucik dim	선형, 반지름, 지름 등을 자동으로 인식하여 신속하게 치수기입하는 명령어입니다.

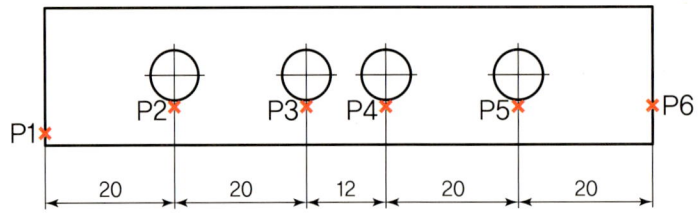

명령행(Command) 사용하기

명령: qdim [Enter] "또는 마우스로 클릭"

연관 치수 우선순위 = 끝점(E)

치수 기입할 형상 선택: 1개를 찾음 "P1 선택"

치수 기입할 형상 선택: 1개를 찾음, 총 2 "P2 선택"

치수 기입할 형상 선택: 1개를 찾음, 총 3 "P3 선택"

치수 기입할 형상 선택: 1개를 찾음, 총 4 "P4 선택"

치수 기입할 형상 선택: 1개를 찾음, 총 5 "P5 선택"

치수 기입할 형상 선택: 1개를 찾음, 총 6 "P6 선택"

치수 기입할 형상 선택: "치수문자가 위치할 곳 클릭"

치수선의 위치 지정 또는 [연속(C)/다중(S)/기준선(B)/세로좌표(O)/반지름(R)/지름(D)/데이텀 점(P)/편집(E)/설정(T)]

〈연속(C)〉:

AutoCAD 11 신속치수 기입하기(기준선 치수기입)

단축아이콘	단축아이콘 이름	명령어	설 명
	신속치수	qucik dim	선형, 반지름, 지름 등을 자동으로 인식하여 신속하게 치수기입하는 명령어입니다.

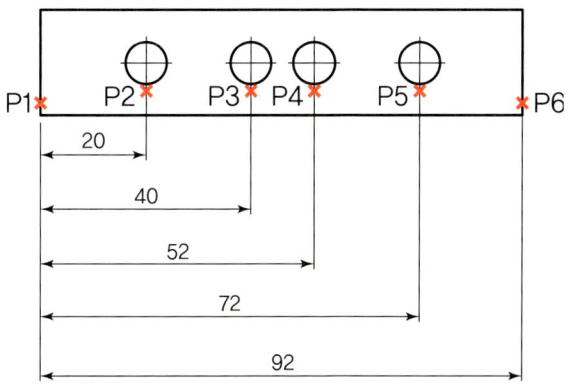

▶ 명령행(Command) 사용하기

명령: qdim **Enter** "또는 마우스로 클릭"

연관 치수 우선순위 = 끝점(E)

치수 기입할 형상 선택: 1개를 찾음 "P1 선택"

치수 기입할 형상 선택: 1개를 찾음, 총 2 "P2 선택"

치수 기입할 형상 선택: 1개를 찾음, 총 3 "P3 선택"

치수 기입할 형상 선택: 1개를 찾음, 총 4 "P4 선택"

치수 기입할 형상 선택: 1개를 찾음, 총 5 "P5 선택"

치수 기입할 형상 선택: 1개를 찾음, 총 6 "P6 선택"

치수 기입할 형상 선택: "치수문자가 위치할 곳 클릭"

치수선의 위치 지정 또는 [연속(C)/다중(S)/기준선(B)/세로좌표(O)/반지름(R)/지름(D)/데이텀 점(P)/편집(E)/설정(T)]

〈연속(C)〉: b "기준선 치수기입 B 클릭"

AutoCAD 12 신속치수 기입하기(다중 치수기입)

단축아이콘	단축아이콘 이름	명령어	설 명
	신속치수	qucik dim	선형, 반지름, 지름 등을 자동으로 인식하여 신속하게 치수기입하는 명령어입니다.

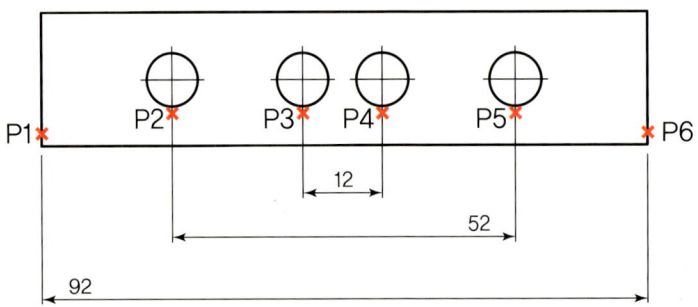

명령행(Command) 사용하기

명령: qdim **Enter** "또는 마우스로 클릭"

연관 치수 우선순위 = 끝점(E)

치수 기입할 형상 선택: 1개를 찾음 "P1 선택"

치수 기입할 형상 선택: 1개를 찾음, 총 2 "P2 선택"

치수 기입할 형상 선택: 1개를 찾음, 총 3 "P3 선택"

치수 기입할 형상 선택: 1개를 찾음, 총 4 "P4 선택"

치수 기입할 형상 선택: 1개를 찾음, 총 5 "P5 선택"

치수 기입할 형상 선택: 1개를 찾음, 총 6 "P6 선택"

치수 기입할 형상 선택: "치수문자가 위치할 곳 클릭"

치수선의 위치 지정 또는 [연속(C)/다중(S)/기준선(B)/세로좌표(O)/반지름(R)/지름(D)/데이팀 점(P)/편집(E)/설정(T)]

〈연속(C)〉: S "다중 치수기입 S 클릭"

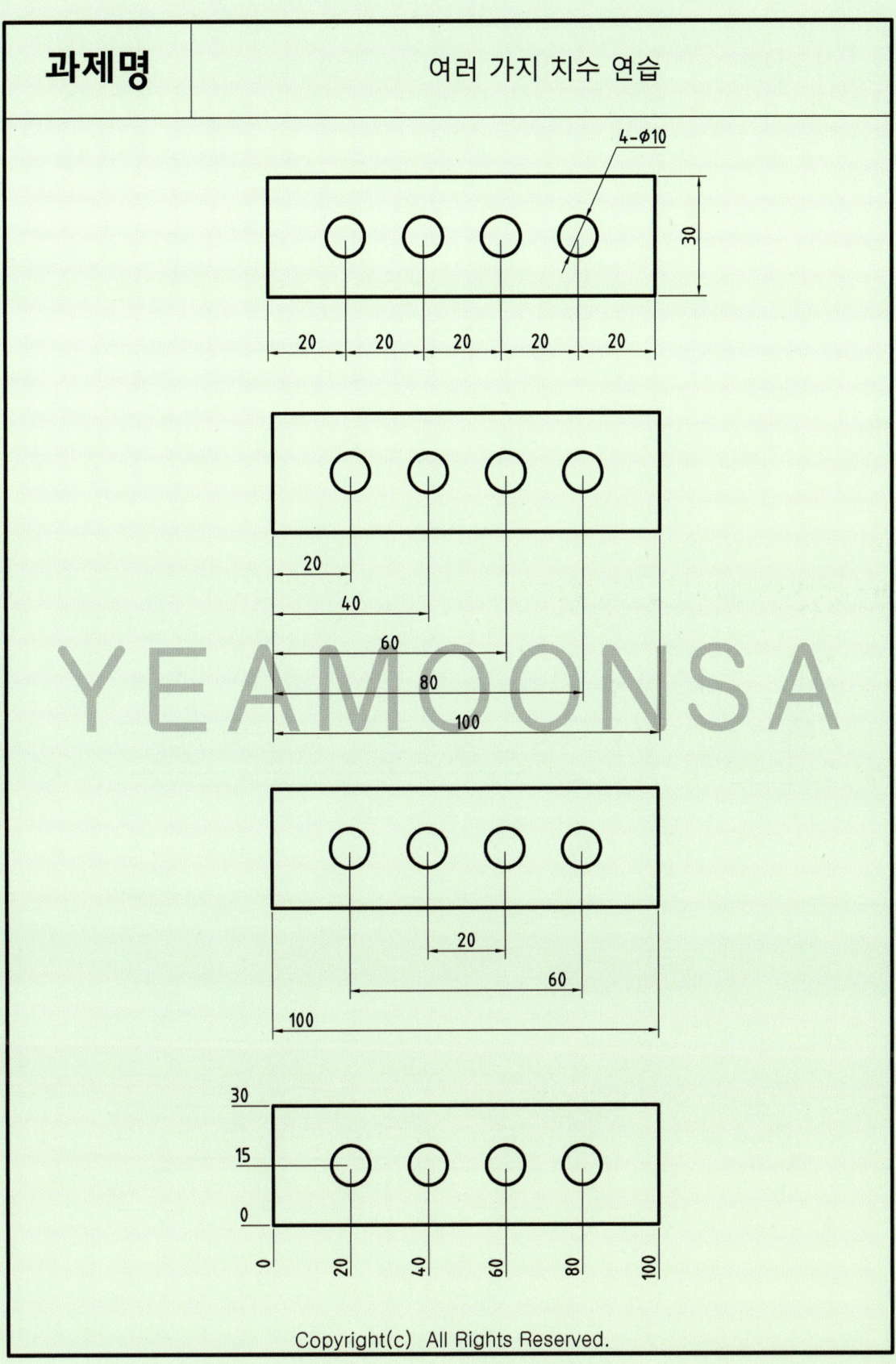

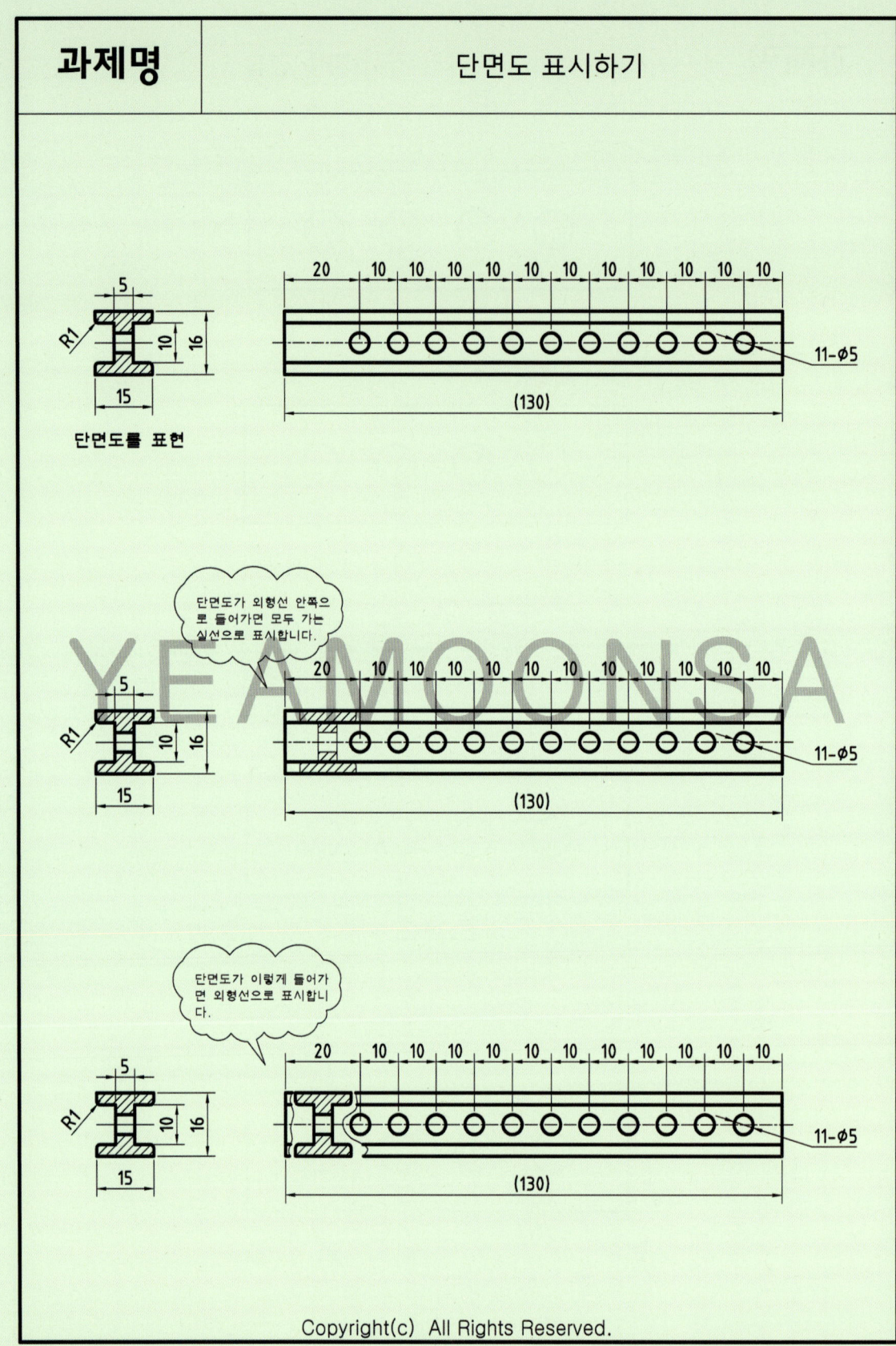

| 과제명 | 훅 그리기 |

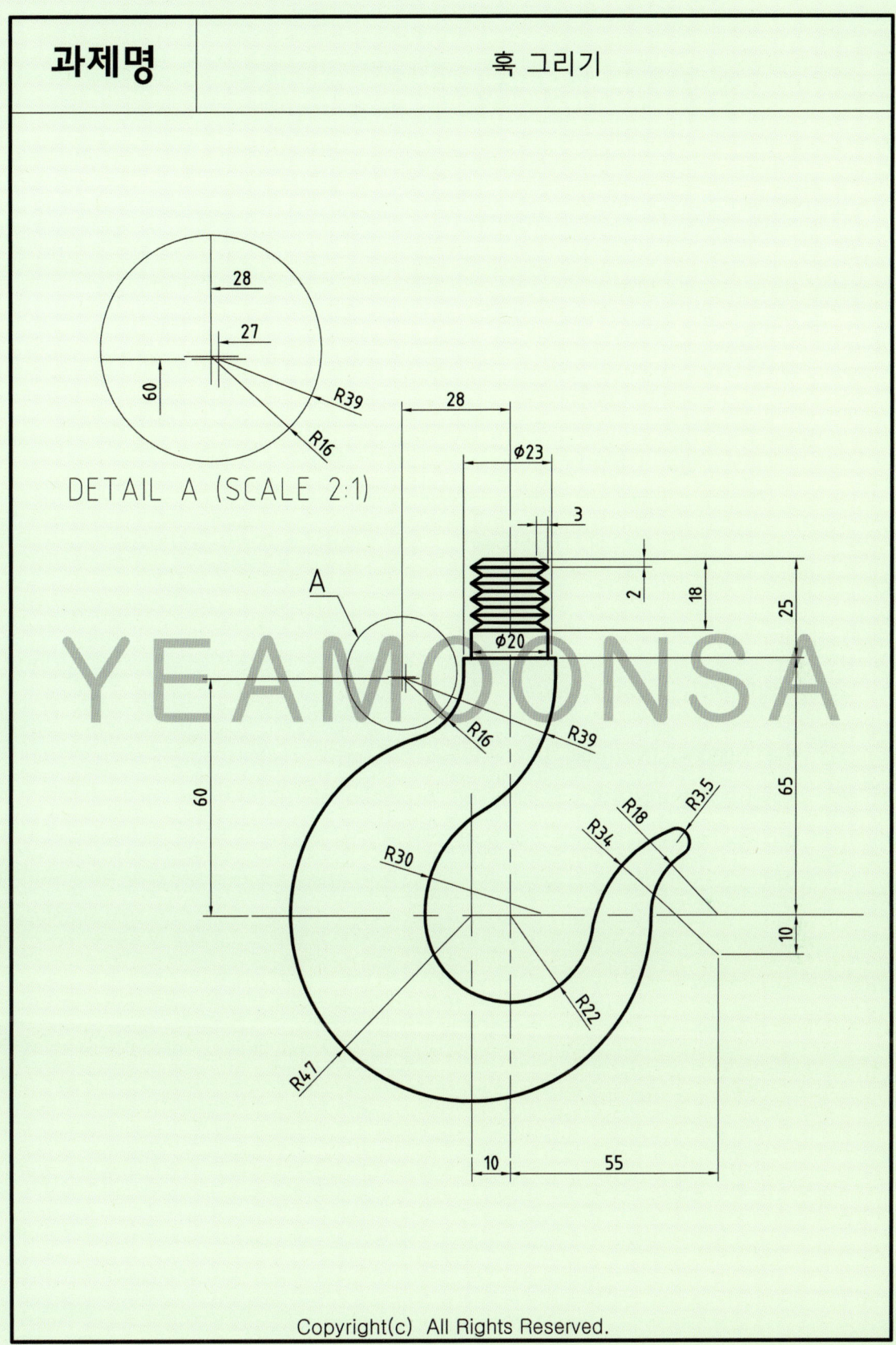

AutoCAD 13 꺾기선 치수 기입하기

단축아이콘	단축아이콘 이름	명령어	설 명
⩘	꺾기선	jogged linear	꺾기 치수선을 생성하는 명령어입니다.

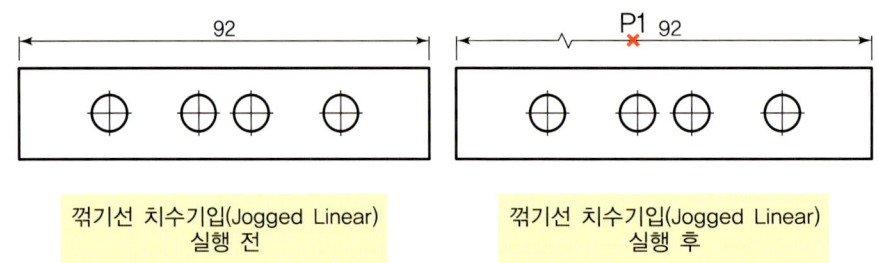

꺾기선 치수기입(Jogged Linear) 실행 전   꺾기선 치수기입(Jogged Linear) 실행 후

▶ 명령행(Command) 사용하기

명령: DIMJOGLINE [Enter↵] "또는 마우스로 ⩘ 클릭"

꺾기를 추가할 치수 선택 또는 [제거(R)]: "P1 선택"

꺾기 위치 지정(또는 ENTER 키 누르기): "꺾기 위치할 곳 클릭"

AutoCAD 14 치수 검사하기

단축아이콘	단축아이콘 이름	명령어	설 명
	검사	inspecion	치수 점검을 생성하거나 제거하는 명령어입니다.

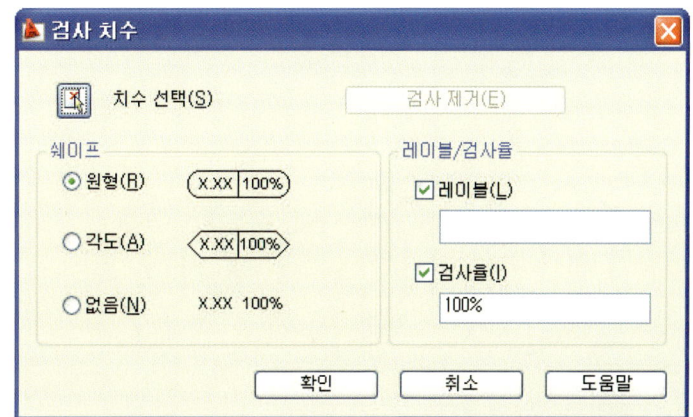

치수검사(Inspecion) 실행 전

치수검사(Inspecion) 실행 후

▶ 명령행(Command) 사용하기

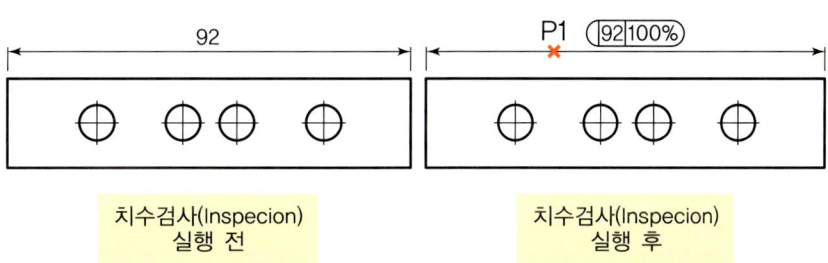

명령: DIMINSPECT **Enter** "또는 마우스로 클릭"

치수 선택: 1개를 찾음 "P1 선택"

과제명	등각투상도 그리기 1

- 주의사항 : 눈금 1칸에 10mm로 한다.
  snap에서 iso로 설정한다.

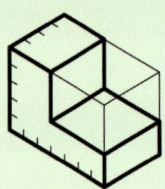
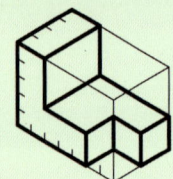
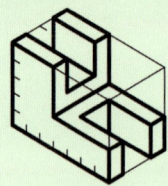

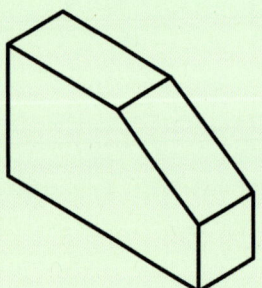
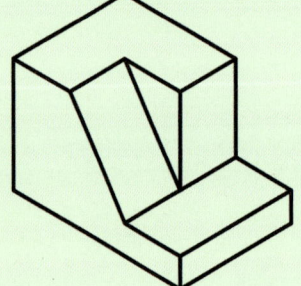

Copyright(c) All Rights Reserved.

과제명 — 투상 연습하기 1

입체도를 보고 정투상도를 스케치하고 CAD를 이용하여 표현하세요.

과제명	투상 연습하기 2

입체도를 보고 정투상도를 스케치하고 CAD를 이용하여 표현하세요.

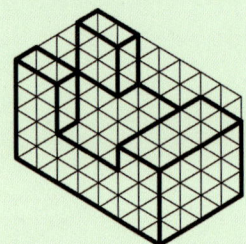
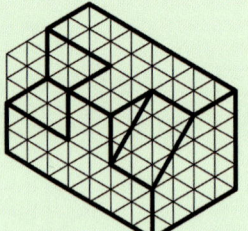

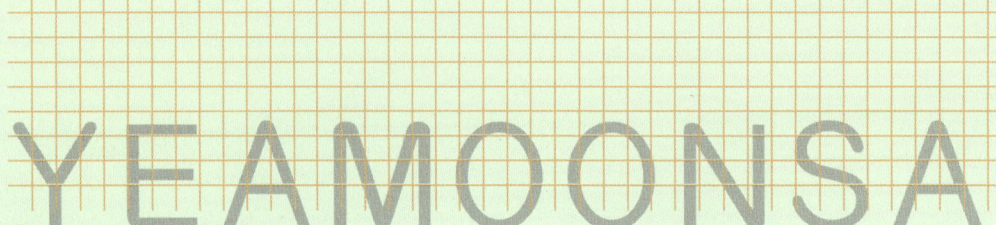

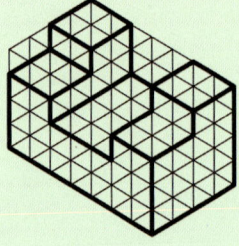
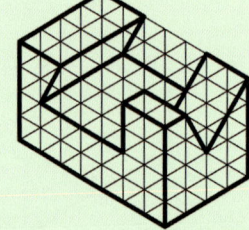

과제명	투상 연습하기 3

입체도를 보고 정투상도를 스케치하고 CAD를 이용하여 표현하세요.

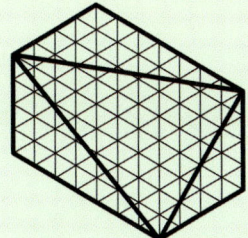
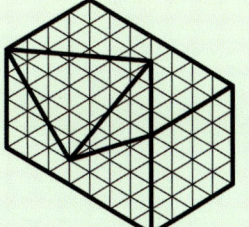

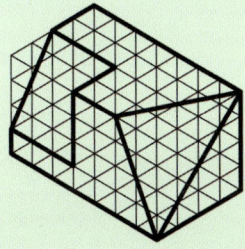
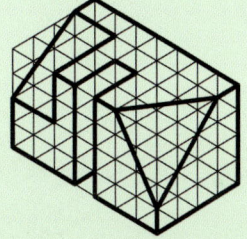

Copyright(c) All Rights Reserved.

과제명	투상 연습하기 4

입체도를 보고 정투상도를 스케치하고 CAD를 이용하여 표현하세요.

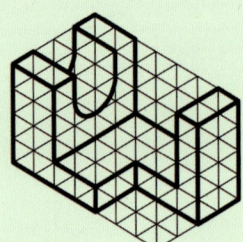 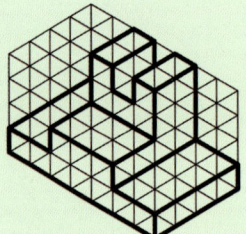

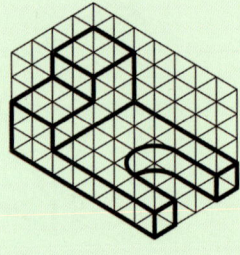 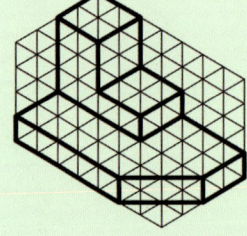

Copyright(c) All Rights Reserved.

과제명	투상 연습하기 5

입체도를 보고 정투상도를 스케치하고 CAD를 이용하여 표현하세요.

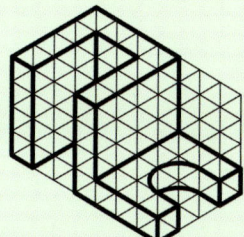
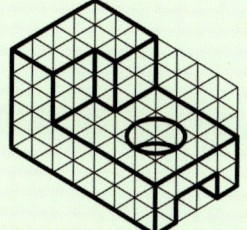

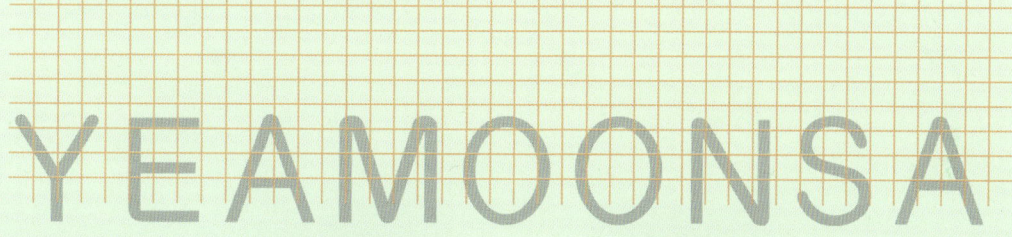

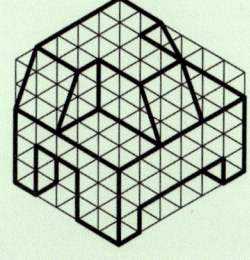
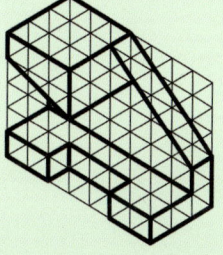

Copyright(c) All Rights Reserved.

정투상 연습하기

FILE NO
CAD 실습 – 51

투상연습도면

※ 다음 입체도를 보고 정투상을 하여 CAD프로그램을 이용하여 작성하세요.

①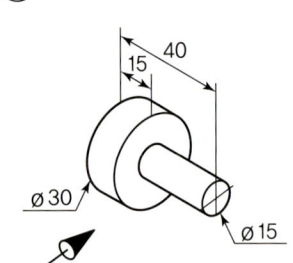

②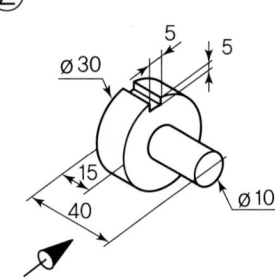

③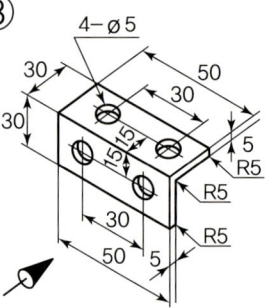

④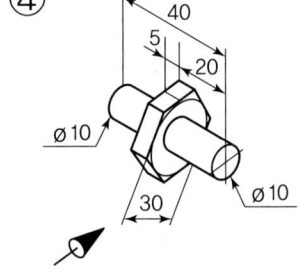

⑤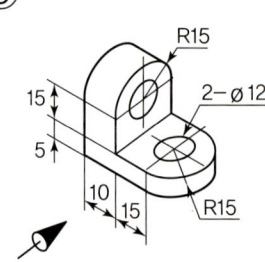

⑥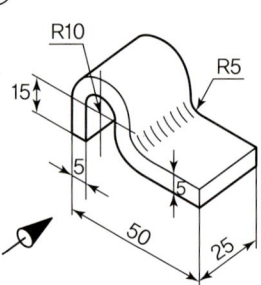

요구사항

1. 정투상을 한다.
2. 레이어를 정확히 맞춘다.
3. 치수기입을 한다.

AutoCAD 15 공차하기

단축아이콘	단축아이콘 이름	명령어	설 명
⊞	공차	tolerance	기하공차를 기입하는 명령어입니다.

제도에서 규정하는 기하공차는 다음과 같습니다.

적용하는 형체	공차의 종류		
단독 형체	모양공차	진직도	―
		평면도	▱
		진원도	○
		원통도	⌭
단독 형체 또는 관련 형체		선의 윤곽도	⌒
		면의 윤곽도	⌓
관련 형체	자세공차	평행도	∥
		직각도	⊥
		경사도	∠
	위치공차	위치도	⊕
		동심도	◎
		대칭도	═
	흔들림공차	원주흔들림	↗
		온흔들림	↗↗

Ⓜ	최대실체조건(MMC)
Ⓛ	최소실체조건(LMC)
Ⓢ	형체치수 무관계(RFS)
Ⓟ	돌출 공차역(PTZ)

 실습순서

01 기하공차를 기입하려면 다음과 같이 클릭합니다.

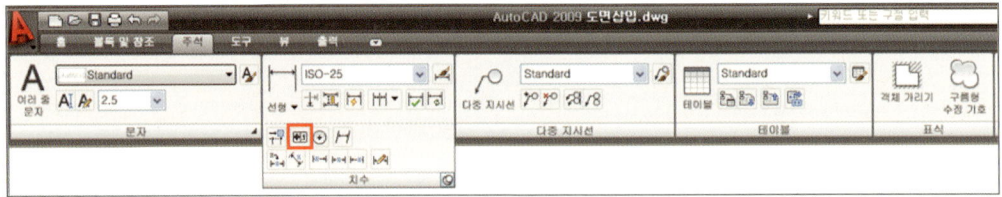

02 기하공차 창이 나타납니다. 전체적으로 확인하고 입력할 값을 생각합니다.

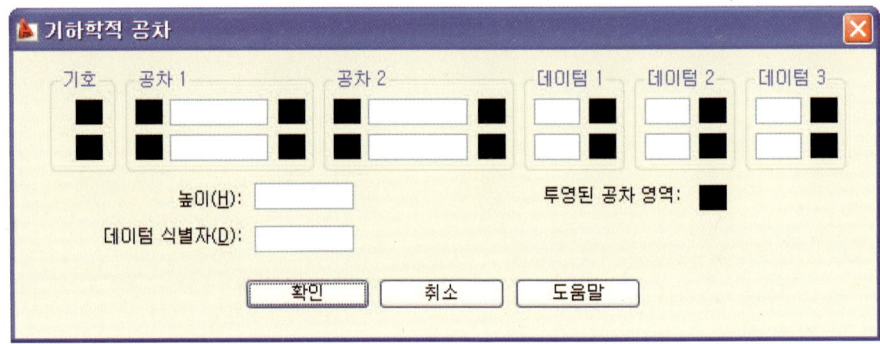

03 아래와 같이 첫 번째로 표시된 검은색 부분을 클릭합니다.

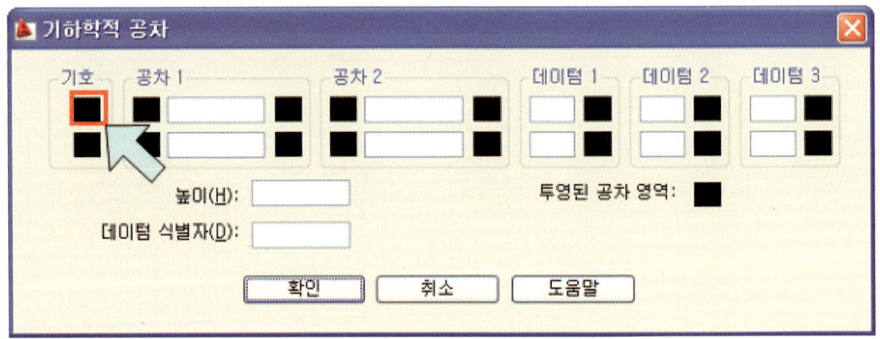

04 기호 창이 나타납니다. 적절한 기하공차 값을 클릭합니다.

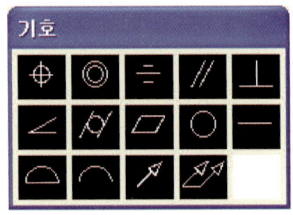

05 붉은색 부분을 클릭하면 Ø가 생성됩니다. 필요하면 사용하고 필요치 않으면 다시 클릭하면 사라집니다.

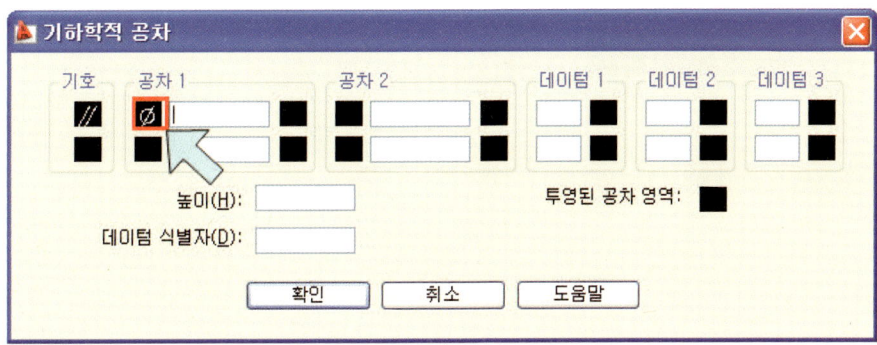

06 적절한 기하공차 값을 입력합니다. 일반적으로 치수공차 값보다 작은 값을 넣습니다.

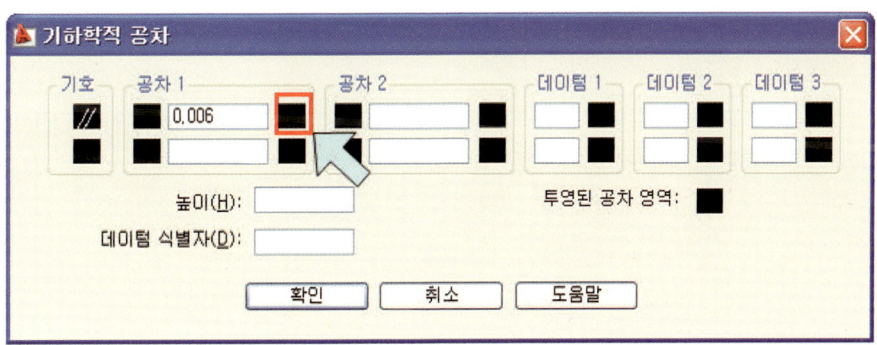

07 붉은색 부분을 클릭하면 재료상태가 나옵니다. 적절한 값을 클릭하고 필요치 않으면 입력하지 않습니다.

08 재료상태를 입력합니다.

Ⓜ	최대실체조건(MMC)
Ⓛ	최소실체조건(LMC)
Ⓢ	형체치수 무관계(RFS)
Ⓟ	돌출 공차역(PTZ)

09 적당한 데이텀 값을 입력합니다. 필요치 않으면 입력하지 않습니다.

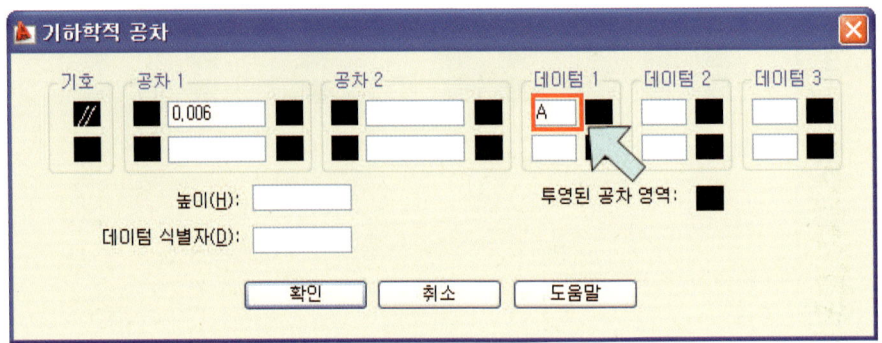

예제1 다음과 같이 기하공차를 적용해봅시다.

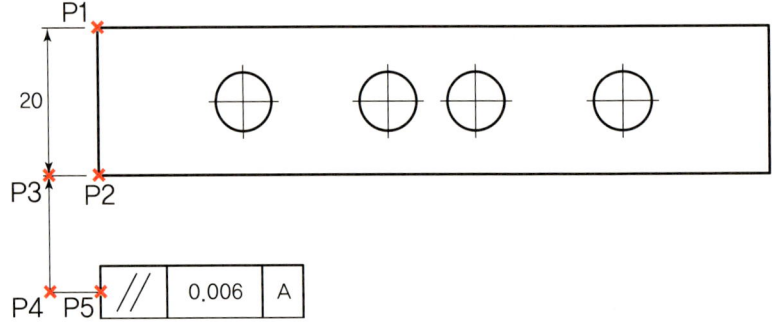

방법1

명령행(Command) 사용하기

실습순서

01 세팅값을 Tolerance로 변경합니다.

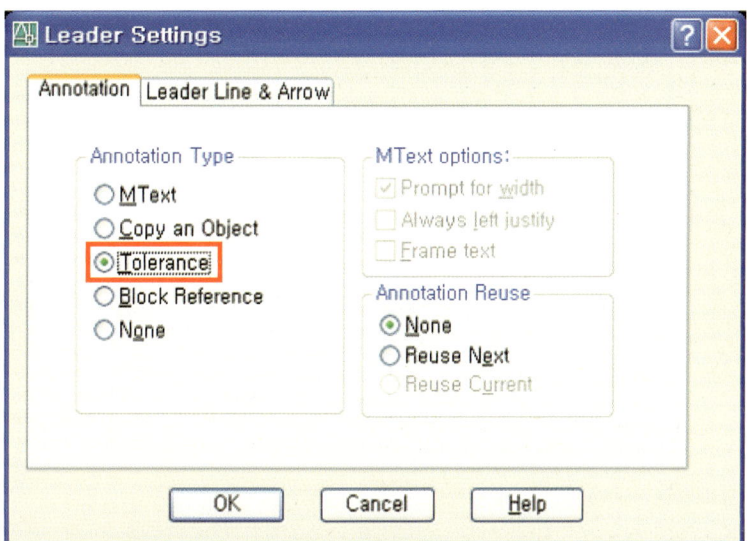

02 p3, p4, p5를 클릭합니다.

03 Enter ↵ 를 입력한 후 Geometric Tolerance 창이 나타나면 적절한 값을 입력합니다.

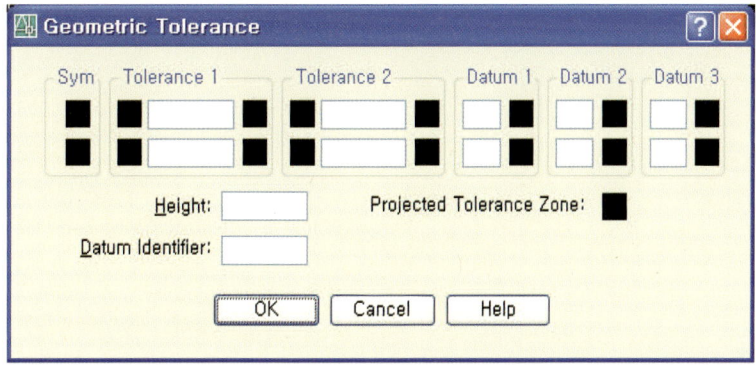

방법2

▶▶ 명령행(Command) 사용하기

명령: dimlinear [Enter↵] "또는 마우스로 [┠┤] 클릭"

첫 번째 치수보조선 원점 지정 또는 〈객체 선택〉: "P1 선택"

두 번째 치수보조선 원점 지정: "P2 선택"

치수선의 위치 지정 또는

[여러 줄 문자(M)/문자(T)/각도(A)/수평(H)/수직(V)/회전(R)]: "치수문자가 위치할 곳 클릭"

치수 문자 = 20

명령: qleader [Enter↵]

첫 번째 지시선 지정, 또는 [설정값(S)]〈설정값〉:

다음점 지정: "P3 선택"

다음점 지정: "P4 선택"

문자 폭 지정 〈0〉:

주석 문자의 첫 번째 행 입력 또는 〈여러 줄 문자〉: "P5 선택"

명령:

명령:

명령: tolerance [Enter↵] "또는 마우스로 [⊕1] 클릭"

공차 위치 입력: "P5 선택"

예제2 다음과 같이 기하공차를 적용해봅시다.

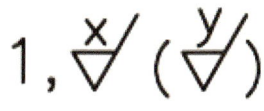

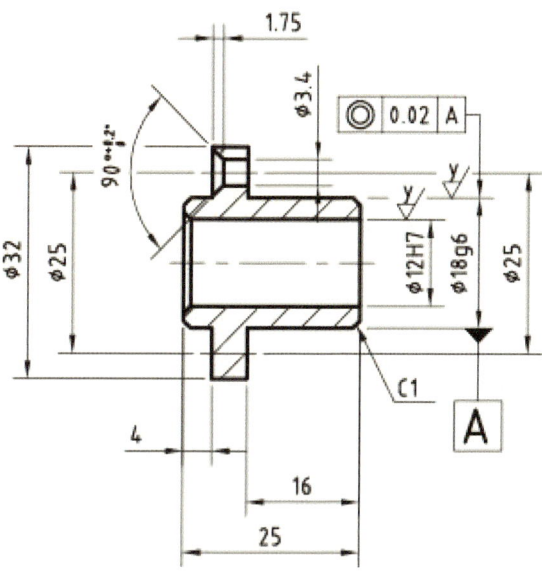

AutoCAD 16 중심표식하기

단축아이콘	단축아이콘 이름	명령어	설 명
⊕	중심표식	dimcenter	원이나 호에 중심을 표시하는 명령어입니다.

중심표식은 표식과 선이 있는데 표식은 수치를 조정해서 사용하면 됩니다.

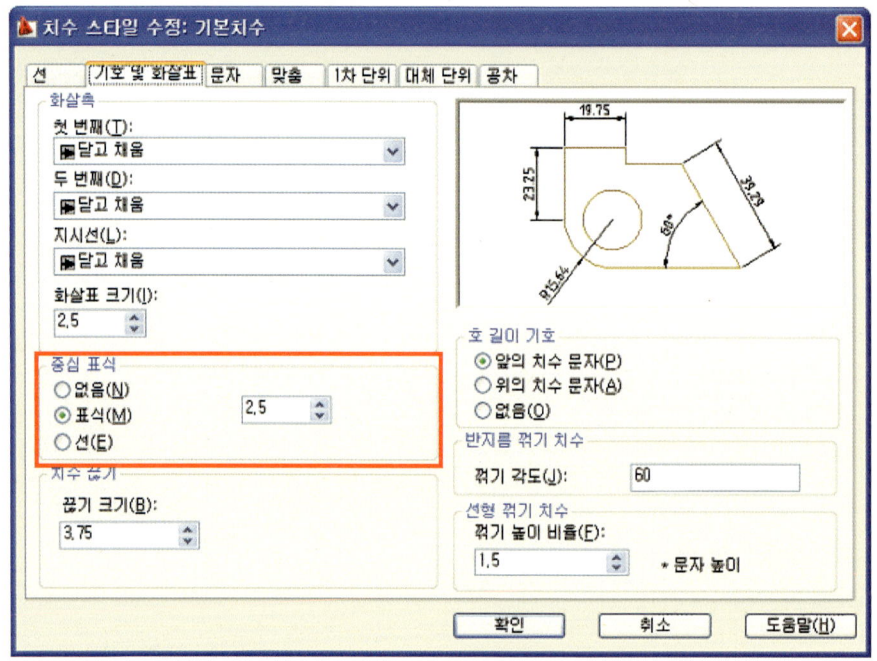

중심표식(Dimcenter) 실행 전   중심표식(Dimcenter) 실행 후

명령행(Command) 사용하기

명령: dimcenter **Enter** "또는 마우스로  클릭"

호 또는 원 선택:

명령: **Enter**

DIMCENTER

호 또는 원 선택: "마우스로 원의 P1 선택"

명령: **Enter**

DIMCENTER

호 또는 원 선택: "마우스로 원의 P2 선택"

명령: **Enter**

DIMCENTER

호 또는 원 선택: "마우스로 원의 P3 선택"

명령: **Enter**

DIMCENTER

호 또는 원 선택: "마우스로 원의 P4 선택"

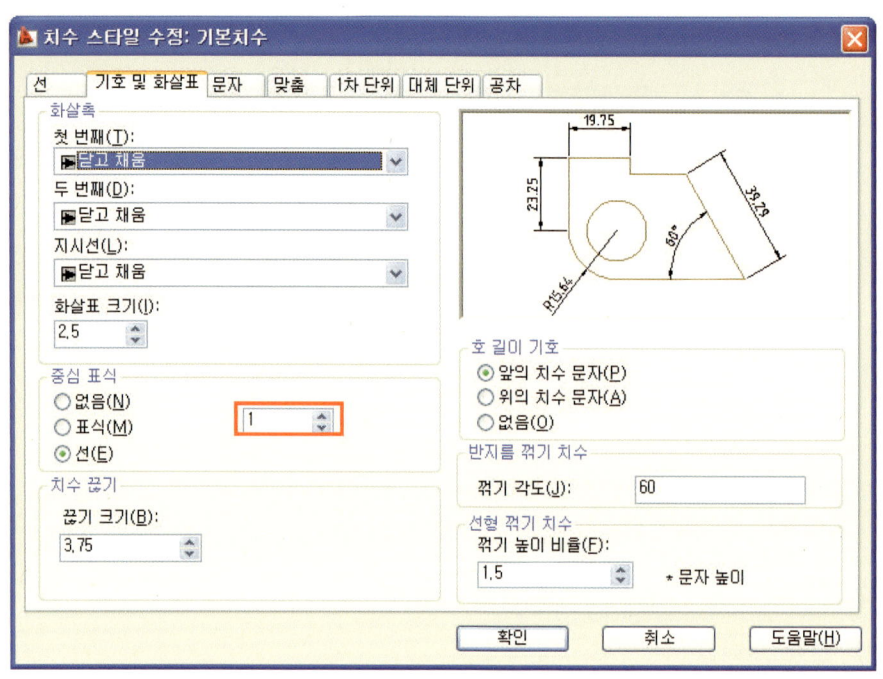

중심표식 '없음'과 '표식'을 체크했을 때를 비교해봅시다.

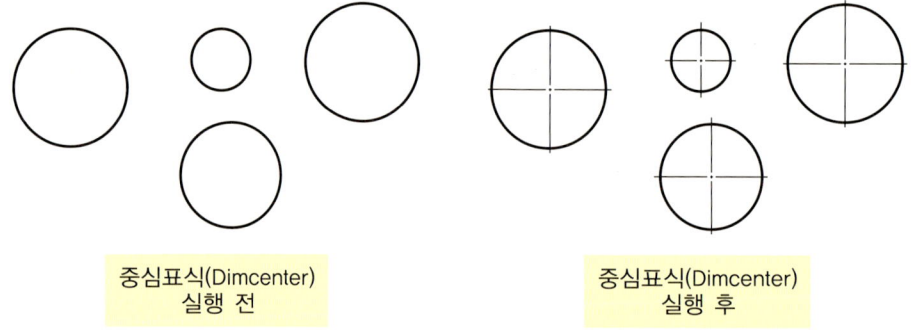

중심표식(Dimcenter)
실행 전

중심표식(Dimcenter)
실행 후

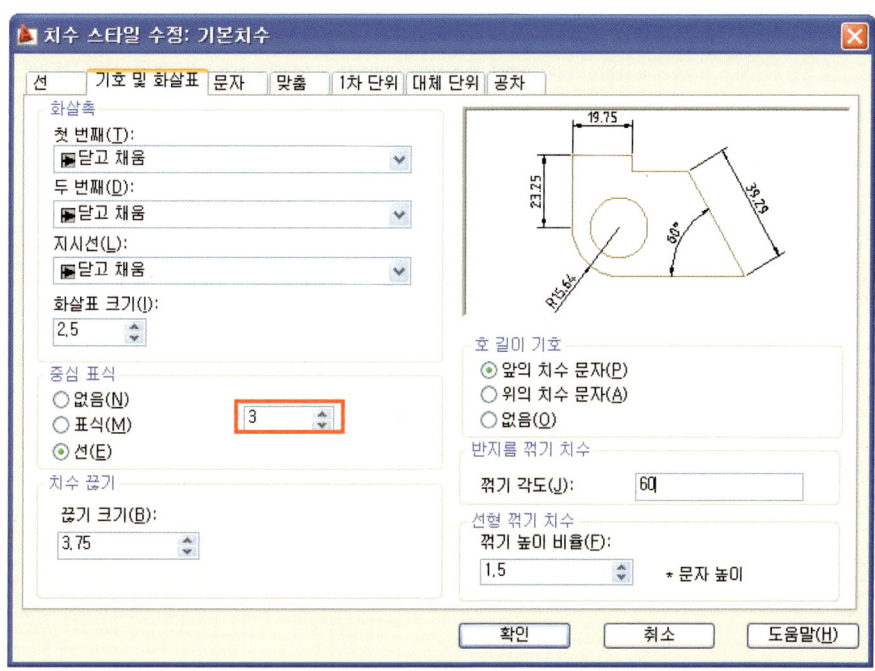

중심표식을 1로 했을 때와 3으로 했을 때를 비교해봅시다.

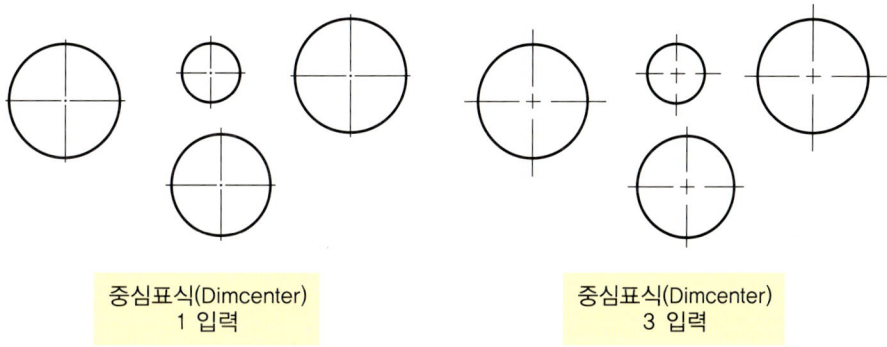

AutoCAD 17 호 길이 치수기입

단축아이콘	단축아이콘 이름	명령어	설 명
	호 길이	dimarc	일반 호나 폴리선 호의 치수기입을 하는 명령어입니다.

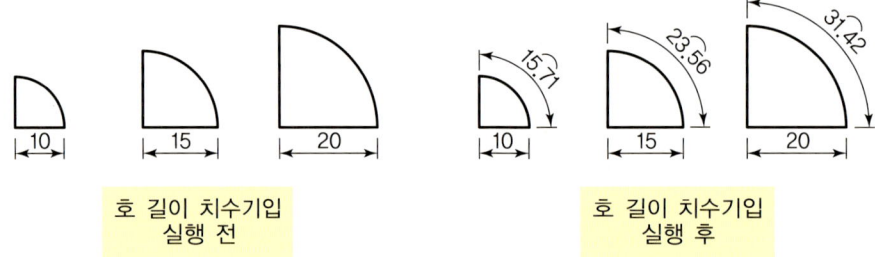

호 길이 치수기입 실행 전

호 길이 치수기입 실행 후

명령행(Command) 사용하기

명령: dimarc [Enter↵] "또는 마우스로 클릭"

호 또는 폴리선 호 세그먼트 선택: "치수기입할 호 선택"

호 길이 치수 위치 지정 또는 [여러 줄 문자(M)/문자(T)/각도(A)/부분(P)]:

치수 문자 = 15.71

AutoCAD 18 오른쪽 자리맞추기 치수기입

단축아이콘	단축아이콘 이름	명령어	설 명
⊢⊣	오른쪽 자리맞추기	dimtedit	문자를 오른쪽으로 정렬하는 명령어입니다.

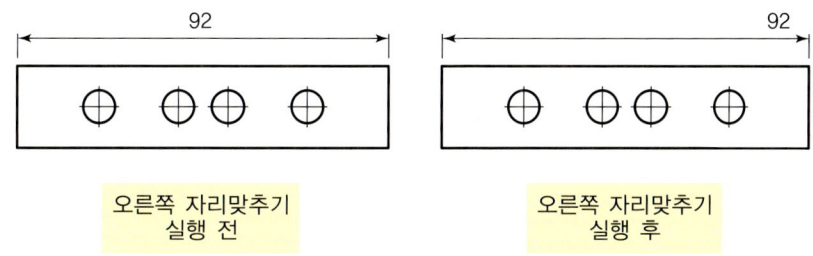

오른쪽 자리맞추기 실행 전

오른쪽 자리맞추기 실행 후

명령행(Command) 사용하기

명령: dimtedit [Enter ↵] "또는 마우스로 ⊢⊣ 클릭"

치수 선택: "변경할 치수 선택"

치수 문자에 대한 새로운 위치 또는 다음을 지정 [왼쪽(L)/오른쪽(R)/중심(C)/홈(H)/각도(A)]: _r

나머지 왼쪽으로 자리맞추기, 가운데 자리맞추기도 마찬가지로 변경할 치수를 클릭하면 됩니다.

AutoCAD 19 문자 각도 치수기입

단축아이콘	단축아이콘 이름	명령어	설 명
	문자 각도	dimtedit	문자 각도를 지정하는 명령어입니다.

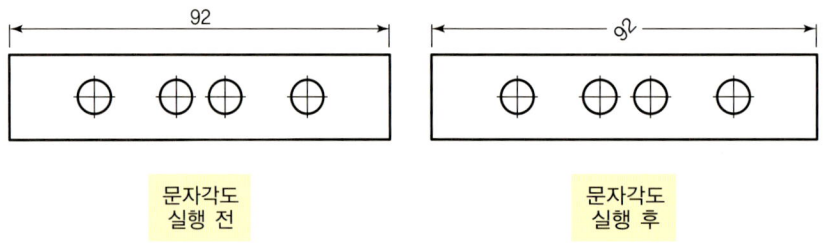

문자각도 실행 전   문자각도 실행 후

명령행(Command) 사용하기

명령: dimtedit **Enter** "또는 마우스로 클릭"

치수 선택: "변경할 치수 선택"

치수 문자에 대한 새로운 위치 또는 다음을 지정 [왼쪽(L)/오른쪽(R)/중심(C)/홈(H)/각도(A)]: _a

치수 문자에 대한 각도를 지정: 30 "변경할 치수문자 각도 입력"

AutoCAD 20 기울기 치수기입

단축아이콘	단축아이콘 이름	명령어	설 명
H	기울기	dimedit	선형 경사 치수에 연장선을 만드는 명령어입니다.

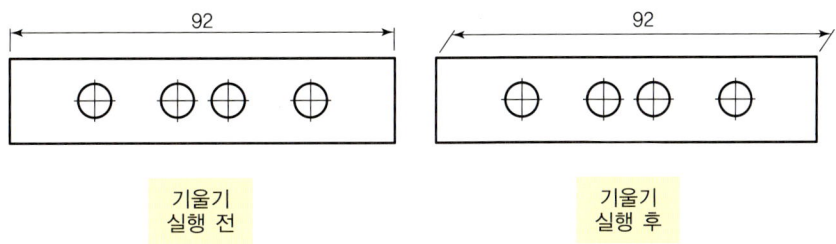

기울기 실행 전   기울기 실행 후

▶ 명령행(Command) 사용하기

명령: dimedit [Enter↵] "또는 마우스로 [H] 클릭"

치수 편집의 유형 입력 [홈(H)/새로 만들기(N)/회전(R)/기울기(O)] <홈(H)>: _o

객체 선택: 1개를 찾음 "변경할 치수 선택"

객체 선택: [Enter↵]

기울기 각도 입력 (없는 경우 ENTER 키): 60 "각도 입력"

AutoCAD 21 지시선 치수기입(2009 버전 이상)

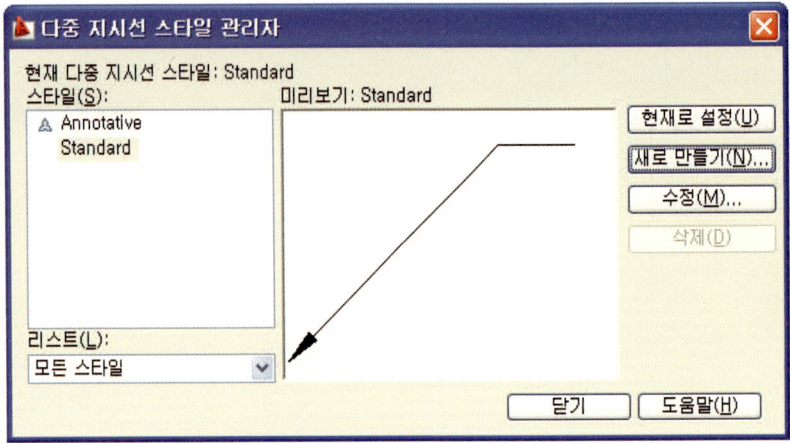

새 스타일에서 구별하기 쉬운 이름을 지정한다.

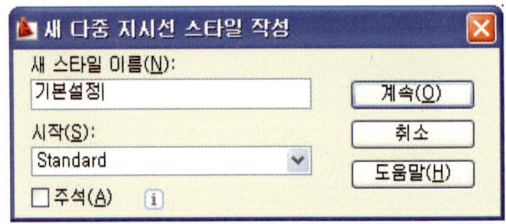

기본치수와 똑같이 해주는 것이 편리합니다. 색상은 빨간색, 화살촉 크기가 기본치수와 다르므로 같은 값을 입력해 준다.

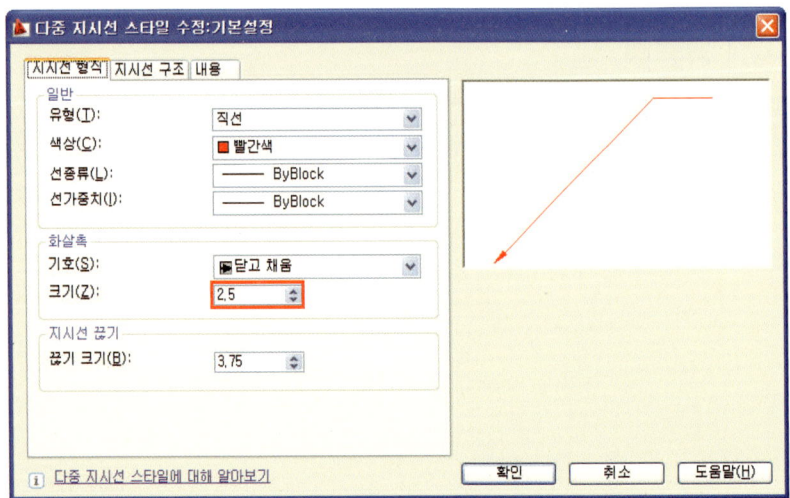

치수를 여러 스타일로 세팅한 것처럼 각각을 세팅하여 사용하면 편리합니다.
Ø를 쓰려면 기본문자에 %%C를 입력하여 사용하면 편리합니다.

이 때에도 마찬가지로 다중지시선 스타일별로 만들어서 사용하면 편리합니다.

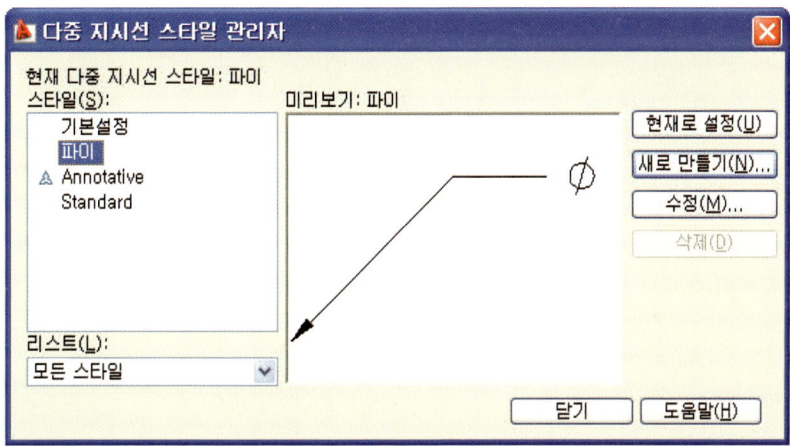

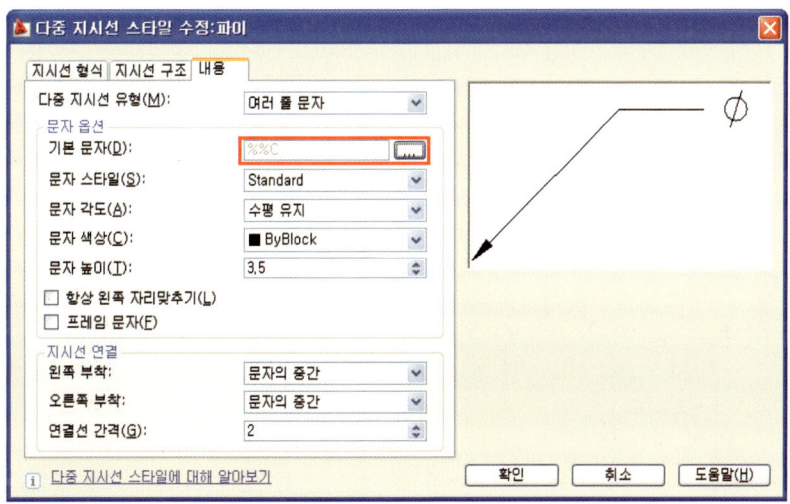

AutoCAD 22 지시선 치수기입(2006 버전)

단축아이콘	단축아이콘 이름	명령어	설 명
![icon]		qleader	도면에 빈 테이블을 삽입합니다.

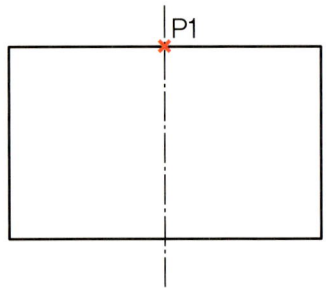

실습순서

01 ![icon] 를 클릭합니다.

02 바로 [Enter↵] 를 클릭하여 Leader Settings으로 들어갑니다. 아래와 같이 세팅합니다.

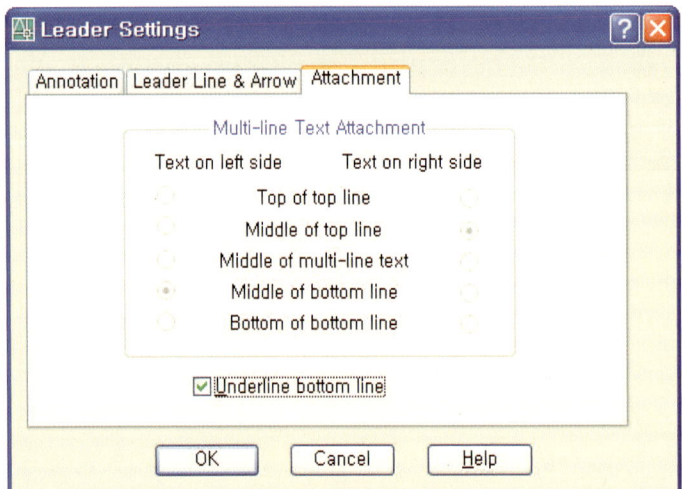

03 명령행에서 Specify first leader point를 클릭하라고 하면 원하는 지점 P1을 클릭합니다.

04 명령행에서 Specify first leader point를 클릭하라고 하면 원하는 지점 P2를 클릭합니다.
(P1과 약 60 정도 기울어지게 P2를 클릭합니다.)

05 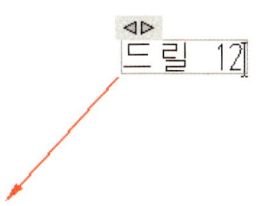 키 또는 마우스 오른쪽 버튼을 Test Formatting 창이 나타날 때까지 누릅니다.

06 Text Formatting 창이 나타납니다. 원하는 글자를 입력합니다.

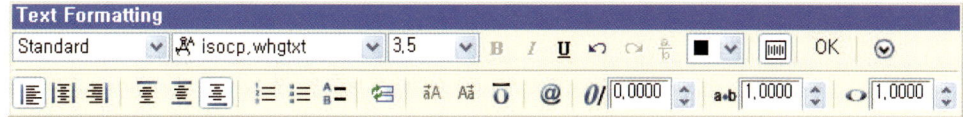

07 완성합니다.

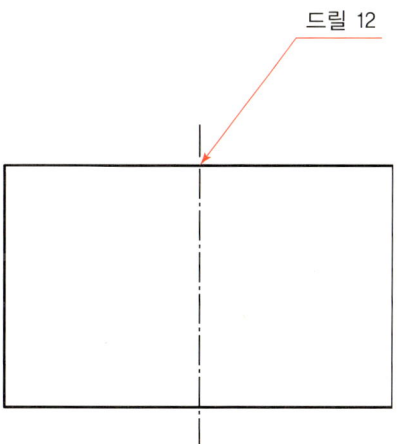

AutoCAD 23 Table

단축아이콘	단축아이콘 이름	명령어	설 명
▦	테이블	Table	도면에 빈 테이블을 삽입합니다.

테이블을 손쉽게 만들 수 있고 엑셀과 같은 프로그램을 활용할 수 있습니다.

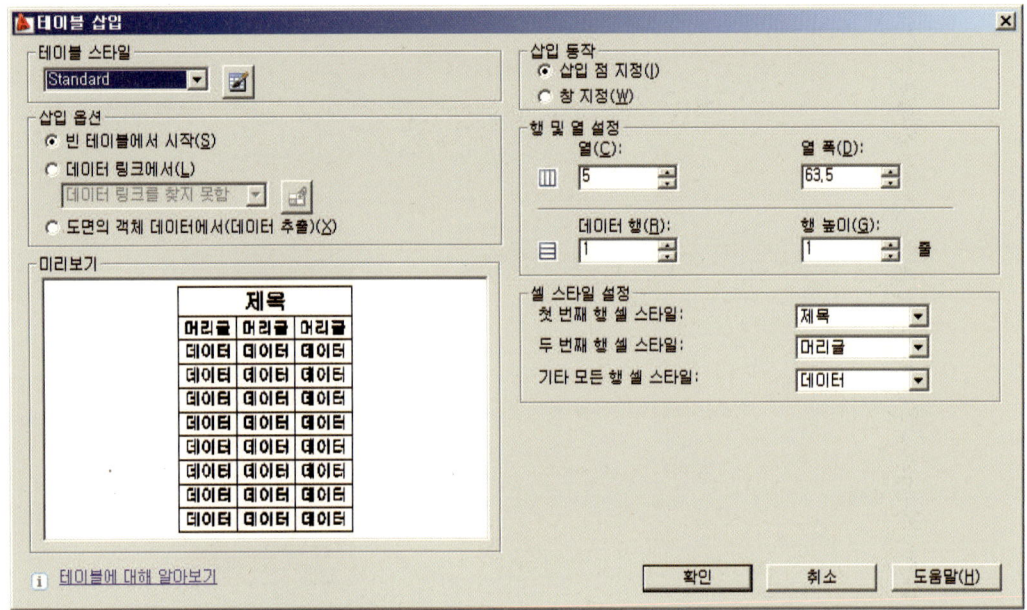

OPTION

테이블 스타일 (Table Style)	표의 유형을 조정합니다.
삽입 옵션 (Insertion option)	• 빈 테이블에서 시작 : 처음부터 테이블을 작성합니다. • 데이터 링크에서 : 데이터를 링크합니다. • 도면의 객체 데이터에서(데이터 추출) : 도면에서 추출합니다.
삽입 동작 (Insertion Behavior)	테이블의 위치를 지정합니다. • 삽입점 지정 : 테이블의 왼쪽 상단 구석 위치를 지정합니다. 좌표 입력 장치를 사용하거나 명령 프롬프트에 좌표 값을 입력할 수 있습니다. 테이블 스타일이 테이블의 방향을 상향식(아래에서 위)으로 읽도록 설정할 경우 삽입점은 테이블의 하단 왼쪽 구석입니다. • 윈도우 지정 : 테이블의 크기와 위치를 지정합니다. 좌표 입력 장치를 사용하거나 명령 프롬프트에 좌표 값을 입력할 수 있습니다. 이 옵션을 선택한 경우, 열과 행 수 및 열 폭과 행 높이는 윈도우의 크기와 열 및 행 설정값에 따라 달라집니다.
행 및 열 설정	열 및 행의 수와 크기를 설정합니다.
셀 스타일 설정	시작 테이블을 포함하지 않는 테이블 스타일의 경우 새 테이블의 행에 대한 셀 스타일을 지정합니다.

다음과 같이 입력하여 봅시다.

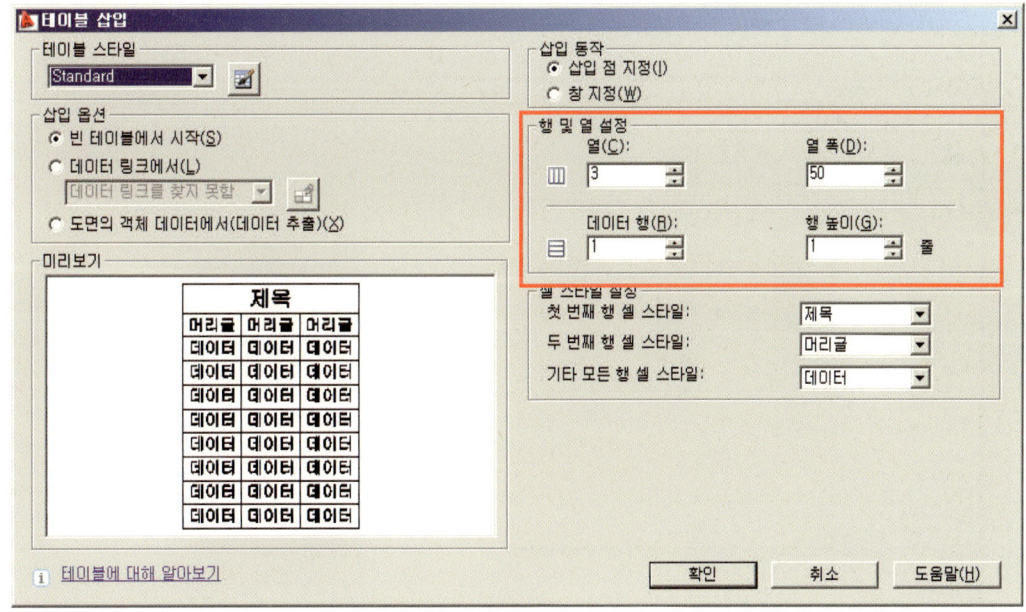

결과

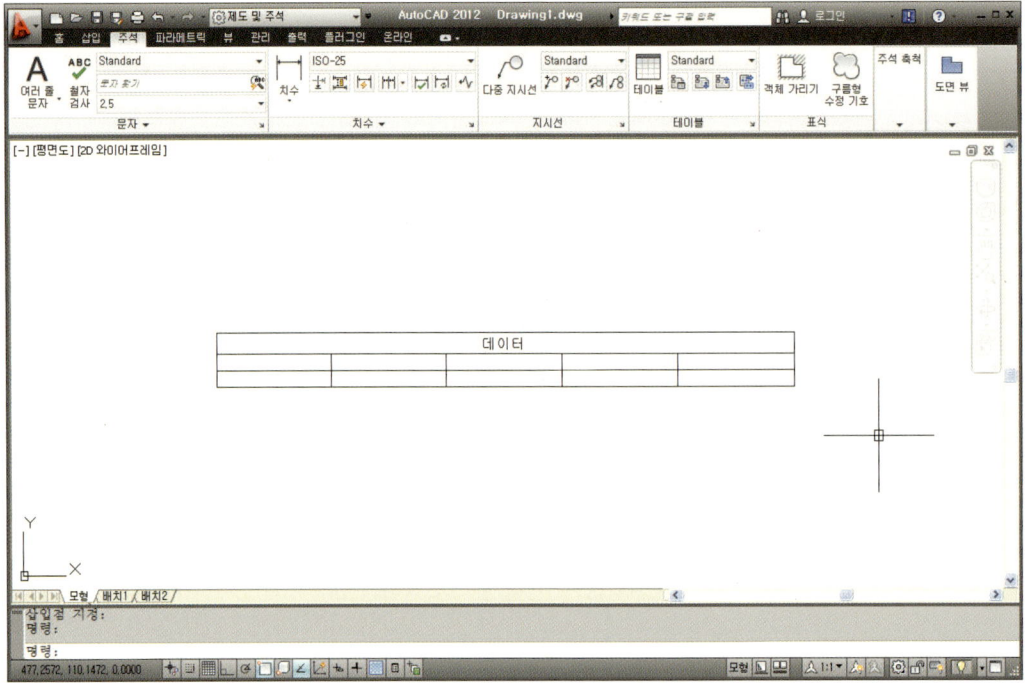

표 안쪽을 마우스로 클릭하여 다음과 같이 변하면 내용을 입력합니다.

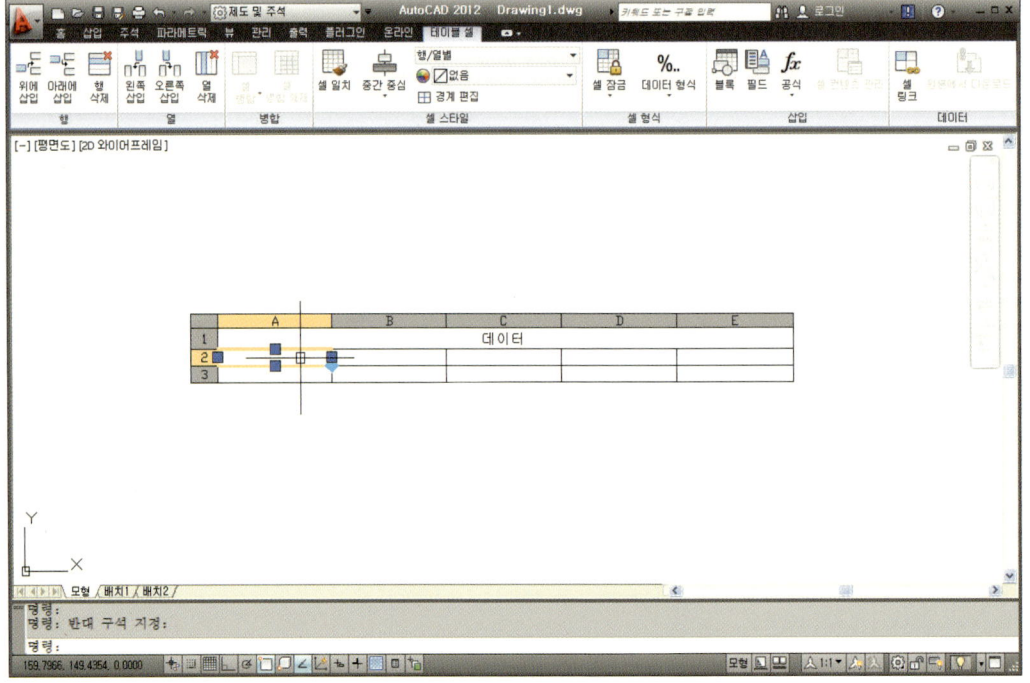

| 과제명 | 3각법 이용하여 그리기 1 |

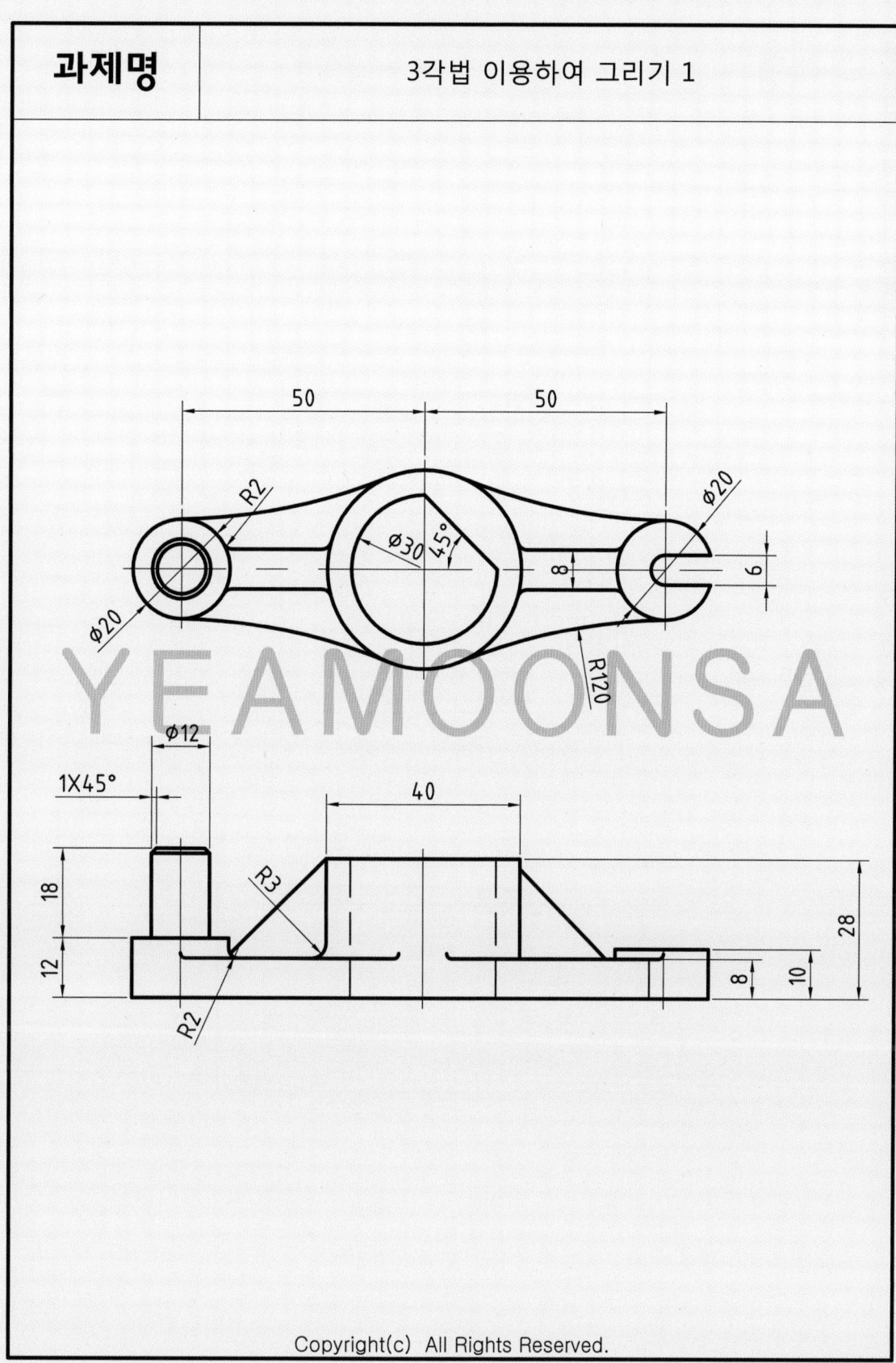

과제명	표 작성하기

스퍼 기어	
기어치형	표준
공구 치형	보통이
공구 모듈	2
공구 압력각	20°
잇수	50
피치원 지름	100
다듬질 방법	호브 절삭
정밀도	KS B 1405, 5급

3	V벨트풀리	GC200	1	
2	축	SM45C	1	
1	몸체	GC250	1	
품번	품명	재질	수량	비고
작품명	벨트전동장치-1		척도	1:1
			각법	3각법

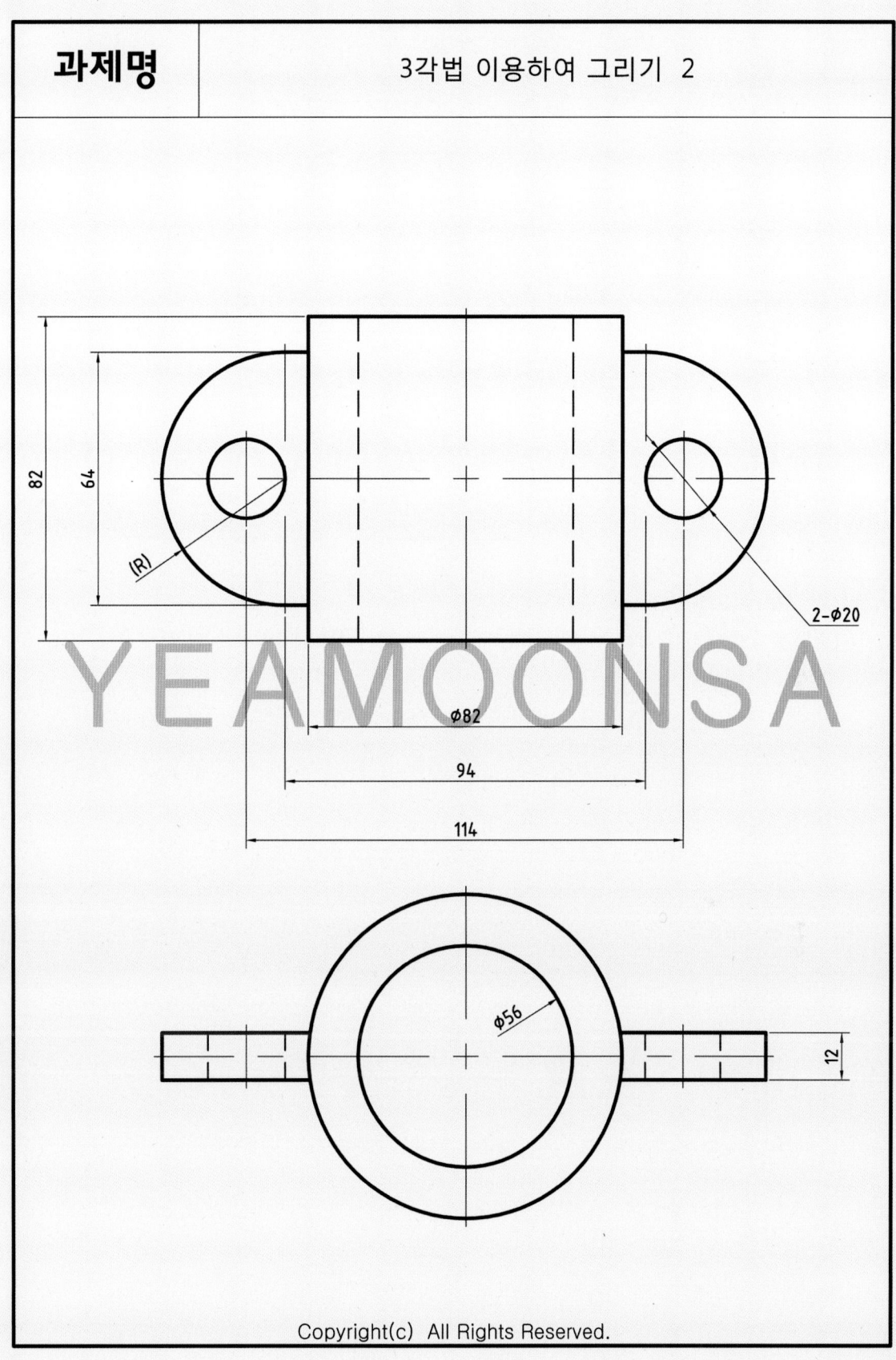

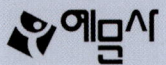

육각 홈붙이 볼트 그리기

FILE NO
CAD 실습 – 52

※ 다음은 (주)한국미스미의 데이터북을 발췌한 것이다.

참고 : 육각 홈붙이 볼트에 대한 카운터 보어 및 볼트 홈의 치수

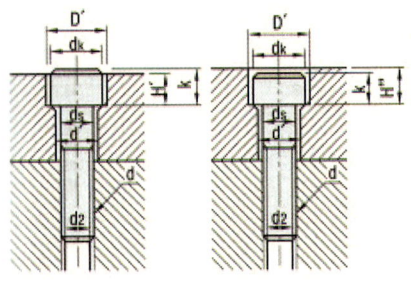

나사의 호칭(d)	M3	M4	M5	M6	M8	M10	M12	M14	M16	M18	M20
d_s	3	4	5	6	8	10	12	14	16	18	20
d'	3.4	4.5	5.5	6.6	9	11	14	16	18	20	22
d_k	5.5	7	8.5	10	13	16	18	21	24	27	30
D'	6.5	8	9.5	11	14	17.5	20	23	26	29	32
K	3	4	5	6	8	10	12	14	16	18	20
H'	2.7	3.6	4.6	5.5	7.4	9.2	11	12.8	14.5	16.5	18.5
H''	3.3	4.4	5.4	6.5	8.6	10.8	13	15.2	17.5	19.5	21.5
d_2	2.6	3.4	4.3	5.1	6.9	8.6	10.4	12.2	14.2	15.7	17.7

M6, M8, M10을 발췌하여 스케치하고 치수기입하시오.
(수나사와 암나사가 결합된 부분 제도에 유의, 스케치 시 가는 실선과 굵은 실선이 구별되도록 할 것.)

① M6　　　　　　　② M8　　　　　　　③ M10

과제명	육각 홈붙이 볼트 그리기 1

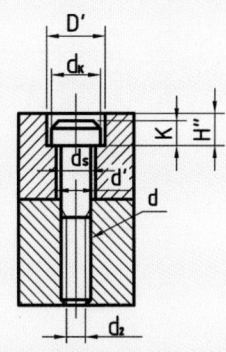

나사의호칭	M3	M4	M5	M6	M8	M10	M12	M14	M16	M18	M20	M22	M30
d_s	3	4	5	6	8	10	12	14	16	18	20	22	30
d'	3.4	4.5	5.5	6.6	9	11	14	16	18	20	22	24	33
d_k	5.5	7	8.5	10	13	16	18	21	24	27	30	33	45
D'	6.5	8	9.5	11	14	17.5	20	23	26	29	32	35	48
K	3	4	5	6	8	10	12	14	16	18	20	22	30
H'	2.7	3.6	4.6	5.5	7.4	9.2	11	12.8	14.5	16.5	18.5	20.5	28
H"	3.3	4.4	5.4	6.5	8.6	10.8	13	15.2	17.5	19.5	21.5	23.5	32
d_2	2.6	3.4	4.3	5.1	6.9	8.6	10.4	12.2	14.2	15.7	17.7	19.7	26.7

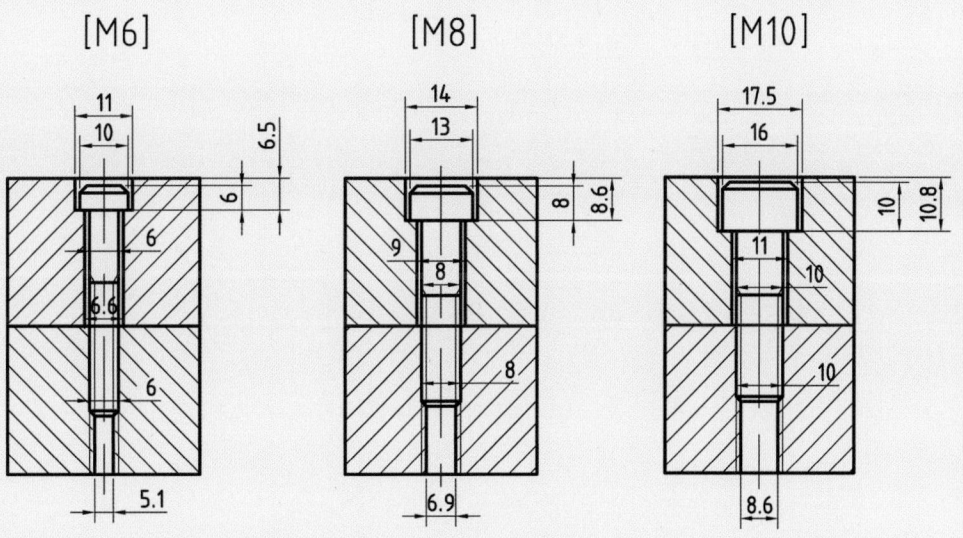

(주) 한국미스미사의 데이터 북에서 발췌한 것입니다. (육각 홈붙이 볼트에 대한 카운터 보어 및 볼트 홈의 치수)

Copyright(c) All Rights Reserved.

과제명	육각 홈붙이 볼트 그리기 2

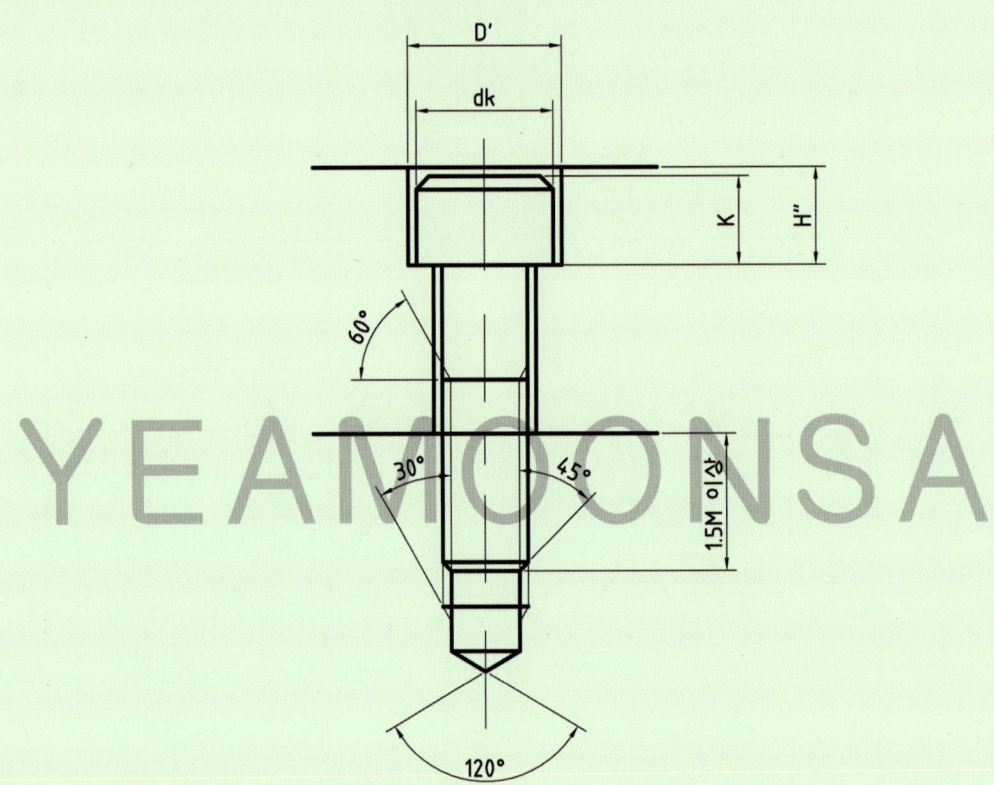

* 나사의 선의 종류에 유의

1. 수나사의 바깥지름과 암나사의 안지름은 <u>굵은실선</u>으로
2. 수나사의 골지름과 암나사의 골지름은 <u>가는실선</u>으로
3. 나사부의 경계는 <u>굵은실선</u>으로

Copyright(c) All Rights Reserved.

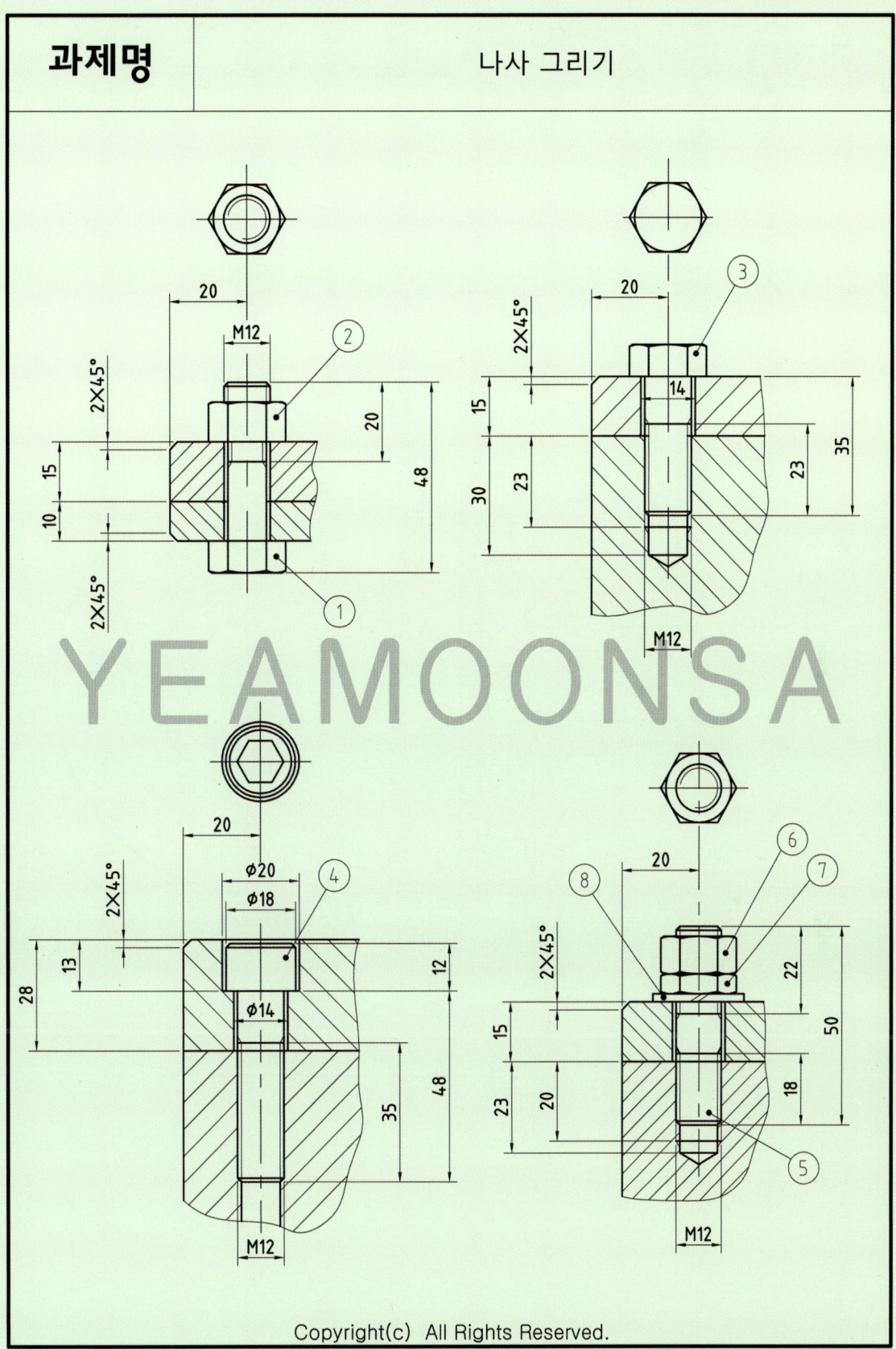

과제명	단면도 그리기 1

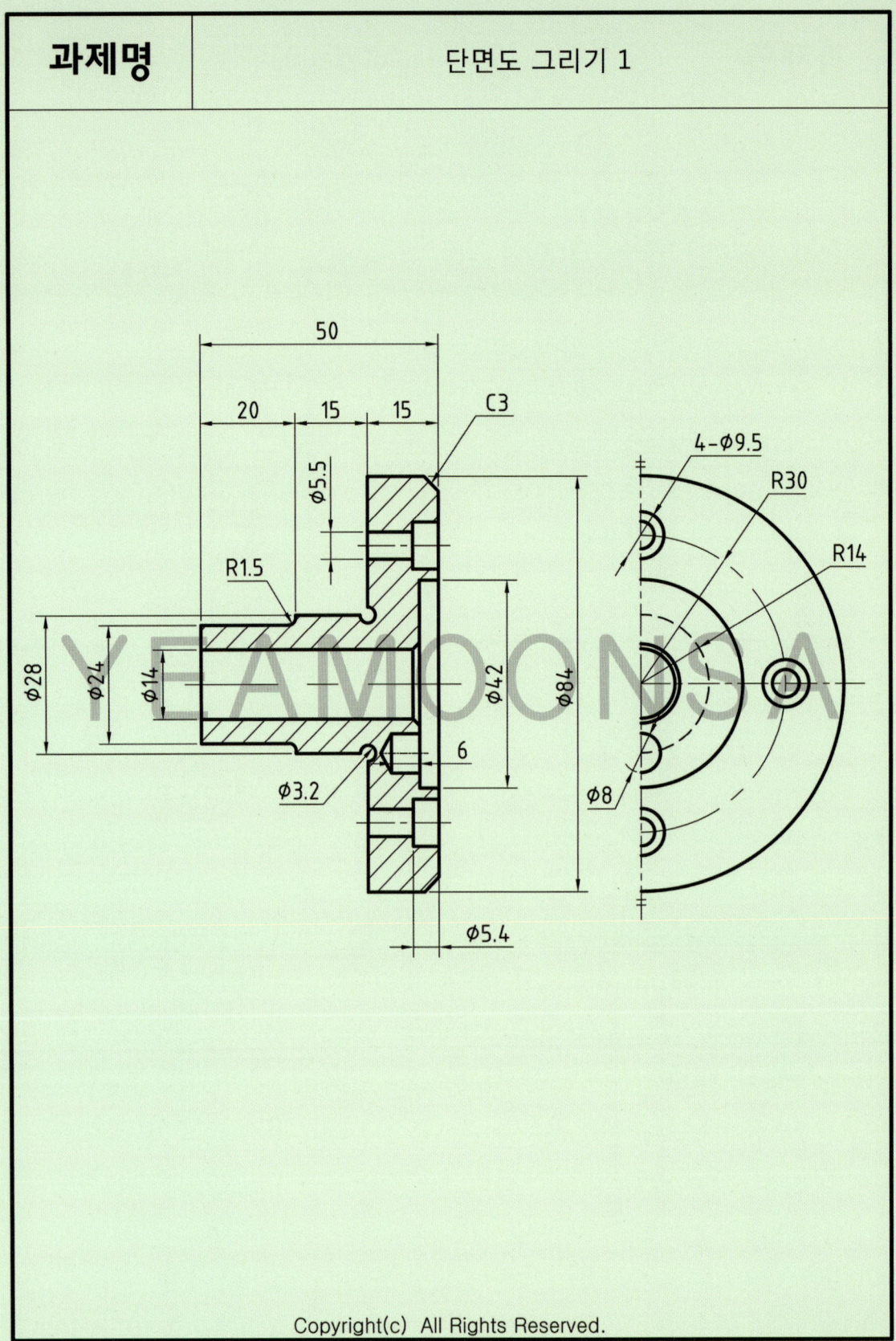

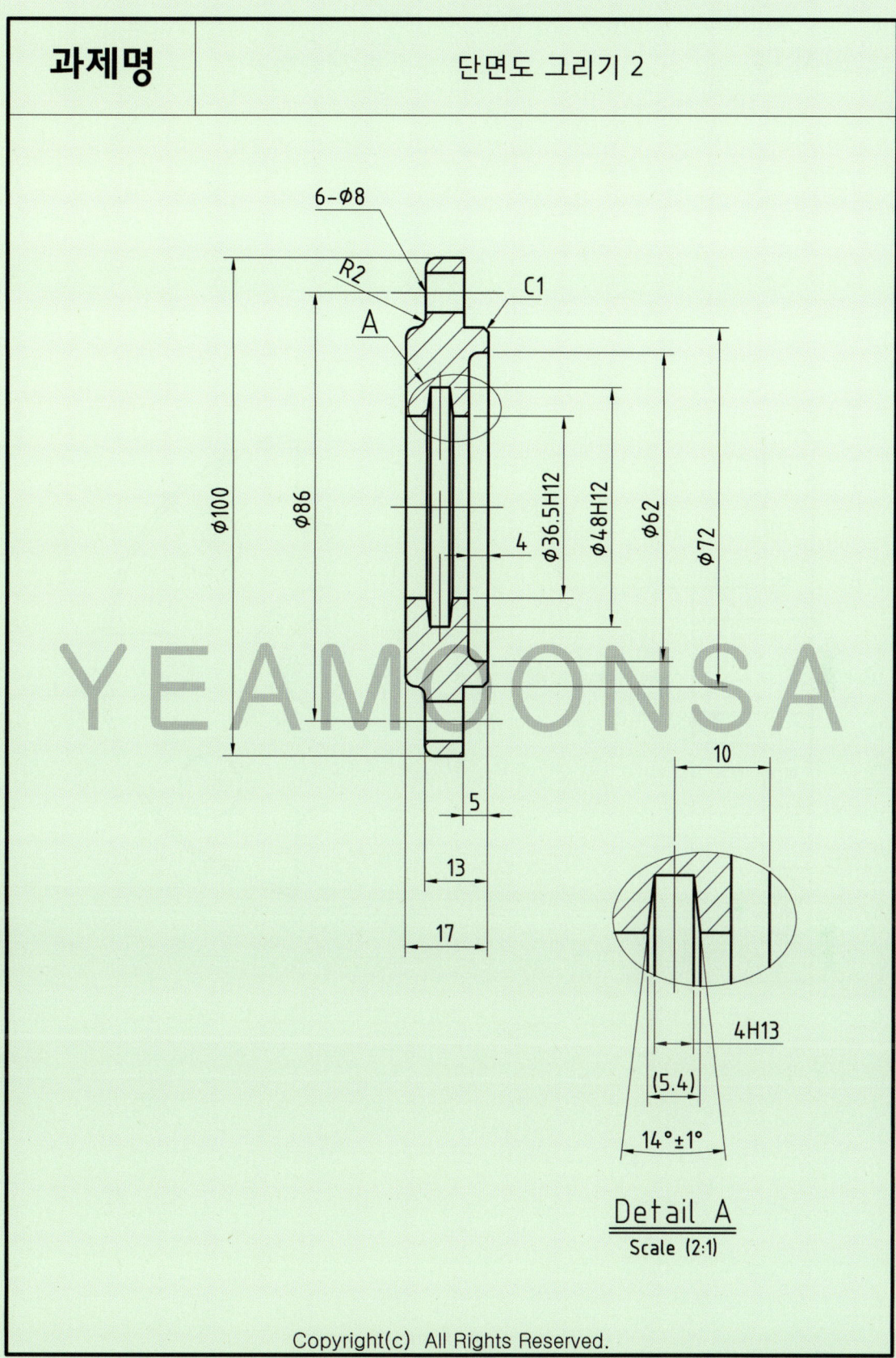

| 과제명 | 도형의 생략 연습하기 1 |

| 과제명 | 도형의 생략 연습하기 2 |

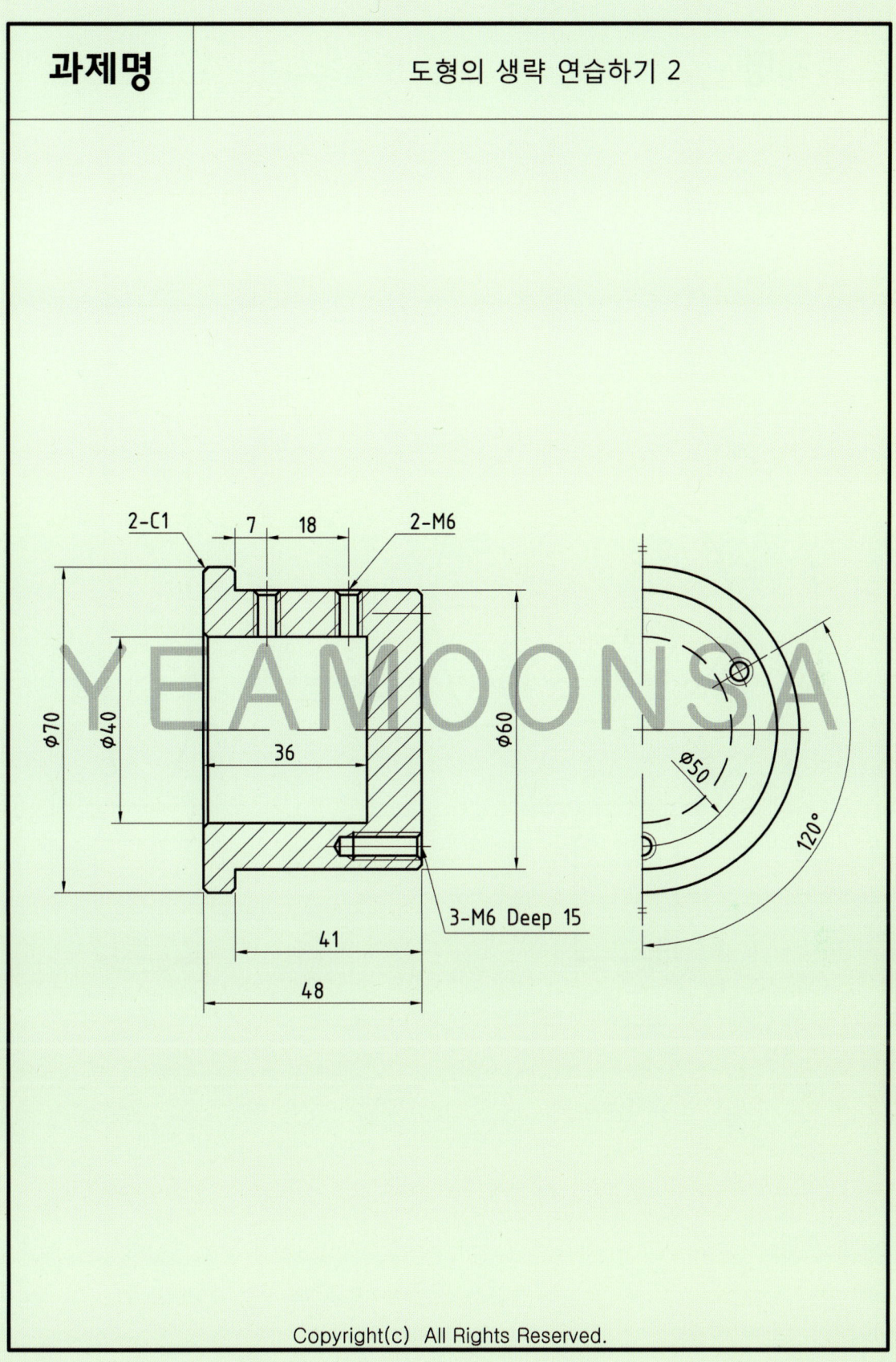

| 과제명 | 아이볼트 그리기 |

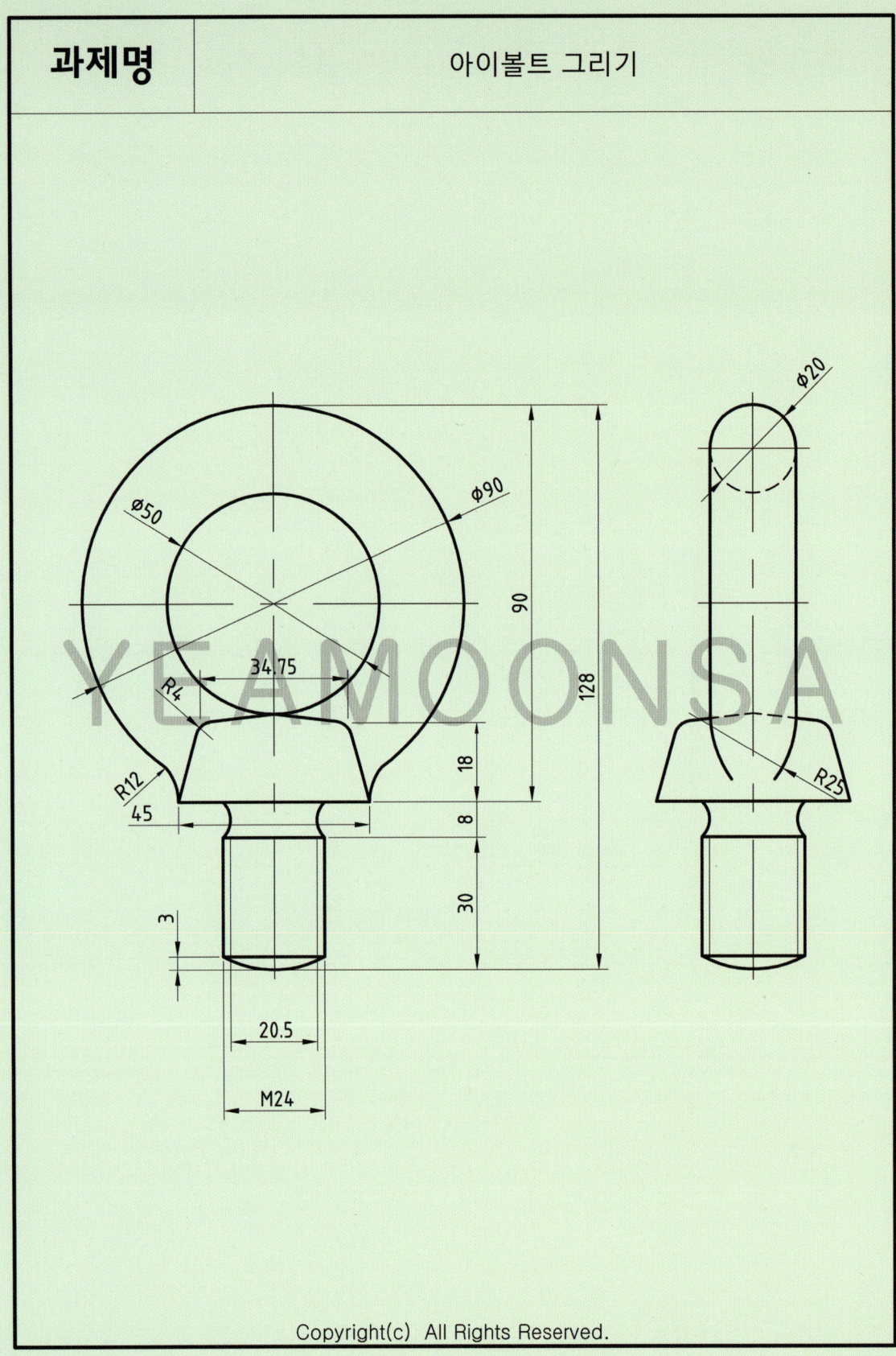

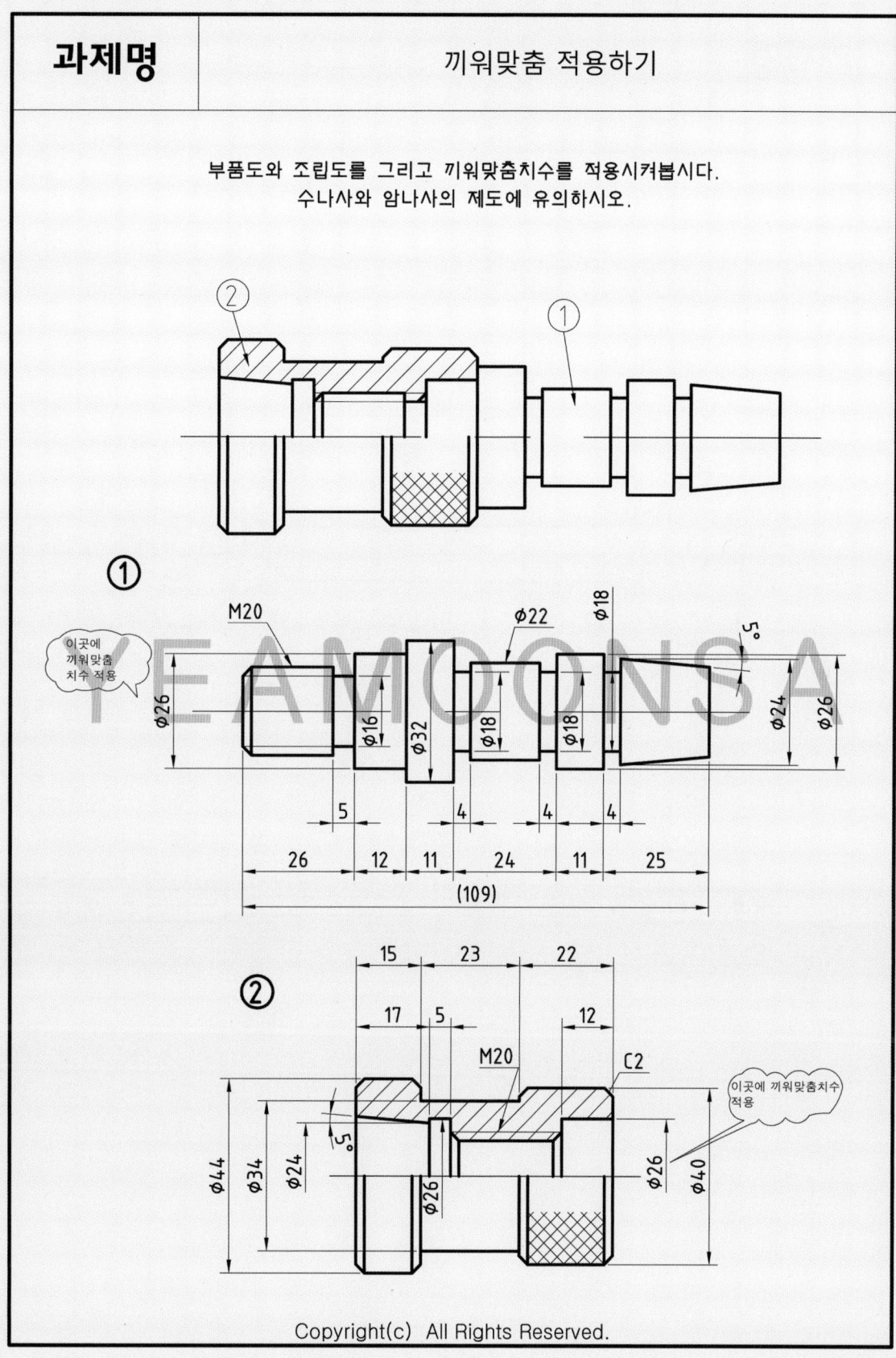

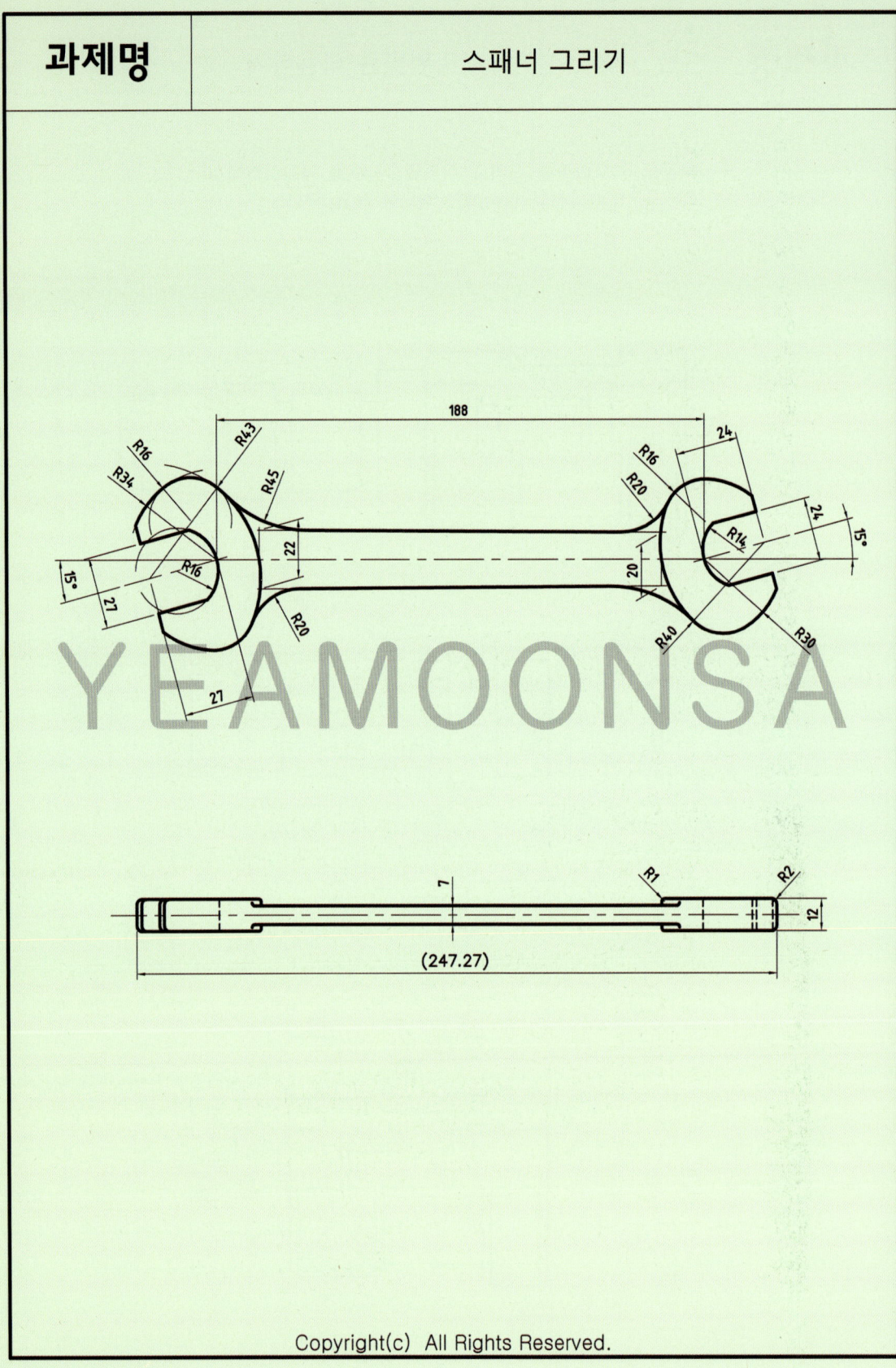

| 과제명 | 평벨트 그리기 |

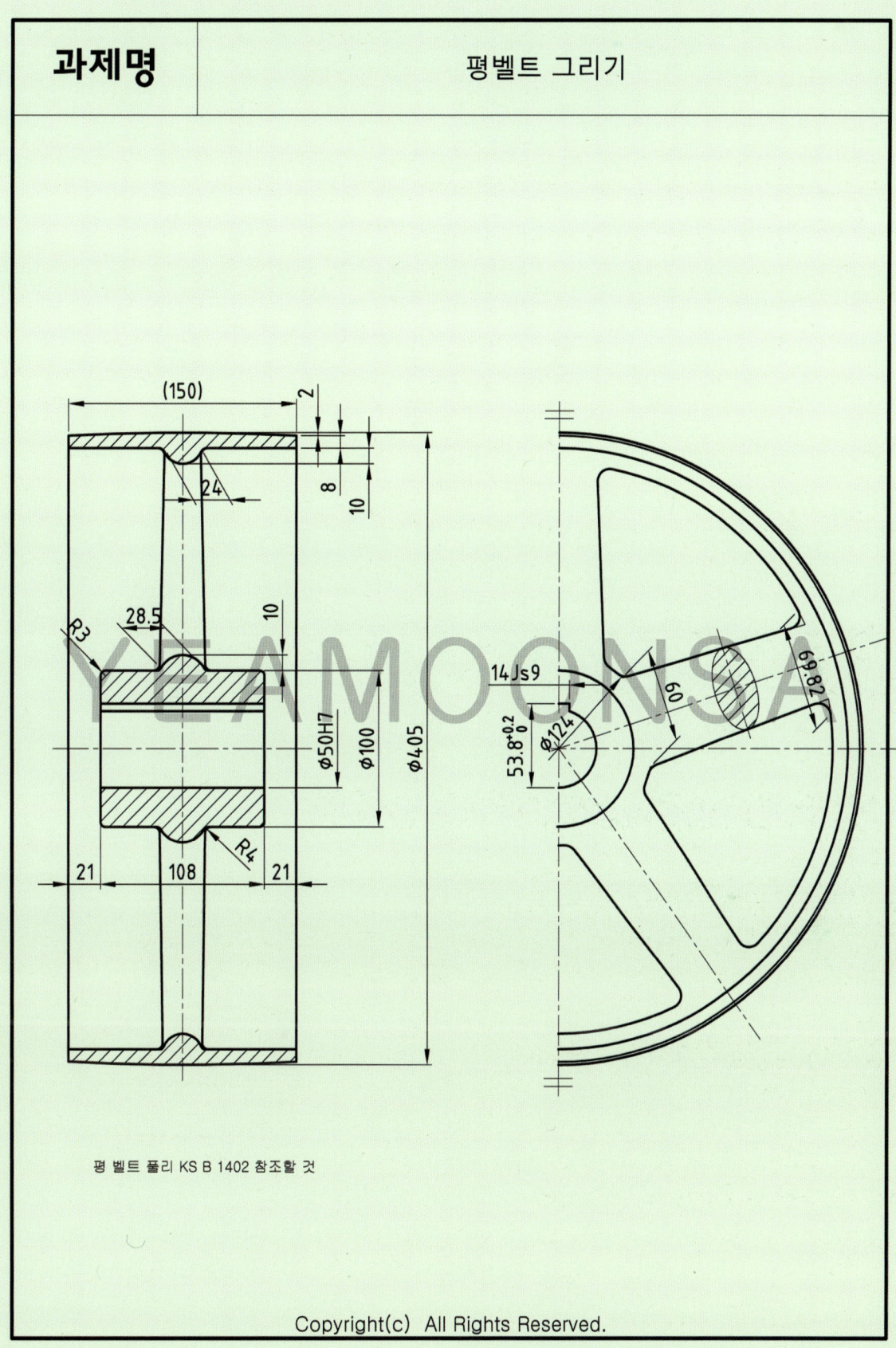

평 벨트 풀리 KS B 1402 참조할 것

Copyright(c) All Rights Reserved.

… AutoCAD

CHAPTER 06

블록과 외부참조

01. Block
02. Insert
03. Wblock
04. Minsert
05. Xattach

06

CHAPTER 06 블록과 외부참조

블록 만들기

도면 작성시 똑같은 모양이 반복되는 경우가 많은데, 이때 블록기능을 이용하여 같은 모양들을 지정하여 사용하면 도면의 효율성을 향상시키고, 파일 크기도 줄일 수 있습니다. 또한 비율을 지정하여 축척, 회전 등의 기능도 가능합니다. 블록에는 내부에서 파일을 저장하여 그 파일에서만 사용가능한 Block과 외부에서 파일을 지정하여 여러 개의 파일에서 공통으로 사용가능한 Wblock 두 가지가 있습니다.
Design center (Ctrl +2)를 사용하면 Block도 외부에서 사용가능합니다.

01 Block

단축아이콘	단축아이콘 이름	명령어	설 명
	블록 작성	block (B)	선택한 객체로 블록 정의를 작성합니다.

▶ **명령행(Command) 사용하기**

명령: Block `Enter`

상단의 메뉴에서 삽입을 클릭한 후  를 클릭합니다.

아래 클래식 화면에서는 붉은색 영역의 를 클릭합니다.

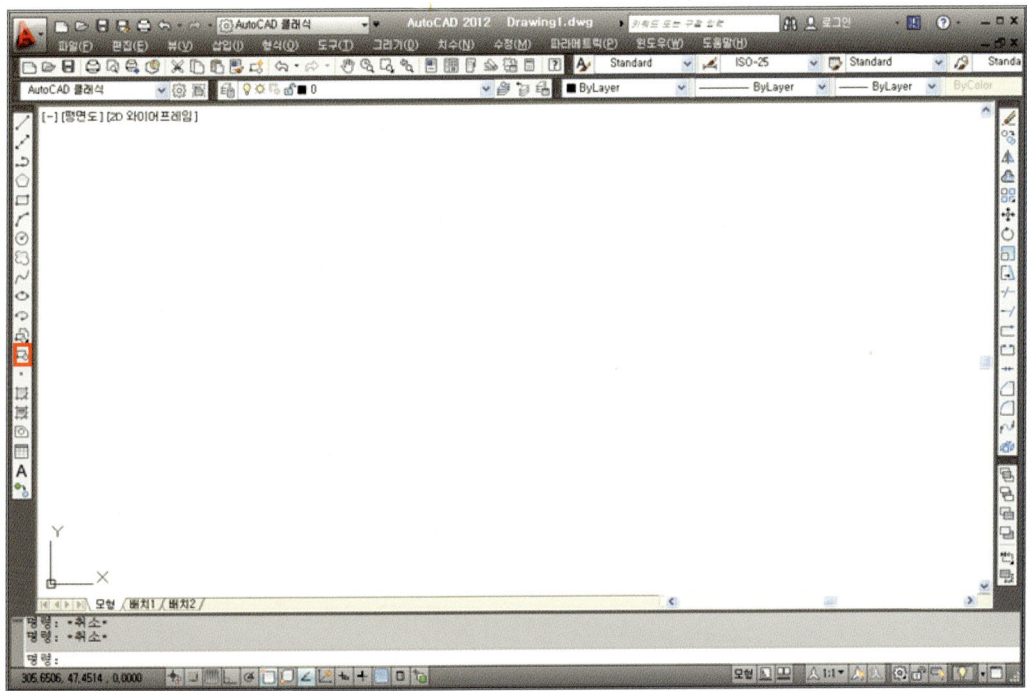

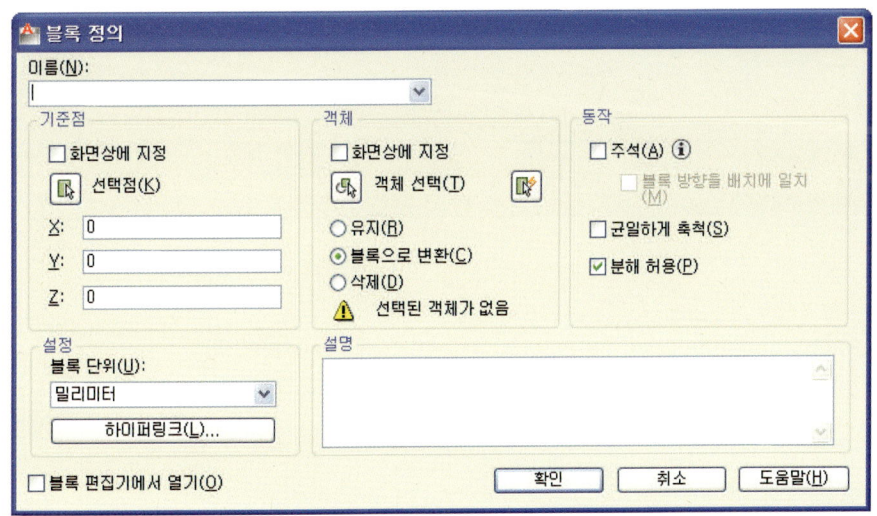

OPTION

이름(Name)	블록의 이름을 지정합니다. 이름을 구별하기 위해 식별되기 쉬운 이름으로 저장합니다.
기준점(Base point)	블록을 도면에 삽입할 기준점을 지정합니다.
객체(Object)	만들고자 하는 객체를 선택하여 블록을 만들것을 지정합니다.
동작	균일하게 축척을 사용할 수 있고, 분해을 허용합니다.
Hyperlink	블록을 클릭했을 경우 링크가 만들어져 연결되도록 합니다.

예제 ▶ 다음과 같이 도면을 그리고 Ø6인 원을 블록을 만들어 바둑판 모양의 각 지점에 넣어보자.

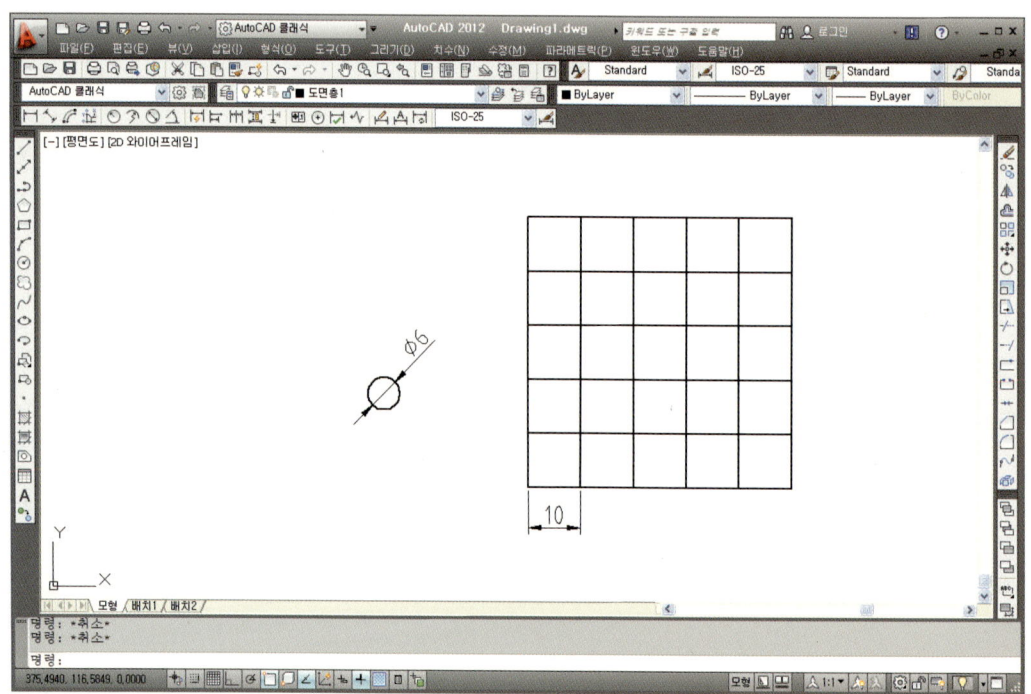

01 블록이름을 정하여 입력합니다.

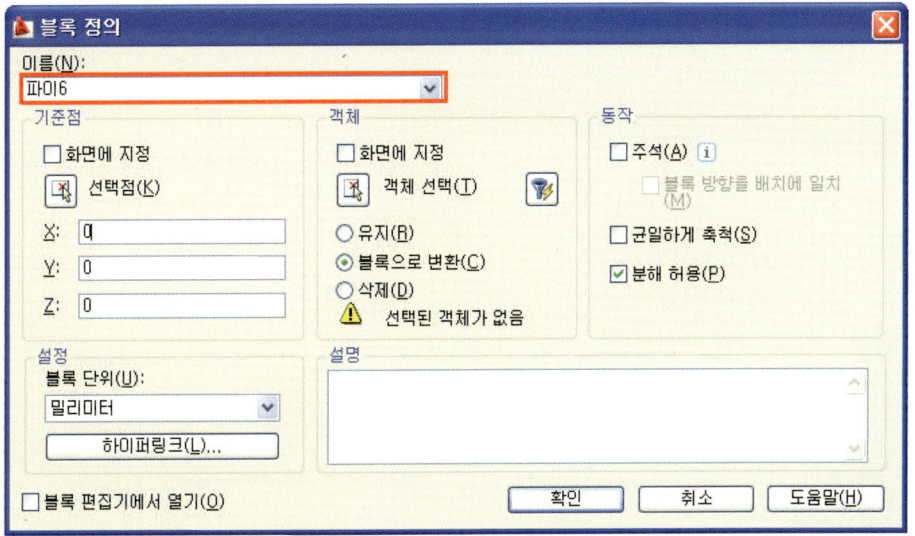

02 선택점을 클릭합니다.

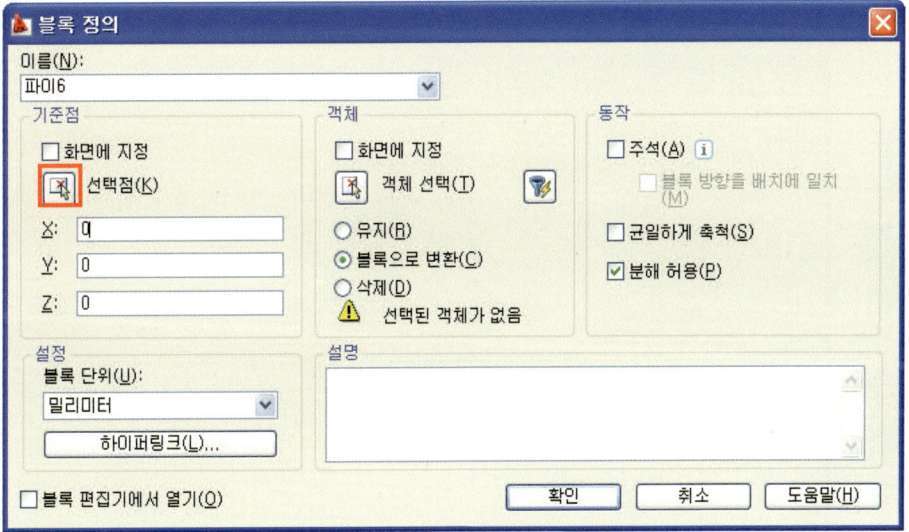

03 블록을 만들 대상의 기준점을 클릭합니다. 원일 경우는 중심점을 클릭합니다.
클릭하면 좌표값이 자동으로 입력됩니다.

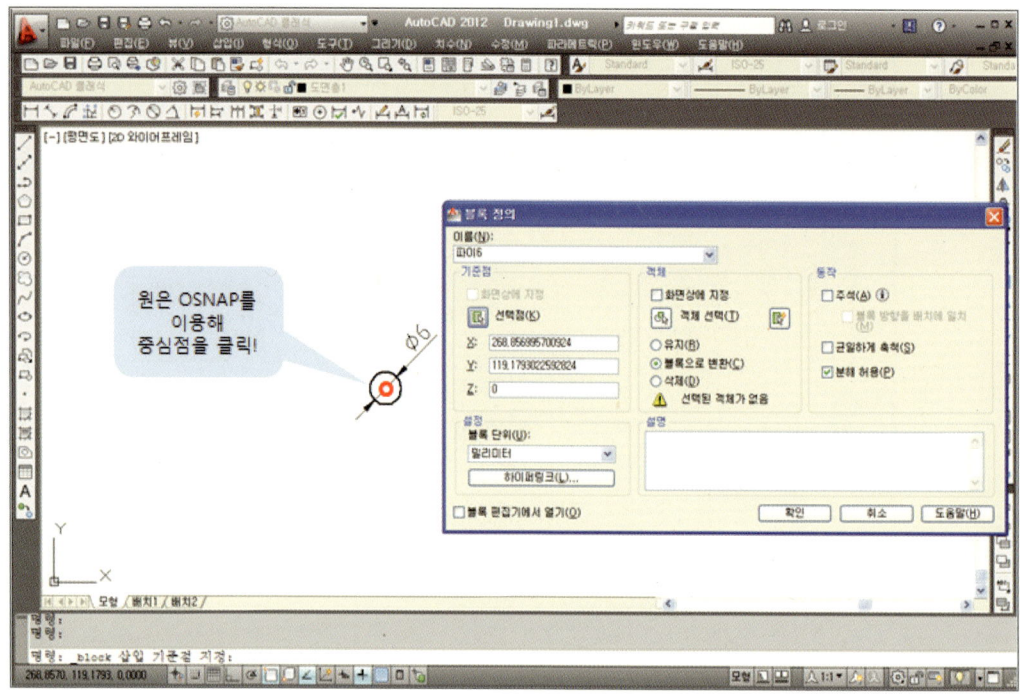

04 객체 선택 버튼을 클릭합니다.

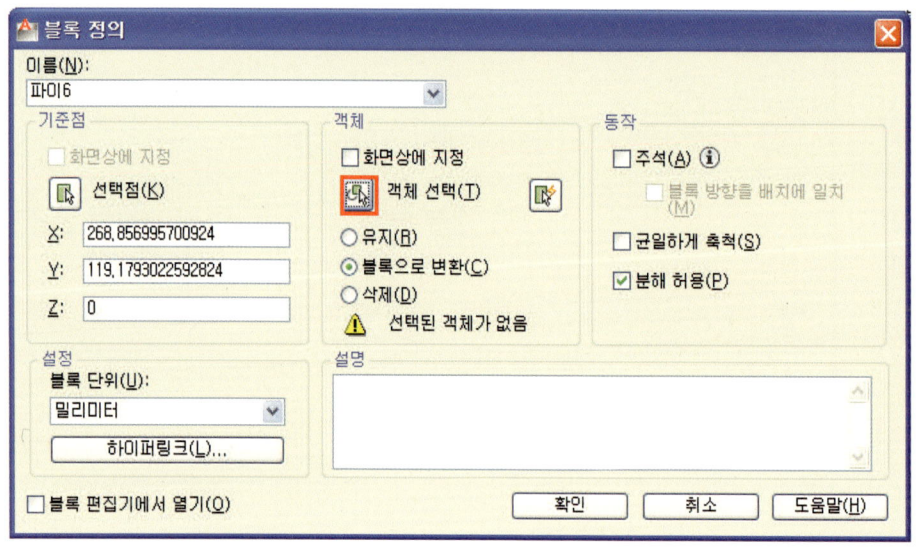

05 원을 선택합니다.(치수도 함께 선택하면 블록 삽입시 치수도 함께 삽입되므로 어떤 것을 선택하고 어떤 것을 선택하지 않아야 할지는 정확하게 구별하여 선택해줍니다.)

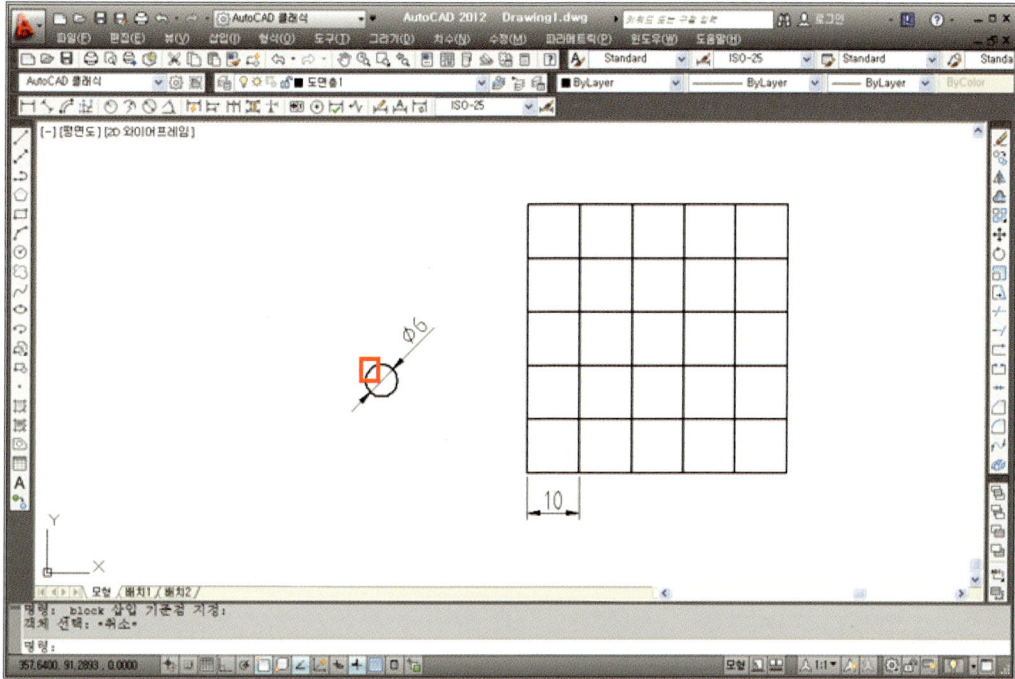

06 선택을 하고 나면 선택한 모양이 간략하게 표시됩니다.

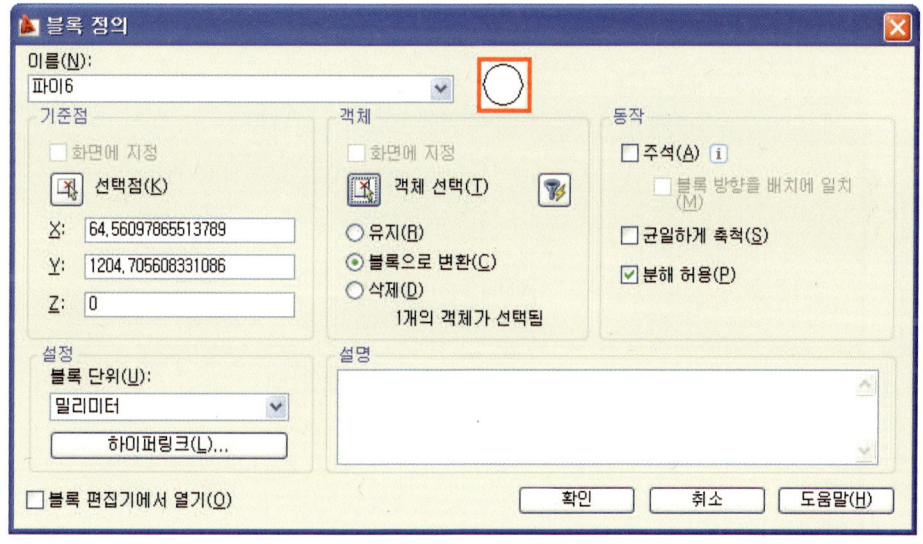

확인 버튼을 클릭하여 마무리 합니다.

Insert

단축아이콘	단축아이콘 이름	명령어	설 명
	삽입	Insert (I)	생성된 블록을 삽입합니다.

명령행(Command) 사용하기

명령: Insert Enter↵

블록 및 참조를 클릭한 후 를 클릭합니다.

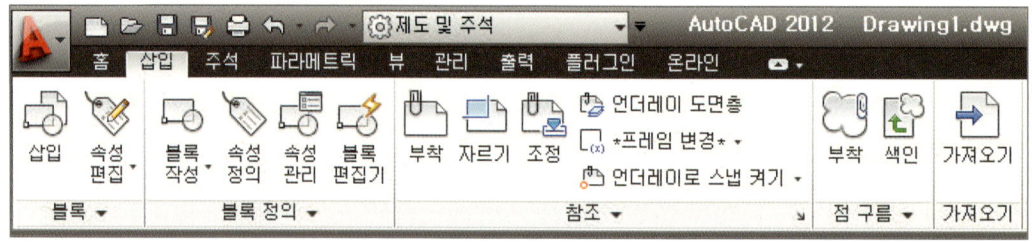

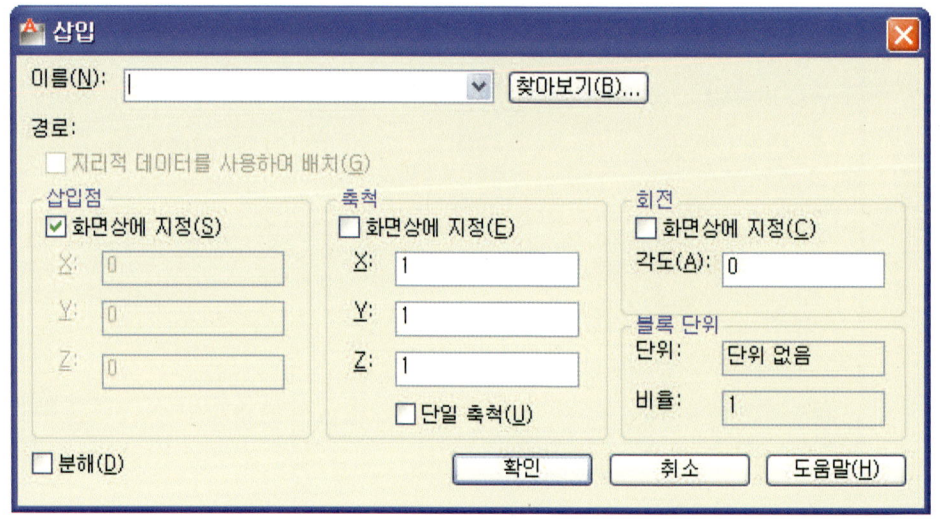

OPTION

이름(Name)	삽입될 블록의 이름을 지정합니다.
삽입점(Insert point)	블록을 도면에 삽입할 기준점을 지정합니다. 화면에서 지정 체크를 없애주면 정확한 지점을 좌표를 이용해 입력할 수 있습니다.
축척(Scale)	삽입하고자 하는 객체의 크기를 지정할 수 있습니다. 화면에서 지정을 클릭하면 화면상에서 지정할 수 있습니다. 단일 축척을 클릭하면 X/Y/Z 값이 동일하게 적용됩니다.
회전(Rotation)	삽입될 객체의 회전값을 지정합니다.
블록단위(Block Unit)	블록을 클릭했을 경우 링크가 만들어져 연결하도록 합니다.

Insert를 이용하여 다음과 같이 Ø6인 원을 다음과 같이 위치시켜 봅시다.

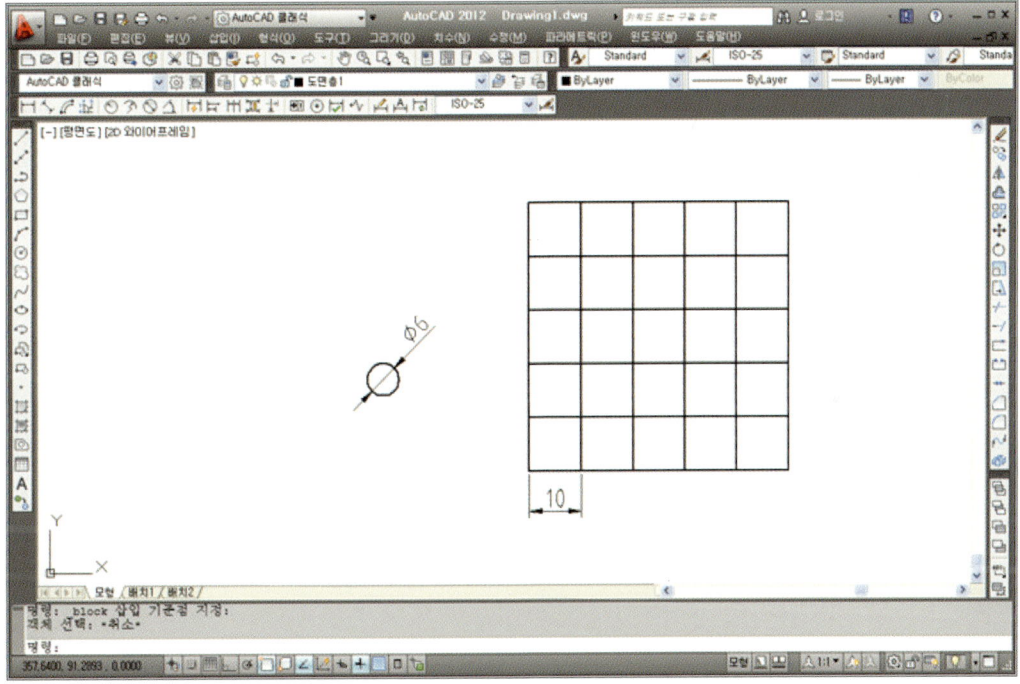

01 삽입할 블록의 이름을 선택합니다. 미리보기를 통해 다시 한 번 확인합니다.

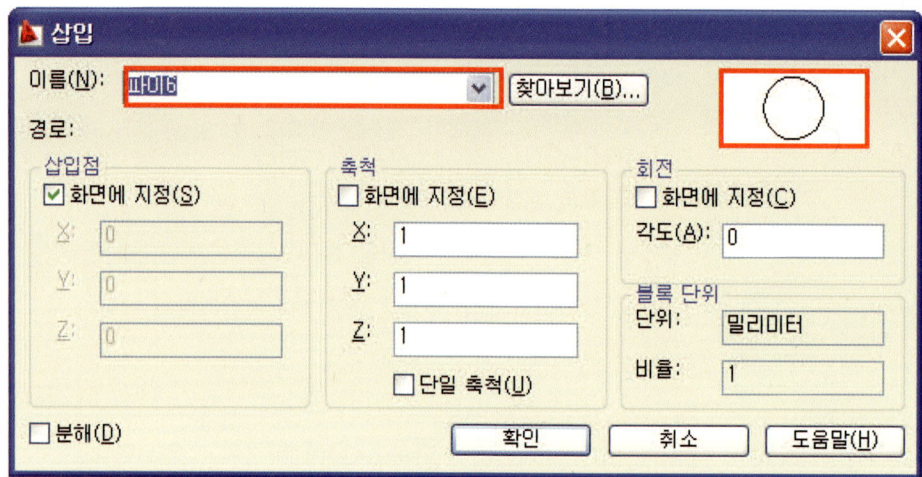

02 확인 버튼을 클릭하면 삽입창이 사라지고 삽입할 지점을 클릭할 수 있게 됩니다.

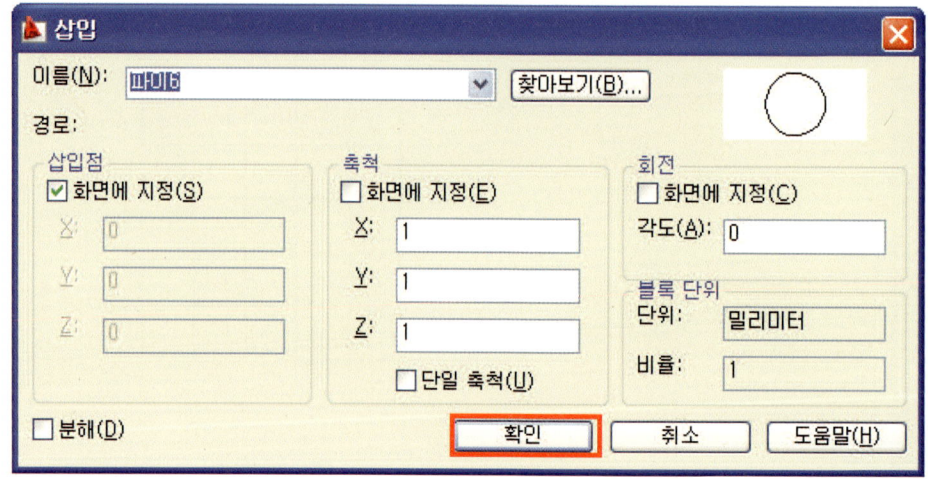

03 삽입할 지점을 클릭합니다.(Osnap 기능을 확인한 후 정확히 삽입합니다.)

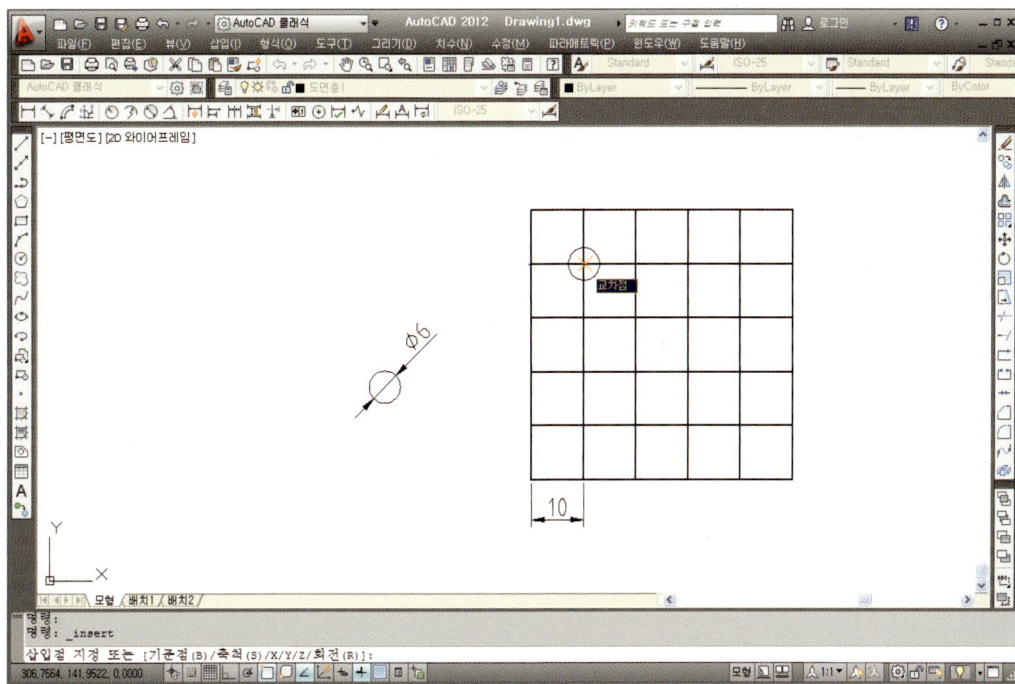

AutoCAD 03 Wblock

단축아이콘	단축아이콘 이름	명령어	설 명
	블록 작성	Wblock (W)	블록을 작성합니다.

Wblock으로 만들면 일반 Block과 달리 외부의 파일로 저장되기 때문에, 다른 파일에서도 사용가능합니다.

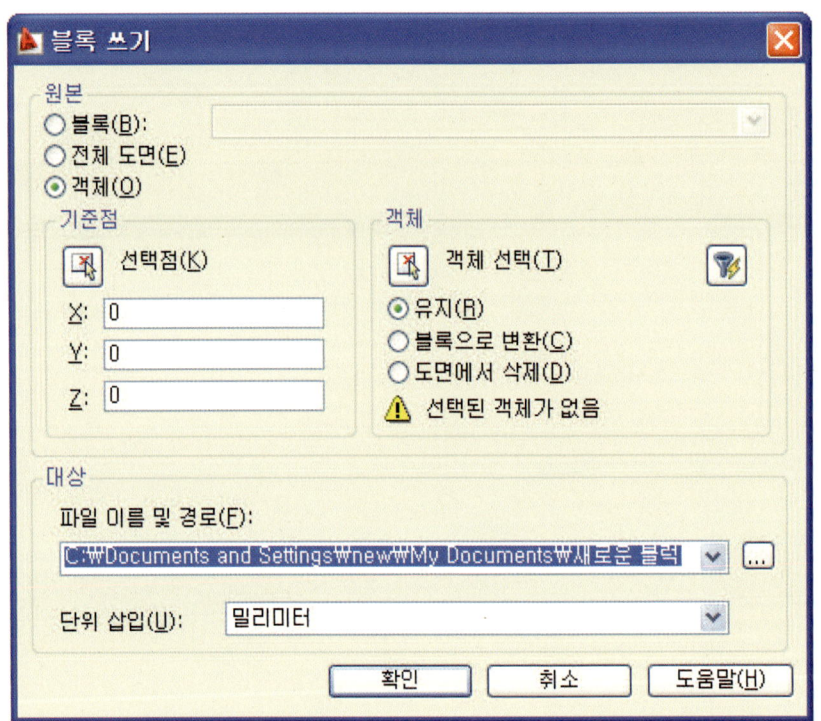

OPTION

원본(Source)	• 블록(Block) : 현재 도면에서도 Block처럼 이용할 수 있습니다. • 전체도면(Entire drawing) : 전체 도면을 Wblock으로 만듭니다. • 객체(Object) : 선택한 객체만 Wblock으로 만듭니다.
기준점(Base point)	블록의 기준점을 생성합니다. 좌표값을 입력하면 좌표값대로 기준점이 생성됩니다.
객체(Object)	• 유지(Retain) : 화면상에 객체가 그대로 남아 있습니다. • 블록으로 변환(Convert to block) : 일반적인 객체가 자동으로 블록으로 변환됩니다. • 도면에서 삭제(Delete from Drawing) : 화면에서 삭제합니다.
대상(Destination)	• 파일 이름 및 경로 : 블록을 저장할 파일 이름의 경로를 지정합니다. • 단위 삽입 : 삽입 시 적용될 단위를 지정합니다.

실습순서

01 블록을 만들 대상의 기준점을 클릭합니다. 원일 경우는 중심점을 클릭합니다. 클릭하면 좌표값이 자동으로 입력됩니다.

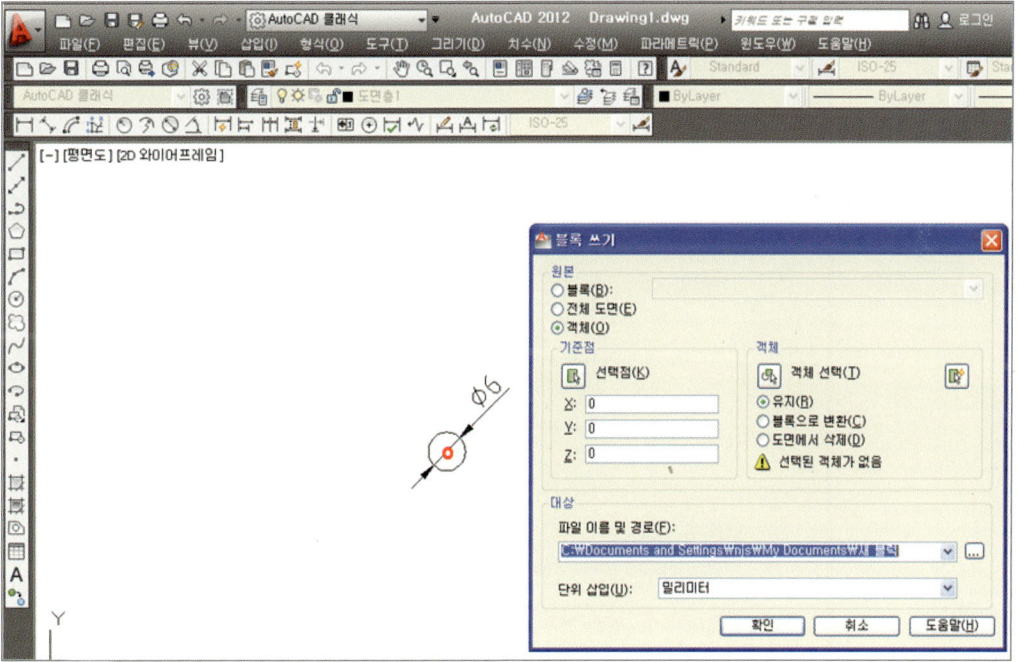

02 원을 선택합니다.(치수를 선택하면 블록 삽입시 치수도 함께 삽입되므로 어떤 것을 선택하고 어떤 것을 선택하지 않아야 할지는 정확하게 구별하여 선택해줍니다.)

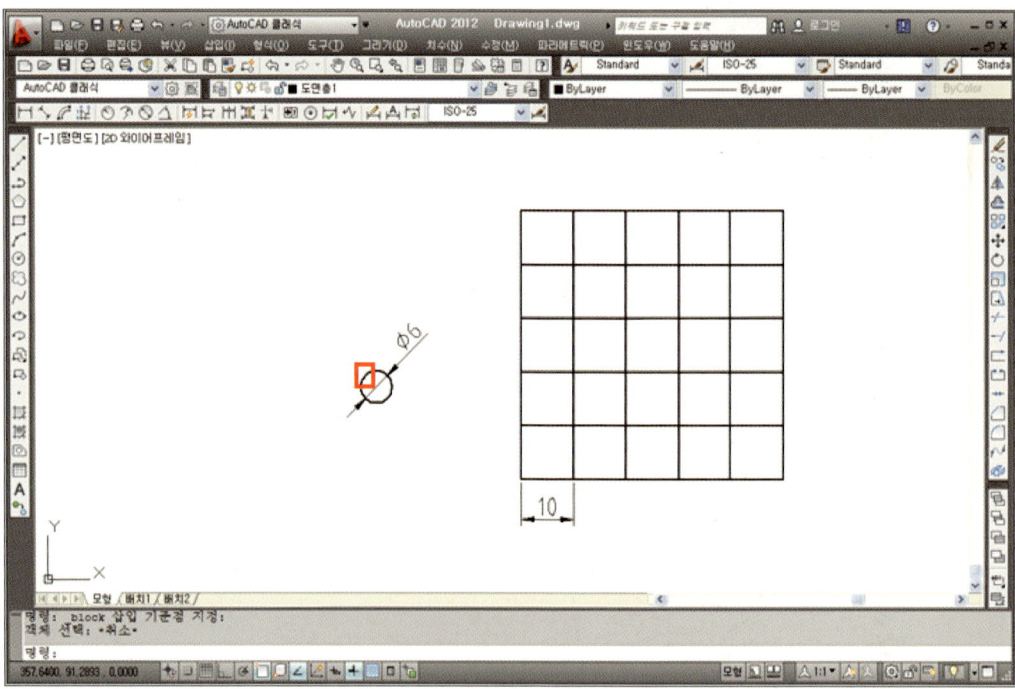

03 파일 이름 및 경로를 입력합니다.

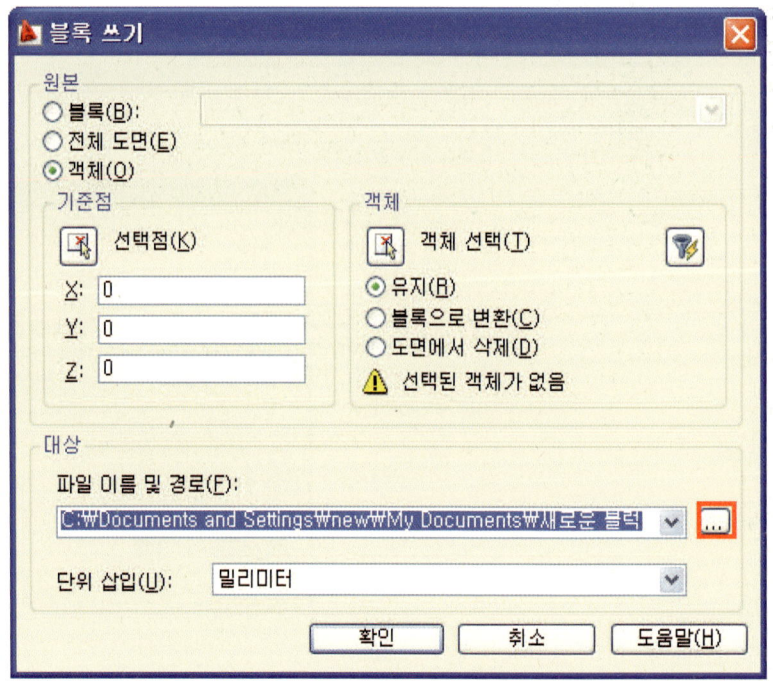

04 적절한 파일명을 입력합니다.

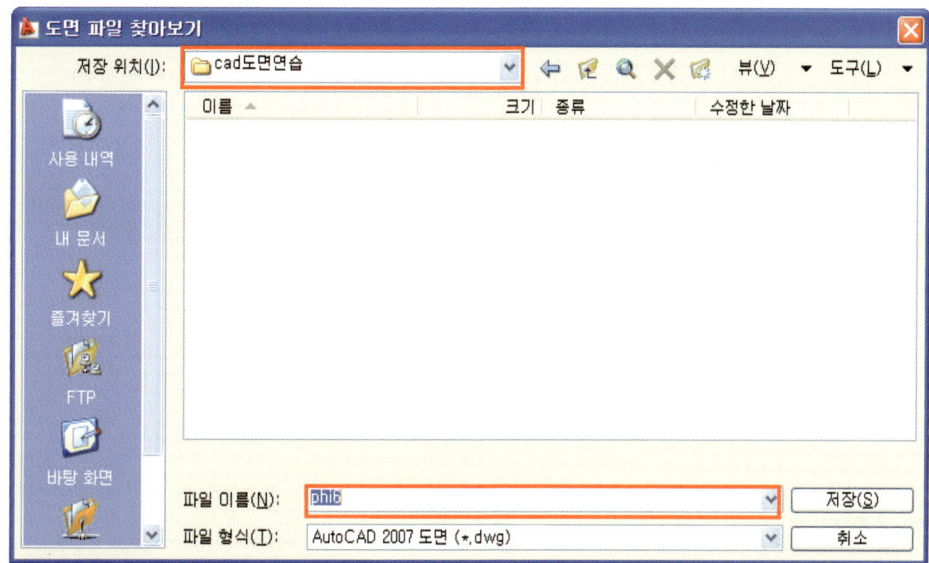

파일형식은 다른 곳에서 사용될 Autocad의 버전을 고려하여 선택합니다. 상위버전에서는 하위버전을 아무런 제약 없이 읽을 수 있으나 하위버전에서는 상위버전으로 작성된 파일을 읽을 수 없습니다.

저장할 때 파일 형식을 지정하여 저장합니다.

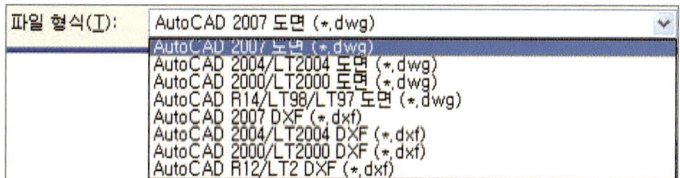

Block과 Wblock으로 만든 파일은 모두 Insert 명령으로 원하는 도면 내에 삽입이 가능합니다.

365

Minsert

단축아이콘	단축아이콘 이름	명령어	설 명
		Minsert	Arrary와 Insert를 합친 명령어

Minsert를 이용하여 다음과 같이 직경6인 원을 격자의 교차점에 넣어 다음과 같이 만들어 봅시다.

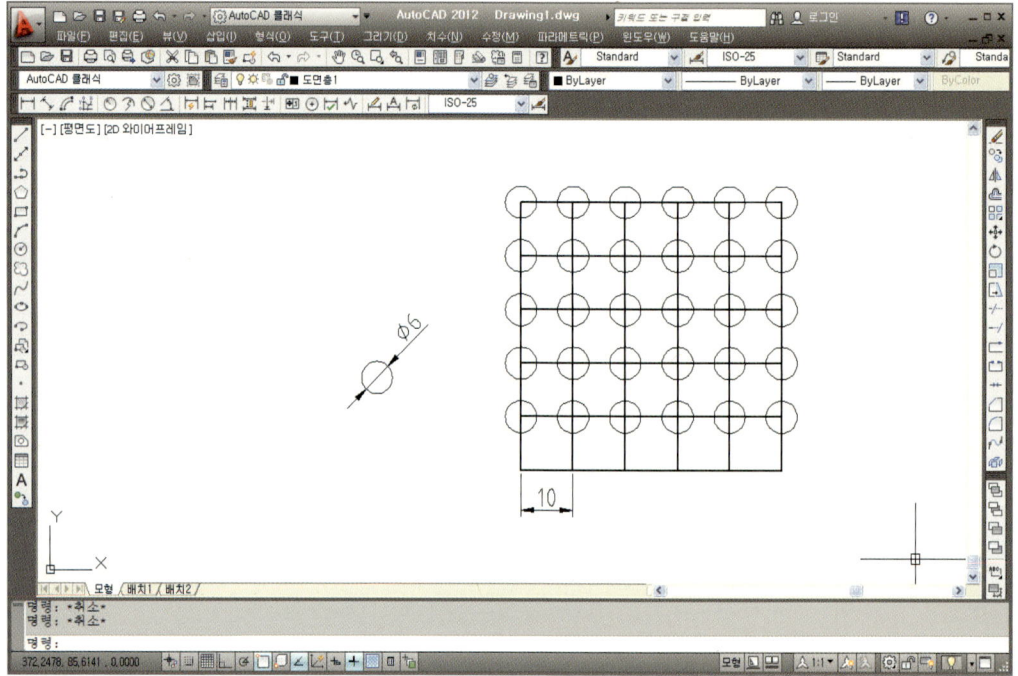

명령행(Command) 사용하기

명령: minsert [Enter ↵]
블록 이름 입력 또는 [?]: 파이6 [Enter ↵] "블록으로 만들어 놓은 파일명 입력"
단위: 밀리미터 변환: 1.0000 [Enter ↵]
삽입점 지정 또는 [기준점(B)/축척(S)/X/Y/Z/회전(R)]: "마우스로 삽입점 선택"
X축척 비율 입력, 반대구석 지정, 또는 [구석(C)/XYZ(XYZ)] <1>: [Enter ↵] "X축척 비율 입력"
Y 축척 비율 입력 <X 축척 비율 사용>: [Enter ↵] "Y축척 비율 입력"
회전 각도 지정 <0>: [Enter ↵] "회전 각도값 입력"
행 수 입력(---) <1>: 6 [Enter ↵] "행의 수 입력"
열 수 입력 (|||) <1>: 6 [Enter ↵] "열의 수 입력"
행 사이의 단위 셀 또는 거리 (---): 10 [Enter ↵] "행 사이 거리 입력"
열 사이의 거리를 지정 (|||): 10 [Enter ↵] "열 사이 거리 입력"

AutoCAD 05 Xattach

단축아이콘	단축아이콘 이름	명령어	설 명
	외부참조 부착	xattach	외부에 파일을 부착합니다.

외부 참조를 현재 도면에 부착합니다.

명령행(Command) 사용하기

명령: Xattach **Enter**

Ø6 원을 외부참조 부착을 이용하여 사각 격자에 삽입하여 봅시다.

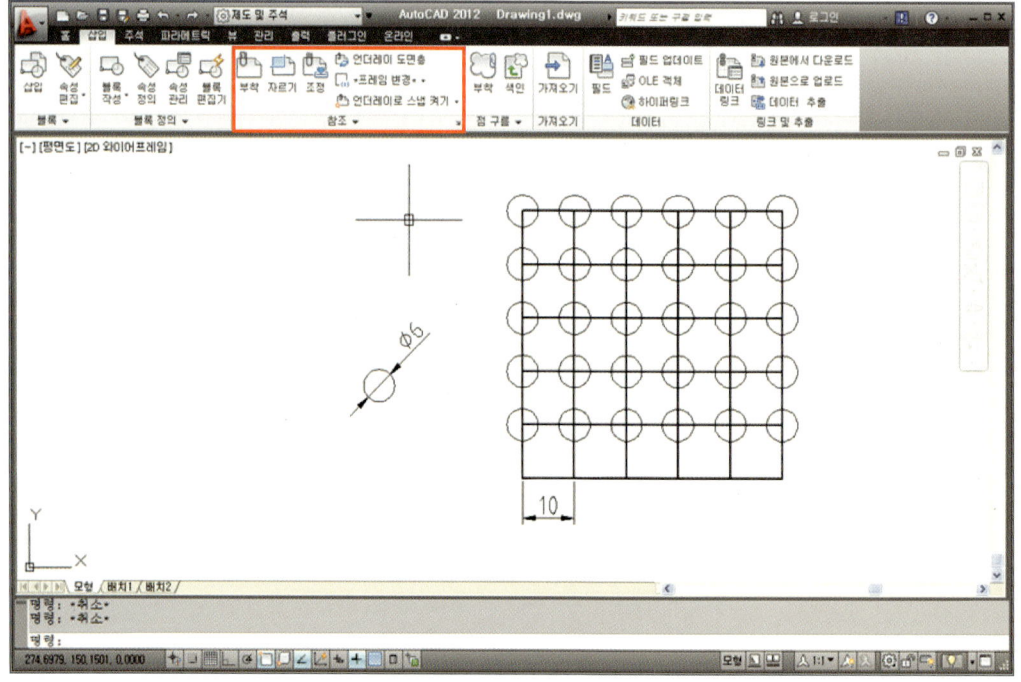

OPTION

이름(Name)	• 삽입될 외부참조도면의 이름을 지정합니다.
참조유형 (Reference Type)	• 부착(Attachment) : 현재 도면에 부착시킵니다. • 중첩(Overlay) : 현재 도면에 중첩시킵니다.
삽입점(Insert Point)	도면에 삽입할 블록의 기준점을 지정합니다. 화면에서 지정 체크를 없애주면 정확한 지점을 좌표를 이용해 입력할 수 있습니다.
축척(Scale)	삽입하고자 하는 객체의 크기를 지정할 수 있습니다. 화면에서 지정을 클릭하면 화면상에서 지정할 수 있습니다. 단일 축척을 클릭하면 X/Y/Z 값이 동일하게 적용됩니다.
회전(Rotation)	삽입될 객체의 회전값을 지정합니다.

▶ 외부참조를 사용하면 편리한 경우

1. Insert명령어를 이용하여 삽입된 객체는 정식 객체로 인정되기 때문에 편집이 자유롭게 되는 반면에 도면에 사용되는 데이터의 양은 많아 집니다. 그러나 외부참조로 삽입된 객체는 임의로 삽입되기 때문에 편집은 자유롭지 못하지만 전체도면의 파일용량을 줄일 수 있습니다.

2. 똑같은 모양이 반복적으로 사용되어 수정이 많이 되는 도면 작성 시에 원래의 파일을 수정하면 도면을 열때마다 다시 다 재생성되어 편리합니다.

3. 기존 블록을 통해 삽입시 layer가 원래의 도면과 혼합이 되어 혼잡스러운데 외부참조를 통해 삽입된 객체들은 섞이지 않아 편리합니다.

▶ **외부 참조를 실행해 봅시다.**

01 삽입하고자 하는 파일의 경로와 이름, 미리보기를 확인합니다.

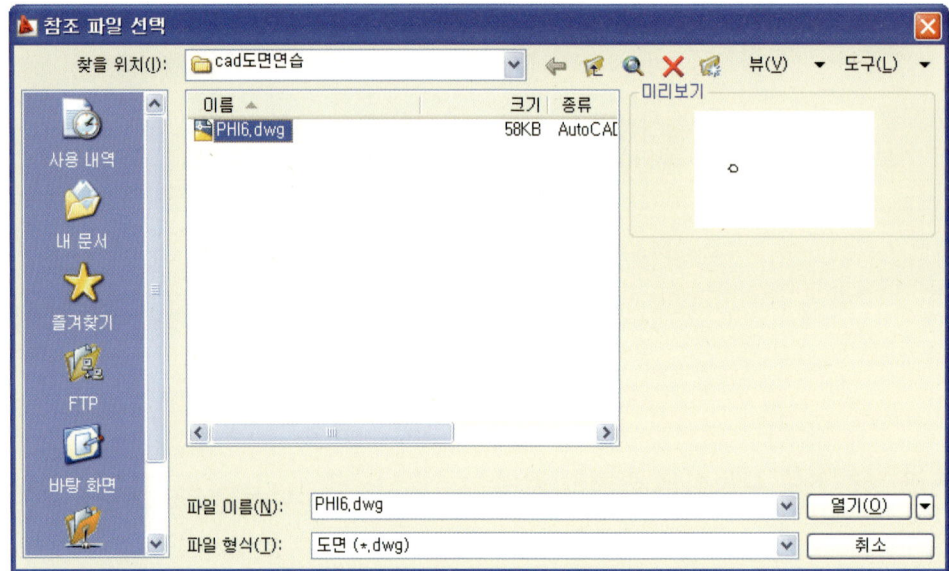

02 열기를 클릭하면 아래와 같은 창이 생성됩니다.

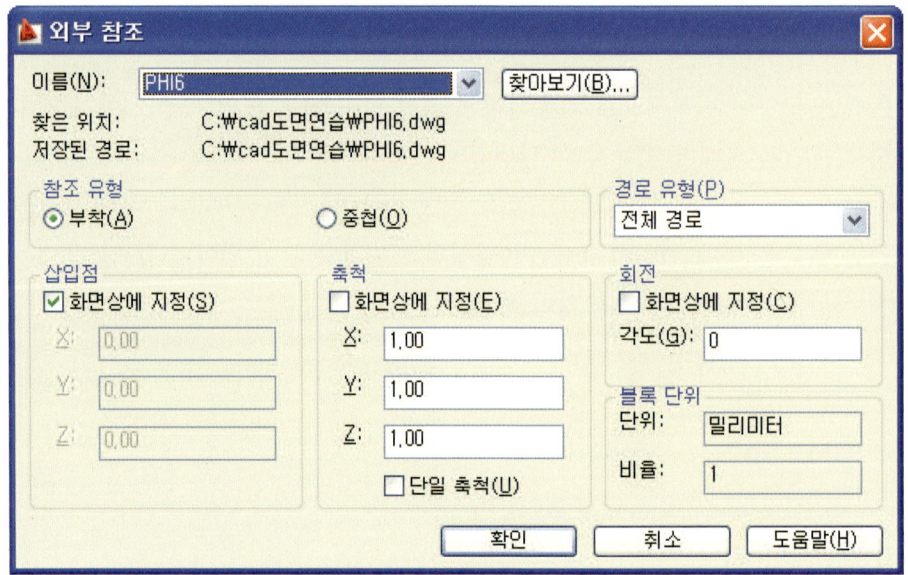

03 나머지는 insert 명령과 동일합니다.

참조명령어

단축아이콘	단축아이콘 이름	명령어	설 명
	외부참조 부착	Attach	외부에 파일을 부착합니다.
	자르기	Clip	외부참조, 블록, 이미지, 언더레이(DWF, DWFx, PDF 또는 DGN) 또는 뷰포트를 지정된 경계까지 자릅니다.
	조종	Adjust	선택한 이미지 및 언더레이(DWF, DWFx, PDF 및 DGN)에 대한 여러 표시 설정을 조정합니다.
	언더레이 도면층	Ulayers	DWF, DWFx, PDF 또는 DGN 언더레이의 도면층 표시를 조정합니다.
	프레임 변경	Frame	모든 이미지, 언더레이 및 잘린 외부 참조에 대한 프레임 표시를 조정합니다.
	언더레이로스냅 켜기	Uosnap	도면에 부착된 DWF, DWFx, PDF 및 DGN 언더레이의 형상에 대해 객체 스냅을 활성화할지 여부를 결정합니다.
	참조 편집	Refedit	현재 도면에서 직접 외부 참조 또는 블록 정의를 편집합니다.
	외부참조 페이드	XDWGFADECTL	모든 DWG 외부 참조 객체에 대한 광도를 조정합니다.

AutoCAD

CHAPTER 07

출력하기

01. 도면 출력하기
02. 도면 pdf 파일로 출력하기

07

CHAPTER 07 출력하기

01 도면 출력하기

단축아이콘	단축아이콘 이름	명령어	설 명
🖨	플롯	plot	도면을 출력합니다.

명령행(Command) 사용하기

명령: plot **Enter ↵**

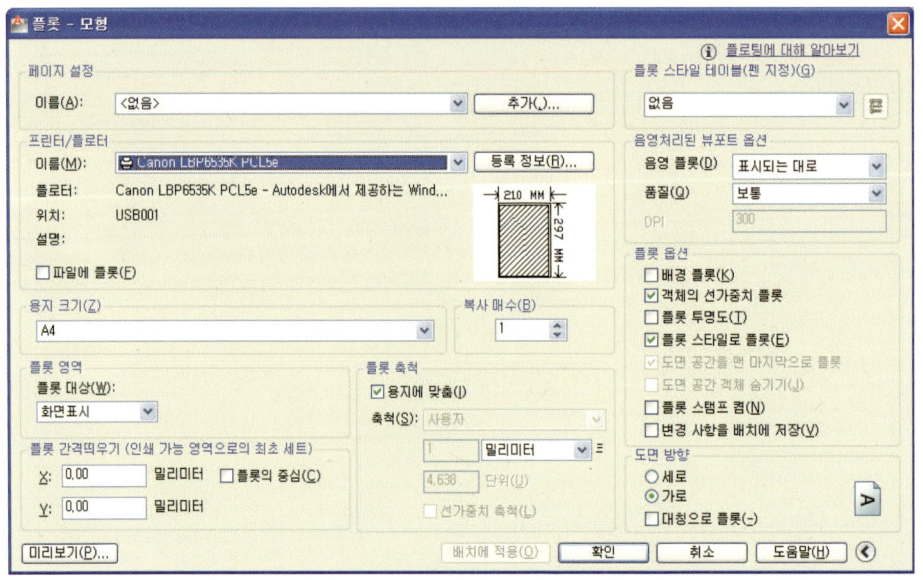

374 | 스마트한 CAD실습

OPTION

페이지 설정 (Page setup)	페이지 설정을 조정합니다. Plot 관련 사항을 저장해 놓고 사용할 수 있게 해줍니다. • 이름(Name) : 미리 지정된 페이지 설정을 지정하거나 이전에 사용한 페이지를 선택합니다.
프린터/플로터 (Printer/poltter)	프린터/플로터와 관련된 사항을 조정합니다. 하드웨어를 조정하는 부분입니다. • 이름(Name) : 사용할 프린트나 플로터를 지정합니다.
용지크기(Paper Size)	출력할 종이 크기를 지정합니다. 하드웨어에 따라 다른 용지 크기가 나타납니다.
복사 매수 (Number of copies)	출력물의 장수를 지정합니다. 같은 도면을 계속 뽑아야 하는 경우 이용합니다.
플롯영역 (Plot area)	출력된 범위를 조정합니다. • 한계(Limits) : 한계영역 전체를 출력할 때 사용합니다.(Limits 설정한 영역) • 화면(Display) : 현재 작업 화면에 나타나 있는 부분을 출력합니다. • 윈도(Window) : 자신이 출력하고 싶은 범위를 window로 지정해서 출력합니다. • 확장(Extend) : 용지에 맞게 최대 크기로 출력(AutoCAD2012 버전에는 없음)
플롯 간격띄우기 (Plot offset)	플롯의 간견띄우기를 조정합니다. • X,Y : X,Y값으로 원점의 위치를 입력합니다. • 플롯의 중심(Center the plot) : 도면이 출력될 종이의 가운데에 위치시킵니다.
플롯 축척(Plot scale)	플롯 축척을 조정합니다. • Fit to paper : 척도에 상관없이 출력 용지에 맞게 출력합니다. • Scale : 사용자에 맞는 척도를 지정합니다.
플롯스타일 테이블 (펜 지정) (Plot style table)	플롯 스타일 테이블(펜지정)을 조정합니다. 출력시 펜에 색상을 지정하거나 흑백으로 출력하거나 색상마다 효과를 주어 다양하게 출력할 수 있습니다.
음영처리된 뷰포트 옵션 (Shaded viewport options)	음영처리된 화면과 렌더링된 화면이 플롯되는 방법을 지정하고 해상도 수준 및 dpi를 결정합니다. • 음영플롯(Shade plot) : 플롯되는 방법을 지정합니다. • 품질(Quality) : Shade나 Render된 화면이 출력되는 경우 해상도를 지정합니다. • DPI : 해상도를 직접 입력합니다.

플롯 옵션 (Plot options)	플롯의 옵션을 조정합니다. • 배경플롯(Plot in background) : 플롯이 배경에서 처리되도록 합니다. • 객체의 선가중치 플롯(Plot object Lineweights) : 선 두께의 플롯 여부를 조정합니다. • 플롯 스타일로 플롯(Plot with plot styles) : 객체 및 도면층에 적용된 플롯 스타일의 플롯 여부를 조정합니다. • 플롯 스탬프 켬(Plot stamp on) : 플롯스탬프 기능을 사용합니다. • 변경 사항을 배치에 저장(Save changes to Layout) : 현재 대화상자에서 변경한 사항을 배치에 저장합니다.
도면방향 (Drawing orientation)	출력방향을 조정합니다. • 세로(Portrait) : 가로방향으로 출력합니다. • 가로(Landscape) : 세로방향으로 출력합니다. • 대칭으로 플롯(Plot upside-down) : 상하 뒤집어서 출력합니다.

01 컴퓨터에 연결된 프린터를 선택합니다.

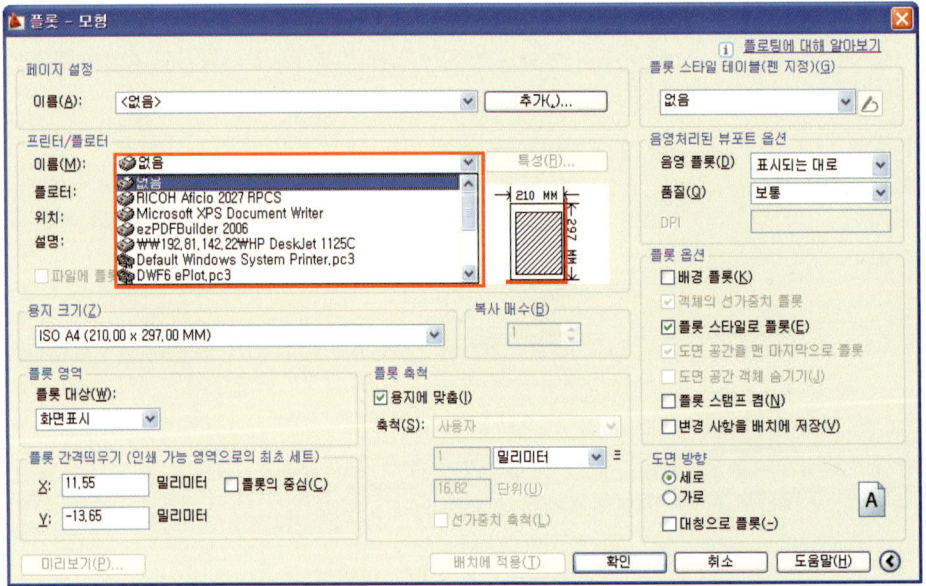

02 선택된 프린터를 확인한 후 특성 버튼을 클릭합니다.

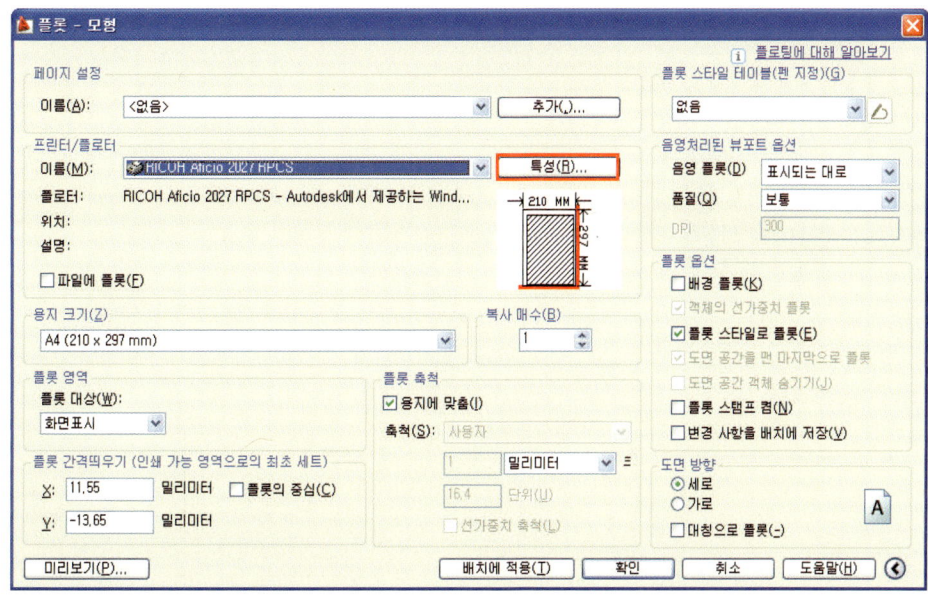

03 장치 및 문서 설정값을 확인한 후 변경할 것이 있으면 사용자 특성 버튼을 클릭합니다.

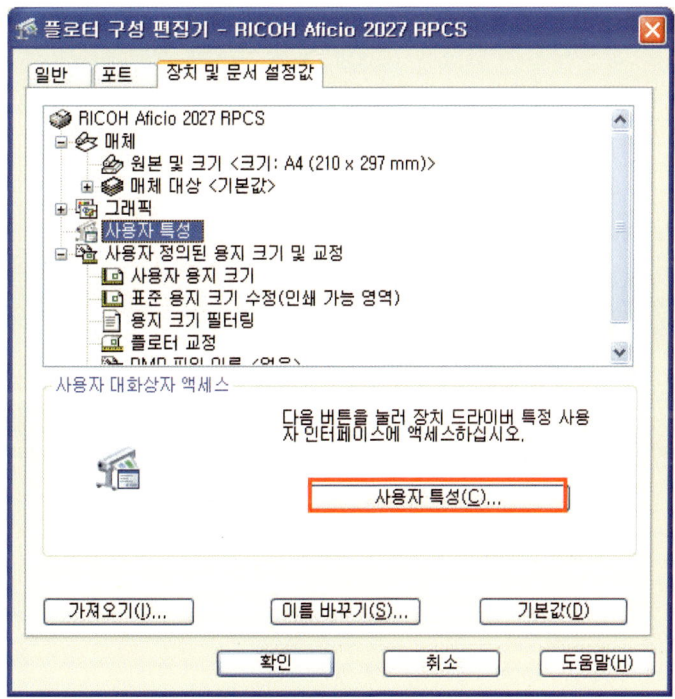

04 원고 방향과 원고 크기를 출력하고자 하는 용지와 일치시킵니다.

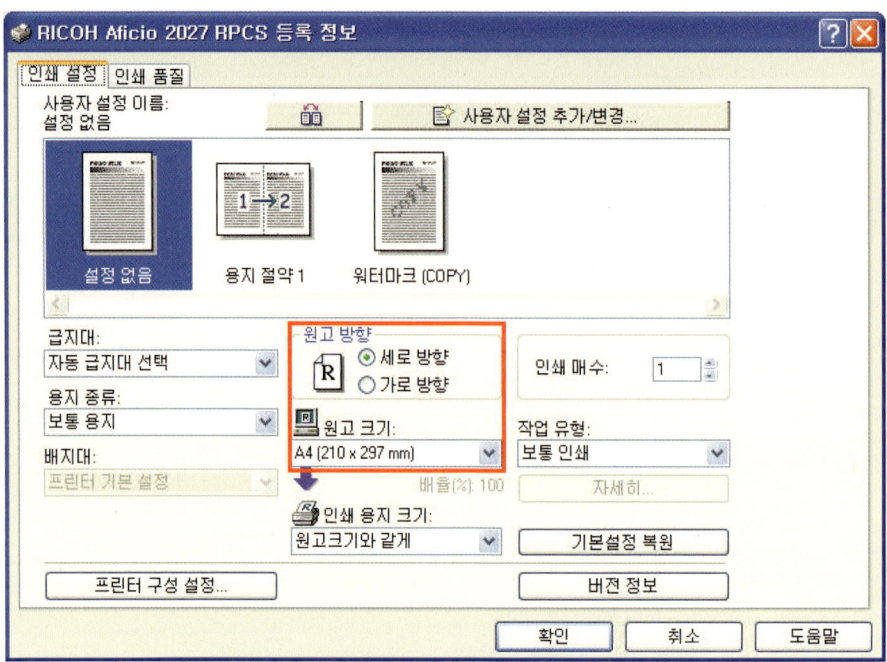

05 확인 버튼을 두 번 눌러 프린터 등록정보와 플로터 구성 편집기 창을 닫습니다.
다음과 같은 창이 나오고 임시로 한 번만 출력하려면 아래와 같이 선택하고 확인합니다.

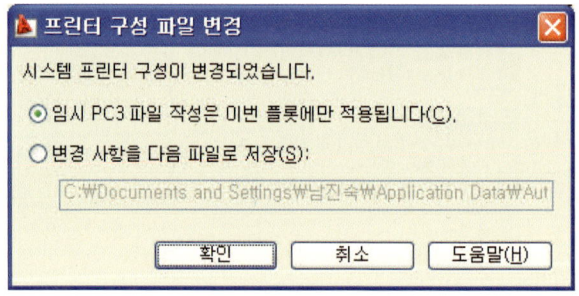

06 용지 크기 선택창에서 출력하고자 하는 크기의 용지와 일치되는 것을 선택합니다.

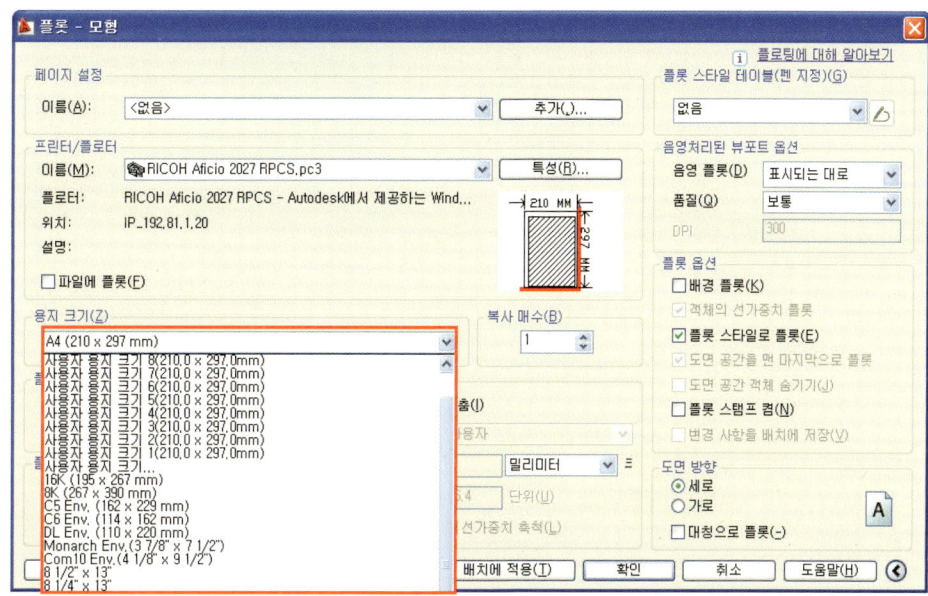

07 AutoCAD 파일에서 플롯영역을 지정합니다. 초보자는 도면을 그린 파일의 Limits 영역과 출력하고자 하는 용지를 일치시키면 편리합니다.

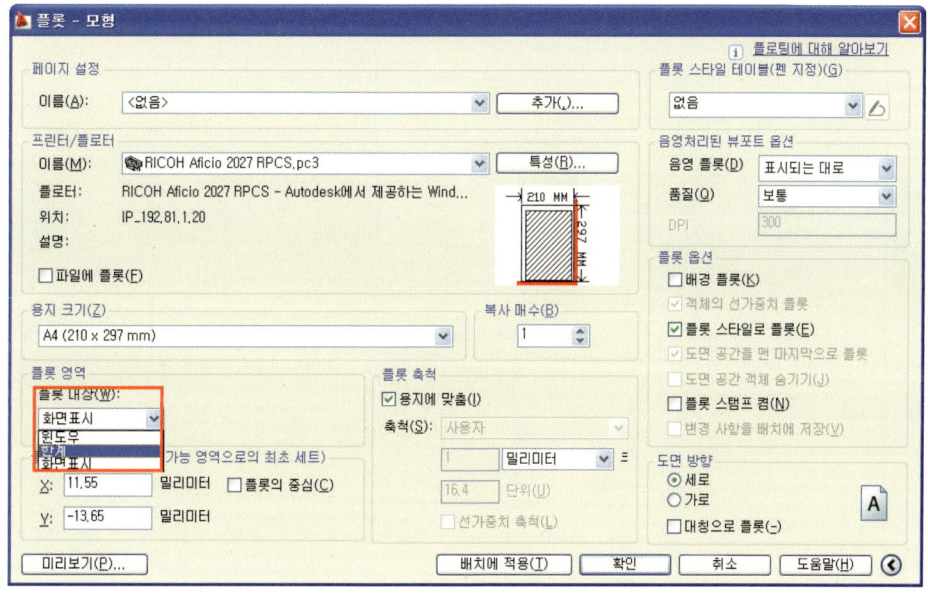

08 플롯의 중심을 선택하여 출력될 도면의 중앙에 출력될 수 있도록 합니다.

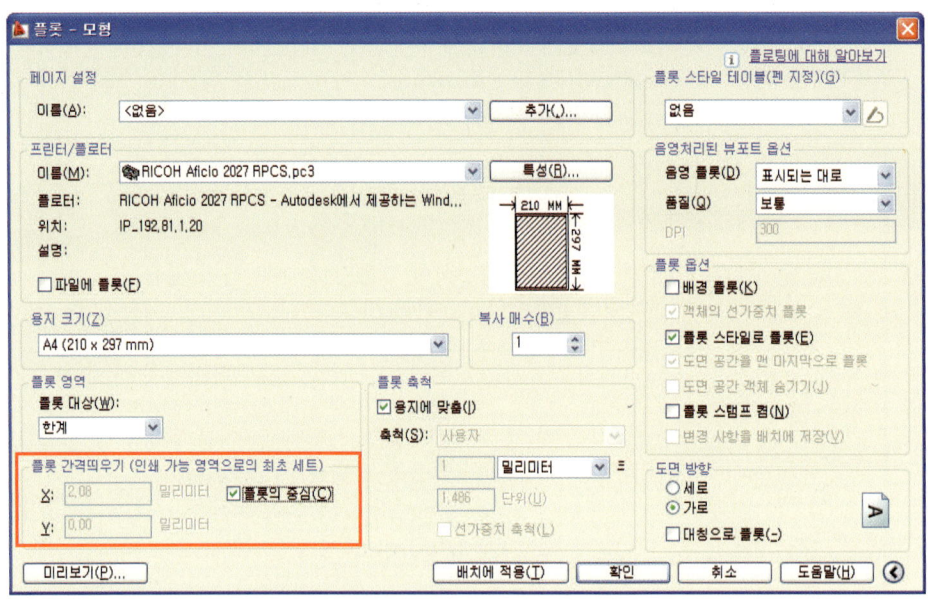

09 용지에 맞춤을 선택하여 자동으로 플롯축척이 되도록 합니다.

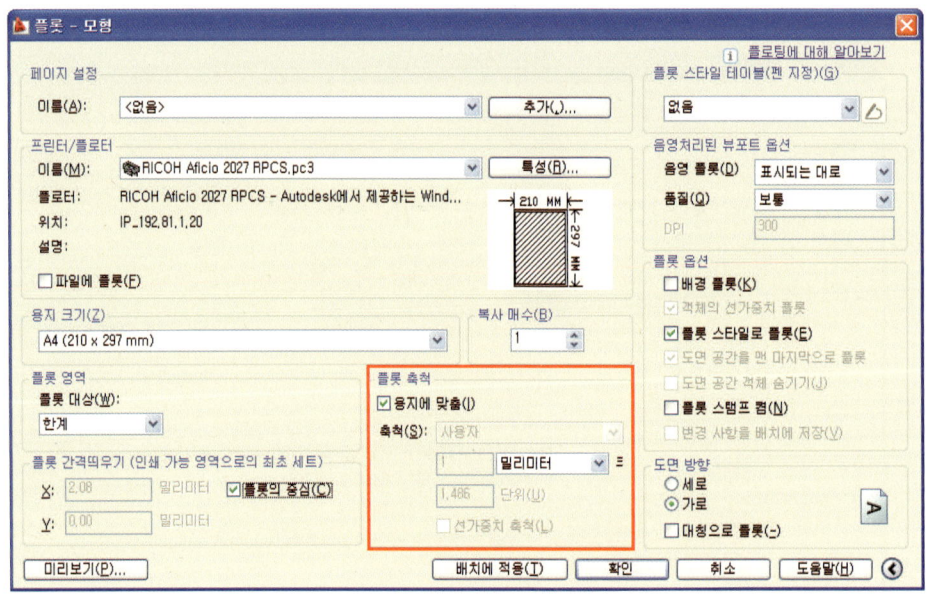

10 플롯 스타일 테이블에서 새로 만들기 버튼을 클릭합니다.

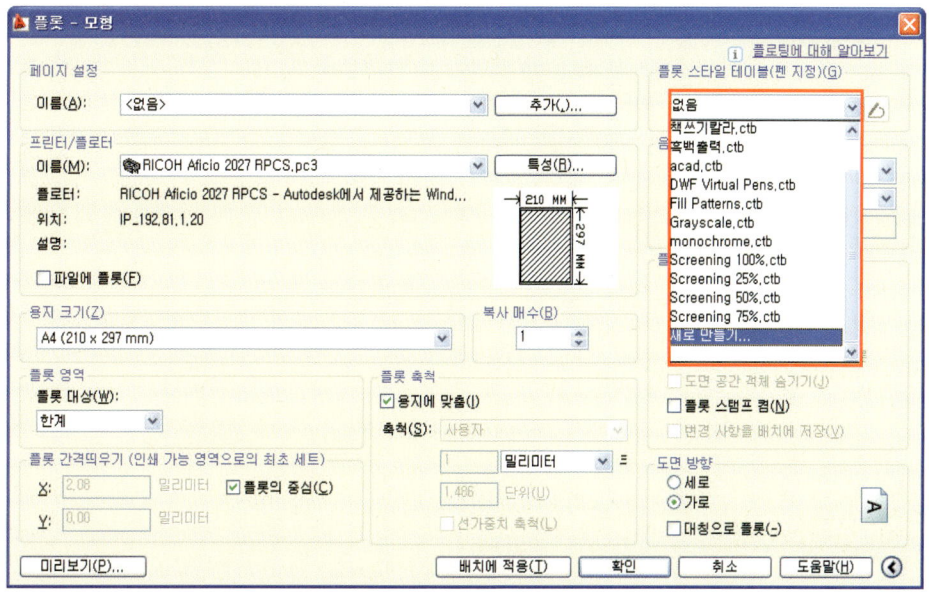

11 '처음부터 시작'을 선택하고 다음 버튼을 클릭합니다.

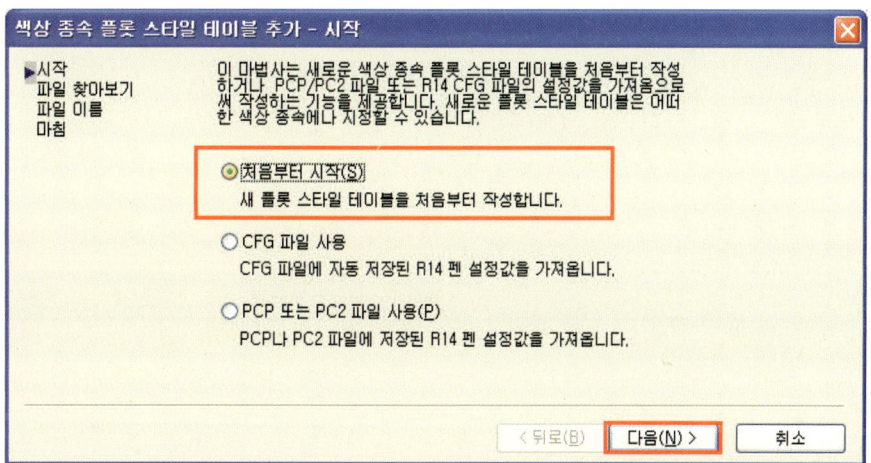

12 파일이름에 적절한 이름을 넣고 다음 버튼을 클릭합니다.

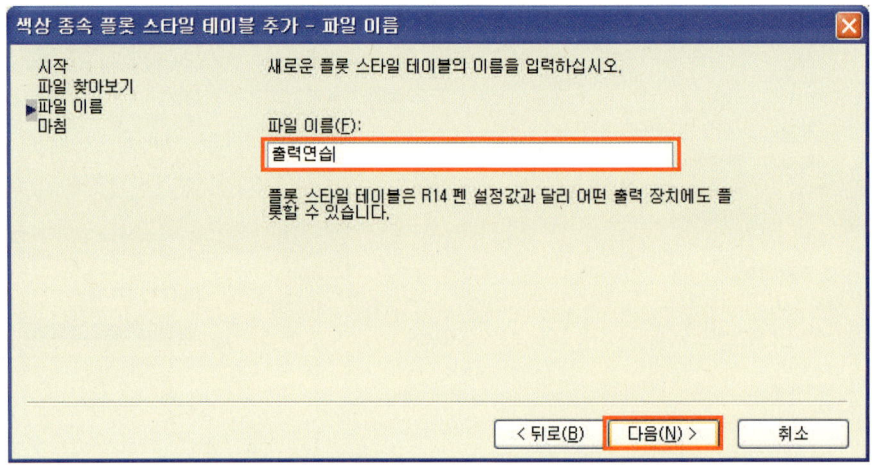

13 플롯 스타일 테이블 편집기를 클릭합니다.

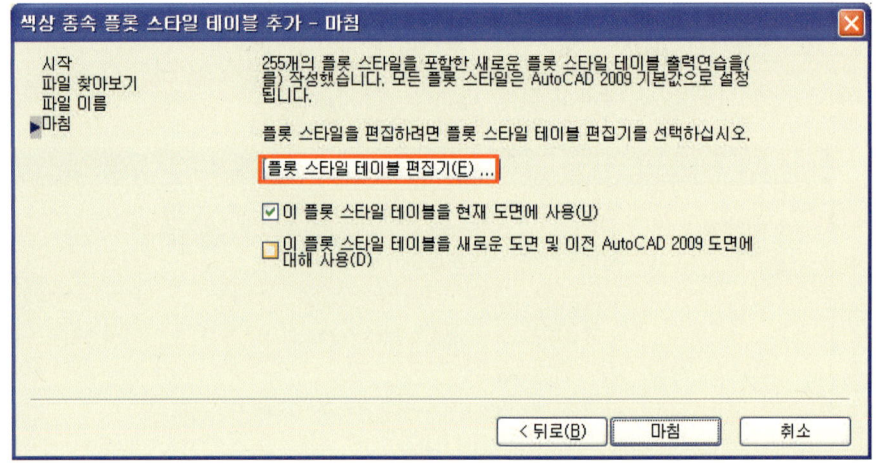

14 플롯 스타일 테이블 편집기가 나오면 왼쪽 플롯 스타일에서 마우스로 드래그하여 동시에 색상1~색상7까지 선택하고 오른쪽의 색상은 검은색으로 선택합니다.(일반적으로 도면은 흑백으로 출력하기 때문에 검은색으로 선택하고 특별히 컬러로 출력하려면 객체 색상 사용으로 놓으면 각 색상별로 출력됩니다.

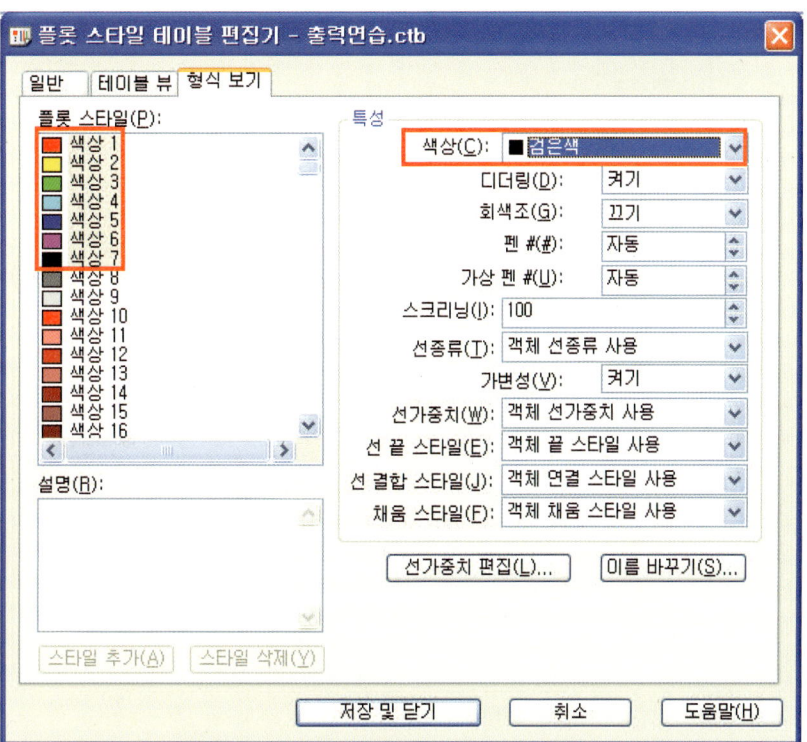

15 왼쪽의 플롯 스타일에서 동시에 선택된 것을 이제는 하나씩 선택하여 선가중치를 적용합니다.

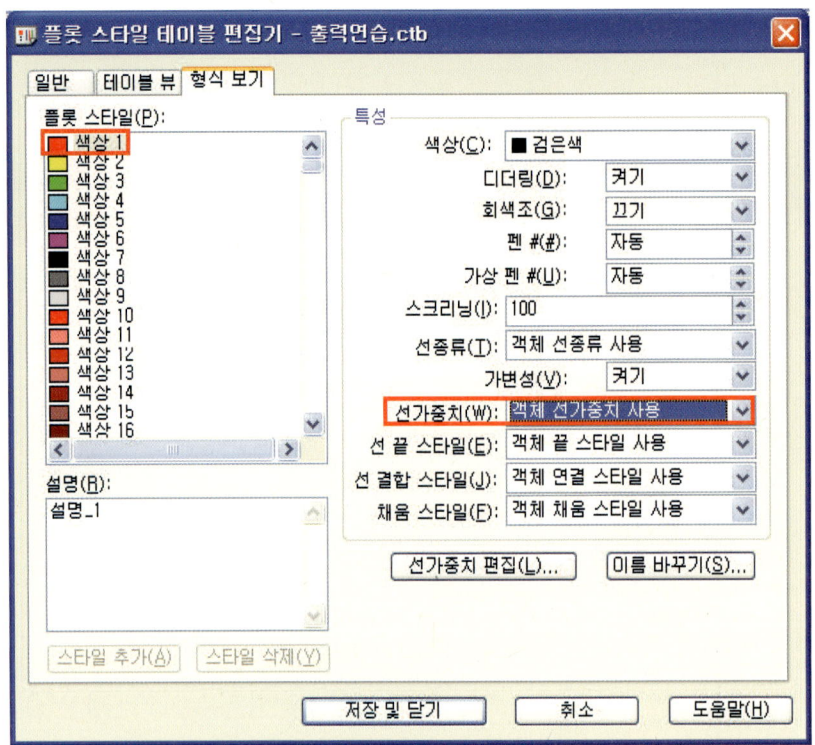

레이어에서 선가중치를 적용했으면 플롯스타일테이블 편집기의 선가중치는 객체 선가중치를 그대로 사용해도 좋습니다.

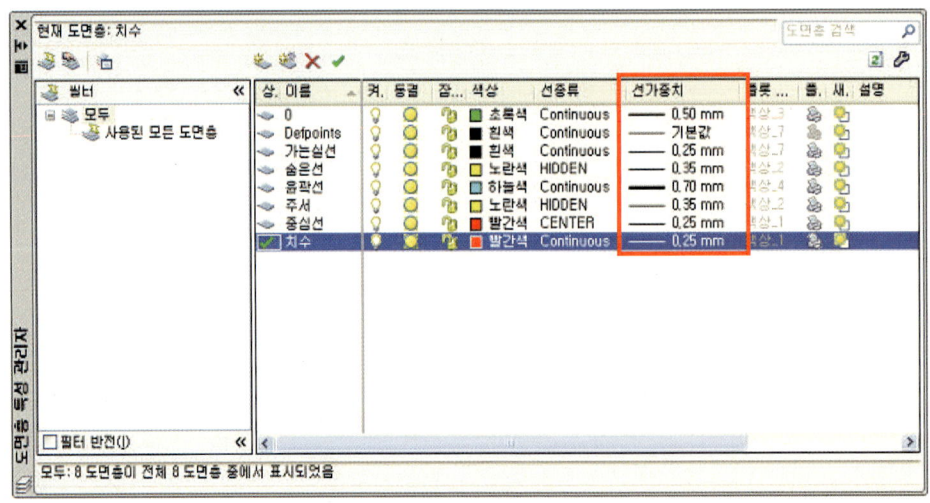

그러나 프린터, 플로터마다 출력 시 선두께가 조금씩 상이하므로 조금씩 조정해 가면서 출력해보면 원하는 결과를 얻을 수 있습니다.

16 플롯 스타일 테이블을 모두 세팅한 후 저장 및 닫기를 클릭합니다.

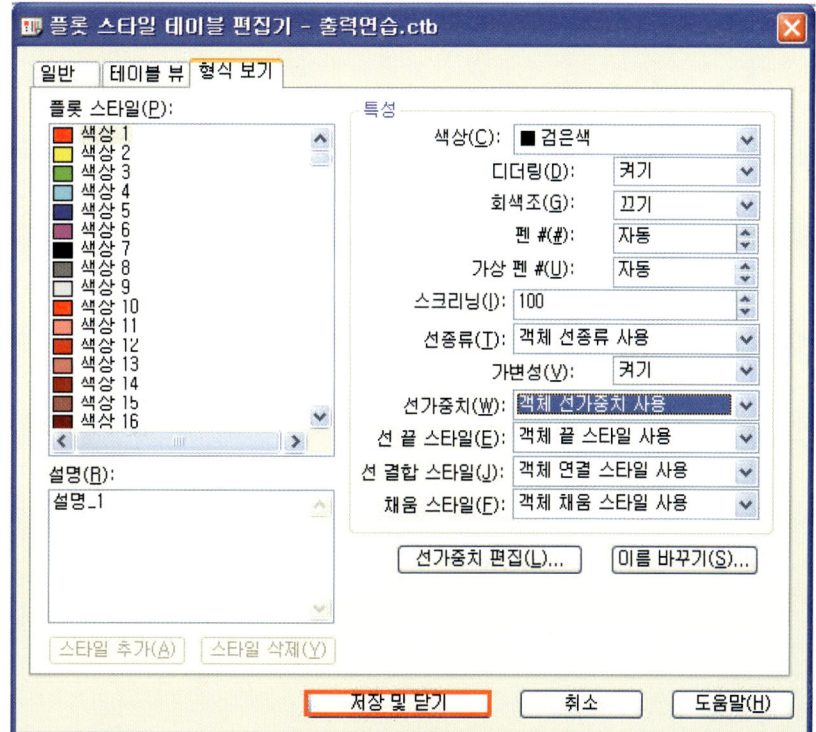

17 도면방향을 출력하고자 하는 방향과 일치시킵니다.

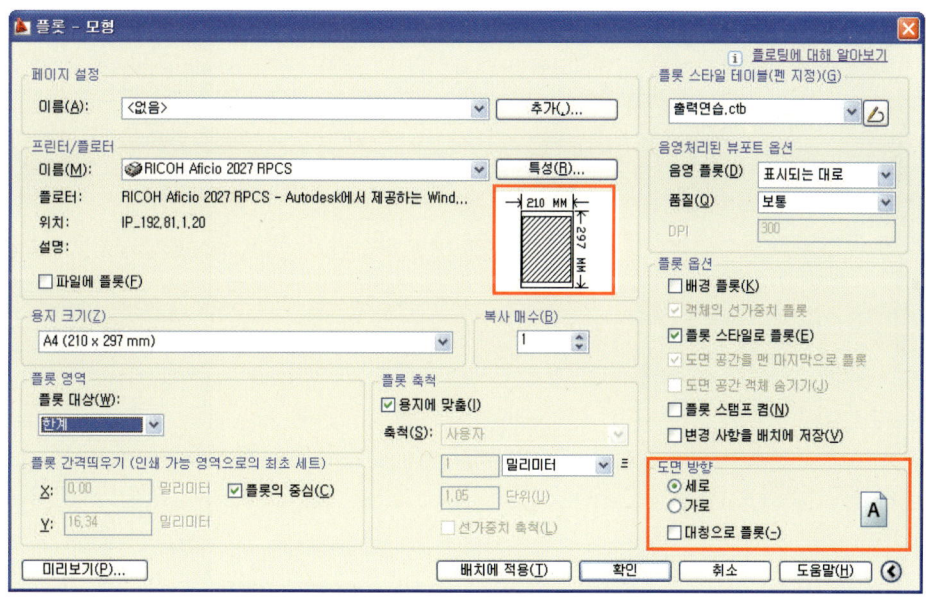

18 미리보기를 클릭합니다.
(중앙에 간단한 미리보기가 있으므로 다른 옵션들을 선택할 때마다 확인하는 습관을 갖는 것이 좋습니다.)

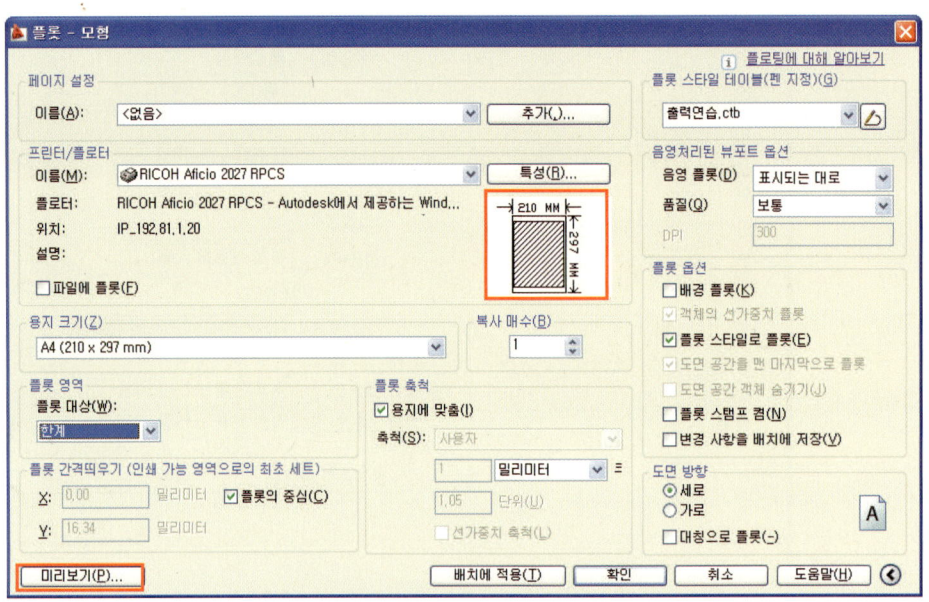

19 미리보기 화면이 보이면 마우스로 확대하여 봅니다.

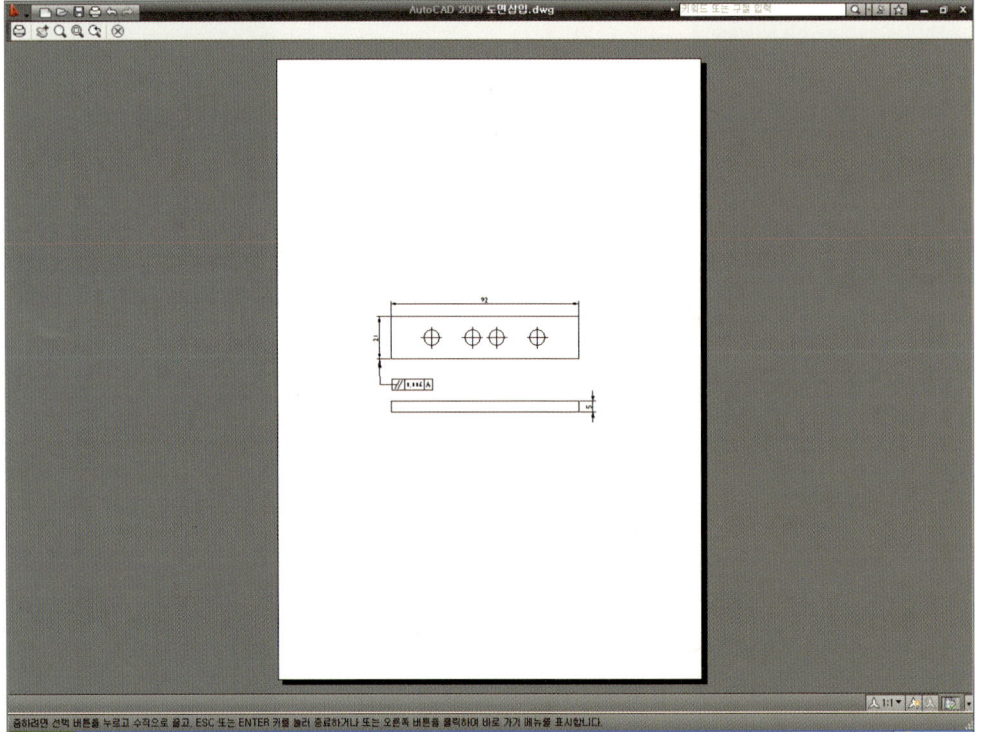

20 확대하여 선두께 설정이 잘 되었는지 확인합니다.

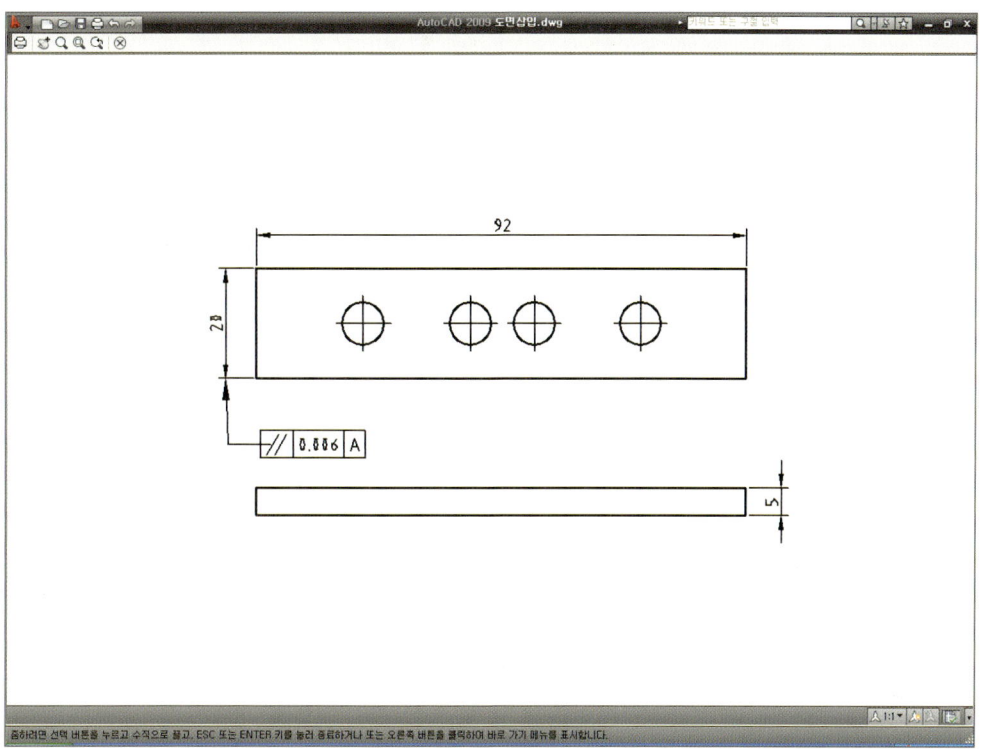

21 확인이 끝났으면 마우스 우측버튼을 클릭하여 플롯을 하거나 상단의 🖨를 클릭하여 출력합니다.

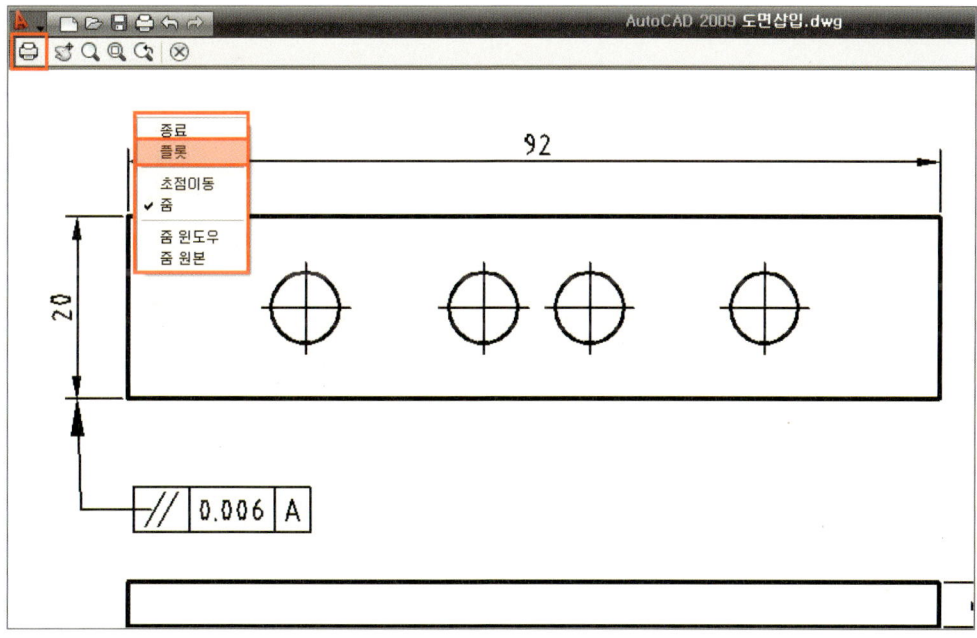

AutoCAD 02 도면 pdf 파일로 출력하기

단축아이콘	단축아이콘 이름	명령어	설 명
🖶	플롯	plot	도면을 출력합니다.

pdf를 생성할 수 있는 프로그램을 세팅합니다. ezPDF나 DoPDF 등의 소프트웨어를 사용하면 편리합니다. 일반적으로 AutoCAD 프로그램에서 도면을 작성한 후 출력하기까지 번거로운 작업을 많이 거치게 됩니다. 매번 프린터를 하는 과정에서 AutoCAD 프로그램을 실행 시킨 후 출력될 파일을 출력하려면 번거롭습니다. AutoCAD 프로그램 파일을 pdf파일로 변환하여 도면을 관리하면 도면 관리가 수월하고 AutoCAD 프로그램이 없는 곳에서도 도면을 손쉽게 검색하고 열람할 수 있습니다.

pdf파일로 만드는 과정은 프린터를 하는 과정과 동일합니다.
프린터를 출력할 수 있는 아이콘  을 클릭하거나 명령행 창에서 Plot이라고 명령어를 입력합니다.

방법1 pdf 파일을 만들어주는 전문 프로그램(ezPDF Builder)을 사용하여 만드는 방법

실습순서

01 다음과 같이 창이 생성되고 pdf 파일로 만들 수 있는 프린터 이름을 선택합니다.

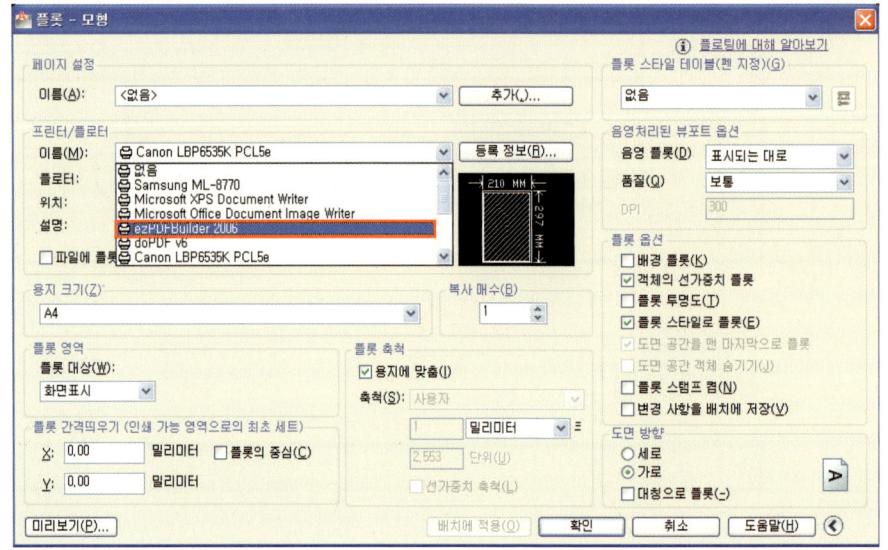

02 특성 버튼을 클릭합니다.

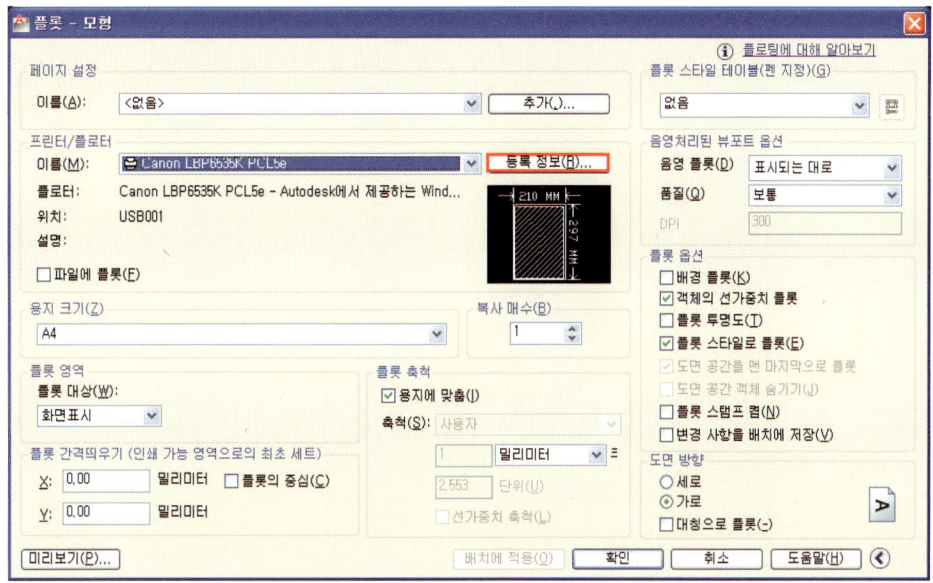

03 플로터 구성 편집기가 나타나면 사용자 특성 버튼을 클릭합니다.

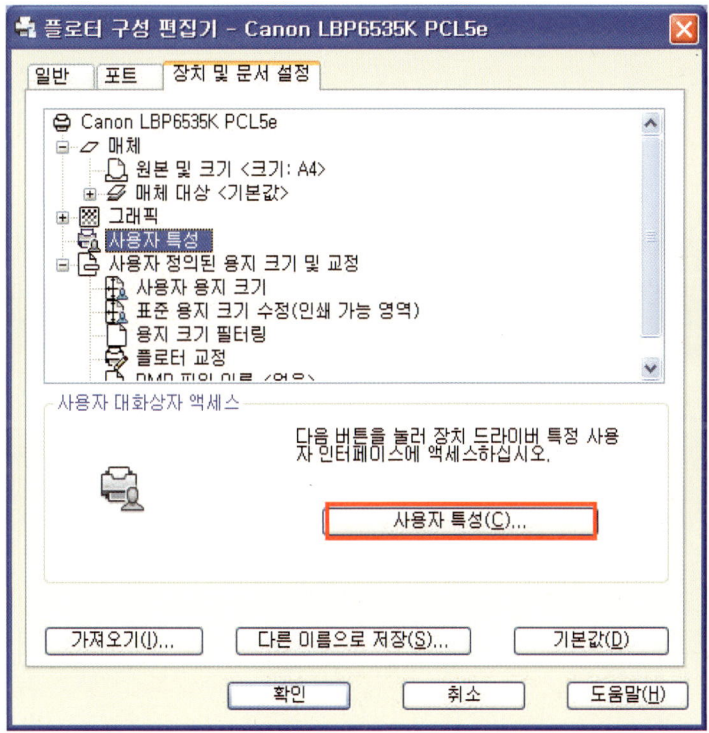

04 pdf 파일을 만들어주는 프로그램 등록정보를 알 수 있는 창이 생성됩니다. 출력하고자 하는 용지의 크기와 용지의 방향을 설정합니다. AutoCAD 프로그램 내에서 작성된 도면의 방향과 출력하고자 하는 용지의 방향이 모두 일치하여야 합니다. 적절한 그래픽해상도를 설정합니다.

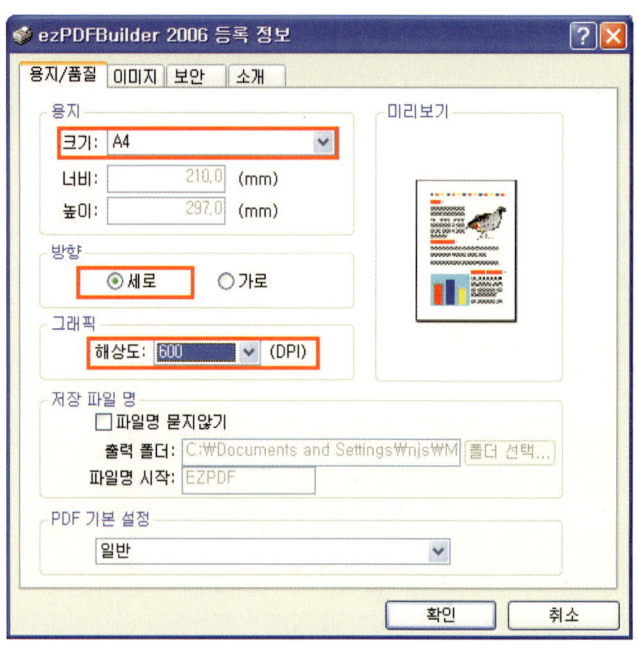

05 플로터 구성 편집기 창의 확인 버튼을 클릭합니다.

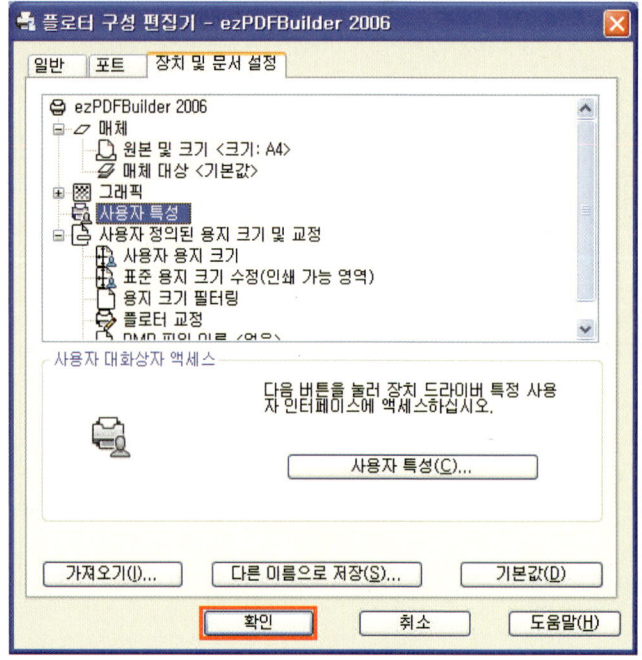

06 프린터 구성 파일 변경 창이 나타나면 확인 버튼을 클릭합니다.

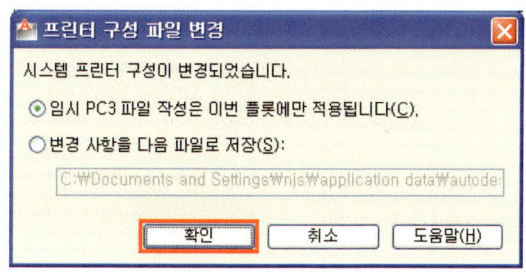

07 용지 크기를 출력하고자 하는 용지와 일치시키고, 플롯영역에서 윈도우를 선택하여 출력될 영역을 지정한 후 플롯의 중심을 체크합니다.

플롯 스타일 테이블(펜지정)에서는 지난번에 세팅한 펜지정을 선택합니다.

도면방향은 출력하고자 하는 종이방향과 일치시킵니다.

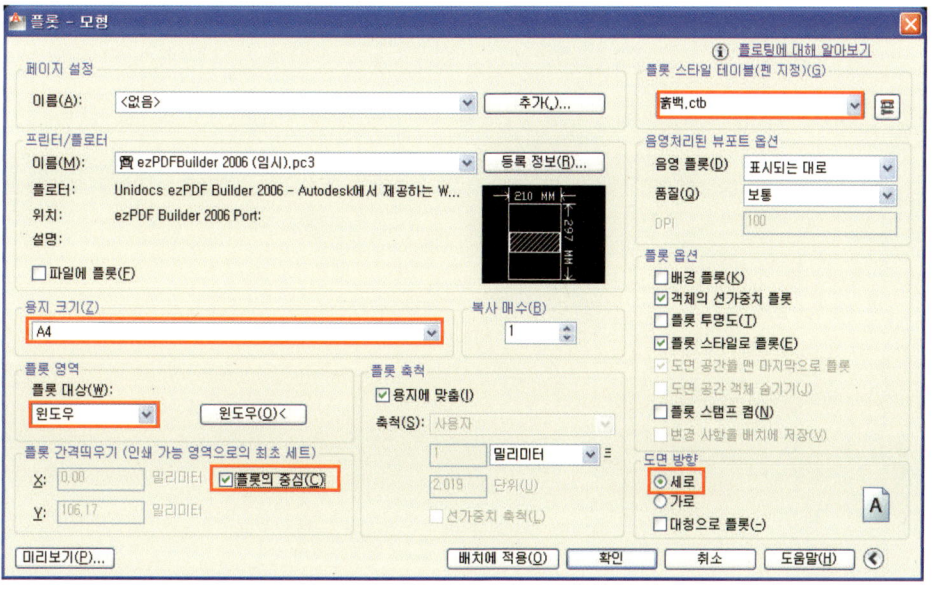

391

08 확인 버튼을 클릭합니다.

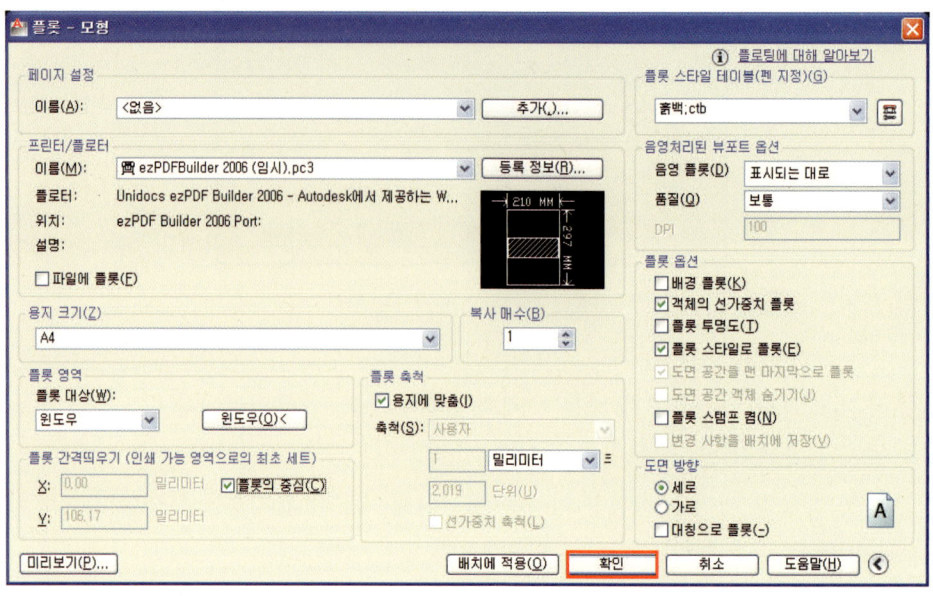

09 저장위치와 폴더명, 파일이름을 지정합니다. 파일 확장명은 pdf로 합니다.

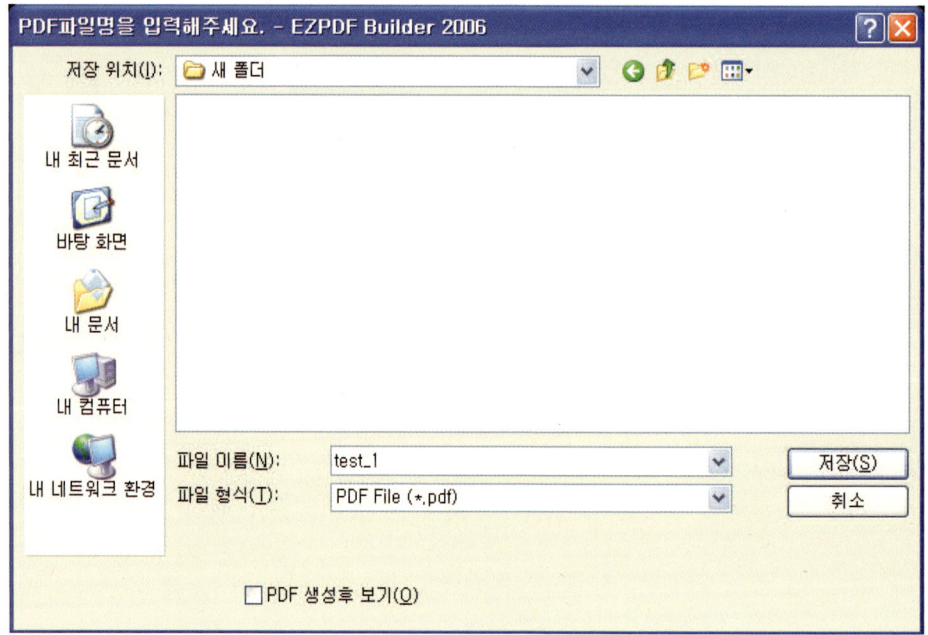

10 출력하고자 하는 도면을 모두 이렇게 작업합니다.

11 윈도우 탐색기에서 pdf 파일로 출력된 파일을 확인합니다.

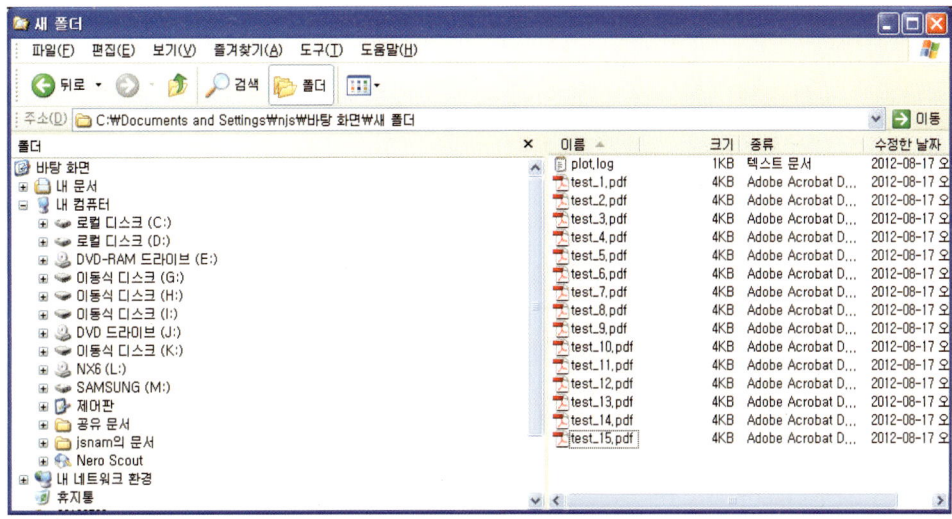

12 출력하고자 하는 pdf 파일을 선택한 후 마우스 오른쪽 버튼을 클릭하여 인쇄를 클릭하면 도면이 한꺼번에 출력됩니다.

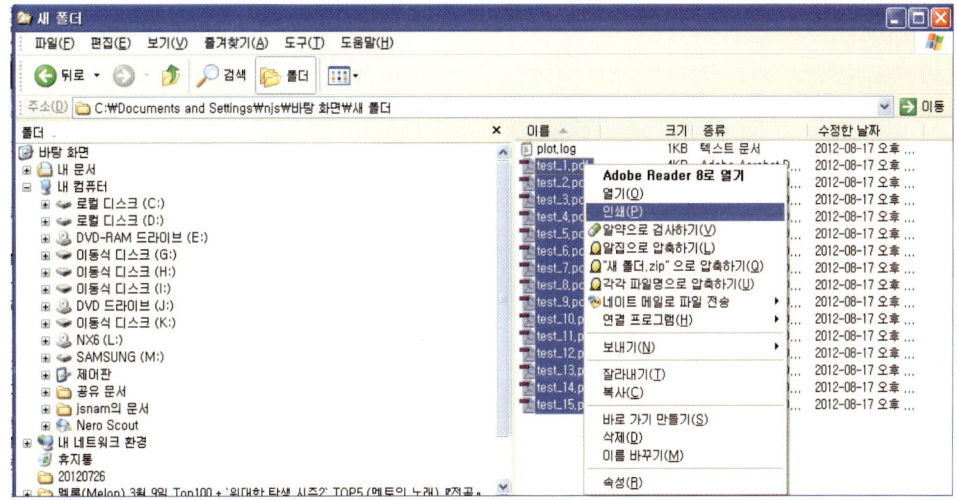

이와 같이 여러 파일을 동시에 출력하고 관리하면 편리합니다. 실제로 AutoCAD 프로그램이 없거나 프린터가 없어도 미리보기가 가능합니다.

393

방법2 DWG To PDF.pc3를 이용하는 방법

01 DWG To PDF.pc3를 클릭합니다.

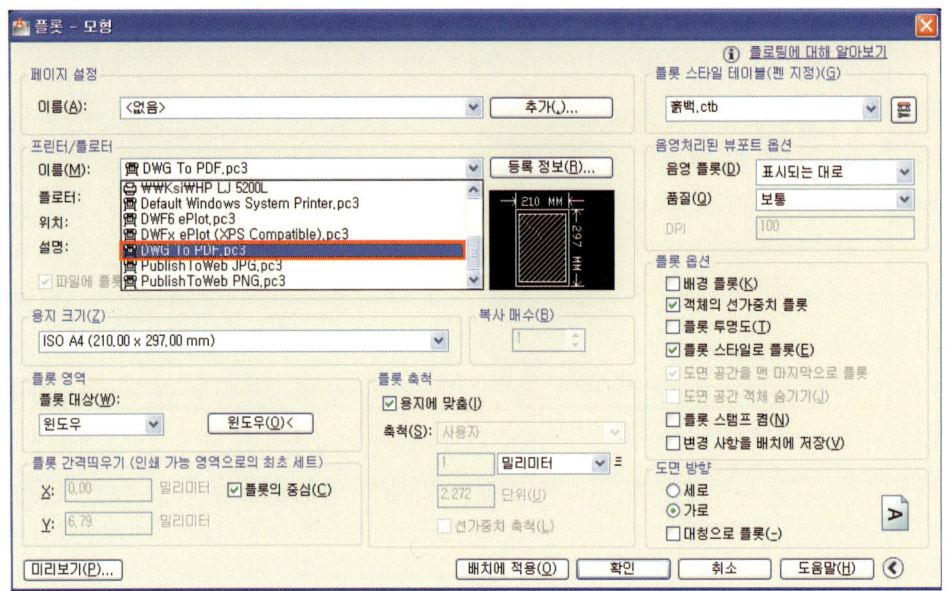

02 이하 방법은 pdf 파일을 만들어주는 전문 프로그램(ezPDFBuilder)을 사용하여 만드는 방법과 동일합니다.

MEMO

AutoCAD

CHAPTER 08

기타 여러 명령어 사용하기

01. Regen
02. Qselect
03. DDselect
04. 조회 명령어
05. Group
06. Properties
07. Matchprop
08. Purge
09. 단축명령어 변경하기
10. Option

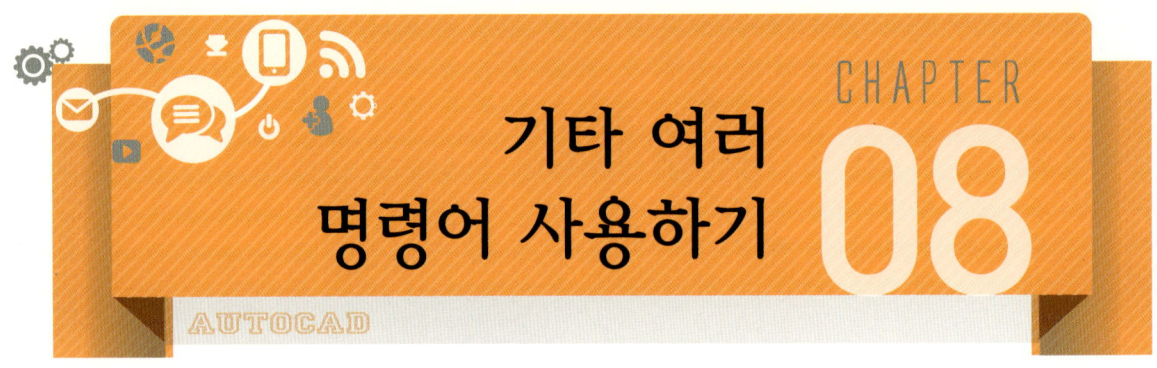

CHAPTER 08 기타 여러 명령어 사용하기

01 Regen

단축아이콘	단축아이콘 이름	명령어	설 명
	재생성	Regen (Re)	현재 뷰포트에서 전체 도면을 재생성합니다.

REGEN은 전체 도면을 재생성하고 현재 뷰포트에서 모든 객체의 화면 좌표를 다시 계산합니다. 또한 최적의 화면표시 및 객체 선택 성능을 위해 도면 데이터베이스를 다시 색인화합니다.

▶ **명령행(Command) 사용하기**

명령: regen **Enter ↵**

다음과 같이 원으로 작성된 객체가 각지게 보입니다.

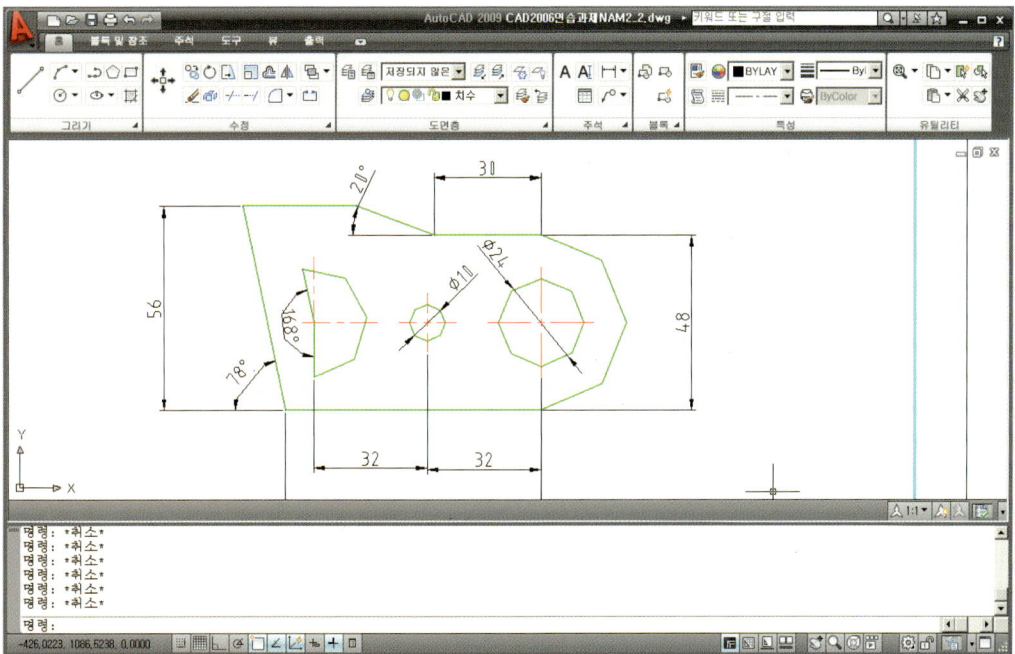

regen 명령 실행 후에는 원이 둥글게 보입니다.

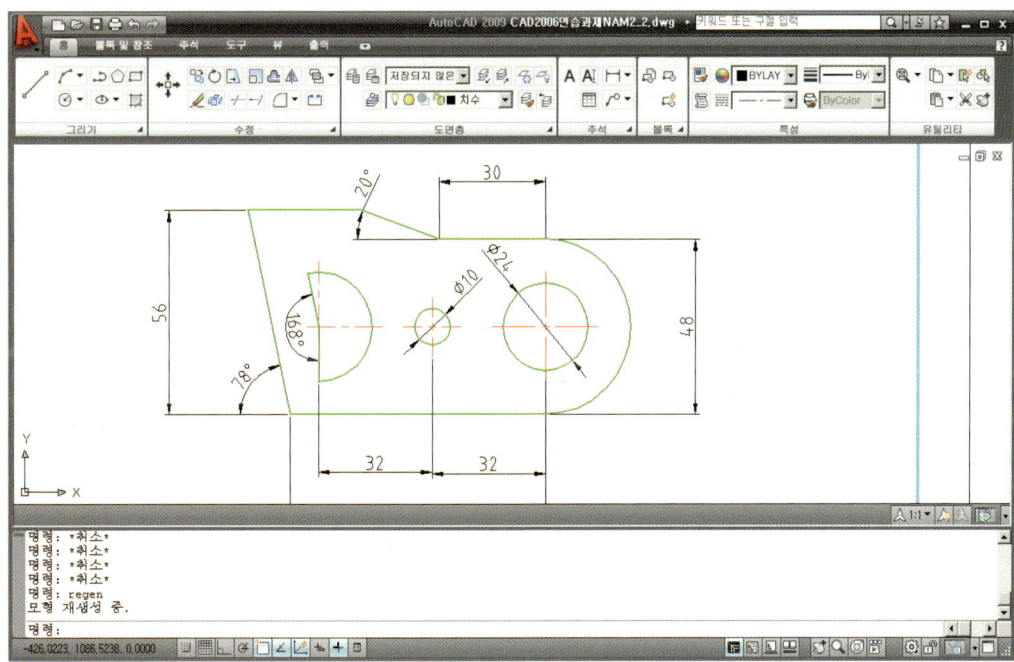

AutoCAD 02 Qselect

단축아이콘	단축아이콘 이름	명령어	설 명
	신속 선택	Qselect	필터링 기준 및 그 기준으로 선택 세트를 작성하는 방법을 지정합니다.

다양한 조건에 의하여 객체를 빠르게 선택할 수 있습니다. 객체의 특성을 이용하여 객체를 선택합니다. 같은 도면층, 같은 선의 종류, 같은 선가중치 등등을 이용하여 선택할 수 있습니다.

유틸리티 패널에 신속선택을 클릭하면 다음과 같은 창이 생성됩니다.

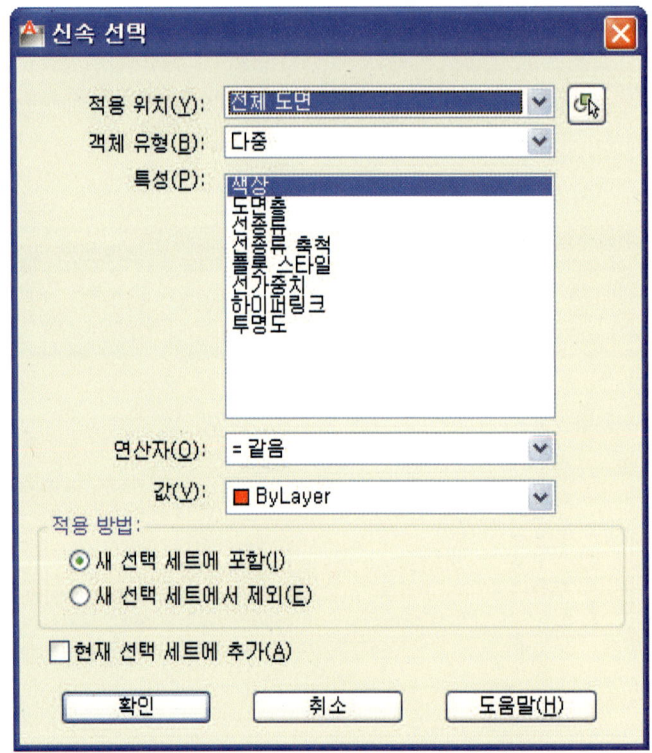

OPTION

적용대상(Apply to)	객체를 선택할 범위를 선택합니다.
적용유형(Object type)	도면상의 객체 형태를 지정합니다.
특성(Properties)	다양한 특성을 지정합니다.
연산자(Operator)	다양한 연산방법을 선택합니다.
값(Value)	각 특성에 맞는 변화 값을 지정합니다.
적용방법 (How to apply)	• 새로운 선택세트에 포함(Include in new selection set) : 새로운 선택세트에 포함합니다. • 새 선택세트에서 제외(Exclude from new selection set) : 새로운 선택세트에서 제외합니다.
현재 선택세트에 추가 (Append to current selection set)	기존의 선택세트에 포함시킵니다.

03 DDselect

단축아이콘	단축아이콘 이름	명령어	설 명
	옵션 선택사항	DDselect	객체 선택에 대한 옵션을 설정합니다.

사용자의 습관에 따라서 객체 선택 상태에서 사용할 수 있는 방법을 조정합니다. 자신의 취향에 따라 조정하여 사용하지만 초보자는 처음 그대로 사용하는 것이 좋습니다.

명령행(Command) 사용하기

명령: Ddselect **Enter ↵**

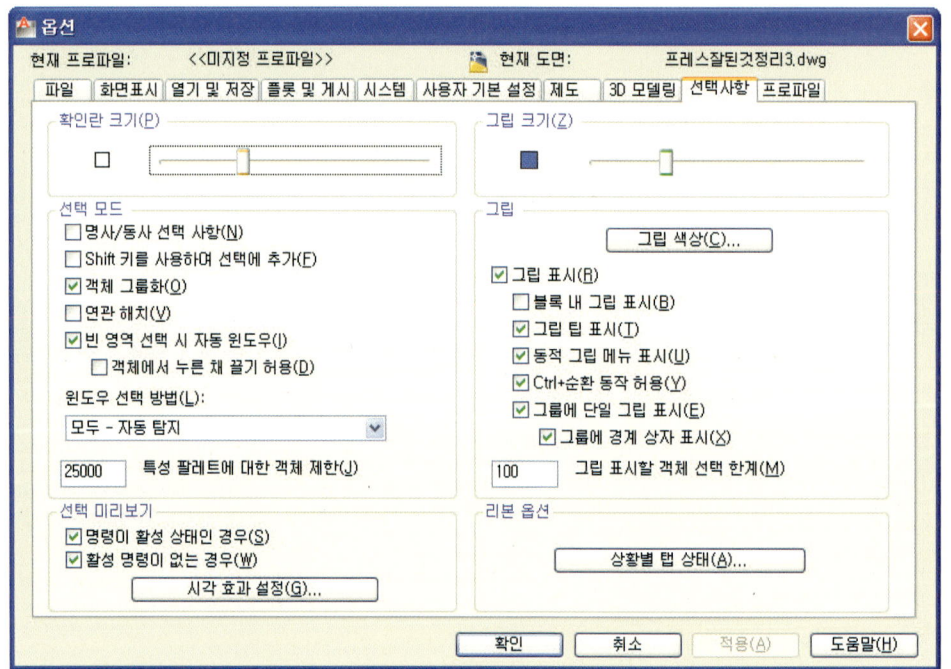

OPTION

선택모드 (Select Modes)	• 명사/동사 선택 사항(Noun/Verb selection) : 오토캐드에 명령을 입력하는 방법을 조정하는 명령으로 객체를 선택하고 명령을 줄 수도 있고 반대로 명령을 지정하고 객체를 선택할 수도 있습니다.(Pick first 변수) • Shift 키를 사용하여 선택에 추가(Use Shift to Add) : 객체를 선택할 때 Shift를 누른 상태에서 객체를 선택하거나 취소합니다.(Pick add 변수) • 누른 채 끌기(Pres and Drag) : 객체 선택의 Window, Close 옵션을 사용하는 경우 드래그 방식을 이용할 수 있게 합니다.(Pick drag 변수) • 빈 영역 선택 시 자동 윈도우(Implied Windows) : 객체 선택 상태에 Auto 기능을 자동으로 가지게 합니다.(Pick drag 변수) • 객체 그룹화(Object Grouping) : 그룹(Group)에 저장되어 있는 요소를 선택할 때 한 번의 Pick로 선택 가능하게 합니다.(Pick style 변수) • 연관 해치(Associative Hatch) : 연관 해치를 사용하는 경우 경계선까지 선택하여 사용할 수 있는 여부를 조정합니다.(Pick style 변수)

나머지 상세한 설명은 Option을 참조합니다.

 조회 명령어

도구에 조회 명령어로 이동하여 봅니다.

조회명령어들은 각 객체의 거리와 각도 면적 및 체적 등을 조회할 수 있습니다.

OPTION

단축아이콘	단축아이콘 이름	명령어	설 명
	거리	Dist	두 점 사이의 거리와 각도를 측정합니다.
	영역	Area	객체 면적의 면적과 둘레를 계산합니다.
	영역/질량 특성	Massprop	영역 또는 3D 솔리드의 질량 특성을 계산합니다.
	리스트	List	선택한 객체의 특성 데이터를 표시합니다.
	Id점	Id	위치의 좌표를 표시합니다.
	빠른 계산기	quickcalc	계산기를 사용합니다.

다음 사각형을 List명령어를 이용하여 정보를 확인해봅시다.

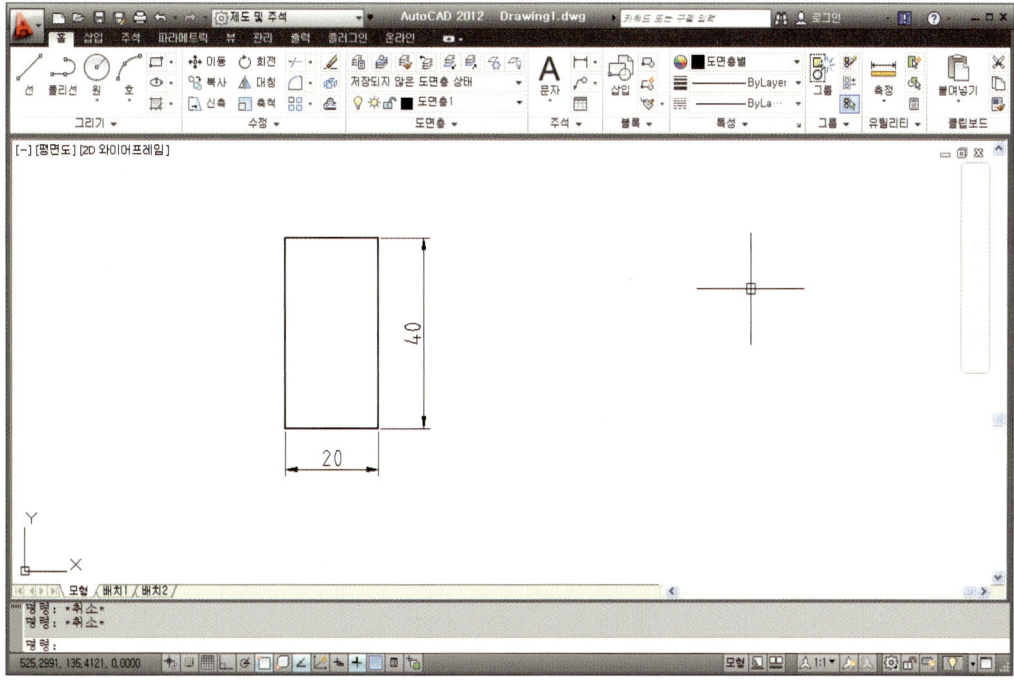

명령행(Command) 사용하기

명령: List Enter ↵

사각형을 List명령어를 이용하여 정보를 확인하면, 다음과 같이 창이 생성되어 레이어, 면적, 둘레, 좌표 등의 정보를 확인할 수 있습니다.

다음과 같이 2개의 프레스 금형 제품이 있다고 가정하면, 스트립레이아웃도 작성 시 제품의 외형선의 길이가 필요한 경우가 있습니다. 제품의 외형선의 길이를 구하기 위해서는 간단한 수학계산을 해도 되지만 제품 형상이 복잡해지면 외형선 계산이 어려워집니다. 이때 List 명령어를 이용하면 간단하게 해결됩니다. 단, 외형선이 pedit를 이용해 Jonit되어 있어야 합니다.

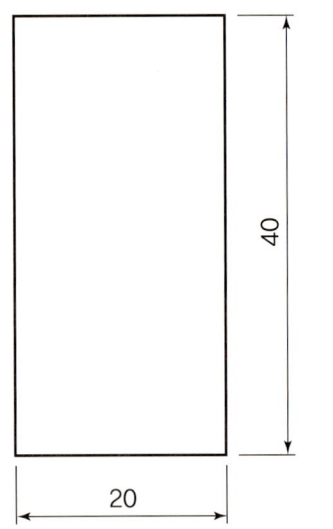
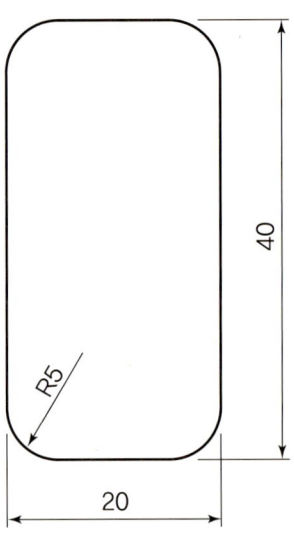

예제1 다음과 같이 가로 20, 세로 40인 사각형에 Ø10인 원이 뚫려 있을 때 외형선 길이와 면적을 구해봅시다.

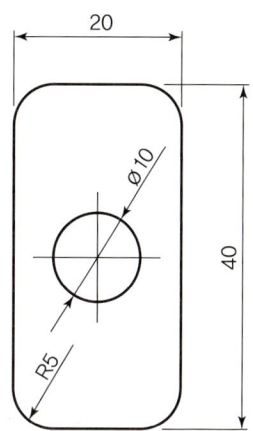

AutoCAD 05 Group

단축아이콘	단축아이콘 이름	명령어	설 명
 그룹 관리자	그룹관리자	group (g)	객체 그룹을 표시, 식별, 명명 및 변경합니다.

사용될 객체 선택 그룹을 만들고 수정합니다. 복잡한 작업 시에 사용하면 편리합니다. 해당 그룹의 이름을 입력하면 객체들이 선택됩니다.

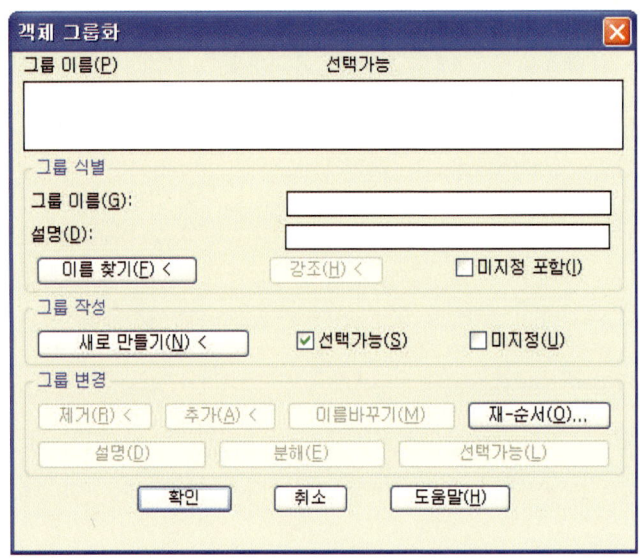

OPTION

그룹 이름 (Group Name)	현재 지정되어 있는 그룹의 목록을 볼 수 있습니다. • 선택기능(Selectable) : 선택 가능 여부를 확인할 수 있습니다.
그룹 식별 (Group Identification)	그룹의 설명과 이름을 조정합니다. • 그룹 이름(Group Name) : 그룹의 이름이 나타납니다. • 설명(Description) : 그룹의 설명이 나타납니다. • 이름 찾기(Find Name) : 객체가 어느 그룹에 들어 있는지를 확인할 수 있습니다. • 강조(Highlight) : 그룹의 선택 객체들을 표시합니다. • 미지정 포함(Include Unnamed) : 미지정 그룹이 그룹 창에 나타날 것인가를 조정합니다.
그룹 작성 (Create Group)	새로운 그룹을 만듭니다. • 신규(New<) : 새로운 그룹에 포함될 객체를 선택합니다. • 선택가능(Selectable) : 선택 가능한 상태로 만듭니다. • 미지정(Unnamed) : 선택한 객체들이 미지정될 것인지 조정합니다.
그룹 변경 (Change Group)	지정되어 있는 그룹을 변경합니다. • 제거(Remove<) : 지정되어 있는 그룹에서 객체를 빼냅니다. • 추가(Add<) : 지정되어 있는 그룹에 객체를 포함합니다. • 이름 바꾸기(Rename) : 그룹의 이름을 바꿉니다. • 재순서(Reorder) : 재순서화를 진행합니다. 대화상자가 나타납니다. • 설명(Description) : 그룹의 설명 문구를 조정합니다. • 분해(Explode) : 그룹을 분해합니다. • 선택가능(Selectable) : 선택이 가능하게 합니다.

AutoCAD 06 Properties

단축아이콘	단축아이콘 이름	명령어	설 명
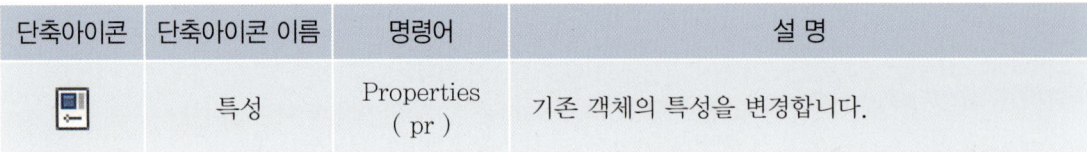	특성	Properties (pr)	기존 객체의 특성을 변경합니다.

도면에 그려진 객체는 여러 특성이 있습니다. 이런 특성을 변경할 때 사용됩니다.
모든 객체에 공통적인 일반 특성(색상, 도면층, 선종류, 축척, 플롯스타일, 선가중치, 하이퍼링크, 두께)이 있습니다. 다른 모든 객체 특성은 객체 유형에 따라 다릅니다.

명령행(Command) 사용하기

명령: Properties **Enter**

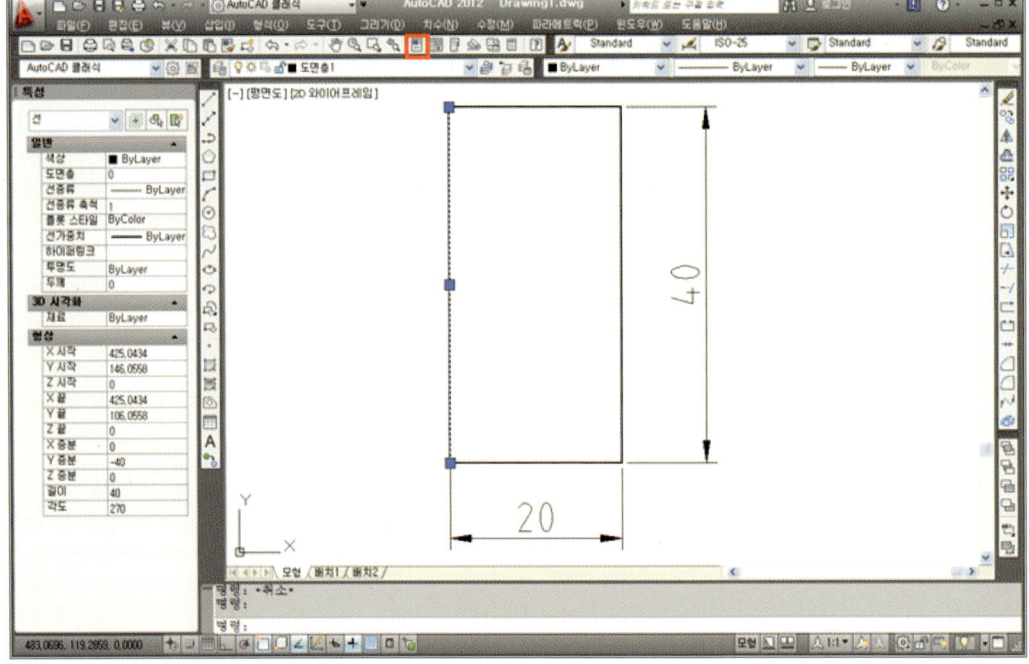

410 | 스마트한 CAD실습

자세히 관찰해보면 선으로 그려진 객체에 파란색 격자 3개가 생기고 특성팔레트에서는 기본 8가지 공통특성과 세부사항이 보입니다.

변경하고자 하는 부분에 마우스로 클릭하여 변경하거나 직접 숫자를 입력하면 객체의 모양과 성격이 변합니다.

▶ 원의 Properties

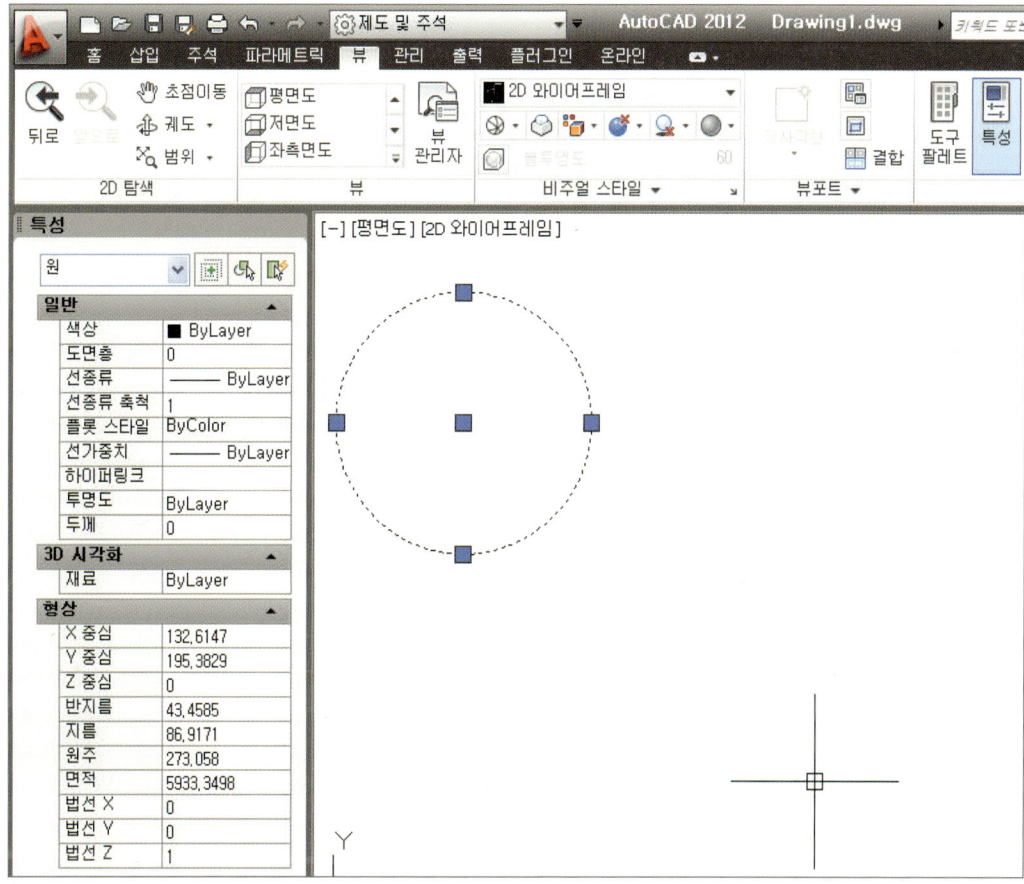

▶ 호의 Properties

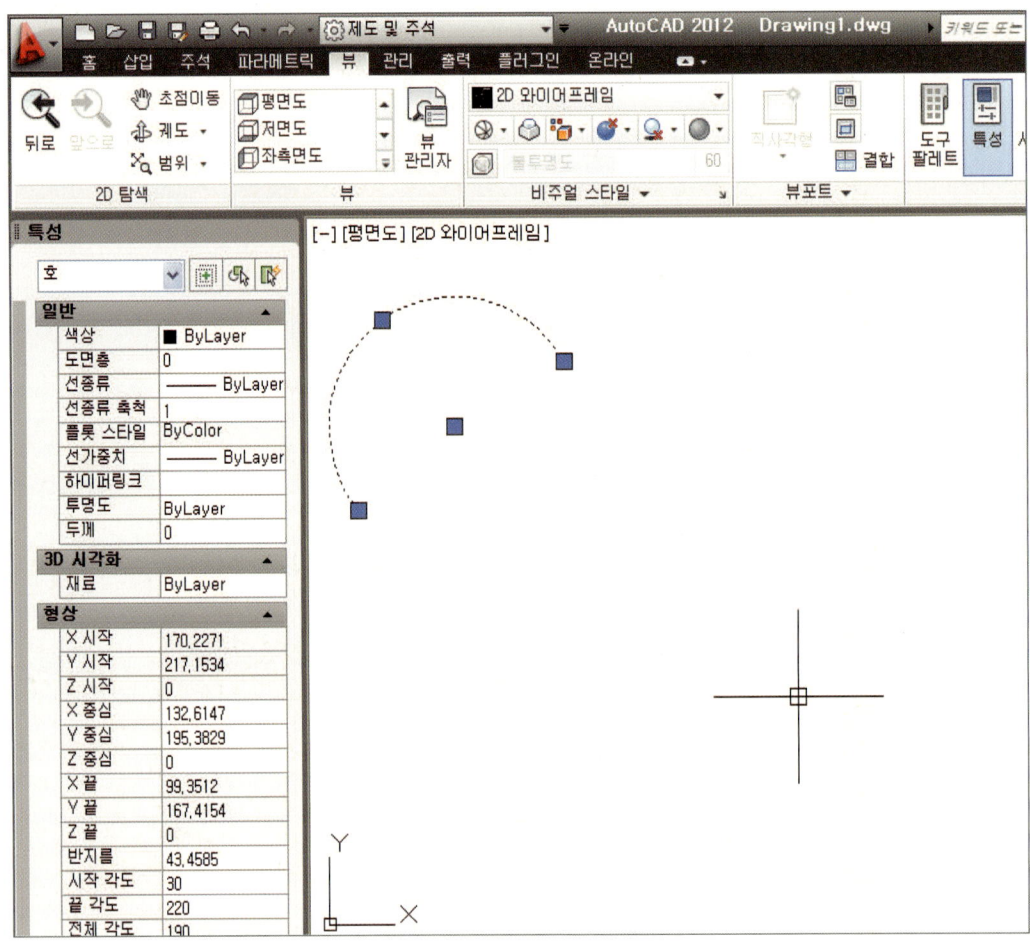

Matchprop

단축아이콘	단축아이콘 이름	명령어	설명
	특성 일치	Matchprop (ma)	선택한 객체의 특성을 다른 객체에 적용합니다.

한 객체가 가지고 있는 특성을 다른 객체에게 그대로 옮길 때 사용됩니다. 아주 편리한 명령어이므로 꼭 기억해야 합니다.

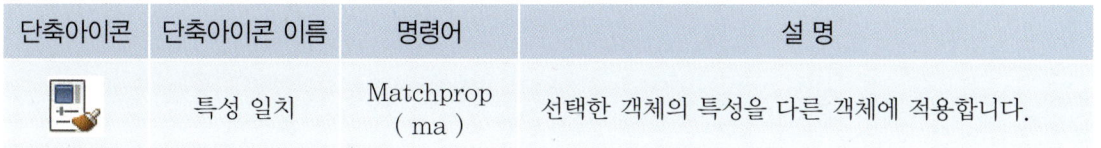

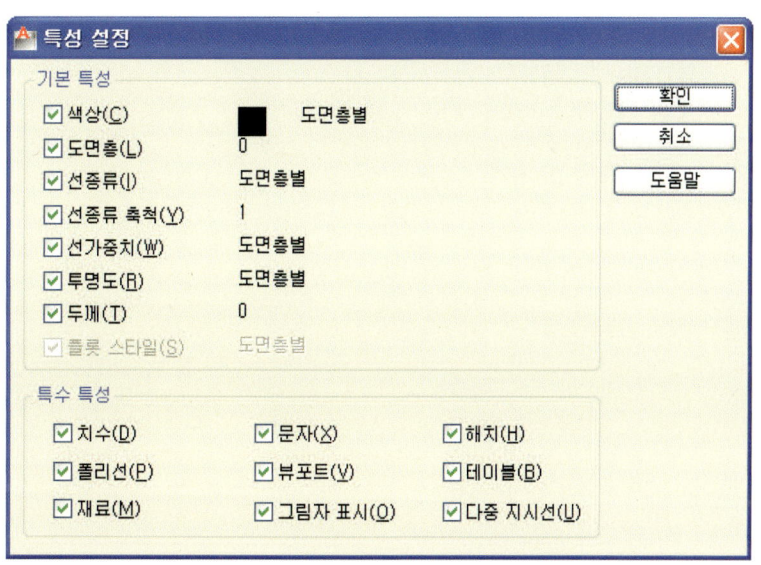

OPTION

기본 특성 (Basic Properties)	기본적인 특성을 조정합니다.
특수 특성 (Special Properties)	• 치수(Dimension) : 치수유형을 그대로 복사하여 전달합니다. • 문자(Text) : 문자 관련 옵션들을 모두 복사하여 전달합니다. • 해치(Hatch) : 해치 패턴 관련 옵션을 모두 복사하여 전달합니다. • 폴리선(Polyline) : 폴리선의 폭 및 선 종류 생성 특성을 원본 폴리선의 폭 및 선 종류 생성 특성으로 변경합니다. • 뷰포트(Viewport) : 대상 도면 공간 뷰포트의 켜짐/꺼짐, 표시 잠금, 표준 또는 사용자 축척, 음영 플롯, 스냅, 모눈, UCS 아이콘 가시성 및 위치 특성을 원본 뷰포트의 특성과 일치하도록 변경합니다. • 테이블(Table) : 테이블 스타일을 원본 객체의 테이블 스타일로 변경합니다. • 재료(Material) : 재질 관련 옵션을 모두 복사하여 전달합니다. • 그림자 표시(Shadow display) : 3차원 작업 시 활용되며 그림자 표시를 변경합니다.

다음과 같이 초록색 선두께 0.5mm인 사각형과 검은색 두께 0.25mm인 사각형의 특성을 일치시켜 보자.

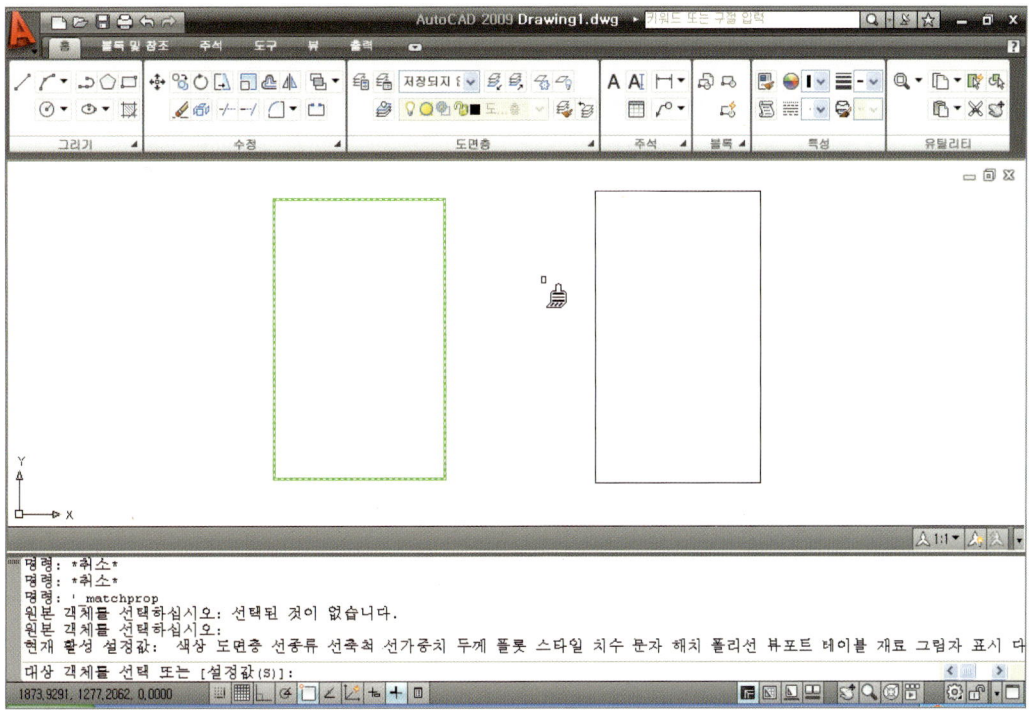

명령행(Command) 사용하기

명령: matchprop [Enter↵] "또는 마우스로 🖌 클릭"

원본 객체를 선택하십시오: "마우스로 초록색 사각형 클릭"

현재 활성 설정값: 색상 도면층 선종류 선축척 선가중치 두께 플롯스타일 치수문자 해치 폴리선 뷰포트 테이블 재료 그림자 표시 다중지시선

대상 객체를 선택 또는 [설정값(S)]: "마우스로 검은색 사각형 클릭"

대상 객체를 선택 또는 [설정값(S)]: [Enter↵] "엔터키를 치고 마무리"

Purge

단축아이콘	단축아이콘 이름	명령어	설 명
	소거	Purge	소거할 수 있는 항목을 표시합니다.

도면을 최적화시키는 명령어입니다. 사용하지 않는 선유형, 도면층, 블록, 폰트 등을 제거하여 도면을 정리하고 용량도 줄일 수 있어 편리합니다. '모두 소거' 버튼을 클릭하면 한꺼번에 필요 없는 부분을 소거시킵니다.

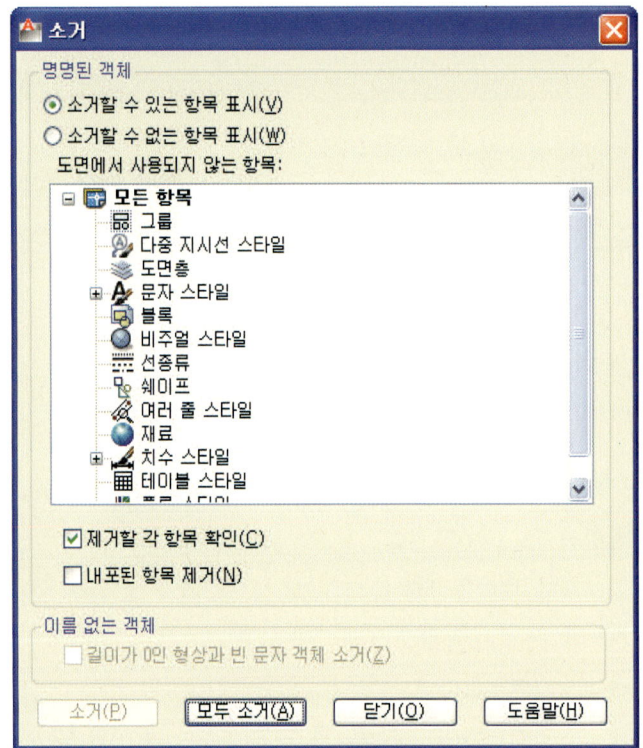

AutoCAD 09 단축명령어 변경하기

Line 명령어의 경우 전체적으로 명령행 부분에 Line이라고 전체 단어를 입력해도 되지만 간단하게 키보드에서 "L"만 입력해도 Line 명령어가 실행되므로 편리합니다. 그러나 AutoCAD 프로그램이 익숙해지면 사용자가 편한 대로 자유롭게 변경이 가능합니다.

윈도우 탐색기에서 acad.pgp 파일을 메모장에서 열어봅니다.

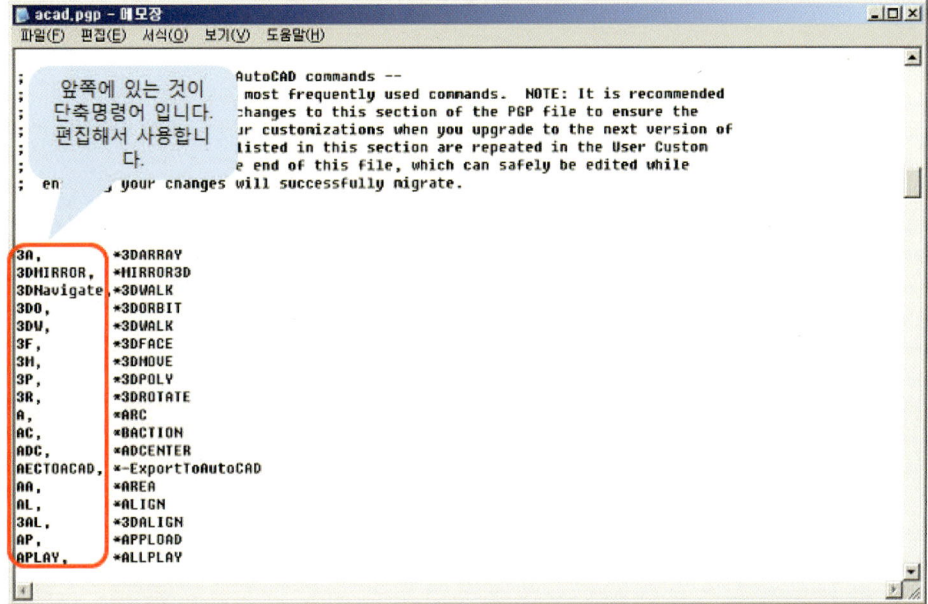

왼쪽에 있는 문자를 사용자가 정의해서 사용합니다. 초보자는 가능한 그대로 사용하는 것이 좋습니다.

AutoCAD 10 Option

단축아이콘	단축아이콘 이름	명령어	설 명
옵션	옵션	Option (op)	여러 개의 설정값을 사용자화합니다.

옵션에서는 여러 가지 사항을 사용자에 맞추어 변경이 가능합니다. 그러나 초보자가 이 부분을 변경하게 되면 원하지 않는 결과가 나올 수 있으므로 AutoCAD 프로그램이 익숙해지면 변경하도록 합시다.

다음과 같이 옵션 버튼을 클릭합니다.

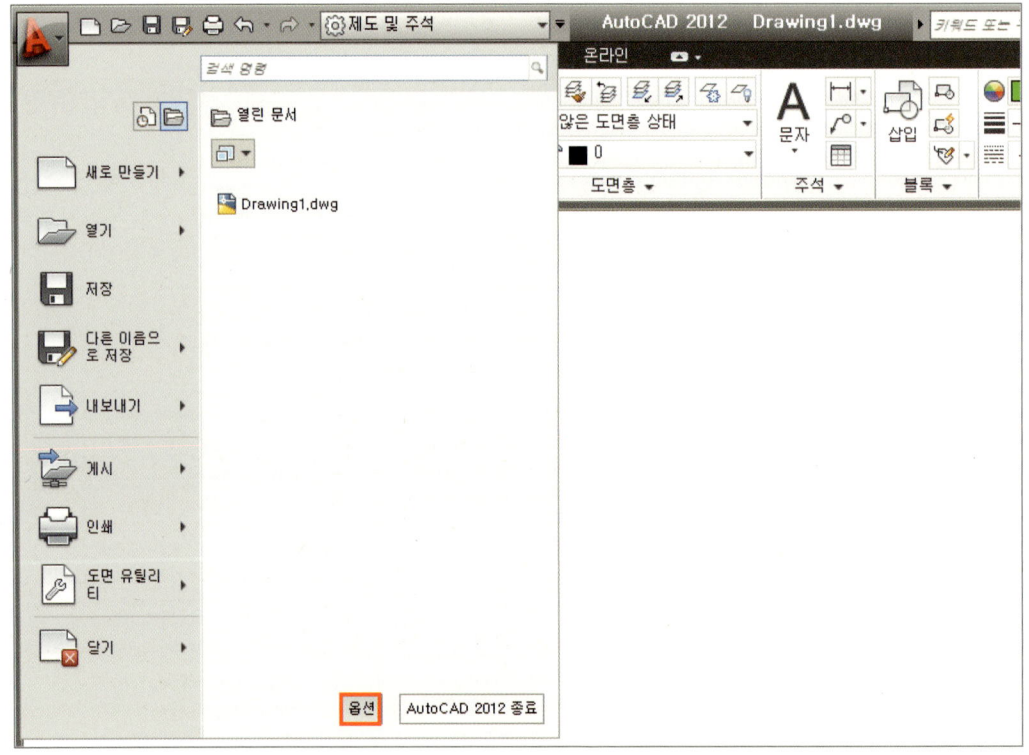

▶ 명령행(Command) 사용하기

명령: option **Enter ↵**

(1) 파일

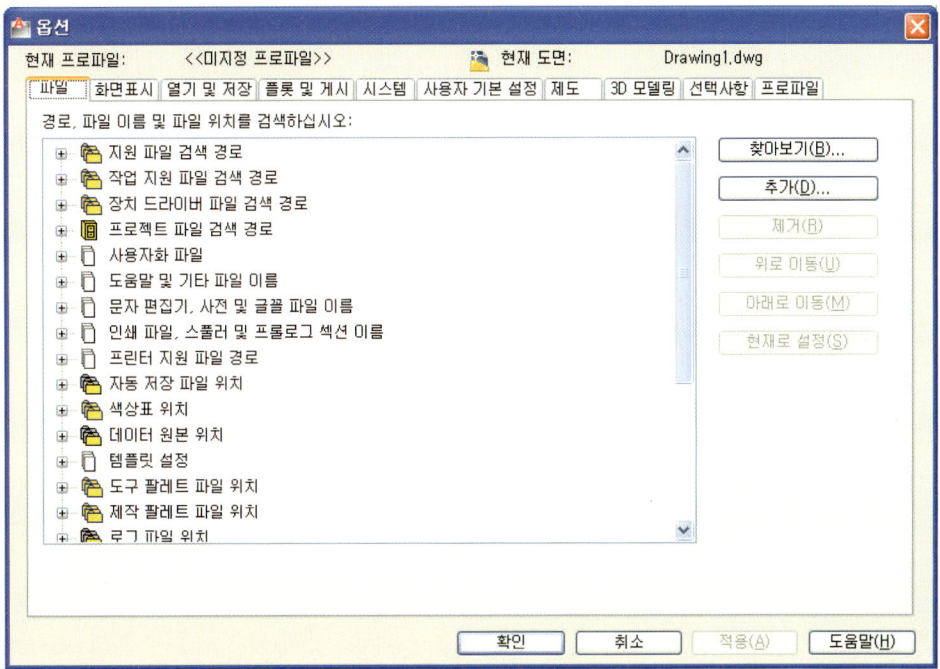

오토캐드 작업 시 각종 파일의 위치 정보 등을 조정합니다.

OPTION

지원 파일 검색 경로	오토캐드가 실행될 때 필요한 파일의 위치 경로를 지정합니다. 더블 클릭하면 경로들이 나타나는데, 오토캐드는 이 경로에 있는 폴더들에서만 작업 파일을 찾으므로 혹 작업 중 파일을 못 찾는 경우가 생기면 이 항목에서 조정하면 됩니다.
작업지원파일 검색 경로	오토캐드 작업 중에 사용되는 선종류, 해치패턴, 폰트 등의 지원 파일이 있는 경로를 지정합니다.
장치 드라이버 파일 검색 경로	오토캐드의 운영에 필요한 각종 장치 드라이브가 있는 폴더를 지정합니다.
프로젝트 파일 검색 경로	작업을 프로젝트 별로 진행할 때 파일의 위치를 지정합니다. Bolck, 외부참조(Xref) 등의 작업에 주로 이용되며, 기본값은 없습니다. 사용자가 프로젝트 명을 만들고, 하위에 작업 폴더들을 지정할 수 있습니다.
사용자화 파일	다양한 사용자화 파일의 위치를 지정합니다. 사용자화 파일(acad.cui)의 기본 위치를 지정합니다. 다른 파일의 위치도 지정합니다.
도움말 및 기타 파일 이름	도움말 및 기타 파일의 이름 및 위치를 지정합니다.
문서 편집기, 사전 및 글꼴 파일 이름	문서 편집기, 사전, 사용자 사전, 지정된 경로에 폰트(Font)가 없는 경우 사용 할 대체 폰트의 위치 등을 지정합니다.

항목	설명
인쇄 파일, 스풀러 및 프롤로그 섹션 이름	구 버전의 프린트파일, 출력 Spooling 파일, PostScript 파일 등의 경로를 지정합니다.
프린터 지원 파일 경로	출력 장비의 환경설정사항을 가지고 있는 파일의 위치를 지정합니다.
자동 저장 파일 위치	자동으로 저장되는 파일의 위치를 지정합니다. 저장되는 파일의 확장자는 ~.sv$ 형태입니다. 자동으로 저장되는 시간조정은 savetime 명령에서 지정할 수 있습니다.
색상표 위치	색상을 선택하는 대화상자에서 색상을 지정하는 경우 사용할 수 있는 색상표 파일의 경로를 지정합니다.
데이터 원본 위치	데이터베이스 소스파일의 경로를 지정합니다. 오토캐드를 재 부팅하여야만 효과를 볼 수 있습니다.
템플릿 설정	도면에서 사용되는 템플릿 설정을 지정합니다.(도면 템플릿 파일 위치, 시트 세트 템플릿 파일 위치 등을 지정합니다.)
도구 팔레트 파일 위치	도구 팔레트 지원 파일의 경로를 지정합니다.
제작 팔레트 파일 위치	동적 블록 제작 팔레트 지원 파일을 경로를 지정합니다.
로그 파일 위치	로그파일을 만들 때 저장 경로를 지정합니다. 로그파일의 확장자는 log입니다.
플롯 및 게시 로그 파일 위치	플롯 및 게시 로그 자동 옵션을 선택한 경우 작성된 로그 파일의 경로를 지정합니다.
임시 도면 파일 위치	오토캐드가 실행될 때 생기는 각종 임시파일의 위치를 지정합니다.
임시 외부 참조 파일 위치	외부참조(Xref) 명령을 사용할 때의 경로를 지정합니다.
텍스추어 맵 검색 경로	3차원 작업 시 오브젝트의 표면에 매핑을 위한 Mapping 이미지 파일의 경로를 지정합니다.
웹 파일 검색 경로	웹을 검색하는 경로를 지정합니다.
i-drop 연관 파일 위치	i-drop 컨텐츠와 연관된 데이터 파일의 위치를 지정합니다.
찾아보기	경로를 찾기 쉽게 브라우저 기능을 이용합니다.
추가	경로를 폴더에 추가합니다.
제거	선택한 경로를 제거합니다.
위로 이동	선택한 폴더의 위치를 위로 올려 줍니다. 위에 있는 폴더부터 파일을 찾게 되므로 자주 이용하는 폴더를 위쪽으로 지정합니다.
아래로 이동	선택한 폴더의 위치를 아래로 내려 줍니다.
현재로 설정	기본 작업 위치로 지정합니다.

(2) 화면표시

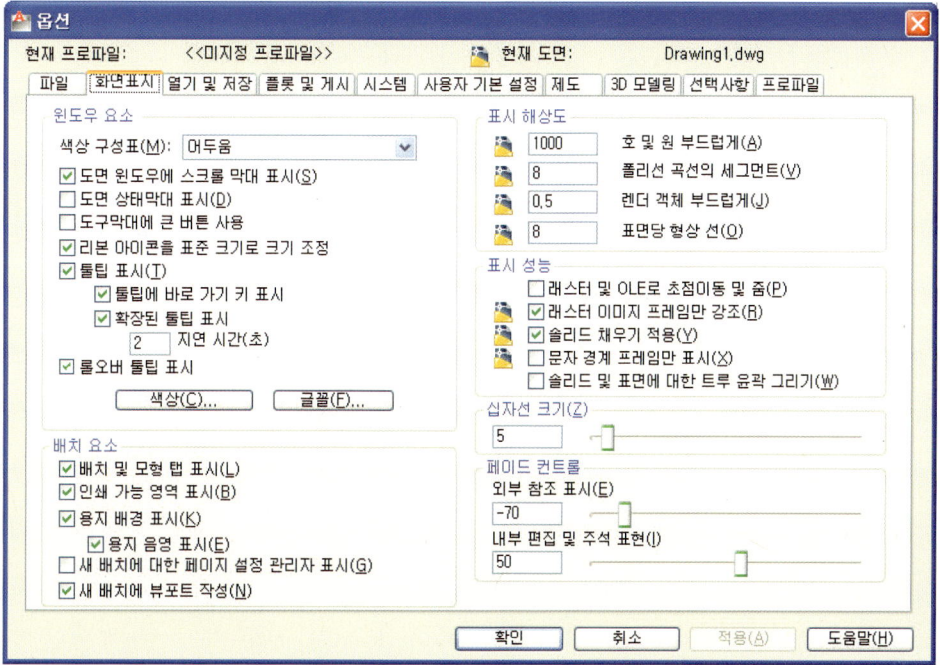

OPTION

윈도우 요소	• 오토캐드의 작업 화면을 조정합니다. • 도면 윈도우에 스크롤 막대 표시 : 도면작업 영역을 상하, 좌우로 이동할 수 있는 스크롤 막대의 사용여부를 조정합니다. • 화면 메뉴 표시 : 작업화면의 오른쪽에 나타나는 Screen Menu의 사용여부를 조정합니다. 버전이 업그레이드되면서 화면을 넓게 쓰기 위하여 사용하지 않는 것이 기본으로 되어 있습니다. • 도구막대에 큰 버튼 사용 : 툴바의 아이콘을 큰 사이즈로 표시합니다. • 툴팁 표시 : 툴팁기능을 보이게 합니다. 커서로 아이콘에 잠시 대기하면 간단한 설명이 나오는 기능입니다. • 툴팁에 바로 가기 키 표시 : 툴팁에 바로가기 키를 표시합니다. • 색상 : 작업화면의 색상을 자유롭게 조정합니다. • 글꼴 : 명령행(Command Prompt Area)의 문자 모양과 크기를 조정합니다.

배치 요소	• 출력할 때 이용되는 종이영역의 배치를 조정합니다. • 배치 및 모형탭 표시 : Model 탭과 Layout 탭의 표시를 조정합니다. 꺼지는 경우 두 영역을 이동할 때 Tilemode 명령을 이용합니다. 이 방법은 구 버전을 사용하는 사용자들에게 적합한 옵션입니다. • 인쇄 가능 영역 표시 : Layout 탭을 이용하는 경우 미리 보기 기능이 나타나는데 이때 종이가 출력기에 물려 들어가는 여백 부분의 표시를 조정합니다. 외곽선은 Dashed 선 형태로 나타납니다. • 용지 배경 표시 : Layout 탭 상태에서 확인할 수 있으며 출력하는 종이를 배경에서 직접 확인할 수 있습니다. 끄는 경우는 종이의 영역을 정확히 알 수 없기 때문에 불편합니다. • 용지 음역 표시 : 종이배경 이미지의 그림자 표시 여부를 조정합니다. • 새 배치에 대한 페이지 설정 관리자 표시 : 새로운 Layout을 만들 때에 종이의 크기를 지정하기 위하여 나타나는 Pagesetup 명령의 사용 여부를 조정합니다. • 새 배치에 뷰포트 작성 : 새로운 Layout을 만들 때에 Model 영역에서 작업한 내용을 Layout 영역에서 형성할 것인지를 지정합니다. 만약 꺼진 경우는 Layout만 나타납니다.
표시 해상도	• 호 및 원 부드럽게 하기 : 호나 원, 타원의 부드러운 정도를 조정합니다. 원이나 호를 그려놓고 Zoom 명령을 이용하여 확대·축소를 하다보면 원이나 호가 다각형으로 보이는 경우가 생기는데 이런 현상을 막아줄 수 있는 기능입니다. 값이 크면 곡선이 깨지는 현상은 나타나지 않지만 처리속도는 느려지게 됩니다. • 폴리선 곡선의 세그먼트 : Polyline의 곡선 처리 시의 부드러운 정도를 조정합니다. • 렌더 객체 부드럽게 하기 : 3D Solid 오브젝트를 Shade나 Render할 때 3차원 오브젝트 면의 부드러운 정도를 조정합니다. • 곡면당 향상 선 : 3D Solid 오브젝트를 만들 때 면을 표현하는 선의 수를 조정합니다. 각진 솔리드 오브젝트에서는 효과를 볼 수 없으며 곡면 오브젝트에서만 적용됩니다.
표시 성능	• 성능 표시 : 오토캐드에서 이미지 처리방법을 조정합니다. • 래스터 및 OLE로 초점이동 및 줌 : 이미지를 도면에 삽입(Image 명령)한 경우 Realtime Zoom이나 Realtime Pan을 사용할 때 이미지의 표현방법을 조절합니다. • 래스터 이미지 프레임만 강조 : Image를 선택할 때 Image의 테두리선만 선택될 것인지 전체가 선택될 것인지를 조정합니다. • 솔리드 채우기 적용 : 2D 솔리드 오브젝트(Solid, Donut, Trace, Pline 등) 작업 시의 내부가 채워지게 합니다. • 문자 경계 프레임만 표시 : 문자데이터의 양을 적게 하기 위하여 사용되며 문자를 박스 형태로 표현합니다. • 솔리드 및 곡면에 대한 트루 윤곽 그리기 : 솔리드 및 서페이스에 대한 트루 윤곽을 그립니다.

십자선크기	커서를 표시하는 십자형태의 Crosshair 크기를 조정합니다. %단위로 조정하며 100%를 지정하면 커서가 도면 전체에 크기로 나타납니다. 필자의 경우는 100% 사용을 권장합니다.
밝기 감쇄 참조편집	Block이나 Xref(외부참조)를 사용하는 경우 작업도면에 삽입후 편집할 때의 감도를 조정합니다.

(3) 열기 및 저장

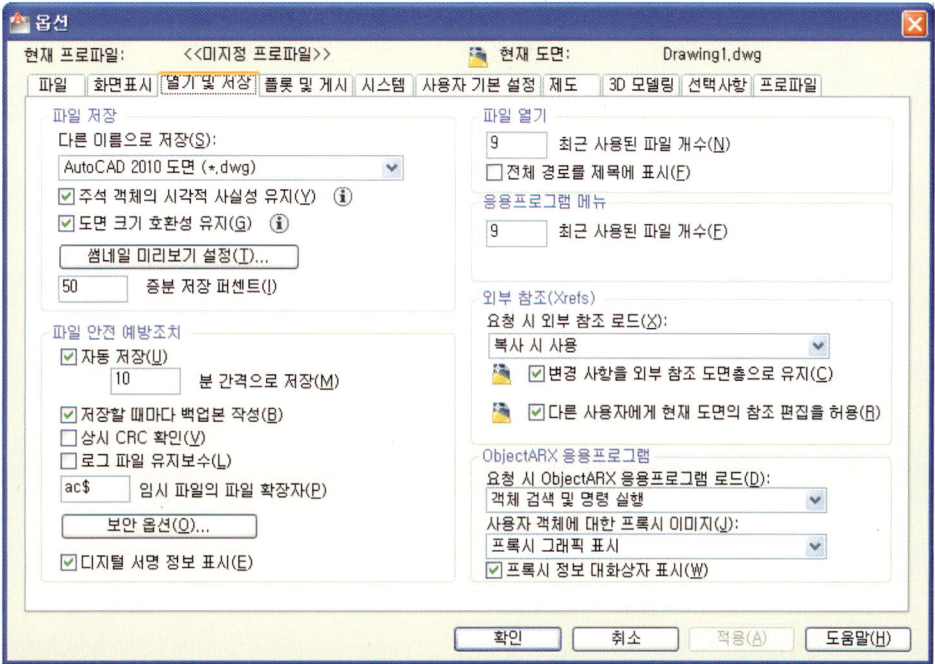

OPTION

파일 저장	• 도면 File을 저장할 때의 다양한 사항을 조정합니다. • 다른 이름으로 저장 : 도면을 저장할 때 File의 형식을 조정합니다. Save 명령의 기본값이 됩니다. • 주석 객체의 시각적 사실성 유지 : 도면이 Annotative 객체에 대한 시각적 사실성으로 저장될지 여부를 지정합니다. 주석 객체에는 다중 축적 표현이 있을 수 있습니다. 주석 객체는 분해되고 축적 표현은 원래 도면층을 기반으로 명명되고 번호가 추가된 독립 도면층으로 저장됩니다. • 썸네일 미리보기 설정값 : 도면을 저장할 때 미리보기 이미지를 포함할 것인지를 조정합니다. 하위 버전으로 저장할 때는 사용하지 않는 것이 좋습니다. 대화상자가 나타납니다. • 증분 저장 퍼센트 : 도면을 저장할 때 영역부분의 저장 여부를 조정합니다.

파일안전 예방조치	• 도면 작성 중에 생길 수 있는 문제에 대한 예방을 설정합니다. • 자동 저장 : 켜진 경우 지정한 분마다 자동으로 저장합니다. 이때 확장자는 ~SV$로 생성됩니다. • 분 단위 저장 간격 : 분 단위로 시간을 지정합니다. • 저장할 때마다 백업본 작성 : 작업도면에서 저장할 때 전 도면을 백업할 것인지를 조정합니다. 백업파일은 ~.bak 형식으로 생성됩니다. • 상시 CRC 확인 : 도면의 에러를 체크하는 기능(CRC-Cyclic Redundancy Check)의 사용을 조정합니다. • 로그 파일 유지보수 : Log File의 형성 여부를 조정합니다. • 임시 파일의 파일 확장자 : 자동으로 파일이 저장될 때의 확장자를 지정합니다. • 보안옵션 : 파일을 저장할 때 실행되는 디지털 서명 및 암호에 대한 옵션을 제공합니다.
파일열기	• 파일을 열 때 사항을 조정합니다. • 목록에 포함할 최근 사용된 파일 개수 : File 메뉴의 History 기능과 같으며 최근에 사용한 파일이 표시되는 개수를 지정합니다. • 전체 경로를 제목에 표시 : File 메뉴에서 표시될 때 경로까지 나타나게 합니다.
외부참조	• 외부 참조 (Xrefs) : Xref(외부참조)에 관한 설정사항을 조정합니다. • 요청 시 외부 참조 로드 : 외부참조 도면의 사용 형태를 조정합니다. • 사용 해제 : 외부참조 도면을 작업 도면에 포함하지 않습니다. • 사용 설정 : 외부참조 도면을 작업 도면에 포함합니다. LAN을 이용하여 외부참조를 사용하는 경우 다른 사용자는 현재 도면을 참조하고 있는 경우 이 도면을 작업할 수 없게 됩니다. • 복사 사용 설정 : File Tab의 Temporary External Referance File Location에 등록된 경로에 복사한 후 외부도면참조 기능을 할 수 있습니다. LAN 환경에서 다른 사용자는 원래의 도면을 편집할 수 있습니다. • 변경 사항을 외부 참조 도면층으로 유지 : 현재의 도면에 외부참조 도면을 삽입 후 외부참조 도면의 Layer를 변경한 뒤 외부참조 도면을 재생성(Reload)했을 때 변경된 정보를 유지하는 기능의 설정입니다. • 다른 사용자에게 현재 도면의 참조 편집을 허용 : 현재 작업하고 있는 도면을 다른 사용자가 외부참조의 기능으로 사용할지 여부를 결정합니다.
ObjectARX 응용프로그램	• 오토캐드 응용프로그램 사용을 설정합니다. • 요청 시 ObjectARX 응용프로그램 로드 : 외부 응용프로그램에 의한 작업을 할 때 이 기능의 Loading 여부를 조절합니다. • 사용자 객체에 대한 프록시 이미지 : 외부 환경의 요소가 사용되었을 때 그 요소의 표현을 조절합니다. • 프록시 정보 대화상자 표시 : 외부 확장요소를 포함한 도면을 Open할 때 주의 대화상자의 표현 여부를 조절합니다.

(4) 플롯 및 게시

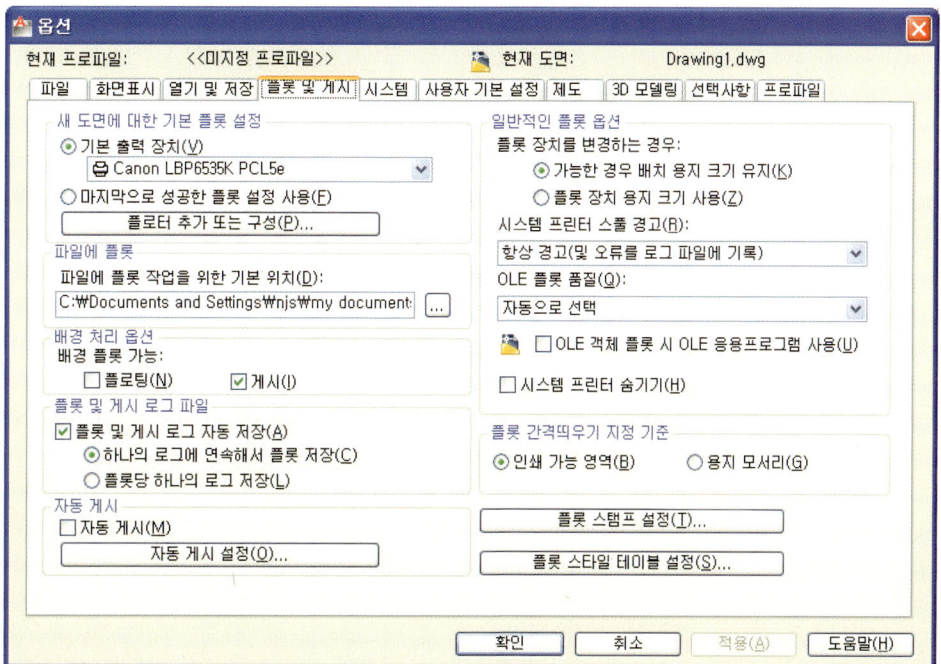

OPTION	
새 도면에 대한 기본 플롯 설정값	• 새로운 도면의 기본출력장치를 지정합니다. • 기본출력장치로 사용 : 기본 출력장비를 지정합니다. 기본 설정값이 됩니다. • 마지막으로 성공한 플롯 설정값 사용 : 마지막에 성공적으로 사용된 출력장비를 사용합니다. • 플로터 추가 또는 구성 : 출력장비의 환경설정을 수정하거나 추가합니다. Plotter 창이 나타나며, 설정되어 있는 장비들의 정보는 ~.PC3 File에 저장되어 있습니다. 해당 장치를 더블클릭하면 설정을 조정할 수 있습니다.
파일에 플롯	• 파일에 출력(전자출력)하는 경우의 설정을 조정합니다. • 파일 작업을 위한 플롯의 기본 위치 : 파일형태로 출력할 때 파일의 기본 위치를 지정합니다.
배경처리 옵션	• 배경 처리 옵션 : 배경처리방법을 조정합니다. • 배경 플롯 가능 : 배경 출력 기능을 사용합니다. • 플로팅 : 출력작업이 배경에서 처리됨을 지정합니다. • 게시 : 전자출력작업이 배경에서 처리됨을 지정합니다.

플롯 및 게시 로그 파일	• 플롯 및 게시 로그 파일 : 해당 로그 파일을 응용 프로그램에서 볼 수 있는 CSV 파일로 저장하는 사항을 조정합니다. • 플롯 및 게시 로그 자동저장 : 자동으로 로그를 저장합니다. • 하나의 로그에 연속해서 플롯 저장 : 연속작업을 하더라도 하나의 자동 로그를 저장합니다. • 플롯당 하나의 로그 저장 : 작업당 1개의 로그 파일을 저장합니다.
자동게시	• 자동으로 DWF파일을 게시합니다.
일반적인 플롯 옵션	• 일반적인 출력환경을 조정합니다. • 플롯 장치를 변경하는 경우 : 출력장치가 바뀌었을 때 • 가능한 경우 배치 용지 크기 유지 : 가능하면(용지의 크기를 지원하지 않는 플로터의 변경이 아닐 경우) 기본 출력 환경을 유지해 줍니다. • 플롯장치 용지크기 사용 : 출력장비 설정 시의 출력영역을 우선합니다. • 시스템 프린터 스풀 경고 : 출력데이터를 출력장비로 보내질 때 입력 혹은 출력포트의 충돌이 있을 때의 경고 여부를 조절합니다. • OLE 플롯 품질 : 다른 프로그램에서 작업되어 붙여진 요소의 출력형태를 조절합니다. • OLE 객체 플롯 시 OLE 응용프로그램 사용 : OLE 객체가 포함된 도면을 출력할 때 이 Option을 선택하면 OLE 객체의 출력 품질을 최적화할 수 있습니다. • 시스템 프린터 감추기 : 윈도우에서 사용하는 시스템 프린터를 감춥니다.
플롯 간격띄우기 지정기준	• 출력 시 간격띄우기 기준을 지정합니다. • 인쇄 가능 영역 : 간격띄우기 기준이 인쇄 가능 영역임을 지정합니다. • 용지 모서리 : 간격띄우기 기준이 용지의 모서리임을 지정합니다. • 플롯 스탬프 설정값 : 출력 스탬프 설정값을 조정합니다. • 플롯 스타일 테이블 설정값 : 출력 유형의 테이블 설정을 조정합니다.

(5) 시스템

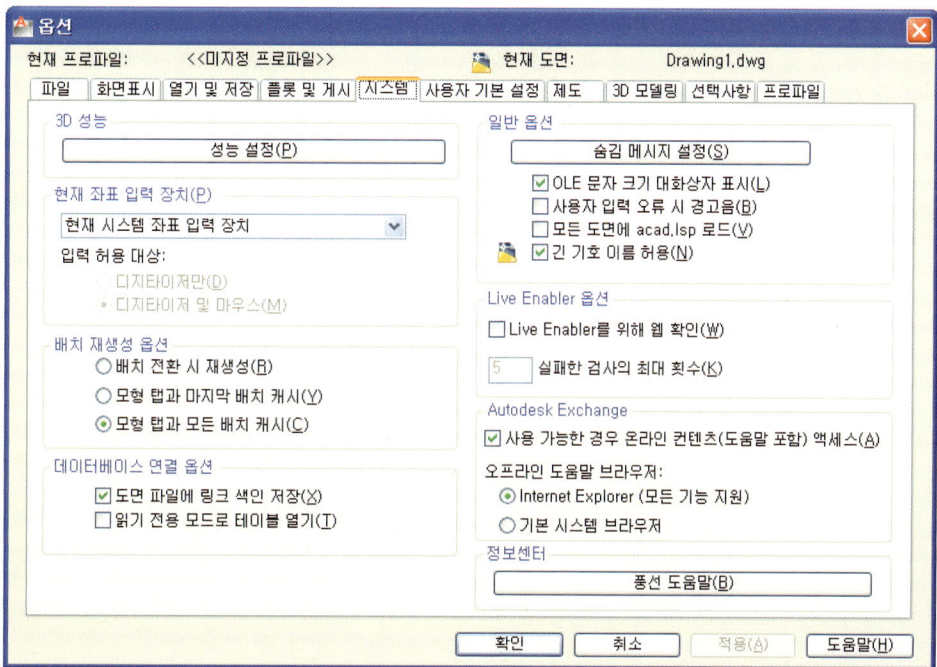

OPTION		
3D		• 3D 성능을 조정합니다. • 성능 설정 : 성능의 설정을 합니다. • 가변 성능 낮춤 : 가변 성능을 낮춥니다. • FPS가 다음 수치 이하일 때 성능낮춤 : FPS가 다음 수치 이하일 때 성능을 낮춥니다. • 성능 낮춤 순서 : 성능을 낮추는 순서를 조정합니다. • 하드웨어 및 성능 조절 : 하드웨어 성능을 조정합니다. • 조정 로그 보기 : 조정 로그를 봅니다. • 수동 조정 : 수동으로 조정합니다. • 업데이트할 항목 확인 : 업데이트할 항목을 확인합니다.
현재좌표 입력장치		• 사용 중인 좌표 입력장치를 조정합니다. • 현재 시스템 좌표 입력 장치 : 현재 윈도우에서 사용하고 있는 입력장치를 그대로 사용합니다. • 입력 허용 대상 : 사용할 입력장치를 조정합니다. • 디지타이저만 : 디지타이저(타블렛)를 이용합니다. • 디지타이저 및 마우스 : 디지타이저와 마우스를 같이 사용합니다. 일반적인 방법입니다.

배치 재생성 옵션	• 배치 도면을 재생성하는 시점을 조정합니다. • 배치 전환 시 재생성 : 모델 탭에서 배치 탭을 누를 때마다 도면을 재생성합니다. • 모형 탭과 마지막 배치 캐시 : 모델 탭과 마지막으로 사용한 배치에서만 도면 재생성을 사용합니다. • 모형 탭과 모든 배치 캐시 : 모델 탭과 모든 배치에서 도면 재생성을 사용합니다.
테이터베이스 연결옵션	• dbConnect 옵션 : 외부의 데이터베이스와 연결될 때의 사항을 조정합니다. • 도면 파일에 링크 색인 저장 : 도면에 데이터베이스 정보가 같이 저장됩니다. 용량이 커집니다. • 읽기 전용 모드로 테이블 열기 : 도면을 오픈할 때 데이터베이스의 정보를 읽기전용으로 합니다.
일반옵션	• 일반적인 사항을 조정합니다. • OLE 문자 크기 대화상자 표시 : OLE 객체가 도면에 삽입될 때 대화상자의 생성여부를 조정합니다. • 모든 경고 메시지 표시 : 모든 경고 메시지를 보여줍니다. • 사용자 입력 오류 시 경고음 : 직접명령 입력 시 에러가 발생하면 경고음을 냅니다. • 모든 도면에 acad.isp 로드 : 모든 도면이 오픈 될 때 acad.isp 파일을 자동으로 로드 합니다. • 긴 기호 이름 허용 : 이름을 지정하는 경우 긴 이름(8자 이상 255자 이하)을 사용할 수 있게 합니다.
Live Enabler 옵션	• 인터넷이 연결되어 있는 경우 실시간에 사용할 수 있는 기능을 조정합니다. • Live Enbler를 위한 웹 확인 : 웹 실시간 사용을 합니다. • 실패한 검사의 최대 횟수 : 접속이 되지 않을 때 최대 접속 횟수를 지정합니다.

(6) 사용자 기본 설정

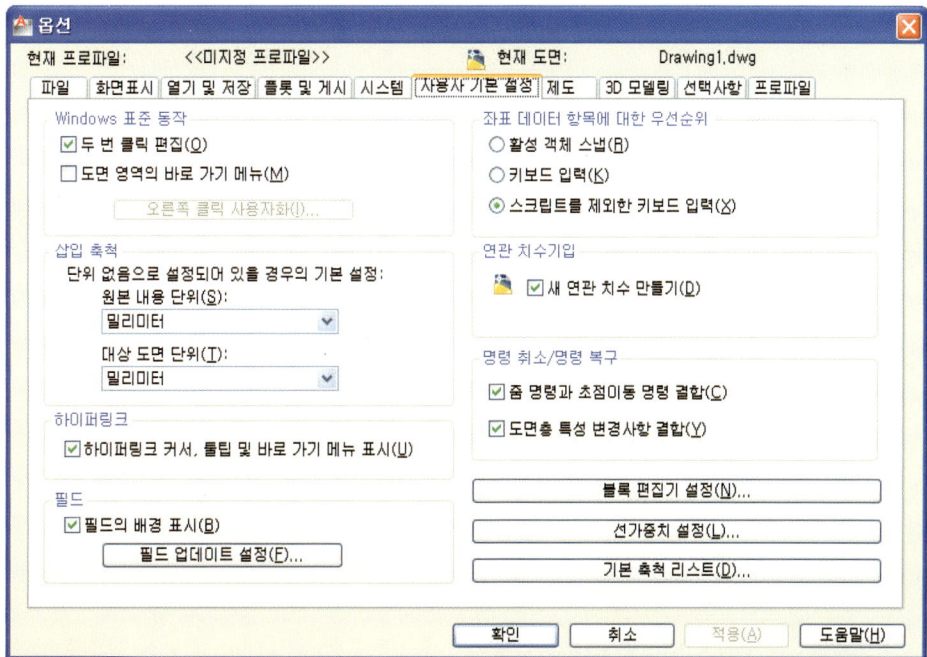

OPTION

	• 오토캐드의 기본적인 사용방법을 조정합니다. • 도면 영역의 바로 가기 메뉴 : 오토캐드의 작업영역에서 마우스 오른쪽 버튼을 누르면 나타나는 메뉴의 사용 여부를 조정합니다.
Windows 표준동작	• 오른쪽 클릭 사용자화 : 마우스와 오른쪽 버튼을 누르면 나타나는 메뉴의 사용 여부를 세부적으로 지정합니다. • 시간에 제한된 오른쪽 클릭 켜기 : 시간에 제한된 마우스 오른쪽 버튼 클릭을 조정합니다. • 기본 모드 : 기본 상태에서 마우스 오른쪽 메뉴를 조정합니다. • 마지막 명령 반복 : 메뉴를 사용하지 않고, 마지막으로 입력했던 명령이 다시 실행됩니다. • 바로가기 메뉴 : 메뉴를 사용합니다. • 편집 모드 : 작업 화면에서 객체를 선택하고, 마우스 오른쪽 버튼을 누르면 나타나는 메뉴의 생성여부를 조정합니다. • 마지막 명령 반복 : 메뉴를 사용하지 않고, 마지막으로 입력했던 명령이 다시 실행됩니다. • 바로 가기 메뉴 : 메뉴를 사용합니다. • 명령 모드 : 오토캐드의 명령어가 실행 중일 때, 오른쪽 버튼을 누르면 나타나는 메뉴의 생성 여부를 조정합니다. • 엔터키 : 메뉴를 사용하지 않고, Enter키의 역할을 합니다. • 바로가기 메뉴 : 항상 사용 • 바로가기 메뉴 : 명령 옵션을 표기할 때 사용(오토캐드 명령 중에서 옵션들이 있는 명령에서만 사용합니다.)

삽입 축척	• 블록의 삽입 축척을 조정합니다. • 원본 내용 단위 : 원본 블록의 단위를 조정합니다. • 대상 도면 단위 : 삽입 할 때의 단위 조정합니다.
필드	• 필드 관련 기본 설정을 조정합니다. • 필드의 배경 표시 : 출력되지 않는 필드는 연회색 배경으로 표시됩니다. • 필드 업데이트 설정값 : 필드의 업데이트를 설정합니다.
좌표데이터항목에 대한 우선 순위	• 오토캐드의 좌표설정 방법을 조정합니다. • 객체 스냅 실행 중 : Osnap이 켜진 상태에서 키보드로 입력된 좌표가 객체의 근처에 있으면 자동으로 Osnap이 실행되게 합니다. • 키보드 입력 : Osnap이 켜진 상태에서 키보드로 좌표를 입력하면 Osnap의 영향을 받지 않고, 지정한 좌표값만 처리합니다. • 스트립트를 제외한 키보드 입력 : Keyboard Entry와 같으며, Scripts를 이용하는 경우 좌표가 입력되면 이는 무시되고 Osnap으로 선택하게 됩니다.
연관치수기입	• 연관성 있는 치수 기입을 조정합니다. • 새 연관 치수 만들기 : 새로운 연관 치수를 만듭니다.
하이퍼링크	• 도면에 특정한 정보나 웹사이트를 연결하는 기능을 조정합니다. • 하이퍼링크 커서, 툴팁, 바로 가기 메뉴 표시를 표시합니다.
명령취소/명령복구	• 취소/다시 살리기 설정을 조정합니다. • 줌 명령과 초점이동 명령 결합 : 줌 및 초점이동에 대한 명령취소 및 다시 실행을 조정합니다. • 선가중치 설정값 : 선 두께를 조정합니다. Lineweight 대화상자가 나타납니다. • 축척 리스트를 편집합니다. Edit Scale List 대화상자가 나타납니다.

(7) 제도

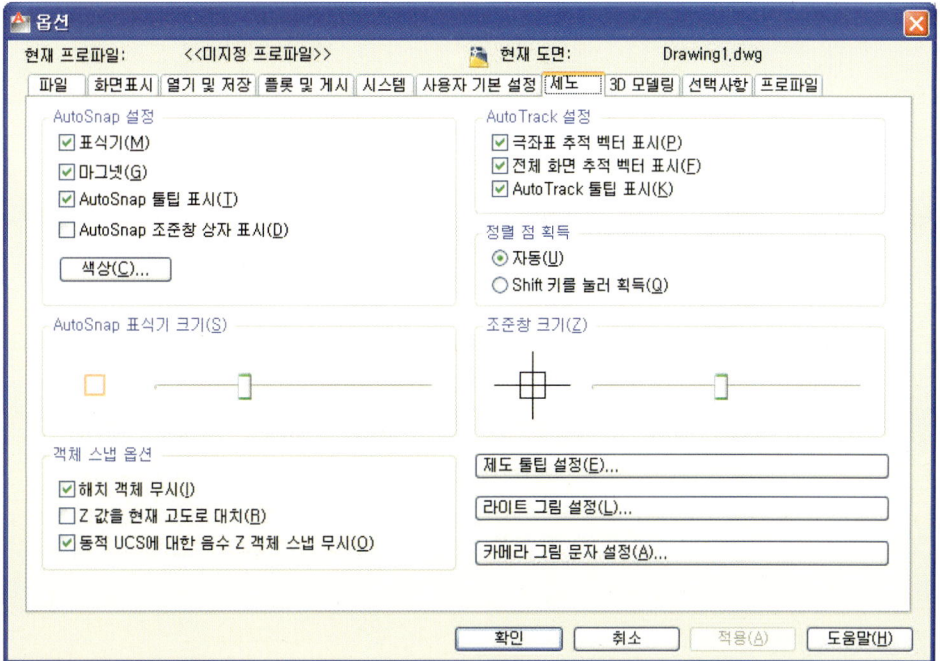

OPTION	
Autosnap 설정	• Osnap 사용 시 설정을 조정합니다. • 표식기 : 각 Osnap의 기호(아이콘)를 표시합니다. • 마그넷 : 커서를 Osnap에 정확히 이동할 때 커서가 지정한 점에 붙는 듯한 효과를 사용합니다. • AutoSnap 툴팁 표시 : 오브젝트에 Osnap을 사용하는 경우 해당 객체에서 잠시 머무르면 나타나는 툴팁 기능의 사용 여부를 조정합니다. • AutoSnap 조준창 표시 : Osnap을 사용할 때 Osnap의 범위를 표시하는 박스의 표시를 조정합니다. • 색상 : 다양한 기능을 표기하는 마커의 색상을 조정합니다.
Autosnap 표식기 크기	• Osnap 사용 시 각 옵션을 표시하는 마커의 크기를 조정합니다.
객체 스냅 옵션	• 객체 스냅을 조정합니다. • 해치 객체 무시 : 객체 스냅이 켜져 있을 때 객체 스냅이 해치 패턴을 무시하도록 지정합니다. • Z 값을 현재 고도로 대치 : 객체 스냅이 객체 스냅 위치의 Z 값을 무시하도록 지정합니다. • 동적 UCS에 대한 음수 Z 객체 스냅 무시 : 동적 UCS에 대한 음수 Z 객체의 스냅을 무시합니다.

Auto Track 설정	• 좌표추적계에 대한 사항을 조정합니다. • 극좌표 추적 벡터 표시 각도 추적 상태를 화면에 표시합니다. • 전체 화면 추적 벡터 표시 : 표면상의 모든 점으로 각도를 추적합니다. • 자동 추적 툴팁 표시 : 좌표추적기능 사용 시 툴팁 기능을 사용합니다.
정렬 점 획득	• 정렬 점 획득 : 선택하라는 점의 포착방법을 조정합니다. • 자동 : 자동으로 표시합니다. • Shift 키를 눌러 획득 : Shift Key를 눌렀을 때 표시합니다.
조준점 크기	• 조준창 크기 : Osnap 사용 시 범위를 표시하는 박수의 크기를 조정합니다. • 제도 툴팁 설정 : 제도 툴팁의 색상, 크기 및 투명도를 조정합니다. • 조명 그림 문자 설정 : 조명 아이콘의 색상 등을 조정합니다. • 카메라 그림 문자 설정 : 카메라 아이콘의 색상 등을 조정합니다.

(8) 3D 모델링

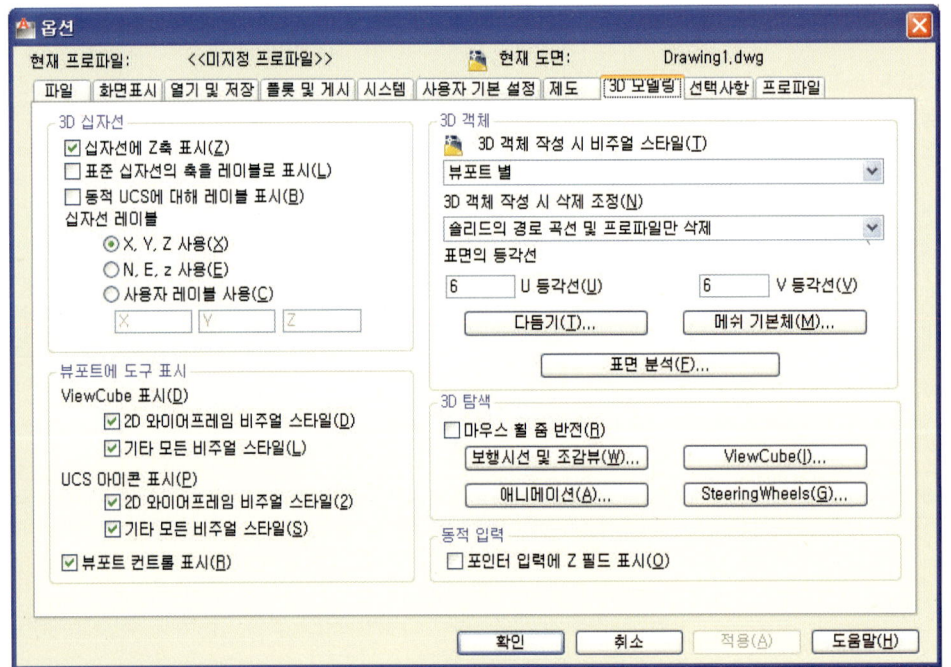

OPTION

3D 십자선	• 3D 십자선을 조정합니다. • 십자선에 Z축 표시 : 십자선에 Z축을 표시합니다. • 표준 십자선의 축을 레이블로 표시 : 표준 십자선의 축을 레이블에 표시합니다. • 동적 UCS에 대한 레이블 표시 : 동적 UCS에 대한 레이블을 표시합니다. • 십자선 레이블 : 십자선 레이블을 조정합니다.
ViewCube 또는 UCS아이콘 표시	• UCS 아이콘이 표시를 조정합니다. • 2D 모형 공간에서 표시 : 2D 모델 공간에 표시합니다. • 3D 평행 투영에서 표시 : 3D 평행 투영에 표시합니다. • 3D 투시 투영에서 표시 : 3D 투시 투영에 표시합니다.
동적 입력	• 동적 입력 : 동적 입력에 대한 사항을 조정합니다. • 포인터 입력에 Z 필드 표시 : 포인트 입력 시 Z축 필드를 표시합니다.
3D 객체	• 3D 오브젝트에 대한 사항을 조정합니다. • 3D 객체 작성 시 뷰 스타일 : 3D 오브젝트 제작 시 화면 스타일을 지정합니다. • 3D 객체 작성 시 삭제 조정 : 3D 오브젝트 제작 시 삭제를 조정합니다. • 표면 및 메쉬의 U 등각선 : 서페이스 모델링의 U 방향 개수를 지정합니다. • 표면 및 메쉬의 V 등각선 : 서페이스 모델링의 V 방향 개수를 지정합니다.
3D 검색	• 3D 검색을 조정합니다. • 마우스 휠 줌 반전 : 마우스 휠로 확대 축소를 반전합니다. • 보행시선 및 조감뷰 설정 : 걸으면서 보는 기능, 조감도 기능을 설정합니다.

(9) 선택사항

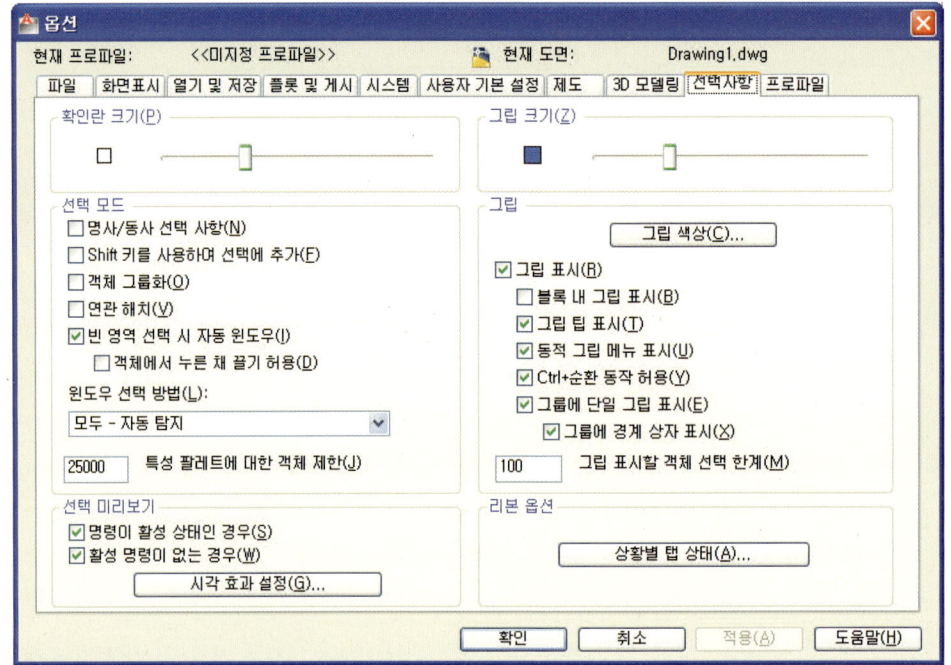

OPTION

선택상자 크기	Select Objects : 사용시 나오는 사각형의 크기를 조정합니다.
선택미리보기	선택 미리보기를 조정합니다. • 명령이 활성 상태인 경우 : 명령이 활성화되고 객체 선택 프롬프트가 표시된 경우에만 선택 미리보기를 표시합니다. • 활성 명령이 없는 경우 : 명령이 비활성화되면 선택 미리보기를 표시합니다. • 시각 효과 설정 : 선택 미리보기에 대한 사항을 상세히 조정합니다. 대화상자가 나타납니다. • 선택 미리보기 효과 : 선택 시 효과를 조정합니다. • 대시 : 대시선을 형태로 표시합니다. • 굵게 하기 : 굵은 선으로 표시합니다. • 모두 : 두 가지를 같이 적용합니다. • 고급 옵션 : 고급옵션을 조정합니다. • 선택 영역 효과 : 영역으로 선택하는 경우의 효과를 조정합니다. • 선택 영역 표시 : 선택시 영역에 색상이 칠해지는 것을 조정합니다. • 윈도우 선택 색상 : Window 옵션을 사용하는 경우의 색상을 조정합니다. • 교차 선택 항목 색상 : Crossing 옵션을 사용하는 경우의 색상을 조정합니다. • 선택 영역 불투명도 : 색상이 지정되어 있는 선택 영역의 투명도를 조정합니다.

선택모드 (Select Modes)	• 명사/동사 선택사항(Noun/Verb selection) : 오토캐드에 명령을 입력하는 방법을 조정하는 명령으로 객체를 선택하고 명령을 줄 수도 있고 반대로 명령을 지정하고 객체를 선택할 수도 있습니다.(Pick first 변수) • Shift키를 사용하여 선택에 추가(Use Shift to Add) : 객체를 선택할 때 Shift를 누른 상태에서 객체를 선택하거나 취소합니다.(Pick add 변수) • 누른 채 끌기(Pres and Drag) : 객체 선택 : 의 W, C옵션을 사용하는 경우 드래그방식을 이용할 수 있게 합니다.(Pick drag 변수) • 빈 영역 선택 시 자동 윈도우(Implied Windows) : 객체 선택 : 상태에 Auto 기능을 자동으로 가지게 합니다.(Pick drag 변수) • 객체 그룹화(Object Grouping) : 그룹(Group)에 저장되어 있는 요소를 선택할 때 한 번의 Pick으로 선택 가능하게 합니다.(Pick style 변수) • 연관 해치(Associative Hatch) : 연관 해치를 사용하는 경우 경계선까지 선택하여 사용할 수 있는 여부를 조정합니다.(Pick style 변수)
그립 크기	Grip의 크기를 픽셀 단위로 지정합니다.
그립	Grip기능을 조정합니다. • 선택 해제된 그립 색상 : 객체를 선택하면 나타나는 Grip의 색상을 지정합니다. • 선택된 그립 색상 : Grip을 선택할 때의 색상을 지정합니다. • 호버 그립 색상 : 커서가 Grip 위로 움직일 때 잡기점이 표시하는 색상을 결정합니다. • 그립 설정 : Grip 기능의 사용 여부를 조정합니다. • 블록 내 그림 설정 : 블록객체의 Grip 사용 시 전체를 하나의 Grip으로 사용하던지, 블록을 이루는 각 객체별로 Grips을 사용할 것인지를 조정합니다. • 그립 팁 사용 : 잡기점 주위로 커서를 이동하면 툴팁 기능의 사용 여부를 조정합니다. • 그립 표시할 객체 선택 한계 : 객체를 선택할 수 있는 한계를 지정합니다. 범위는 1에서 32,767까지입니다.

(10) 프로파일

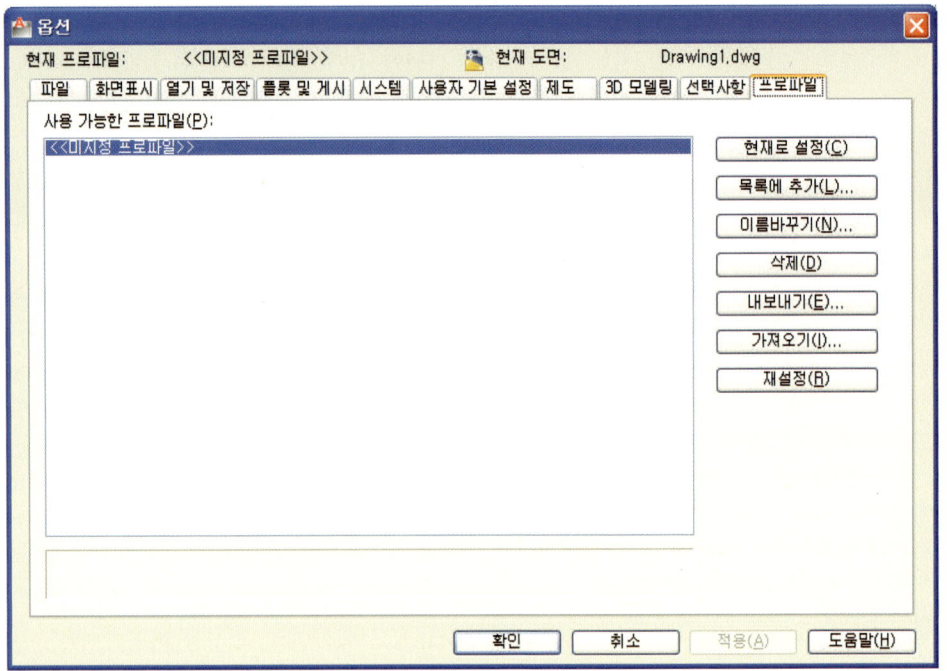

OPTION

- 사용 가능한 프로파일 : 사용할 수 있는 사용자화이 목록이 나타납니다.
- 현재로 설정 : 선택한 사용자화를 사용하게 합니다.
- 목록에 추가 : 새로운 사용자화를 추가합니다.
- 이름 바꾸기 : 선택한 사용자화의 이름을 바꿉니다.
- 삭제 : 선택한 사용자화를 삭제합니다.
- 내보내기 : 사용자화를 조정합니다. arg형식의 파일이 만들어집니다.
- 가져오기 : 다른 컴퓨터의 오토캐드 사용자 환경을 가지고 올 때 이용합니다.
- 재설정 : 오토캐드의 기본설정으로 돌아갑니다.

MEMO

AutoCAD

CHAPTER 09

AutoCAD의 인터페이스

01. 윈도우 화면
02. 메뉴 검색기
03. 신속 접근 도구막대
04. 리본
05. 상태 막대
06. 빠른 특성
07. 빠른 뷰(Quick View) 배치
08. 빠른 도면 보기
09. 툴팁
10. 숨겨진 메시지의 설정
11. 동작 레코더
12. 도면층 관리
13. 파일 내보내기
14. 내보내기 파일 형식
15. DWFx
16. 빠른 배치 보기
17. 찾기와 대치

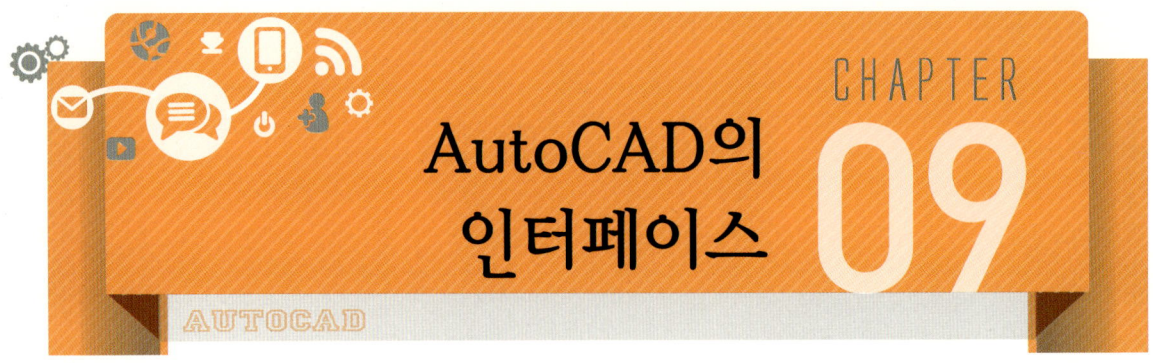

CHAPTER 09
AutoCAD의 인터페이스

AutoCAD 01 윈도우 화면

도면작업 영역의 공간을 최대한 사용할 수 있도록 되었다는 것과 메뉴 브라우저, 신속한 접근을 위한 도구막대(툴바), 정보센터, 리본, 상태 막대 등이 있습니다. 또, 자주 사용하는 명령은 쉽게 접근할 수 있도록 구성되었습니다. 이러한 화면의 변화는 듀얼 모니터를 사용하는 사용자를 위한 편의성을 고려한 것입니다.

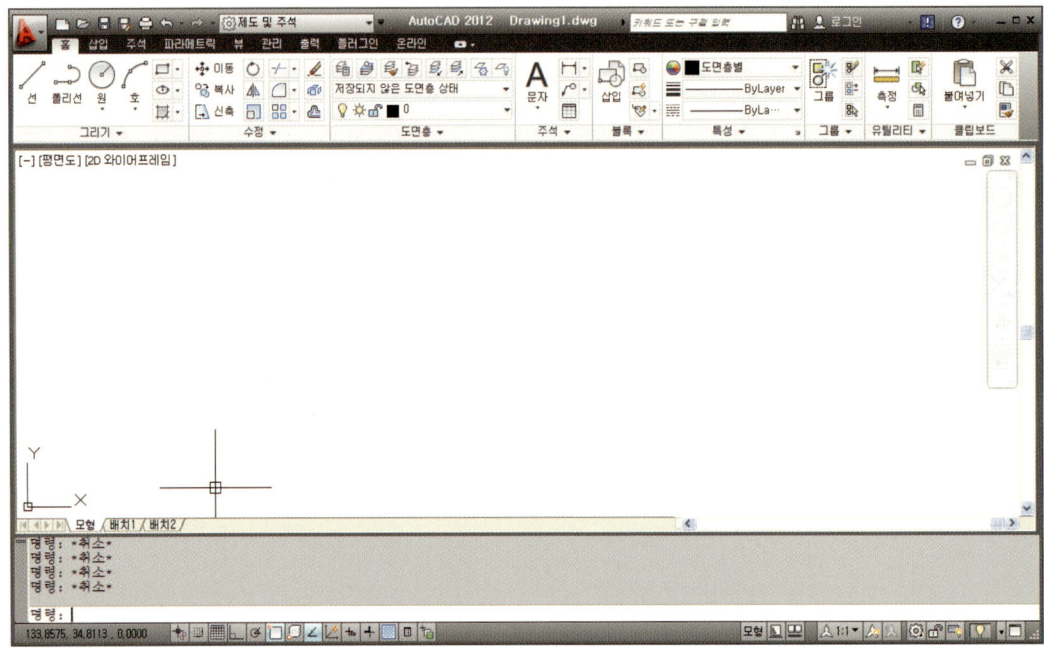

AutoCAD 02 메뉴 검색기

메뉴 검색기는 기존 버전의 팝업 메뉴와 비슷한 기능으로 버튼 하나로 명령, 도큐먼트(문서 및 도면) 등 다양한 컨텐츠를 쉽게 접근할 수 있게 합니다. 브라우저에서 메뉴를 선택하면 메뉴 목록이 표시되고 선택한 명령이 실행됩니다.

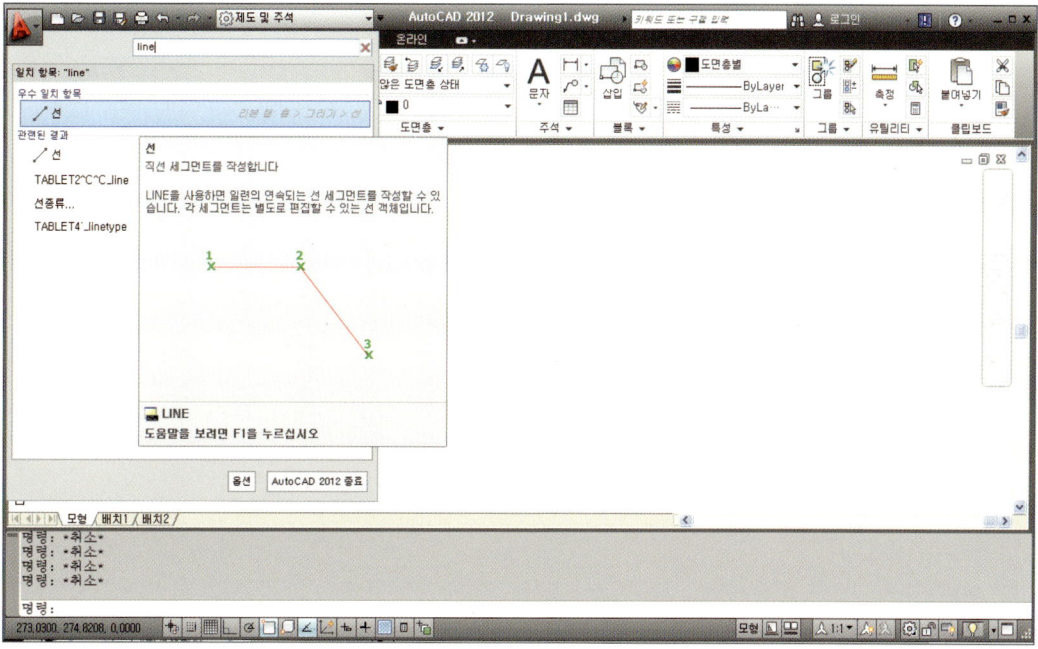

또, 메뉴 검색기의 검색 툴에서 키워드를 입력하여 관련 명령을 검색할 수 있습니다. 예를 들어, 'LINE'이라고 입력하면 'LINE'을 포함한 단어가 검색되어 표시됩니다. 검색 목록에서 하나를 선택하면 해당 명령이 실행됩니다.

AutoCAD 03 | 신속 접근 도구막대

화면 상단에 위치한 도구막대로 '신규', '열기', '다른 이름으로 저장', '출력', '취소' 등 자주 사용하는 도구(명령)를 쉽게 접근(실행)할 수 있게 합니다.

필요에 따라서는 사용자와 옵션에서는 명령 일람으로부터 등록하고자 하는 명령을 선택할 수도 있습니다.

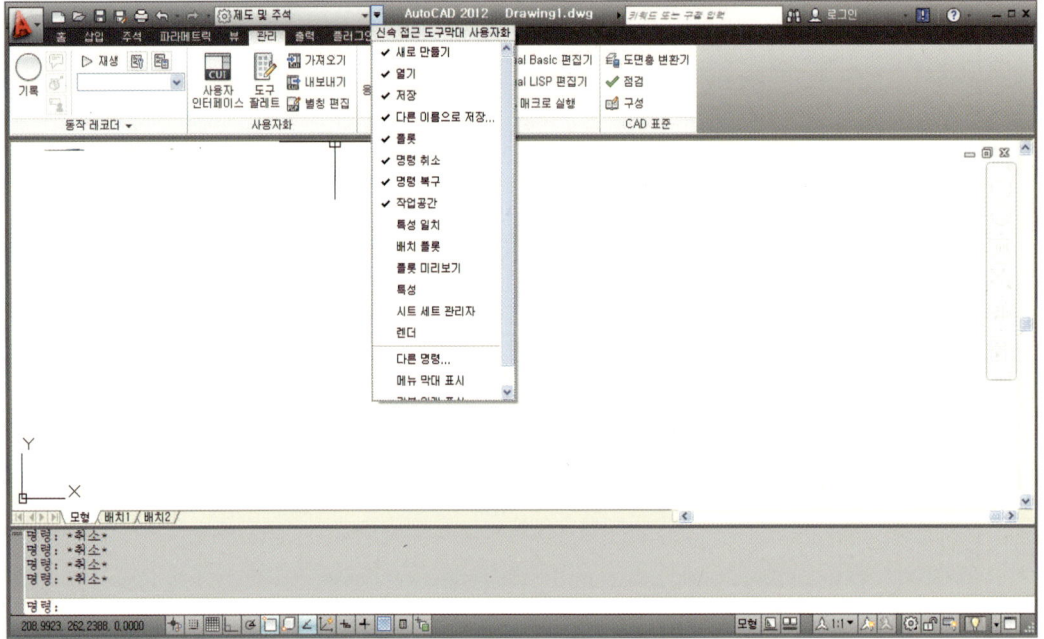

메뉴막대 표시를 클릭하면 풀다운 메뉴가 생성됩니다.

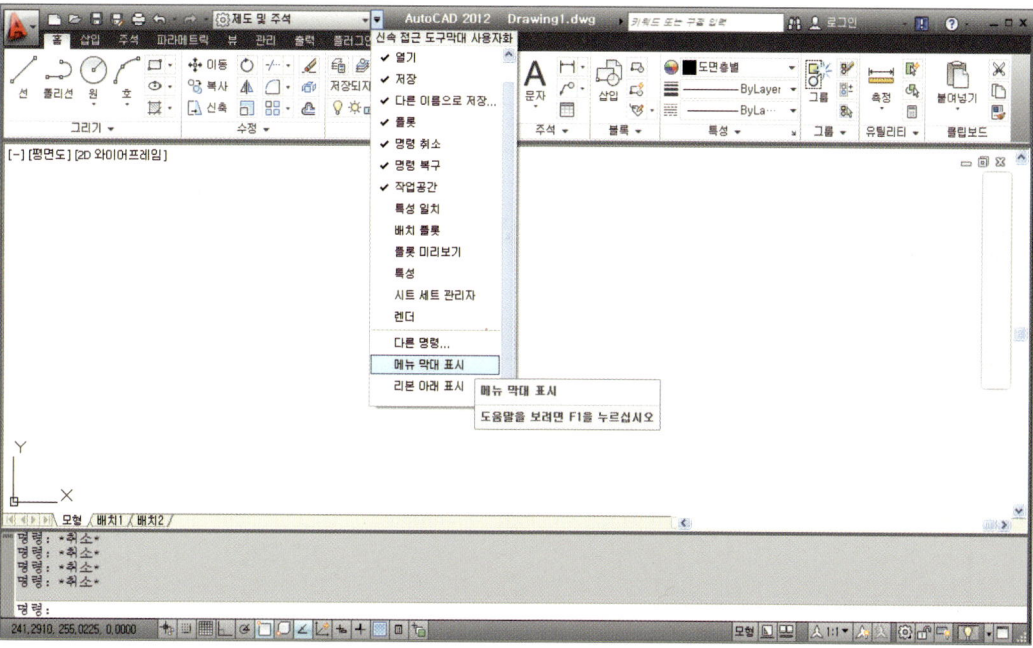

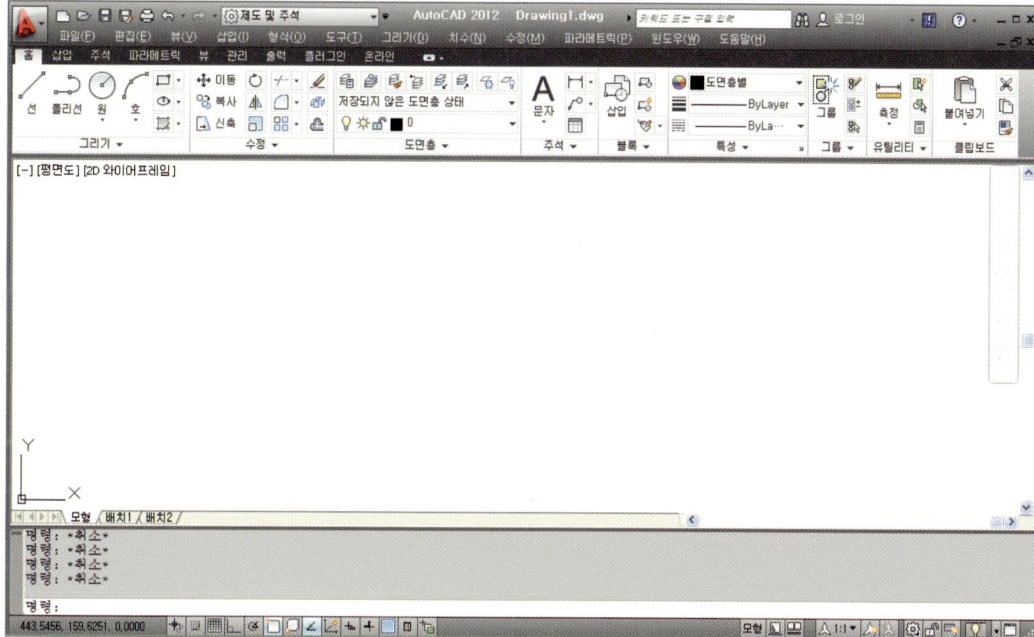

AutoCAD 04 리본

화면 상단에 위치한 리본을 이용하면 각종 탭과 패널 등을 통해 Auto2012 도구에 쉽게 접근할 수 있습니다. 탭에는 복수의 패널을 둘 수 있으며, 패널에는 각각의 도구가 배치되어 있습니다. 몇 개의 패널은 전개하여 다른 도구에 접근할 수도 있습니다.

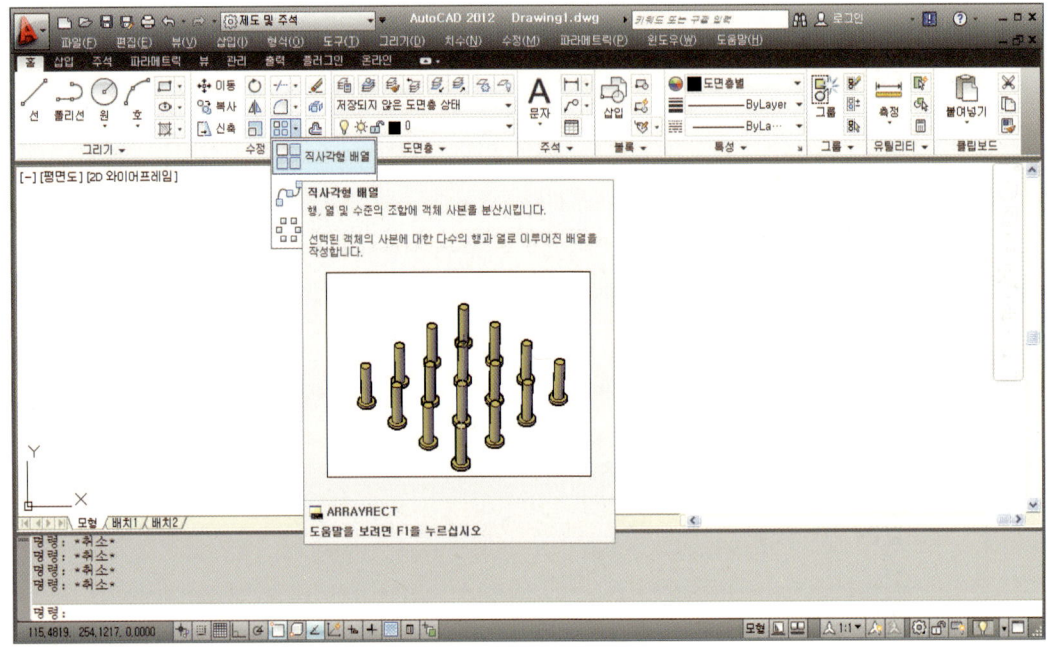

리본은 기본적으로 화면의 상단에 배치되지만 사용자가 마우스 오른쪽 버튼을 이용하여 표시 상태나 동작을 지정할 수 있습니다.

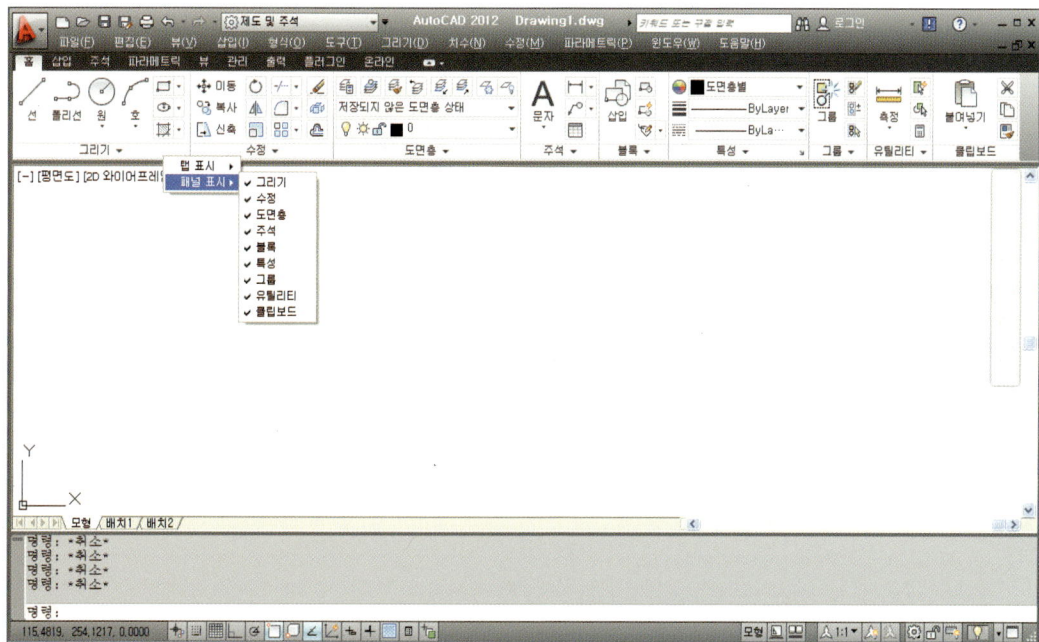

AutoCAD 05 상태 막대

화면 하단의 상태 막대에서, 각 상태를 나타내는 표시방법이, 기본 명칭과 함께 사용자의 설정에 의해 아이콘으로도 표시할 수 있습니다.

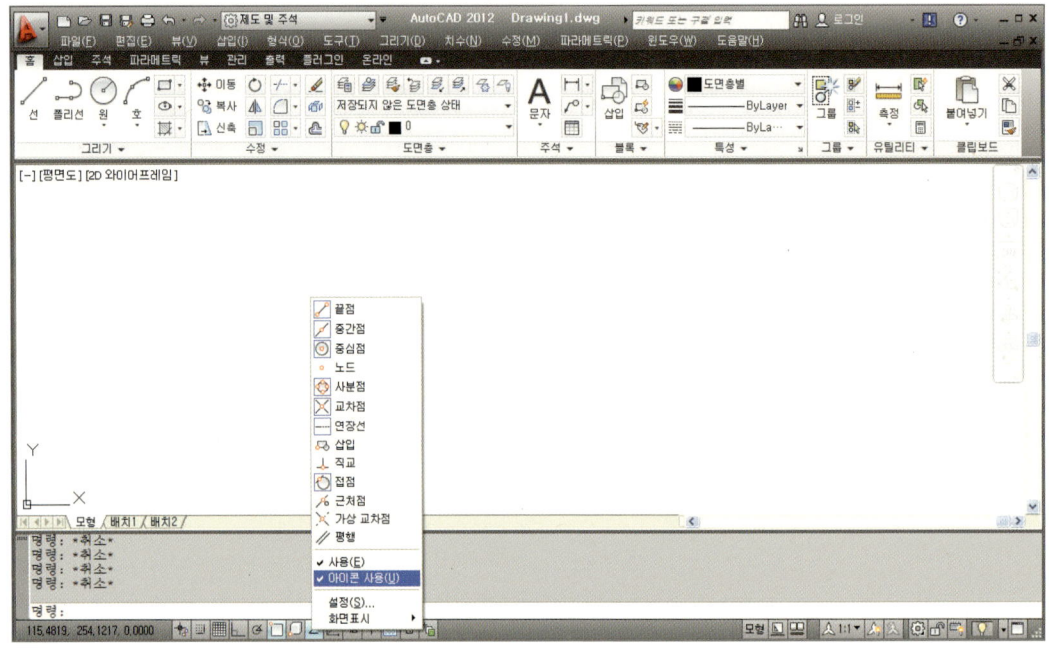

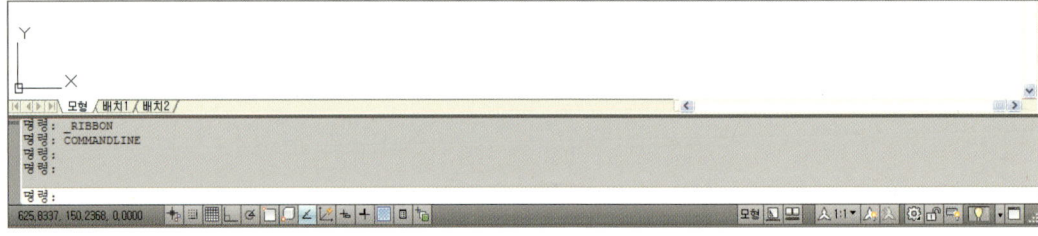

상태 막대의 몇개 항목은 오른쪽 버튼의 클릭에 의해, 설정 대화상자를 펼치지 않고도 설정이 가능하도록 메뉴를 표시합니다.

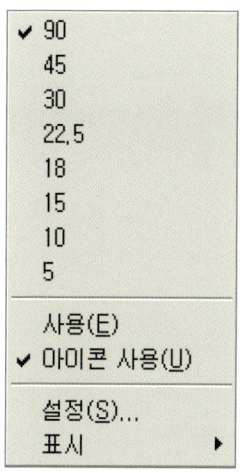

AutoCAD 06 빠른 특성

객체의 특성을 편집하려면 '빠른 특성'을 사용는 것이 편리합니다. 각 객체의 표시되는 특성 항목은 사용자의 설정으로 지정할 수 있습니다.

빠른 특성 대화상자에서 오른쪽 버튼에 의해 동작이나 표시 상태를 설정할 수 있습니다. '위치 모드'에 의해 빠른 특성 대화상자를 어느 위치에 표시할 것인가를 지정할 수도 있습니다. 즉, 부동으로 설정할 수도 있고 리본의 패널로 도킹할 수도 있습니다.

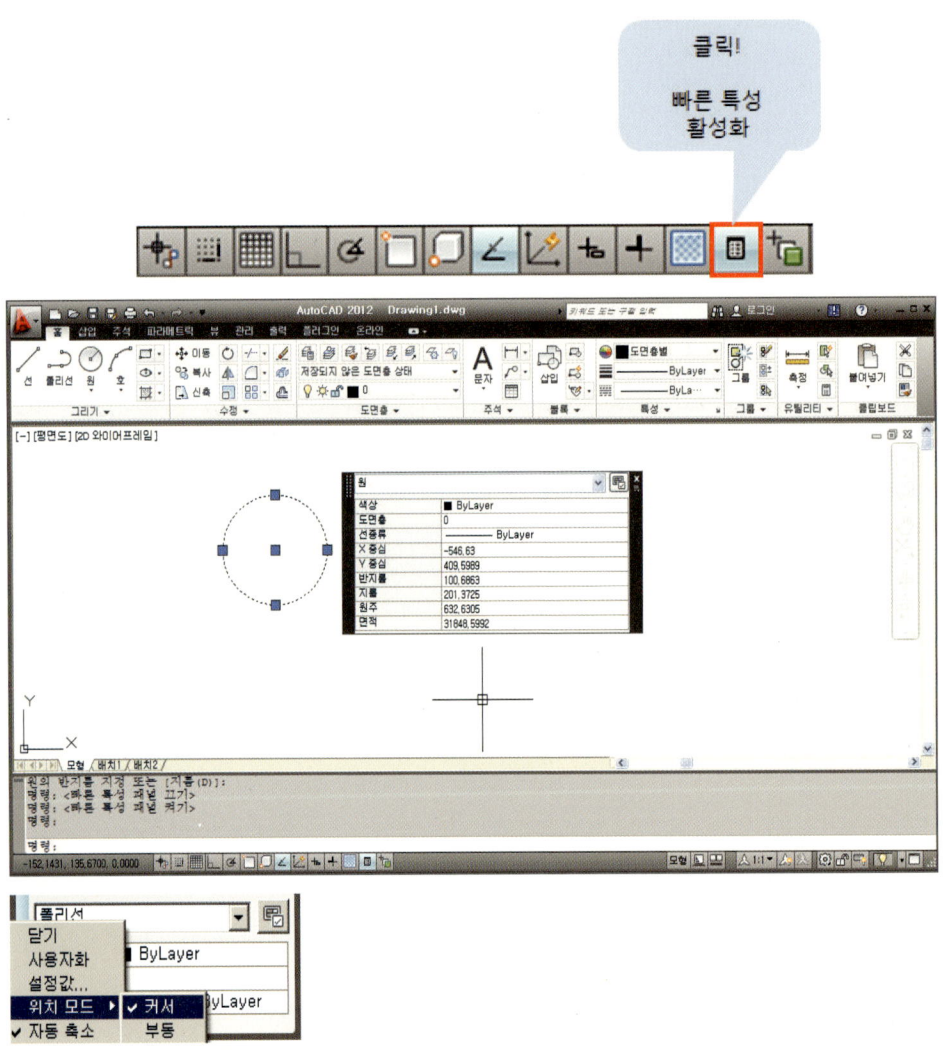

빠른 특성창의 왼쪽 상단에 ▦ 부분에서 마우스 오른쪽버튼을 클릭하면, 빠른특성을 제어할 수 있습니다.

AutoCAD 07 빠른 뷰(Quick View) 배치

화면 하단의 상태 막대의 [빠른 뷰 배치] 버튼을 클릭하면 배치의 미리보기 이미지를 나타내는, '빠른 뷰 바'가 하단에 표시됩니다. 이 기능은 도면의 배치를 바꾸고자 할 때, 기존 방법보다 알기 쉽고 신속하게 바꿀 수 있습니다. 기본의 방법인 이름이 아닌, 이미지를 보면서 선택할 수 있기 때문입니다. 또, Ctrl 키를 누르면서 휠을 조정하면 미리보기 이미지의 크기를 조정할 수 있습니다.

빠른 뷰 이미지 상단에는 [플롯]과 [게시] 아이콘이 있으며, 여기에 '빠른 뷰 배치' 사용 중에 자동으로 표시되는 [빠른 뷰 배치] 도구막대는 다른 유용한 도구(핀으로 고정, 배치 신규 작성, 배치 출판, 빠른뷰 닫기 등)가 포함되어 있습니다.

AutoCAD 08 빠른 도면 보기

화면 하단의 상태 막대에서 [빠른 뷰 도면] 버튼을 클릭하면, 배치의 미리보기 이미지를 나타내는 '빠른 뷰 바'가 하단에 표시됩니다. 이 기능을 사용하면 Ctrl + Tab 키를 사용하거나, 윈도우 메뉴에서 대상 도면을 선택함으로써 신속하게 현재의 도면을 교체할 수 있습니다. 도면의 미리보기 이미지 크기 조정은 '빠른 뷰 배치'와 동일하게 Ctrl 키를 누르면서 마우스 휠의 회전으로 가능합니다.

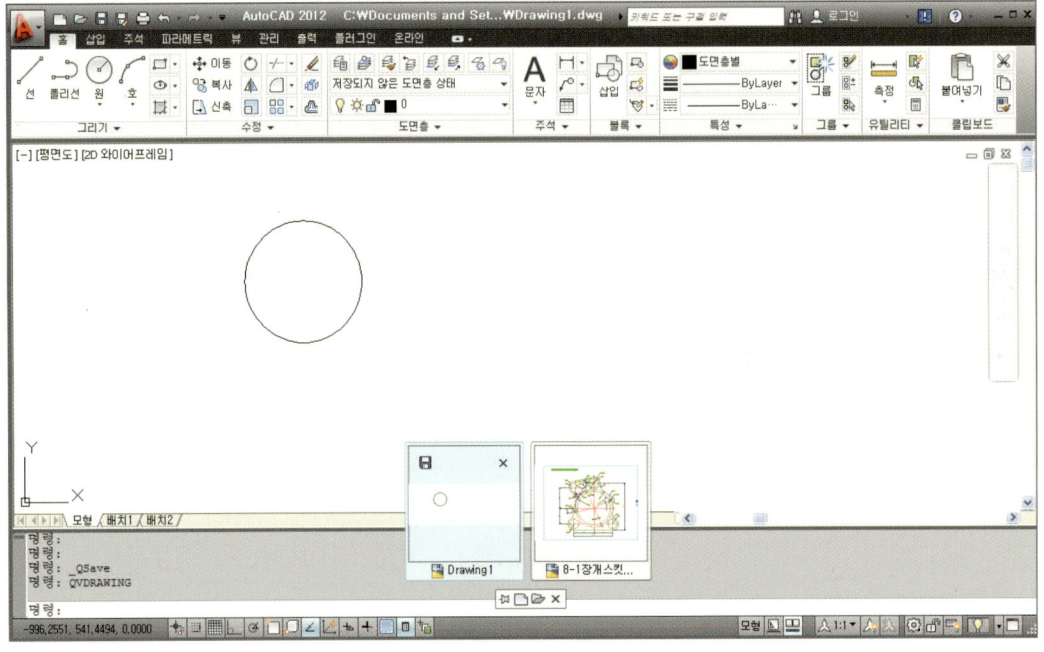

각 미리보기 이미지 상단에서 [저장]과 [닫기] 아이콘이 있어 신속한 저장과 닫기를 할 수 있습니다. '빠른 뷰 도면' 사용 중에 자동으로 표시되는 [빠른 뷰 도면] 도구막대는 다른 유용한 도구(핀으로 고정, 신규 작성, 도면 열기, 빠른 뷰 닫기 등)가 포함되어 있습니다.

'빠른 뷰 도면' 이미지 위에 커서를 두면 위쪽에 작은 이미지가 표시됩니다. 이것들은 모델 탭을 포함한 도면의 배치 이미지입니다. 이 배치의 미리보기 이미지 선택에 의한 '빠른 뷰 도면'으로부터 직접 다른 배치로 이동이 가능합니다.

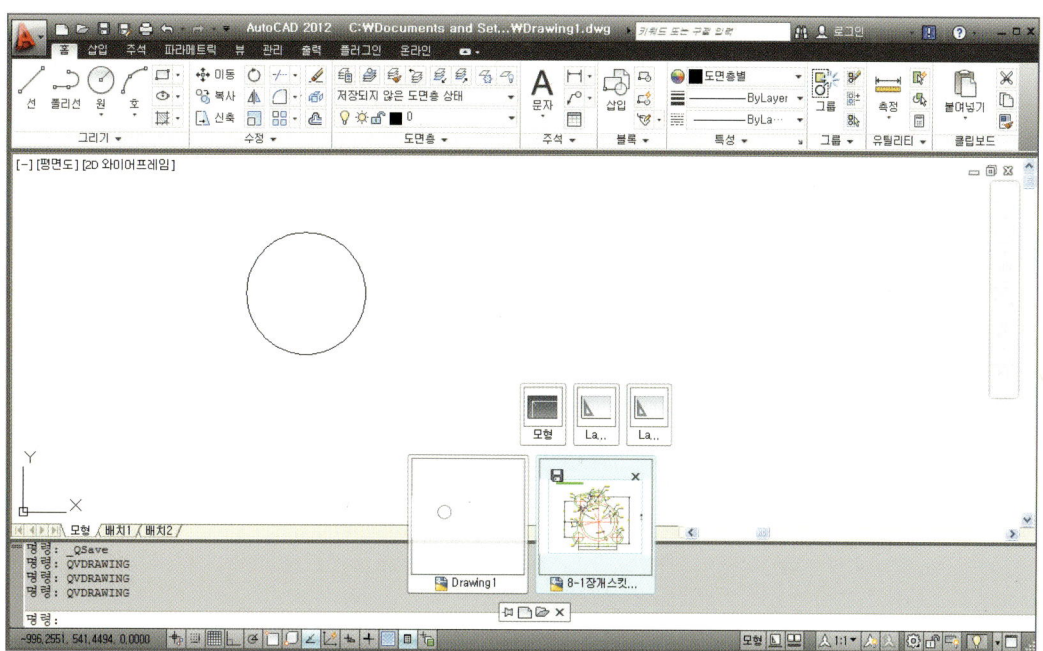

AutoCAD 09 툴팁

툴팁 기능이 개선되어 보다 많은 정보를 확인할 수 있습니다. 개선된 툴팁은 툴의 명칭뿐 아니라 상세한 설명이 표시됩니다. 필요에 따라서는 이미지도 표시합니다. 이것은 도움말 시스템에서 직접 표시된 것입니다.

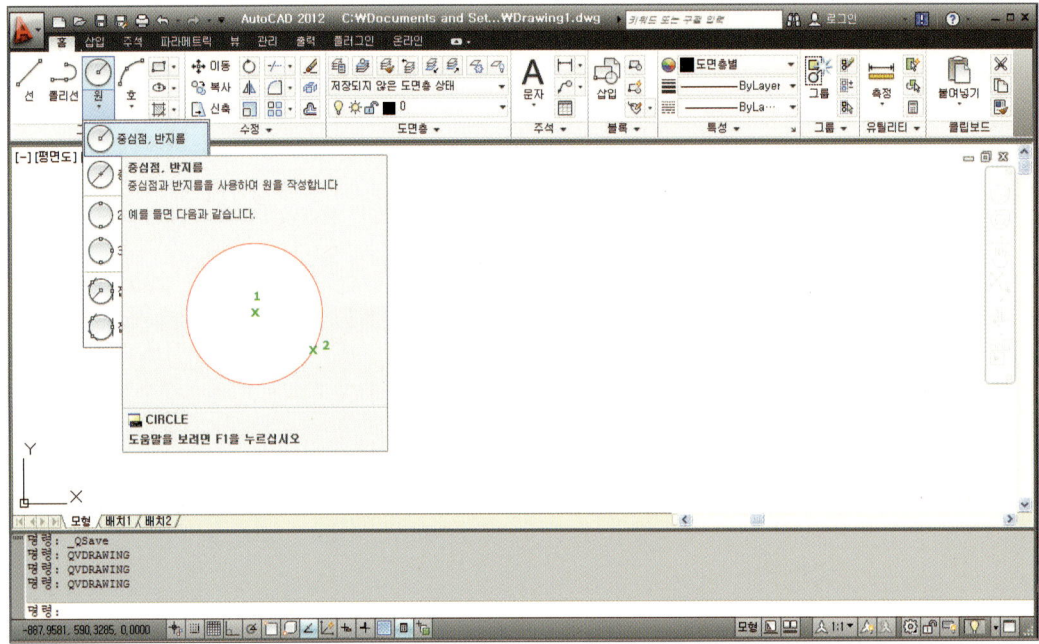

AutoCAD 10 | 숨겨진 메시지의 설정

전체적으로 통일성 있는 대화 메시지를 제공하기 위해, 경고 메시지가 개량되었습니다. 경고 메시지를 개별적으로 제어할 수 있게 되었습니다. 예를 들어, 종래에 명령어 창을 닫고자 할 때 표시되는 경고 메시지에 대해 '명령어 윈도우 항상 닫기'를 선택하면 이 이후 조작에서는 메시지가 표시되지 않습니다. 이렇게 메시지를 숨기면 이 숨긴 메시지는 메시지 목록에 저장됩니다.

이렇게 숨김 메시지는 [옵션]의 [시스템]에서 복원할 수 있습니다.

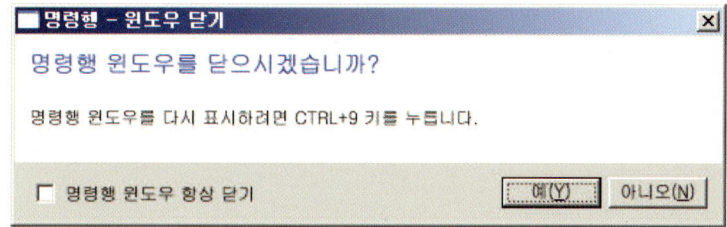

AutoCAD 11 동작 레코더

일련의 조작 순서를 동작으로 기록하여 매크로 파일로 저장합니다. 이는 빈번히 반복되는 작업을 자동화함으로써 도면 생산성을 높였습니다. '리본'의 [홈] 탭의 [동작 레코더] 패널 또는 'ACTRECORD' 명령으로 실행합니다.

동작 레코더의 [시작] 버튼을 누른 후 AutoCAD의 명령을 실행하여 도면작업을 진행합니다. 저장하고자 하는 작업이 끝나면 [정지]를 눌러 명칭을 부여합니다. 이 과정의 작업을 반복하고자 할 때는 [재생] 버튼을 누릅니다.

동작 레코더 패널의 설정을 변경하고자 할 때는 '동작 레코더 기본 설정' 대화상자를 이용합니다.

동작 레코더 매크로의 저장 위치는 '옵션'의 '파일' 탭에서 설정이 가능합니다.

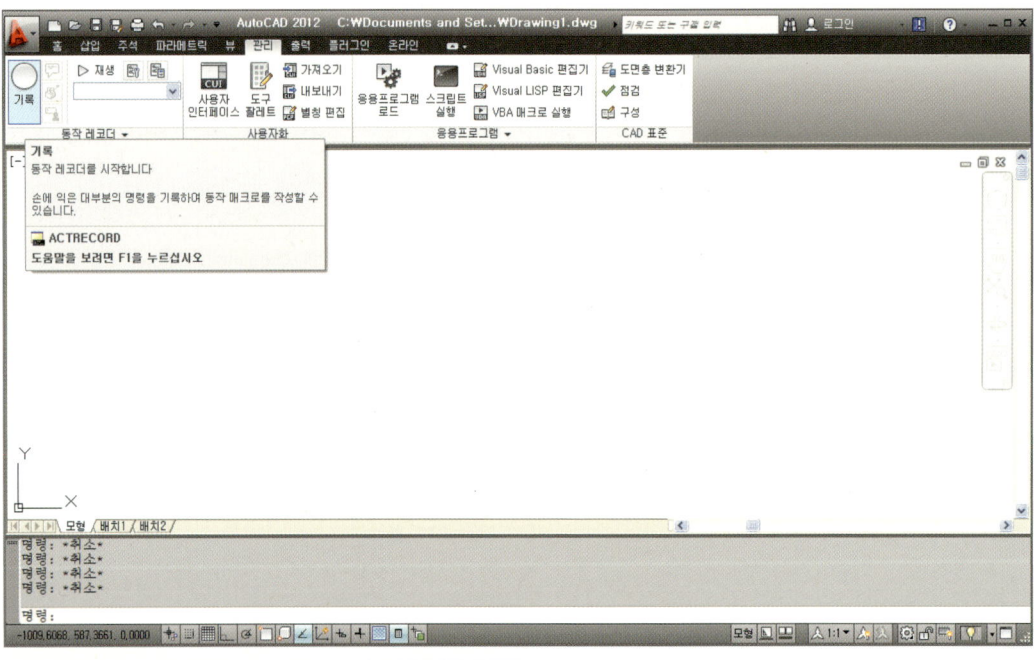

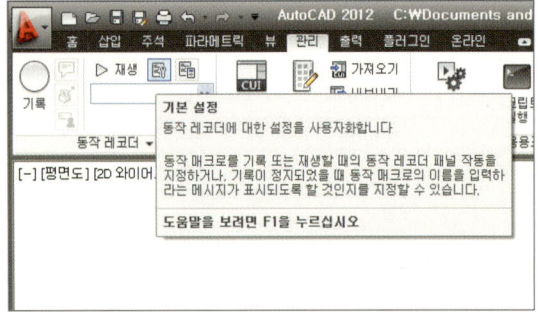

AutoCAD 12 도면층 관리

도면층의 관리가 도면 생산성을 향상시킬 수 있도록 개선되었습니다. 이전 버전까지는 도면층 관리 대화상자를 닫아야 다른 명령을 실행할 수 있었습니다. 그러나 'AutoCAD2009' 버전부터는 대화상자를 닫지 않고도 다른 명령을 실행할 수 있었습니다. 대화상자 내에서 도면층의 특성에 해당하는 열을 고정할 수도 있습니다. 또, 오른쪽 버튼메뉴(바로가기 메뉴)를 통해 보다 사용하기 편리하게 되었습니다.

대화상자의 최소화 버튼에 의해 화면의 일부에 둘 수 있으며 '도면층 설정' 대화상자에는 도면층의 선택 표시를 제어할 수 있는 옵션이 추가되어 '원래로 되돌림/취소'의 조작을 일괄적으로 할 수 있도록 도면 특성의 변경을 합성하는 옵션이 '옵션'의 [기본 설정] 탭에 추가되었습니다.

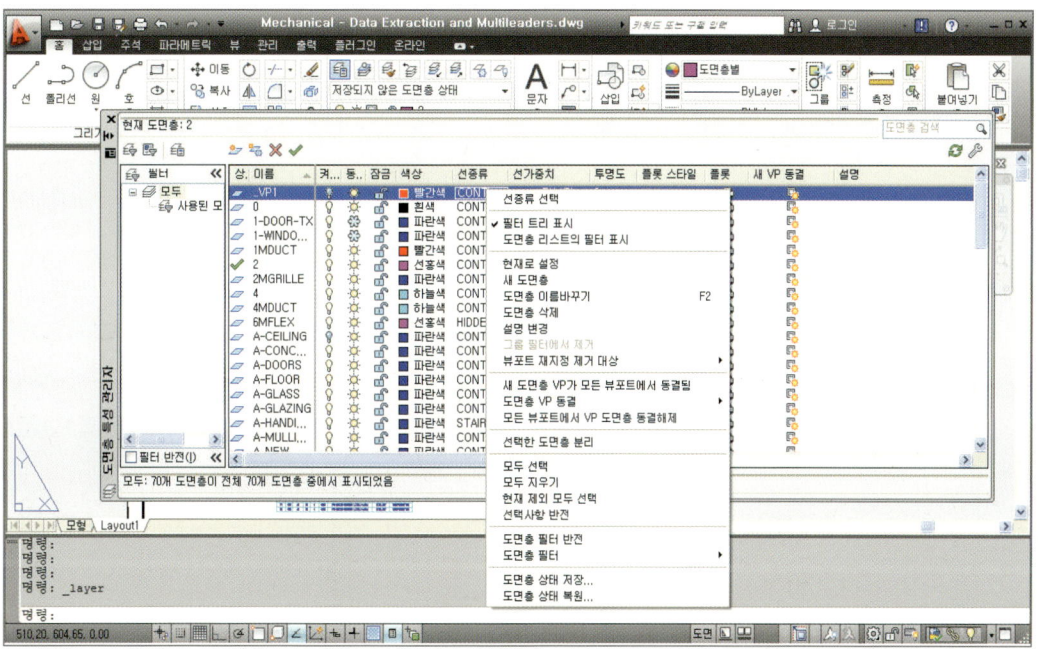

AutoCAD 13 파일 내보내기

AutoCAD DWG 파일을 Bentley's Microstation V8 DGN 형식과 V7 DGN 형식으로 작성할 수 있게 되었습니다.

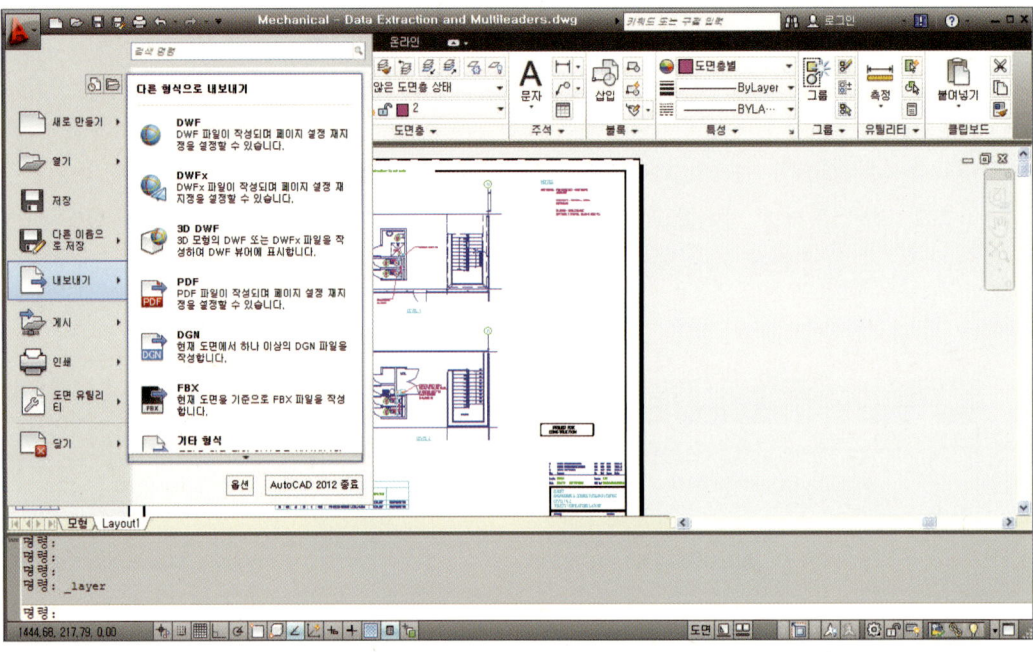

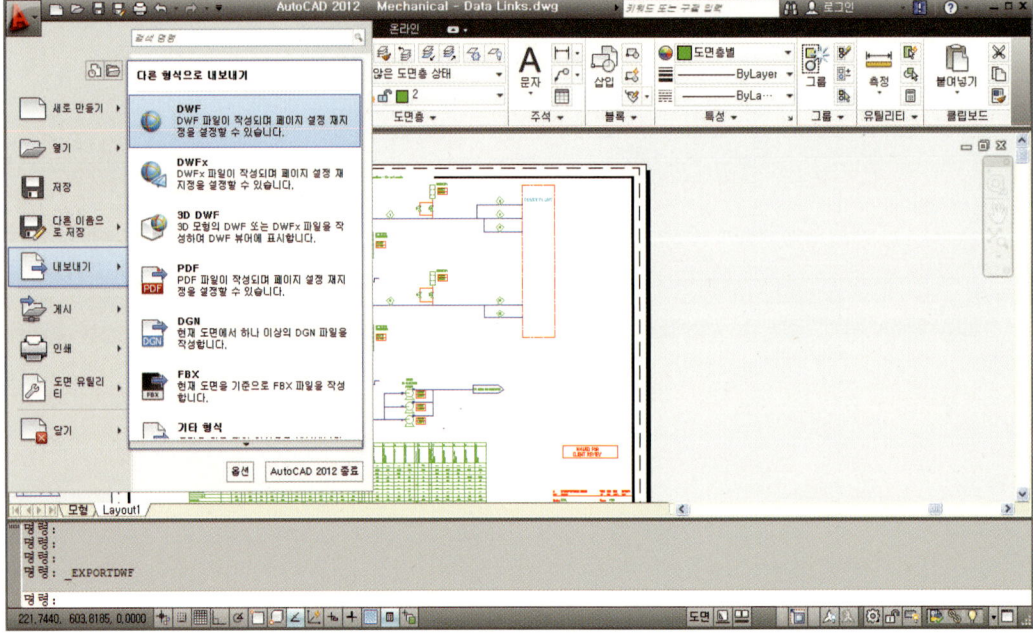

다음 DWF로 저장 화면이 나타나면 적절히 옵션을 조정하여 저장합니다.

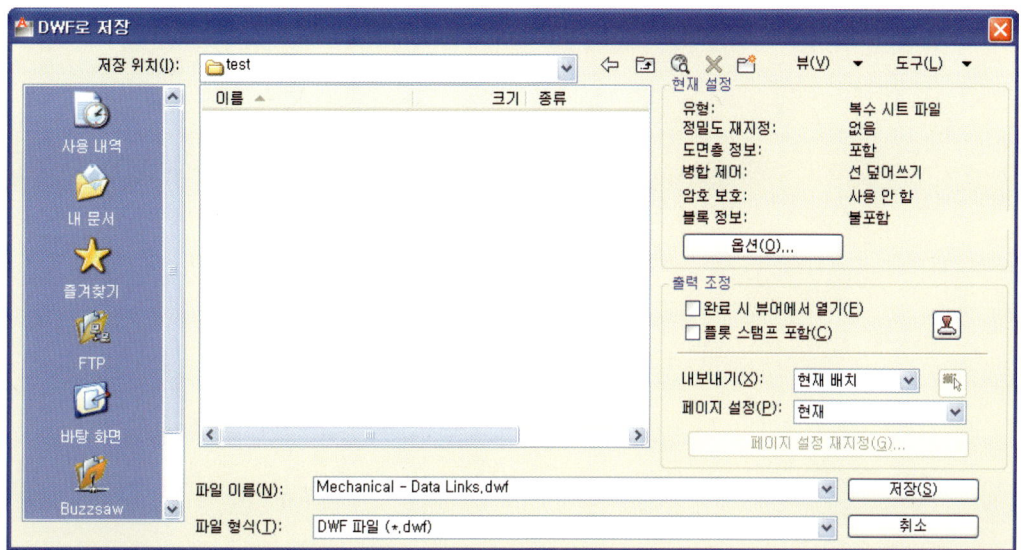

AutoCAD 14 내보내기 파일 형식

형식	설명
3D DWF(*.DWF)	3차원으로 작성한 객체를 웹 포맷인 DWF형식으로 내보냅니다.
DWFx(*.DWF)	DWF보다 발전된 형식으로 Microsoft의 XML용지 사양(XPS) 형식을 기반으로 하며 Window Vist 및 Windows Internet Explorer 7에 통합된 XPS 뷰어를 사용해 볼 수 있는 형식입니다.
메타파일(*.WMF)	윈도우메타파일(Window Meta File)로 저장합니다. 주로 한글이나 오피스군에서 그림으로 삽입할 때 유용합니다.
DGN(*.DGN)	Microstation 파일 형식인 DGN 파일로 내보냅니다.
포스트스크립 파일	많은 데스크탑 게시응용프로그램에서 사용되는 형식인 PostScript 파일로 도면파일을 변환할 수 있습니다.
ACIS(*.SAT)	ACIS Solid Object File 형식으로 저장합니다.
리쏘그라피(*.Stl)	Solid Object Stereolithograph File 형식으로 저장합니다.
캡슐화된 PS(*.eps)	캡슐화된 포스트 스크립트 파일형식으로 저장합니다. 포토샵, 일러스트레터 등으로 사용할 수 있습니다.
DXX추출(*.dxx)	속설추출 DXF파일형식으로 저장합니다. 3D MAX, DXF를 지원하는 소프트웨어에서 렌더링이나 입체감을 살릴 때 사용합니다.
비트맵(*.bmp)	장치독립 비트맵 파일형식으로 저장합니다. 주로 인터넷에 이미지를 게시할 때 사용합니다.
블록(*.dwg)	AutoCAD 파일형식입니다.
BMPOUT	선택된 객체를 비트맵 파일형식으로 저장합니다.
JPGOUT	선택된 객체를 JPG 파일형식으로 저장합니다.
PNGOUT	선택된 객체를 PNG(Portable Network Graphics) 형식으로 저장합니다.
TIFOUT	선택된 객체를 TIFF 형식(*.TIF)으로 저장합니다.

AutoCAD 15 · DWFx

출력장치의 일람에 DWFx 출력장치가 추가되었습니다. DWFx형식은 윈도우 비스타 (Windows Vista)에서 지원하는 XPS 뷰어를 사용할 사용자가 보다 쉽게 파일을 배포할 수 있습니다.

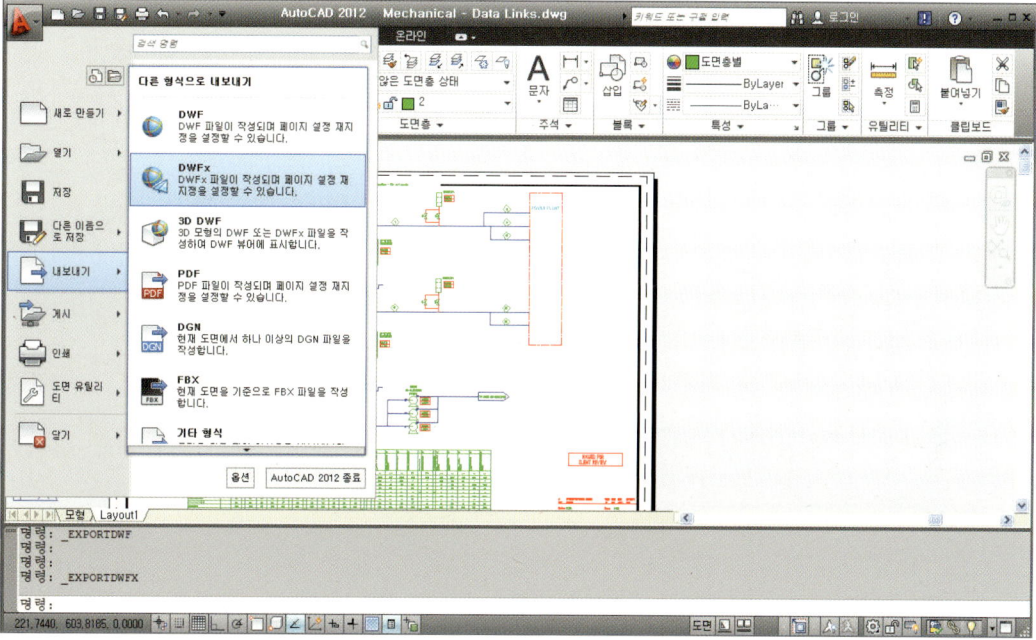

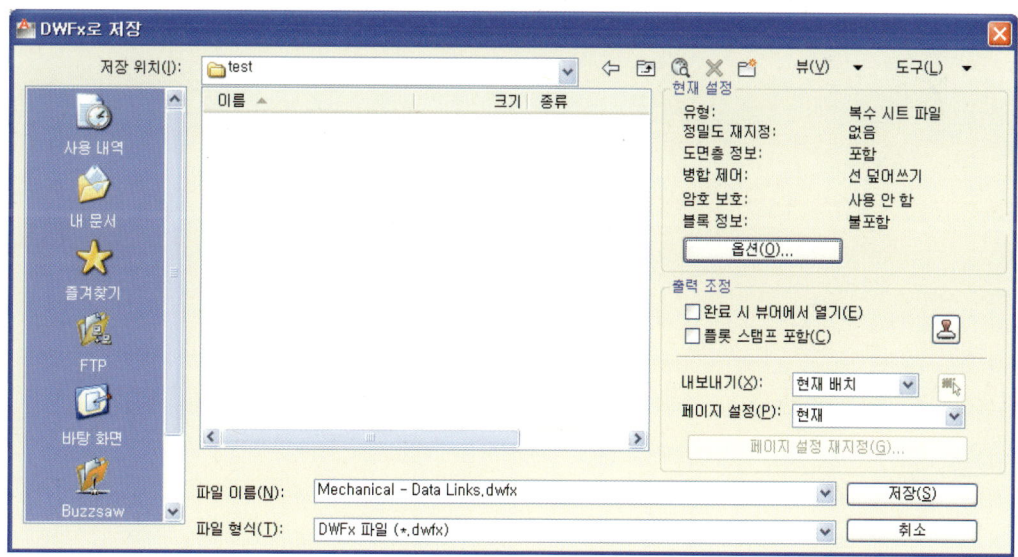

AutoCAD 16 빠른 배치 보기

배치 공간의 데이터를 신규 도면의 모델 공간의 객체로 쓸 수 있습니다. 빠른 배치 보기 명령은 배치 탭에서 오른쪽 버튼 클릭 메뉴로 접근할 수 있습니다.

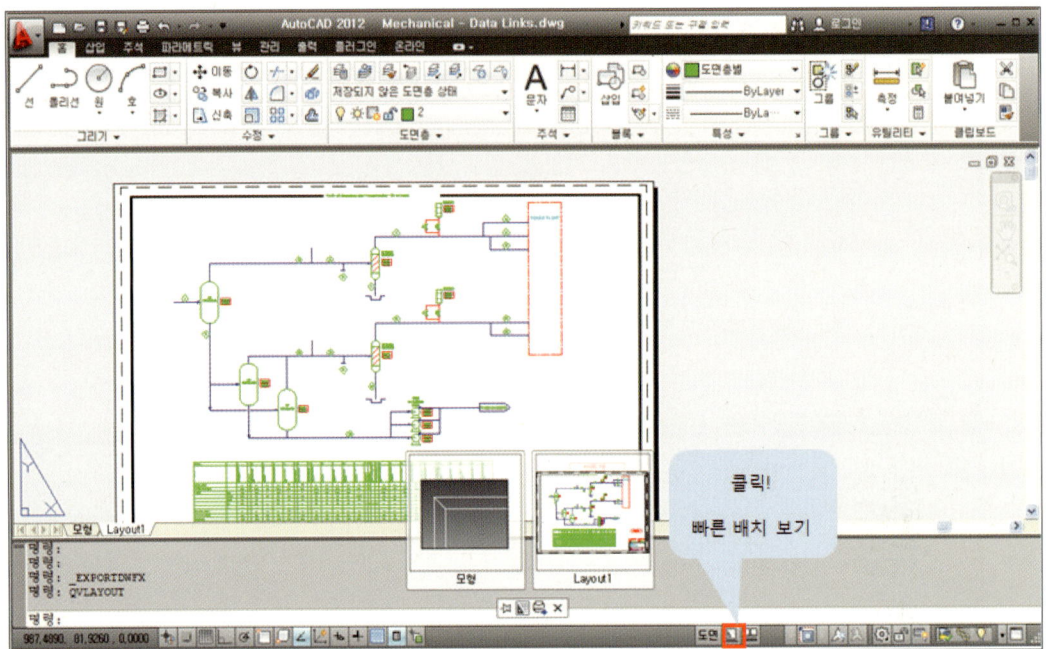

AutoCAD 17 찾기와 대치

'찾기와 대치'는 확장 가능한 대화상자로 되어 더욱 많은 옵션이 추가되었습니다. 'FIND' 명령에 의해 표시되는 대화상자에서 왼쪽 아래의 '옵션 전개' 버튼을 클릭하며 '검색 옵션'과 '문자의 종류' 옵션이 표시됩니다. 검색 대상의 문자를 찾으면 그 문자가 도면에서 확대됩니다.

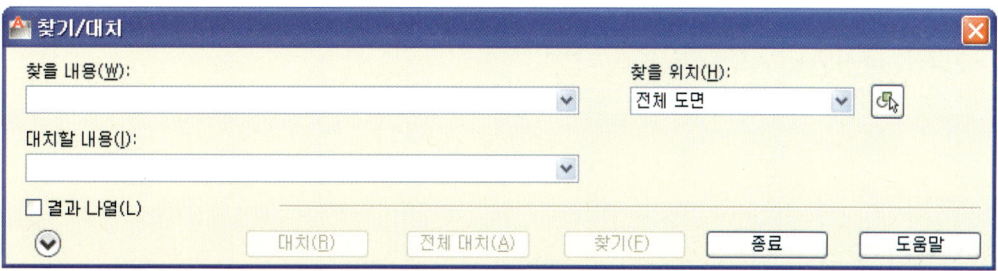

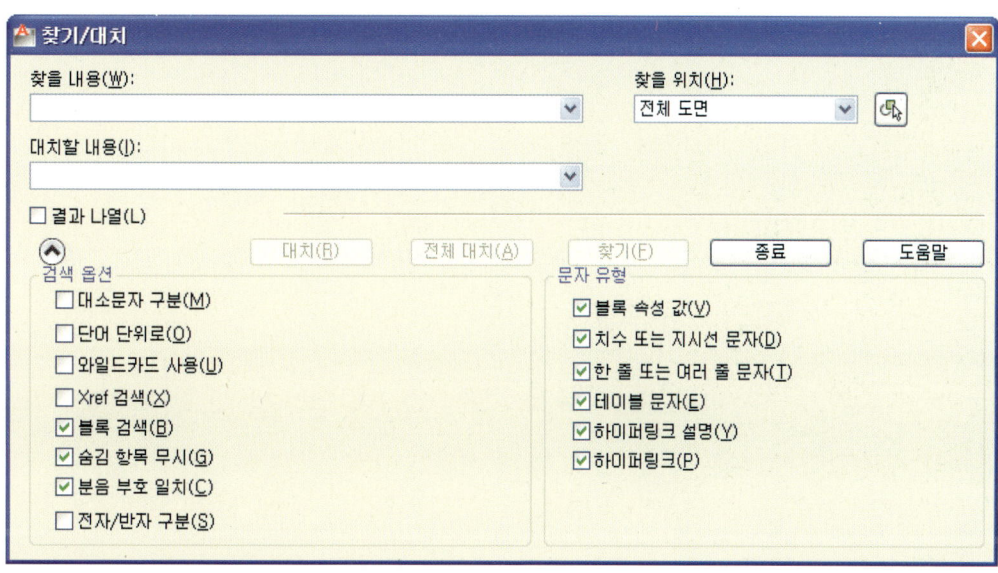

AutoCAD

단축명령어
명령어
도면
Template 파일 만들기

부록

■ 단축명령어(알파벳순)

A	ARC	호 작도	
ADC	ADCENTER	AutoDest 디자인센터	
AA	AREA	면적 계산	
AL	ALIGN	정렬하기	
AR	ARRAY	배열 복사	
B	BLOCK	블록 만들기	
BH	BHATCH	해칭하기	
BR	BREAK	끊어내기	
C	CIRCLE	원 작도	
CH	PROPERTIES	객체 특성 설정	
CHA	CHAMFER	모따기	
COL	COLOR	색상 설정	
CO	COPY	복사하기	
D	DIMSTYLE	치수 스타일 설정	
D	DIMALIGNED	치수 정렬	
DAN	DIMANGULAR	경사치수	
DBA	DIMBASELINE	기준치수	
DCE	DIMSENTER	중심치수	
DCO	DIMCONTINUE	연속치수	
DDI	DIMDIAMETER	지름치수	
DED	DIMEDIT	치수 편집	
DI	DIST	거리·각도 측정	
DIV	DIVIDE	개수로 나누기	
DO	DONUT	도넛 그리기	
DRA	DIMRADIUS	반지름 치수	
DS	DSETTINGS	제도의 기초 설정	
DST	DIMSTYLE	치수 스타일 설정	
DT	DTEXT	문자 여러 줄 입력	
E	ERASE	객체 삭제	
ED	DDEDIT	문자 편집(오타 수정)	
EL	ELLIPSE	타원 작도	
EX	EXTEND	객체의 연장	
EXIT	QUIT	AutoCAD의 종료	
F	FILLET	모깎기	
G	GROUP	그룹 설정	

H	BHATCH	해칭하기
L	LINE	선 작도
LA	LAYER	레이어 설정
LE	QLEADER	지시선 작도
LEN	LENGTHEN	객체의 길이, 사이각 변경
LI	LIST	객체의 데이터 리스트 보기
LT	LINETYPE	선 유형의 설정
LTYPE	LINETYPE	선 유형의 설정
LW	LWEIGHT	선 두께 설정
M	MOVE	객체의 이동
MA	MATCHPROP	개체의 특성 변경
ME	MEASURE	지정 개수로 나누기
MI	MIROR	도면의 대칭 복사
MT	MTEXT	문장 입력하기
P	PAN	화면 이동(실시간 이동)
PE	PEDIT	폴리라인의 편집
PL	PLINE	폴리라인 작도
PO	POINT	점찍기
POL	POLYGON	정다각형 작도
PRINT	PLOT	출력하기
R	REDRAW	화면정리
RA	REDRAWALL	전체 화면 정리
RE	REGEN	화면 재생성
REA	GEGENALL	전체화면 재생성
REC	ERCTANGLE	사각형 작도
RO	ROTATE	객체의 회전
SP	SPELL	오타 검사
SPL	SPLINE	스플라인(자유곡선) 작도
SPE	SPLINEDIT	스플라인의 편집
ST	STYLE	문자 스타일 설정
T	MTEXT	문장 만들기
TA	TABLET	태블릿 설정하기
TO	TOOLBAR	도구모음(오구모음) 설정하기
UN	UNITS	기본단위 설정
V	VIEW	화면 설정하기

■ 명령어

명령어	설 명
3D3D	폴리곤 메시로 구성된 객체를 생성한다.
3DARRAY	3D 배열 복사를 실행한다.
3DCLIP	대화상자를 이용하여 3D 도면의 앞·뒤 절단면을 설정한다.
3DCORBIT	3D 도면의 시점을 실시간으로 설정하고 입력한 두 점의 방향을 따라 시점이 연속적으로 움직이게 한다.
3DDISTANCE	3D 도면의 시점을 정면에서 가까이 혹은 멀게 설정한다.
3DFACE	3점 이상을 입력하여 3D 서피스를 만든다.
3DMESH	자유로운 형식의 폴리곤 메시를 만든다.
3DORBIT	3D 도면의 시점을 실시간으로 설정한다.
3DPAN	화면을 이동한다.
3DPOLY	3D 좌표를 가지는 직선 폴리라인을 작도한다.
3DSIN	3D Studio 파일인 *.3DS 파일을 불러온다.
3DSOUT	3D Studio 파일인 *.3DS 파일을 만든다.
3DSWIVEL	카메라를 상·하·좌·우로 움직이는 것과 같이 화면을 움직인다.
3DZOOM	화면을 축소/확대하여 3D 좌표계를 보여준다.
ABOUT	AutoCAD에 관한 정보를 보여준다.
ACISIN	ACIS 파일을 불러온다.
ACISOUT	ACIS 파일을 만든다.
ADCCLOSE	디자인센터 대화상자를 종료한다.
ADCENTER	디자인센터 대화상자를 불러한다.
ADCNAVIGATE	디자인센터 대화상자를 지정한다.
ALIGN	2D 혹은 3D 객체를 저장한다.
AMECONVERT	AME솔리드 모델을 솔리드 객체로 변환한다.
APERTURE	객체의 특정점을 잡을 때의 '선택상자' 크기를 조절한다.
APPLOAD	어플리케이션을 불러오거나 내보낸다.
AREA	면적이나 객체의 둘레길이를 계산한다.
ARRAY	객체를 배열 복사한다.
ARX	ARX 객체를 불러오거나 내보낸다.
ASSIST	실시간 도움말을 실행한다.
ATTDEF	속성을 정의한다.
ATTDISP	속성의 가시성을 설정한다.
ATTEDIT	속성을 편집한다.
ATTEXT	속성을 추출한다.

명령어	설 명
ATTREDEF	블록이나 연결된 속성을 재정의한다.
AUDIT	도면의 문제점을 점검한다.
BASE	도면의 삽입 기준점을 설정한다.
BHATCH	객체의 내부를 지정된 패턴으로 채운다.
BLIPMODE	객체를 그리거나 선택시 생기는 십자 흔적을 보이게/안 보이게 설정한다.
BLOCK	선택한 객체들을 블록으로 정의한다.
BLOCKICON	이전 버전의 블록에 대해 미리보기 아이콘을 생성한다.
BMPOUT	선택된 객체들을 비트맵 파일을 만든다.
BOUNDARY	닫혀진 영역을 이용하여 면이나 폴리라인으로 된 경계를 만든다.
BOX	3D 솔리드 박스를 생성한다.
BREAK	객체의 일부분을 끊어낸다.
BROWSER	기본값으로 설정된 웹 브라우저를 실행한다.
CAL	산술연산, 좌표연산, 공학연산 등의 값을 계산한다.
CAMERA	카메라의 위치 및 대상점의 위치를 입력해서 시점을 설정한다.
CHAMFER	객체의 모서리를 깎아준다.
CHANGE	선택된 객체의 특성을 변경한다.
CHPROP	객체의 특성을 변경한다.
CIRCLE	원을 작도한다.
CLOSE	현재 도면을 닫는다.
CLOSEALL	모든 도면을 닫는다.
COLOR	새로운 객체의 대한 색상을 설정한다.
COMPILE	Shape 파일이나 포스트스크립트(PostScriopt)폰트 파일을 컴파일한다.
CONE	3D 솔리드 원뿔을 생성한다.
CONVERT	이전 버전의 3D 폴리라인이나 해칭을 현 버전에 맞게 최적화한다.
CONVERCTB	CTB 파일을 STB 파일로 변환한다.
CONVERTPSTYLES	출력 환경을 변경한다.
COPY	객체를 클립보드로 복사한다.
COPYBASE	기준점의 객체를 클립보드로 복사한다.
COPYCLIP	객체를 클립보드로 복사한다.
COPYHIST	명령라인(Command Line)의 모든 내용을 클립보드에 복사다.
COPYLINK	현재 도면 전체를 클립보드에 복사한다.
CUTCLIP	특정 객체를 클립보드에 오려둔다.
CYLINDER	3D 솔리드 원기둥을 생성한다.

명령어	설 명
DBCCLOSE	데이터베이스 관련 대화상자를 닫는다.
DBLCLKEDIT	더블클릭 편집기능을 ON/OFF 한다.
DBCONNECT	데이터베이스 관련 대화상자를 불러온다.
DBLIST	현 도면의 각 객체에 대한 데이터베이스 리스트를 보여준다.
DDEDIT	단어나 문장을 수정한다.
DDPTYPE	포인트 객체의 형태를 설정한다.
DDVPOINT	대화상자를 이용해서 시점을 설정한다.
DELAY Script	명령시 화면의 정지시간을 설정한다.
DIM AND DIM1	치수를 여러 번 기입할 때에는 DIM 명령을 사용하며 치수를 한번만 기입할 때에는 DIMI 명령을 사용한다.
DIMALIGEND	경사 치수를 기입한다.
DIMAMGULAR	각도 치수를 기입한다.
DIMBASELINE	기준 치수를 기입한다.
DIMCENTER	원이나 호의 중심을 표시한다.
DIMCONTINUE	연속 치수를 기입한다.
DIMDIAMETER	지름 치수를 기입한다.
DIMDISASSOCIATE	연관 치수를 비연관 치수로 수정한다.
DIMEDIT	치수를 편집한다.
DIMLINEAR	직선 치수를 기입한다.(수평 및 수직치수)
DIMORDINATE	좌표점 치수를 기입한다.
DIMOBERRIDE	선택한 치수에 치수 변수값을 갱신한다.
DIMRADIUS	반지름 치수를 기입한다.
DIMREASSOCIATE	연관 치수의 기준점을 다시 설정한다.
DIMREGEN	모든 연고나 치수를 업데이트한다.
DIMSTYLE	치수 스타일을 설정한다.
DIMTEDIT	치수 문자를 편집한다.
DIST	두 점 사이의 각도나 거리를 측정한다.
DIVIDE	지정 개수로 객체에 점을 찍거나 블록을 삽입한다.
DONUT	속이 찬 원이나 도넛을 작도한다.
DRAGMODE	선택된 객체를 드래그할 때 물체의 표현방식을 설정한다.
DRAWORDER	그림이나 객체의 디스플레이 순서를 변경한다.
DSETTINGS	Snap, Grid, Polar, Object Snap 등을 설정한다.
DSVIEWER	공중 뷰를 실행한다.
DWGPROPS	현 도면의 특성을 보여준다.
DXBINDXB	파일을 불러온다.

명령어	설 명
EDGE 3D	표면선의 가시성을 조절한다.
EDGESURF	4개의 객체를 이용하여 3D 폴리곤 메시를 생성한다.
ELEV	새로운 객체에 대해 Z축 두께 및 높이를 설정한다.
ELLIPSE	타원이나 타원형 호를 작도한다.
ERASE	객체를 삭제한다.
EXPLODE	하나로 붙어 있는 개체들을 개별적인 객체로 분해한다.
EXPORT	다른 형식의 파일로 저장한다.
EXPRESS	TOOLS Express 메뉴를 추가한다.
EXTEND	지정된 객체까지 선을 연장한다.
EXTRUDE	지정된 객체를 Z축으로 돌출시켜 3D솔리드 객체를 만든다.
FILL	두께가 있는 객체(Mine, Trace, Solid, Hatch, Polyline)의 내부를 채운다.
FILLET	객체의 모서리를 라운딩한다.
FILTER	선택된 객체의 특성을 이용해서 반복 사용이 가능한 필터를 만든다.
FIND	지정 문자를 찾는다.
GRAPHSOR	명령 창(Text Window)에서 도면영역으로 변환한다.
GRID	지정 간격으로 화면에 점을 표시한다.
GROUP	특정 개체들을 하나의 이름으로 그룹화한다.
HATCH	선택된 영역 안을 특정 패턴으로 채워준다.
HATCHEDIT	해칭을 편집한다.
HELP (F1)	도움말을 보여준다.
HIDE 3D	객체의 은선을 제거한다.
HYPERLINK	현재의 하이퍼링크를 편집하거나 하이퍼링크를 입력한다.
HYPERLINKOPTIONS	하이퍼링크 커서의 가시성을 조절한다.
ID	선택한 점의 좌표를 보여준다.
IMAGE	그림 파일에 관한 대화상자를 보여준다.
IMAGEADJUST	그림의 밝기, 대비, 희미한 정도 등을 설정한다.
IMAGEATTACH	새로운 그림을 불러온다.
IMAGECLIP	그림을 잘라낸다.
IMAGEFRAME	그림에서 경계선의 가시성을 조절한다.
IMAGEQUALITY	그림의 질을 조절한다.
IMPORT	다른 형식의 파일을 불러온다.
INSERT	불록이나 다른 도면을 불러온다.
INSERTOBJ	아이콘 형식의 객체를 삽입한다.

명령어	설 명
INTERFERE	2개의 3D 솔리드 객체를 이용해서 교집한 객체를 생성한다.
INTERSECT	2개의 3D 솔리드 객체를 교집한 객체로 교체한다.
ISOPLANE	아이소메트릭 모드에서 평면방향을 설정한다.
LAYER	레이어에 관한 대화상자를 보여준다.
LATERP	이전 도면층으로 되돌아간다.
LAYERPMODE	이전 도면층으로 돌아가기 기능을 ON/OFF 한다.
LAYOUT	새로운 배치 화면을 만들거나 편집한다.
LAYTRANS	레이어 변환기를 실행한다.
LAYOUTWIZARD	배치 화면 마법사를 실행한다.
LEADER	연결된 라인으로 지시선을 기입한다.
LENGTHEN	객체(Object)의 길이나 사이각을 변경한다.
LIGHT	조명이나 조명 효과를 설정한다.
LIMITS	도면영역을 설정한다.
LINE	직선을 그린다.
LINETYPE	라인타입을 만들거나 불러온다.
LIST	선택된 객체의 데이터베이스 정보를 보여준다.
LOAD	*.shx 파일을 불러온다.
LOGFILEOFF	기록파일을 닫는다.
LOGFILEON	명령 창의 내용을 기록파일로 만든다.
LSEDIT	조경에 관한 객체를 편집한다.
LSILIB	조경목록에 관한 대화상자를 보여준다.
LSNEW	새로운 조경(나무, 관목 등)을 만든다.
LTSCALE	라인타입 스케일을 조절한다.
LWEIGHT	선의 두께에 관한 대화상자를 보여준다.
MASSPROP	면이나 3D 솔리드 객체의 부피나 면적 등을 보여준다.
MATCHPROP	첫 번째 선택된 객체의 특성을 복사해서 다른 객체에 작용한다.
MATLIB	재질에 관한 대화상자를 보여준다.
MEASURE	지정된 간격으로 객체에 점을 찍거나 블록을 삽입한다.
MEETNOW	온라인 미팅 기능을 실행한다.
MENU	메뉴 파일을 불러온다.
MENULOAD	메뉴의 일부분을 선택해서 불러온다.
MENUUNLOAD	불러온 부분 메뉴를 내보낸다.
MINSERT	직각배열방식으로 블록을 불러온다.
MIRROR	지정축으로 객체를 대칭 복사한다.
MIRROR	3D 지정면으로 객체를 대칭 복사한다.

명령어	설 명
MLEDIT	다중선을 편집한다.
MLINE	다중선을 작도한다.
MLSTYLE	다중선 유형을 만든다.
MODEL	배치 탭에서 모델 탭으로 변환한다.
MOVE	객체를 이동한다.
MSLIDE	현재 화면을 슬라이드 파일로 지정한다.
MSPACE	종이영역에서 모델영역으로 변환한다.
MTEXT	문장을 입력한다.
MULTIPLE	하나의 명령을 반복하여 사용한다.
MVIEW	종이영역에서 새로운 화면을 만든다.
MVSETUP	현 도면의 여러 가지 사항을 설정한다.
NEW	새로운 도면을 만든다.
OFFSET	객체를 지정간격으로 수평 복사한다.
OLELINKS	현재의 OLE 링크를 갱신한다.
OLESCALE	선택된 OLED 객체의 크기를 설정한다.
OOPS	이전에 지워진 객체를 되살린다.
OPEN	도면을 불러온다.
OPTIONS	AutoCAD의 환경을 설정한다.
ORTHO	직교 모드를 켜거나 끈다.
OSNAP	객체의 특징 점을 잡는 형식을 설정한다.
PAGESETUP	새로운 배치 화면에 대한 출력 환경을 설정한다.
PAN	화면을 이동한다.
PARTIALOAD	부문 도면에 새로운 부분을 추가한다.
PARTIALOPEN	부분 도면을 불러온다.
PASTEBLOCK	복사된 블록을 붙여온다.
PASTECLIP	클립보드의 내용을 붙여 넣는다.
PASTEORIG	복사된 객체의 초기 좌표를 이용해서 새로운 도면에 붙여 넣는다.
PASTESPEC	클립보드의 데이터를 붙여 넣는다.
PCINWIZARD	출력파일인 PCP, PC2 등의 출력파일을 만들기 위한 마법사를 실행한다.
PEDIT	폴리라인이나 폴리곤 메시를 편집한다.
PFACE	많은 장점을 입력하여 3D 표면을 만든다.
PLAN	사용자 좌표계의 평면으로 설정한다.
PLINE	폴리라인을 그린다. PLOT 도면을 출력한다.
PLOTSTAMP	출력시 날짜, 도면명 등의 출력 여부를 설정한다.

명령어	설 명
PLOTSTYLE	출력 스타일을 설정하거나 불러온다.
PLOTTERMANAGER	출력기기에 관한 대화상자를 보여준다.
POINT	지정된 형식의 점을 찍는다.
POLYGON	정다각형을 작도한다.
PREVIEW	출력을 위한 미리보기를 실행한다.
PROPERTIES	선택된 객체의 특성을 변경한다.
PROPERTIESCLOSE	객체 특성 대화상자를 닫는다.
PSETUPIN	출력 환경의 설정을 위한 파일을 선택한다.
PSDRAG	포스트스크립트 이미지의 드래그 시 디스플레이를 조절한다.
PSPACE	모델영역에서 종이영역으로 변환한다.
PUBLISHTOWEB	웹 페이지 작성 기능을 실행한다.
PURGE	사용되지 않는 유형, 블록, 도면층 등을 제거한다.
QDIM	빠르게 치수를 기입한다.
QLEADER	빠르게 지시선과 문자를 기입한다.
QSAVE	현재 도면 이름을 저장한다.
QSELECT	객체의 특성을 이용해서 많은 객체를 빠르게 선택한다.
QTEXT	문자를 사각박스 형태로 설정한다.
QUIT	AutoCAD를 종료한다.
RAY	시작점을 가지는 무한 선을 작도한다.
RECOVER	손상된 도면을 복구한다.
RECTANG	사각형을 작도한다.
REDEFINE	Undefine 명령으로 없어진 AutoCAD 내부 명령을 복구한다.
REDO	Undo 또는 U 명령으로 취소된 명령을 복구한다.
REDRAW	현재 화면을 정리한다.
REDRAWALL	모든 화면을 정리한다.
REFCLOSE	외부 도면 편집 대화상자를 닫는다.
REFEDIT	외부 도면을 편집한다.
REFSET	외부 도면의 편집시 작업객체를 추가하거나 제거한다.
REGEN	현재 화면을 재생성한다.
REGENALL	모든 화면을 재생성한다.
REGENAUTO	화면의 재생성을 자동으로 설정한다.
REGION	선택된 객체를 이용해서 면을 선택한다.
REINIT	마우스, 모니터, 플로터 등을 다시 초기화한다.
RENAME	객체(스타일, 레이어, 블록 등)의 이름을 변경한다.
RENDER	선택된 화면을 렌더링한다.

명령어	설 명
RENDSCR	마지막 렌더링 화면을 다시 보여준다.
REPLAY	BMP, TGA 또는 TiFF 이미지를 보여준다.
RESUME	정지된 스크립트를 계속 실행한다.
REVOLVE	지정축으로 객체를 회전해서 3D 솔리드 객체를 생성한다.
REVSURF	지정축으로 객체를 회전해서 3D 표면을 생성한다.
RMAT	렌더링 재질을 설정한다.
ROTATE	한 점을 기준으로 객체를 회전한다.
ROTATE	3D 지정된 축으로 객체를 회전한다.
RPREF	렌더링 설정 대화상자를 보여준다.
RSCRIPT	스크립트를 연속해서 반복하게 생성한다.
RULESURF	2개의 객체를 이용해서 3D 표면을 생성한다.
SAVE	도면을 저장한다.
SAVEAS	도면을 새로운 이름으로 저장한다.
SAVEIMG	렌더링 이미지를 저장한다.
SCALE	객체의 크기를 조절한다.
SCALETEXT	문자의 정렬방식, 크기를 수정한다.
SCENE	렌더링을 위한 새로운 장면을 설정한다.
SCRIPT	스크립트를 실행한다.
SECTION	3D 솔리드 객체의 단면을 생성한다.
SELECT	객체를 선택한다.
SETUV	객체에 매핑방법을 설정한다.
SETVAR	시스템 변수값을 설정한다.
SHADEMODE	3D 솔리드 객체의 단면을 생성한다.
SHAPE	셰이프를 불러온다.
SHELL OS	명령어를 사용한다.
SHOWMAY	선택된 객체의 재질 목록을 보여주고 적용방식을 설정한다.
SKETCH	선을 자유롭게 그린다.
SLICE 3D	솔리드 객체를 자른다.
SNAP	커서의 이동 간격을 설정한다.
SOLDRAW Solview	명령으로 만들어진 화면의 윤곽과 단면을 생성한다.
SOLID	속이 찬 다각형을 만든다.
SOLIDEDIT	3D 솔리드 객체의 표면이나 모서리를 편집한다.
SOLPROF	3D 솔리드 객체의 이미지를 생성한다.
SOLVIEW	3D 솔리드 객체를 이용해 직각 투영의 화면을 생성한다.
SPACETRANS	종이영역에서 모델영역의 도면의 변환될 길이 값을 입력한다.

명령어	설 명
SPELL	단어나 문장의 오타를 검사한다.
SPHERE	3D 솔리드 구를 생성한다.
SPLINE	스플라인을 작도한다.
SPLINEDIT	스플라인을 편집한다.
STATS	렌더링에 관한 정보를 보여준다.
STATUS	현 도면의 여러 가지 정보를 보여준다.
STLOUT	솔리드 객체를 ASCII 또는 Binary 파일형식(*.stl)으로 저장한다.
STRETCH	객체의 일부분을 늘이거나 줄인다.
STYLE	문자의 스타일을 설정한다.
STYLESMANAGER	출력 스타일에 대한 대화상자를 보여준다.
SUBTRACT	3D 솔리드 객체의 차집합을 생성한다.
SYSWINDOWS	창을 정렬한다.
TABLET	디지타이저의 환경을 설정한다.
TABSURF	객체(Object)와 방향 벡터를 이용해서 3D 표면을 만든다.
TEXT	문자를 입력한다.
TEXTSCR AutoCAD	명령창을 보여준다.
TIME	현 도면의 시간과 날짜를 보여준다.
TODAY	AutoCAD 2007 Today 대화상자를 실행한다.
TOLERANCE	허용 오차 또는 공차 기호를 작도한다.
TOOLBAR	도구모음에 대한 대화상자를 보여준다.
TORUS	3D 솔리드 환원체를 작도한다.
TRACE	두께 있는 선을 작도한다.
TRANSPARENCY	배경그림의 투명 여부를 설정한다.
TREESTAT	현 도면영역에 대한 정보를 보여준다.
TRIM	객체들의 교차부분을 끊어낸다.
U	이전 명령을 돌아간다.
UCS	사용자 좌표계를 설정한다.
UCSICON	좌표계 아이콘의 위치, 가시성을 설정한다.
UCSMAN	UCS에 관한 대화상자를 보여준다.
UNDEFINE	입력한 AutoCAD의 내부 명령어를 없앤다.
UNDO	이전 명령 또는 지정 위치까지 되돌아간다.
UNION	3D 솔리드 객체의 합집합을 만든다.
UNITS	단위, 각도의 단위, 정밀도 등을 설정한다.
VBAIDE	Visual Basic 편집기를 보여준다.
VBALODE	현 도면에 VBA Project를 불러온다.

명령어	설 명
VBAMAN	VBA Project에 관한 여러 가지 설정을 한다.
VBARUN	VBA 단축 명령을 실행한다.
VBASTMT	AutoCAD 명령라인에 VBA 명령을 실행한다.
VBAUNLOAD	VBA Project를 내보낸다.
VIEW	지정된 이름의 화면을 저장하고 불러온다.
VIEWRES	현 화면의 해상도를 설정한다.
VLISP	Visual LISP 개발 환경을 실행한다.
VPCLIP	종이영역에서 화면을 잘라낸다.
VPLAYER	종이영역에서 레이어의 가시성을 설정한다.
VPOINT	현 도면의 3D 시점을 설정한다.
VPORTS	지정방법으로 도면영역을 나누어 준다.
VSLIDE	슬라이드(*.sld) 파일을 보여준다.
WBLOCK	선택된 객체를 블록이나 새로운 도면으로 저장한다.
WEDGE	3D 솔리드 쐐기 형태를 생성한다.
WHOHAS	불러온 도면의 소유권을 관한 정보를 보여준다.
WMFIN	Window 메타 파일을 불러온다.(*.wmf)
WMFOPTS	Winfin 명령의 옵션을 설정한다.
WMFOUT	선택한 객체의 Windows 메타 파일을 만든다.
XATTACH	외부 도면을 현 도면에 참조한다.
XBIND	불어온 외부 도면을 현 도면에 추가한다.
XCLIP	외부 도면을 잘라낸다.
XLINE	무한 선을 작도한다.
XPLODE	지정 옵션으로 객체들을 분해한다.
XREF	외부 도면 참조에 관한 대화상자를 보여준다.
ZOOM	화면을 확대 또는 축소한다.

| 과제명 | 보조투상도 그리기 1 |

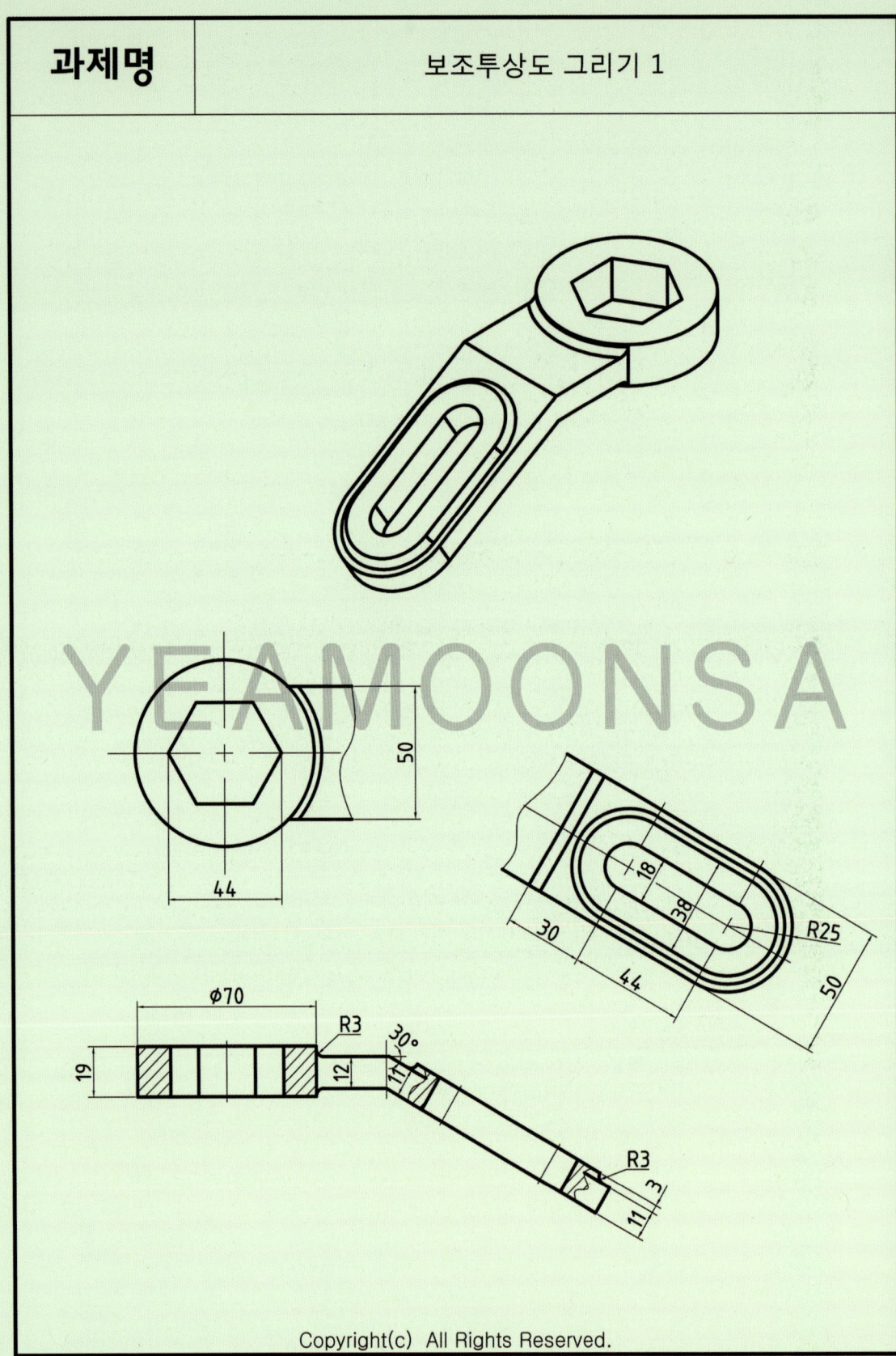

| 과제명 | 보조투상도 그리기 2 |

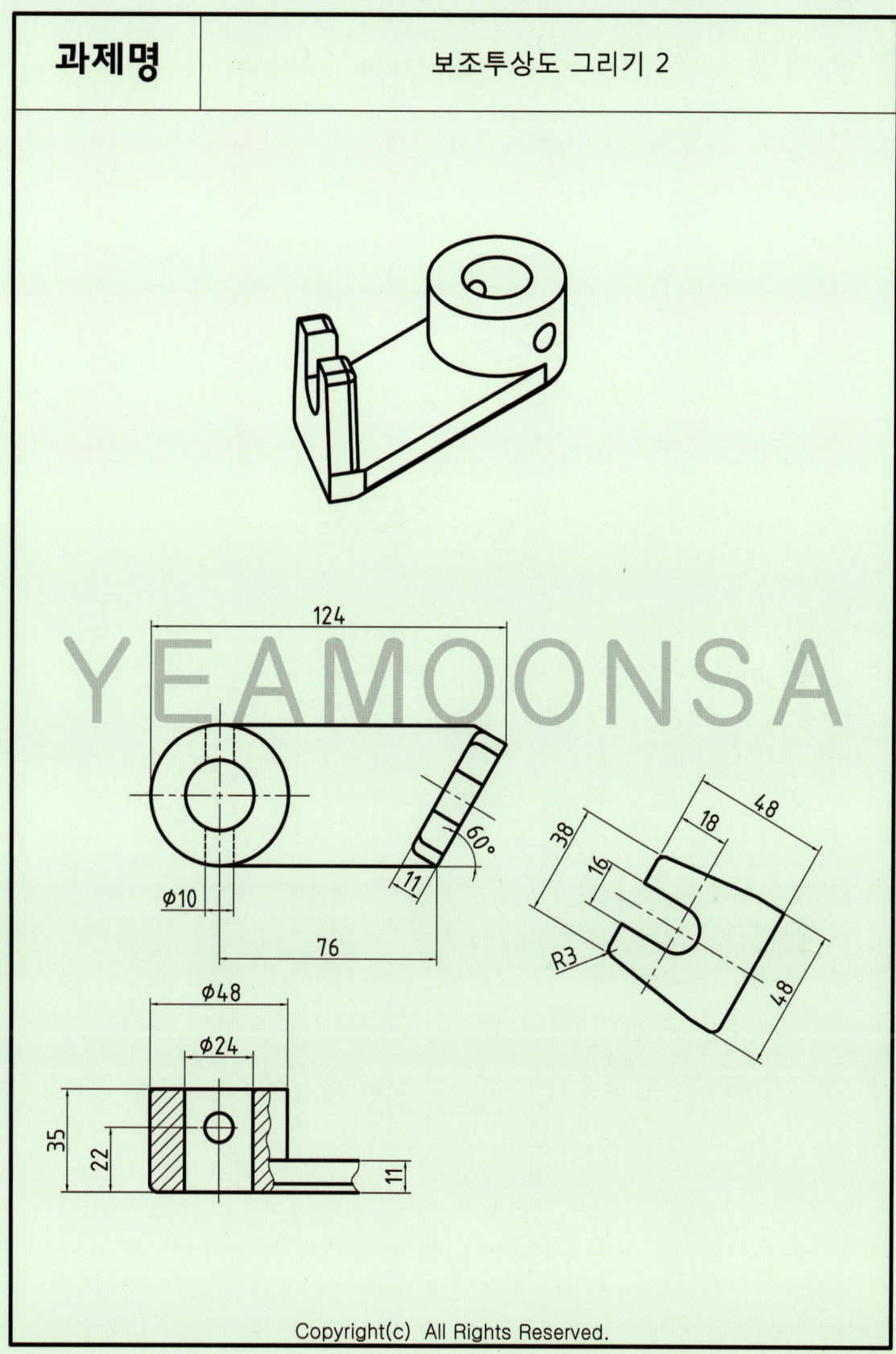

| 과제명 | 보조투상도 그리기 3 |

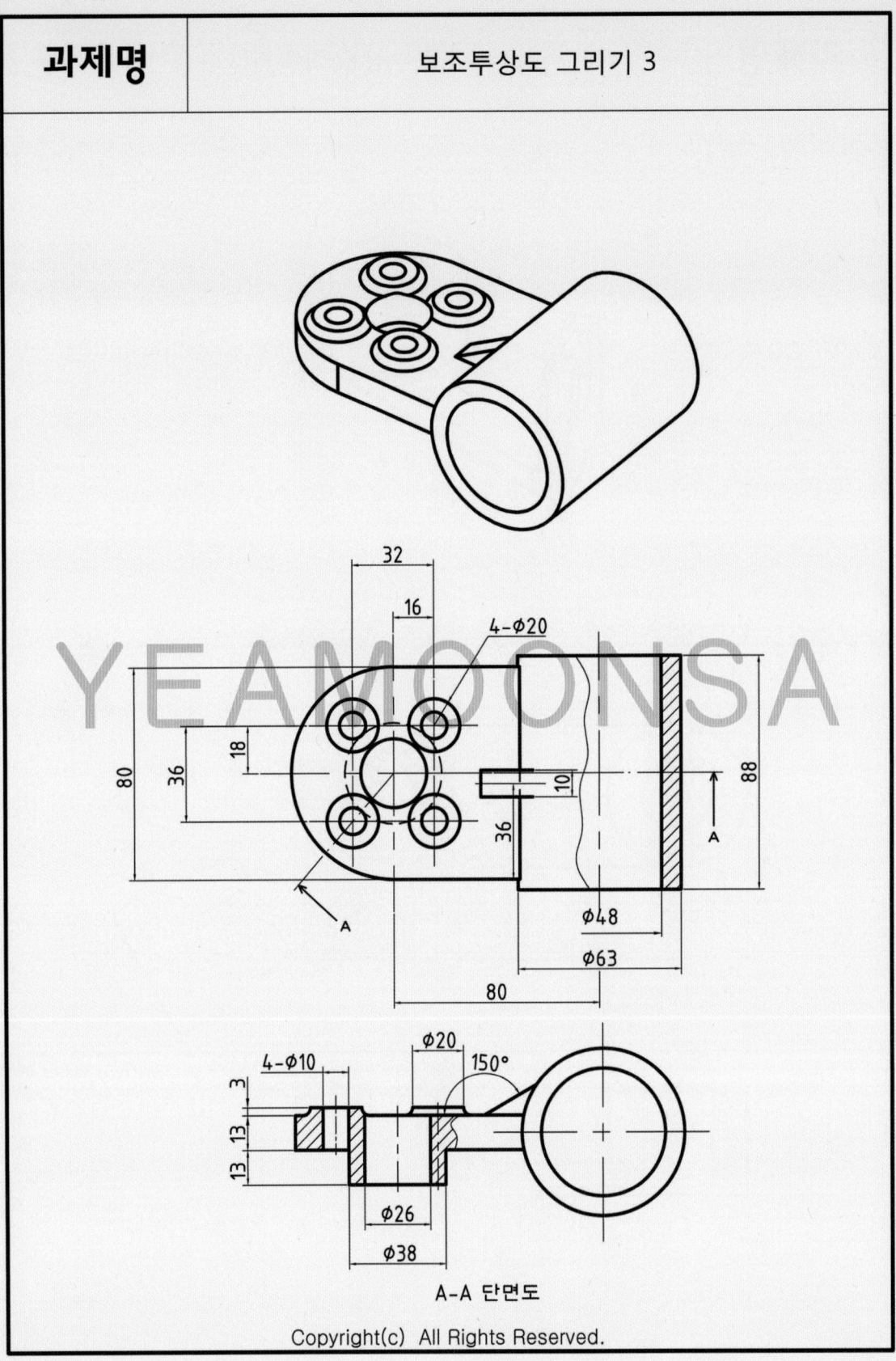

A-A 단면도

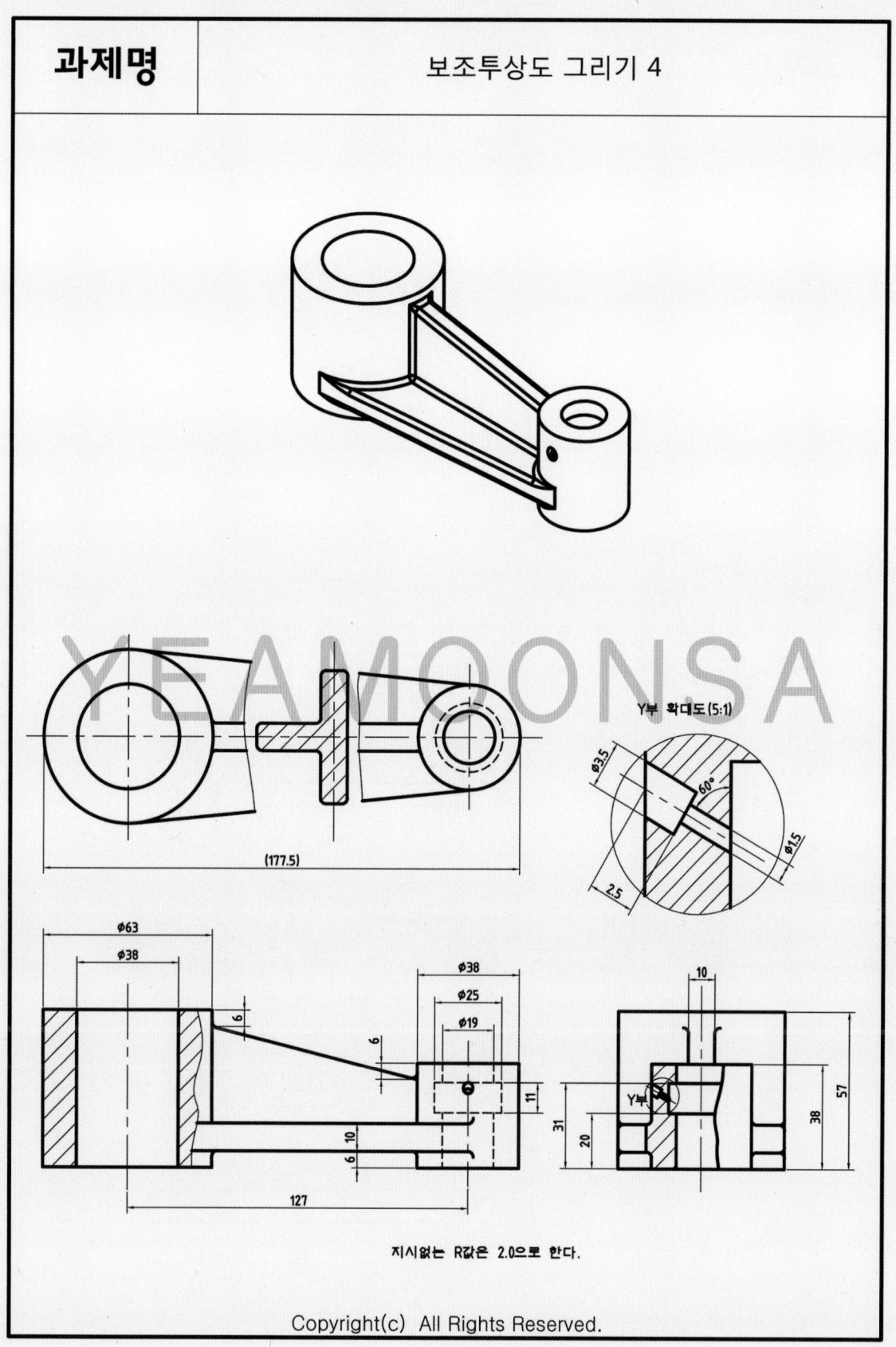

| 과제명 | 보조투상도 그리기 5 |

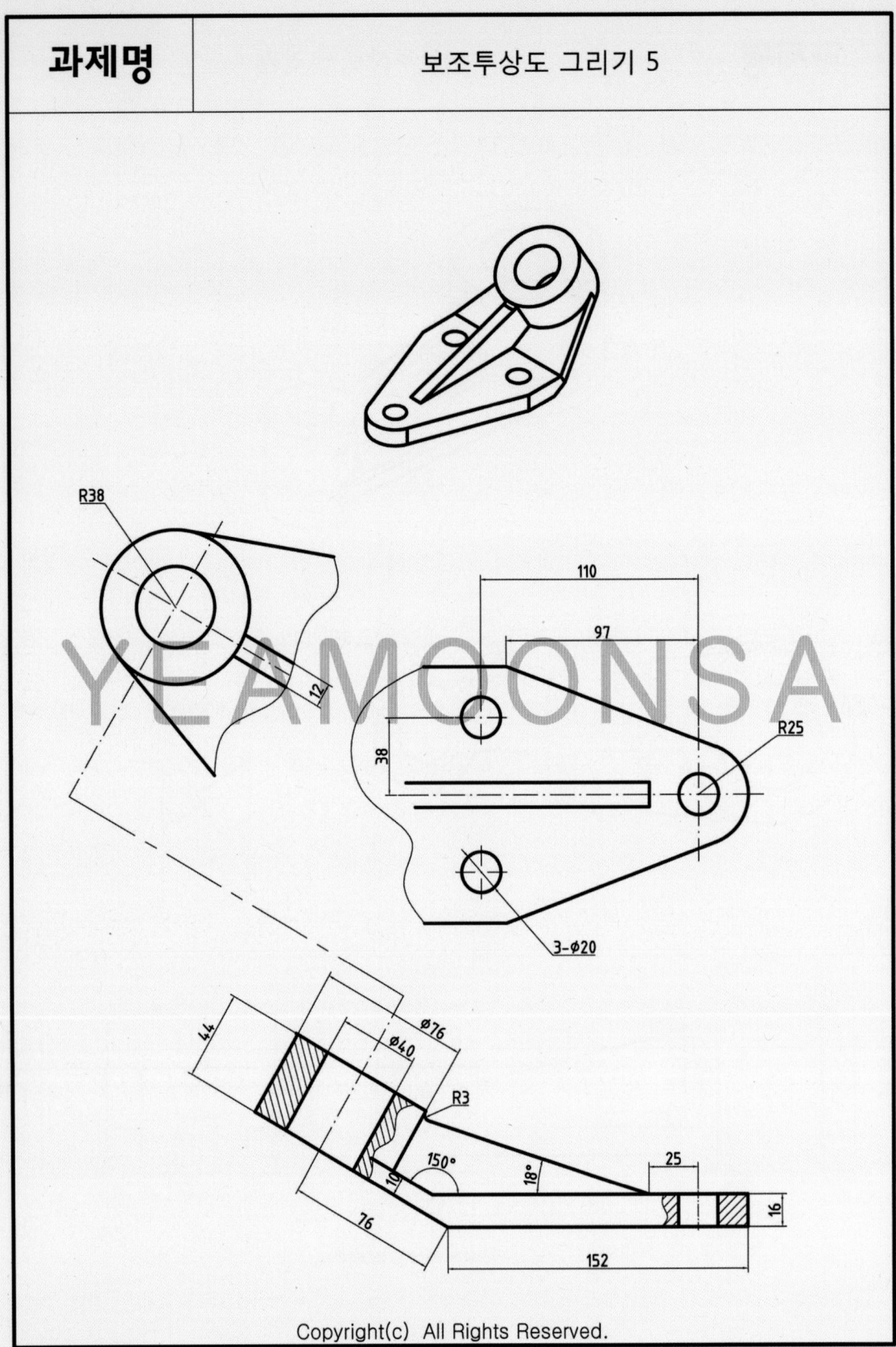

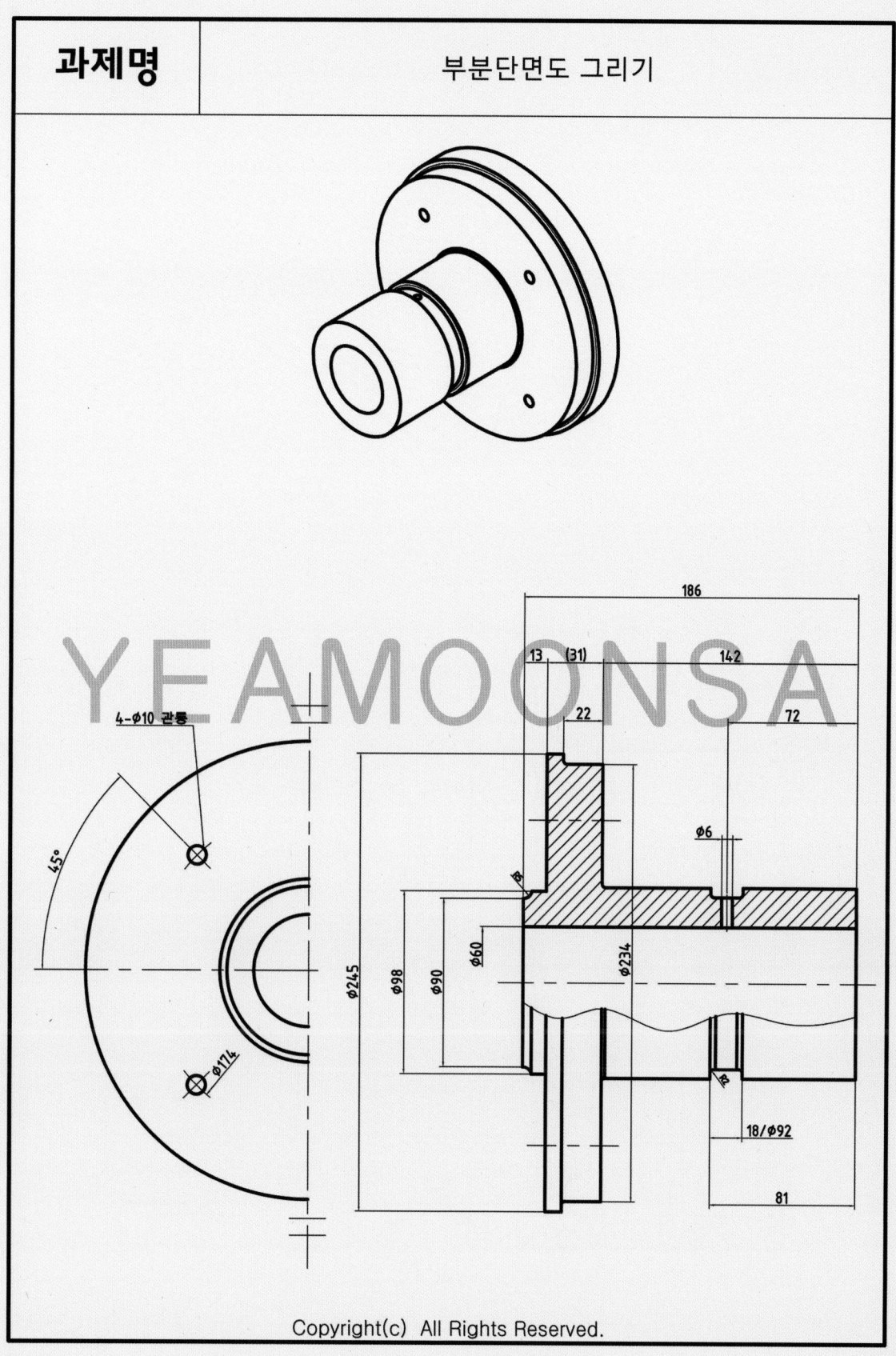

| 과제명 | 투상도 그리기 1 |

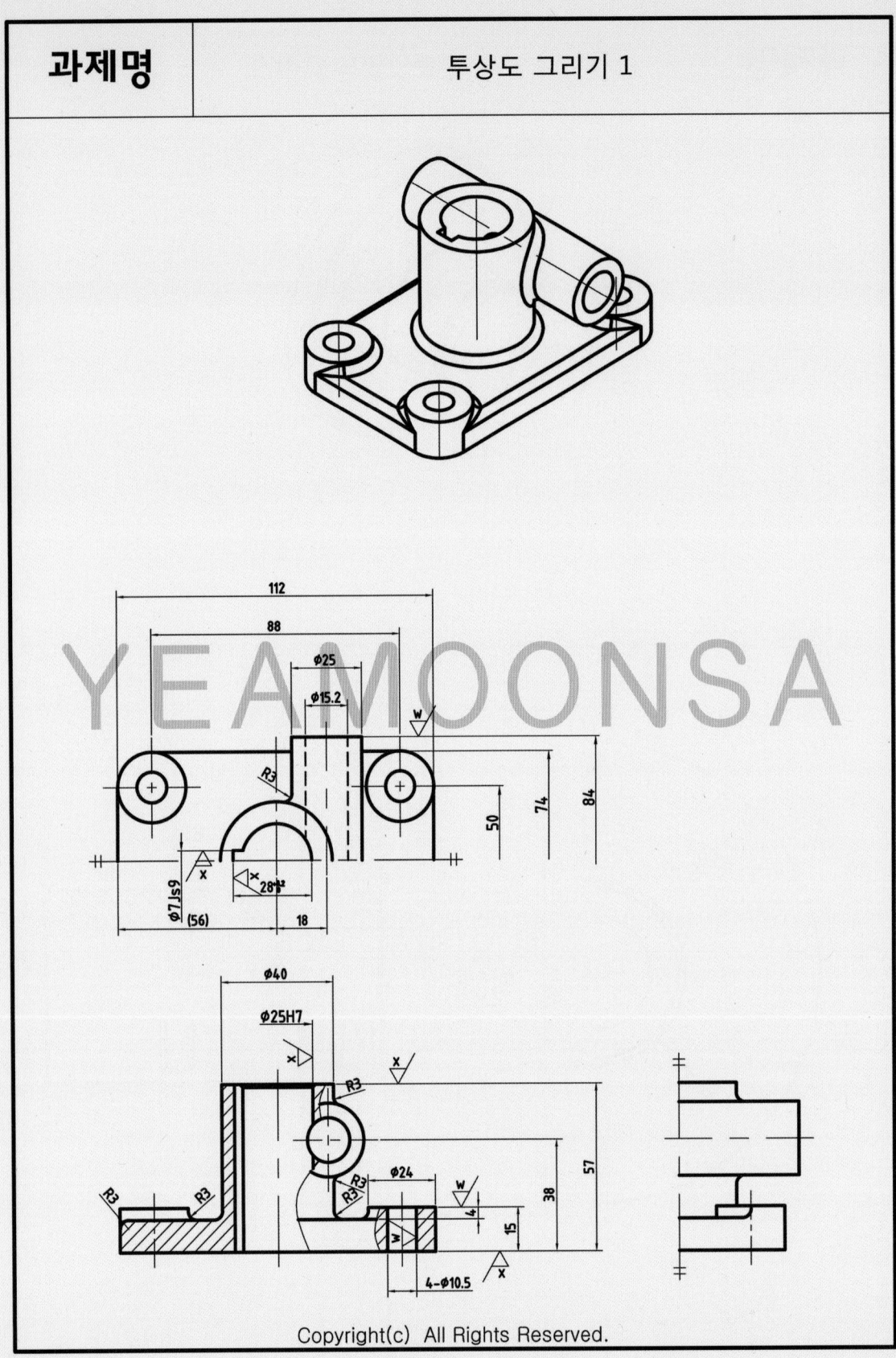

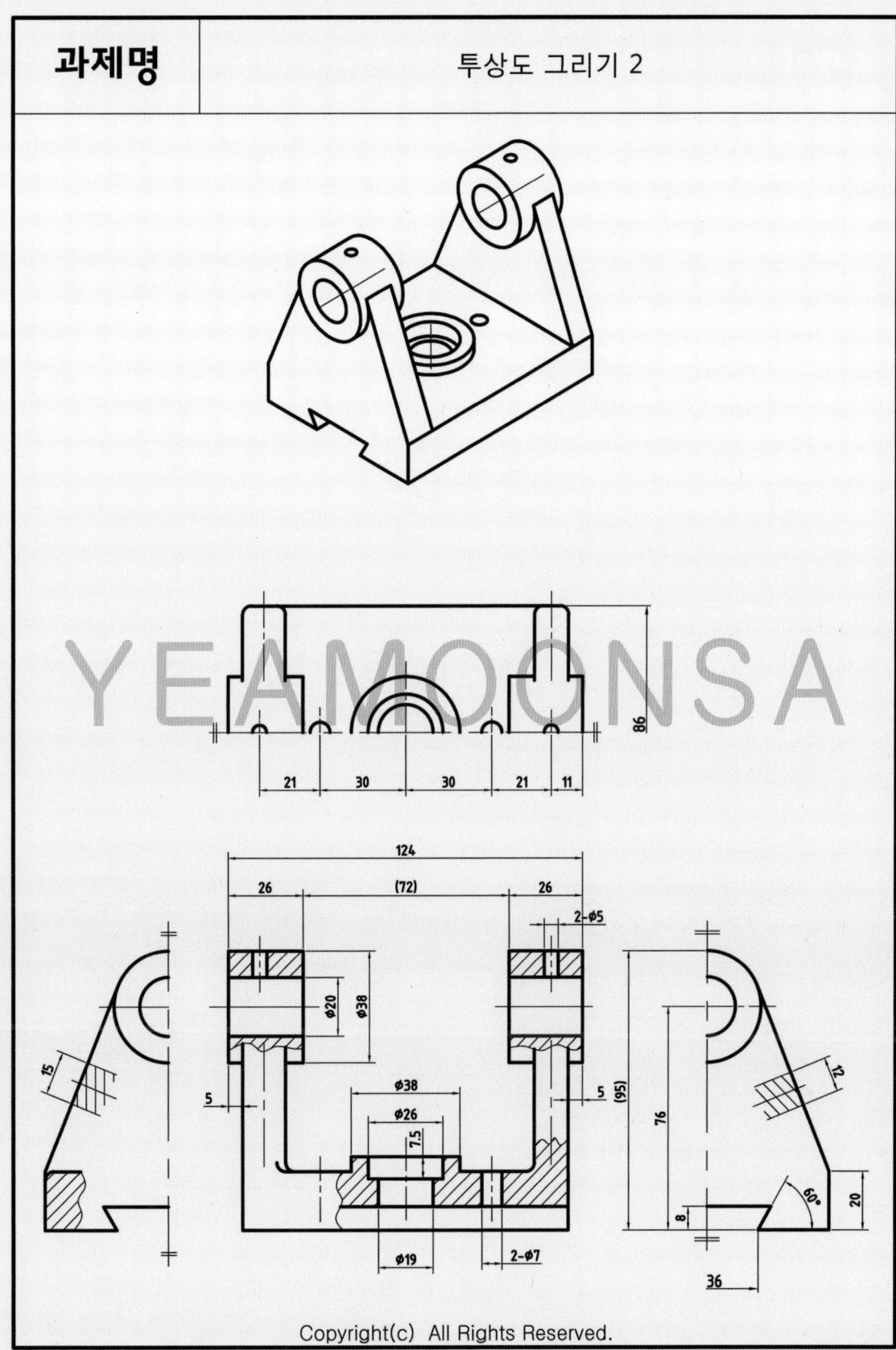

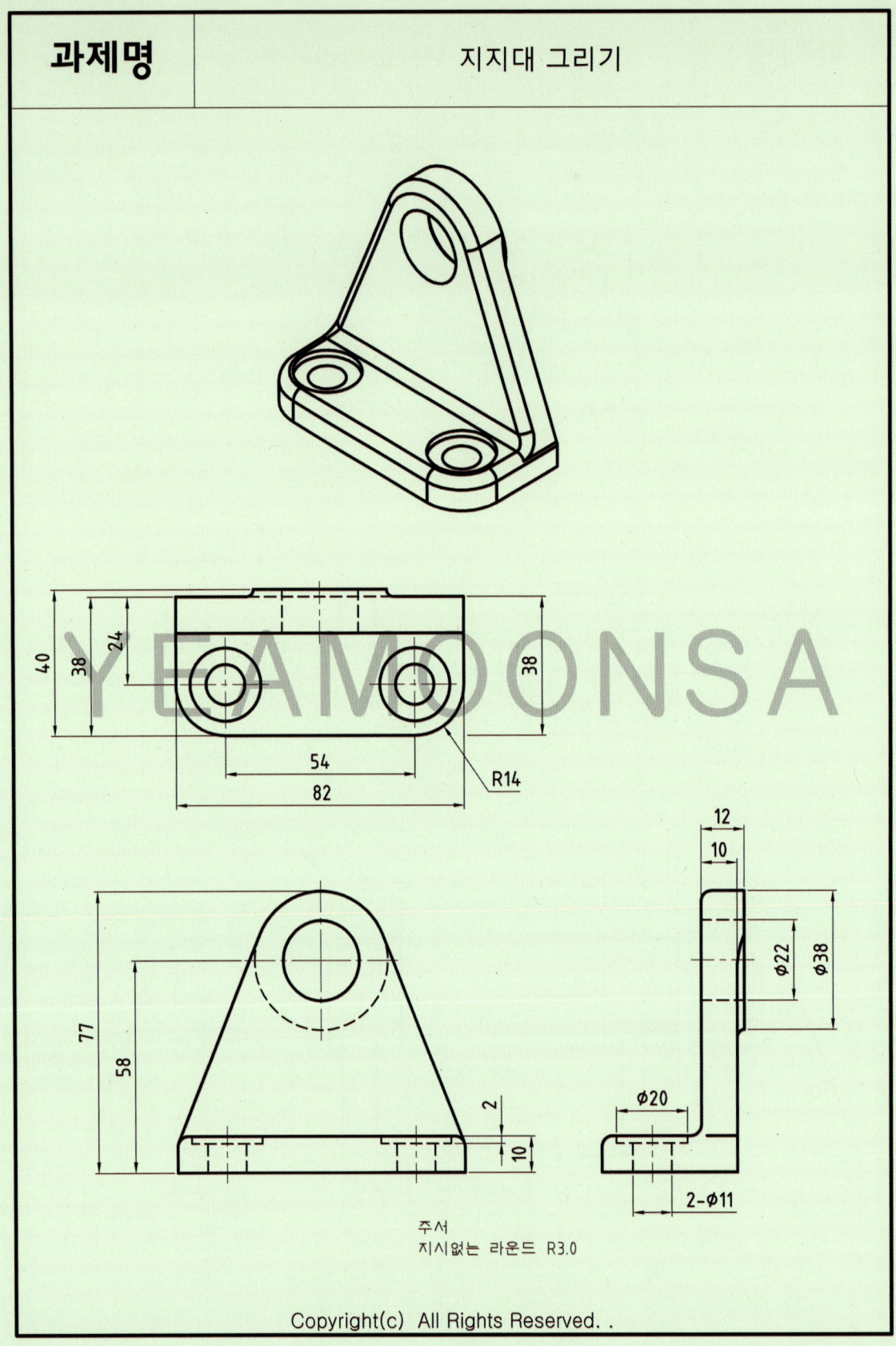

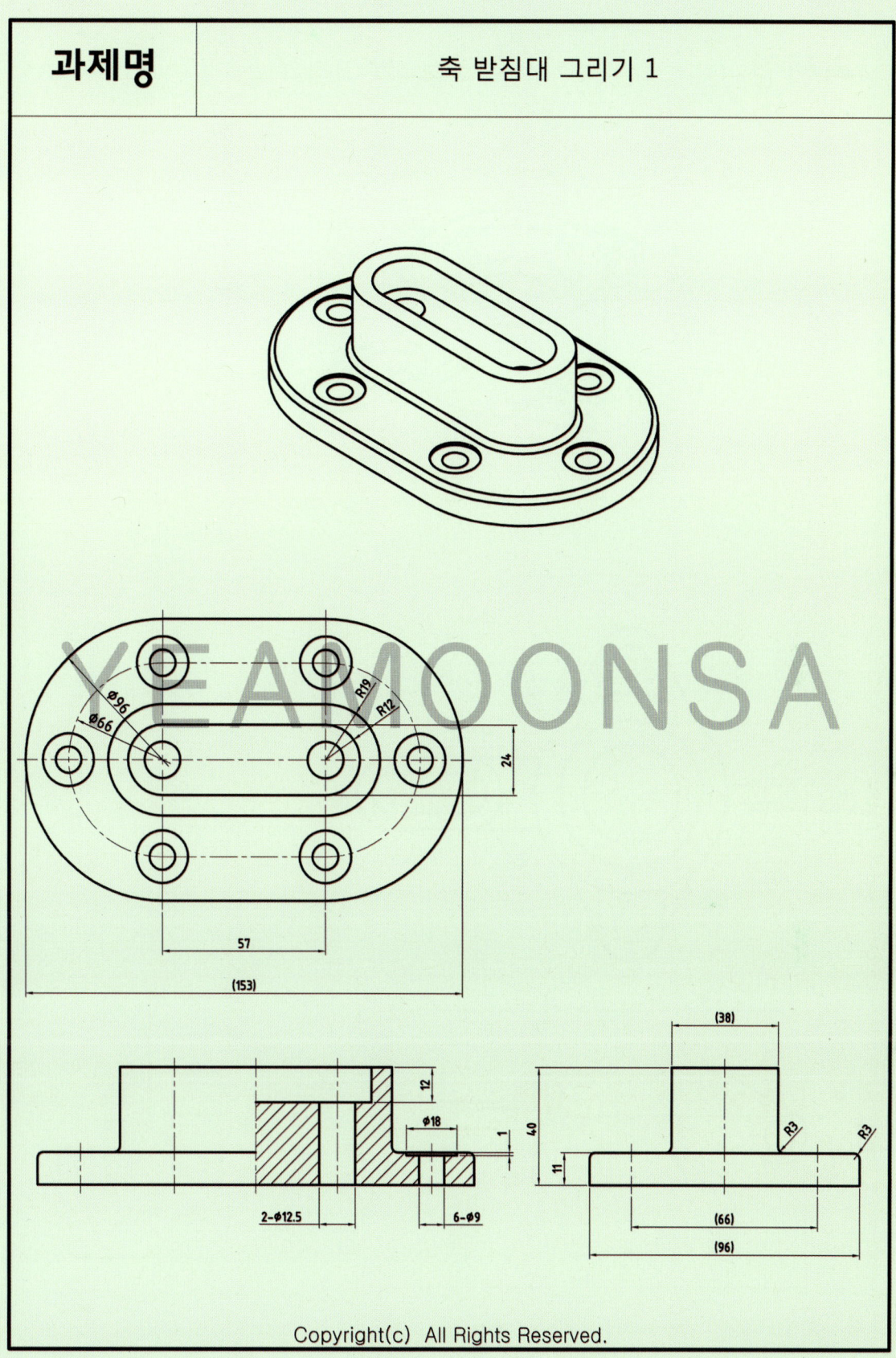

| 과제명 | 브라켓 그리기 |

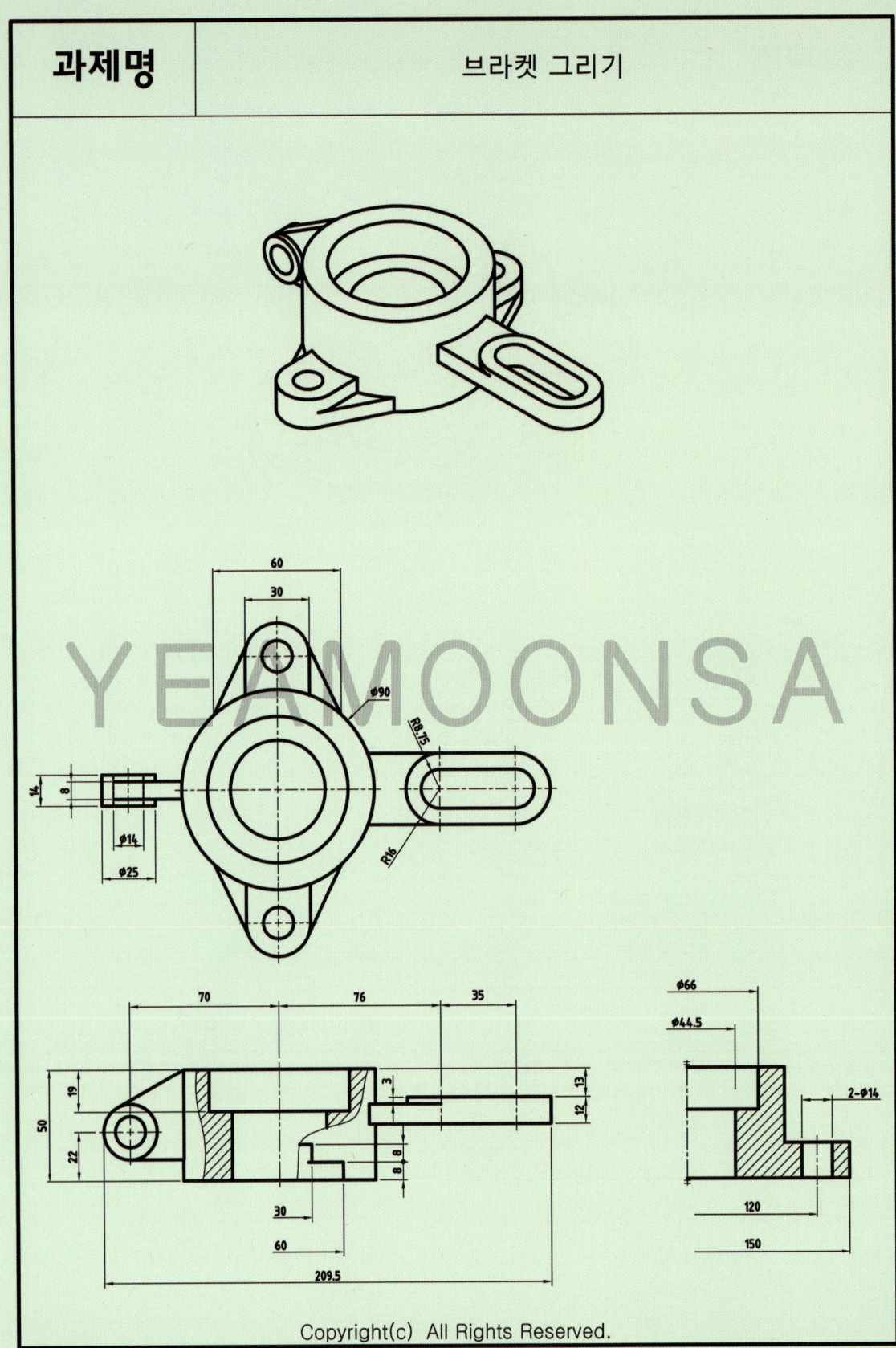

과제명	클러치 그리기

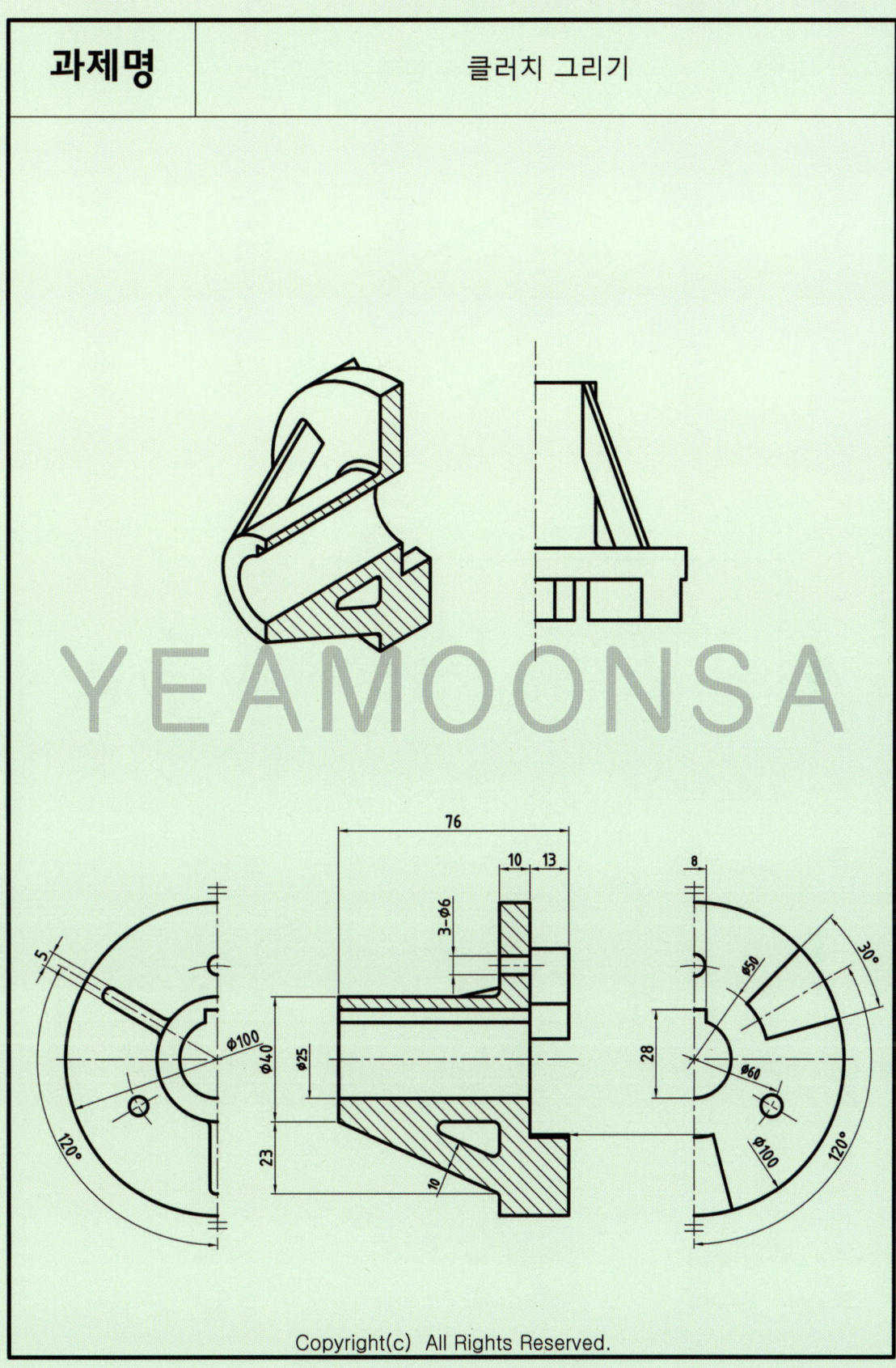

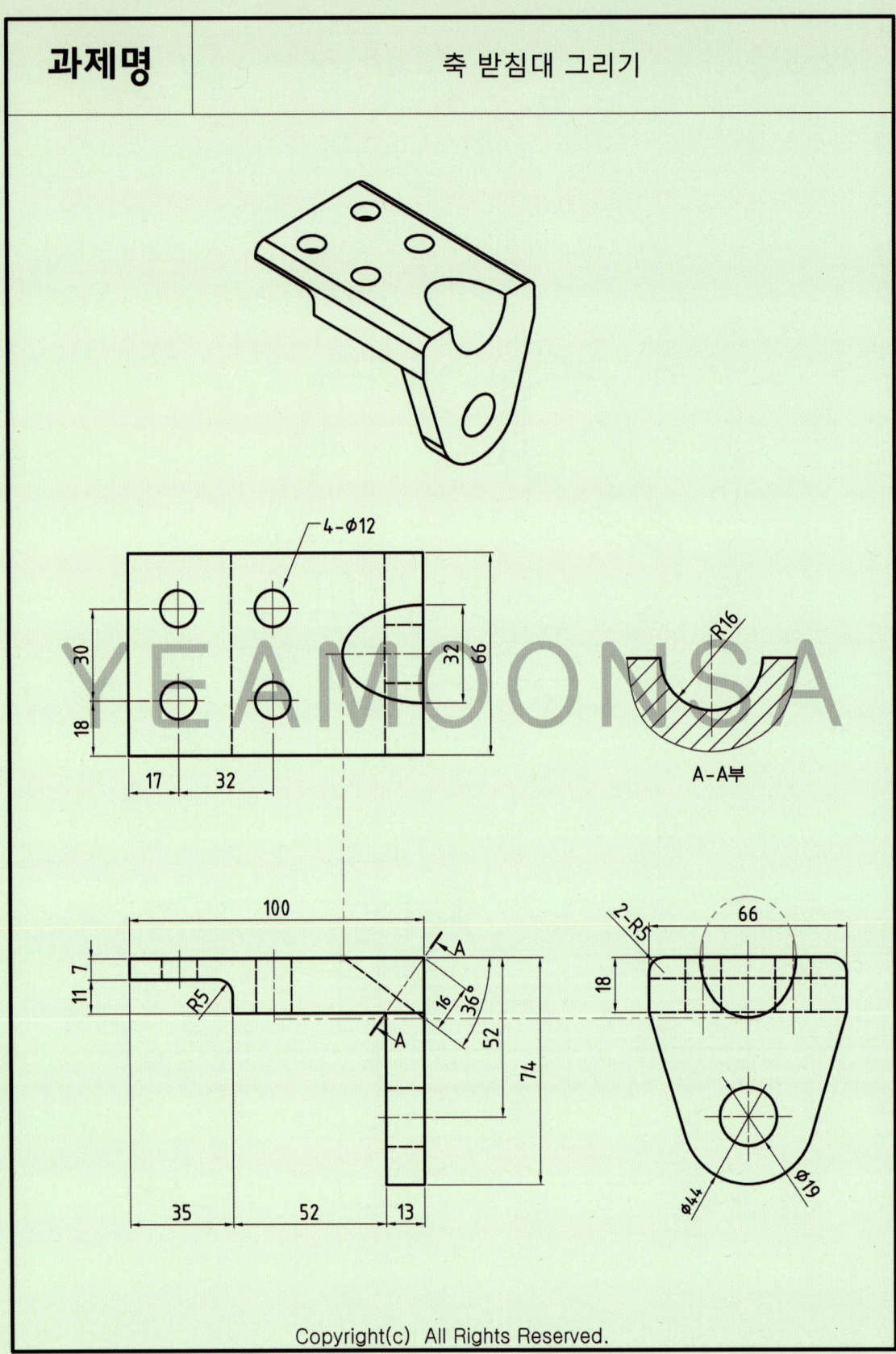

| 과제명 | 플랜지 그리기 |

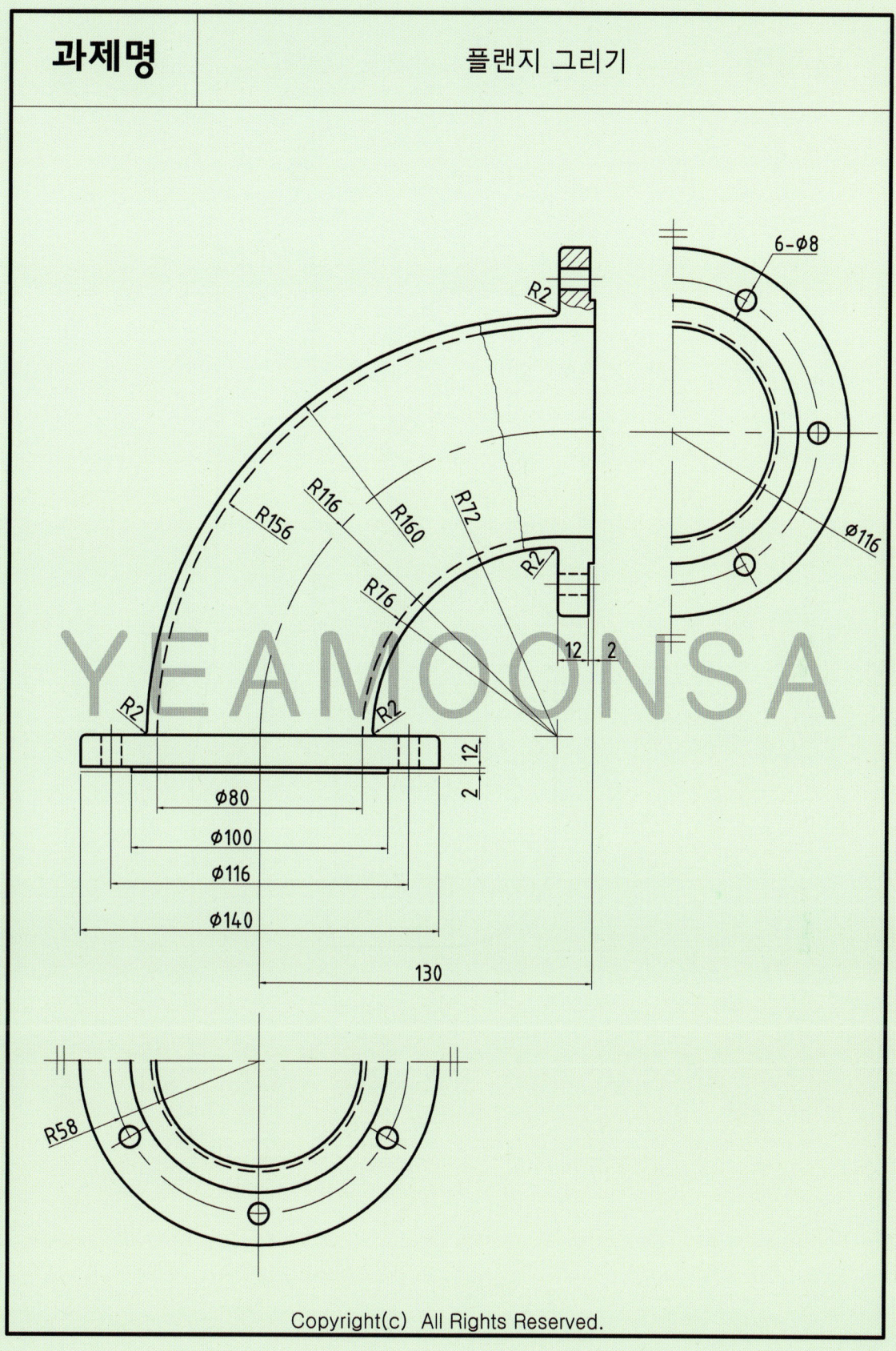

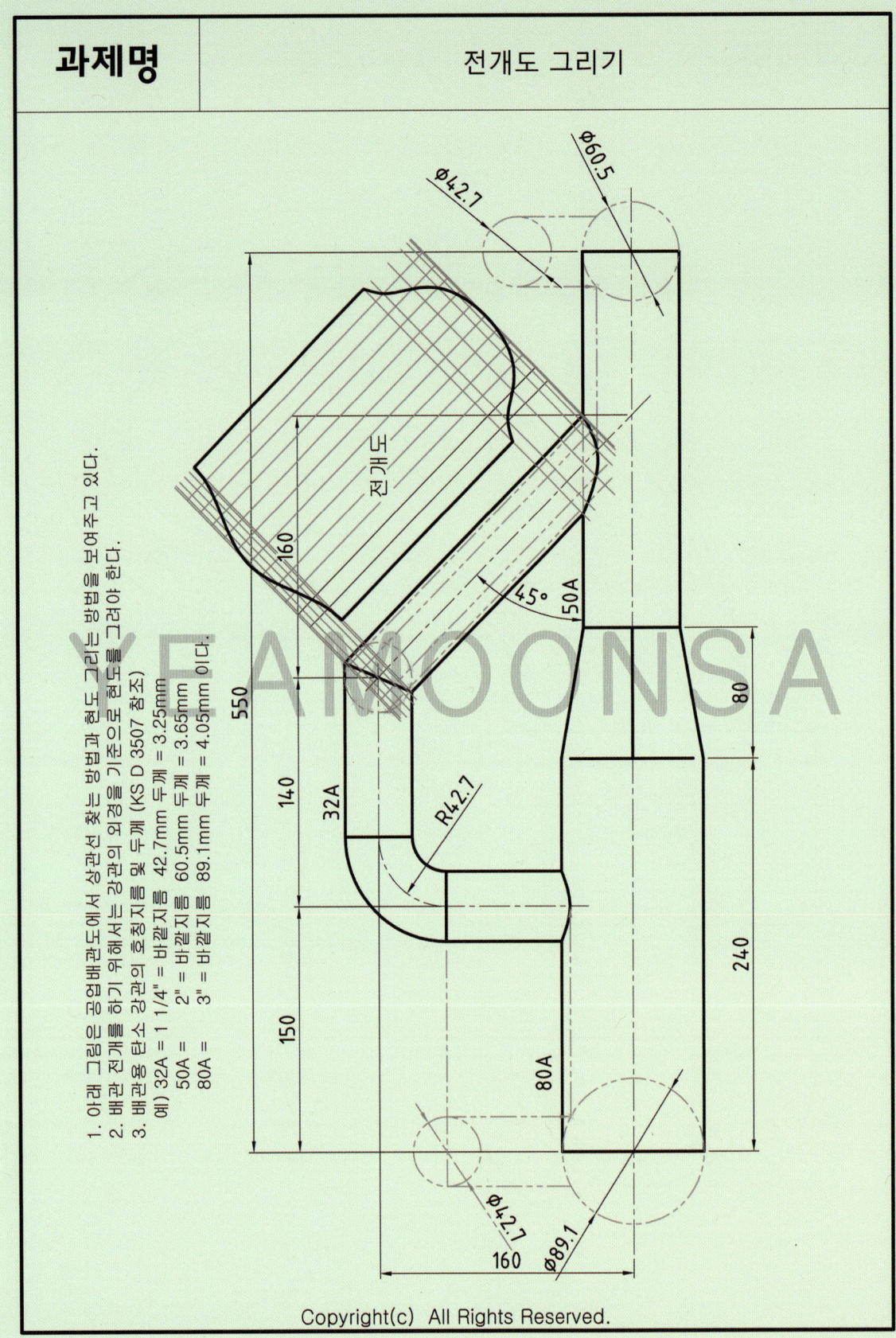

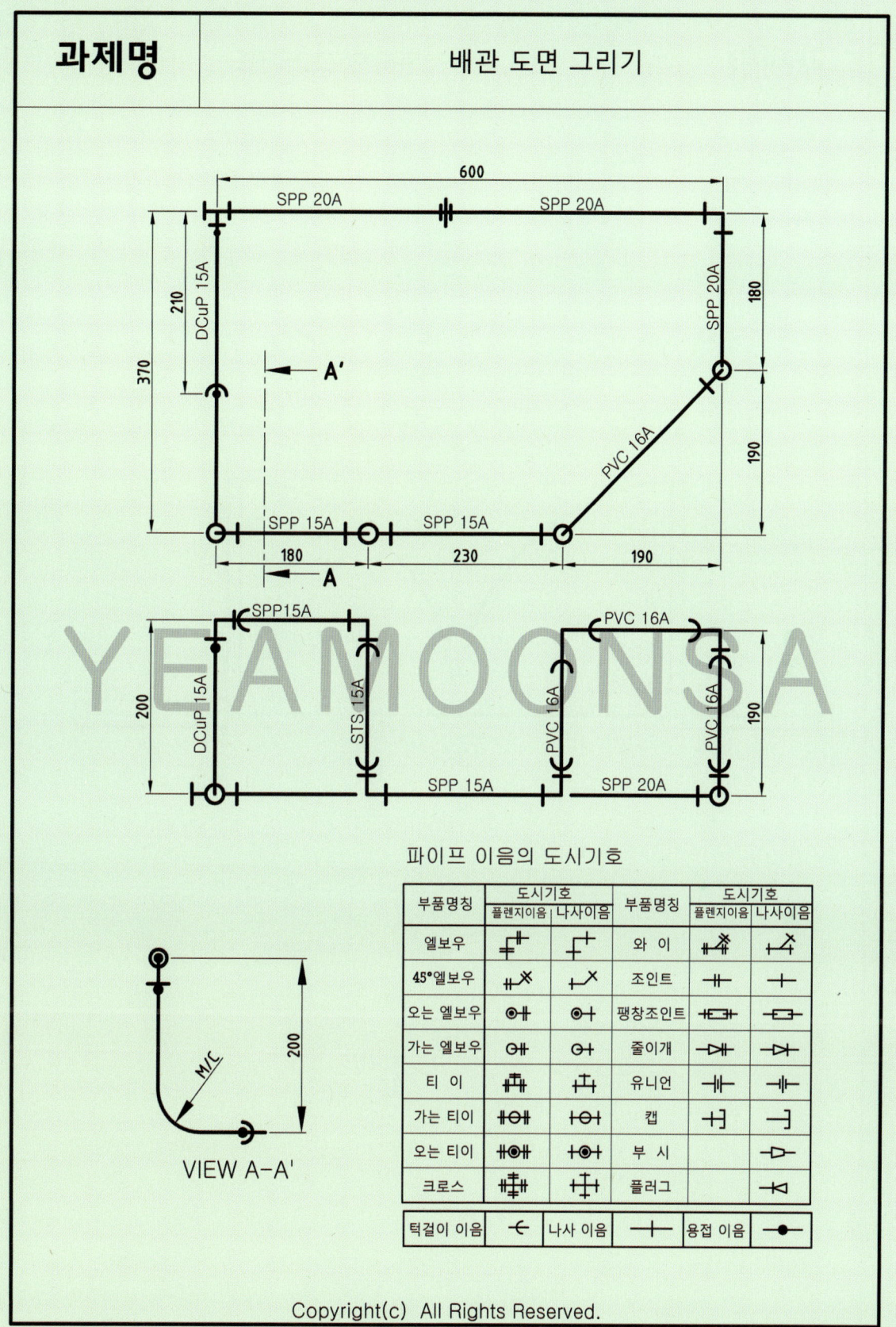

| 과제명 | 건축도면 그리기 1 |

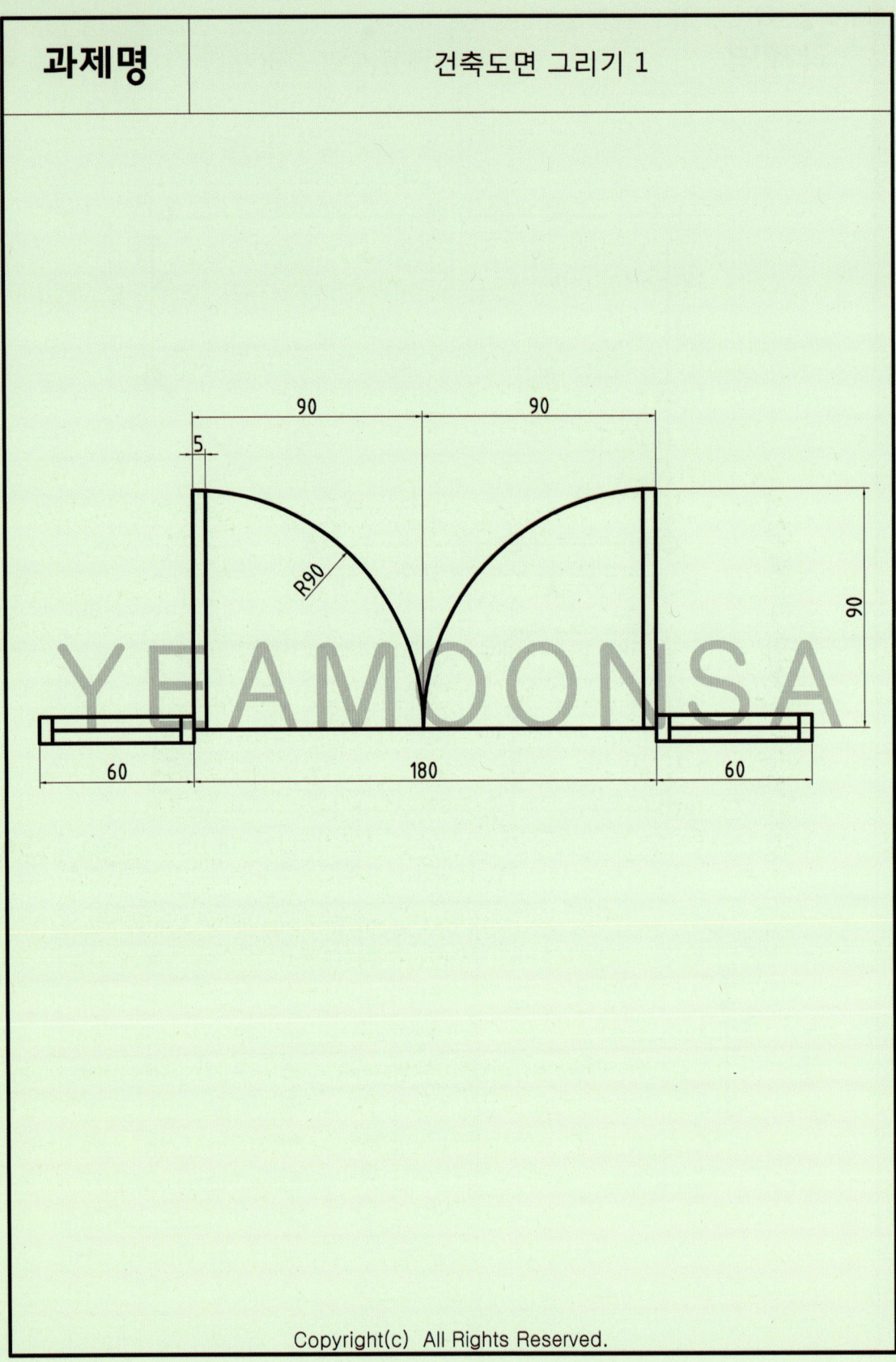

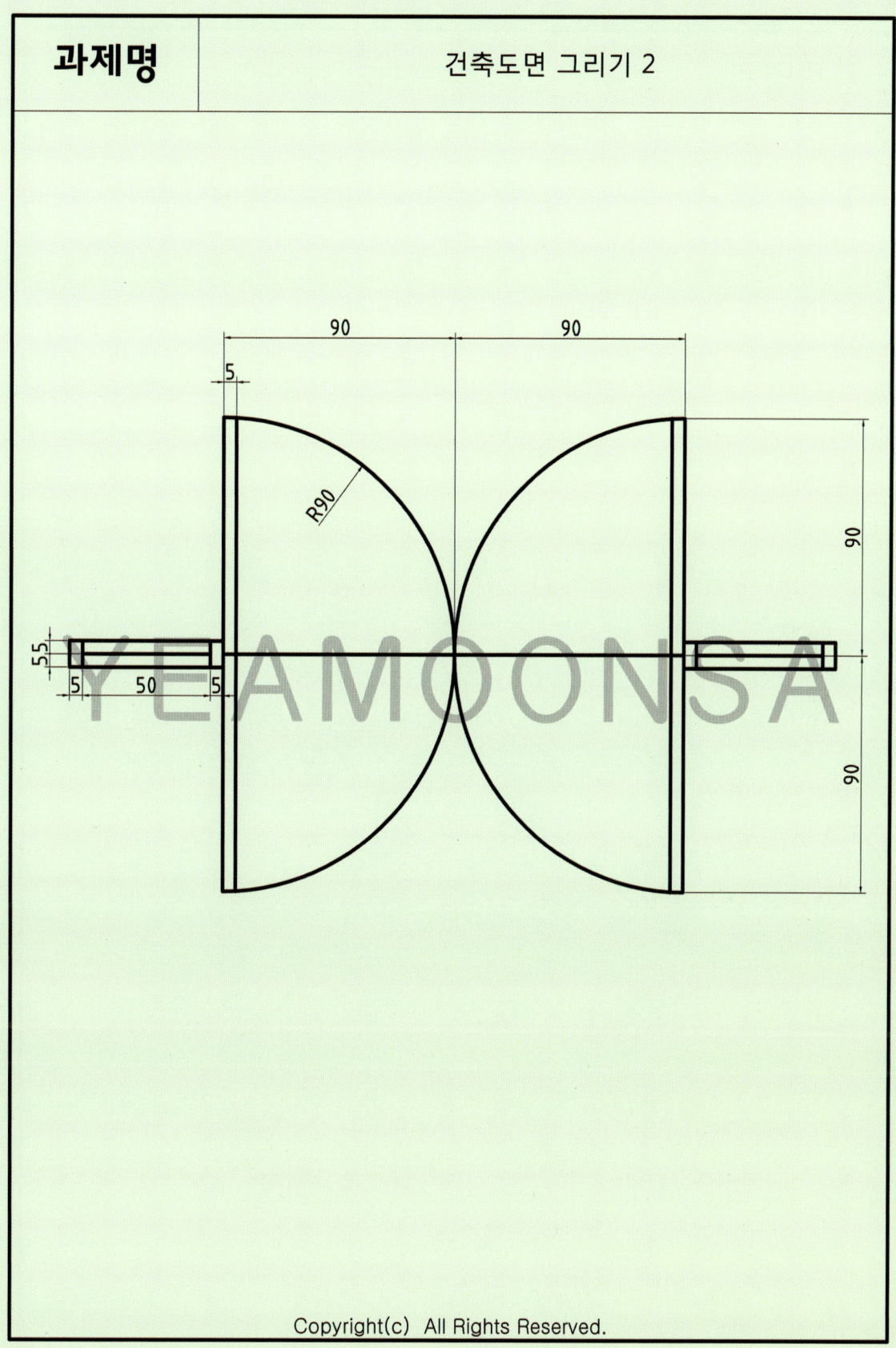

과제명	건축평면도 그리기

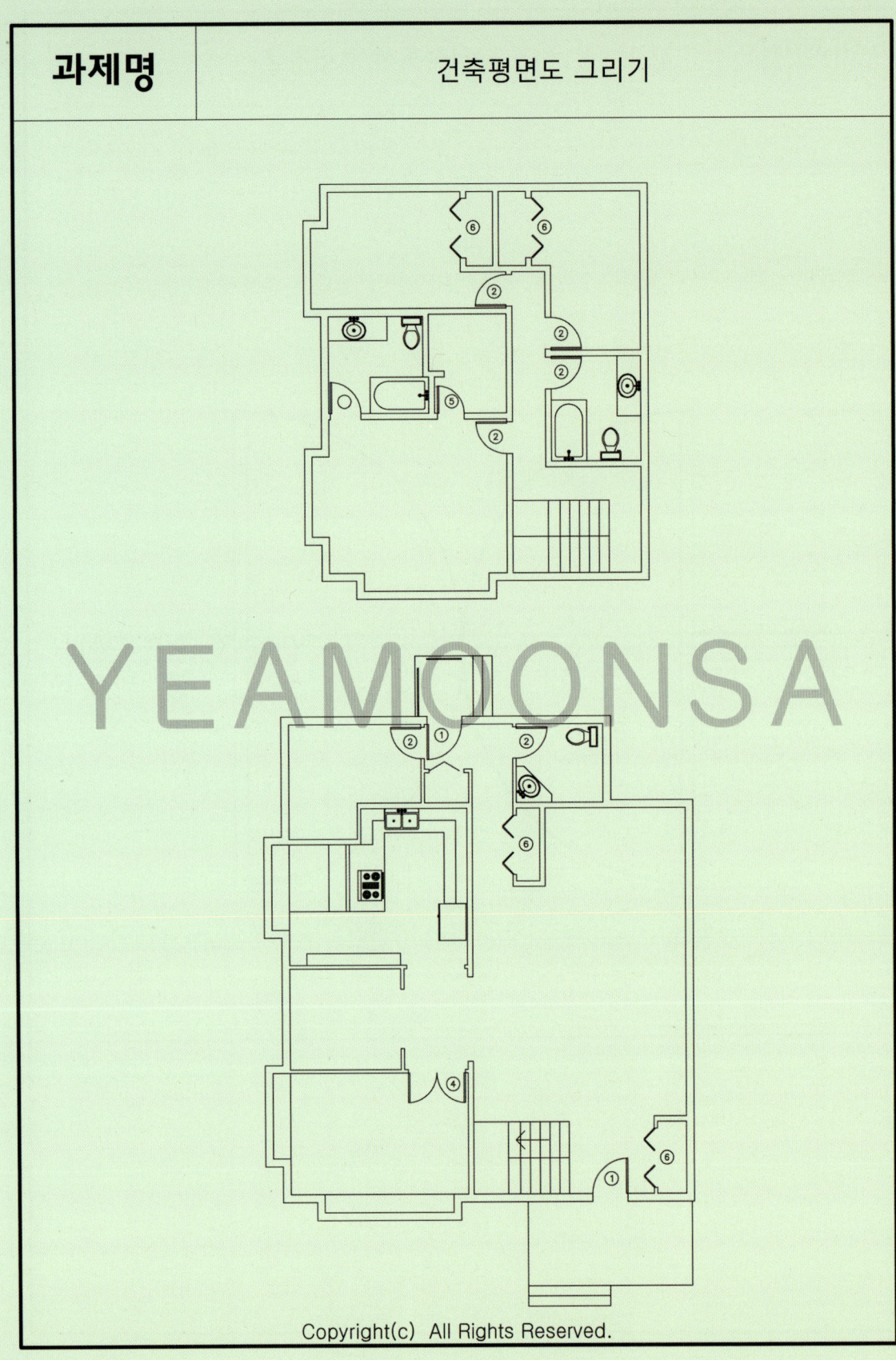

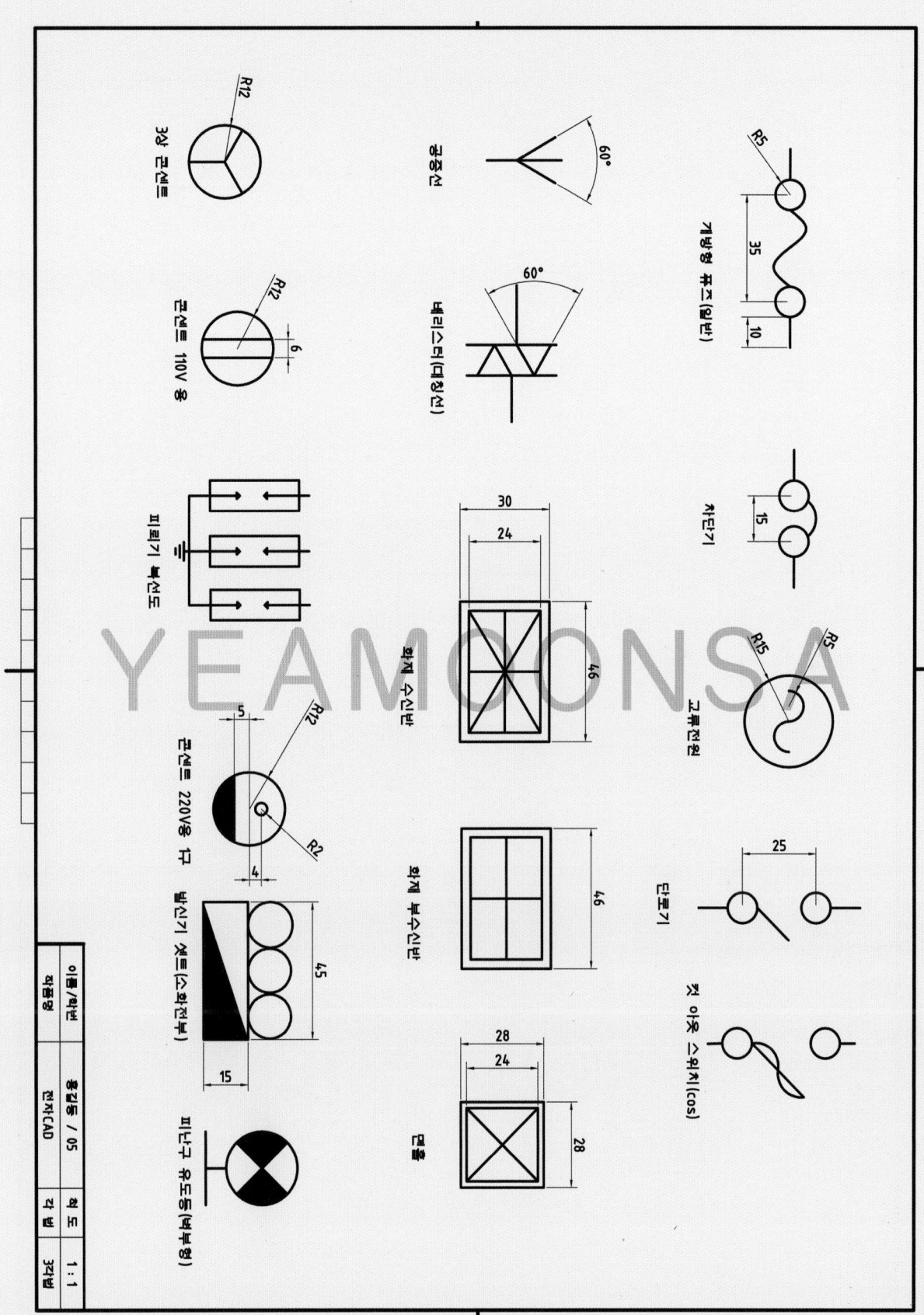

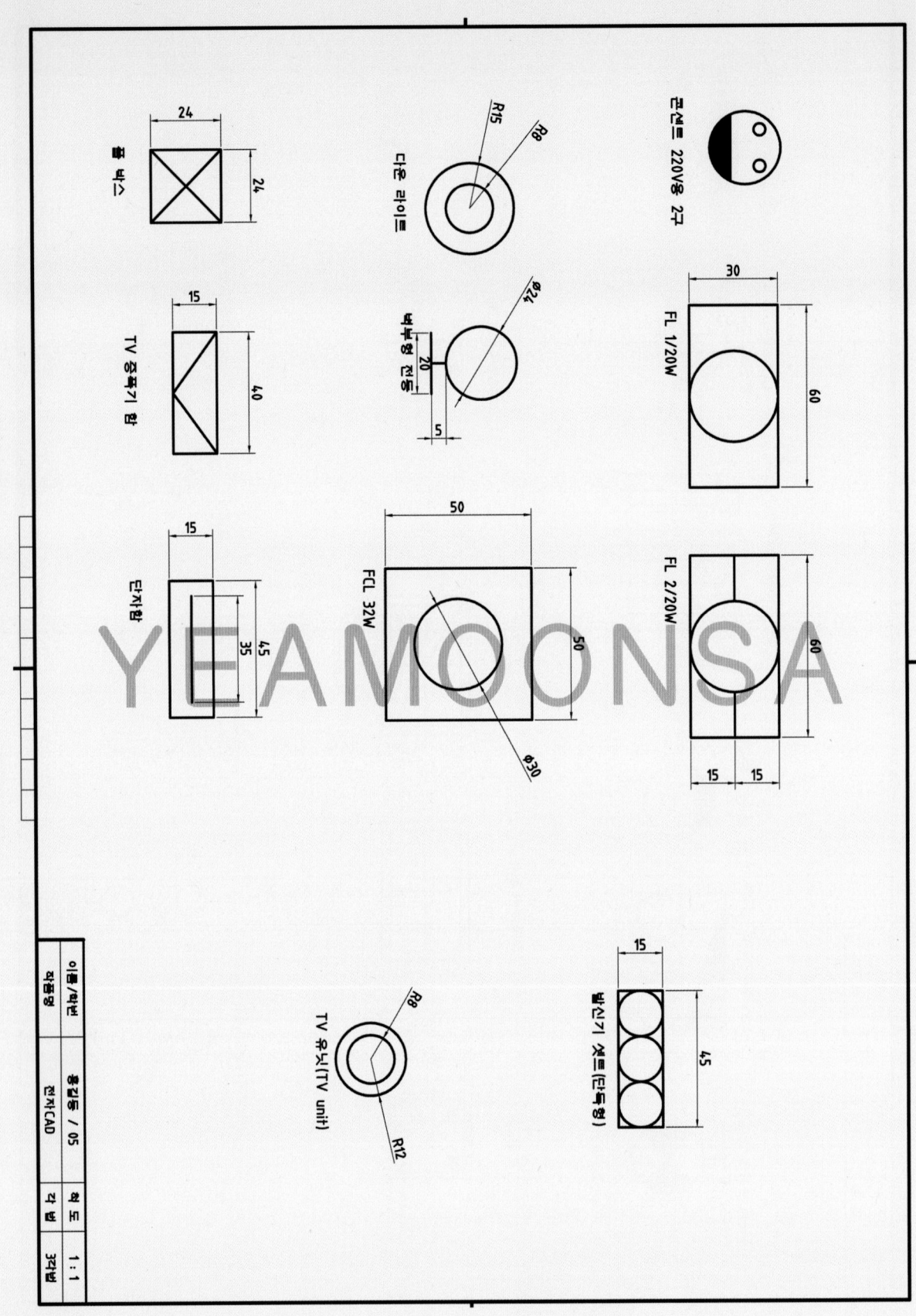

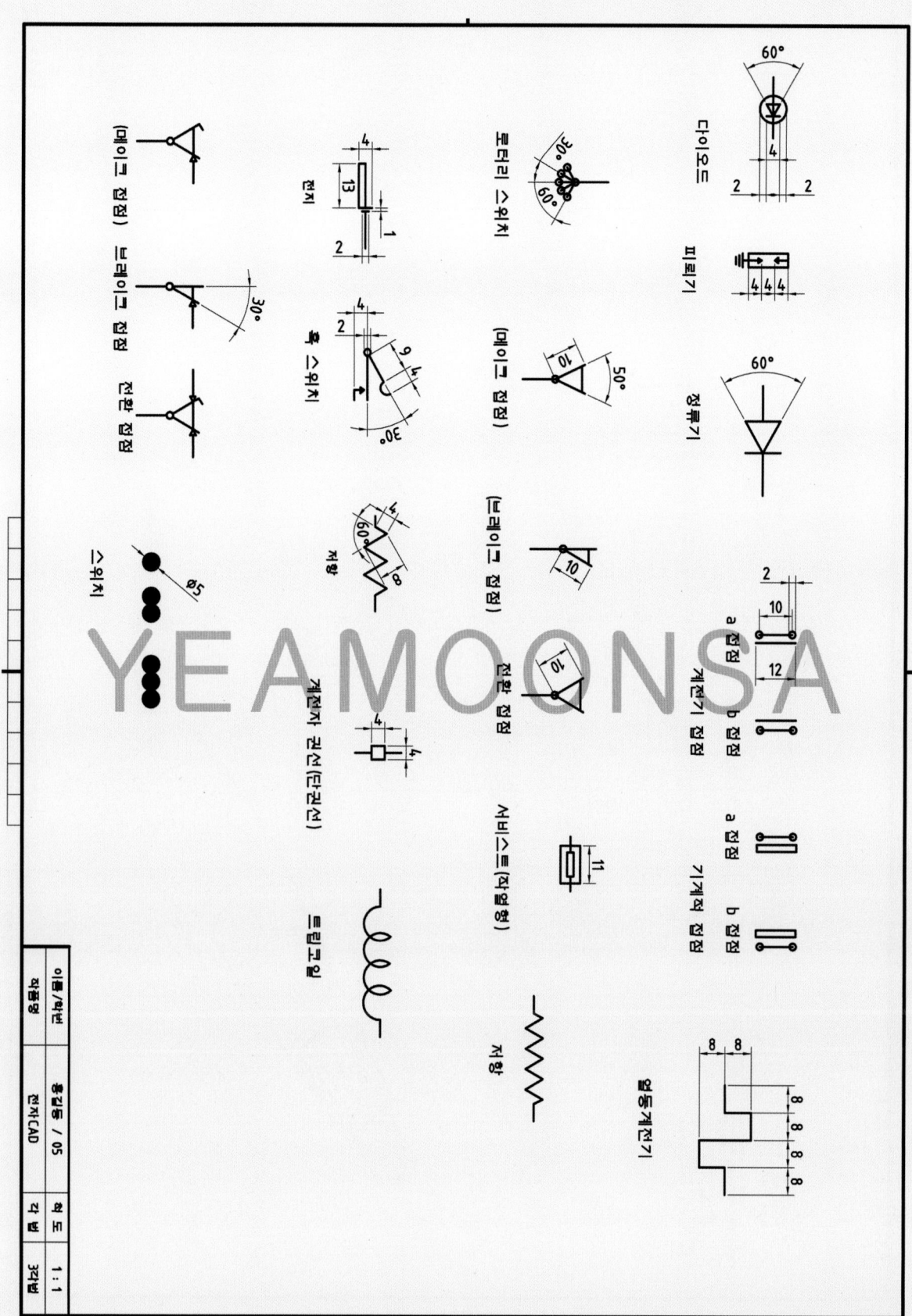

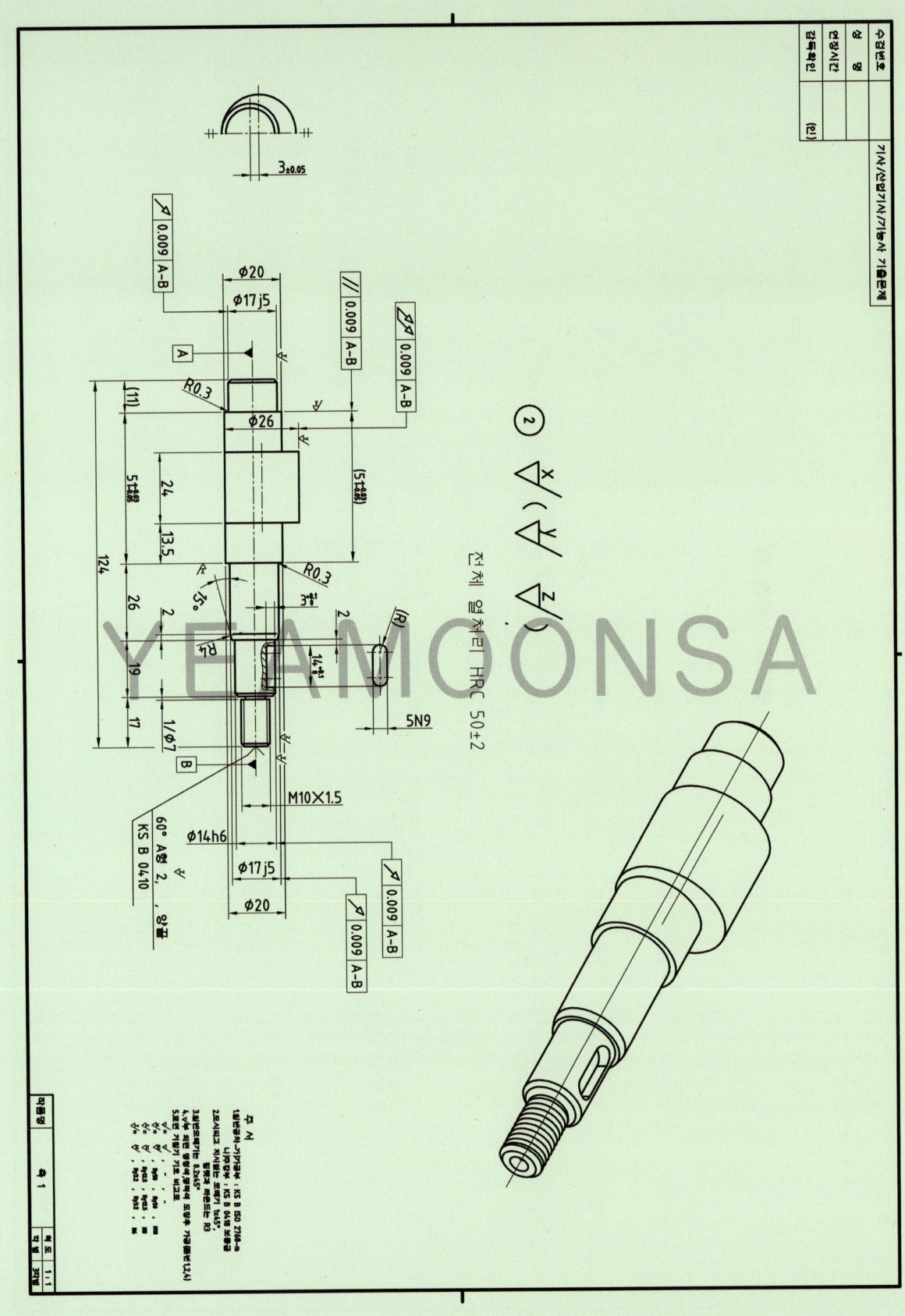

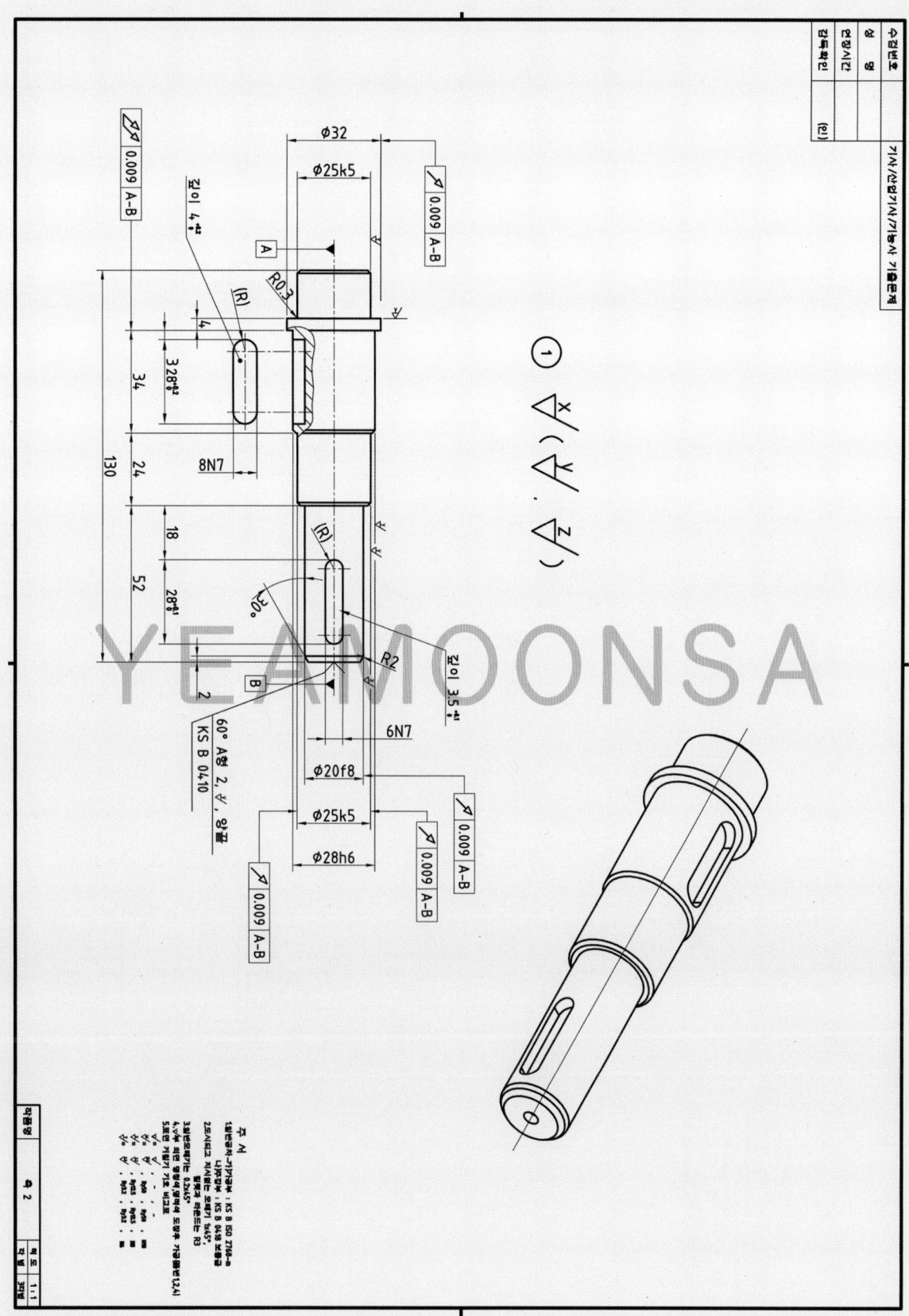

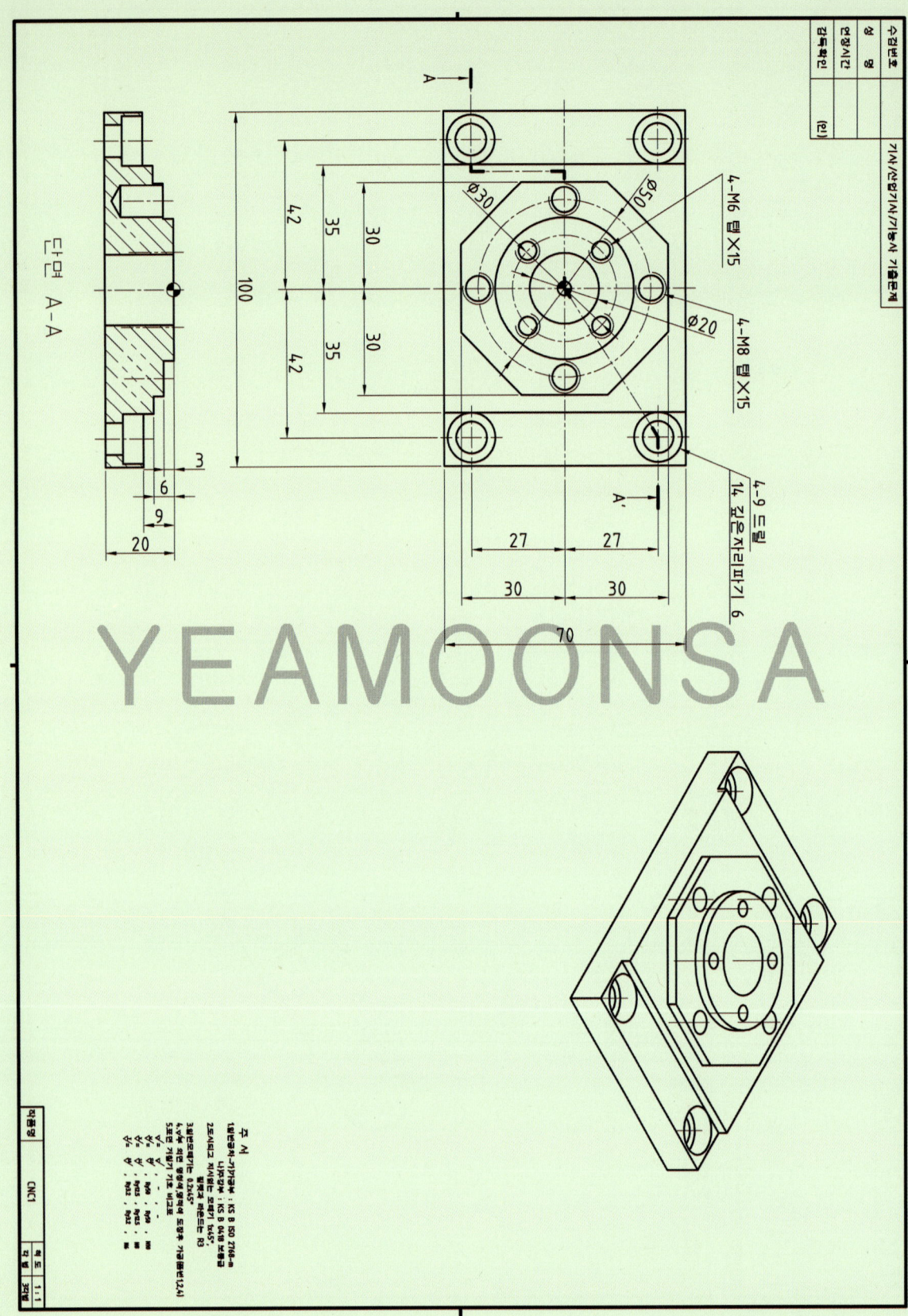

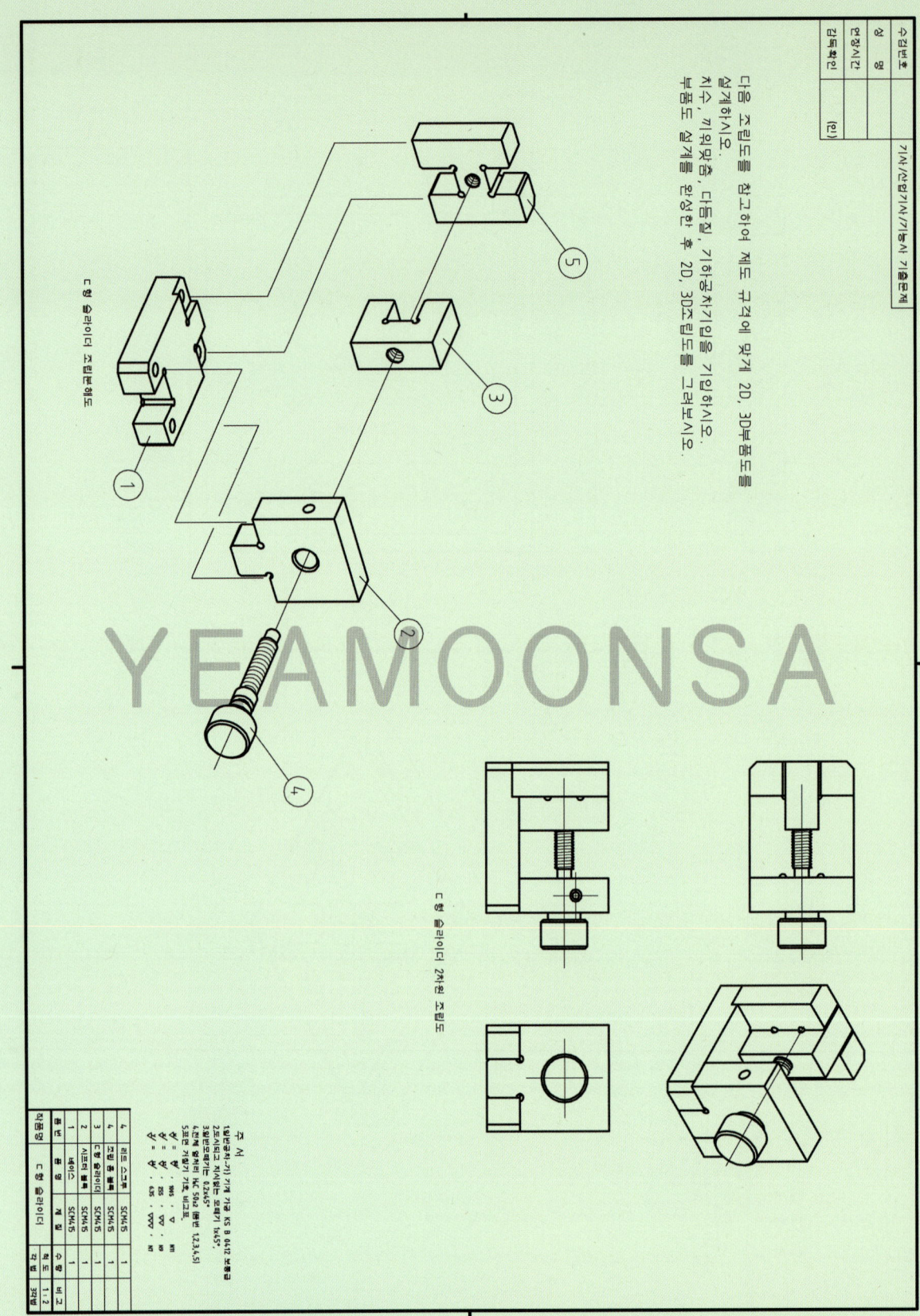

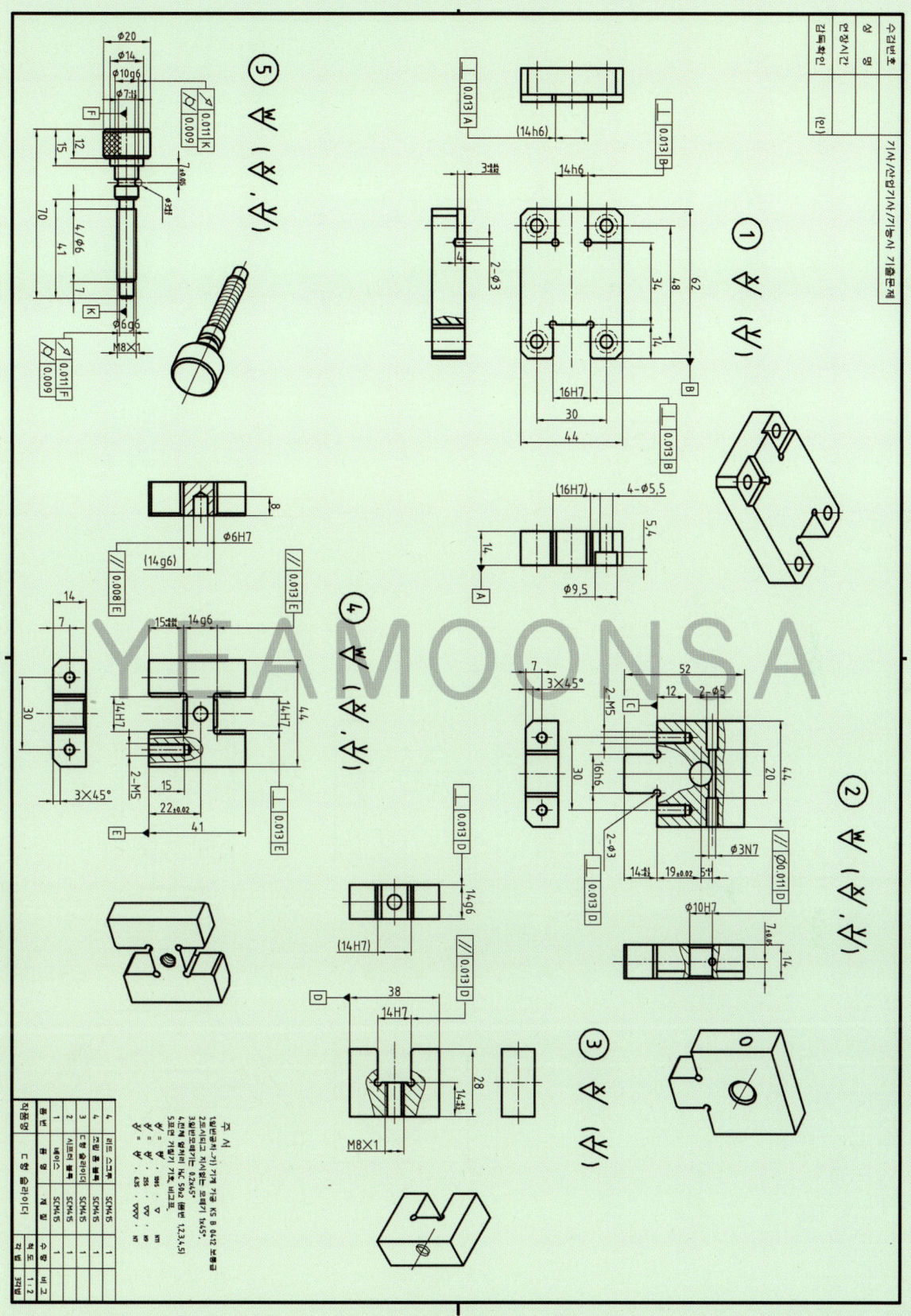

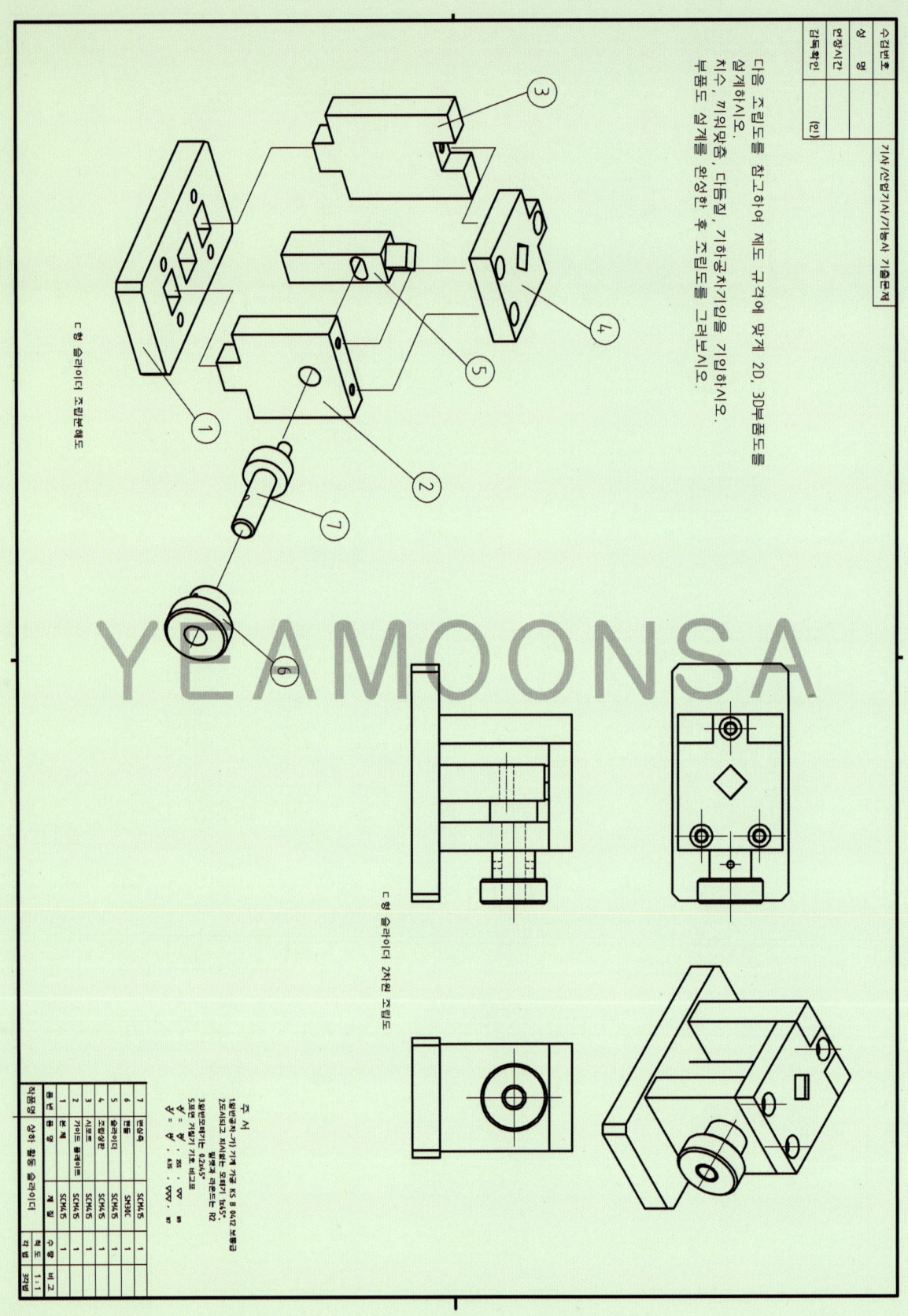

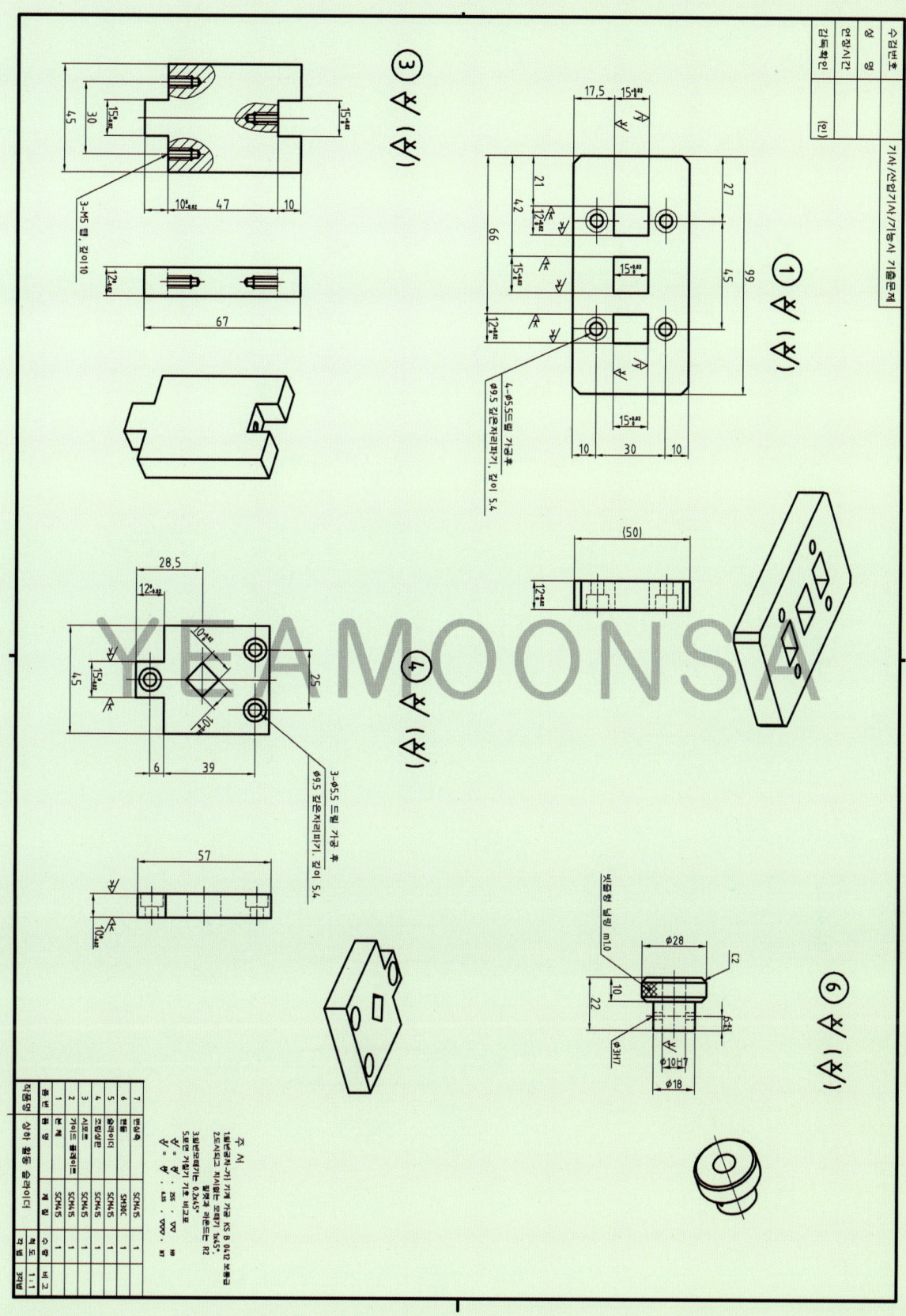

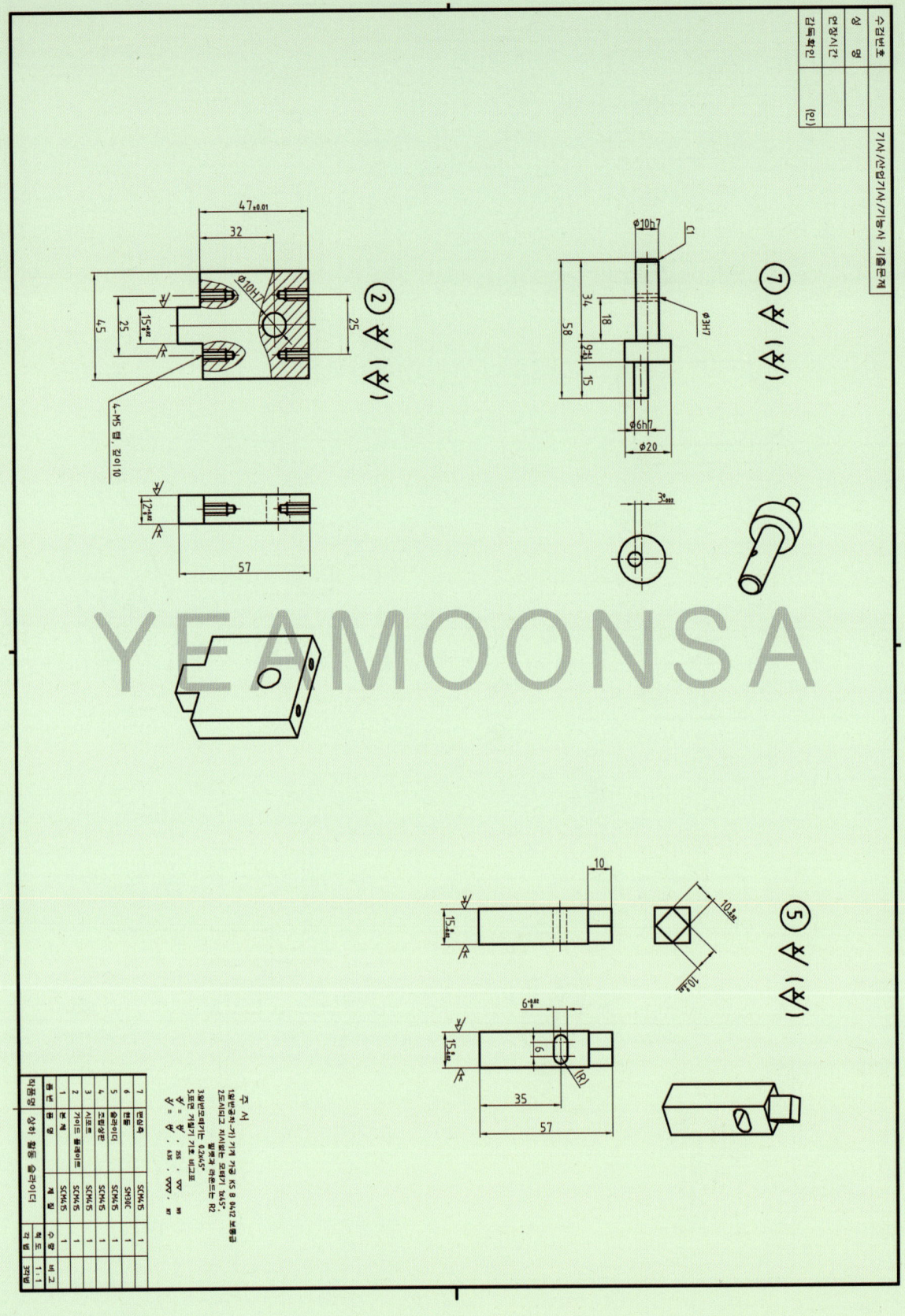

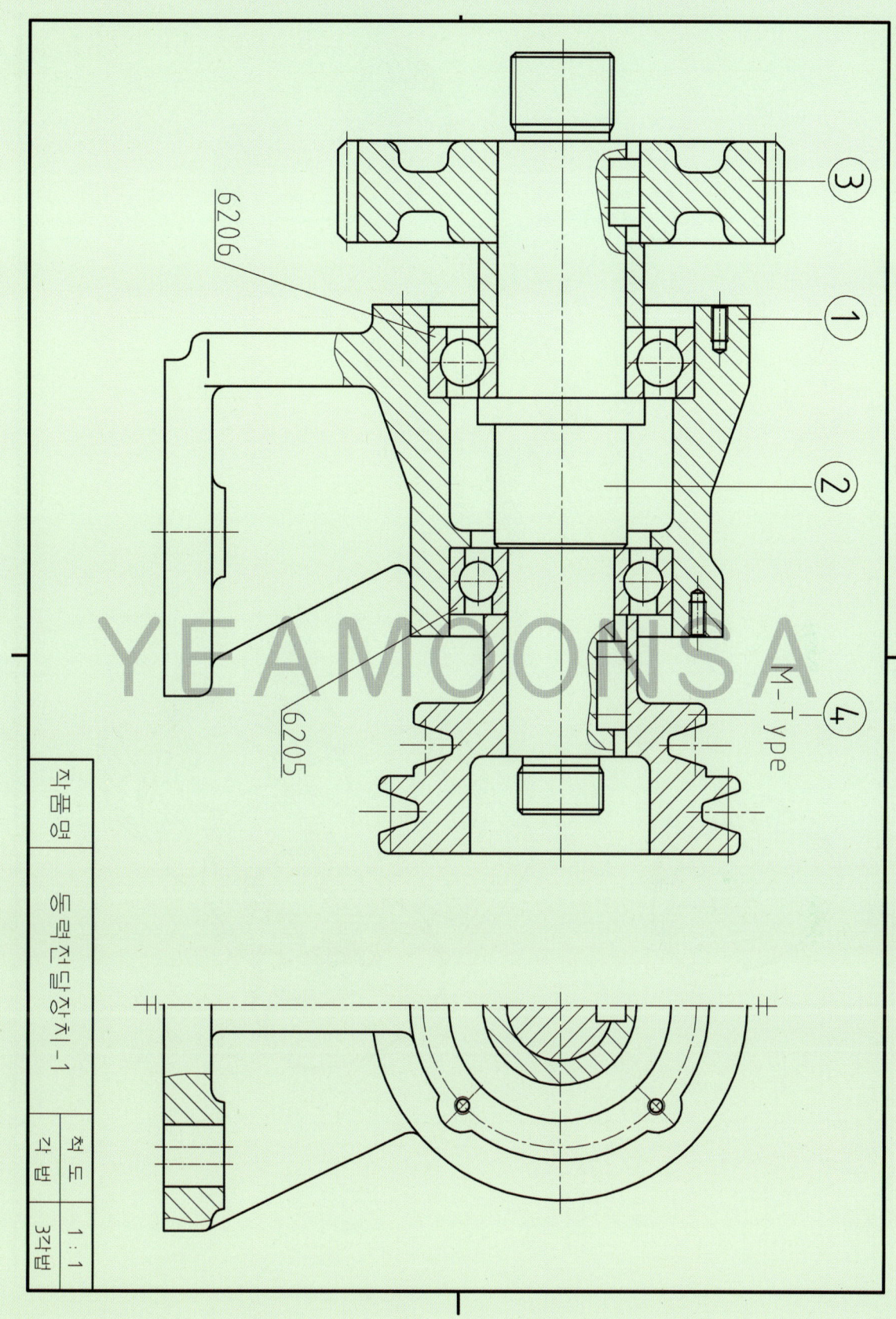

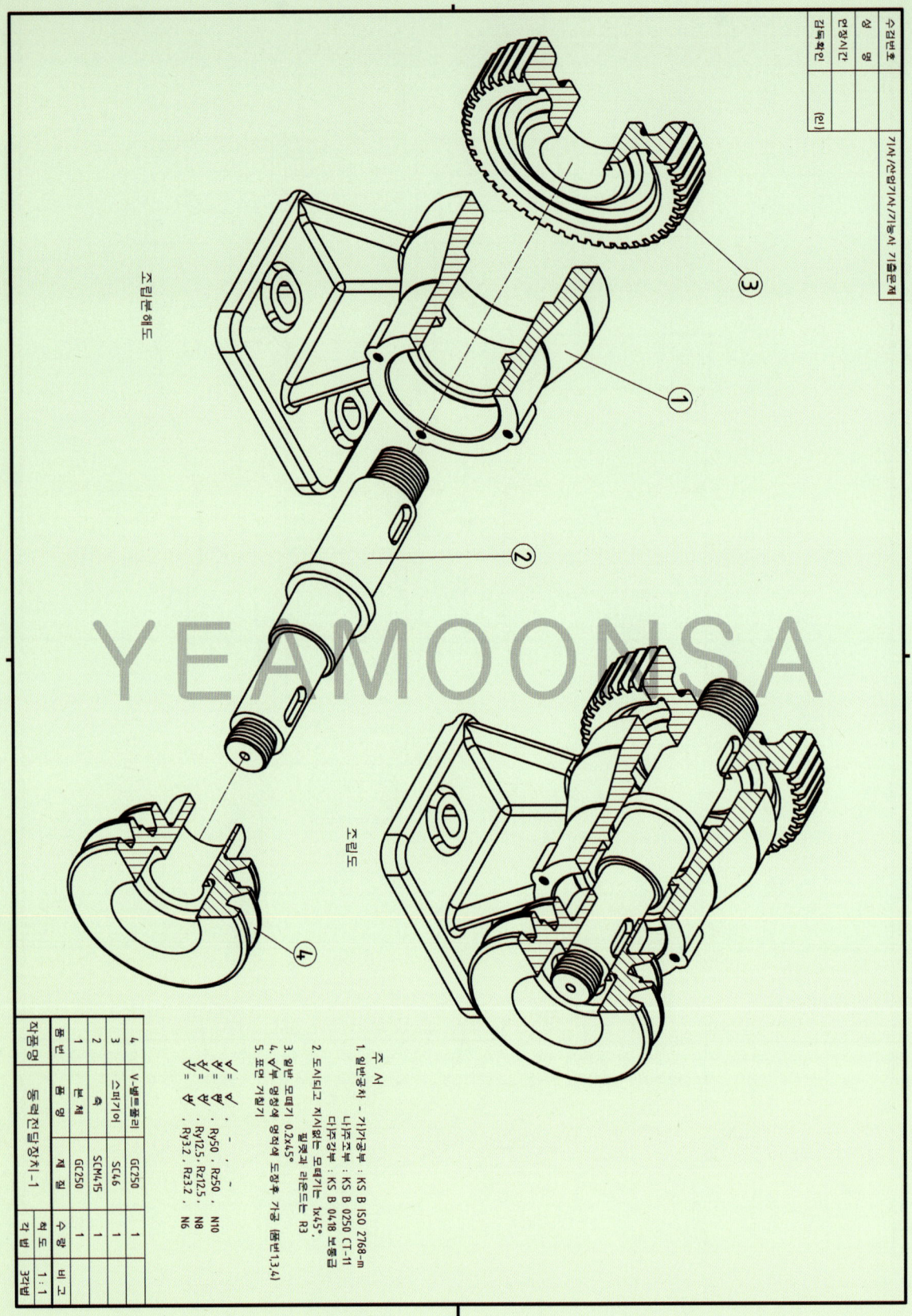

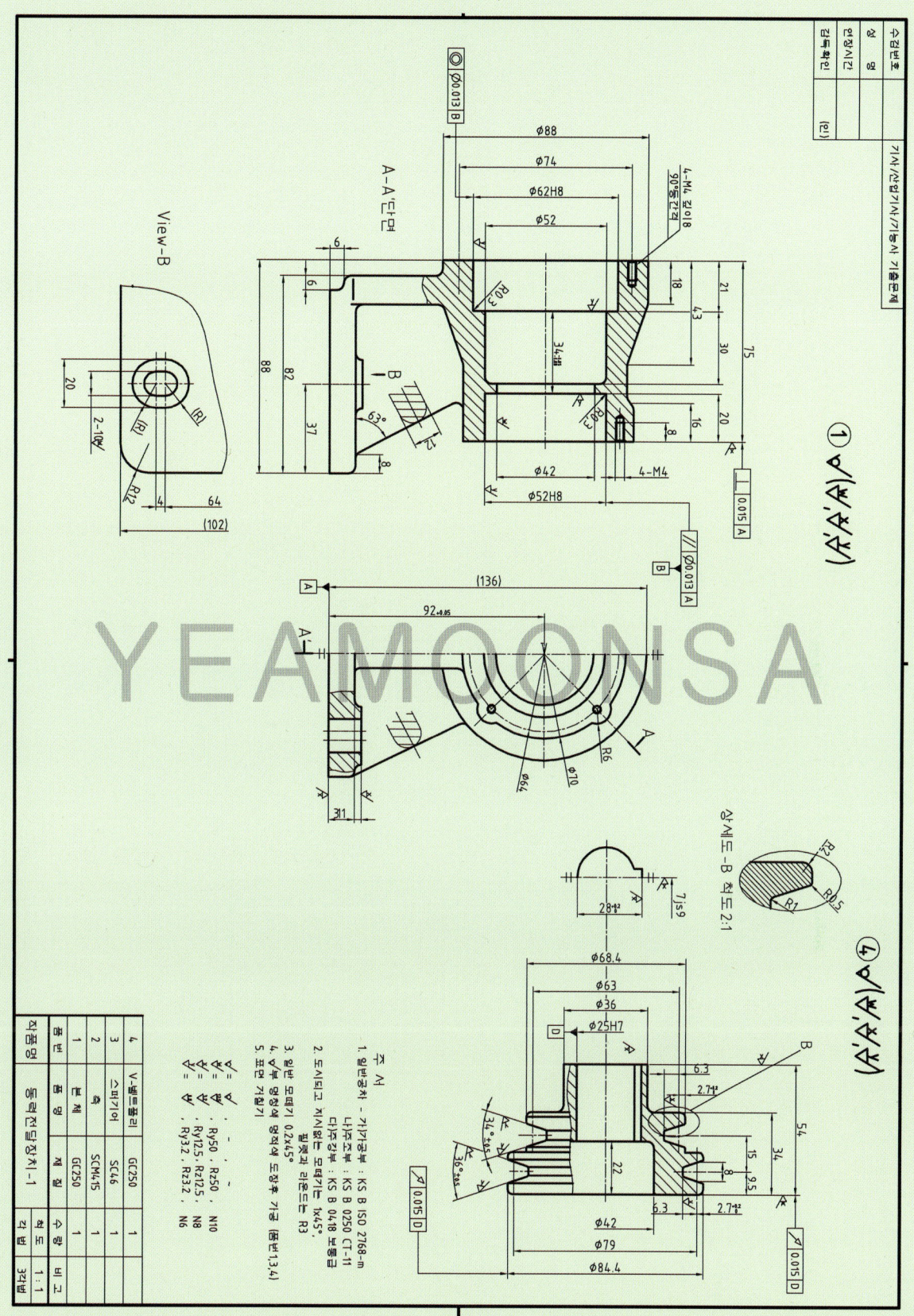

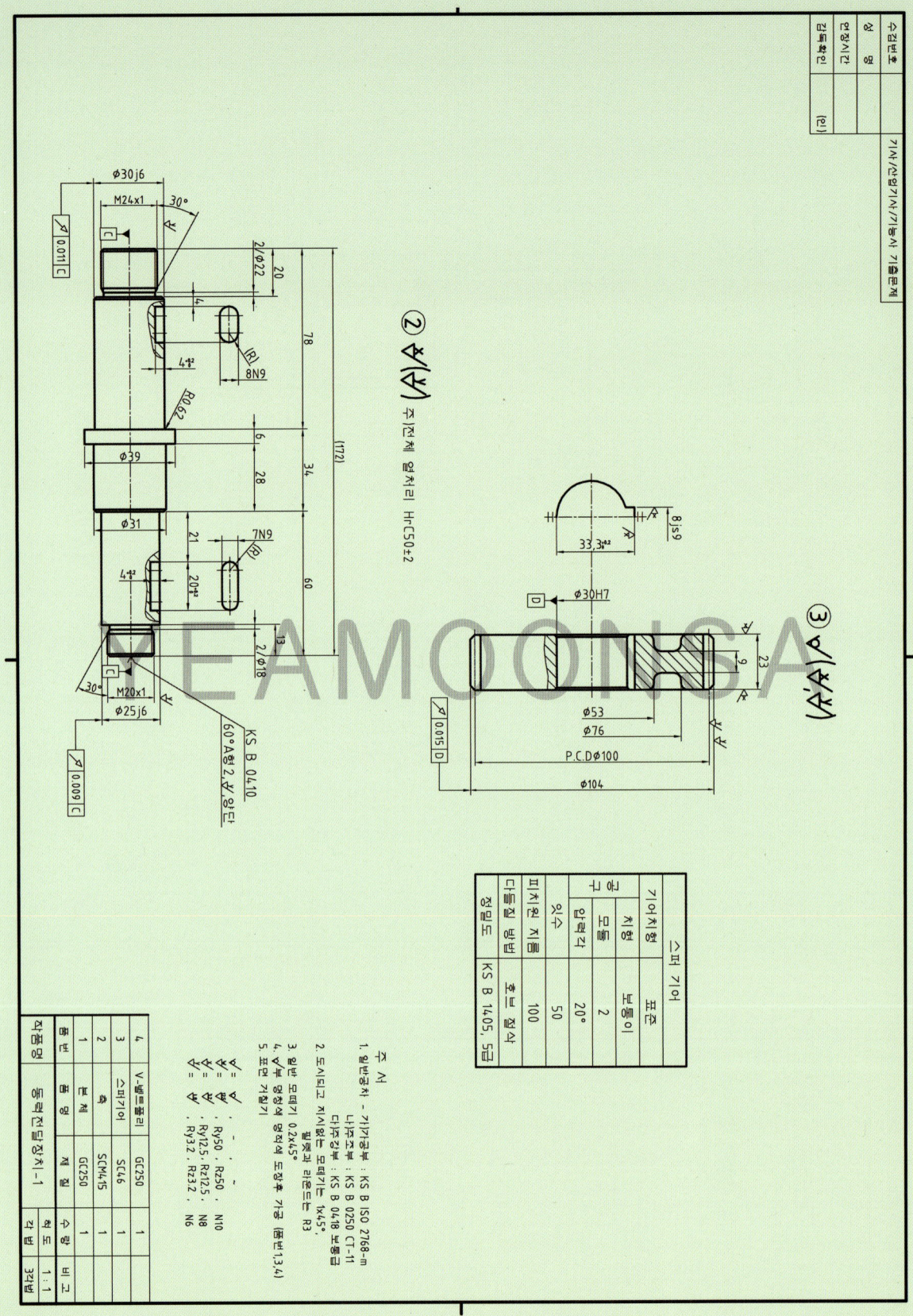

Template 파일 만들기

도면작업을 효율적으로 하기 위해서는 미리 여러 작업을 해두어야 편리합니다. AutoCAD를 실행할 때마다 레어어를 세팅하고 문자, 단위, 표제란, 치수 등을 세팅한다면 효율적인 도면 관리가 되지 않습니다. 미리 세팅을 하여 사용을 한다면 작업시간을 단축할 수 있으며 여러 명이 동시에 도면작업을 진행하여도 똑같은 규칙에 따라 도면이 작성되기 때문에 관리하기 편리합니다.

각 개인마다 또는 회사마다 많이 쓰는 스타일을 빨리 파악하고 미리 작업폼(Template)을 만들어 등록하여 사용합니다.

Template 파일은 보통 다음과 같은 순서로 작성합니다.

1. AutoCAD를 실행합니다.
2. 용지크기를 설정합니다.(보통 A2 용지)
3. 레이어를 설정합니다.
4. 문자스타일을 설정합니다.
5. 치수스타일을 설정합니다.
6. 다중 지시선 스타일을 설정합니다.
7. 테이블 스타일을 설정합니다.
8. 기타 미리 설정해 놓으면 편리한 사항을 파악하여 설정하거나 그려 놓습니다.
9. 플롯을 설정합니다.
10. Template 파일로 등록합니다.

등록한 Template 파일은 AutoCAD 작업시 새 도면( )을 클릭하여 사용합니다.

 실습순서

01 AutoCAD를 실행합니다.

02 용지크기를 설정합니다.(보통 A2용지)

다음과 같은 용지크기에 유의해야 합니다. 오른쪽 위 구석을 A2 원래 크기 (594,420)로 설정해야 할 때도 있지만 때에 따라서는 (544,390)으로 설정해야 할 때가 있습니다.

[산업기사 및 기사 실기 시험 시 윤곽설정 예]

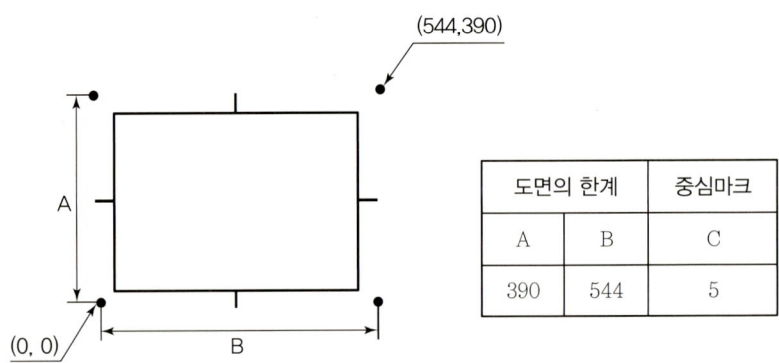

도면의 한계		중심마크
A	B	C
390	544	5

구분	제도용지 규격		플로터 시 줄어드는 것을 감안한 크기	
	도면용지 크기	중심마크 크기	도면용지 크기	중심마크 크기
A4	297, 210	10	247, 180	5
A3	420, 297	10	370, 267	5
A2	594, 420	10	544, 390	5
A1	841, 594	20	791, 564	10
A0	1189, 841	20	1139, 811	15

① LIMITS 명령 이용하여 도면영역 설정하기

```
명령: limits Enter↵
모형 공간 한계 재설정:
왼쪽 아래 구석 지정 또는 [켜기(ON)/끄기(OFF)] <0.0000,0.0000>: 0,0 Enter↵
오른쪽 위 구석 지정 <420.0000,297.0000>: 594,420 Enter↵
```

② GRID와, ZOOM 실행하기

명령: GRID Enter↵
모눈 간격두기(X) 지정 또는 [켜기(ON)/끄기(OFF)/스냅(S)/주(M)/가변(D)/한계(L)/따름(F)/종횡비(A)] <10.0000>: 10 Enter↵

명령: Z Enter↵
ZOOM
윈도우 구석을 지정, 축척 비율 (nX 또는 nXP)을 입력, 또는
[전체(A)/중심(C)/동적(D)/범위(E)/이전(P)/축척(S)/윈도우(W)/객체(O)] <실시간>: A Enter↵
모형 재생성 중.

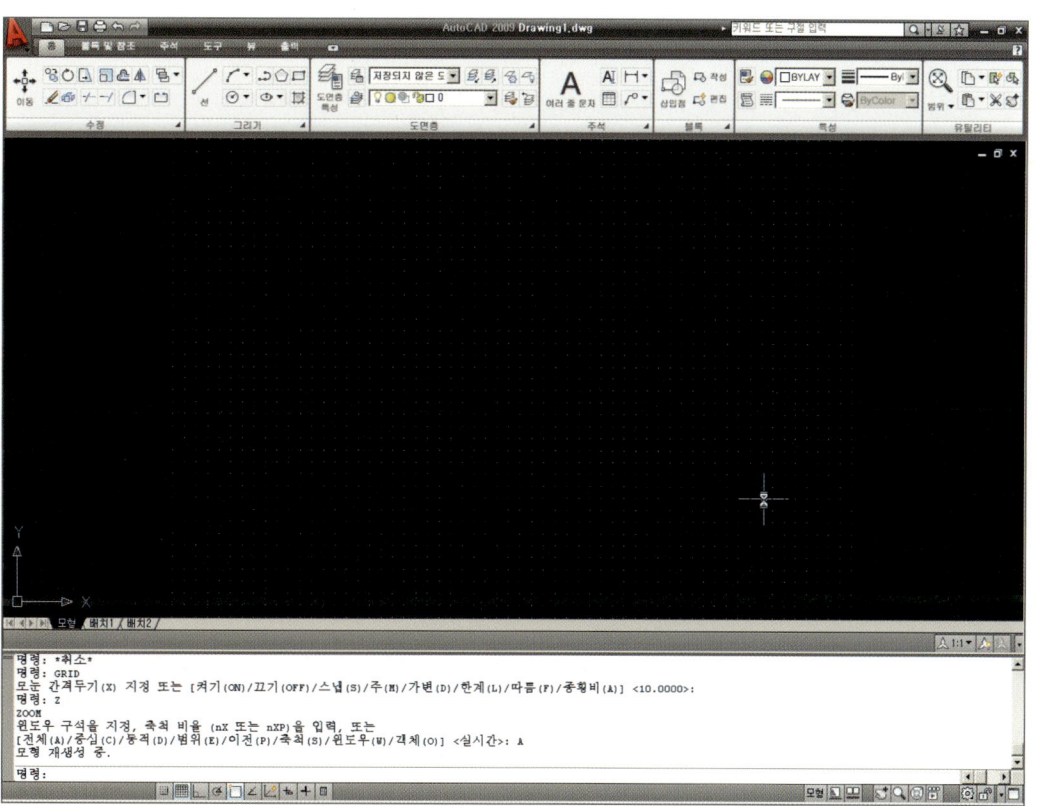

③ RECTANG(▢) 명령을 이용하여 윤곽선 그리기

명령 : RECTANG [Enter ↵]
첫 번째 구석점 지정 또는 [모따기(C)/고도(E)/모깎기(F)/두께(T)/폭(W)]: 0,0 [Enter ↵]
다른 구석점 지정 또는 [영역(A)/치수(D)/회전(R)]: 594,420 [Enter ↵]

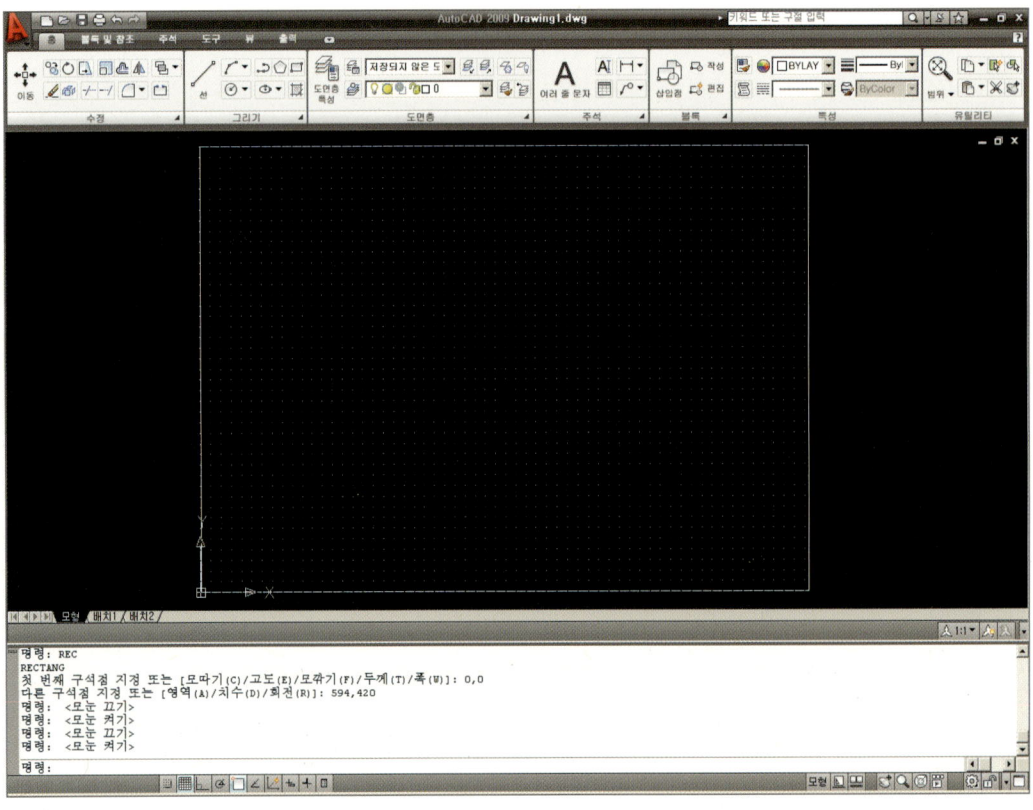

④ OFFSET ( ) 을 이용하기

RECTANG로 작성된 사각형을 클릭하고 안쪽으로 OFFSET 지정합니다.

명령: _offset **Enter ↵**

현재 설정: 원본 지우기=아니오   도면층=원본   OFFSETGAPTYPE=0

간격띄우기 거리 지정 또는 [통과점(T)/지우기(E)/도면층(L)] 〈통과점〉: 10 **Enter ↵**

간격띄우기할 객체 선택 또는 [종료(E)/명령취소(U)] 〈종료〉: "바깥쪽 사각형 클릭"

간격띄우기할 면의 점 지정 또는 [종료(E)/다중(M)/명령취소(U)] 〈종료〉: "안쪽으로 클릭"

간격띄우기할 객체 선택 또는 [종료(E)/명령취소(U)] 〈종료〉: **Enter ↵**

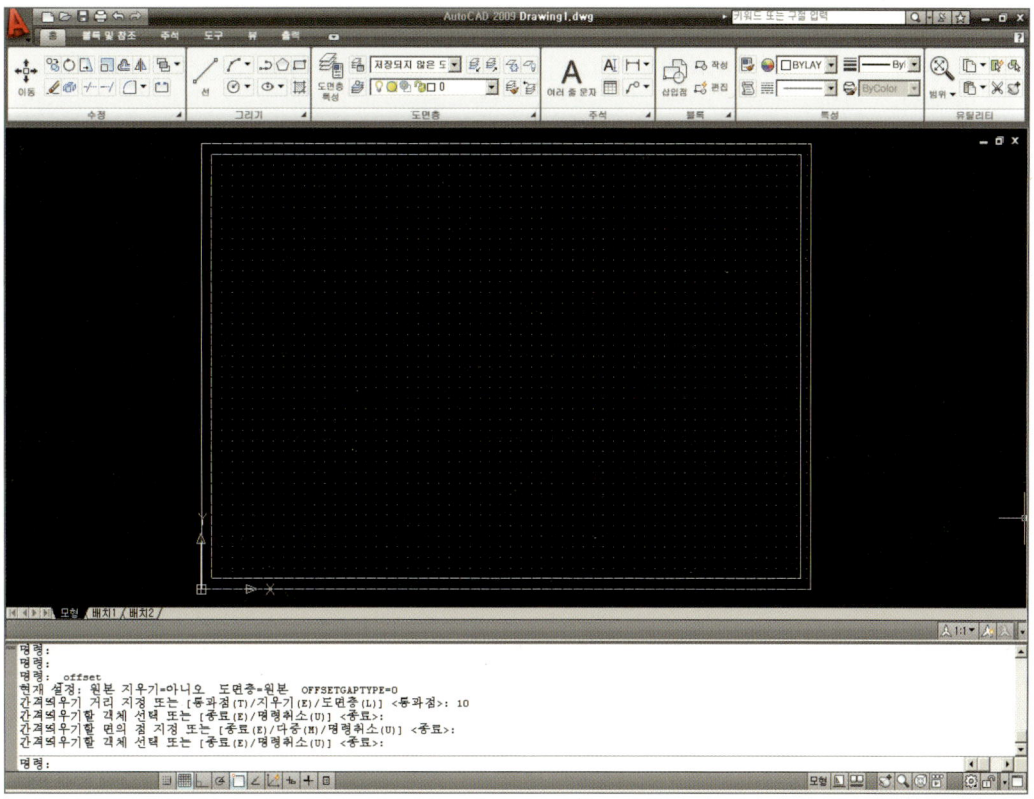

⑤ 중심마크 그리기

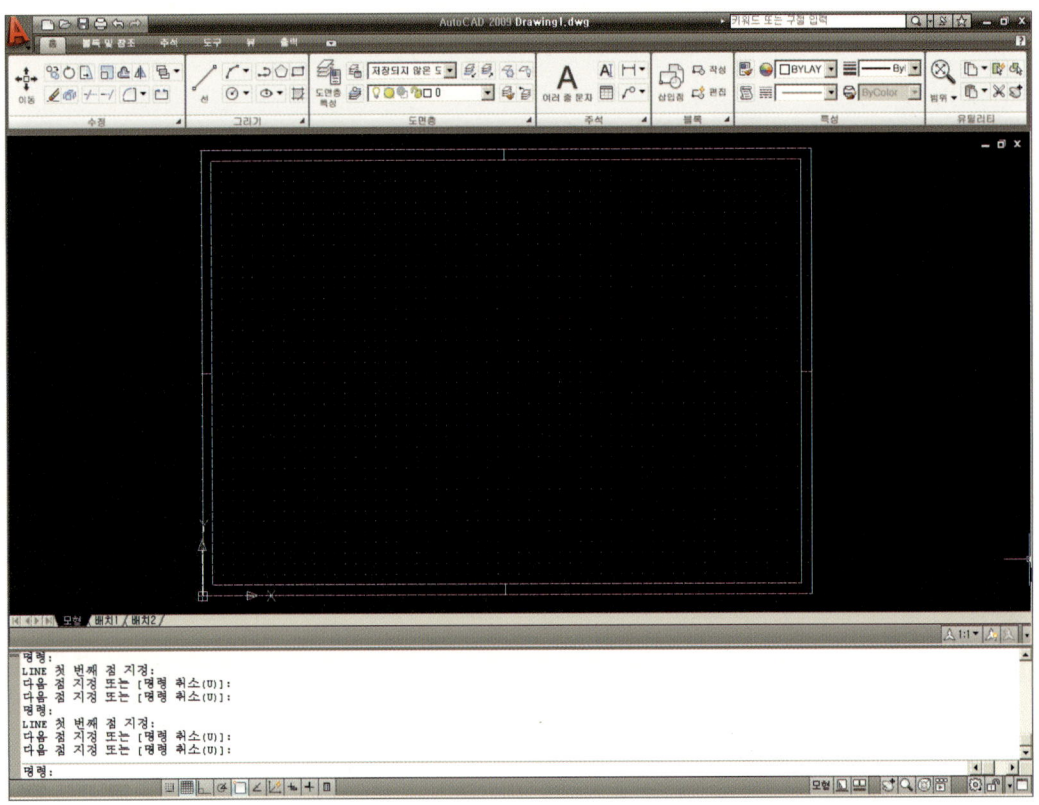

03 레이어를 설정합니다.

[국가기술자격시험에서 나오는 선 굵기 구분을 위한 색상]

선굵기	색 상	용 도
0.7mm	하늘색(Cyan)	윤곽선
0.5mm	초록색(Green)	외형선, 개별주서 등
0.35mm	노란색(Yellow)	숨은선, 치수문자, 일반주서 등
0.25mm	흰색(White), 빨강(Red)	해칭, 치수선, 치수보조선, 중심선 등

[layer기본설정예]

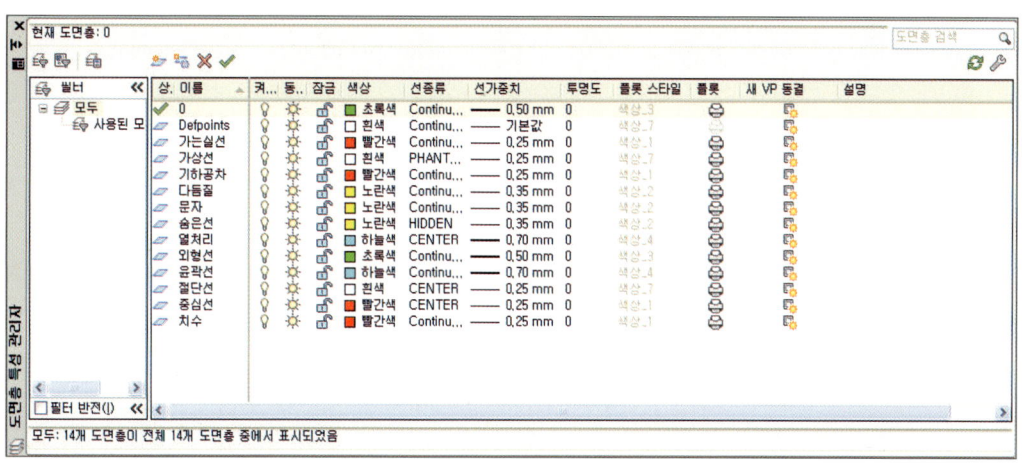

프린터 사정에 따라 적절히 변경하여 눈에 보기 좋게 0.15mm, 0.4mm, 0.6mm 로 해도 됩니다.

레이어 세팅이 완료되면 RECTANG으로 작성된 바깥쪽 선은 출력되지 않는 레이어(Defpoints)로 바꾸고 안쪽 선과 중심마크는 윤곽선 레이어로 변경합니다.

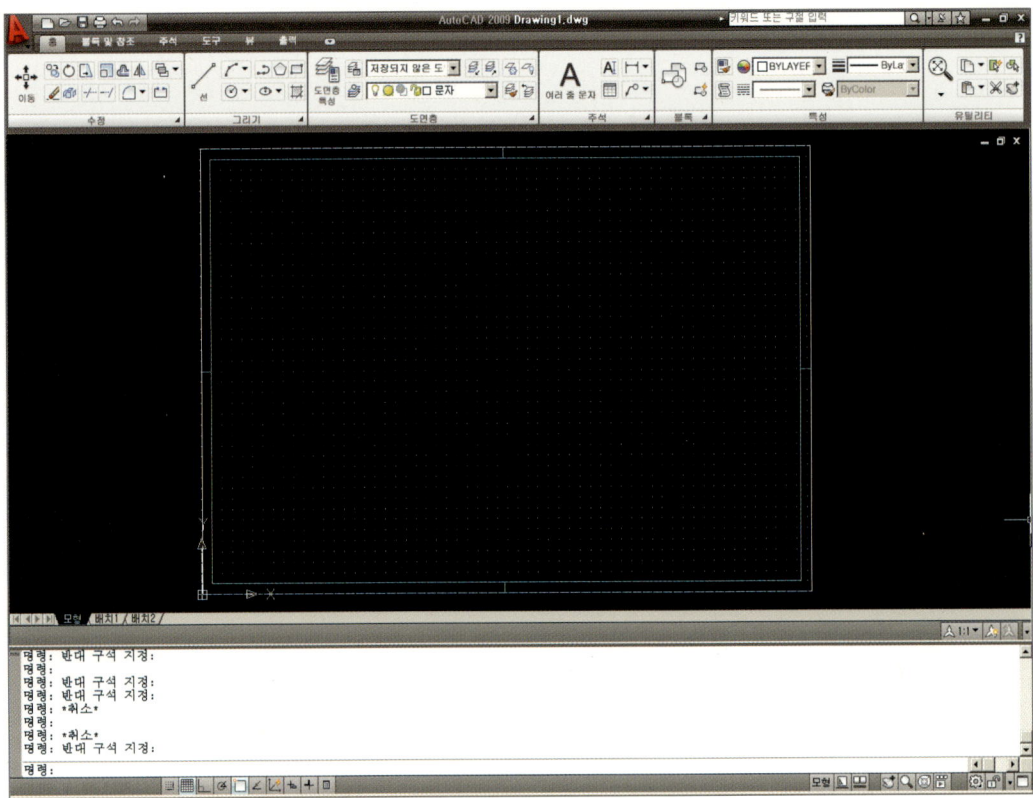

04 문자스타일을 설정합니다.
우선 다음과 같이 지정합니다.

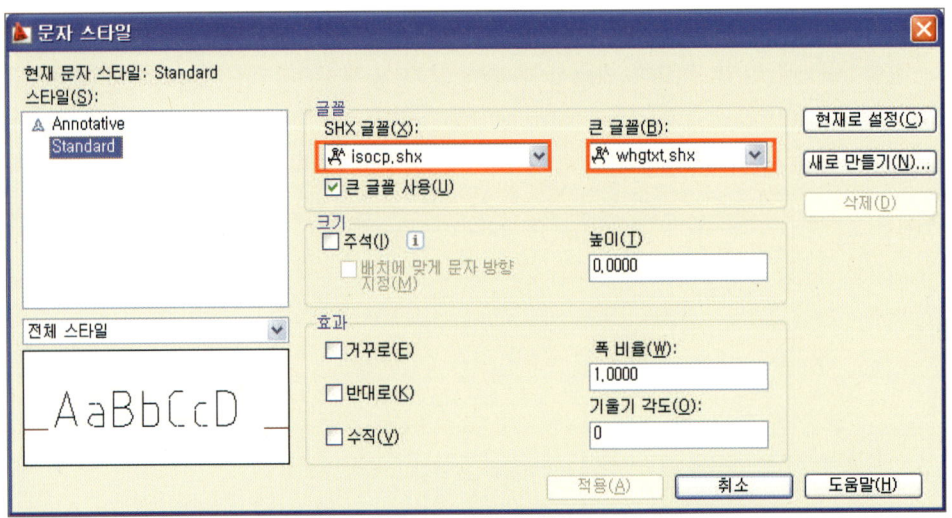

더 필요한 문자 스타일이 있으면 추가로 지정해 둡니다.

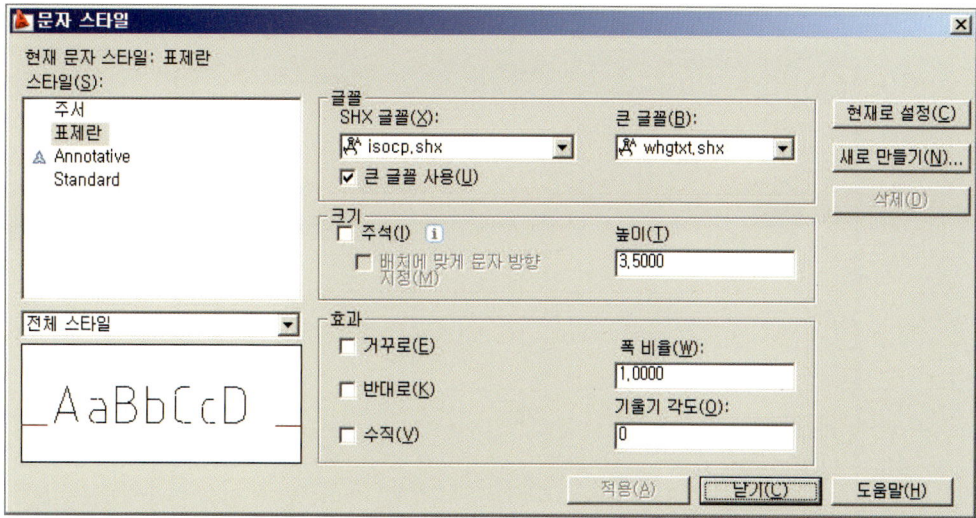

05 치수스타일을 설정합니다.

필요한 치수스타일을 미리 파악하고 설정합니다.

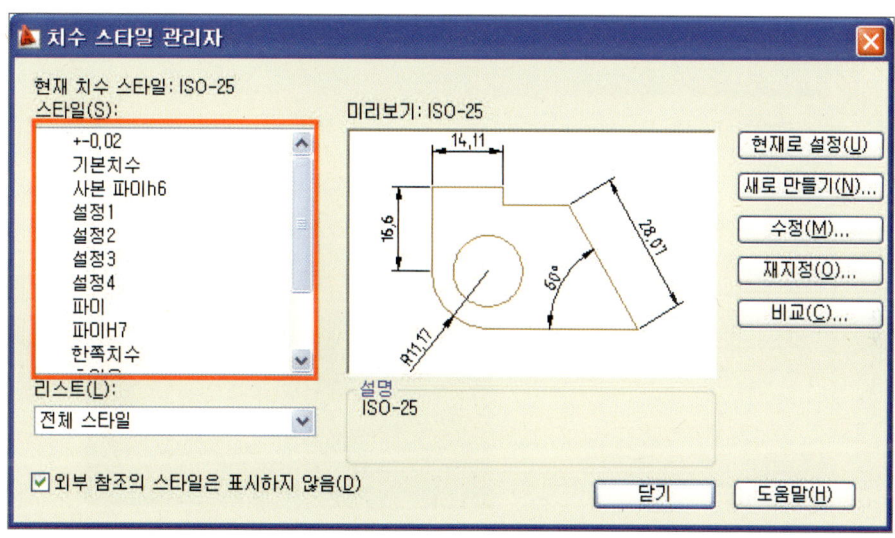

06 다중 지시선 스타일을 설정합니다.

필요한 다중 지시선 스타일을 미리 파악하고 설정합니다.

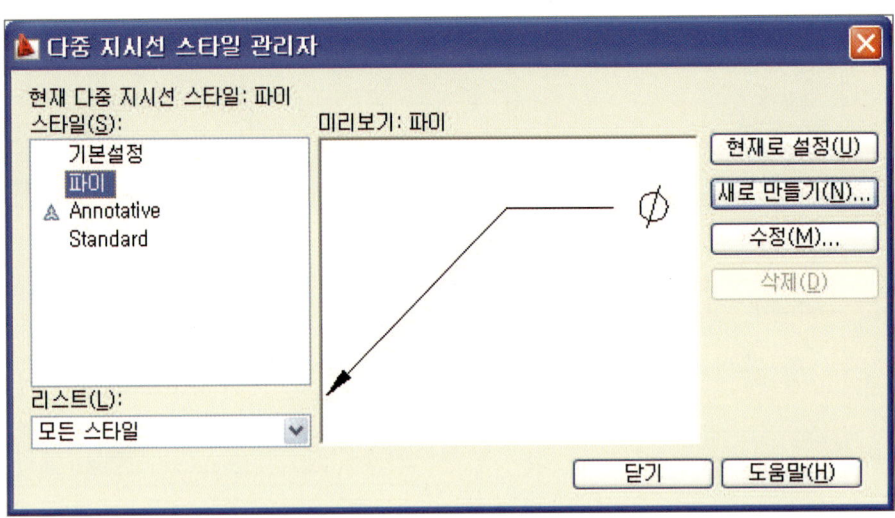

07 테이블 스타일을 설정합니다.

테이블 스타일을 클릭하여 설정합니다.

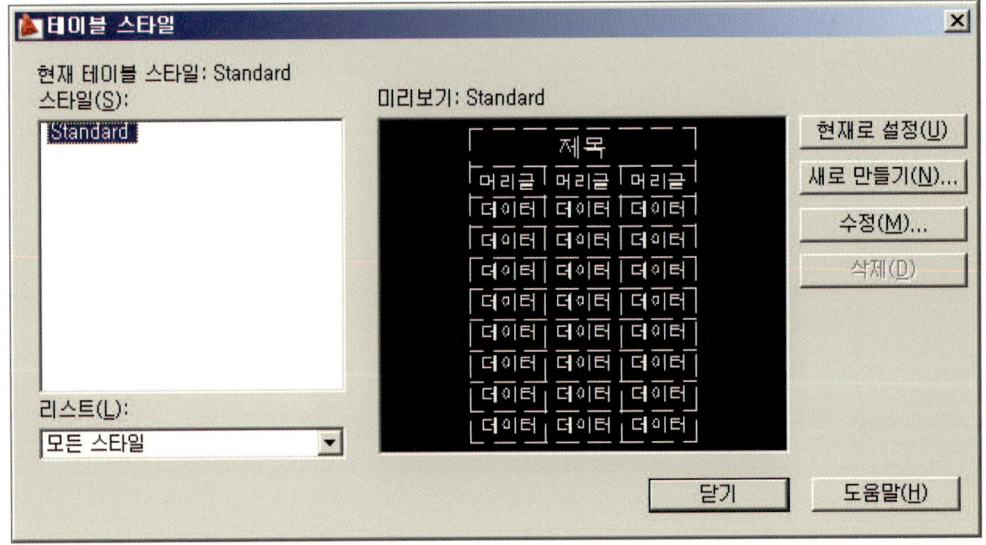

다음과 같이 많이 사용되는 주서와 테이블 스타일을 파악하여 미리 설정합니다.

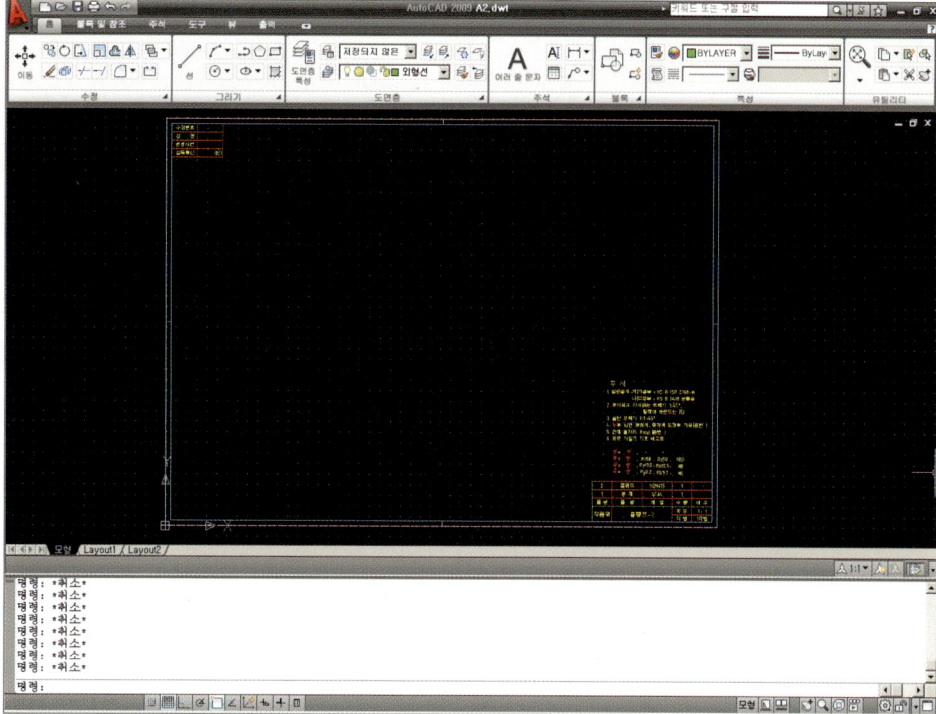

08 기타 미리 설정해 놓으면 편리한 사항을 파악하여 설정하거나 그려 놓습니다.

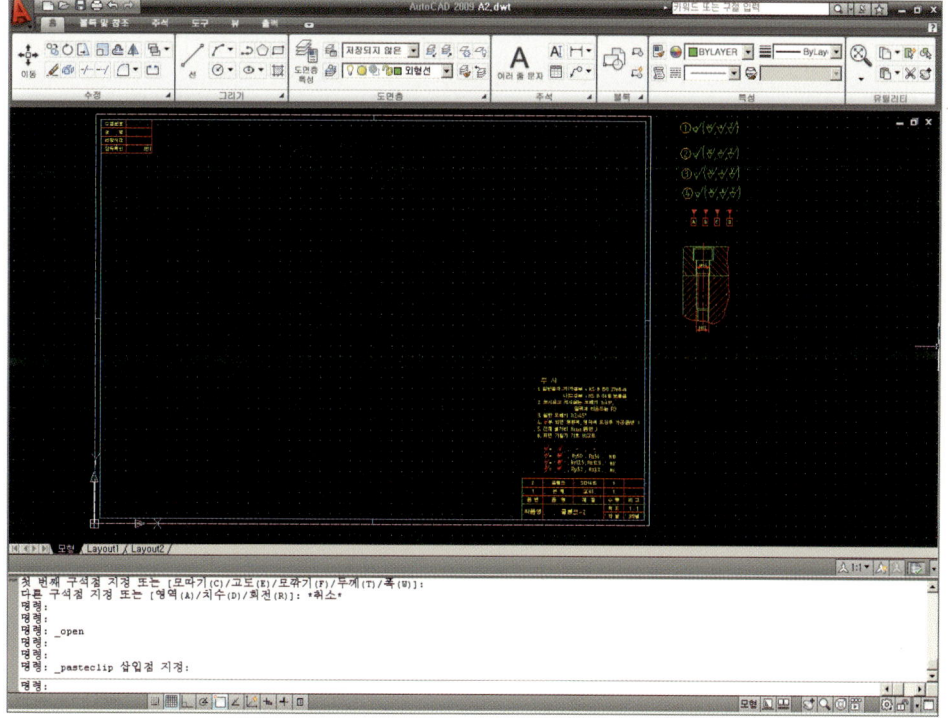

09 플롯을 설정합니다.

10 Template 파일로 등록합니다.

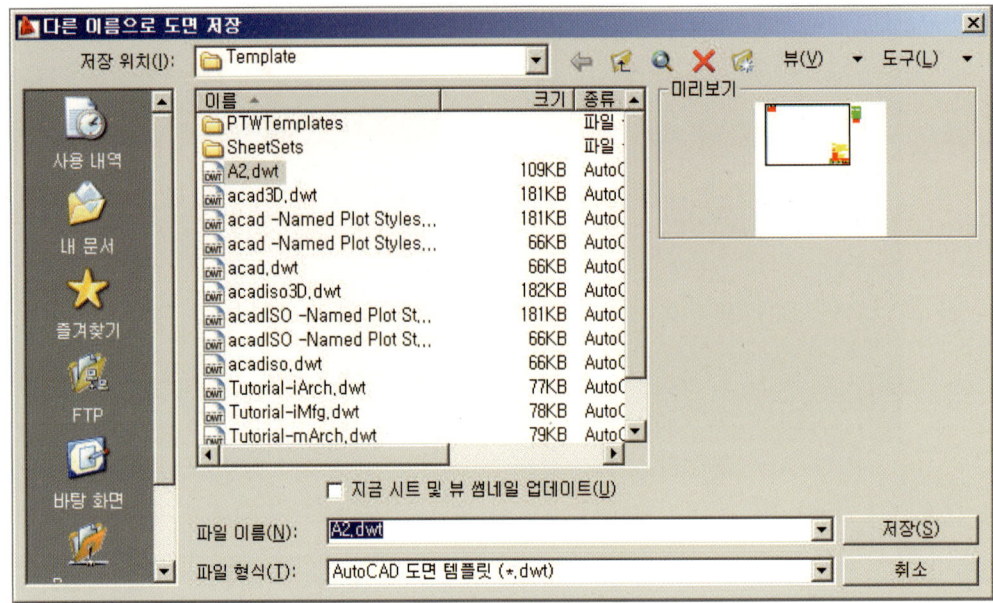

11 AutoCAD 실행 후 새도면( )을 클릭하여 사용합니다.

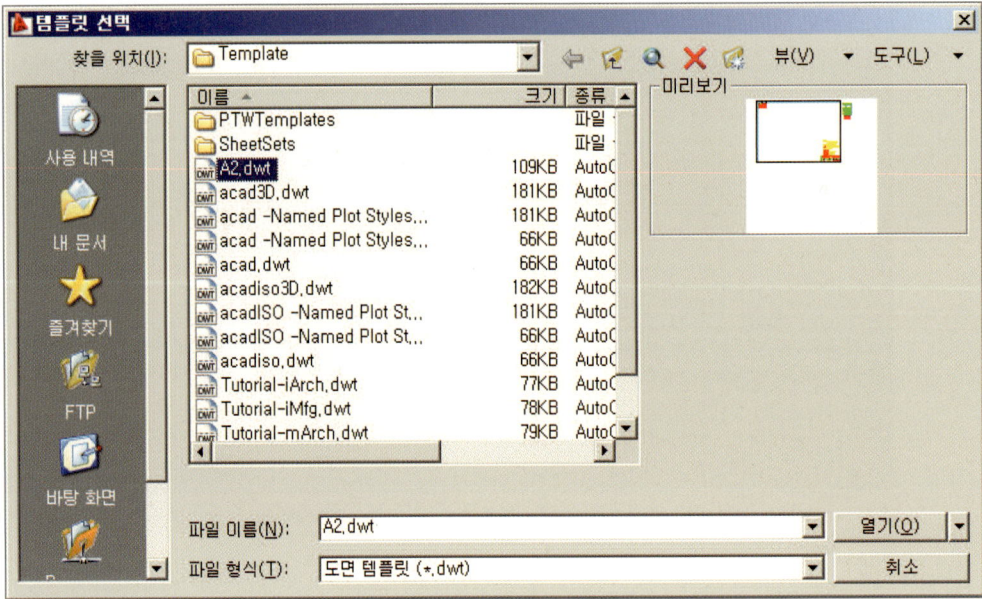

MEMO

스마트한 CAD실습

발행일 2013년 3월 1일 초판발행
　　　2016년 1월 15일 1차 개정
　　　2017년 4월 20일 2차 개정
　　　2019년 3월 20일 2차 2쇄
　　　2024년 9월 30일 3차 개정

저　자　남진숙, 이광헌, 정상준, 이현재
발행인　정용수
발행처　예문사

주　소　경기도 파주시 직지길 460(출판도시) 도서출판 예문사
T E L　031) 955-0550
F A X　031) 955-0660
등록번호　제11-76호

· 이 책의 어느 부분도 저작권자나 발행인의 승인 없이 무단 복제하여 이용할
　수 없습니다.
· 파본 및 낙장은 구입하신 서점에서 교환하여 드립니다.
· 예문사 홈페이지: http://www.yeamoonsa.com

정 가 28,000원

ISBN 978-89-274-5554-7　13550